제5판

세법의 이해

오 윤 · 정지선

Understanding of Tax Law

박영사

제 5 판 머리말

박영사에서 「세법의 이해」를 출간하게 된 지도 어느덧 7년의 세월이 지났다. 필자는 법학전문대학원에서의 세법 강의를 위해 거의 매년 개정해 오던 「세법원론」을 2020년을 마지막으로 개정하지 않고 있다. 2009년 「세법총론」과 「세법각론」의 체계로 출간한 이후 「세법원론」으로 통합하고 법학전문대학원에서의 강의를 위해 매년 다듬던 것이었다. 「세법원론」의 출간은 법학전문대학원에서 세법과 같은 전문과목에 대한 관심이 줄어들고, 밖으로는 일반 독자층이 적어 매년 어려운 여건에서 진행되었다. 저자가 법학전문대학원에 재직하고 있음에도 불구하고 2018년에는 주로 학부에서의 강의를 위해 박영사의 도움을 받아 「세법의 이해」를 출간하게 되었다. 작성의뢰를 받은 지 3년이 지난 후의 일이었다. 저자는 이후 단한 해를 제외하고는 매년 개정함으로써 이 책이 생명력을 유지할 수 있도록 노력하여 왔다. 올해부터는 서울시립대학교 세무학과의 자타가 공인하는 역량 있는 중견 학자이신 정지선 교수님과 함께 이 책을 출간하게 되었다. 공동작업을 통해 이 책을 후학들에 대한 강의와 연구를 위한 소재로 발전시킬 수 있게 된 것이다.

이번 개정에서는 예년의 개정에서 처럼 2024년 중 개정된 세법 내용과 새로운 판례들을 반영하였다. 2024년 정기국회는 상속세 및 증여세법을 개정하지 않았다. 상속세의 유산취득세제 형태로의 변화를 추구하는 개정이 멀지 않은 미래에 있을 것으로 예상된다. 몇 년 전의 개정에 의해 소득세법상 2025년부터 금융투자소득세가 도입되고 가상자산에 대해 과세하도록 되어 있었다. 2024년 정기국회는 금융투자소득세를 폐지하고 가상자산에 대한 과세를 2027년으로 미루었다. 단순히 과세의 공평성만을 생각한다면, 두 제도 모두 당초대로 시행되는 것이 이치에 부합하였을 것이다. 개방경제의 소자본시장을 두고 있는 우리의 경제 여건을 고려한다면, 국회의 이번 조치는 적절한 것으로 볼 수 있을 것 같다.

당초 이 책은 세법의 기본체계와 이론을 다룸으로써 기술적인 세부사항의 개정에 영향을 받지 않는 내용으로 구성하자는 취지에서 출간되었다. 이번 개정은 소폭에 그치게 되었는데 이는 그간 여러 번의 개정을 통해 본래의 취지에 부합한 내용으로 체계가 잡혀가고 있음을 입증하고 있다는 자평을 해본다.

올해부터는 정지선 교수님과의 공동작업을 통해 이 책을 개정하게 되었다. 정지선 교수님은 오랜 기간 거의 모든 세법 분야에서 연구하고 강의해 오신 분이다. 앞으로 이 책이 한 단계 성숙한 내용을 가진 양서로 발전할 수 있기를 고대한다.

아울러 어려운 출판 여건에도 이 책의 개정을 허락해주신 박영사의 안종만 회장님, 안상준 대표님, 조성호 이사님 그리고 편집과정에서 꼼꼼하게 문장을 살펴주신 우석진 편집위원님께 진심으로 감사드린다.

2025년 2월
오윤, 정지선

머리말

　국가와 같은 공권력단체가 그 구성원에게 개별적인 대가 없이 부과하는 조세는 해당 단체의 공동운영재원을 조달하기 위한 목적으로 창설된 것이다. 조세는 단체 구성원의 재산권을 직접적으로 침해하는 성격이 있으므로 단체의 공동행위인 입법작용을 통해 만들어진 세법에 의해서만 부과될 수 있다.

　조세는 납세의무자, 과세대상, 과세표준 및 세율의 4대 요소로 성립하는 사회적 제도이다. 다양하게 형성되어 있는 세목 모두 이들을 구성요소로 하는 공통점을 지니고 있다. 개별적 과세대상이 사회에서 형성되면 납세의무자의 조세채무는 성립·확정 및 소멸의 과정을 거치면서 그 기능을 다하도록 되어 있다. 세법이 규정한 사실이 발생하였다고 하여 조세부과권자가 국민에게 바로 청구할 수 있는 조세채무가 확정되는 것은 아니다. 행정관청 또는 납세의무자의 행위가 개입함으로써 비로소 조세를 납부할 수 있게 된다. 세법은 조세채무가 실체적으로나 절차적으로 적법하게 확정되고 이행될 수 있도록 기능한다.

　이 책은 세법을 처음 공부하는 분들이 우리 사회에 살아 있는 조세의 현상을 이해할 수 있도록 구성된 것이다. 강제적으로 부과되어 심리적으로 멀리하게 되고 그 내용도 전문적인 용어들로 구성된 세법을 누구도 그 상세한 내역까지 모두 이해할 수는 없다. 세법을 공부하여 세목 간 공통되는 과세의 원리와 행정집행과정의 요체를 이해하게 되면, 구체적 사안이 발생할 때 세법조항을 찾아 합리적으로 해석하고 적용하는 방법을 터득할 수 있을 것이다.

　다양한 세법 중 국세기본법과 소득세법의 공부가 중요하다. 국세기본법은 모든 세목에 걸쳐 공통적으로 적용되는 규정들로 구성되어 있으며 그 주요내용들을 일반적인 다른 세법에 적용할 수 있다. 소득세는 국가운영에 가장 중심이 되는 조세이며, 소득세법은 과세의 주요 이슈를 모두 규정하고 있다. 법인세법, 상속세 및 증여세법 그리고 부가가치세법 등의 주요 세법들은 앞의 두 법에 대한 이해를 조금씩 연장해가는 과정을 통해 이해할 수 있을 것이다.

　이 책은 필자가 지난 30여 년 실무가와 교수로서 조세분야에서 일한 경험을 바탕으로 집필한 것이다. 이미 10여 년 가까이 「세법원론」을 교재로 진행해온 강의의 내용을 쉬운 말로 풀어 쓰고자 노력한 결과물이지만 여전히 다른 학문이나 법분야의 책과 비교하면 다룰 내용이 많고 문장이 경직되어 있는 점은 아쉽다. 박영사로부터 책의 집필에 관한 제안을 받은 이후 수년이 흐른 후에야 겨우 출판하게 된 것은 필자의 노력부족 때문이다. 어려운 출판 환경에도 이 책의 출간을 허락해주신 박영사의 안종만 대표님과 조성호 이사님 그리고 편집과정에서 꼼꼼하게 문장을 살펴주신 김선민 부장님께 진심으로 감사드린다.

2018년 봄

오　윤

차 례

제1장 세법의 기본개념

제 2 장   세법의 입법

제 3 장   세법의 해석과 적용

제 4 장　조세채무

제 5 장　권리구제

제 6 장 조세범

제 7 장 소득세법

제 8 장　　법인세법

xvi | 차 례

제 9 장 상속세 및 증여세법

제 1 절 부의 무상이전과세 ··· 423

제 1 항 유산과세형 국가 ··· 424

  1. 영 국 ··· 424

  2. 미 국 ··· 425

제 2 항 취득과세형 국가 ··· 428

  1. 독 일 ··· 428

  2. 일 본 ··· 429

제 3 항 상속세 폐지 국가 등 ··· 430

제 2 절 상속세 ··· 432

제 1 항 과세체계 ·· 432

  1. 상속세의 기본 틀 ·· 432

  2. 상속세와 증여세 ··· 432

제 2 항 납세의무자 ··· 435

  1. 상속인·수유자 고유의 납세의무 ·· 435

  2. 피상속인 납세의무의 승계 ··· 438

제 3 항 과세대상 ·· 439

  1. 상증세법상 상속의 개념 ·· 439

  2. 과세대상 상속재산 ·· 440

제 4 항 과세표준 및 세액의 계산 ··· 447

  1. 상속세과세가액 ··· 447

  2. 과세표준 ·· 450

  3. 세 액 ··· 453

제 5 항 조세채무의 성립·확정 및 이행 ·· 455

  1. 신 고 ··· 455

  2. 부과결정 ·· 456

  3. 상속세 납부 ··· 458

제 3 절 증여세 ··· 459

제 1 항 과세체계 ·· 459

제 2 항 납세의무자 ··· 460

제10장   부가가치세법

제 1 장

세법의 기본개념

세금은 생활의 한 부분이다. 우리는 마트에서 물건을 살 때 부가가치세가 포함된 대가를 지불한다. 급여를 받는 회사원은 소득세, 지방소득세, 건강보험료 등을 차감한 금액만을 수령한다. 국민생활의 한 부분이 되어 있는 세금은 정부의 가장 중요한 정책수단이 되어 있다.

영어로는 'tax'에 해당하는 우리말 '세금'을 헌법과 세법에서는 '조세'라고 부른다(헌법 제59조, 국세기본법 제2조 제1호). '조세'는 국회가 만드는 법률이 창설한 살아 있는 제도이다. 일상생활에서 세금이라는 말은 조세보다 더 넓은 의미로 사용되곤 한다. 전기세나 수도세라고 할 때 '세'는 세금을 의미하는 것일 텐데 그것들은 제공받은 용역에 대해 지급하는 요금이지 조세라고 할 수는 없다. 나라에 따라 조세의 범주가 다를 수도 있다. 미국에서 노령, 유족 및 장애보장을 위하여 징수하는 사회보장세(Old Age, Survivors and Disability Insurance)를 우리나라에서는 조세로 보지 않는다(social security tax, Internal Revenue Code(내국세입법) 제3101조~제3128조).

조세를 이해하려면 세법을 알아야 한다. 조세는 법으로 만들어지는 것이기 때문이다. 헌법은 법률에 의해서만 조세의 종목과 세율을 정할 수 있다고 규정하고 있다. 조세는 세법 없이는 존재할 수 없고 일반 국민은 세법에 따라 납세의무를 이행한다. 세법은 납세자로부터 신고를 받고 조세를 부과하는 조세행정을 규율하는 것을 그 주된 내용으로 한다. 또한 세법은 조세행정에 의하여 형성된 국가와 국민 간의 권리의무관계를 규율한다. 우리나라에서 세법은 원칙적으로 세목별로 입법되는데, 각 세법이 설정한 과세대상은 직간접적으로 민사상 권리의무관계와 관련되어 있다. 과세대상의 이해는 민사법의 지식을 필요로 한다. 조세를 종합적으로 이해하는 데에는 회계학 및 경제학 지식도 도움이 된다.

이 장에서는 우리 사회에서 부과되고 있는 조세의 종목과 세율을 정하고 있는 법률인 세법에 대해 알아본다. 이를 위해 세법이 규정하는 조세의 개념과 법적 특성 그리고 그것의 경제적 의의에 대해 먼저 살펴본다.

제1절 조 세

제 1 항 조세의 개념

'조세(tax)'는 국가 또는 지방자치단체가 그 재정에 사용할 목적으로 특정한 반대급부 없이 법률의 규정에 따라 강제적으로 부과하는 금전적 부담을 말한다.

일상생활에서 조세는 '세금'이라고 부른다. 세금은 인류가 원시공동체사회시대를 벗어나 고대문명사회를 형성한 시대부터 부과되어 왔다. 기원전 3천년경 인류역사 최초의 도시문명국가로 알려진 수메르왕국이 남긴 점토판은 '곡물생산세'와 '이혼세'에 대해서 기록하고 있다. "이 세상에서 죽음과 세금 이외에 아무것도 확실한 것은 없다(In this world nothing is certain but death and taxes)."고 한 Benjamin Franklin의 말은 싫든 좋든 세금은 앞으로도 인류와 더불어 공존할 것임을 시사하고 있다.

세금이 시민 또는 귀족에게만 납세의무가 부과되었던 시절도 있었지만, 이제는 모든 자연인과 법인에 부과되고 있다. 세금은 재산, 소득, 거래, 소비, 사람, 행위 등 다양한 대상에 대해 부과될 수 있다. 세금은 이와 같은 납세의무자와 과세대상 이외에도 과세표준 및 세율이 구성되어야만 제도적으로 존립할 수 있다. 어느 시대 또는 국가에서라도 위의 요소들을 갖춘 강제적인 부과금이 존재하고 있다면 그것은 세금이라고 부를 수 있다.

국가가 세금을 부과하는 일차적 목적은 재정수요의 충족이다. 1977년 독일 조세기본법(Abgabenordnung) 제3조 제1항 제1문은 1919년 제국조세기본법(Reichsab-gabenordnung) 제1조의 규정을 이어받아 "조세는 개별적 채무에 대해 특정한 반대급부가 설정되어 있지 않고 재정조달을 위해 공권력단체에 의해 법률이 규정하는 조세채무의 요건사실이 귀속되는 모든 자에게 부과되는 금전채무이다."고 규정하고 있다. 세금은 더 나아가 경제와 사회를 바람직한 방향으로 유도하기 위해서도 부과될 수 있다. 1977년 추가된 조세기본법 제3조 제1항 제2문은 조세부과에 의한 "수입의 조달은 부수적인 목적이 될 수 있다."고 규정하고 있다. 미국 연방대법원은 1930년대부터 조세의 부과는 연방의회에 부여된 재정조달 이외의 다른 권한을 행사하기 위한 수단이 될 수 있다고 한다(Sunshine Anthracite Coal Co. v. Adkins, 310 U.S. 381 (1940)).

각국의 헌법은 국민의 경제활동의 자유를 보호하며 재산권을 보장하고 있다. 경제활동의 자유를 제한하고 재산권을 침해하는 속성을 지닌 조세에 관해서는 국민 스스로가 민주적인 의회입법을 통해서만 그것을 부과할 수 있다는 '조세법률주의(taxation by statutory act)' 원칙을 수립하고 있다.

의회입법을 통해 조세를 부과할 때에는 재원조달과 사회유도의 목적을 '효과적(effectiveness)'으로 달성하면서도 조세부과의 '평등성(equality)' 및 '효율성(efficiency)'의 가치를 동시에 추구하여야 한다.

우리나라에서 조세부과의 평등원칙은 헌법 제11조 제1항상 "모든 국민은 법 앞에 평등하다."는 규범에 근거한다. 이를 '조세평등주의(equality in taxation)'라고 부를 수 있다. 동일한 과세대상에 대해서는 동일한 세금이 매겨져야 하며, 상이한 과세대상에 대해서는 그 차이에 걸맞게 다른 세금이 매겨져야 한다. 차등은 합리적 이유에 근거할 때에만 허용된다. 과세대상이 동일한지를 판단할 때에는 해당 과세대상의 존재를 근거로 조세를 부과받는 납세자의 담세능력(ability to pay)이나 그 납세자가 해당 과세대상을 갖게 된 과정에서 국가사회로부터 받은 혜택(benefit)의 요소를 고려하여야 한다. 이와 같은 비례적 평등(proportional equality)은 형평(equity)을 의미한다.

조세제도는 경제사회의 효율성(efficiency)에 대한 침해를 최소화하는 방향으로 기능하는 것이 바람직하다. 효율성은 완전자유시장경제에서 그 구성원들의 효용(utility)은 시장을 통한 가격기능에 의존할 때 극대화할 수 있다는 후생이론의 개념이다. 정부가 시장에서 이루어지는 의사결정에 대한 간여를 줄일수록 사회후생의 크기는 증가할 수 있다.

헌법은 분배를 위한 시장개입을 조건으로 시장에서의 자유를 보장하고 있다(헌법 제119조). 정부가 조세제도를 운영할 때에도 조세가 형평성 제고를 위한 수단으로서 기능하도록 함과 동시에 시장의 자유로운 가격기능에 대한 개입을 최소화하여야 한다.

제 2 항 조세의 법적 특성

헌법 제38조는 "모든 국민은 법률이 정하는 바에 의하여 납세의 의무를 진다."고 규정하고 있다. 헌법 제59조는 "조세의 종목과 세율은 법률로 정한다."고 규정하고 있다. 조세의 종목과 세율을 정하고 그러한 조세의 납세의무를 규정하는 법률을 세법(tax law)이라고 한다. 세법은 납세의무자(taxpayer), 과세대상(taxable object), 과세표준(taxable base) 및 세율(tax rate)을 규정한다. 이들은 조세의 창설에 필수적이므로 조세의 4대 요소라고 부른다.

1. 공권력단체가 부과하는 금전채무

조세는 국가 및 지방자치단체와 같은 공권력단체가 부과한다. 국민들은 국가가 국민들에게 조세를 부과하는 법률을 제정할 권력을 헌법을 통하여 국회에 수권하여 놓았다. 국회가 그 부과에 관한 입법을 하는 조세로는 국가가 부과하는 국세와 지방자치단체가 부과하는 지방세가 있다. 우리 헌법상 지방자치단체는 지방세 창설을 위한 입법권을 갖지 않는다. 연방제의 전통이 있는 미국의 주(state)나 독일의 란트(Land)는 주세나 란트세의 창설을 위한 입법권을 갖는다.

조세를 납부해야 하는 의무는 민법의 용어를 빌리자면 금전채무에 해당한다. 이때 국가 또는 지방자치단체는 채권자가 되고, 납세의무자는 채무자가 된다. 이러한 양자 간의 권리의무관계를 조세채권채무관계라고 한다. 이에 대해서는 세법에서 정한 특별한 규정이 없으면 권리의무 및 채권채무에 관한 민법원칙이 적용된다.

조세채무 금액은 과세표준에 세율을 적용하여 산정한 세액으로 한다. 세율이 적용되는 금액을 과세표준이라고 한다. 과세표준은 세법상 정해진 기준에 의해 과세대상의 크기를 계산한 것이다.

세법에서 정한 과세대상이 귀속하는 자는 납세의무자가 된다. 과세대상이 귀속하여 조세채무가 성립하는 때에는 채권자가 되는 국가 또는 지방자치단체의 기관이 조세채무 성립 사실을 인지하기 곤란하다. 추후 그 사실을 토대로 구체적인 조세채무액을 산정하여 확정하는 절차가 이어진다.

경제학에서는 예를 들면 어떤 지역의 생산기반이 다른 지역에 비해 상대적으로 취약하여 발생한 생산원가상승요인과 같은 것을 '암묵적 세금(implicit tax)'이라고 부른다. 정부가 본원통화의 발행과 신용창출을 통해 유통시키는 화폐량이 증가하여 상승한 물가에 의한 부담을 '보이지 않는 세금(invisible tax)'이라고 한다. 이것들은 세법상 조세라고 할 수 없다.

2. 재정조달을 위해 특정한 반대급부 없이 부과

조세는 국가 또는 지방자치단체의 재정지출에 사용하기 위하여 부과·징수하는 것이다. 납세의무자는 국가 또는 지방자치단체로부터 특정한 반대급부를 받지 않은 채로 조세를 납부한다. 국가 또는 지방자치단체가 징수한 조세는 포괄적인 재정에 통합되어 조세의 징수와는 무관한 기준과 절차에 따라 지출된다.

근대시민사회가 도래하기 전 중상주의의 절대군주시대에는 국가 또는 왕실이 권력을 이용하여 직접 경영하는 사업의 이윤이 조세와 더불어 재정에 중요한 역할을 하였다. 산업혁명 이후 사경제부문이 확대되자 자연스럽게 정부의 시장 간섭은 축소되고 재정의 조세에 대한 의존도는 증가하게 되었다. 국민은 경제활동의 자유를 얻는 데에 대한 대가로 조세를 납부하게 된 것이며, 국가는 경제활동을 보호하고 지원하기 위한 비용을 조세를 통해 조달하게 된 것이다. 독일의 법학자 Paul Kirchhof의 말처럼 근대국가에서의 세금은 더 이상 '구속의 표현(Ausdruck der Unfreiheit)'이 아니며, 재산권과 직업의 '자유에 대한 대가(Preis der Freiheit)'라고 볼 수 있다.

부담금과 같이 특정한 급부와 연계하여 징수하는 것은 '세금'으로 볼 수 없다. 특정한 반대급부 없이 부과하므로 '세금'의 특성이 있지만, 세법상 '조세'로 분류되지 않는 것도 있다. 건강보험료는 개별적인 보험급여수령과는 무관하게 소득 또는 재산을 기준으로 부과한다. 재원이 특정사업에만 사용되므로 목적세(ear-marked tax)와 공통점을 가지고 있다.

3. 법률에 의한 부과

가. 대표에 의한 법규 형성 — 법치주의

우리나라 헌법인 대한민국헌법에 따르자면 조세는 국민의 대표가 제정한 법률에 따라 부과하여야 한다(헌법 제59조). 이 원칙을 '조세법률주의(no taxation without statutory law)'라고도 한다.

전근대사회에서도 성문법규가 조세부과의 주된 근거가 되었지만 그것은 권력자의 의지에 따라 만든 것이었다. 1608년 왕실과 중앙관서가 필요로 하는 물품을 공물(貢物)로 바치는 대신 대동미(大同米)로 통일하여 바치는 '대동법(大同法)'이 시행되었는데, 이는 조선시대의 다른 제도와 동일하게 당시 국왕이던 광해군의 명령을 성문화한 것이었다. 대동법의 집행은 은혜를 베푼다는 뜻의 선혜청(宣惠廳)이 관장하였다.

서구국가에서 1215년 영국의 권리장전(Magna Carta)은 조세법률주의의 효시로 인식되고 있다. 1689년 영국의 권리헌장(Bill of Rights)은 의회의 동의 없는 세금의 부과를 금지하였다. 이는 봉건영주사회가 절대왕정시대로 전환하는 시대에 절대군주에게 중앙집권적인 과세권을 부여하는 대신 귀족과 시민들이 그 권력을 의회를 통해 제어하는 것이었다.

1765년 영국이 식민지에서 유인물로 사용되는 종이에 부과한 인지세에 저항하던 미국 독립주의자들의 "대표 없이 조세 없다(No taxation without representation)!"는 구호는 조세법률주의에 입각한 근대국가체제를 잘 설명하고 있다. 식민지인 아메리카는 의회에 대표를 보내지 못하고 있었으므로 식민지세금은 영국인에 보장되는 권리헌장상의 권리를 침해하면서 부과되는 것이라는 주장이었다.

불공정하고 과도한 세금의 부과는 조세저항으로 이어질 수 있다. 당 말기 소금전매제도를 실시하면서 소금에 종래의 4배에 달하는 세금을 부과하자 일어난 소금밀매상 황소(黃巢)의 난은 당의 멸망을 앞당기는 요인이 되었다. 미국독립전쟁은 영국으로부터 미국에 수입되는 차에 수입자에 따라 차별적인 세금을 부과한데서 촉발된 것이었다. 조선 후기 삼정(田政, 軍政, 還穀)의 문란은 민란의 원인이 되었다. 서민생활에 짐을 더한 부가가치세의 도입이 정권의 존립을 위태롭게 한 사례도 있다.

나. 법규에 따라 채무가 성립 — 사법상 채무와의 차이

조세채무는 세법이 정한 요건에 부합하는 사실(과세요건사실)이 발생하면 성립하는 것이다. 사인 간 채권·채무는 당사자 간 약정에 의해 성립하는 것이 원칙이다. 각각 상대방에게 채무를 부담하겠다는 의사를 표시한 사실(법률행위) 때문에 갑이 매도인이라면 매수인 을에게 재산권이전의 채무를 부담하고 을은 갑에게 대금지급의 금전채무를 진다(법률효과). 갑과 을 두 명만으로 구성된 국가에서 두 명 모두가 참여하여 만든 세법이 있다면 그것은 일종의 단체규약이기 때문에 갑과 을이 서로 상대방에게 권리를 갖고 의무를 부담하게 하는 것은 아니다. 갑 또는 을이 그 국가에 부담하는 조세채무는 각자의 의사와는 무관하게 세법에서 정한 과세대상의 귀속주체가 되는 사실(과세요건사실, 위의 예에서라면 갑이 을에게 물건을 매도하여 양도소득이 발생한 사실)에 따라 성립하게 되는 것이다. 납세의무자로서 갑 또는 을이 성립한 조세채무의 과세요건사실을 과세관청에게 통지하는 행위인 신고(준법률행위)를 할 때에 조세채무는 확정된다(법률효과 또는 과세효과).

세법상 조세채무와 사법상 금전채무는 성립과정이 다르지만 성립된 이후에는 금전채무라는 공통점을 지니게 된다. 조세채권채무관계에도 민사상 채권채무관계에 관한 규율을 그대로 적용해야 한다는 생각이 지배한 시절이 있었다. 1919년 Enno Becker가 독일 바이마르공화국의 제국조세기본법(Reichsabgabenordnung)을 기초하고, 이때 설립된 제국재정법원(Reichsfinazhof)이 조세사건을 관할하게 되면서 세법은 독자적인 법영역으로 인정받기 시작하였다. 1926년 Wilhelm Merk가 「조세채무법(Steuerschuldrecht)」을 저술하면서 조세채권채무관계의 공법적 성격이 강조되기 시작하였다. 그는 세법이 민법의 채권채무관계에 관한 일반적 이론에 부합하면서도 전체 법체계의 한 부분이 되도록 노력하였다. 조세채무는 과세관청의 의사표시에 의해 성립하는 것은 아니라는 점과 조세법률관계상 절차법의 중요성을 강조하였다. 채권법과 절차법을 직접적으로 연결하고자 노력한 것이었다.

이에 따라 독일에서 조세채무는 세법에서 정한 요건사실의 발생에 따라 성립하는 것만으로는 그 이행을 청구할 수 없고 확정의 과정을 거쳐야 하는데, 이는 납세의무자 또는 과세관청이 서로 상대방에게 성립된 납세의무의 내용을 조사하여 알리는 통지행위에 의한다는 이론이 형성되었다. 납세의무자는 자신의 조세채무의 존부 또는 다과에 대해 과세관청과 다툼이 있을 때 민사소송 대신 행정소송으로 다툴 수 있게 되었다. 과세관청의 조세권력행위의 남용을 위법하다고 보아 대항할 수 있는 수단이 확보된 것이다.

제 3 항 국민경제와 조세

오늘날 국가들은 세금을 정부운영의 주된 재원으로 한다는 점에서 조세국가라고 할 수 있다. 현대 국가들이 부과하는 조세의 세목은 매우 다양하다. 후술하는 세법의 이념 즉, 정의, 법적 안정성 및 합목적성의 가치를 모두 충족하는 한 가지의 조세를 찾기 어렵기 때문이기도 하다.

경제협력개발기구(OECD)는 한 나라에서 부과되는 여러 조세들을 소득과세, 재산과세 및 소비과세의 3영역으로 분류하고 있다. 우리나라에서 부과징수되고 있는 조세의 세목은 25개에 이른다. 국가가 부과하는 국세는 14개, 지방자치단체가 부과하는 지방세는 11개이다.

조세는 법적 특성에 따라 직접세(direct tax)와 간접세(indirect tax)로 구분할 수 있다. 조세채무의 귀속자와 조세부담의 귀착자가 같아지도록 설계된 조세를 직접세, 달라지도록 설계된 조세를 간접세라고 한다. '조세채무의 귀속(attribution of taxable liability)'은 조세를 납부할 법적 의무가 누구에게 있는가에 관한 것이며, '조세부담의 귀착(incidence of tax burden)'은 조세의 실질적 부담이 누구에게 돌아가는가에 관한 것이다. 간접세는 거래상대방에게 그 부담을 전가하도록 설계되어 있지만 직접세는 거래상대방에게 전가하기 어렵게 되어 있다. 간접세를 부과할 때에는 귀속자의 특성을 고려하기 곤란하므로 비례세율로 과세하는 것이 바람직하다.

우리나라에서 부과되는 조세로서 직접세에는 소득세, 법인세, 상속세, 증여세, 종합부동산세 및 재산세 등이 있다. 간접세에는 부가가치세 및 개별소비세 등이 있다.

소득세는 개인에게 귀속하는 소득을 과세대상으로 하고, 법인세는 법인에 귀속하는 소득을 과세대상으로 한다. 부가가치세는 사업자가 우리나라 안에서 재화 또는 용역을 공급하는 것과 우리나라로 재화를 수입하는 것을 과세대상으로 한다. 상속세는 상속을 원인으로 무상이전된 재산을 과세대상으로 하고 증여세는 증여를 원인으로 무상이전된 재산을 과세대상으로 한다. 재산세와 종합부동산세는 부동산과 같은 재산의 보유사실을 과세대상으로 한다.

각 조세상 과세대상을 국민소득의 생성과 그 분배의 과정을 통해 이해할 수 있다. 외국과의 경제적 교류가 없는 폐쇄경제를 상정한다면 각 생산단계에서 창출되어 시장에서 실현된 부가가치의 합계액은 시장에서 소비 또는 투자를 위해 지출되는 금액과 일치한다. 소비와 투자는 인적 또는 물적 자산의 가치를 유지 또는 상승시킨다는 점에서 동일한 기능을 한다. 지출의 효용이 지속되는 기간에 차이가 있을 뿐이다. 소비는 인적 자산의 능력을 유지 또는 발전시킨다. 투자는 기업의 생산능력을 제고한다. 분배된 국민소득은 소비 또는 저축으로 처분된다. 소비와 저축의 합계액은 소비와 투자의 합계액과 균형을 이루게 된다. 저축은 자본을 형성한다. 저축된 자본은 화폐자산의 형태로 남아 있거나 다른 인적 자산 또는 물적 자산을 구입하는 데 사용된다. 어떤 형태의 자산으로 존재하는가에 따라 국민총생산 중 분배받을 것이 정해진다.

자본은 화폐시장경제에서 화폐의 가치를 이용하여 평가된다. 법적으로 보호받는 자본은 자본가로 하여금 인적 자산 또는 물적 자산을 보유할 수 있게 한다. 인적 자산은 사람으로서 노동을 창출한다. 물적 자산은 재산적 가치가 있는 모든 자산이다. 그중 자본이득을 창출할 수 있는 자산을 자본자산이라고 한다. 자본자산이 낳는 자본이득은 국민총생산 또는 분배소득에 반영되지는 않는다. 자본자산의 가치는 해당 자산으로부터의 미래현금흐름을 현가화하여 산정할 수 있으므로 자본자산 중 일부는 향후 현금을 창출하는 과정에서 국민소득을 증가시키는 데 기여할 것이며 기여한 정도에 따라 분배를 받게 될 것이다.

개인 및 기업과 더불어 사회의 경제 주체 중 하나인 국가와 지방자치단체는 경제의 흐름에 조세와 재정지출을 수단으로 참여하게 된다. 국가는 자산의 보유 그 자체 또는 활용 결과 분배받은 소득에 대해 과세한다. 인적 자산에 과세하는 경우 그것은 인두세가 된다. 물적 자산에 과세하는 것에는 재산세·종합부동산세와 같은 부동산보유세 등이 있다. 자산을 소유할 수 있는 잠재력에 대해 과세한다면 그것은 부유세가 될 것이다. 자산의 운용결과에 대한 조세는 생산국민소득과 분배국민소득의 형성과정에 붙게 된다. 생산국민소득은 각 생산단계의 부가가치의 합이다. 그에 대해서는 부가가치세를 부과한다. 우리나라 및 EU 국가들은 소비형 부가가치세제도를 도입하여 투자지출에 대해서는 과세하지 않고 소비지출에 대해서만 과세하고 있다. 시장에서 재화나 용역을 판매한 후 얻게 되는 총이윤은 그 생산과정에 기여한 각 생산요소, 즉 자산의 기여도에 따라 배분된다. 여기서 자본은 주식이나 채권과 같은 자산의 형태로 생산에 기여하고 이자나 배당을 받아 가게 된다. 부동산과 같은 다른 물적 자산에 대해서는 임대료가 지급된다. 인적 자산에 대해서는 급여가 지급된다. 이들 이자, 배당, 임대료 및 급여에 대해서 소득세가 부과된다. 자본이 주식, 채권 및 부동산과 같이 생산에 기여하는 자산으로 전환되지 않고 장롱 속의 현금으로 남아 있을 수 있다. 이 경우 생산에 기여한 바는 없으므로 분배에 참여할 수는 없을 것이다. 그러나 현금도 자본이득은 창출할 수 있다. 그 나라의 화폐가치가 상승하면 전 세계적인 관점에서 볼 때 자신이 자본이득을 얻게 되는 것이다. 여기서는 폐쇄경제를 상정하고 있으므로 그에 관한 논의는 적절하지 않다.

2022년 우리나라 국세의 세입은 396조원이다. 국세 중 소득세 129조원, 법인세 104조원, 부가가치세 82조원을 징수하였다. 2021년 징수실적으로 볼 때 국세와 지방세의 상대적 비율은 75.3:24.7이다.

2021년 우리나라 조세부담률은 22.1%, 국민부담률은 29.9%이다. 조세부담률이란 조세(국세와 지방세)를 경상 GDP로 나눈 것이며, 국민부담률은 조세와 사회보장기여금의 합계액을 경상 GDP로 나눈 것이다. 지하경제를 고려한다면 실제 조세부담률은 더 낮아질 것이다. 개별 세목별로 제대로 거두었어야 할 세액과 실제 부과된 세액과의 차이를 조세갭(Tax Gap)이라고 한다. 조세갭을 만들어내는 경제영역을 지하경제라고 할 수 있다. 우리나라의 지하경제의 규모는 10~30% 정도 될 것으로 추산되고 있다.

국회의 「2024년도 조세지출예산서」에 따르면, 정부는 2024년 국세의 조세지출예산 규모를 77.1조원(경상 GDP 대비 3.3%)으로 전망하였다. 감면 전 국세수입

대비 조세지출예산 비중인 국세감면율은 16.3%로 법정한도 14.0%(직전 3년간의 국세감면율 평균+0.5%p, 국가재정법 제88조)를 2.3%p 초과하였다.

　　국민부담률이 30%에 육박한다는 것은 계량적으로 볼 때 국민경제 순환구조 내에서 부가가치를 창출하지 않는 국가와 지방자치단체가 소득을 분배하는 데에 30% 참여하고, 가득한 소득을 지출하는 데에 30% 참여한다는 의미가 된다. 공공부문의 참여는 개인 및 기업과 같은 민간부문과의 권리의무관계를 형성하는 것이며, 이에는 법규적인 근거가 필요한 것이다. 국민부담률이 높아질수록 공공부문과 민간부문은 재정수입과 지출과 관련하여 법적 접촉면이 넓어지게 된다. 특히 세입 측면에서 국민부담률은 국민의 재산권을 침해하는 공적인 권력행사의 총량을 의미한다. 어느 나라에서 운영되고 있는 조세제도상 국민부담률이 30%에 그치지만 그 안에서 조세지출을 5% 인정하고 있다면, 기본적인 세입은 35%이면서 조세지출을 5% 인정하는 격이 된다. 세입의 과정에서 공적인 권력행사의 총량은 40%에 이르는 것이 된다. 조세제도의 형성과 운영과정상 민주성과 효율성 제고의 요청은 그만큼 절실한 것이 된다.

제2절 세 법

제1항 세법의 체계

1. 세법의 개념·법원

세법은 조세부과의 근거와 절차에 관한 법규이다. 정부가 국민들로부터 세금을 걷기 위해서는 개별 국민들이 무엇 때문에 얼마의 세금을 내야 하는가에 대해 납득할 수 있는 근거를 제시하는 실체적 규정과 언제 어떤 방법으로 그 세금을 내야 하는가의 절차적 규정을 제시하여야 한다. 조세채무의 성립요건 및 성립한 조세채무의 내용에 관한 실체적 사항과 성립한 조세채무의 확정 및 소멸과정상 과세관청과 납세의무자가 밟아야 할 행위의 절차와 위법·부당한 행위의 시정에 관한 절차적 사항에 대해 규정하고 있다.

고대 및 중세의 국가들에서도 세금에 관한 법규인 세법이 있었다. 오늘날 헌법 및 법률과 달리 전제군주의 명령에 불과한 것임에도 법규의 형태로 존재한 이유는 세금의 부과징수 과정에서의 마찰을 최소화하기 위함이었다. 이 당시의 세법은 조세채무의 내용을 정하는 실체적 규정으로 구성되어 있었다. 세금 부과징수행위의 절차를 규율하는 내용은 찾아보기 어렵다. 로마시대나 프랑스 시민혁명 전 브루봉왕조 시절에서처럼 국가로부터 권한을 위임받은 민간의 업자들이 세금을 징수하는 경우도 있었다. 18세기 말 프랑스에서 징수청부업자(tax farmer)들의 횡포는 대혁명의 한 원인이 되었다. 오늘날 우리가 접하는 세법은 행정법으로서 행정관청의 행위를 규율하는 절차적 규정을 주된 내용의 하나로 하고 있다.

세법의 법원(sources of tax law)은 헌법, 법률, 대통령령, 부령 및 조약으로 구성된다. 헌법에는 조세에 관한 다수의 조항이 있다. 개별 세법은 법률(예, 소득세법), 대통령령(소득세법시행령) 및 부령(소득세법시행규칙)으로 되어 있다. 법률과 동등한 지위를 가진 조세조약(tax treaty)은 넓은 의미의 세법에 포함된다. 조세조약을 제외한 세법을 국내세법(domestic tax law)이라고 한다. 조세조약과 국내세법 모두 국민에게 공포됨으로써 발효하여 대국민 구속력을 갖게 된다.

2. 1세목 1법률 체계

세법은 정부가 공공서비스를 제공하기 위한 재원 또는 공공서비스에 대한 포괄적인 대가라는 점을 근거로 국민경제순환구조의 주요 길목에서 다양한 세목의 조세를 부과하는 규정을 두고 있다.

우리나라의 세법은 1세목 1법률 체계로 구성되어 있다. '세목'은 소득세 또는 법인세와 같은 개별적 조세의 종목을 말한다. 세법은 개별 종목의 조세별 또는 규율영역별로 제정된 법률과 그의 하위 법규인 대통령령 및 부령으로 구성되어 있다.

국세기본법상 '세법'이란 국세의 종목과 세율을 정하고 있는 법률과 국세징수법, 조세특례제한법, 국제조세조정에관한법률, 조세범처벌법 및 조세범처벌절차법을 말한다(국세기본법 제2조 제1호). 지방세기본법은 '지방세관계법'에 지방세법 등을 포함시키고 있다(지방세기본법 제2조 제1항 제4호). 본서에서 '세법'은 국세기본법상 세법뿐 아니라 지방세기본법상 지방세관계법을 포함한다.

국세기본법은 각 세법 간 일관되게 사용하여야 할 개념이나 원칙을 규정하는 외투법(Mantelgesetz)으로서 기능한다. 외투법이라 함은 외투 안에 어떤 옷을 입어도 외투가 그 기능을 할 수 있듯이 다양한 경우에 공통적으로 적용될 수 있는 법을 말한다. 1세목 1법률 방식을 채택한 독일과 일본의 조세기본법과 국세통칙법도 우리나라의 국세기본법과 유사하게 이런 역할을 한다.

세법은 매년 국회에서 수립하는 정부예산에 부수하여 상시 개정되고 있다(ambulatory revision). 새로운 개념이나 원칙에 관한 개정세법 규정이 해당 개정규정의 효력발생 이전의 과거 사실에 대해 적용되는 예외적인 경우도 있다(ex post facto law). 개정세법 부칙상 적용례 및 경과조치(grandfather clause)에 관한 규정이 중요한 역할을 한다.

오늘날 독일에서는 세법이 너무 많고 자주 개정되어 전문가들조차도 그 내용을 파악하기 힘들다고 한다. 영국 등 일부 영연방국가들은 세법을 알기 쉽게 개정하는 작업을 꾸준하게 진행해오고 있다. 전부개정작업을 진행하는 과정에서 새로 부분개정해야 할 필요가 나타나기도 한다.

하나의 법률인 내국세입법(Internal Revenue Code)이 여러 연방세 세목을 모두 규정하는 다세목 1법률 방식으로 되어 있다.

3. 국세기본법과 국세징수법

가. 국세기본법

국세기본법은 국세에 관한 조세법률관계의 기본적·공통적 사항과 위법·부당한 국세부과에 대한 불복절차를 규정한 국세에 관한 기본법이다(국세기본법 제1조). 여기서 '국세'는 국세 중 관세를 제외한 '내국세'를 말한다.

국세기본법은 1974년 12월 21일 법률 제2679호로 제정·공포되어 1975년 1월 1일부터 시행된 법률이다. 이는 당시 단행법으로 존재하던 국세심사청구법에 각 세법에 규정되어 있던 국세에 관한 기본적·공통적 사항을 통합한 법이다.

국세기본법은 총칙법적인 성격을 가지고 있다. 국세에 관하여 세법에 별도의 규정이 있는 경우를 제외하고는 국세기본법에서 정하는 바에 따른다(국세기본법 제3조 제1항).

국세기본법은 조세법률관계의 기본개념·원칙, 심사·심판 및 납세자의 권리 등에 관한 10개의 장으로 구성되어 있다. 조세법률관계의 기본 개념에 관한 사항은 제2조(정의), 제1장 제2절(기간과 기한) 및 제1장 제3절(서류의 송달)에서 규정하고 있다.

조세채무의 성립에 관해서는 주체인 인에 관해서 법인으로 보는 단체(국세기본법 제13조), 납세의무의 성립시기(국세기본법 제21조)를 규정하고 있다.

조세채무의 확정에 관해서는 납세의무의 확정(국세기본법 제22조), 경정 등의 효력(국세기본법 제22조의 3)을 규정하고 있다. 납세의무자의 신고 또는 과세관청의 결정은 납세의무를 확정하는 효과가 있다(국세기본법 제22조 제2항 및 제3항).

조세채무의 소멸에 관해서는 제3장 제4절에서 규정하고 있다.

조세채무의 승계, 연대납세의무, 일반채권과의 관계 등은 제3장 제2절, 제3절 및 제4장에서 규정하고 있다.

과세관할을 포함한 과세에 관해서는 제5장(제43조부터 제50조)에서 규정하고 있다.

국세기본법은 심사와 심판 및 납세자의 권리에 대해 규정하고 있다. 국세기본법 또는 세법에 의한 처분으로서 위법 또는 부당한 처분을 받거나 필요한 처분을 받지 못함으로써 권리 또는 이익의 침해를 받은 자는 (행정심판법이 아닌) 국세기본법이 정한 절차에 따라 그 처분의 취소 또는 변경이나 필요한 처분을 청구할 수 있다(제7장). 세무공무원은 원칙적으로 납세자의 신고사항이 성실하다고 추정하며, 납세자는 세무조사를 받을 때 조력을 받을 권리가 있다(제7장의 2).

나. 국세징수법

국세징수법은 국세 전반에 관하여 납부, 고지 및 강제징수를 중심으로 한 광의의 징수처분을 규율하는 법률이다. 국세징수법은 각 세법에 따라 확정된 국세채무의 임의적 이행을 청구하는 고지·독촉절차와 그 조세채무의 불이행으로 발생한 체납액에 대한 강제적 징수절차인 체납처분절차로 구성되어 있다. 국세징수법에 의한 납부(국세징수법 제12조) 또는 강제징수(체납처분)로 조세법률관계는 소멸한다.

제1장 총칙, 제2장 신고납부, 납부고지 등 및 제3장 강제징수로 구성되어 있다. 다른 법률이 "국세징수의 예에 의한다."는 취지의 규정을 둘 경우 강제징수에 관한 제3장 이외에 징수의 순위에 관한 제3조(제1장), 독촉절차에 관한 제10조 등(제2장)이 모두 준용된다. "국세체납의 예에 의한다."는 취지의 규정을 둘 경우 대부분 그 법 자체에서 고지, 납부 또는 독촉에 관한 조항을 따로 두고 있기 때문에 국세징수법 중 제3장(강제징수) 이외에 다른 징수절차에 관한 규정들이 준용될 여지는 거의 없다.

4. 법률과 위임입법

조세의 부과 및 징수에 관한 법률은 다른 법률과 동일하게 대통령 또는 국회의원 10인 이상이 발의하여 개정한다. 국회에서 동일한 사항에 대해 여러 법안이 동시에 제출되면 상임위 심의과정을 거쳐 원래의 각 법안들은 폐기되고 대안이 본회의에 상정되기도 한다. 예를 들어, 2015년 정부의 소득세법개정법률안과 국회의원 10인 이상이 발의한 16개 개정법률안들이 병합된 하나의 대안 법안인 의안번호 1917989 소득세법 일부개정법률안(대안)이 2015년 12월 2일 국회 본회의에서 심의가결된 후 대통령에 의해 2015년 12월 15일 법률 제13558호로 공포되어 2016년 1월 1일부터 시행되었다.

국회 내 위원회는 세입예산안 부수 법률안의 심사를 매년 11월 30일까지 마쳐야 하며, 그 날까지 심사를 마치지 아니한 때에는 그 다음 날에 위원회에서 심사를 마치고 바로 본회의에 부의된 것으로 본다(2012년 5월 개정된 국회법 제85조의 3). 이에 따라 정기국회에 상정된 세법개정안이 세입예산안부수법률안으로 지정될 경우에는 2014년부터는 해당 연도 12월 중순 발효하고 그 다음해 1월 1일 시행되게 되었다.

대통령은 세법의 위임에 의하거나 그 집행을 위해 필요한 법규를 대통령령으로 제정할 수 있다. 세액에 영향을 주는 사항은 법률의 위임이 필요하지만 집행을 위한 절차적 사항은 그렇지 않다.

입법부가 법률의 하위규범 형성을 행정부에 위임한 경우 행정부가 위임입법을 제대로 마련하는지 감독할 수 있는 권한을 가지고 있다. 국회 상임위원회는 시행령과 시행규칙이 법률의 취지에 합치되지 않은 경우에는 정부로부터 그 처리계획과 결과를 보고받는다(국회법 제98조의 2). 독일의 동의권의 유보(Zustim-mungsvorbehlat), 영국의 의회보고(laying before Parliament), 미국의 의회거부(legislative veto) 등의 제도적 사례가 있다. 법원은 법률에 의한 위임의 한계를 일탈한 하위법규를 무효로 판단하게 되며, 헌법재판소는 하위법규에 포괄위임하는 법률조항을 위헌으로 판단하게 된다. 법원과 헌법재판소 모두 해당 법규가 구체적 사실관계에 관한 올바른 법 적용에 관한 재판의 전제가 된 경우에 한하여 무효 또는 위헌여부를 판단한다. 국회는 재판을 전제로 하지 않고 행정부를 통제할 수 있지만 하위법규를 바로 무효로 만들지는 못하며, 상위 법규인 법률을 통해 하위법규를 통제할 수 있을 뿐이다.

제2항 세법의 이념

세법은 법이 추구하는 '정의', '법적 안정성' 및 '합목적성'의 이념 위에 형성된다. 이들 이념은 세법의 해석상으로도 존중된다.

1. 정 의

헌법 제11조는 모든 국민은 법 앞에 평등하며, 누구든지 성별·종교 또는 사회적 신분에 의하여 정치적·경제적·사회적·문화적 생활의 모든 영역에 있어서 차별을 받지 아니한다고 규정하고 있다. 모든 국민은 세법 앞에 평등하며 신분으로 인해 과세상 차별받지 않는다. 세법은 이러한 원칙에 따라 입법되고 집행되어야 한다.

헌법 제11조는 법의 이념인 '정의(justice)'를 우리 헌법이 수용한 것이기도 하다. 헌법상 정의는 자유, 행복 및 민주적 가치의 추구 등을 포괄한다. 세법이 추구하는 과세상 평등추구 또는 과세에 의한 평등추구의 내용은 민주적으로 결정되어야 한다. 절대군주가 제정한 세법에 의한 조세의 부과는 법적 안정성을 보장할 수 있지만 평등과 합리적 이유에 의한 차별의 내용을 납세의무자 스스로 결정하는 절차적 정의를 얻을 수 있게 하는 것은 아니다.

가. 분배적 정의

정의는 사회적 부담과 편익의 분배에 관한 '분배적 정의(distributive justice)'를 의미한다고 볼 수 있다. 부담능력을 기준으로 한 과세, 즉 사회적 부담의 분배는 분배적 정의의 대표적인 예가 될 수 있다.

납세의무의 분배상 평등은 '과세상 평등추구(equality in taxation)'를 의미한다. 조세의 부과상 평등하여야 한다는 것이다. 차별은 합리적 이유가 있을 경우 허용된다. 납세의무는 담세능력(ability to pay) 또는 향유 편익(benefit)에 따라 부과될 수 있다. 담세능력은 소득세에서는 소득금액, 재산세에서는 재산금액, 소비세에서는 소비지출액을 말한다. 외국인에 대해서는 합리적인 이유에서라면 차별적

과세가 허용될 수도 있다. 각자의 처지를 고려하여 차등을 두는 것은 비례적 평등(proportional equality)으로서 획일적인 평균적 정의와는 구별되어 오늘날 조세가 갖추어야 할 '공평성(equity)'의 관념에 부합하는 것이다.

나. 재분배의 요청

헌법 제119조 제2항은 국가는 균형 있는 국민경제의 성장 및 안정과 적정한 소득의 분배를 유지하여야 한다고 규정하고 있다. 이에 근거하여 세법이 정부재정 부담의 합리적 분배에서 더 나아가 사회적 지위의 변경을 위한 재분배(redistribution)를 추구할 수 있는가?

조세는 소득과 부의 재분배를 위한 수단이 될 수 있다. 경제 전체에서 조세가 차지하는 비중이 늘어날수록 조세의 소득과 부의 재분배기능이 활성화된다. 다른 조건이 동일하다면 직접세가 더 큰 효과를 가져온다. 조세가 소득과 부의 재분배에 기여하게 되는 경우를 '과세에 의한 평등추구(equality by taxation)'라고 말할 수 있다.

과세에 의한 평등추구를 위한 구체적 방안으로는 조세의 강제적 부과로 소득이나 재산의 규모를 줄이는 방법과 과세상 혜택을 주어 스스로 소득이나 재산을 타인에게 이전하도록 유도하는 방법이 있다. 기부금의 일정액을 소득세를 계산할 때 공제를 해주는 것이 후자의 예가 된다.

과세에 의한 부의 재분배에는 한계가 있다. 헌법 제23조는 모든 국민의 재산권은 보장되며, 공공필요에 의한 재산권의 수용에 대해서는 정당한 보상이 주어진다고 규정하고 있다. 재산의 원본을 잠식하는 결과가 되는 과세라면 그것은 수용에 해당할 수도 있다.

2. 법적 안정성

법은 행위의 효과를 미리 알고 그 행위의 실행 여부를 결정할 수 있게 한다. 세법은 납세자가 사전에 자신의 행위에 의한 조세효과를 예측할 수 있게 하여야 하며, 사후에는 예측한 효과를 보장할 수 있는 것이어야 한다.

적법하게 성립된 조세채무액이 사후 제정된 법규(ex posto facto law)에 의해 소급하여 증액되어서는 안 된다. 장래적으로만 효력이 발생하는 세법을 제정할 때에도 형평을 고려할 필요가 있다. 특정 계층에게 적용되는 일회성의 조세는 계층 간 또는 행위시기 간을 합리적 이유 없이 차별하는 것이 될 수 있다. 조세를 폐지하는 세법의 경우에도 폐지 이전에 조세를 납부한 자가 불형평의 이의를 제기할 수 있을 것이다.

세법은 전체 법체계 안에서 유기적으로 작동하여야 한다. 이를 위해 먼저 세법은 알기 쉽게 만들어져야 한다. 납세자는 과세관청과 대등한 위치에서 올바른 세법의 해석과 적용을 위해 다투어야 할 위치에 있다. 세법은 일상적 민사법률용어를 최대한 활용하여 만들어져야 한다.

세법은 통상적으로 이해되는 문언의 의미대로 해석되어야 한다. 세법은 사인 간 형성된 권리의무관계, 즉 법률관계를 존중하면서 적용되는 것을 원칙으로 한다. 세법이 사적 법률관계를 부인하는 내용을 갖는다면 그러한 부인의 내용을 미리 알 수 있도록 할 필요가 있다. 조세효과를 예측할 수 없으면 사적 법률관계의 형성 여부를 소신 있게 결정하기 어렵다.

과세관청에 의한 세법의 자의적 해석과 적용을 통제하기 위해서는 과세관청의 행위에 대해 다툴 수 있는 쟁송의 수단이 발달하여야 한다. 절대군주시대에는 세법의 내용을 잘 아는 지방관리의 자의적 집행을 통제하기 어려웠다. 오늘날 조세행정처분에 대한 불복절차 및 재판은 과세상 법적 안정성의 제고에 기여하고 있다.

3. 합목적성

법의 내용이 아무리 정의롭고 규정상 명확하게 되어 있다고 하더라도 실제 사회에서 적용되지 않고 있다면 공허한 것이 된다. 법은 개별 상황에 적합한 합리적인 방안을 도출하는 것이어야 한다. 법은 살아 숨 쉬면서 사회가 추구하는 가치를 달성하는 데에 기여하여야 한다. 이러한 가치에 대한 요청을 합목적성이라고 한다.

세법 입법의 가장 중요한 목적은 정부재정조달이므로 세법은 실제 경제상황에 가장 적합한 방법으로 정부재정을 조달하도록 구성되어야 한다.

　세법은 조세가 국가사회의 경제·사회적 정책 목표 달성에 기여하도록 구성되어야 한다. 조세의 정책수단으로서의 기능은 사회적 시장경제를 지향하는 헌법 제119조에 의해 그 한계가 지워진다.

　세법 조항은 해당 조항의 도입취지를 충분히 고려하여 해석되어야 한다. 세법은 재정조달을 일차적인 목표로 하는 법이라는 이유로 모든 조항이 조세를 많이 걷는 쪽으로 해석되어야 하는 것은 아니다. 세법조항은 고루 공평성과 효율성을 기본적인 가치로 전제하는 위에 개별적인 정책목표나 세법고유의 논리에 입각하여 마련된 것이다. 개별 세법조항이 추구하는 하나하나의 정책목표에 항상 증세라는 취지가 깔려 있는 것이 아님은 재론의 여지가 없다. 조세를 더 걷고자 한다면 세법을 개정하여 과세대상을 늘리거나 세율을 올리는 입법적인 조치를 하면 된다.

제 2 장

세법의 입법

2005년 독일의 조세헌법학자 Paul Kirchhof가 발간한 책「새로운 세법으로 가는 길(*Der Weg zu einem neuen Steuerrecht*)」에 의하면, 최근 3년간 소득세법은 29번 개정되었다고 한다. 의회에서 답변 중이던 연방재무장관은 당시 독일에서 발효 중인 조세관련 법률이 218개가 넘지만 정확한 수를 제시할 수 없다고 하였다고 한다. Paul Kirchhof는 독일세법을 가리켜 세상에서 누구도 이해할 수 없는 법이며, 그런 이유로 법으로 보기 어렵다고 하였다.

  이 책의 제1장에서 우리나라 세법은 1세목 1법률 방식으로 구성되어 있다고 하였다. 현재 발효 중인 조세법규는 국세청 홈페이지상 "국세법령정보시스템"에 모두 수록되어 있다. 그곳이 수록하고 있는 법률만 모두 28개에 이르고 그 하위법령인 시행령과 시행규칙은 각각 그보다 많은 수에 이른다.

  국회는 헌법이 정한 입법 원칙의 범위 내에서 법률을 제정할 수 있다. 헌법상 원칙에 위배되는 세법은 위헌적인 것으로서 효력을 상실하게 된다. 법원과 헌법재판소 모두 해당 법률규정에 근거한 구체적인 권력작용의 적법성에 대한 재판이 전제가 된 경우에 한하여 해당 법률규정의 위헌여부를 판단한다(추상적 규범통제의 배제). 법원에 구체적 권력작용의 위법성을 주장하는 소송을 제기한 자는 그 작용의 근거가 된 법률규정이 헌법을 위반한 것이라는 주장을 할 수 있다. 그 주장에 동의하는 법원은 헌법재판소에 위헌법률심판을 제청할 수 있다. 법원이 동의하지 않을 때 해당 소송을 제기한 자는 직접 헌법재판소에 위헌법률심판청구를 할 수 있다. 헌법재판소는 청구가 헌법재판요건을 갖춘 경우 해당 법률의 구체적인 조문이 헌법에 위반하여 무효인지에 대해 판단한다.

제1절 조세법률주의

헌법 제59조는 "조세의 종목과 세율은 법률로 정한다."는 '조세법률주의'를 규정하고 있다. 조세법률주의는 조세행정에서의 법치주의를 말한다. 국민의 권리를 제한하거나 의무를 부과하는 경우 법률에 근거하여야 한다는 법치행정의 원칙(행정기본법 제8조)은 '법률의 유보', '불명확개념의 금지' 및 '소급입법의 금지'로 나타나고 있다. 세법상 '법률의 유보'는 '과세요건법정주의'로, '불명확개념의 금지'는 '과세요건명확주의'로, '소급입법의 금지'는 '조세법령불소급원칙'으로 논해지고 있다.

헌법 제59조에 의하면 국세뿐 아니라 지방세도 국회의 법률로 정하여야 한다. 지방의회의 조례에 의한 세목의 창설은 허용되지 않는다. 미국, 독일 및 일본에서 지방자치단체에 의한 개별 세목의 창설을 인정하는 것과 대비된다.

제 1 항 역 사

조세는 그 납부자인 귀족들의 자문을 거쳐 부과되어야 한다는 내용(제12조)을 포함하는 1215년 영국의 권리장전(Magna Carta)은 비록 귀족들과 국왕 간의 선언적인 합의에 그치는 것이었지만 근대적 조세법률주의가 성문화된 최초의 사례로 평가된다. 이후 1628년의 권리청원(Petition of Right) 및 1689년의 권리헌장(Bill of Rights)에서도 동일한 원칙이 확인되었다.

1776년 미국의 독립선언과 1787년 독립헌법(제1조 제8항 제1호 연방의회의 조세입법권한)에 성문법에 의한 조세부과의 원칙이 반영되어 있다. 미국 연방헌법은 적법절차원칙 및 연방과 주 간 권한배분에 관한 원칙도 규정하고 있다.

독일의 '과세의 법률적합성원칙(Grundsatz der Gesetzmäßigkeit des Besteue—rung)'은 삼권분립에 의한 법치주의에서 파생하는 것이다. 삼권분립제도는 몽테스키외가 1748년 「법의 정신(De l'esprit des lois)」에서 주창한 것이다. 19세기 후반 독일제국과 그 구성국에서 조세제도 정립을 위한 원칙이 되어 왔다. 1차 대전 후 바이마르공화국 당시에는 조세법상 형식적 법치주의의 개념이 지배하고 있었으며, 2차 대전 후 실질적 법치주의의 개념이 도입되었다.

독일에서 '형식적 법치주의원칙(formal Rechtsstaatlichkeit)'은 '법적 안정성(Rechtssicherheit)' 제고를 주된 목적으로 한다. 세법상으로는 과세의 '법률적합성원칙(Gesetzmäßigkeit)' 또는 '합법성원칙(Legalität)'이라고도 한다. 그 하위원칙으로서 세법 입법상 '법률의 유보(Vorbehalt des Gesetzes)', '조세법명확(der Bestimmtheit von Steuergesetzen)' 및 '소급입법의 금지(das Verbot rückwirkender Steuergesetze)'가 거론된다. 세법 적용상으로는 '법률의 우위(Vorrang des Gesetzes)', '납세자신뢰보호(Vertrauen in behördliches Verhalten)', '흠결보충 또는 유추적용의 금지(Lückenausfüllungs—oder Analogieverbot)' 및 과세의 '요건적합성(Tatbestand—mäßigkeit)'이 거론된다.

독일에서 '실질적 법치주의원칙(material Rechtsstaatlichkeit)'은 세법상으로는 과세상 '법률적합성(Gesetzmäßigkeit)' 및 '평등(Gleichmäßigkeit)'에 의해 '조세정의(Steuergerechtigkeit)'를 추구하는 것을 주된 목적으로 한다. 세법상 평등원칙은 응능부담의 원칙(Leistungsfähigkeitsprinzip)에 따라 경제적 실질에 대해 과세하고 조세회피를 방지하여야 한다는 원칙으로 구체화되고 있다.

일본에서 근대적 형태의 조세에 관한 법적 근거는 흠정헌법인 1890년의 명치헌법에서 그 뿌리를 찾아볼 수 있다. 명치헌법 제21조는 "일본 신민은 법률이 정하는 바에 따라 납세의무를 부담한다."고 규정하고 동 제62조 제1항은 "새로운 조세를 부과하거나 세율을 변경하는 경우에는 법률에 의한다."고 규정하고 있다. 오늘날 일본헌법 제30조는 "국민은 법률이 정하는 바에 따라 납세의무를 부담한다."고 규정하고 있다. 그리고 재정에 관한 제7장 중 제84조는 "새로운 조세를 부과하거나 현행의 조세를 변경하는 때에는 법률 또는 법률이 정하는 조건에 따라야 한다."고 규정하고 있다. 제84조는 재정에 관한 조세국가체제(Steuerstaat)를 천명하는 것이다. 일본헌법 제84조는 조세법률주의 원칙의 근거가 되는 조항이다.

제 2 항 주요 내용

1. 과세요건법정주의

헌법 제59조의 규정에 의하면 개별 세목의 조세의 창설과 변경은 법률로 하여야 한다. 조세는 납세의무자, 과세대상, 과세표준 및 세율을 구성요소로 하므로 어떤 세목의 조세를 창설하려면 이 구성요소들을 법률로 규정하여야 한다. 조세채무 성립의 4대 요소는 재산권 침해 또는 기본권 행사에 관한 본질적인 사항이므로 법률로 규정하여야 한다. 기본권 행사에 관한 본질적인 사항은 법률로 규정하여야 한다는 헌법상 원칙을 '본질성이론(Wesentlichkeitstheorie)'이라고 한다. 이 요소들은 조세채무를 성립하게 하는 '과세요건'이 될 것이므로 헌법 제59조의 내용을 '과세요건법정주의'라고 부를 수 있게 된다. 여기서 '과세요건'은 그 문면의 의미에 불구하고 '과세효과'를 포함한 조세채무 성립요소에 관한 사항뿐 아니라 조세채무의 확정과 이행의 절차에 관한 사항까지 대표하는 개념이다.

헌법 제75조는 법률에서 구체적으로 범위를 정하여 위임받은 사항이라면 대통령령에서 규정할 수 있다고 규정하고 있다. 법률이 하위 법규에 위임할 때에는 하위 법규가 정할 권리침해 또는 부여의 '내용, 목적 및 범위(Inhalt, Zweck und Ausmaß)'를 명확히 규정하여 예측가능하도록 하여야 한다(독일헌법 제80조 제1항 참조). '예측가능성'의 유무는 각 대상법률의 성질에 따라 구체적·개별적으로 검토하여야 하므로, 법률조항과 그 입법취지를 종합적으로 고려할 때 합리적으로 그 대강이 예측될 수 있는 것이라면 위임의 한계를 일탈한 포괄위임규정으로 보지 않는다(헌법재판소 1997. 9. 25. 선고 96헌바18 결정). 위임의 구체성·명확성의 요구 정도는 규율대상의 종류와 성격에 따라 달라질 것이지만 특히 조세법규와 같이 국민의 기본권을 직접적으로 제한하거나 침해할 소지가 있는 영역에서는 구체성·명확성의 요청이 강화된다(헌법재판소 1996. 6. 26. 선고 93헌바2 결정 헌법재판소; 1998. 6. 25. 선고 95헌바35 결정 등).

헌법재판소는 법률이 대통령령에 포괄위임한 위헌적인 것인지를 판단하며, 대법원은 대통령령이 법률의 위임의 한계를 초과한 위헌적인 것인지를 판단한다

(헌법재판소 2001. 9. 27. 선고 2001헌바11 결정, 행정기본법 제38조 제1항). 법규명령이 법률의 위임 범위를 벗어났는지는 직접적인 위임 법률조항의 형식과 내용뿐만 아니라 법률의 전반적인 체계와 목적 등도 아울러 고려하여 법률의 위임 범위나 한계를 객관적으로 확정한 다음 법규명령의 내용과 비교해서 판단해야 한다(대법원 2021. 7. 29. 선고 2020두39655 판결).

[사례] 헌법재판소는 법인세법이 "익금에 산입한 금액의 처분은 대통령령이 정하는 바에 의한다."고 규정한 것은 포괄위임이므로 위헌이라는 결정을 하였다(헌법재판소 1995. 11. 30. 선고 93헌바32 전원재판부 결정). 법인의 대표가 법인이 매출한 금액을 법인의 수익으로 계상하지 않고 임의로 횡령한 것이 세무조사에 의해 밝혀진 경우 그 세무조사에 의해 익금에 산입한 금액은 당해 법인에 유보되어 있지 않고 법인의 외부로 사외유출된 것으로 보아야 한다. 이때 그 대표에게 소득세를 부과하기 위해서는 이와 같은 방법으로 법인의 대표가 횡령한 것도 소득의 하나라는 소득세법상 규정이 있어야 한다. 아울러 그와 같은 소득세법상 과세가 가능하게 되는 가교가 되는 규정인 법인세법 규정도 법률의 단계에서 누구의 어떤 소득이 될 것인가 하는 소득처분의 본질적 내용을 규정하여야 한다. 미처 법률에서 그 구체적인 상세를 규정하지 못하는 경우에는 시행령에서 어떤 내용이 규정될 것인가를 예측할 수 있는 정도의 규정은 두고 있어야 한다.

구 법인세법 제32조 제5항에 따라 법인세 과세표준을 경정하면서 익금에 산입한 금액을 그 귀속자에게 소득 처분하였음을 이유로 그 의제소득에 대하여 종합소득세를 부과하는 처분에 관하여, 구 법인세법 제32조 제5항에 대한 헌법재판소의 위헌결정(헌법재판소 1995. 11. 30. 선고 93헌바32 전원재판부 결정 등)이 있었음을 이유로 처분사유를 교환·변경하면서, 과세단위가 단일한 종합소득세의 세목 아래에서 같은 금액의 소득이 현실적으로 귀속되었음을 이유로 들어 과세근거 규정을 달리 주장하는 것은 처분의 동일성이 유지되는 범위 내의 처분사유의 교환·변경에 해당하므로 허용된다. 과세처분의 적법성에 대한 증명책임은 과세관청에 있는 바, 위와 같이 교환·변경된 사유를 근거로 하는 처분의 적법성 또는 그러한 처분사유의 전제가 되는 사실관계에 관한 증명책임 역시 과세관청에 있고, 특히 무효확인소송에서 원고가 당초의 처분사유에 대하여 무효사유를 증명한 경우에는 과세관청이 그처럼 교환·변경된 처분사유를 근거로 하는 처분의 적법성에 대한 증명책임을 부담한다(대법원 2023. 6. 29. 선고 2020두46073 판결).

헌법재판소 1995. 11. 30. 93헌바32 결정에 따라 개정된 소득처분에 관한 법인세법 제67조는 "익금에 산입한 금액은 그 귀속자 등에게 상여·배당·기타 사외유출·사내유보 등 대통령령이 정하는 바에 따라 처분한다."고 규정하고 있다. 법인세법시행령은 "귀속이 불분명한 경우에는 … 대표자에게 귀속된 것으로 본다."고 규정하고 있다(법인세법시행령 제106조 제1항 제1호 단서). 아울러 현행 소득세법 제20조는 법인세법 제67조의 규정에 따라 상여로 처분된 금액을 근로소득의 하나로 과세하는 규정을 두고 있다.

대법원은 현행 법인세법 제67조가 "그 귀속자 등에게"라고 규정하여 귀속자가 불분명한 경우도 규정할 수 있도록 법인세법시행령에 위임하고 있다고 하면서 법인세법시행령 제106조 제1항 제1호 단서가 법인세법 제67조가 설정한 위임의 한계를 일탈한 것은 아니라고 판단하였다(대법원 2008. 9. 18. 선고 2006다49789 전원합의체 판결).

대법원 2008. 9. 18. 선고 2006다49789 전원합의체 판결은 법인세법시행령 제106조 제1항 제1호 단서의 규정은 국세기본법 제14조상 실질과세원칙에 대한 예외조항이라는 전제에 입각하고 있다. 헌법재판소도 예외조항인 점을 인정하고 있다(헌법재판소 2009. 3. 26. 선고 2005헌바107 결정).

2. 과세요건명확주의

법규는 모든 국민이 자신의 행위에 따른 법적 효과를 알 수 있도록 입법되어야 한다. 사인 간 법률관계를 형성할 때 약정을 명확히 해둘 필요가 있듯이 국가와의 관계에서 국민이 충분히 계획하고 행동할 수 있도록 법규는 확정적이고 명쾌해야(bestimmt und klar) 한다(행정기본법 제38조 제2항 제3호). 이를 법규의 '명확성원칙(Bestimmtheitsprinzip)'이라고 한다.

세법의 영역에서 명확성의 원칙은 '과세요건명확주의'라고 일컬어지고 있다. 국민이 어떤 행위를 하기 위해 계획을 세우는 과정에서 세법은 그 행위의 과세상 효과가 무엇인지 알 수 있도록 충분히 명확하여야 한다.

과세요건명확주의를 과세요건법정주의와 결합하여 본다면 그것은 본질적 사항은 법률에서 명확하게 규정함으로써 국민의 행위와 그에 대한 행정관청의 행위의 효과에 관한 규정의 내용, 목적 및 범위(Inhalt, Zweck unde Ausmaß)를 명확하게 하여야 한다는 것이 된다. 행정관청의 판단에 의해 그 본질적 내용이 좌우되도록 하여서는 안 된다.

'불명확개념(unbestimmter Begriff)'을 사용한 세법조항은 원칙적으로 위헌으로서 무효이다. 현실의 세법에서는 실로 다수의 불명확개념들이 사용되고 있다. 헌법재판소가 불명확개념을 사용하고 있다는 이유만으로 해당 세법조항이 위헌이라는 판단을 하는 사례는 극히 소수에 불과하다.

추상적 용어를 사용하지 않을 수 없는 세법으로서는 합헌적 수준의 명확성을 확보하는 것이 큰 과제가 된다. '부정한 행위'를 하여 조세를 포탈하면 조세포탈범으로 처벌받는다. 부정한 행위의 개념은 조세범처벌법에서 정의하고 있다. 한편 소득세법 제41조는 일정한 추가적인 요건하에 조세의 부담을 부당하게 감소시킨 행위 또는 계산은 과세를 위한 사실로서 인정하지 않도록 규정하고 있다. 소득세법과 그 하위 법규는 '조세부담을 부당하게 감소시킨 행위 또는 계산'의 개념에 관한 정의규정을 두고 있지만 그 내용을 자세히 보면 '조세부담의 부당한 감소'의 의미를 명확하게 정의하고 있다고 보기 어렵다(예, 소득세법 제41조 및 소득세법시행령 제98조 제2항 제5호). 법원이 이를 '경제적 합리성'이 없는 경우로 해석한 사례들이 있다(대법원 2005. 5. 12. 선고 2003두15287 판결(소득세 관련); 대법원 2006. 11. 10. 선고 2006두125 판결(법인세 관련)). 이는 조세채무의 내용을 결정하는 중대한 개념이므로 법률에서 그 의미를 정의하여야 한다(국제조세조정에관한법률 제3조 제4항은 '정당한 사업목적'의 개념을 사용하고 있고, 제8조 제2항과 제3항은 '상업적 합리성'의 개념을 사용하고 있다).

과세요건명확주의는 비단 세법상 사용되는 용어의 선택에만 요청되는 것은 아니다. 세법의 문장과 규정체계도 국민이 이해하기 쉬워야 한다. 정부가 추진하고 있는 '알기 쉬운 세법 만들기' 작업은 합헌적 세법 만들기의 일환이다.

3. 조세법령불소급의 원칙

헌법 제13조 제2항은 모든 국민은 소급입법에 의하여 재산권을 박탈당하지 않는다고 규정하고 있다(prohibition of ex posto facto law). 국민의 재산권은 헌법 제23조에 따라 보장되지만, 국가는 헌법 제38조 및 제59조에 근거한 세법에 의하여 그것을 침해할 수 있다. 헌법 제13조 제2항은 이와 같은 침익법인 세법의 소급입법을 금지하고 있다.

납세의무 또는 원천징수의무가 성립한 소득, 수익, 재산, 행위 또는 거래에 대해서는 그 성립 후의 새로운 세법에 따라 소급하여 과세할 수 없다(국세기본법 제18조 제2항 및 행정기본법 제14조 제1항).

조세에는 일정한 행위 또는 사건이 발생하면 바로 납세의무가 성립하도록 하는 "비기간과세세목의 조세(nichtperiodische Steuern)"와 일정 기간 동안 이루어진 행위 또는 사실에 의하여 누적된 결과를 과세대상으로 하여 납세의무가 성립하도록 하는 "기간과세세목의 조세(periodische Steuern)"가 있다. 양도소득에 대한 소득세, 재산보유세 및 증여세·상속세는 원칙적으로 전자에 해당하고, 종합소득에 대한 소득세, 법인세 및 부가가치세는 후자에 해당한다.

새로운 세법 규정이 소급적용되는 것인지는 개별적인 과세대상에 대한 종전의 세법 규정상의 조세채무가 이미 성립하였는지 여부에 따라 판단한다. 조세채무는 원칙적으로 세법에서 정한 과세요건 사실이 발생하면 자동적으로 성립하며, 그 성립한 조세채무를 납세자 또는 과세관청이 과세관청 또는 납세자에게 신고 또는 부과하는 통지행위를 함으로써 확정된다. 이와 같은 통지행위는 추상적인 조세채무의 성립 이후 세법에서 정한 기간 내에 이루어지게 된다. 이미 구법에서 정한 과세요건을 충족하는 사실이 발생한 경우라면 아직 그런 통지행위가 없어 조세채무가 확정되지 않은 시점이라 하더라도 그 시점에 발효한 신법에 의해 해당 사실에 따른 조세채무를 달리 성립시킬 수는 없다.

(기간과세세목의 특징이 혼재되어 있지만) 비기간과세세목이라고 볼 수 있는 조세로서 양도소득에 대한 소득세를 예로 들면, 조세채무는 양도하는 자산의 잔금청산일(또는 부동산의 경우 등기접수일 중 빠른 날)에 성립한다. 양도소득에 대한 조세채무성립일 이후 발효한 새로운 세법 조항을 적용하는 것은 구법에 따른 법률효과에 의해 형성된 법률관계를 변경하는 것이 되므로 '진정소급입법(법률효과의 소급적용)'이라고 한다. 진정소급입법은 허용되지 않으므로 납세의무자는 (많아질 세금부담을 문제로 인식하는 자라면 스스로) 새 법규의 발효 전까지 자산을 처분할 수 있는 시간적 여유를 갖게 되며 그만큼 법적 안정성이 보장되는 것이다.

새로운 세법조항이 재산권을 침해하기보다는 보전해주는 성격을 지닌다거나 기존의 해석관행을 확인하는 확인적 규정일 때에는 그 소급적용이 허용된다.

[사례1] 1세대 1주택의 양도소득 비과세요건으로 3년 이상 보유를 규정하고 있는 조항이 개정되어 5년 이상 보유로 비과세요건이 강화된 상황을 가정해보자. 개정 비과세조항이 발효한 직후 4년 보유한 자가 거둔 양도소득에 대해 개정 비과세조항을 적용한 결과 비과세 혜택을 받지 못하게 되더라도 이는 소급과세에 해당하지 않는다. 비과세조항이 개정되는 시점의 4년 '보유' 사실에 대해서는 종전 비과세조항이 어떠한 법률효과도 주지 않았다. 종전 비과세규정은 3년 '보유'의 사실로 비과세의 혜택을 확정(vest)하는 내용을 규정하고 있었던 것은 아니기 때문이다. 비과세조항은 '양도'의 사실에 대해 적용하는 것이며, 이 사례에서 양도는 개정 비과세조항이 발효한 이후에 이루어진 것이다.

[사례2] 상장주식 양도소득을 비과세하는 소액주주의 범위를 좁히는 개정조항이 발효되어 그간 소액주주이다가 대주주로 지위가 변경된 개인주주가 해당 개정조항 발효직후 주식을 양도하여 얻는 주식양도소득에 대한 과세는 소급과세에 해당하지 않는다.

조세채무 성립일 전 새 법규가 발효한 경우라면 그간 가지고 있던 구법에 의한 과세에 대한 기대는 보호받지 못한다. 미래 어느 시점의 재산의 처분에 대한 조세가 작을 것으로 보아 재산을 취득한 자의 기대는 보호되지 않는다. 구법에 따를 때에 아직 조세채무가 성립되지 않아 어떤 조세법률관계도 형성되기 전에 발효한 세법 조항으로 조세법률관계를 형성하도록 하는 것이므로 진정소급입법에 해당하지 않는다.

기간과세의 세목과 같이 어떤 과세기간이 종료함으로써 그 과세기간에 대한 조세채무가 성립하는 경우 해당 과세기간의 조세채무를 구성하는 요소가 이미 형성과정에 들어와 있지만, 아직 과세기간이 종료하지 않은 시점에 새로운 세법이 발효한다면 내용상 형성되어가고 있던 과세요건 중 일부분에 대해서는 그 새로운 세법이 소급적으로 적용되는 것으로 볼 수 있다. 법률적으로는 아직 조세채무가 성립하는 법률효과가 나타나지 않은 시점의 일이기 때문에 새로운 법률효과를 소급적용하는 것으로 볼 수는 없으며, 단지 법률요건 중 일부에 대해 소급적으로 연관시켜 효력을 발생시킨다는 의미에서 '법률요건의 소급연관' 또는 '부진정소급입법'이라고 하며 이는 원칙적으로 합헌이다.

부동산의 양도가 계속적·반복적이지 않을 때에는 그 양도로 발생하는 소득은 양도소득으로 과세되지만, 계속적·반복적일 때에는 그 양도로 발생한 소득은 부동산매매업의 사업소득이 된다. 부동산매매업사업소득은 양도소득과 구분되는 종합소득이므로 그에 대한 소득세는 기간과세방식으로 과세된다. 부동산매매업 사업소득에 대한 소득세액을 산정할 때에는 양도소득으로 과세될 경우의 세액과 비교하여 높은 세액으로 과세한다. 종합소득에 대한 소득세 납세의무는 한 역년(calendar year)의 마지막 날 자정에 성립한다. 해당 연도의 마지막 날 발효한 세법(세율을 인상하는 개정 후의 세법)으로 그 날 전에 잔금청산이 모두 이루어진 양도에 따른 소득을 부동산매매의 사업소득으로 과세하는 것은 부진정소급입법(법률요건의 소급연관)에 해당하여 원칙적으로 합헌이다.

부진정소급입법의 경우라 하더라도 소급연관된 법률요건 부분이 형성되고 있는 기간 중에는 구법에 따라 과세될 것이라는 신뢰가 있었을 것임은 분명하다. 헌법재판소는 부진정소급입법에 의해 침해받은 신뢰이익과 공익적 목적 간의 형량의 결과 침해받은 이익이 더 중대할 경우 해당 입법은 위헌적인 것이 될 수 있다고 판단한 사례를 두고 있다(헌법재판소 1995. 10. 26. 선고 94헌바12 전원재판부 결정; 헌법재판소 2004. 7. 15. 선고 2003헌바45 결정 참조).

[사례1] (비)기간과세세목인 양도소득세에 관한 것으로서 외관상 진정소급의 문제가 없는 사안 중에서도 신뢰이익을 보호할 영역은 존재한다. 부동산을 증여받은 자가 과세받은 증여세과세가액(증여 당시의 시가)만큼 본인의 해당 부동산의 취득가액으로 인정받는 규정이 폐지되어 부동산을 증여한 자의 장부가액(대체로 취득가액)을 승계하는 장부가액승계조항이 도입될 경우를 가정해보자. 증여받은 본인이 그 부동산을 양도할 때 얻은 양도소득금액을 계산하여야 한다. 이때 구 규정에 의하여 인정된 해당 부동산 증여세과세가액을 해당 부동산의 취득가액으로 인정받을 수 있는가? 증여받은 자는 증여세를 과세받으면서 과세받은 증여세과세가액만큼을 증여로 취득한 부동산의 취득가액으로 확정적으로 인정받은 것으로 보아야 할 것이다. 비록 해당 부동산의 양도에 따른 양도소득에 대한 소득세 조세채무가 성립하기 이전에 장부가액승계조항이 도입되었지만 부동산을 증여받은 자의

양도소득세 계산에 관한 권리는 장부가액승계조항이 도입되기 이전에 이미 확정 (vest)되어 있었기 때문이다.

[사례2] 2025년 상장주식양도차익이 전면적으로 과세된다. 이때 새로이 과세대 상에 포함되는 주식을 그 이후 양도할 때 과세하는 것은 소급과세에 해당하지 않 는다. 소득세법은 시장에 대한 충격을 완화하고 과세전 축적된 손익에 대한 비과 세에 대한 기대를 보호하기 위해 양도소득금액을 계산할 때 해당 양도주식의 취득 가액을 2024년 말 시장가격으로 의제하는 규정을 두고 있다.

제2절 조세평등주의

'조세평등주의'는 헌법 제11조에 따른 세법 앞의 평등을 의미한다. 이는 납세의무의 분배상 평등으로서 '과세상 평등추구(equality in taxation)'를 의미한다. 합리적 이유가 있을 경우 차별은 허용된다(행정기본법 제9조 참조). 절대적 평등보다는 비례적 평등을 추구하는 분배적 정의(distributive justice)를 의미한다.

조세평등주의는 조세법률주의와 함께 조세법의 2대 기본원칙이다. 납세의무의 중요한 사항 내지 본질적인 내용에 관련된 것이라고 하더라도 경제현실의 변화나 전문적인 기술의 발달 등에 바로 대응해야 하는 세부 사항에 관해서는 국회제정의 법률보다 더 탄력성이 있는 대통령령에 위임함으로써 조세법률주의와 조세평등주의를 조화롭게 적용할 필요가 있다.

제1항 수평적 평등

조세부담의 분배요소의 양과 특성이 동일한 경우라면 과세상 동일하게 취급하는 것을 '수평적 평등(horizontal equality)'이라고 한다.

조세부담의 분배요소에는 특정 세목 조세의 과세대상의 종류·크기 등 '객관적 요소'와 해당 조세의 납세의무의 귀속자의 경제적·사회적 여건 등 '주관적 요소'가 있다. 소득세를 예로 들면 조세부담 분배요소의 특성에 해당하는 소득의 종류와 조세부담 분배요소의 양에 해당하는 소득금액은 객관적 요소이지만, 해당 소득 귀속자의 개인적인 경제적·사회적 여건은 주관적 요소에 해당한다.

1. 객관적 요소

소득세를 예로 들자면 객관적 요소인 소득종류와 소득금액을 정확히 확정하고 그에 대응하는 부담이 이루어지도록 하는 것은 '객관적 평등'에 해당한다.

동일한 종류의 소득으로 동일한 소득금액을 가득한 자에게 동일한 소득세를 부과하는 것은 '객관적 담세능력'에 따른 과세를 통해 '객관적 평등'을 도모하는 것이다.

북구국가들(스웨덴, 30%, 1991)과 일본(15%, 2004), 독일(25%, 2009), 프랑스(30%, 2018)에서는 자본을 생산요소로 하는 자본소득은 이미 노동을 통해 가득한 소득에 대해 과세하고 남은 자본(저축)으로부터 나온 소득이라는 이유로 자본소득에 대해서는 비교적 낮은 세율에 의한 원천징수의 방법으로 과세하는 이원적 소득세제(dual income taxation)를 구축하고 있다. 스웨덴의 Sørensen과 같은 재정학자는 자본소득은 저축시점 이후의 미래소득이므로 ― 그것의 실질가치는 물가상승에 의해 상쇄되기도 하므로 ― 자본소득에 대한 과세는 현재소비에 비해 미래소비를 차별적으로 과세하는 것이라고 한다. 고율과세에 의한 자본이탈(capital flight)의 현상에 제동을 걸기 위한 현실적인 필요도 작용하고 있다.

소득종류에 따라 소득금액을 다른 방식으로 산정할 수 있을 것이다. 소득세법은 장부작성과 결산의 과정을 기대할 수 있는 사업소득자에게는 개별 항목별 증빙에 의해 수익금액에서 필요경비를 차감하여 소득금액을 산정하도록 한다. 근로소득자들에게는 근로소득을 가득하기 위한 필요경비 공제를 인정하지는 않지만, 일부 항목에 대해 개략적인 방법으로 공제하도록 하고 있다. 이자소득과 배당소득의 소득금액 산정에는 필요경비 공제를 인정하지 않는다.

헌법재판소는 이자소득금액의 계산에 있어서 필요경비의 공제를 인정하지 않는 규정이 이자소득의 특성을 감안한 바탕 위에 이자소득 창출에 소요되는 비용의 성질, 필요성의 정도, 조세정책적·기술적 필요성 등을 종합적으로 고려하여 결정한 것이기 때문에 조세평등주의에 위반되지 않는다는 판단을 하고 있다(헌법재판소 2001. 12. 20. 선고 2000헌바54 결정).

소득종류에 따라 조세채무 이행방법을 달리할 수 있을 것이다. 사업소득과 노동소득에 대해서는 소득금액을 계산하고 주관적인 요소(부양가족 등)를 고려하여 과세표준을 산정하게 한 후 그것에 대해 누진세율을 적용한 세액을 신고납부하게 하지만(연말정산을 하는 경우에는 신고납부의무가 없다), 이자소득과 배당소득에 대해서는 수익금액에 대해 14%의 세율로 원천징수(연간 이자소득과 배당소득의 합계금액이 2천만원을 초과하는 경우에는 다른 종류의 종합소득과 합산하여 신고납부하여야 한다)하여 과세한다(소득세법 제14조 제2항 제6호).

헌법재판소는 이자소득과 배당소득의 합계금액이 연간 2천만원 이하인 경우에는 종합소득과세표준에 합산되지 않고 분리과세만 되도록 하는 소득세법 규정은 소득의 성질 차이 등을 이유로 하여 그 취급을 달리하는 것이므로 조세평등주의 등 헌법에 위반되지 않는다는 판단을 하고 있다(헌법재판소 2006. 11. 30. 선고 2006헌마489 결정). 헌법재판소는 금융소득 2천만원 이하 자가 낮은 세율 6%의 적용을 받지 못하게 되어 상대적으로 불이익을 받게 되는 것도 그것을 정당화하는 다른 합리적인 제도적 이유가 있다고 한다(헌법재판소 1999. 11. 25. 선고 98헌마55 결정).

연간 이자소득과 배당소득의 합계금액이 2천만원을 초과할 경우 사업소득 및 근로소득 등의 다른 종류의 소득과 합산하여 세액을 계산하게 하면서 사업소득에서와 달리 필요경비 공제를 인정하지 않는 것은 객관적 평등에 부합하는 것일까?

2. 주관적 요소

조세를 '주관적 담세능력'에 따라 차등을 두고 과세함으로써 '주관적 평등'을 도모할 수 있다. 주관적 요소들은 납세자 또는 그와 공통의 경제적 단위를 이루는 구성원이 처한 경제적·사회적 여건에 관한 것이다.

소득세법상 부양가족공제 및 자녀세액공제는 주관적 요소를 고려한 예이다. 종합소득과세표준 계산상 연간 급여 5백만원에 미치지 않는 배우자가 있을 경우 연간 150만원의 배우자공제를 허용한다(소득세법 제50조 제1항 제2호). 종합소득산출세액을 계산할 때 8세 이상의 자녀(8세 미만의 자녀에게는 월 10만원의 아동수당 지급)가 있을 경우 15만원의 세액공제를 허용한다(소득세법 제59조의 2 제1항).

부부 모두에게 상당한 정도의 소득이 있는 경우에는 두 부부의 소득을 합산하여 높은 세율로 과세하는 것은 또한 주관적 요소를 적절하게 고려하는 방안이 될 수도 있다. 구 소득세법상 자산소유에 부부간 명의 구분이 불분명하여 인별로만 과세한다면 자산소득에 대한 누진과세를 피하게 되는 현상이 나타나는 것을 방지하고자 도입된 부부자산소득합산과세조항에 대해 헌법재판소는 동 조항이 헌법 제36조 제1항상 혼인의 보호규정에 배치되어 헌법에 위반된다는 결정을 함으로써 과세상 주관적 요소를 고려하는 원칙에 한계를 긋고 있다(헌법재판소 2002. 8. 29. 선고 2001헌바82 결정 참조). 하나의 경제적 공동체를 이루는 가족을 위해 혼자 버는 가장에 대해 부양가족 공제를 허용하는 것이라면 역시 하나의 경제적 공동체를 이루는 맞벌이 부부 가족에 대해서는 두 부부의 소득을 합산하여 소득금액을 산정한 후 그에 대해 높은 누진세율을 적용하는 것이 논리적일 수도 있다. 헌법재판소는 2001헌바82 결정을 통해 부부자산소득합산과세조항은 혼인한 자를 합리적인 이유 없이 차별하여 혼인을 보호하지 않는 결과가 될 것이므로 헌법정신에 위배된다고 한다. 헌법재판소는 2006헌바112 사건 등을 통해 종합부동산세 세대별합산규정도 헌법 제36조 제1항에 위반한 것이라고 판단하였다. 임대소득에 대한 종합소득세 및 주택 보유에 대한 재산세·종합부동산세의 과세상 다주택자에 대한 중과세규정 중 다주택자 판단을 인별이 아닌 세대별로 하도록 하는 부분은 위 헌법재판소의 결정들에서와 동일한 취지에서 헌법에 위반한 것으로 보아야 할 것이다.

거주자가 가득한 양도소득에 대해서는 실제 양도소득금액에 대해 신고납부방식에 의해 소득세 납세의무를 이행하게 하는 반면, 비거주자가 가득한 것에 대해서는 실제 양도소득금액에 대해 거주자에 대해서 적용되는 세율을 적용한 세액 또는 양도가액의 일정비율에 상당하는 세액에 대해 신고납부 또는 원천징수의 방법으로 납세의무를 이행하도록 하고 있다. 이는 비거주자의 납세의무 이행상 특수성을 고려한 것이다.

제 2 항 수직적 평등

납세의무자들 간 각자에게 귀속하는 조세부담의 분배요소들의 특성은 동일하지만 그 총량에 차이가 있을 수 있다.

누구에게 귀속하든 단위분배요소에 대한 취급을 동일하게 하는 것이 수평적 평등이라고 본다면 보다 많은 단위분배요소를 가지고 있는 자에게는 더 많은 세금을 내게 하는 것이 합리적일 것이다.

Adam Smith는 「국부론(The Wealth of Nations, 1776)」에서 비례세율(flat rate)에 의한 소득과세는 응능부담원칙에 부합하는 것이라고 보았다. 오늘날 많은 경제학자들은 소득이 늘어날수록 단위소득의 효용은 줄어들 것이므로 고소득자에 대해서는 높은 세율에 의한 과세를 부담할 능력이 있다고 본다. 각국의 세제를 보면 초과누진세율체계를 구축하고 있는 것이 다수이다.

수평적 평등의 관념은 납세의무자 각자에게 귀속하는 단위분배요소가 동일한 것이라면 동일한 부담을 하도록 하자는 것이다. 납세의무자 갑과 을이 동일한 단위분배요소 1을 가지고 있을 경우 세금 0.3을 부담하도록 하는 예와 같은 것이다. 갑은 단위분배요소를 1개 더 가지고 있고 을은 그러지 못할 경우를 상정해보자. 이때 갑의 추가적 단위분배요소 1에 반드시 0.3의 부담을 하게 하는 것이 수평적 평등에 부합하는 것이라고 볼 수는 없다. 만약 을이 갑처럼 추가적인 단위분배요소를 가지게 될 경우 동일한 0.4의 부담을 하게 하는 것을 보장하는 조건으로 갑이 0.4의 부담을 하게 하는 것이라면 수평적 평등에 부합하는 것이다. 이를 다른 시각에서 보면 갑과 을의 부담 간에는 수직적 평등이 이루어진 것이 된다.

사회구성원 간 귀속되는 단위분배요소의 총량이 상대적으로 다를 때에는 단위분배요소의 총량이 적은 자의 개별 단위분배요소의 가치는 단위분배요소의 총량이 많은 자의 그것보다 높은 것이 일반적이므로 후생적인 측면에서 볼 때 단위분배요소가 많은 자에게 많은 세금을 부담시키는 것이 합리적일 것이다. 더 많이 가진 자라고 하더라도 그가 가진 최초의 단위분배요소에 대한 담세능력은 적게 가진 자가 가진 최초의 단위분배요소에 대한 담세능력과 동일하다는 원칙에 따라 누진적인 방법(초과누진세율)으로 과세하는 것이 타당하다.

가득한 최종 소득단위에서 기대하는 효용은 각인이 가득한 소득의 총소득단위의 규모에 따라 다른 것으로 전제해보자. 평생을 써도 남을 정도의 소득이 발생한 자에게는 어느 정도의 세율까지 과세할 수 있을까? 이에 대한 답을 논리만으로 도출하기는 어려울 것이다. 미국에서는 소득에 대한 세율이 전쟁의 수행과 같은 일시적인 수요가 있을 때 94%까지 올라간 사례도 있다. 실제 사회에서 적용되는 세율에 대해 단순히 수직적 평등의 한계에 관한 논리로써 그 수용가능성을 논하기는 적절하지 않은 것이다. 다만, 헌법 제23조는 국민의 재산권을 보장하고 있으며, 재산권의 제한은 공공필요에 의한 경우로 획정하고 있는 만큼, 조세의 부과에 의한 재산권의 침해가 사회적으로 수용가능한 적절한 수준에서 이루어져야 할 것임은 분명하다.

제3절 재산권 보장 및 과잉금지원칙

헌법상 국민의 재산권은 보장되지만 그 내용과 한계는 법률로 정하도록 되어 있다(헌법 제23조 제1항). 그 내용과 한계를 정하는 법률을 제정할 때에는 권력의 과잉한 행사가 되지 않도록 하여야 한다. 국가권력에 의한 재산권의 과잉한 침해는 권력의 남용으로서 위헌이다. 이를 권력행사의 과잉금지원칙(비례원칙)이라고 한다. 이는 헌법 제37조 제2항이 "… 자유와 권리는 … 법률로써 제한할 수 있으며, 제한하는 경우에도 자유와 권리의 본질적인 내용을 침해할 수 없다."고 규정한 데에 근거한다. 국민의 기본권 제한을 초래하는 국가의 권력작용의 한계를 설정하는 헌법 제37조 제2항은 세법을 통한 권력작용에도 적용된다.

제 1 항 재산권 보장

1. 수익권

재산의 운용 및 보유에 관련된 세금으로 소득세, 재산세 또는 종합부동산세가 있다. 이들 조세의 총액이 재산의 운용소득을 초과하도록 부과되는 것은 재산의 수익권을 침해하는 것이므로 위헌적인 것인가? 운용소득은 실제 발생한 소득과 발생한 것으로 간주되는 간주소득(imputed income) 중 큰 것을 의미한다고 보아야 할 것이다. 간주소득이라 함은 해당 재산을 자신이 사용하지 않고 시장에서 제3자에게 임대할 경우 발생할 것으로 기대하는 소득을 말한다. 소득세, 재산세 및 종합부동산세의 합계액이 운용소득 금액보다 클 경우에는 원본을 잠식하는 정도에 이르는 것으로 보아야 하며 이는 재산권보장의 원칙에 위배되어 위헌이라고 보아야 할 것이다(헌법재판소 1994. 7. 29. 선고 92헌바49 결정; 헌법재판소 2001. 12. 20. 선고 2000헌바54 전원재판부 결정 재판관 김영일의 반대의견 참조).

재산의 가치를 평가할 때에는 교환가치와 사용가치를 고려한다. 양도소득에 대한 과세는 교환가치의 측면에서 볼 때 당초 재산의 원본을 잠식하지 않는 것으로 볼 수 있다. 그러나 그것은 처분한 재산과 동일한 사용가치를 제공하는 재산의 취득가능성을 감소시키는 효과가 있다는 점에서 원본을 잠식하는 성격을 갖는다. 실제 계속 사용하고 있는 자산이라면 그것의 처분에 따른 양도손익을 계산할 때 필요경비를 취득원가가 아니라 대체취득원가로 계산하는 것이 타당할 것이다. 소득세법상 1세대 1주택 비과세제도는 이런 관점에서 인정되고 있다.

독일에서는 재산세 부과상 반액과세원칙(Halbteilungsgrundsatz)이 1995년 연방헌법재판소에 의해 받아들여지기도 했다. 1995년 결정(BVerfG – Beschluß vom 22.6.1995 (2 BvL 37/91) BStBl. 1995 II S. 655)에 의하면 소득세와 재산세의 합계액이 소득의 50%를 초과하지 않는 한에서만 헌법적으로 용인될 수 있다는 것이다. 우리 헌법 제23조 제2항의 "재산권의 행사는 공공복리에 적합하도록 하여야 한다."는 규정과 같은 취지의 규정인 독일연방헌법 제14조 제2항의 "재산권의 사용은 동시에 공공의 복지에 기여하여야 한다."는 것은 재산권으로부터의 소득이 공공의 복지를 위한 사용과 개인적인 사용이 "동시에(zugleich)", 즉 "동일한 크기로(zu gleichen Teilen)"로 분배되어야 한다는 것이다. 2006년 연방헌법재판소는 2005년 결정을 뒤집는 결정을 하였다.

2. 처분권

재산을 소유하고 있는 자는 해당 재산을 처분할 수 권리를 가지고 있다. 재산의 처분은 유상 또는 무상으로 하게 될 것인데, 유상의 처분에 대해서는 그 처분에 따른 양도소득이 있을 경우 소득과세를 하게 되며, 무상의 처분이 있을 경우에는 상속세 또는 증여세가 부과될 수 있다. 이와 같은 처분에 따른 조세는 해당 조세가 없는 경우에 비해 재산을 보유한 자의 해당 재산의 처분을 제한하는 효과(봉쇄효과)가 있다.

주택을 다수 보유하고 있는 자에게 주택을 처분하도록 유도하여 주택시장을 안정시키기 위한 조세가 인정되고 있다. 주택 보유세를 인상하여 주택보유에 대한 세금부담을 늘림으로써 주택을 매각하도록 유도하거나 일정 시점 이후 주택 양도소득세율을 인상하도록 하여 조기에 주택을 매각하도록 유도한다. 한편 이미 인상되어 있는 양도소득세율은 주택의 처분을 제한하는 효과(봉쇄효과)가 있다. 주택 보유세와 양도소득세가 갖는 이와 같은 처분 유도효과 및 봉쇄효과는 주택 보유자의 경제적 선택에 간접적으로 영향을 줄 뿐 처분권의 행사를 직접적으로 제한하거나 강제하는 것은 아니다.

헌법재판소는 상속세과세가액을 산정할 때 상속재산에 가산할 사전증여재산의 가액은 상속개시 당시의 현황에 의하여 산정한다는 구 상속세법 제9조 제1항의 규정은 마치 상속 전 증여에 의한 재산처분행위가 없었고 상속한 것과 같이 보는 것이어서 피상속인의 재산에 관한 처분권에 대해 중대한 제한을 하고 있다는 이유로 위헌이라는 결정을 하였다(헌법재판소 1997. 12. 24. 선고 96헌가19 결정).

세법이 누가 어떤 재산을 보유하고 있는 것이 경제적 악영향을 준다고 하여 그 재산의 처분을 강제하기 위해 조세의 부과와 무관하게 가산세(penalty tax)를 부과하는 경우가 있다. 이때 가산세는 재산처분을 강제하는 것이므로 재산권을 직접적으로 침해한다.

[사례] 특정인이 보유하는 주식을 새로이 설립하는 공익재단에 증여세 없이 이전하고 공익재단으로 하여금 주식발행법인을 지배하게 하면서 그의 직계비속으로 하여금 그 공익재단을 지배하게 하는 경우를 상정해보자. 정부는 공익법인이 어느 법인 주식 5% 이상을 위와 같은 방법으로 보유하는 것은 사회적으로 용인하기 어려운 불공정이 있다고 하는 이유로 향후 5%를 초과하는 주식을 증여하는 경우 증여세를 부과하는 내용으로 세법을 개정할 수 있을 것이다. 이와 같은 세법 개정전 증여세 없이 주식을 공익재단에 이전한 사안에 대해 새로운 규정에 의해 증여세를 부과할 수는 없다. 과세요건이 이미 성립한 사안에 대해 새 법에 의해 새로운 과세효과를 부여하는 진정소급입법에 해당하기 때문이다. 아울러 주식 이전 당시 아무런 조건 없이 증여세를 면제받은 공익재단에 대해 주식의 처분을 강제하는 가산세를 부과하는 조항은 위헌적 요소가 있다(상속세및증여세법(이하 '상증세법') 제49조 제1항 및 제78조 제4항). 공익재단이라고 하여 증여세를 부과받으면서 증여받은 현금으로 특정법인의 주식을 5% 이상 보유하지 못하도록 가산세를 부과하는 세법조항이 있다면 이것도 동일하다.

가산세는 본세가 부과되지 않은 경우에도 부과될 수 있다. 가공세금계산서를
교부한 사업자에게 부과되는 가산세가 그 예이다. 이는 해당 과세기간의 세금의
부과를 방해하거나 세금의 부과와 관련된 납세의무를 성실히 이행하지 않은 것에
대한 제재이다. 주식처분을 강제하는 가산세는 단순히 정부가 바람직하지 않다고
결정한 재산을 보유하고 있다는 이유로 그것의 처분을 강제하는 이행강제금의 성
격을 가진 것으로서 위헌적인 것이다. 이행강제금은 사인의 위법한 행위의 시정
을 명령하면서 그것의 시정을 촉구하기 위한 수단이다. 정부가 바라는 수준 이상
특정 재산을 보유한 것이 위법한 것은 아니다.

제 2 항 과잉금지원칙(비례원칙)

세법은 그 입법의 목적이 헌법 및 법률의 체계상 그 정당성이 인정되어야 하
고(목적의 정당성), 그 목적의 달성을 위한 방법이 효과적이고 적절하여야 하며(방
법의 적절성), 입법권자가 선택한 기본권 제한의 조치가 입법목적 달성을 위하여
설사 적절하다 할지라도 보다 완화된 형태나 방법을 모색함으로써 기본권의 제한
이 필요한 최소한도에 그치도록 하여야 하며(피해의 최소성), 그 입법에 의하여 보
호하려는 공익과 침해되는 사익을 비교 형량할 때 보호되는 공익이 더 커야 한다
(법익의 균형성, 행정기본법 제10조 참조).

조세의 기본목적은 재정조달이다. 오늘날 조세는 재정조달 이외에도 경제 및
사회정책 목표달성을 위한 수단으로서 기능하고 있으며, 이는 주요 국가들에 의
하여 받아들여지고 있다. 독일의 조세기본법 제3조 제1항은 조세(Steuer)에 대해
"조세는 개별적 채무에 대해 특정한 반대급부가 설정되어 있지 않고 재정조달을
위해 공권력단체에 의해 법률이 규정하는 조세채무의 요건사실이 귀속되는 모든
자에게 부과되는 금전채무이다."고 규정하고 있다.

우리나라에서는 조세혜택을 부여하는 특례조항을 통해 조세를 경제성장을 위
한 정책수단으로 활용하고 있다. 비업무용 부동산이나 주택에 대해 중과세함으로
써 과열된 부동산시장의 안정을 도모하는 수단으로 활용하고 있다. 수익창출과
직접 관련되어 있지 않지만 시장에만 맡기면 그 공급량이 적정한 수준에 이르지

않는 공익적 활동에 대한 기부금을 일정한 범위 안에서 소득금액 계산상 비용으로 인정하거나 소득세액 계산상 세액공제해줌으로써 공익적 활동이 증가할 수 있도록 하는 반면, 수익창출과 직접적으로 관련되어 있는 것이지만 시장에만 맡기면 그 공급량이 적정한 수준을 초과하기 쉬운 기업업무추진비(2023년까지는 종래의 '접대비'의 용어가 사용된다)는 제한된 범위 안에서만 비용으로 인정하고 있다.

[사례] 기업업무추진비는 과세유흥장소에서 지출되는 경우가 많다. 과세유흥장소를 설치할 목적으로 취득하는 부동산에 대해서는 취득세를 중과세하는 것은 "목적의 정당성"을 인정받을 수 있다. 실제 과세유흥장소로 사용되지도 않을 부동산에 대해서까지 중과세한다면 그것은 "방법의 적절성"을 인정받을 수 없다(헌법재판소 2009. 9. 24. 선고 2007헌바87 전원재판부 결정 참조). 비록 현재는 과세유흥장소로 되어 있지만 그것을 취득하는 자가 바로 철거하고 다른 일반적인 상업시설로 활용하는 경우라면 중과세제도가 적용되지 않도록 하여야 한다(지방세법 제13조 제5항 제4호 단서). 과세당국으로서는 해당 부동산의 진정한 취득목적이 무엇인지를 알 수 없으므로 일단 취득할 당시 과세유흥장소로 활용되고 있다면 중과세대상으로 보는 것이 행정적으로 보면 합리적일 것이다. 해당 부동산을 취득한 날부터 일정 기간 이내에 실제 과세유흥장소로 활용하지 않는다는 입증을 함으로써 중과세를 피할 수 있는 장치를 두는 데에 추가적으로 큰 행정비용이 소요되지 않는 것이라면 그것을 인정하여 국민의 피해를 최소화할 필요가 있다("피해의 최소성"). 실제 취득한 부동산이 과세유흥장소로 활용되어 중과세대상으로 취급하는 경우라 하더라도 그 중과세의 정도가 매우 심하여 과세유흥장소가 사회에 전혀 발붙일 수 없는 정도가 된다면 보호되는 공익에 비해 침해되는 사익이 과중하여 "법익의 균형성"을 상실한 것이 된다. 현행 지방세법상 과세유흥장소로 사용되는 부동산의 취득에 대해서는 일반 상업용 부동산의 취득에 대한 취득세의 5배의 취득세를 부과하고 있다(지방세법 제13조 제5항 제4호). 이를 과잉한 것으로 볼 것인지에 대한 헌법재판소의 결정례는 찾을 수 없다.

제4절 사회적 시장경제 질서

조세입법권의 행사는 헌법 제119조상 우리나라 경제질서에 부합하게 이루어져야 한다. 동 조는 우리나라 경제질서의 기본원칙에 대해 다음과 같이 규정하고 있다.

헌법 제119조
① 대한민국의 경제질서는 개인과 기업의 경제상의 자유와 창의를 존중함을 기본으로 한다.
② 국가는 균형 있는 국민경제의 성장 및 안정과 적정한 소득의 분배를 유지하고, 시장의 지배와 경제력의 남용을 방지하며, 경제 주체 간의 조화를 통한 경제의 민주화를 위하여 경제에 관한 규제와 조정을 할 수 있다.

위 제119조는 사회적 시장경제질서에 대해 규정하고 있다. 제1항의 규정에 의하면 조세는 사인의 경제활동에 최대한 중립적인 성격을 가져야 한다. 제2항의 규정에 의하면 조세는 경제의 성장과 안정 그리고 적정한 소득의 분배를 유지하는 데 기여하여야 한다.

제1항의 규정에 따라 조세가 경제활동에 중립적(neutral)이기 위해서는 미시적으로는 시장의 가격기능에 대한 개입을 최소화하고 거시적으로는 조세부담률이 최소화되어야 한다.

조세가 시장의 가격기능에 중립적일수록 시장의 자원배분기능이 효율적으로 이루어져 그 경제의 생산과 후생의 총량이 증대한다. 개별소비세보다는 일반소비세가 부과되어 소비자의 상품 간 선택에 영향을 주지 않고, 자본소득에 대한 세율을 낮추어 현재소비와 미래소비 간 선택에 영향을 줄여야 한다.

조세체계 전체적으로 볼 때 조세가 아무리 개별 시장의 가격기능에 중립적으로 부과된다 하더라도(예, 모든 재화나 용역의 공급에 20%의 부가가치세를 예외 없이 부과하고 다른 조세를 전혀 부과하지 않는 경우를 상정해 보자) 조세의 부담은 시장 참여자의 행동에 영향을 미치게 되므로 그 점에서는 비중립적으로 될 수밖에 없다. 경제 전체에서 조세가 차지하는 비중을 줄여야 할 필요성은 상존하지만, 불가 피하게 어느 정도의 비중을 감내하여야 한다면 그 비중을 만들어내기 위한 방안 으로서 무작정 세율을 건드릴 것이 아니라 먼저 과세기반을 확대하는 정책을 구 사하여야 한다.

한편 헌법 제119조 제2항은 제1항과는 사뭇 다른 방향을 제시하고 있다. 여 기서 '적정한 소득의 분배'는 과세상으로는 과세에 의한 평등추구(equality by taxation)를 의미한다. 이는 경제 전체에서 조세가 차지하는 비중이 늘어남으로써 활성화될 수 있다. 그리고 동일한 조세부담이라면 직접세의 방식으로 부과됨으로 써 더 큰 효과를 거둘 수 있다.

헌법 제119조 제1항과 제2항은 상호 조세입법상 상충하는 가치의 추구를 요 청하고 있으며 그만큼 조세입법자의 현명한 비교형량을 필요로 하는 규정들이다.

제 3 장

세법의 해석과 적용

제1장에서는 세법의 규율대상이 되는 조세의 개념과 법적 특성을 살펴보고, 우리나라에서의 세법의 체계를 알아보았다. 제2장에서는 세법이 입법되는 원칙이 되는 세법에 대한 헌법상 규율을 알아보았다. 제3장에서는 세법을 실제 생활에서 활용하는 방법에 대해 살펴본다.

세법의 활용은 그것의 해석과 적용의 과정을 거쳐 이루어진다. 세법은 우리의 일상생활 모든 영역에서 적용된다. 신고납세주의를 기본으로 하는 오늘날 모든 국민들은 원칙적으로 납세의무자로서 세법을 적용하여 계산한 세금을 신고하고 납부하여야 할 의무를 진다. 내국세에 관한 과세권을 행사하는 과세관청인 세무서장 역시 세법을 적용하는 주체가 된다. 납세의무자와 과세관청이 개별 사안에 대한 세법 적용에 이견을 갖는 경우 그 분쟁을 해결하는 과정에서 행정심판기관 또는 법원이 세법을 해석하고 적용한다.

조세에 관한 개별 법률들은 국회에서 거의 매년 개정된다. 시행령과 시행규칙은 연중 수시 개정된다. 사안에 따라서는 적용해야 할 조세법규가 상호 연관되어 있어 적용할 세법조문의 조합을 어떻게 구성하여야 하는가를 판단하여야 한다. 납세의무자가 영위하는 거래 또는 그 결과물이 복수의 세법에 걸쳐 각각의 과세요건을 모두 충족하여 어느 세법을 적용하여야 하는가에 관한 판단을 하여야 하는 때도 있다. 각 법규들이 수시로 개정되어 신구조문 중 어떤 것을 해당 사안에 적용하여야 하는지 판단하여야 한다. 올바른 세법의 해석과 적용에는 전문지식과 경험이 필요하게 된다.

세법도 법규이므로 그것은 법규의 일반적인 해석방법론에 의하여 해석되고 적용되어야 한다. 개별 사안의 사실관계를 충분히 이해하고 적용해야 할 법규를 식별하여 해당 조문들 간 적용의 우선순위를 판단할 수 있는 능력이 있다면, 세법의 해석과 적용은 일반적인 법규의 해석 및 적용과 동일한 난이도를 갖는 작업이 될 것이다.

제1절 세법의 구성

개별 세법은 실체적 규정과 절차적 규정으로 구성되며, 각 규정은 고유개념과 차용개념으로 구성되어 있다. 실체적 세법규정은 과세요건과 과세효과를 규정하며, 절차적 세법규정은 성립한 조세채무를 확정하는 등의 절차를 규정하고 있다.

세법 규정은 원칙적으로 당사자의 의사에 불구하고 강제적으로 적용되는 강행규정이다. 획일적인 적용으로 행정적 합리성을 추구한다.

세법규정 중에는 과세관청에게 처분상 재량을 주는 규정도 있다. 세무공무원이 재량으로 직무를 수행할 때에는 과세의 형평과 해당 세법의 목적에 비추어 일반적으로 적당하다고 인정되는 한계를 엄수하여야 한다(국세기본법 제19조, 행정기본법 제21조 참조). 과세관청의 재량에 속하는 처분이라도 재량권의 한계를 넘거나 그 남용이 있는 때에는 법원은 이를 취소할 수 있다(행정소송법 제27조).

제 1 항   실체적 규정과 절차적 규정

실체적 내용을 담고 있는 세법조문은 과세요건이 존재하면 과세효과가 나타나는 구조로 만들어져 있다. 조세의 4대 요소인 납세의무자, 과세대상, 과세표준 및 세율(세액) 중 앞의 두 개는 주로 과세요건에 관한 것이며, 뒤의 두 개는 과세효과, 즉 성립된 납세의무에 관한 것이다. 개별적인 '과세요건사실'이 존재하게 되면 그 효과로서 개별적인 '조세채무', 즉 '납세의무'가 성립하게 된다.

절차적 내용을 담고 있는 세법 조문은 세액 확정을 위한 인식 및 통지의 과정에 관한 규정과 확정된 세액의 징수과정에 관한 규정으로 구성된다. 세액 확정을 위한 인식 및 통지는 납세자가 과세관청에게 하는 경우에는 '신고(납세)', 과세관청이 납세자에게 하는 경우에는 '(부과)결정'이라고 한다. 거래당사자 간 원천징수(자동확정) 및 거래징수는 '신고(납세)' 및 '(부과)결정'과 다소 다른 성격의 것이기는 하지만 그에는 실제 세액을 확정하는 인식과 통지의 작용이 개입한다고 볼 수 있다.

아래에서는 소득세법을 예로 들어 실체적 규정과 절차적 규정의 구성을 설명한다.

소득세법 제2조 및 제3조에서는 거주자는 소득세법에서 규정하는 각자의 모든 소득에 대한 소득세를 납부할 의무를 진다고 규정하고 있다. 거주자는 납세의무자가 되며, 그 자는 소득세법에 규정하는 모든 소득에 대해 납세의무를 진다.

소득세법 제4조는 소득을 여러 종류로 구분하고 있으며, 제16조 이하에서는 각 종류의 소득으로서 과세대상이 되는 항목들을 열거하고 있다. 국세기본법 제21조는 소득세를 납부할 의무는 과세기간이 끝나는 때에 성립한다고 규정하고 있다. 소득세법 제5조에서는 소득세의 과세기간은 1월 1일부터 12월 31일까지 1년으로 한다고 규정하고 있다.

소득세법은 위의 규정들에 의해 어떤 거주자에게 어떤 해에 소득세 과세요건 사실이 존재하는 경우 해당 사실에 따른 과세효과에 대해서 규정하고 있다.

소득세법 제14조는 거주자의 종합소득에 대한 과세표준은 소득세법 각각의 조항에서 규정하는 해당 각 소득의 소득금액들의 합계액에서 각종 공제를 적용한 금액으로 한다고 규정하고 있다. 각 소득의 하나로 사업소득을 예로 들면, 소득세법 제19조는 사업소득금액은 해당 과세기간의 총수입금액에서 이에 사용된 필요경비를 공제한 금액으로 한다고 규정하고 있다. 소득세법 제24조는 거주자의 각 소득에 대한 총수입금액은 해당 과세기간에 수입하였거나 수입할 금액의 합계액으로 한다고 규정하고 있다. 소득세법 제55조는 세율을 규정하고 있다.

소득세법은 위의 규정들에 의해 특정연도의 소득세 납세의무가 성립한 경우 해당 납세자가 해야 할 절차적 의무에 관한 사항들도 규정하고 있다. 소득세법 제70조부터 제77조까지는 납세의무자의 과세표준의 확정신고에 의한 소득세 납세의무의 확정과 납부에 대해 규정하고 있다. 소득세법 제80조부터 제84조까지는 납세지 관할 세무서장의 과세표준의 결정 및 경정에 의한 소득세 납세의무의 확정에 대해 규정하고, 소득세법 제85조부터 제86조까지는 세액의 징수와 환급에 대해 규정하고 있다.

개별 세목별 세법들은 이와 같이 개별 세목의 조세의 조세채무의 성립·확정 및 소멸에 관한 실체적 및 절차적 조항들을 규정하고 있으며, 국세기본법은 여러 세목에 걸쳐 공통적으로 규율하여야 할 사항을 모아 규정하고 있다.

제 2 항   고유개념과 차용개념

세법 조문의 개별 문장은 고유개념과 차용개념으로 구성되어 있다. 세법과 다른 법, 즉 비세법(non-tax law)에서는 사용하지 않는 개념을 세법이 스스로 고안해낸 개념을 '고유개념'이라고 한다. 비세법에서 제정된 용어인데 세법이 사용하고 있는 것을 세법상 '차용(借用)개념'이라고 한다.

'세금'은 일반국민이 일상생활에서 통상적으로 사용하는 비법적 개념이지만, '조세'는 세법이 창설한 고유개념이다. 독일 조세기본법은 '조세'의 개념을 정의하고 있지만 우리의 세법은 그에 대한 정의 규정을 두고 있지 않다.

세법에서 가장 많은 개념을 차용하는 법은 민법이다. 민법상 인, 부동산, 기간, 주소 등 민법총칙뿐 아니라 물권법 및 채권법에서 다수의 용어를 빌려와 세법을 구성하고 있다.

조세의 4대 요소를 규정하기 위해서는 고유개념이 많이 고안된다.

소득세법은 납세의무자를 '거주자'와 '비거주자'로 구분하여 납세의무의 범위를 규정하고 있다. 소득세법 제1조의 2는 '거주자'를 국내에 주소를 두거나 …개인을 말한다고 규정하고 있다. 위 규정에서 '주소'는 민법에서 차용한 개념(민법 제18조)이었지만 세법에서 간접적인 방법으로 정의하여 고유개념이 된 것이다(소득세법시행령 제2조 참조). '개인'은 민법이 사용하는 '사람'의 개념과 동일한 것으로 볼 수 있을 것이다(소득세법 제5조 제2항 참조).

법인세법상 '법인'의 개념은 고유개념이다. 법인세법은 '내국법인'을 "국내에 본점이나 주사무소 또는 사업의 실질적 관리장소를 둔 법인"으로 정의하고 있다. 법인세법상 내국법인은 고유개념이다. 법인세법은 더 나아가 '외국법인'의 개념을 정의하고 있는데, 이때 '법인'은 무슨 의미를 가지고 있는가? 법인세법이 외국에 소재하는 인의 단체(association)가 단순한 인의 집합에 불과한 것인지, 하나의 법인에 해당하는 것인지의 판단에 대해 명시적인 규정을 두고 있지 않던 시절 법원은 '외국법인'에서의 '법인'도 민사법에서의 차용개념이라는 전제하에 우리 민사법에 비추어보면 법인으로 볼 수 있는 특성을 지닌 단체는 '법인'으로 볼 수 있다고 판단하였다. 2013년 개정된 법인세법시행령은 '외국법인'의 개념에서 '법인'의 의미를 정의하는 규정을 두고 있다(법인세법시행령 제2조 제2항).

세법은 과세대상을 규정하면서 차용개념들을 조합하여 고유개념을 창설하는 방법을 많이 사용한다. 예를 들면, 소득세법은 "… 채권 또는 증권의 이자와 할인액"을 소득세의 과세대상인 소득의 한 종류인 이자소득의 하나로 규정하고 있다(소득세법 제16조 제1항 제1호). 위 규정 중 '이자'는 민법상 여러 차례 사용되고 있는 이자의 개념과 동일한 것이라서 차용개념이지만, 이자소득은 소득세법이 창설한 고유개념이 된다.

상증세법상 상속세과세대상인 '상속재산'에는 피상속인에게 귀속되는 모든 재산으로서 금전으로 환가할 수 있는 경제적 가치가 있는 모든 물건과 재산적 가치가 있는 법률상 또는 사실상의 모든 권리가 포함된다(상증세법 제2조 제3호). '상속재산'은 상증세법 고유의 개념이다. 한편 동법은 민법상 '상속' 개념을 차용하면서도 그 범주를 확대하는 방법으로 세법상 '상속'의 개념을 창설하였다. 상증세법은 '상속'의 개념에 유증, 사인증여, 특별연고자에 대한 상속재산의 분여를 포함시키고 있다(상증세법 제2조 제1호).

세법은 '과세표준' 및 '세율'의 개념을 창설하고 있지만 그것의 개념을 정의하지는 않으면서 과세표준과 세율의 개념을 추론할 수 있도록 과세표준의 계산방법 및 세율의 적용에 대해 규정하고 있다(예, 소득세법 제14조, 동법 제55조).

비록 문면상 동일한 단어라 하더라도 세법이 그 개념을 정의하면, 그때부터 그 개념은 세법에 의해 고안된 고유개념이 된다. 예를 들어, 상증세법상 증여세의 과세대상이 되는 '증여재산'의 개념에 포함된 '증여'는 2002년 그 개념이 동법에서 정의되기 전까지는 민법에서 사용되는 '증여'의 개념과 동일한 의미를 갖는 것으로 보고 있었으며, 그 점에서 차용개념이었다가 2002년 동법에서 정의되면서부터는 고유개념이 된 것이다.

세법에서 차용개념을 해석할 때에는 원칙적으로 해당 비세법에서의 정의나 해석관행을 존중하여야 하지만, 해당 세법 조항의 목적을 고려하여 독자적으로 해석할 여지는 있다(대법원 2013. 3. 14. 선고 2011두24842 판결; 대법원 2010. 4. 29. 선고 2007두11092 판결). 개별적인 차용개념의 해석에는 자주 이와 같이 대립되는 관점이 존재하므로 특별히 법적 안정성을 부여해야 할 필요가 있는 용어는 세법상 독자적으로 정의되며 고유개념화한다. 그간 적지 않은 논란이 있었지만, 오늘날 독일 세법의 해석상으로는 세법은 독자적인 목적이 있으므로 비록 민법으로부터의 차용개념이라 하더라도 그 목적에 부합하게 해석되는 것으로 받아들여지고 있다.

특정 세법이 다른 세법에서 정의한 개념을 차용하여 사용하는 경우가 있다. 조세범처벌법은 사기나 그 밖의 부정한 행위로써 조세를 포탈하는 자를 조세포탈범으로 형사처벌하는 것을 주된 내용으로 하는 법률이다. "사기나 그 밖의 부정한 행위"란 이중장부의 작성 등 장부의 거짓 기장 등의 행위로서 조세의 부과와 징수를 불가능하게 하거나 현저히 곤란하게 하는 적극적 행위를 말한다(조세범처벌법 제3조 제6항). 적법한 세금을 신고하지 않은 자는 개별세법에 의해 해당 조세의 부과처분을 받는다. 아울러 그가 위의 부정한 행위로 조세를 포탈한 경우에는 조세포탈범으로 처벌받는다. 부정한 행위에 의한 조세포탈에 대해서는 개별세법 적용상 해당 조세의 부과제척기간이 연장되고 고율(40%)의 가산세가 부과되며, 조세범처벌법에 의해 벌금 또는/그리고 징역의 형이 내려진다. 벌금은 포탈세액의 0.5~3배에까지 이르도록 되어 있다(조세범처벌법 제3조, 벌과금상당액양정규정). 조세범처벌법에 의해 포탈세액에 해당하는 벌금을 부과받으면서 동시에 해당 세액의 조세와 그에 부수하는 가산세를 부과받을 수 있다. 이때에 부과제척기간과 가산세에 관한 규정상 "사기나 그 밖의 부정한 행위"의 개념은 "조세범처벌법 제3조 제6항에 해당하는 행위"이다(국세기본법시행령 제12조의 2 제1항).

제 3 항   창설적 규정과 확인적 규정

세법상 규정은 시행될 때부터 그 규정상 내용이 효력을 발휘하는 것인지 아니면 예전부터 효력을 갖는 것이었지만 세법상 규정은 단지 그것을 명문으로 확인하는 효과를 갖는 것에 불과한 것인지에 따라 전자를 창설적 규정, 후자를 확인적 규정이라고 한다.

종전 세법조문이 명확하게 규정되어 있지 않은 경우 또는 종전 세법조문은 명확하였지만 새로운 유형의 거래가 나타나 그것에 대해 종전 세법조문을 유추적용하는 것이 적법한지에 대해 논란이 있는 경우 신설된 세법규정의 시간적 효력 범위가 다투어질 수 있다. 만약 신설 규정이 확인적 규정이라면 해당 규정의 발효 전 사실관계에 대해서도 적용될 수 있을 것이다. 반대로 신설 규정이 창설적 규정이라면 그것은 허용되지 않을 것이다.

불명확성을 해소하기 위해 도입된 신설 규정의 시간적 적용 범위가 분명하지 않다면 그것 때문에 오히려 법적 안정성을 저해할 수도 있다. 이를 방지하기 위해 통상 신설 규정에 대해서는 그 개정법규 부칙에서 적용례 또는 경과조치에 관한 조항을 두게 된다.

제2절 세법의 해석

법규범(Rechtsnorm, legal norm)은 추상적인 단어로 구성되어 있으므로 이를 '사실관계'에 적용하기 위해서는 '해석'이 필요하다.

법학방법론상 '법적 사실(rechtliche Tatsache)'을 추상적인 법규범(요건)에 포함 (종속)시키는 것을 '포섭(Subsumtion)'이라고 한다. 여기서 법규범의 의미를 다른 개념을 통해 보다 쉽게 설명하고 그 의미를 확정하는 것을 '해석'이라고 한다. 포섭 단계 이전에 해석이 이루어지고, 그 이후 구체적인 법적 사실을 확정하고 후자를 전자에 포섭하는 과정을 법적 삼단논법(legal syllogism) 혹은 법의 적용이라고 한다.

법규의 해석·적용상 법률요건(Tatbestand)과 법률효과(Rechtsfolge)가 if…, then…의 구조로 구성된 조문을 적용할 때에는 개별 법률요건사실이 존재하면 그에 따른 법률효과가 발생하는 것으로 보게 된다. 실체적인 조세채무에 관한 조세법규는 '과세요건'에 관한 규정과 '과세효과'에 관한 규정으로 구성된다. '과세요건 (Steuertatbestand)'은 조세채무가 발생하게 하는 사항으로서 납세의무자, 과세대상 및 과세대상의 납세의무자에의 귀속을 의미하고, '과세효과(Steuerfolge)'는 그 납세의무자에게 성립한 조세채무를 의미한다. 과세요건에 관한 규정을 충족하는 법적 사실이 존재하면 과세효과에 관한 규정상 과세효과를 결정하는 법적 사실에 따라 자동적으로 조세채무가 성립하는 효과가 발생한다. 이때 과세효과는 과세표준과 세율을 적용하여 계산한 세액의 귀속에 관한 것이 된다.

제 1 항   세법해석원칙

1. 국세기본법 제18조 제1항

국세기본법 제18조 제1항은 "세법의 해석·적용에 있어서는 과세의 형평과 당해 조항의 합목적성에 비추어 납세자의 재산권이 부당히 침해되지 아니하도록 하여야 한다."고 규정하고 있다. 국세기본법 제18조 제1항은 법령상 개별 조문의 해석에 관한 방침을 명확히 두기 위하여 입법부가 마련한 장치의 하나인 '해석규정'이다. 해석규정은 그 법령에 대하여 법원이 해석을 할 때에 구속력을 갖는다.

먼저, 과세의 형평을 고려하여야 한다. 여기서 '형평'은 현대적 법치국가에서는 형식적인 형평이 아닌 실질적인 형평으로서 실질적인 경제적 부담능력에 부합하는 과세가 이루어지도록 세법을 해석하고 적용하라는 원칙이다. 법철학에서 형평(Billigkeit, equity)은 개개의 경우의 정의로 이해된다. 세법의 해석상 체계적인 해석방법과 목적론적인 해석방법을 활용하라는 것을 의미한다.

다음, 당해 조항의 합목적성에 부합하여야 한다. 세법상 개별 조항은 동 조항이 도입된 목적이나 취지에 부합하게 해석하여야 한다. 목적이나 취지를 판단함에 있어 해당 조항의 입법과정에서 동 조항 입안부서의 의견 그리고 그것을 심리한 국회의 의사록 등을 통해 역사적으로 확인된 목적이나 취지만을 볼 것인지 아니면 해당 조항을 적용할 시점에서 객관적이고 합리적인 관점에서 재조명한 해당 조항의 목적이나 취지도 포함하는 것으로 할 것인지에 대해서는 견해가 나뉠 수 있다. 역사적인 해석방법과 목적론적인 해석방법을 모두 수용하는 문구이다.

마지막으로, 납세자의 재산권이 부당히 침해되지 않도록 해야 한다. 헌법상 국민에게 납세의무가 부과되어 있지만 그것은 국민의 재산권 보장에 관한 규정에 따라 필요 최소한에 그쳐야 하며 공정한 방법과 절차에 따라야 한다. 세법은 국민의 재산권을 침해하는 성격을 지니고 있기 때문에 그것의 해석은 엄격하게 하여야 한다는 주장은 이 문구에 근거한 것이다. 법원에 의하면 세법은 납세의무의 한계를 설정한 것이므로 그 내용은 명확하여야 하고 추상적 조항을 설정하여 흠결된 영역에 유추적용한다거나 행정편의적인 확장해석을 하도록 하는 것은 허용되

지 않는다. 명령, 규칙 등 행정입법으로 법률에 규정된 내용을 함부로 유추, 확장
하는 내용의 해석규정을 마련할 수도 없다.

세법의 엄격해석원칙을 헌법상 조세법률주의의 귀결로 단정짓기는 곤란하다.
조세법률주의는 지구상 거의 모든 나라에서 관철되고 있는 원칙으로서 세법의 해
석에 관해 엄격한 문리해석을 강조하는 국가이든 탄력적인 목적론적 해석이 허용
되는 국가이든 세법의 기본원칙이 되고 있다.

국세기본법 제18조 제1항은 1974년 국세기본법이 제정될 당시부터 있던 것이
다. 1977년 독일조세기본법으로 통합되기 전의 1934년 독일조세조정법(Steueran-
passungsgesetz) 제1조 제2항에는 '경제적 관찰방법(wirtschaftliche Betrachtungs-
weise)'에 관하여 "조세법률의 해석에 있어서는 국민사상, 조세법률의 목적 및 경
제적 의의 및 제 관계의 발전을 고려하지 않으면 안 된다."는 규정이 있었다. 이
후 동 규정은 1977년 조세조정법이 조세기본법으로 통합되면서 삭제되었다. 법해
석에 관한 규정을 법령에 두는 것은 법체계상 바람직하지 않으며, 과세관청에 의
한 자의적 해석을 초래한다는 문제점이 지적되었다. 현재에도 해석의 기준으로
중요한 역할을 하고 있다. 오늘날 독일에서는 세법도 목적론적 해석의 대상이 되
는데 경제적 관찰방법은 목적론 해석방법과 다를 바 없다고 보고 있다.

일본 국세통칙법상으로는 이와 같은 취지의 해석규정은 존재하지 않는다. 이
는 동법이 1961년 제정되었으며 제정 당시 1950년대 이후 독일에서 경제적 관찰
방법에 관한 규정이 가진 문제점이 집중 부각되었기 때문이다. 당시 독일에서는
민법 규정에 충실한 세법의 해석이 법조계와 학계에서 강조되고 있었다(BFH
BStBl. 1959, 417(BFH v. 19.8.1959-Ⅱ 259/57 S: 세법상 '증여'의 여부는 당사자 또는
증여자의 의사에 의하여 판단되어야 한다); 1961, 188; 1962, 304, 305).

우리나라 및 일본 그리고 독일의 세법의 해석원칙에 관한 법제의 발달사를
본다면 조세법의 엄격해석원칙이라는 것이 대륙법계의 전통을 이어받은 우리 법
체계에서 반드시 필연적인 것은 아니며 오히려 우리의 국세기본법 제18조 제1항
의 규정은 그 문면을 본다면 독일의 예전 경제적 관찰방법에 가깝게 이해하여야
한다.

국세기본법은 세법의 해석상 여러 방법론이 활용될 수 있으며 개별적인 사안
마다 가장 합리적인 결론을 도출하기 위해 제 요소를 모두 고려하여야 한다는 점

을 강조하고 있다.

2. 세법 간 우선순위

세법은 현재 부과되고 있는 조세의 세목의 수 이상의 다수의 법률들로 구성되어 있으며 수시로 개정되고 있다. 각각의 법령들은 적용영역과 적용시기가 달리 형성되어 있다. 특정 과세대상에 대해 어떤 법령을 적용하여야 하는가와 적용할 법령이 식별되었다면 언제 효력이 있던 조문을 적용해야 하는가가 문제된다.

가. 횡시적 관계

특정 과세대상에 적용될 수 있는 발효 중인 법규가 두 개 이상 존재하는 상황이라면 어느 법규를 적용하여야 하는가?

(1) 복수의 법률 간

(가) 국내세법 간

국세기본법은 국세에 관한 기본적인 사항 및 공통적인 사항을 규정함으로써 국세에 관한 법률관계를 확실하게 하는 법률이다. 국세기본법은 동법이 다른 세법에 우선하여 적용되는 것을 원칙으로 한다. 다만, 각 세법에 특례규정을 두고 있는 경우에는 그 세법이 정하는 바에 의한다고 규정하고 있다(국세기본법 제3조 제1항).

조세특례제한법('조특법')은 개별 세목에 관한 세법에서 규정하는 납세의무를 일정한 특례요건이 충족되는 경우 경감함으로써 과세권을 완화하는 조세특례를 규정하면서도 그러한 조세특례가 남발되는 것을 막기 위한 통일적인 제한장치를 규정하는 법이다. 동법은 일반 세법과의 관계에서 볼 때 특별법적 지위를 갖고 있다.

국제조세조정에 관한 법률('국조법')은 주로 국제거래에 대한 소득과세상 소득세법과 법인세법에 대한 특례규정을 규정하고 있다. 주로 소득세법과 법인세법에 비해 우리나라의 과세권을 확대하는 내용을 담고 있다. 동법 제4조 제1항은 "이 법은 국세 및 지방세에 관하여 규정하는 다른 법률보다 우선하여 적용한다."고 규정하고 있다. 국조법 제4조 제2항은 국제거래에 대해서는 소득세법 및 법인세법상 부당행위계산부인규정은 적용하지 않는다고 규정하고 있다.

국조법에서는 특정한 경제적 이익을 소득으로 과세하라고 규정하고 있는데 소득세법은 해당 소득을 과세대상의 하나로 규정하고 있지 않다면 국조법이 소득세법에 대한 특별법이므로 국조법에 따라 해당 경제적 이익을 과세할 수 있는가? 대법원은 구 국조법 제17조(현행 국조법 제27조)의 내국인(거주자 및 내국법인)의 간주배당소득과세규정에서 특정한 경제적 이익을 간주배당소득으로 과세하도록 규정하고 있음에도 불구하고 소득세법에서 동 규정에 의한 간주배당소득을 배당소득의 하나로 규정하고 있지 않다면 해당 간주배당소득을 거주자에게 과세할 수 없다고 판단하고 있다(대법원 2008. 10. 9. 선고 2008두13415 판결).

하나의 세법 내의 두 규정 사이에도 우선순위가 문제될 수 있다. 조특법상 지방이전 중소기업에 대해 세액의 100%를 감면한다는 규정과 중소기업에 대해서는 세액의 50%를 감면한다는 규정 간에는 전자가 우선적으로 적용된다. 전자의 규정에 의해 감면을 받다가 감면추징사유에 해당하는 기업은 세액의 100%를 추징당하는 것이 아니라 50%만 추징당하게 된다(조특법 제7조, 제63조 및 제63조의 2).

(나) 국내세법과 조세조약 간

헌법은 "헌법에 의하여 체결·공포된 조약과 일반적으로 승인된 국제법규는 국내법과 같은 효력을 가진다."고 규정하고 있으며(헌법 제6조 제1항), 이들은 특별한 국내입법절차 없이도 국내적인 효력이 인정된다.

헌법상 조세조약은 국내세법과 동등한 지위를 지니므로 규범 상호간의 관계에 관한 신법우선 내지 특별법우선의 원칙이 적용된다. 한편, 우리나라는 조약에 관한 비엔나협약의 당사국으로서 조약상 의무를 준수하여야 한다. 결과적으로 조세조약은 국내세법에 우선하여 적용되고 있다.

조세조약은 우리나라가 국내세법을 적용하여 과세권을 발동할 경우 상대방국가에 과세권을 일부 또는 전부 제한하겠다고 한 약속이다. 우리나라는 그 약속을 지켜야 할 국제법적 의무를 부담하는 것이다. 한편, 과세권의 발동은 국내세법 규정에 의하여 판단할 일이다. 국내세법 규정에는 국세기본법 및 다른 세법에 실질과세원칙 및 조세회피방지규정들이 있다. 그러한 규정들도 모두 적용한 결과 우리나라에 과세권이 발동될 경우 비로소 조세조약의 적용 여부를 판단하게 된다.

국내세법과 조세조약 간의 관계에 관한 이러한 원칙을 부분적이나마 반영하고 있는 규정이 국조법 제3조의 국제거래에 관한 실질과세 규정이다. 동 규정은 동법상 '국제거래'에 대한 국조법 및 조세조약의 적용상 실질과세원칙을 적용하는 것으로 규정하고 있다.

(2) 법률과 대통령령(시행령) 간

대통령령(시행령)은 법률의 하위 규정으로서 법률의 위임을 받은 사항을 규정(위임명령)하거나 법률이 규정한 사항을 집행하기 위하여 필요한 사항(집행명령)을 규정한다. 시행령 조항이 법률의 위임의 명시적 또는 내재적 한계를 벗어난 때에는 무효인 규정이 된다.

소득세법이 전년 말 개정되면서 전년 귀속분 종합소득에 대해 적용되는 조항이 규정되었지만 미처 소득세법시행령이 구체적인 내용을 규정하기 전의 기간 중에는 해당 개정법률조항도 적용할 수 없을 것이다. 이때에는 통상 해당 시행령 조항은 전년 귀속분 종합소득세를 신고하는 당년 5월 전까지 개정되어 전년 귀속분 소득에 대해 개정된 법률조항 및 시행령조항이 적용될 수 있도록 한다. 해당 시행령조항이 전년 귀속분 종합소득에 대한 소득세 납세의무가 성립한 이후 발효하면서 전년 귀속분 소득에 대해 적용된다고 하여 소급입법에 해당하는 것으로 보지는 않는다. 그러나 법률에서 시행령에 새로운 과세요건을 위임하고 있는 경우라면, 새로운 과세요건을 규정하는 시행령 효력이 발생하기 전에 발생한 사실에 대해서는 해당 법률에 의한 과세를 할 수 없다(대법원 2011. 9. 2. 선고 2008두17363 전원합의체 판결).

나. 역사적 관계

세법이 개정되어 구조문과 신조문이 있을 때 특정 과세대상에 대해 그 둘 중 어느 조문을 적용하여야 하는가의 문제이다.

(1) 부분개정

개정된 세법은 그 부칙에서 시행일과 적용례를 두고 필요할 경우에는 경과조치규정을 두기도 한다.

시행일(effective date)은 "○○○○년 ○○월 ○○일부터 시행한다." 또는 "공포한 날부터 시행한다."는 방식으로 규정한다.

적용례(application example)는 개정된 신조문의 적용대상(사실관계)을 특정하기 위한 규정이다. 일반적 적용례와 개별적 적용례가 있다. 소득세법을 예로 들면, 일반적 적용례는 "이 법은 이 법 시행 후 최초로 발생하는 소득분부터 적용한다."와 같이 표현된다. 개별적 적용례는 "이 법 시행 후 최초로 과세표준을 신고하거나 경정·결정하는 분부터 적용한다."와 같이 해당 조항의 적용대상을 설정함에 있어 일반적 적용례와 달리할 필요가 있는 경우 사용된다. 위의 개별적 적용례는 일반적 적용례에 비해 개정된 규정의 적용대상시기를 소급하는 효과를 가져온다. 구조문에 비해 의무를 완화하는 내용을 담는 신조문에 대해서는 이런 방식의 개별적 적용례를 두기도 한다.

개정조항이 의무를 강화하는 내용을 담고 있을 때에는 경과조치 규정(grandfather provision)을 두어 적용대상시기를 미루는 경우도 있다. 예를 들면, 가산세율을 인상하는 개정을 하면서 "이 법 시행 전에 양도하여 종전의 규정에 의하여 부과하였거나 부과하여야 할 양도소득세에 대한 가산세에 관해서는 개정규정에 불구하고 종전의 규정에 따른다."는 경과조치조항을 둘 수 있다. 가산세의 부과요건 사실은 무신고 또는 과소신고이며, 신고는 양도 이후의 어느 시점으로 되어 있는 것이므로 양도시점과 법상 신고기한의 종료일 사이에 발효한 가산세율을 증가하는 개정조항이 해당 무신고 또는 과소신고에 대해 적용되는 것은 소급적용에 해당하지는 않는 것이다. 이에 불구하고 개정조항 시행 전 양도한 것 일반에 대해 개정 전 낮은 가산세율을 적용하는 경과조치를 둘 수도 있다.

(2) 전부개정

법률의 일부 개정 시에는 그 부칙에서 종전 법률에 있던 개별적 적용례 또는 경과조치규정과 같은 부칙규정을 개정하거나 삭제한다는 별도의 규정이 없는 한 ─종종 무수하게 붙어 있는─ 종전 개정법률상 부칙의 규정은 모두 유효하다. 개정법률의 부칙에 다시 종전 개정법률의 부칙에 있던 개별적 적용례 또는 경과조치규정을 반복하여 규정하지 않았다고 하여 그것들이 실효되는 것은 아니다.

법률의 전부개정인 경우에는 종전 개정법률의 부칙을 포함한 모든 법률조항은 폐지되어 실효한다. 따라서 종전 법률조항상 부칙조항은 개정 후 법률에 다시 규정되어야만 효력을 유지한다. '특별한 사정'이 있는 경우에는 종전의 부칙규정 이 개정 후 법률에 다시 규정되어 있지 않아도 효력을 상실하지 않은 것으로 볼 수 있지 않는가가 쟁점이 될 수 있다(대법원 2002. 7. 26. 선고 2001두11168 판결 등 참조).

헌법재판소는 비록 전부개정된 시행령이 전부개정되기 전 법률의 부칙의 위 임을 받아 부칙을 두고 있다 하더라도, 전부개정된 법률이 종전 법률의 부칙을 새 로이 규정하지 않았다면 전부개정된 시행령의 부칙은 위임의 근거가 사라진 규정 에 불과하므로 전부개정된 시행령 부칙이 무효라는 판단을 하고 있다(헌법재판소 2012. 5. 31. 선고 2009헌바123 · 126(병합) 결정). 헌법재판소는 법률의 위헌 무효여 부에 대해서 판단하도록 되어 있으며 시행령의 효력 여부는 대법원의 판단 영역 이다. 헌법재판소는 전부개정되기 전 법률의 부칙(구 조세감면규제법(1990. 12. 31. 법률 제4285호) 부칙 제23조)이 여전히 유효라고 해석하는 한 헌법에 위반된다는 한정위헌의 결정을 함으로써 결과적으로 전부개정된 시행령 부칙의 효력이 없다 는 점을 확인하는 방식을 취하였다. 대법원은 시행령 규정이 법률의 위임의 범위 를 벗어나 무효인지에 대해 판단한다. 대법원은 위 헌법재판결정의 전제가 되는 재판에서 '특별한 사정' 때문에 종전 법률의 부칙조항은 실효하지 않은 것으로 볼 수 있으며 그에 따라 전부개정된 시행령 부칙조항은 위임의 근거조항이 있으므로 유효하다고 하여 헌법재판소의 결정과 대립되는 판단을 하였다(대법원 2008. 12. 11. 선고 2006두17550 판결).

대법원은 헌법재판소의 한정위헌결정은 그 실질은 법률조항의 해석지침에 불 과하고, 그것은 헌법이 인정한 헌법재판소의 권한을 넘어선 것이므로 효력이 없 다고 보고 있다. 헌법재판소의 위의 부과처분이 문제조항의 위헌적인 해석에 의 한 것이라고 보는 입장에도 불구하고, 법원은 해당 조항은 여전히 합헌이며 과세 관청은 그 조항의 문언적인 의미에 따라 과세한 것이므로 적법하다는 판단을 할 수 있다. 헌법재판소는 위헌적 조항에 근거한 것이므로 대법원이 해당 과세처분 을 취소사유가 있는 처분이라고 보아야 한다는 입장이다. 대법원에서 기각판결을 받은 납세자는 헌법재판소에 권리구제형 헌법소원심판을 청구할 수 있다. 헌법재 판소법은 법원의 재판은 헌법소원심판의 대상이 되지 않는다고 규정하고 있다(헌법재판소법 제68조 제1항). 헌법재판소는 해당 헌법재판소법 조항이 위헌결정난 법률조항을 근거로 한 처분을 적법하다고 판단하여 국민의 기본권을 침해한 재판까지 제외하는 것으로 해석하는 것은 위헌이라는 입장이다(헌법재판소 1997. 12. 24. 선고 96헌마172 결정). 한정위헌결정을 내려온 그간의 헌법재판소의 결정사례들을 감안할 때 이 쟁점에 대한 헌법재판소의 판단은 존중하는 것이 타당할 것이다(헌법재판소 2022. 7. 21. 선고 2013헌마496 결정).

제 2 항 세법의 행정해석

1. 질의회신

국세청장은 세법의 집행을 담당하는 개별 과세관청인 세무서장을 지휘·통솔하는 기관으로서 일반 국민으로부터 세법의 해석에 관한 질의를 받아 회신하고 있다(국세기본법시행령 제10조). 회신은 여러 가지 형식으로 이루어지며 회신의 결과 중요한 사항은 기본통칙의 형식으로 공표하고 있다. 회신은 단순히 세법의 해석에 관한 사항도 있지만 개별적인 사실관계에 관한 세법의 적용에 해당하는 내용을 담고 있는 경우도 있다.

납세자는 국세청장뿐 아니라 기획재정부장관에게도 세법의 해석과 적용에 관한 의견을 조회할 수 있다. 기획재정부장관에게 질의가 먼저 접수되는 경우 기획재정부장관은 통상 국세청장에게 동 질의를 이첩하여 스스로 답을 주도록 하고 있다(국세기본법시행령 제10조 제5항). 국세청장의 회신에 이의가 있는 납세자는 기획재정부장관에게 질의할 수 있다. 기획재정부 내에는 국세예규심사위원회가 구성되어 있다(국세기본법시행령 제9조의 3).

국세청장이 내린 해석에 대해 기획재정부장관이 다른 의견을 가진 경우 그는 자신의 의견을 국세청장에게 하달함으로써 국세청장의 세법 적용이 위법하다는 것을 확인시킨다. 이 경우 국세청장은 자신의 결정을 철회하여야 한다. 해당 납세자에게는 경정의 형태로 통보된다. 국세청장은 기존의 세법해석을 변경할 필요가 있다고 인정하는 경우에는 기획재정부장관에게 의견을 첨부하여 해석을 요청하고 그 회신에 따라 처리하여야 한다(국세기본법시행령 제10조 제3항). 국세청장의 해석이 국세기본법상 비과세의 관행으로 굳어졌든가 행정법상 신뢰보호를 할 필요가 있을 정도에 이른 경우에는 새로운 해석을 소급하여 적용하지는 못한다.

기획재정부장관의 회신에 이의가 있는 납세자는 법제처장에게 다시 질의할 수 있다(행정기본법 제40조 제3항, 법제업무운영규정 제26조).

국세청장과 기획재정부장관의 유권해석이 과세관청에게는 사실상 내부훈령과 같은 효력을 갖고 있지만 납세자에 대해서는 법적인 구속력이 없다. 이와 같은 유권해석에 의해 취해진 개별 처분은 납세자에게 구속력을 가지게 된다. 해당 처분의 근거가 된 유권해석에 대해 이의가 있는 납세자는 법원에 소송을 제기하여 다른 해석을 얻을 수 있다.

통상 세법을 적용하는 행정기관은 개별적인 관할 세무서장이므로 그가 과세사건이 발생하고 납세의무가 성립하면 세법을 적용하여 결정 또는 경정을 하게 된다. 이러한 세법의 적용에 대해 납세자가 이의를 가질 경우 법원에 제소할 수 있다.

국세청장은 과세사실이 발생하기 전에 그 과세사실에 세법을 적용한 결과에 관해 공식적인 견해를 사전 회신(advance ruling)하는 세법해석사전답변절차를 두고 있다.

2. 기본통칙

행정부 내 유권해석기관이 세법해석에 관한 자신의 견해를 미리 국민들에게 널리 알리는 것을 '공적 회신(public ruling)'이라고 한다. 공적 회신은 그 법적인 효력만으로 보면 행정부 내 상급기관의 하급기관에 대한 내부훈령이며, 행정청이 스스로 그렇게 해석하겠다고 하는 것이기 때문에 추후 그 해석을 변경할 수도 있는 것이다. 국민에 대해서는 구속력을 갖지 않는 것으로서 법규성이 없다.

여러 가지 형태로 존재하는 공적 회신 중 기본통칙은 법문형태에 가장 가깝게 만들어진다. '기본통칙'은 각 세법의 해석 및 집행기준을 법조문형식으로 체계화하여 기획재정부장관의 승인을 얻어 작성된다(국세청 법령사무처리규정 제36조). 기본통칙은 세법해석의 중요한 사항에 한정하여 작성되며 절차상으로도 국세청장이 기획재정부장관과 협의하여 작성하기 때문에 실무에서는 법규적 효력에 버금가는 의미를 가지고 있다. 기본통칙 이외에도 국세청장은 민원인이 접수하는 각종 질의에 대해 개별적인 사실관계를 축약하여 해석에 도움이 되는 질의회신의 형태로 공개하고 있다. 영향력에 있어서는 기본통칙에 미치지 못하지만 행정실무상 기본통칙과 다를 바 없이 적용되고 있다.

3. 세법해석 사전답변

실제 발생할 가능성이 매우 높은 단계에까지 이른 과세요건사실이 있는 경우 그것에 대한 세법적용의 결과가 어떨 것인지에 대해 납세자가 과세관청에 미리 질의하고 그 결과에 대한 회신을 받은 때에는 과세관청은 실제 그 사실이 발생한 다음 그 결과와 다른 세법적용을 할 수 없도록 하는 회신제도를 '사전 회신(advance ruling)'이라고 한다. 개별적인 사실관계가 귀속되는 특정한 납세자에게 과세관청이 미리 의견을 주는 것이기 때문에 '사적 회신(private letter ruling)'이라고도 한다. 법적인 효과측면에서 볼 때 과세관청이 조세채무를 사전적으로 확정하는 것과 다를 바 없으므로 사전 결정(advance determination)이라고 할 수 있다.

우리나라에서는 '세법해석 사전답변'이라는 이름으로 시행 중이다. 민원인이 특정한 거래에 관한 세법해석과 관련하여 실명과 구체적인 사실관계 등을 기재한 신청서를 제출하는 경우 국세청장이 명확히 답변하도록 되어 있다. 2008년 10월 이후 국세청장 훈령인 법령사무처리규정에 의하여 시행 중이다. 실제 세법해석 사전답변한 내용들은 국세청 홈페이지상 국세법령정보시스템에서 개별 납세자의 인적 사항 및 사업상 비밀에 관한 정보를 삭제한 채로 공개하고 있다.

세법해석 사전답변은 납세자가 과세관청의 언동을 신뢰할 경우 그것을 보호하는 기능을 수행한다. 신뢰보호원칙은 판례법상 까다로운 적용요건이 확립되어 있어서 개별적인 사안에서 실제 신뢰보호원칙의 적용을 받을 수 있는지 불확실하다. 반면 세법해석 사전답변제도상으로는 과세관청이 해당 납세자 자신이 제시한 사실관계에 대해 구체적으로 답을 주게 되며 납세자로서는 그것을 신뢰할 수 있게 되어 있다.

이 제도는 조세법률주의와 그에 따른 합법성의 원칙을 추구해 가는 세법 적용절차를 확립한다는 원칙과는 상충한다. 합법성의 원칙은 과세관청이 세법이 정해진 요건을 충족하는 사실관계에 대해서는 바로 세법에 규정된 대로만 과세를 하라는 것이다. 그것이 제대로 준수되고 있는지에 대해서는 최종적으로 법원이 판정할 수 있다. 세법해석 사전답변은 한 번 회신한 것에 대해서 납세자는 법원에 제소할 수 있는 반면 과세관청이나 국세청은 그것을 변경할 수 없다. 개별적인 세법적용에 대해 법원이 판단할 수 있는 기회가 부분적으로밖에 허여되지 않아 불완전한 형태로 합법성을 보장받는다.

입법부가 그것을 사전에 충분히 인지하고 다른 법익과 형량을 하여 법률에 그 근거를 둔 것이어야만 견제와 균형의 3권분립을 통한 법치주의를 추구하는 우리 헌법상의 원칙에 부합할 것이다. 참고로 독일 조세기본법 제89조는 '구속력있는 회신(Verbindliche Auskunft)'에 관한 규정을 두고 있다.

세법해석 사전답변의 이름으로 운영되는 것은 아니지만 현행 세법상으로도 법규적 근거를 갖는 것들이 있다. 국조법상 원천징수의무자는 기획재정부장관이 고시하는 국가 또는 지역에 소재하는 외국법인에 대해 일정한 유형의 소득을 지급하는 경우 조세조약에서의 비과세·면제 또는 제한세율 규정에 불구하고 국내 세법상 세율을 우선 적용하여 원천징수하여야 한다. 다만, 조세조약에서의 비과세·면제 또는 제한세율을 적용받을 수 있음을 국세청장이 사전 승인한 경우에는 예외를 인정받을 수 있다(법인세법 제98조의 5 제1항). 이전가격과세상 정상가격 '사전승인'도 일종의 사실관계의 사전결정에 해당한다고 볼 수 있을 것이다(국조법 제26조).

제 3 절 세법의 적용

제 1 항 적용방법

1. 기본원칙

세법도 다른 법규처럼 법규의 해석, 사실관계의 확정 및 확정된 사실관계의 해석된 법규에의 포섭의 과정을 거쳐 적용된다.

세법은 민법 등으로부터 차용한 비세법상의 개념과 자신이 창설한 고유개념을 사용하여 작성한 과세요건과 과세효과에 관한 규정을 담고 있다. 민법은 사적자치의 원칙에 의해 지배되며 당사자 상호간의 약속은 그것에 따른 법률효과로써 그 약속의 이행을 의무화하고 있다. 세법은 그 이행에 따른 당사자들의 주관적인 만족 또는 경제적 파급효과와는 별개로 객관적으로 인식할 수 있는 법률효과(사적인 권리의무관계 등)가 과세요건에 부합할 경우 그에 따른 과세효과로서 조세채무가 성립하도록 규정하는 것을 기본으로 하고 있다. 세법이 이와 같이 민사상 법률관계를 과세요건으로 규정한 경우에는 당사자들이 설정한 법률관계를 과세요건사실로 인정하여 세법을 적용하는 것이 세법의 원칙적인 적용방법이다.

세법의 적용대상이 되는 법적 사실 즉, 과세요건사실은 비법률적인 사실과 법률적인 사실로 구성되어 있다. 법률적인 사실은 비세법에서 법률요건(Tatbestand)을 충족하는 개개의 사실 ─ 법적 사태(Rechtssachverhalt) 또는 요건사실 ─ 의 존재에 따라 발생한 권리의무관계(Rechtsverhältnis)를 의미한다.

세법의 적용은 모든 기본적 사실의 확정(제1단계), 그에 대한 세법 이외의 비세법의 적용을 통한 법률적인 사실의 확정(제2단계), 마지막으로 종합적인 사실에 대한 세법의 적용의 단계(제3단계)를 밟게 된다.

위 제1단계는 실제 발생한 모든 사실의 존재를 증거로써 확정 짓는 단계이다. 제2단계는 제1단계에서 확정된 사실 중 비세법의 적용대상이 되는 사실에 대해 비세법을 적용한 효과에 따른 사법상 권리의무관계를 확정하는 단계이다. 제3단계는 앞의 두 단계에서 확정된 사실들에 대해 세법을 적용하여 세법상 권리의무관계를 확정하는 단계이다. 제1단계에서 확정된 사실은 제2단계에서의 사실확정에 반영된다. 제2단계에서의 사실(법률적인 사실)의 확정작업은 세법 중 과세요건 및 과세효과를 규정하는 조항의 적용대상이 될 잠재적 가능성이 있는 것들에 대해 이루어질 것이다. 제2단계에서 그와 같은 잠재적 가능성이 있는 법률적인 사실들을 확정하는 데 필요한 사실들과 제2단계를 거치지 않고 바로 3단계의 세법적용에 필요한 사실들을 중심으로 제1단계에서 사실확정작업이 이루어지게 된다. 제3단계의 작업에서는 반드시 제2단계에서 확정된 사실에 대해서만 세법조항이 적용되지는 않는다. 세법은 스스로 고유한 개념을 창설하여 과세요건 및 과세효과에 대해 규정하는 경우도 많기 때문이다. 제3단계의 세법적용은 제1단계 및 제2단계에서 확정된 사실에 대해 이루어지는 한편, 제1단계, 제2단계에서의 사실확정의 대상은 제3단계에서 사용될 세법조문에 의하여 결정된다. 이를 '사실과 규범의 해석학적 순환'이라고 한다.

2. 가장행위

무효인 법률행위로부터는 법적 권리의무, 즉 법률적인 사실관계가 형성되지 않는다. 예를 들어, 민법상 상대방과 통정한 허위의 의사표시, 즉 통모허위표시(민법 제108조, sham transaction)는 무효이며, 통모한 자 간에는 그에 따라 직접적으로 형성되는 권리의무관계가 없다. 법률적인 사실은 존재하지 않는 것이다. 무효인 법률행위 자체로부터는 과세요건사실이 존재하지 않으며, 이에 따라 세법 적용에 따른 어떤 효과도 주어지지 않게 될 것이다.

가장의 통모허위표시 이면에 은닉된 관계가 형성되어 있을 수 있다. 은닉행위(hidden transaction)가 법률행위로서의 요건을 갖춘 경우 그에 따라 형성된 권리의무관계에 대해 세법을 적용하여야 한다. 부부간 매매계약을 체결하고 그것을 원인으로 하는 부동산소유권등기이전까지 하였지만 상호간 대금의 지급에 관한 합의가 없으며 여전히 대금을 지급하지 않고 있다면 매매계약은 가장행위가 되고 증여계약이 은닉행위가 되는 것이다(유사사례: 대법원 1993. 8. 27. 선고 93다12930 판결). 이 경우 증여계약은 숨겨진 법률적 사실이다. 단순한 비법률적인 사실에 불과한 경우라도 경제적 사실을 형성하는 것이라면 그에 대해 세법을 적용하여야 한다.

독일 조세기본법 제41조 제2항은 가장행위(sham transaction, Scheingeschäft)는 세법의 적용대상이 아니라고 규정하면서, 가장행위가 다른 행위를 은닉하고 있을 때에는 그 은닉행위(verdekte Rechtsgeschäft)에 대해 세법이 적용된다고 규정하고 있다. 법률행위가 무효이거나 취소된다 하더라도 당사자가 그 법률행위의 경제적 결과(wirtschaftliche Ergebnis)를 수용하는 경우에는 그 무효 또는 취소에 불구하고 그 경제적 결과에 대해 세법을 적용한다(독일 조세기본법 제41조 제1항).

3. 위법행위

위법하지만 무효인 정도에 이르지 않는 법률행위로부터는 권리의무관계가 형성된다. 민법상 무효가 되는 반사회질서 행위(민법 제103조)에 이르지 않은 법률행위 또는 단속규정을 위반하는 사실행위로부터의 수입이나 지출은 소득과세상 수익이나 비용으로 인정하는 것이 원칙이다.

여기에서 더 나아가 소득을 취득한 법률행위가 사법상 유효한지에 관계없이 경제적으로 보아 현실적으로 이득을 지배, 관리하면서 이를 향유하고 있으면 그 소득은 과세대상이 된다. 도박소득, 뇌물 및 알선수재·배임수재에 의하여 받는 금품은 기타소득이 되며, 횡령에 의하여 얻은 경제적 이득은 근로소득이 될 수 있다(소득세법 제20조 제1항, 제21조 제1항).

대법원은 효력규정을 위반하여 무효인 거래로부터의 소득이라 하더라도 그것을 '수입'하여 지배, 관리 및 처분할 수 있는 지위에 있을 때에는 과세할 수 있다는 입장을 취하고 있다(대법원 1983. 10. 25. 선고 81누136 판결). 예를 들어, 처분권한이 없는 자가 회사차량을 처분하는 행위는 위법·무효이지만 회사가 현실적으로 위 매매대금을 지배·관리하면서 그 이득을 향수하고 있다면 그 처분대금은 회사의 익금에 포함시켜야 한다는 것이다(대법원 1995. 11. 10. 선고 95누7758 판결).

위법소득이 몰수·추징된 경우에는 과세소득으로 보지 않는다(대법원 2015. 7. 16. 선고 2014두5514 전원합의체 판결).

과세소득을 창출하는 과정에서 행해진 단속규정을 위반한 거래 또는 행위로부터의 비용은 그것이 통상적이라면 공제하여야 한다(대법원 1998. 5. 8. 선고 96누6158 판결). 단속규정을 위반한 거래 또는 행위에서 발생한 비용이 그 통상성을 인정받지 못하는 경우에는 공제할 수 없다. 통상성을 인정받지 못한 경우라 하더라도 과세소득의 발생에 직접적으로 필요한 비용은 공제할 수 있다. 위법소득을 가득하기 위하여 직접적으로 필요한 비용은 손금산입한다.

독일 조세기본법 제40조에 의하면 세법상 과세대상이 사회법규에 위반하거나 공서양속에 배치되더라도 여전히 그에 대해 세법을 적용한다.

제 2 항 합법성원칙

세법상 과세요건이 충족되면 납세의무가 성립하므로 과세관청은 법률이 정한 대로 조세를 부과·징수하여야 한다. 이를 '합법성원칙'이라고 한다.

합법성의 원칙에 따르자면 어떤 사실관계가 과세요건에 부합할 경우 그에 대해 어김없이 조세를 부과·징수하여야 한다. 세법의 해석상 엄격하여야 할 뿐 아니라 사실관계를 판단함에 있어서도 정확하여야 한다. 주관적이고 자의적인 판단을 배제하고 명확한 근거에 입각하여 과세하여야 한다.

합법성의 원칙은 세법을 적용하기 위한 사실관계 확정 과정에서 근거과세원칙으로 나타난다. 과세요건충족에 관한 사실뿐 아니라 과세표준계산에 관한 사실도 근거에 의하여 확정되어야 한다.

근거과세원칙이 현실에 있어서 항상 적용될 수 있는 것은 아니다. 과세관청이나 납세자가 세법이 규정하는 대로 오차 없이 과세표준을 조사하는 것이 어렵게 되는 상황이 나타날 수 있다. 납세자가 과세표준을 신고하고 그것에 관한 근거로서 제출한 장부와 서류가 대부분 허위로 판명되었지만 정확한 과세표준의 계산을 위한 근거는 찾을 수 없으며 납세자가 과거의 거래에 대한 상세한 기억을 갖고 있지 않은 경우라면 과세표준을 어떻게 결정하여야 하는가?

과세관청은 존재하는 과세대상이 납세자에게 귀속한 사실이 분명한데도 납세자의 장부와 서류가 불비하다고 하여 과세하지 않을 수는 없다. 개별 세법은 납세자에게 해당 세법상 과세대상이 있다고 볼 객관적 사정이 명백하다면 과세관청이 합리적인 노력의 범위 안에서 입수한 자료를 근거로 추계하여 과세하도록 하고 있다. 이러한 방법을 '추계과세(presumptive taxation)'라고 한다.

추계과세는 과세표준 결정의 최후의 수단으로서 엄격한 요건하에서만 허용되고 그 방법이 합리성에 의해 뒷받침되어야 한다. 소득세법이나 법인세법과 같은 개별 세법은 추계과세의 요건과 방법에 관해 규정하고 있다(소득세법 제80조, 법인세법 제68조). 근거과세를 할 수 없는 충분한 이유가 존재하여야 하며 추계과세액은 가급적 최대한 실액과세액과 근사치가 되도록 하여야 한다. 과세관청은 추계과세요건의 충족, 추계의 기초가 된 사실관계의 정확성 및 추계방법의 합리성·타당성을 입증해야 할 책임을 진다.

세무공무원은 강행법규인 세법에 따라 그 직무를 수행하여야 하므로 원칙적으로 그 직무상 재량이 있을 수 없다. 그러나 입법기술상 세법이 모든 사항에 대해 구체적으로 규정할 수 없으므로 조세의 부과·징수 및 감면의 과정에서 합목적적인 관점에서 재량을 행사하지 않으면 안 될 경우가 발생한다. 국세기본법은 재량의 행사와 그 한계에 대해 규정하고 있다(국세기본법 제19조, 행정기본법 제11조 및 제21조).

세무공무원이 그 재량에 의하여 직무를 수행함에 있어서는 과세의 형평과 당해 세법의 목적에 비추어 일반적으로 적당하다고 인정되는 한계를 엄수하여야 한다.

위 규정은 (1) 세무공무원이 재량을 행사할 여지가 있음을 인정하고, (2) 재량을 행사할 때에는 과세상 실질적 형평을 추구하면서 세법의 합목적성에 따르도록 하고 있다. 이 중 (2)의 부분은 국세기본법 제18조 제1항의 세법해석의 기준과 동일한 내용을 담고 있다.

합법성의 원칙은 과세관청의 재량에 의한 과세의 여지를 축소하는 작용을 하게 된다. 세무공무원이 그 직무를 수행함에 있어서 재량을 그르친 행위는 위법한 처분이 된다. 우리나라에는 세무서장이 납세자의 자력을 감안하여 세액을 줄여

주는 제도 또는 납세자가 자료제출을 할 수 없는 경우 납세자와 협의하여 과세하는 제도가 도입되어 있지 않다. 사전에 규정된 성문법을 적용하여야 할 뿐 그것을 벗어나는 것을 엄격히 제한하는 법전통을 가지고 있는 대륙법계국가에서도 이 제도는 다수 도입되어 있다. 프랑스는 세법집행의 현실을 인정하여 협의과세를 허용하고 있다. 독일에서는 법원이 과세관청과 납세자 간의 '사실확정에 관한 합의(tatsächlichen Verständigung)'를 인정하고 있다. 납세자와 과세관청이 합의하여 합리적으로 확정한 사실은 신뢰보호의 원칙상 인정되어야 한다는 것이다.

제 3 항 신의성실원칙

민법은 "권리의 행사와 의무의 이행은 신의에 좇아 성실히 하여야 한다."고 규정하고 있다(민법 제2조(신의성실) 제1항, Treu und Glauben). 국세기본법은 "납세자가 그 의무를 이행함에 있어서는 신의에 좇아 성실히 하여야 한다. 세무공무원이 그 직무를 수행함에 있어서도 또한 같다."고 규정하고 있다(국세기본법 제15조(신의성실), 행정절차법 제4조 제1항).

참고로 독일 세법의 적용상 법원은 신의성실원칙이 과세관청과 납세자의 행위에 고루 적용된다고 한다. 조세기본법 제176조는 헌법재판소의 결정, 법원의 판결 또는 과세관청의 행정규칙에 의한 해석의 변경에 근거한 행정처분의 취소 또는 변경은 납세자에게 불이익한 방향으로 이루어져서는 안 된다는 규정을 두고 있다.

종래 신의성실원칙에서 파생된 행정법상 판례원칙으로 신뢰보호원칙이 인정되어 왔다. 신뢰보호원칙(Vertrauensschutz)은 행정기관의 국민에 대한 언동의 존속성과 정당성에 관한 개인의 보호가치 있는 신뢰를 보호해주어야 한다는 원칙이다. 신뢰보호원칙은 대륙법계의 용어로서 영미법계의 금반언(Estoppel)의 원칙과 같은 것이다. 신뢰보호원칙은 신의성실원칙에서 그 근거를 찾기도 하지만, 법치국가원리와 '법적 안정성' 추구원칙에서 파생된 것으로 볼 수도 있으며, 헌법상 국민의 자유권적 기본권을 보장하는 것이다.

1. 세무공무원의 언동

세법 적용상 신뢰보호원칙은—합법성의 원칙을 관철하는 경우에는 그 적용이 매우 제약될 것이지만—비록 세법에 위반된 상태가 발생하였다고 하더라도 기존의 조세법률관계를 존중함으로써 납세자의 신뢰를 보호하자는 것이다.

신뢰보호원칙에 반하는 과세처분은 다른 관점에서는 일응 적법한 행위일 것이지만, 신뢰를 저버린 하자로 위법하게 된다. 이 경우 그 하자는 명백한 것이라고는 볼 수 없을 것이므로 취소할 수 있는 처분이 된다. 비과세관행의 존중에 관한 국세기본법 제18조 제3항의 규정을 위배한 처분도 취소할 수 있는 처분이 된다.

학설 및 판례상 과세관청의 행위에 대해 신뢰보호원칙이 적용되는 요건은 일반 행정법상 신뢰보호원칙(행정기본법 제12조 제1항)과 동일하게 다음과 같다.

• 과세관청이 납세자에게 공적인 견해표명을 하였을 것　　신뢰의 대상은 과세관청의 공적인 견해의 표시이므로 사적인 것은 제외된다. 공적인 견해의 표시는 일정한 책임 있는 지위에 있는 자가 공적으로 표명한 견해를 말한다. 과세관청의 보조기관인 공무원이 논문이나 저서 등에 발표한 개인적인 견해는 사적인 것에 불과하다. 공적인 견해는 사실인정에 관한 것뿐 아니라 법령의 해석에 관한 것도 포함한다. 견해표명의 대상은 일반 대중이든 개별 납세자든 모두 해당된다.

• 납세자가 그 견해표명이 정당하다고 신뢰함에 있어 귀책사유가 없을 것　　납세자가 과세관청의 견해표시(언동)를 신뢰하고 납세자의 귀책사유(배신행위 등)가 없어야 한다. 과세관청의 잘못된 견해표시가 납세자의 사실 은폐나 허위사실의 고지 등에 기하여 이루어진 것인 경우에는 납세자의 신뢰를 보호할 가치가 없다. 또한 잘못된 견해표시임을 쉽게 알 수 있음에도 납세자가 과실로 인하여 이를 알지 못한 때에는 신뢰의 정당성이 없다.

• 납세자가 신뢰에 기해 어떤 행위를 했을 것　　납세자가 과세관청의 견해를 신뢰한 것만으로는 부족하고 그 신뢰에 기하여 세법 적용상 유의미한 행위를 하여야 한다. 또한 납세자의 신뢰와 세법상 행위와의 사이에 상당한 인과관계가 있어야 한다.

• 과세관청이 위 견해표명에 반하는 처분을 하여 납세자의 이익이 침해되었을 것 당초의 견해표명에 반하는 처분을 함으로써 납세자의 이익이 침해되는 결과가 초

래되어야 한다. 경제적 불이익이란 달리 과세관청의 책임질 언동이 없었다면 적법하다고 하여 부담해야 했었을 세액을 말한다. 이에는 새로운 조세부담이나 조세부담의 증가 혹은 환급의 거부, 징수유예의 취소 등 납세자에게 불이익한 것 모두가 포함된다.

세법의 적법한 적용을 위한 새로운 해석이 해당 납세자들이 충분히 인식할 수 있는 정도로 공표되었다면 그 이후에 발생한 사안에 대해서는 적법한 세법 적용에 따라 세금을 부담하여야 한다. 바로잡은 해석을 납세자에게 불리하게 소급 적용하는 데에 신뢰보호원칙에 의한 제약이 뒤따를 뿐이다.

국세기본법은 '비과세관행의 존중'에 대해 다음과 같이 규정하고 있다(국세기본법 제18조 제3항, 행정기본법 제12조 제2항, 행정절차법 제4조 제2항).

세법의 해석 또는 국세행정의 관행이 일반적으로 납세자에게 받아들여진 후에는 그 해석 또는 관행에 의한 행위 또는 계산을 정당한 것으로 보며 새로운 해석 또는 관행에 의하여 소급하여 과세되지 아니한다.

국세기본법 제18조 제3항은 "관행이 일반적으로 납세자에게 받아들여진" 것을 요건으로 하고 있다. 관청의 특정 개인에 대한 의견 표명에 대해서도 행정법상 신뢰보호원칙의 적용할 수 있는 점과 대비된다.

국세기본법 제18조 제3항의 전단은 과세관청의 견해의 표명과 납세자의 그에 대한 신뢰가 있을 경우 납세자의 그에 기초한 행위는 정당한 것으로 본다. 국세기본법 제18조 제3항은 기존의 세법의 해석이 원래 정당하지 않거나 적법하지 않은 것이었을 경우에 적용되는 것임을 알 수 있다.

후단은 새로운 해석에 의한 소급과세는 납세자의 이익에 반하는 처분이 되므로 허용되지 않는다는 것을 규정하고 있다. 과세관청으로서는 종래의 세법해석을 변경하는 새로운 해석을 할 때에는 그 해석의 적용례까지 제시하면서 해석의 공표일 이전의 사안에 대해서는 적용하지 않는다는 가이드라인을 두는 예가 있다.

2. 납세자의 언동

국세기본법 제15조의 규정은 납세자와 세무공무원에게 동일하게 신의와 성실에 따르도록 하고 있다.

과세관청에 요구되는 신뢰보호원칙은 납세자에게는 적용되지 않는다. 국가 또는 과세관청이 납세자의 언동에 의해 피해를 입는 것을 상정할 수 없기 때문이다. 법원은 납세자가 자산을 과대 계상하는 분식회계에 의해 과다 납부한 법인세에 대해 취소소송을 제기하는 것이 신의성실의 원칙에 위배되었다고 할 정도로 배신행위를 한 것은 아니라고 보고 있다.

[사례] 법원이 납세자에 대한 신의성실원칙의 적용을 인정하기도 한다. 금지금 (gold bar)을 수출용이라고 매입한 자(폭탄회사, missing trader, B)가 국내판매용으로 전환하고 부가가치세를 거래징수하였지만 신고 후 납부하지 않은 채 자취를 감춘 자로부터 금지금을 매입하여 수출한 자(수출회사, D)가 매입세액공제를 받을 수 있는지 여부를 판단하면서 법원은 폭탄회사가 매출세액을 납부하지 않을 것을 알거나 알지 못한데 중대한 과실이 있을 경우에는 수출회사가 매입세액을 공제받는 것이 납세자에게 요구되는 신의성실원칙에 위배된다(대법원 2011. 1. 20. 선고 2009두13474 전원합의체 판결; 대법원 2013. 7. 25. 선고 2013두6527 판결).

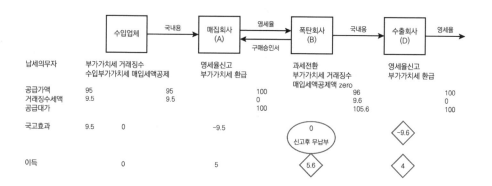

제 4 항   실질과세원칙

세법의 적용대상이 되는 법적 사실은 비법률적인 사실과 법률적인 사실로 구성된다. 법률적인 사실은 권리능력 있는 자 간의 권리의무관계이며, 이를 형성하는 주된 계기는 법률행위 또는 준법률행위일 것이다. 세법의 적용대상이 되는 법적 사실이 비법률적인 사실과 법률적인 사실의 2가지로 구성되는데, 관련 세법 조항이 비법률적인 사실에 적용되는 경우의 과세효과와 법률적인 사실에 적용되는 경우의 과세효과 간 차이가 존재한다면 둘 중 어느 것이 해당 법적 사실에 따른 과세효과라고 보아야 할 것인가?

앞에서 설명한 세법적용을 위한 3개의 단계 중 제3단계에서는 반드시 제2단계에서 확정된 사실에 대해서만 세법조항이 적용되지는 않는다. 제2단계에서 확정된 사실과 제1단계에서 확정된 사실 중 어느 것에 대해 관련 세법조항을 적용하더라도 동일한 세법상 권리의무관계를 도출하는 경우가 있는가 하면 두 단계 각각에서 확정된 사실에 대해 동일한 세법조항을 적용한 결과가 서로 상이한 세법상 권리의무관계를 도출하는 경우도 있다. 후자의 경우 두 사실 중 어느 것에 해당 세법조항을 적용하여야 하는가의 문제가 발생하게 된다.

국세기본법은 세법을 적용할 때 '실질'에 따른다고 규정하고 있다. 소득세법상 '양도'는 자산을 유상으로 사실상 이전하는 것을 의미한다(소득세법 제88조). 상증세법상 '증여'는 타인에게 무상으로 재산 또는 이익을 이전하거나 타인의 재산가치를 증가시키는 것을 의미한다(상증세법 제2조 제6호). 세법은 '양도'와 '증여' 모두 고유 개념으로 정의하고 있지만, '증여'의 개념 정의에서는 '사실상'의 용어가 포함되어 있지 않다.

모든 세법에 고루 적용되는 국세기본법상 '실질'의 개념과 소득세법상 양도의 개념을 정의할 때 포함된 '사실'의 개념을 해석하고 적용할 때에 '실질' 또는 '사실'은 제1단계에서 확정된 사실이 될 것이다.

[사례] (상호증여) 갑은 자신의 아파트 양도를 위해 병에게 중개를 부탁하였고 을은 자신의 토지 양도를 위해 병에게 중개를 부탁하였다. 병은 갑과 을 각각에게

원매자가 나타났으나 각자 바로 현금이 필요한 것이 아니라면 '상호증여'를 하는 것이 절세하는 방법이라고 설명하고 갑과 을의 동의를 얻었다. 이에 따라 갑은 10년 전 5억원에 취득한 아파트로서 현재 시가 8억원인 것을 을에게 증여하였다. 을은 5년 전 6억원에 취득한 토지로서 현재 시가 8억원인 것을 갑에게 증여하였다. 갑과 을이 서로에게 증여를 한 날짜는 동일하다. 결과적으로 갑과 을은 기존 부동산을 양도하고 새로운 부동산을 취득한 것이다(제1단계).

갑과 을은 각각 상호 증여계약을 체결하였으며 그 증여계약을 이행한 결과 갑은 토지 소유권을 취득하고 을은 아파트 소유권을 취득하였다(제2단계).

제3단계에서의 세법 적용은 다음과 같은 두 가지 가능성을 가지게 된다. 제2단계의 사실대로 각각의 증여거래만을 보게 되면, 을은 갑으로부터 그리고 갑은 을로부터 각각 무상의 증여를 받은 것이므로 증여세를 부과받아야 한다(제3단계-1). 그러나 제1단계의 사실을 종합적으로 본다면, 갑은 을로부터 토지를 받으면서 아파트를 이전한 것이고 을은 갑으로부터 아파트를 받으면서 토지를 이전한 것이므로 두 거래를 포괄적으로 보면 각각 '사실상' 유상으로 자산을 이전한 것이어서 소득세법 제88조의 규정상 양도의 개념 정의에 따라 양도소득세를 부과받아야 한다고 볼 수도 있다(제3단계-2).

제3단계-2에서와 동일한 결론을 도출하기 위해서라면 국세기본법 제14조(실질과세 원칙, substantive taxation rule)를 동원하는 것이 한 방법이 될 수 있다. 국세기본법 제14조 제3항은 "둘 이상의 행위 또는 거래를 거치는 방법으로 이 법 또는 세법의 혜택을 부당하게 받기 위한 것으로 인정되는 경우에는 그 경제적 실질 내용에 따라 당사자가 … 연속된 하나의 행위 또는 거래를 한 것으로 보아 이 법 또는 세법을 적용한다."고 규정하고 있다. 병의 제안대로 한 결과 갑과 을에게 부당하게 절세의 효과가 발생한 것이라면 과세관청은 경제적 실질은 유상의 사실상 이전이라는 점을 강조하여 양도소득세의 부과를 주장할 수 있을 것이다(제2단계에서 민법을 적용할 때에 갑과 을의 증여계약은 가장행위이며 실은 교환계약을 은닉한 것이라는 관점을 갖는 것도 동일한 과세효과를 도출할 것이다. 이 관점은 절세의 효과 존부와는 무관한 것이므로 납세자인 갑 또는 을도 주장할 수 있을 것이다).

소득세법 제88조의 규정에 따를 때에는 부당하게 절세의 효과가 발생하는지 여부와 무관하게 '사실상' 유상인 점을 밝히면 될 것인 반면, 국세기본법 제14조 제3항의 규정을 적용하기 위해서는 부당하게 절세의 효과가 발생한 것임을 밝혀야 한다는 차이가 있다. 두 경우 모두 제2단계에서의 비세법의 적용결과에 불구하고 제1단계에서 확정된 사실에 중점을 둔다는 점에서 공통적이다.

1. 국세기본법 제14조 제1항과 제2항

세법 적용상 과세요건사실의 판단을 하면서 행위의 법률적 효과만을 고려한 경우의 세법 적용의 효과와 그 행위의 이면에 있거나 그에 부수하는 실질적인 사실까지 고려한 세법 적용의 효과가 다를 경우 둘 중 어떤 것을 우선할 것인가?

국세기본법 제14조가 규정하는 실질과세원칙은 일정한 영역에서 이에 대한 해답을 찾을 수 있는 법규적 근거를 제시하고 있다.

① 과세의 대상이 되는 소득 · 수익 · 재산 · 행위 또는 거래의 귀속이 명의일 뿐이고 사실상 귀속되는 자가 따로 있는 때에는 사실상 귀속되는 자를 납세의무자로 하여 세법을 적용한다.
② 세법 중 과세표준의 계산에 관한 규정은 소득 · 수익 · 재산 · 행위 또는 거래의 명칭이나 형식에 불구하고 그 실질내용에 따라 적용한다.
③ 제3자를 통한 간접적인 방법이나 둘 이상의 행위 또는 거래를 거치는 방법으로 이 법 또는 세법의 혜택을 부당하게 받기 위한 것으로 인정되는 경우에는 그 경제적 실질 내용에 따라 당사자가 직접 거래를 한 것으로 보거나 연속된 하나의 행위 또는 거래를 한 것으로 보아 이 법 또는 세법을 적용한다.

실질과세원칙은 세법을 적용할 때 그 적용대상이 되는 사실관계를 확정함에 있어 납세자가 형성한 외적인 법률관계에도 불구하고 그 사실 내지 실질이 다른 내용을 가지고 있을 경우에는 그러한 사실 내지 실질에 대해 세법을 적용하여야 한다는 것이다. 경제활동의 실제가 법률적인 권리의무관계와 다른 모습으로 나타나는 경우에는 후자보다는 전자에 따라 과세하는 것이 헌법상 실질적 법치주의 요청에 더 부합하므로 그에 대해 과세하여야 한다는 원칙이다.

국세기본법 제14조는 조세법률주의보다는 조세평등주의의 정신을 실현하고자 하는 규정이므로 국세기본법 제14조를 해석할 때에는 그러한 목적을 충분히 고려하여야 한다. 국세기본법 스스로도 제18조 제1항에서 "세법을 해석 · 적용할 때에는 과세의 형평(衡平)과 해당 조항의 합목적성에 비추어 납세자의 재산권이 부당하게 침해되지 아니하도록 하여야 한다."고 규정하고 있다.

국세기본법 제14조 제1항과 제2항은 1974년 국세기본법이 제정될 당시부터 규정되어 있었던 것이며, 동조 제3항은 2007년 도입되었다.

제14조 제1항은 납세의무의 귀속에 관해서는 '사실'에 따르라는 것이다. 제14조 제2항은 과세대상의 크기를 계산할 때에는 '실질'에 따르라는 것이다. 국세기본법 제14조 제1항과 제2항은 세법을 적용할 때에 '실질'에 중점을 두도록 규정하면서 세법 적용의 국면 중 과세대상의 귀속판단과 과세대상의 크기 판단에 한정하고 있다. 그 적용요건을 특별히 설정하지 않고 언제든지 그 '실질'에 따르라는 규정이다.

한편, 제3항은 그 적용요건을 특별히 설정하고 있다. 먼저, 단계거래(제3자를 통한 간접적인 방법이나 둘 이상의 행위 또는 거래)와 단일거래(당사자의 직접 거래 또는 연속된 하나의 행위 또는 거래)의 대립이 있는 것을 그 적용요건으로 한다. 제3항은 단일거래를 경제적 실질이라고 하고 있는데, 그와 같은 취지라면 단계거래는 법적 실질(또는 법적 형식)을 전제한 것이라고 볼 수 있다. 제3항은 법적 실질(또는 법적 형식)과 경제적 실질의 대립을 그 적용요건으로 하고 있는 것이다. 다음, 제3항은 "이 법 또는 세법의 혜택을 부당하게 받기 위한 것으로 인정되는 경우"라는 별도의 적용요건을 두고 있어 동항이 조세회피를 방지하기 위한 규정임을 분명히 하고 있다.

제3항은 위에서 설명한 이유 때문에 조세회피방지규정의 하나로 볼 수 있게 된다. 이 점에서 제1항 및 제2항과 구별된다. 제1항과 제2항이 조세회피행위에 대한 효과적인 대응수단이 될 수도 있겠지만 그런 효과 때문에 바로 조세회피방지규정으로 볼 수는 없다(대법원 2018. 2. 28. 선고 2017두60741 판결; 대법원 2012. 1. 19. 선고 2008두8499 전원합의체 판결).

제1항과 제2항은 납세의무자 및 과세관청 모두 그 적용을 주장할 수 있겠지만, 제3항은 과세관청이 그 적용을 주장하게 될 것이다. 납세의무자가 단계거래가 부당한 조세회피를 위한 것이었다는 점을 입증하려 하지는 않을 것이기 때문이다.

가. 기본 요건

(1) 명의와 사실·실질의 괴리 여부

2007년 국세기본법 제14조 제3항이 규정되기 전까지 국세기본법 제14조 제1항과 제2항의 '사실' 또는 '실질'이 갖는 의미에 대해 '법적 실질설(legal substance theory)'과 '경제적 실질설(economic substance theory)'의 논의가 있어 왔다. 이에는 유럽 세법학[독일의 경제적 관찰방법(wirtschaftliche Betrachtungsweise) 등] 및 일본 세법학에서의 법적 실질과 경제적 실질의 개념적 대립에 관한 논의가 영향을 주었다. 법적 실질이 유효한 권리의무관계를 지칭한다는 것과 그것에 대칭하는 개념의 명칭을 경제적 실질로 하자는 데에는 학설 및 판례상 이견이 없으나, 경제적 실질의 내용으로 무엇을 담아야 하는지에 대해서는 명쾌한 지침을 발견할 수 없다.

아래에서는 제1항의 실질귀속과 관련하여 이 문제에 관해 설명한다.

'법적 실질설'에 의하면 해당 소득 또는 거래에 대해 법적으로 유효한 권리를 가진 자가 사실상 귀속자가 된다. 어떤 자산이 양도되는 경우를 예로 들면, 해당 양도대금의 지급을 청구할 수 있는 권리를 가진 자가 양도소득의 사실상 귀속자가 된다. 해당 자산에 대한 유효한 소유권을 가지고 있었던 자가 해당 자산의 양도대금의 지급을 청구할 수 있는 권리를 가지고 있어 해당 자산 양도소득의 사실상 귀속자가 될 것이다(신탁법상 신탁재산의 수탁자). 등기상 명의자로 되어 있음에도 불구하고 유효한 소유권을 가지지 않은 자가 있을 수 있다(명의신탁재산의 명의수탁자). 유효한 소유권을 가지고 있지 않은 자에 대해서는 그 명의에 불구하고 해당 자산의 양도소득에 대해 과세하지 말아야 할 것이다.

'경제적 실질설'에 의하자면 위 사례에서 해당 양도자산에 대한 유효한 소유권을 가지고 있었던 자 이외의 자가 해당 양도소득의 사실상 귀속자가 될 수 있다(신탁법상 신탁재산의 위탁자 또는 수익자, 소득세법 제2조의 3, 법인세법 제5조). 법원에 의하면 — 해당 양도대금의 지급을 청구할 수 있는 권리를 가진 자가 별도로 있는지 여부를 불문하고 — 해당 양도대금을 실제 지배, 관리 및 처분하는 자가 사실상 귀속자가 된다고 한다. 법원이 이러한 권한을 가진 자를 '경제적 실질설'에 의한 귀속자라고 이름 붙이지는 않고 있지만 — 법적 측면에 대칭되는 경제적인 측면일 것이라는 점을 근거로 — '경제적 실질설'로 부른다(대법원 2012. 1. 19. 선고

2008두8499 전원합의체 판결(로담코·칠봉사건) 참조. 로담코·칠봉사건에서 과세관청은 해당 양도대가를 비록 자기 명의로 받지는 않았지만 그 대가를 실제 향유(enjoy)하는 자에게 과세하였다).

제1항에서의 '사실'은 제2항에서의 '실질'과 동일한 의미를 갖는 것이다. 과세대상의 귀속에 관해 규정하는 제1항에서 '사실'을 법원의 표현에 따라 해당 과세대상을 '실제 지배·관리 및 처분'하는 것을 지칭하는 것으로 본다면, 과세대상의 크기의 계산에 관한 제2항에서의 '실질'은 해당 과세대상에 대해 '실제 지배·관리 및 처분'하는 금액을 말한다고 보아야 한다.

(2) 조세회피의 목적 또는 탈세의 고의를 요건으로 하는지

국세기본법 제14조 제1항과 제2항은 납세자가 조세회피의 목적을 갖는 경우에만 적용되는 것은 아니다(대법원 2017. 10. 26. 선고 2015두53084 판결). 타인이 자기의 명의를 활용한 경우 자신에게 부과된 세금을 면하고자 하는 납세자도 실질과세원칙의 적용을 주장할 수 있다. 과세관청이 실질과세원칙의 적용을 주장하는 사안이라면 납세자가 조세회피목적을 갖는 구조인 경우가 많을 것이다(대법원 2012. 1. 19. 선고 2008두8499 전원합의체 판결; 대법원 2018. 12. 13. 선고 2018두128 판결 등).

세법을 적용할 때 납세자의 행위가 조세회피 또는 조세포탈죄에 해당하는지 여부와 무관하게 실질과세원칙이 적용된다. 실질과세원칙이 적용된 결과로 되돌아볼 때 납세자의 거래 또는 행위는 조세회피 또는 조세포탈로 평가될 수도 있을 것이다. 조세회피란 세법이 의도하는 통상적인 방법 이외의 부당한 방법으로 세금을 절약하는 것을 의미한다(국세기본법 제14조 제3항). 조세포탈죄란 존재하는 사실을 적극적으로 은폐하는 부정한 방법으로 성립한 조세채무에 따른 세금을 포탈하는 경우를 말한다(조세범처벌법 제3조).

낮은 세율을 적용받기 위해 매도자와 협의하여 제3자 명의로 재산을 매수하고 추후 양도하여 양도소득을 올린 경우를 상정해보자. 실질귀속원칙에 따르자면 본인에게 양도소득에 대한 소득세채무가 이미 성립하였다. 성립한 조세채무의 부담을 줄이기 위해 사실을 은닉하는 법적 외관을 유지하는 적극적인 부정한 방법을 사용하였으므로 조세포탈죄가 된다.

우리나라 거주자가 조세피난처에 소재하는 법인(법적 실질 귀속자)을 통해 우리나라에 투자(우회투자)하였는데 자신이 경제적으로 보아 실질적인 투자자(경제적 실질 귀속자)인 것을 과세관청이 알게 되면 그 경제적 실질에 따라 자신이 소득을 가득한 것으로 보아 과세될 것을 염려하여 조세피난처 법인의 지분을 제3자와 협의하여 그 제3명의로 한 경우도 조세포탈죄에 해당할 것이다.

나. 실질귀속(사실상 귀속)

국세기본법 제14조 제1항은 과세대상의 귀속에 관한 실질(substantial attribution)을 규정하고 있다. 조세의 4대 요소 중 과세대상과 납세의무자 간의 관계에 관한 규정이다.

존재하는 과세대상에 대해 부과되는 세금을 누가 납부할 의무를 부담하는가? 조세부담의 객관적 요소만 고려한다면 과세권자 입장에서는 명의상 귀속자에게 부과하든 사실상 귀속자에게 부과하든 세금만 걷으면 되고, 명의상 귀속자와 사실상 귀속자 간에는 사실상 귀속자가 명의상 귀속자에게 보상을 해주면 될 것이다.

이러한 방식의 과세는 조세부담의 주관적 요소를 제대로 반영할 수 없게 되며, 결국 실질적 형평에 어긋나게 되는 것이다. 아울러 과세대상을 종합하여 누진세율을 적용하는 제도의 근간을 흔드는 결과가 된다. 명의상의 귀속자에 대한 과세에 머물게 되면, 실제 세금을 납부할 능력이 없는 자를 이용한 조세회피 또는 탈세가 가능하게 된다.

과세관청은 명의상 귀속자와 다른 사실상 귀속자가 있음을 어떻게 입증할 수 있을까?

양자가 합의하여 이름을 빌린 경우라면 명의상 귀속자가 실제 세금을 부담할 이유가 없을 것이므로 세금을 최종적으로 누가 부담하였는지는 중요한 입증수단이 될 것이다.

소득으로 수입되는 것이 종국적으로 타인에게 이전 또는 분배되어야 할 것이지만 그것을 바로 분배하지 않고 보유, 관리 또는 재투자를 위해 처분하는 권한을 행사하는 자는 해당 소득의 사실상 귀속자가 될 것이다. 명의를 빌려준 경우 또는 해당 대가를 수령하는 즉시 바로 이전하여야 하는 경우라면 명의상 귀속자에 불과할 것이다. 잔여재산이 종국적으로 법인의 주주 또는 사원에게 분배되는 것이라고 하여 현재 그 법인에 귀속하는 소득을 지배, 관리 및 처분할 수 있는 지위에 있지 않다고 할 수 없을 것이다.

소득창출(production of income)에 기여한 자가 그 창출한 소득의 운용에 재량을 가진 경우라면 소득의 실질적인 귀속자가 될 수 있을 것이다. 법인이 취득하는 선박가액의 100%에 해당하는 자금을 은행으로부터 융자받고 은행은 원리금의 상환이 전부 이루어지기 전까지는 해당 법인의 이윤배당을 허락하지 않는 자금대차관계에 있는 경우라도 선박의 지배, 관리 및 처분권은 여전히 해당 법인에게 있으므로 그 선박의 소유권은 법인에게 있고 그 선박으로부터의 용선료도 법인에게 귀속하는 것으로 보게 된다.

조합(partnership contract)은 계약관계이며 영속적인 조직이 아니다(민법 제716조). 조합원은 출자한 재산을 조합원 공동 명의의 합유로 보유할 수 있다(민법 제271조). 합유한 재산으로부터의 수익을 조합 단위에서 운용하기로 하였다고 하더라도 조합에 소득의 실질귀속을 인정할 수는 없다. 조합 명의로 보유하는 수익 중 각 조합원의 실질귀속분은 늘 확정할 수 있는 상태로 있다.

[사례] (명의신탁) 명의신탁약정에 의해 을의 명의로 보유하고 있는 갑의 부동산을 을이 병에게 매도하여 발생한 양도소득에 대한 소득세 납세의무는 갑에게 귀속한다. 이런 사정을 모르고 있던 과세관청 정이 을에게 소득세 부과처분을 하여 을은 해당 소득세를 납부하였다. 정의 부과처분은 소득의 실질귀속자에 대한 처분이 아니므로 위법한 것이지만 이 경우의 하자는 취소할 수 있는 사유에 불과한 것이다. 병의 을에 대한 부과처분의 불복청구기간이 도과하여 불가쟁력이 발생하였다면 을은 납부한 세금을 돌려받을 수 없게 된다. 을은 갑에게 부당이득반환청구를 할 수도 없다. 갑은 국가와의 관계에서 양도소득세 조세채무가 성립되어 있는 상태이므로 세금납부를 면하는 부당이득이 있는 것은 아니기 때문이다(대법원 2021. 7. 29. 선고 2020다260902 판결).

다. 실질내용

국세기본법 제14조 제2항은 세법 중 과세표준의 계산에 관한 규정은 소득, 수익, 재산, 행위 또는 거래의 명칭이나 형식에 관계없이 그 실질 내용

(substantial amount)에 따라 적용한다고 규정하고 있다.

소득세법상 종합소득의 과세표준은 종합소득금액에서 일정한 공제를 하여 계산한다. 종합소득 중 사업소득을 예로 들면 그 소득금액은 총수입금액에서 필요경비를 공제하여 계산한다(소득세법 제24조 및 제27조). 어떤 항목을 소득금액 계산상 총수입금액 또는 필요경비로 산입하기 위해서는 그것이 총수입금액 또는 필요경비에 해당하는지, 당기의 것으로 볼 수 있는지 및 그것의 가액은 얼마인지를 판단하여야 한다. 국세기본법 제14조 제2항은 그러한 판단을 실질 내용에 따라 하여야 한다는 원칙이다.

실질내용에 관한 국세기본법 제14조 제2항의 실제 적용 사례는 동법 제14조 제1항에 비해 많지 않다. 국세기본법 제14조 제2항의 적용에 관한 사안에서 법원이 '법적 실질'과는 구별되는 무엇—'경제적 실질'이라고 부를 수 있는—을 인정하는 점을 명확히 하는 사례를 찾기 곤란하다.

법원이 과세대상의 실질귀속을 판정할 때 그 대상을 '지배, 관리 및 처분'하는 자에게 납세의무를 지우는 것이라면 그자는 자신이 '지배, 관리 및 처분'하는 금액에 대해서만 납세의무를 부담하는 것이 논리적으로 타당하다. 법원이—로담코·칠봉사건판결을 예로 들자면—'지배, 관리 및 처분'을 강조한 입장을 '경제적 실질설'로 본다면, 법원은 국세기본법 제14조 제2항상 실질내용도 '경제적 실질설'의 입장에서 보고 있는 것으로 이해하여야 한다(대법원 1984. 3. 13. 선고 83누720 판결 참조).

국세기본법 제14조 제2항은 과세표준의 계산에 관한 조항이므로 과세대상의 존부 및 그 종류 판단에는 원칙적으로 적용할 수 없다. 그러나 과세대상의 존부와 그것의 크기에 관한 사항을 항상 명쾌하게 구분할 수 있는 것은 아니다. 과세대상으로서 사업소득을 규정하고 있는 소득세법 제19조 제1항 제20호는 "제1호부터 제19호까지의 규정에 따른 소득과 유사한 소득으로서 영리를 목적으로 자기의 계산과 책임하에 계속적·반복적으로 행하는 활동을 통하여 얻는 소득"을 사업소득의 한 항목으로 규정하고 있다. 해당 연도 중 영위한 소득을 가득하기 위한 활동 중 어느 하나가 제20호에 해당하는지가 문제된다면 제20호에 해당하는 소득이 존재하려면 소득금액이 있어야 할 것이므로 그 문제는 역으로 소득금액산정에 관한 것이라고도 볼 수 있을 것이며 그 경우 실질내용에 관한 국세기본법 제14조 제2

항을 적용할 수 있을 것이다.

2. 조세회피방지규정

국세기본법에는 과세대상의 귀속을 판단하고 과세대상의 크기를 산정할 때에는 사법적 법률관계와 상위한 다른 실질이 존재할 경우 그것에 대해 세법을 적용한다는 실질과세원칙이 규정되어 있다.

세법은 비단 과세대상의 귀속 또는 그것의 크기 산정의 영역에서뿐 아니라 납세자가 설정한 법적 실질을 그대로 인정하는 경우 세법이 사회적 통념을 전제하고 규정한 조항을 부당하게 남용하여 세금을 줄이거나 세법상 혜택을 보는 결과가 될 때 그러한 결과를 배제하기 위해 구체적으로 그 대안이 되는 사실관계를 상정하고 그에 따른 과세효과를 부여하는 규정을 두고 있다. 이와 같은 규정을 '조세회피방지규정(anti-avoidance rule)'이라고 한다. 조세회피방지규정 중에는 그것이 설정한 대안적 사실관계를 '경제적 실질'이라고 부를 수 있는 규정도 있다.

조세회피방지규정에는 개별적인 조세회피행위의 유형을 설정하고 과세상 그것을 인정하는 것에 따른 조세혜택을 배제하는 취지의 규정을 두는 '개별적 조세회피방지규정(specific anti-avoidance rule)'과 다소 폭넓게 조세회피행위를 추상적으로 정의하고 그것에 따른 조세혜택을 배제하는 '일반적 조세회피방지규정(general anti-avoidance rule)'이 있다.

오늘날 경제인들은 시장에 대한 충분한 정보를 바탕으로 자신에게 재무적으로 가장 유리한 한계적 선택을 하고 있다. 조세부담은 이러한 선택의 중요요소 중 하나라고 볼 수 있을 것이다. 많은 국가들은 한계적인 절세라 할 수 있는 조세회피행위에 대해 나름의 세법적 대책을 수립하고 있다. 예를 들어, 미국과 독일의 세법은 포괄적인 '일반적 조세회피방지규정'을 규정하고 있다.

2010년 개정된 미국 내국세입법 제7701조에 경제적 실질원칙(economic substance doctrine)의 제하에 (o)항이 신설되었다. 이 원칙은 어떤 거래(또는 일련의 거래들)에 소득세 과세규정 적용상 나타나는 조세혜택(tax benefits)은 해당 거래가 경제적으로는 내용(economic substance)을 가지고 있지 않아 무의미하거나 그 거래에 사업목적(business purpose)이 없는 경우에는 허용되지 않는다는 보통법(common law)상 원칙이라고 규정하고 있다(§7701(o)(5)(A)). 조세를 제외하고는 납세자의 경제적 지위를 (거의) 변경시키지 않는 거래에 대해서는 조세혜택이 배제될 수 있다는 이론이다. '세법상 가장행위(sham transaction in tax law)' 개념의 창설에 관한 규정이다.

2007년 개정된 독일 조세기본법 제42조의 규정은 다음과 같다(제41조 제2항은 민법상 가장행위(Scheingeschäfte)에 대해 규정하고 있다).

① 조세회피를 위해 법률관계형성가능성을 남용함으로써 조세법령을 우회하는 것은 허용되지 않는다. 개별세법 조항의 조세회피방지조항 적용요건이 충족되는 경우에는 해당 조항에 따른다. 기타 제2항에서 규정하는 '남용'이 있는 경우에는 관련된 경제적 거래에 부합하는 법률관계형성에 따르는 방법으로 과세하여야 한다.

② 적절한 법률관계형성과 비교하여 해당 납세자나 제3자에게 법이 의도하지 않은 조세혜택을 부여하는 법률관계형성이 선택된 경우에는 남용이 있었던 것으로 추정된다. 사실을 종합하여 볼 때 선택된 법률관계형성에 대한 비조세적인 합리적인 이유를 납세자가 증거로써 제시하는 경우에는 이를 적용하지 않는다.

위에서 '법률관계형성(rechtliche Gestaltung)'은 '권리의무관계의 구축'으로 볼 수 있다. 독일 재무부의 조세기본법집행지침(AEAO)은 법적 구조의 의도된 조세효과가 무엇이든 그것이 비경제적이거나, 길게 형성되어 있거나, 복잡하거나, 조야하거나, 인위적이거나, 과잉하거나 비효과적이거나 이상한 것으로 보이면, 특히 그 법적 구조가 적절한 것인지를 판단하기 위해 그것을 조사하여야 한다고 규정하고 있다. 부적절한 법적 구조를 나타내는 지표에는 다음과 같은 것들이 있다.

- 제3자의 관점에서 해당 구조의 경제적 사실과 효과를 고려한다면 해당 거래에서 생성된 조세혜택 없이는 그와 동일한 법적 구조를 선택하지 않았을 것으로 인정되는 경우
- 오로지 조세목적만을 위해 친척이나 다른 가까운 관련인을 중간에 개입시킨 경우 또는
- 오로지 조세목적만을 위해 소득 또는 자본자산을 다른 법적 실체에게 이전하는 경우

우리나라의 현행 세법상 개별적 조세회피방지규정의 대표적 예로는 과세표준의 계산에 관한 영역에서 적용되는 '부당행위계산부인조항(소득세법 제101조 등)'이 있으며, 특정한 행위 유형으로 한정한 것이기는 하지만 일반적 조세회피방지규정의 예로는 국세기본법 제14조 제3항의 '단계거래원칙조항'이 있다.

가. 세법상 가장행위

2007년 국세기본법 제14조 제3항이 규정되기 이전 납세자가 구성한 법적 실질을 인정하고 그에 대해 세법을 적용하면 부당한 결과가 도출된다는 판단을 하는 과세관청이 그 법적 실질은 '가장행위(sham transaction)'에 해당하므로 그에 대해 세법을 적용할 수 없다는 주장을 한 사례가 다수 있었다. 엄연히 법적으로 유효한 행위의 결과를 인정하지 않는 전제 위에 이루어진 과세에 대해 다수의 법원 판결이 위법하다는 판단을 하였지만 소수의 판결은 과세의 적법성을 인정하는 판단을 하였다. 후자의 판결에서 법원은 비록 해당 행위가 민법상 가장행위에는 해당하지 않지만, 소위 '세법상 가장행위'에 해당한다는 취지로 과세관청의 처분의 적법성을 인정한 것으로 이해할 수 있다.

[사례] (주식의 양도 후 소각) 네덜란드법인 갑(Sun Sage)은 한국법인 을(만도)의 주식을 취득한다. 갑은 그 주식 중 일부를 한국의 은행 병에게 양도한다. 병은 갑으로부터 주식을 취득하는 매매계약에서 3개월 후 을에게의 상환조건을 부여받는다. 3개월 후 을은 병으로부터 해당 주식을 매입해 소각한다. 네덜란드법인 갑은 주식양도차익을 얻었으므로 한국과 네덜란드와의 조세조약에 따라 원천지국인 우리나라에서는 과세되지 않는다. 네덜란드법인 갑은 네덜란드 국내세법상 partic-ipation exemption 조항(5% 이상의 해외지분에서의 소득은 네덜란드에서 과세하지 않는다)에 따라 네덜란드에서도 과세되지 않았다. 본 사건에서 3개월의 기간 동안 병이 해당 주식의 실질적인 소유자인지, 갑이 실현한 주식양도차익을 경제적 실질에 따라 의제배당소득으로 볼 수 있는지가 문제되었다. 관할 세무서장은 갑과 병 간의 양도행위는 당사자 간 유효할지 모르지만 세법적용상으로는 무효와 다를 바 없는 '가장행위'라는 입장을 갖고 있었다(국심 2002중3596 결정).

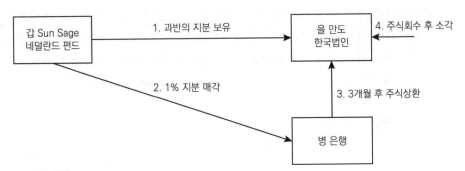

- 사실관계
  1% 지분을 금액 A에 매각하면서 갑을병 간 다음과 같은 약정 체결
  3개월 후 을은 병으로부터 A*(시장이자율*0.25+1)의 금액에 주식상환받음
  을은 병으로부터 상환받은 후 주식소각
- 한국네덜란드 조세조약상
  갑의 한국원천배당소득에 대해서는 한국네덜란드 조세조약상 10%의 세율로 과세
  갑의 한국원천 주식양도소득에 대해서는 비과세
- 2.의 지분매각에 따른 이득을 주식소각에 따른 의제배당소득으로 보아 과세할
  수 있는지가 쟁점
  병의 거래를 세법상 가장행위로 보고 갑이 을에게 직접 주식상환한 것으로
  보아 갑에게 의제배당소득으로 과세할 수 있는지

나. 조세회피방지규정

(1) 부당행위계산부인

　부당행위계산부인규정이란 비특수관계인과의 행위 또는 계산에서는 통상적으로 상정하기 어려운 행위 또는 계산을 특수관계인과 영위하는 방법으로 거주자와 그 특수관계인 간의 거래로 인한 소득에 대한 조세의 부담을 부당하게 감소시킨 것으로 인정되는 경우에는 비특수관계인과의 행위 또는 계산이었다면 영위하였을 행위 또는 계산을 상정하고 그에 따를 경우라면 도출되었을 본인의 소득금액을 찾아 그에 대해 소득세법 또는 법인세법을 적용하는 규정이다. 여기에서 "조세를 부당하게 감소시키는 행위"의 구체적 유형은 소득세법시행령에서 규정하고 있는데, 그와 같은 유형에 해당하는 행위가 조세의 부담을 부당하게 감소시키는 것인지 "인정"하기 위해서는 경제인의 입장에서 볼 때 부자연스럽고 불합리한 행위계산을 한 것인지에 따른다. 경제적 합리성의 유무에 대한 판단은 거래행위의 여러 사정을 구체적으로 고려하여 과연 그 거래행위가 건전한 사회통념이나 상관행에

비추어 '경제적 합리성(economic reasonableness)'을 결한 비정상적인 것인지의 여부에 따라 판단하되 거래 당시의 특별한 사정 등도 고려하여야 한다(대법원 2020. 12. 10. 선고 2017두35165 판결).

　부당행위계산부인규정상 대안적 사실관계라는 것은 존재하지 않는 사실을 의제하는 것이며(대법원 2023. 5. 18. 선고 2018두33005 판결), 경제적 실질에도 해당하지 않는 것이다. 만약 부당행위계산부인규정이 존재 사실의 경제적 실질을 보아 과세하여야 한다는 규정이라면 국세기본법 제14조 제2항에 의해서도 동 규정과 동일한 과세가 가능할 수도 있을 것이지만, 국세기본법 제14조 제2항에 의해 부당행위계산부인규정과 같은 효과를 도모한 과세 사례는 찾아볼 수 없다.

[사례] 갑이 그의 특수관계인인 을에게 시가 10억원 상당의 아파트를 7억원에 매도한 경우 국세기본법 제14조 제2항에 의하면 갑의 양도가액은 그가 대가로 받은 실제의 금액인 7억원이 되어야 한다. 소득세법상 부당행위계산부인규정은 갑의 양도가액이 10억원이라고 의제하고 양도소득세를 과세하도록 하고 있다. 부당행위계산부인규정이 이와 같이 경제적 실질과는 동떨어진 과세를 하도록 규정한 이유는 갑의 을에 대한 7억원의 매도를 갑이 제3자에게 시가인 10억원에 매도한 후 그중 3억원을 을에게 증여한 것과 같이 보고자 하는 데에 기인한다. 갑은 해당 아파트를 을에게 매도하였으며 갑이 을에게 경제적으로 3억원에 상당하는 이익을 증여한 사실은 있지만, 갑이 제3자인 병에게 10억원에 매도한 사실은 없는 것이다.

국세기본법 제14조 제3항의 단계거래원칙조항(step transaction doctrine provision)은 납세자가 영위한 거래와 경제적 실질에 부합한 거래의 두 개의 시나리오에 의한 종합적 조세효과를 비교하여 조세회피 여부를 판단하도록 하고 있어 국제적으로 인정된 조세회피방지규정으로서의 면모를 갖추고 있다. 갑이 제3자인 병에게 직접 매도한 후 3억원을 증여하는 것(scenario Ⅰ)과 을에게 3억원 저가매도한 후 을이 제3자인 병에게 매도하게 하는 것(scenario Ⅱ) 두 시나리오를 비교하여 갑과 을에게 발생하는 모든 조세의 세액으로 볼 때 시나리오Ⅱ가 더 적은 조세부담을 초래하였다면 갑은 을과의 특수관계를 이용하여 부당하게 조세를 경감한 것으로 볼 수 있을 것이다. 단계거래원칙조항을 적용하면 시나리오Ⅱ에 대한 부당행위계산부인규정 적용 없이도 시나리오Ⅰ과 동일한 내용으로 과세할 수 있을 것이다. 갑이 을에게 저가매도를 통해 3억원 상당의 증여를 하고자 하는 것

자체는 부당하다고 볼 수는 없다. 사업목적이론(business purpose doctrine)에 의하면 정당한 비조세적인 동기에 의한 행위는 비록 조세절약을 가져오더라도 조세회피로 보지는 않는다. 현행의 부당행위계산부인규정은 위와 같이 두 개의 시나리오를 종합적으로 보아(nach einem Gesamtplan) 비교하는 대신 양도자인 갑의 행위에 의한 갑에 대한 양도소득세의 다과만을 고려하여 조세절약이 있으면 조세회피행위라고 단정짓는 방식을 채택하고 있다. 국세기본법 제14조 제3항은 제한적이지만 일반적 조세회피방지규정으로 기능하고 있다. 부당행위계산부인규정은 개별적 조세회피방지규정으로서 국세기본법 제14조 제3항에 대한 특칙에 해당한다고 볼 수 있을 것이다. 다만, 을에 대해서는 상증세법에 따라 경제적 실질에 따라 과세하고 갑에 대해서는 부당행위계산부인규정에 따라 사실을 의제하여 과세하는 것은 일관성을 결여한 것이다.

(2) 단계거래원칙

(가) 국세기본법 제14조 제3항

실질귀속과 실질내용에 관한 국세기본법 제14조 제1항과 제2항에서의 실질은 ─ 로담코칠봉사건판결에 따르자면 ─ '경제적 실질'로 이해하는 것이 논리적으로 타당하다. 두 규정은 존재하는 과세대상을 전제로 적용되는 것들이다. 개별 사안에서의 과세대상의 존부 판단을 위해 국세기본법 제14조 제1항과 제2항에서의 경제적 실질의 개념을 적용할 수는 없다.

2007년 도입된 국세기본법 제14조 제3항은 과세대상 존부의 판단에 '경제적 실질' 개념의 적용을 허용하는 '단계거래원칙(step transaction doctrine)'의 특칙을 규정하고 있다. 국세기본법 제14조 제3항이 규정하는 "제3자를 통한 간접적인 방법이나 둘 이상의 행위 또는 거래를 거치는 방법으로 이 법 또는 세법의 혜택을 부당하게 받기 위한 것으로 인정되는" 거래를 강학상 '단계거래'라고 본다.

[사례1] (상호매매) 갑과 부동산업자 을이 부동산을 상호 양도하는 2개의 부동산 매매계약을 체결하고 매매대금을 상계한 다음과 같은 사례를 상정해본다. 을이 갑의 토지를 획득하기 위해 자신이 보유한 동일한 도로에 면한 유사한 부동산(갑의 토지와 거의 등가)을 갑과 상호매매하는 계약을 체결했다(갑의 매도가격은 7억원, 을의 매도가격은 4억원. 차액 3억원을 갑이 수표로 수령). 갑은 그 거래를 2개

의 매매계약(계약서상 금액 7억원이 총수입금액)이라고 주장하였다. 과세관청은 '차액결제를 전제로 한 부동산의 교환계약(취득부동산의 시가 7억원과 수표 3억원의 합계액을 총수입금액에 산입)'으로 주장하였다(갑이 처분한 토지의 평가액은 10억원이라는 전제에 입각해 있다).

소득세법상 매매에 의한 양도가액은 실지거래가액으로 계산하며, 교환에 의한 양도가액은 계약서상 실지거래가액에 의하되 그것을 신뢰할 수 없을 때에는 매매사례가액, 감정가액, 환산가액 또는 감정가액의 순으로 한다.

위 사례상 '상호매매'는 그 거래의 경제적 실질은 교환에 해당한다. 과세관청은 계약서상 실지거래가액을 부인하고 감정가액에 의하여 과세할 수 있다(소득세법 제114조 제7항). 당사자 간에는 두 물건의 가액상 차이가 3억원인 것(실제가 그러하고)에 대해서만 합의가 된다면 계약서상 나머지 부분 가액의 표시는 중요하지 않다. 위 사례의 거래를 법적 실질에 따라 매매로 보게 될 경우 계약서상 실지거래가액으로 과세하여야 하는데 이는 신뢰하기 곤란한 상황이 된다.

두 개의 매매거래로 볼 것인지 아니면 하나의 교환거래로 볼 것인지는 과세표준의 계산에 관한 사항이면서도 과세대상의 존부에 관한 사항이라고 볼 수 있다. 본 사안을 과세대상의 존부에 관한 것이라고 본다면 국세기본법 제14조 제2항을 적용할 여지가 없으며 두 개의 매매거래로 보게 된다(법적 실질). 본 사안을 과세표준의 계산에 관한 것으로 보아 국세기본법 제14조 제2항을 적용하면서 그간 우리 법원의 관행상 조세회피의 소지가 많은 경우 국고에 유리하게 적용하여 온 점을 감안한다면 하나의 교환거래로도 볼 수 있는 가능성은 있겠다(경제적 실질). 국세기본법 제14조 제3항은 국세기본법 제14조 제2항 적용상 어려움을 해소하고 있다. 그것을 적용한다면 본건 거래를 경제적 실질에 따라 하나의 교환거래로 볼 수 있을 것이다.

[사례2] (상호증여) 갑은 배우자 을에게 자기가 가진 주택을 증여하고, 을은 배우자 갑에게 자기가 가진 주택을 증여('상호증여')한 후 10년이 경과한 다음 각자가 소유한 주택을 제3자에게 양도하는 경우를 상정해보자. 각자의 본래의 취득가액은 2억원이었다고 가정한다.

부부재산증여공제액은 10년간 6억원까지 허용한다. 배우자로부터 증여받은 후 10년 이내에 양도할 경우 증여받은 배우자의 양도소득 계산시 취득가액은 증여한 배우자의 취득가액(각 주택 모두 2억원)을 가져와 계산한다(소득세법 제97조의2 제1항). 10년이 지나면서부터는 취득가액은 증여 당시의 시가로 한다. 증여 당

시의 시가가 6억원이었다면, 증여할 시점에 각 배우자는 증여세 부담을 하지 않
게 된다. 10년이 지난 후 양도할 시점에 각 배우자는 각자의 양도소득금액 계산
시 양도가액(각 주택 모두 10억원)에서 취득가액 6억원을 차감하게 된다. 갑과 을
은 조세회피방지규정인 소득세법 제97조의 2 제1항이 명문으로 설정한 제재의
요건을 충족하지 않았으므로 그에 따라 과세할 수는 없다. 각자가 원래 소유하던
주택을 양도하면 될 것을 그에 따른 양도소득세 부담을 완화(각자 양도차익 4억원
부분에 대한 양도소득세 절감)하기 위해 10년의 기간에 걸쳐 갑과 을은 단계거래
(증여 후 양도)를 한 것이다.

국세기본법 제14조 제3항은 단계거래를 단일거래로 보기 위한 요건 중 하나로
"세법의 혜택을 부당하게 받기 위한 것으로 인정되는 경우"를 들고 있다. 부부 각
자는 상대방으로부터 증여받은 후 10년이 지난 시점에 양도하였으며 각자의 입장
에서 보면 소득세법 제97조의 2 제1항의 규정에 의해 제재를 받지 않는다. 그러
나 이러한 상호증여가 소득세법 제97조의 2 제1항의 제재를 받지 않는다는 점이
국세기본법 제14조 제3항의 규정상 "세법의 혜택을 부당하게 받기 위한 것"이
아니라는 면죄부를 주는 것은 아니다(소득세법 제97조의 2 제1항은 국세기본법 제
14조 제3항에 대한 특칙이다. 전자의 규정이 적용되지 않는 한 후자의 규정을 적용
할 여지는 있는 것이다). 단일거래로 해도 충분히 경제적 목적을 달성할 수 있을
것인데 다른 중요한 목적 없이 조세절감을 주된 목적(principal purpose)으로 상호
증여를 한 것이라면 경제적 실질에 따라 각자의 단일거래로 보아 각각 양도차익
8억원(10억원－2억원)으로 결정할 수 있을 것이다. 다만, 10년의 장기간에 걸친
단계거래를 하나의 거래로 간주하는 것에는 무리가 따른다.

증여공제를 이용하고자 하는 조세회피행위라는 점에서 공통적이지만 다음과
같은 '교차증여'에 대해서는 국세기본법 제14조 제3항을 적용한 처분을 인정한 법
원의 판례가 있다. 갑은 을에게 증여하고, 병은 정에게 증여하고자 하고자 한다.
증여공제는 증여자마다 받을 수 있어서 을은 갑과 병으로부터 당초 갑으로부터
증여받을 금액의 반액씩 증여받고, 정은 갑과 병으로부터 당초 병으로부터 증여
받을 금액의 반액씩 증여받았다. 이에 대해 법원은 "증여세 부담을 줄이려는 목적
하에 그 자체로는 합당한 이유를 찾을 수 없는 교차증여를 의도적으로 이용하였
다"는 이유를 들면서 교차증여를 부인하고 갑이 을에게 전액을 직접 증여한하고
병이 정에게 전액을 직접 증여한 것으로 보아 과세한 처분을 인정하였다(대법원

2017. 2. 15. 선고 2515두46963 판결, 유사판례 대법원 2019. 1. 31. 선고 2014두41411 판결; 2017. 1. 25 선고 2015두3270 판결).

(나) 합리성기준 요건과 국조법 제3조 제3항·제4항

국조법 제3조는 '국제거래에 대한 실질과세'의 제하에 그 제3항과 제4항을 아래와 같이 규정하고 있다.

③ 국제거래에서 이 법 및 조세조약의 혜택을 부당하게 받기 위하여 제3자를 통한 간접적인 방법으로 거래하거나 둘 이상의 행위 또는 거래를 거친 것(이하 이 조에서 "우회거래"라 한다)으로 인정되는 경우에는 그 경제적 실질에 따라 당사자가 직접 거래한 것으로 보거나 연속된 하나의 행위 또는 거래를 한 것으로 보아 이 법 및 조세조약을 적용한다.

④ 우회거래를 통하여 우리나라에 납부할 조세부담이 대통령령으로 정하는 비율 이상으로 현저히 감소하는 경우(해당 우회거래의 금액 및 우리나라에 납부할 조세부담의 감소된 금액 등이 대통령령으로 정하는 요건에 해당하는 경우는 제외한다) 납세의무자가 해당 우회거래에 정당한 사업 목적이 있다는 사실 등 조세를 회피할 의도가 없음을 입증하지 아니하면 이 법 및 조세조약의 혜택을 부당하게 받기 위하여 거래한 것으로 추정하여 제3항을 적용한다.

국조법 제3조 제3항은 국제거래에 대해 국조법 또는 조세조약을 적용할 경우의 국세기본법 제14조 제3항에 대한 특칙을 규정한 것이다. 국조법 제3조 제3항은 국조법 또는 조세조약을 적용하는 국면에서의 '단계거래'를 '우회거래'라고 명명하고 있다. 국조법 제3조 제3항이 적용되면 혜택을 부당하게 받기 위한(ⓐ) 거래, 즉 우회거래는 단일거래로 본다.

국조법 제3조 제3항은 국세기본법 제14조 제3항과 소득세법 및 법인세법상 부당행위계산부인규정에서처럼 그 적용요건을 "인정되는 경우에는"이라고 규정함으로써 '합리성기준(reasonableness test; if it is reasonable to conclude that)'의 요건을 추가하고 있다. 이 요건은 그간 법원의 판결상 납세의무자에게 '정당한 사업목적'이 있을 경우 부당하게 조세를 감소한 것으로 볼 수 없다는 것으로 해석되어 왔다. 개별적인 사건의 사실과 상황을 기초로 공정하게 판단하여야 할 것이지만,

법적 불확실성을 증폭하는 문제가 있었다.

국조법 제3조 제4항은 어떤 국제거래가 혜택을 부당하게 받기 위한 거래(ⓐ)에 해당하는 것으로 법상 추정하는 요건을 구체적으로 규정하고 있다. "우회거래를 통하여 우리나라에 납부할 조세부담이 대통령령으로 정하는 비율 이상으로 현저히 감소하는 경우(①) 납세의무자가 해당 우회거래에 정당한 사업 목적이 있다는 사실 등 조세를 회피할 의도가 없음을 입증(②, '정당한 사업목적의 항변')하지 아니하는" 경우(ⓐ)로 추정한다. 과세관청이 ①의 존재를 입증하면 ⓐ를 추정하게 되지만 납세의무자는 ②로써 ⓐ가 존재하지 않는 것으로 인정받을 수 있는 것이다. 납세의무자로서는 ①의 사실이 없다면 ②의 정당한 사업목적의 항변을 할 필요도 없게 되므로 국조법 제3조 제4항은 ①이 아니라는 사실을 입증하면 국조법 제3조 제3항이 적용되지 않게 하는 일종의 '안전조항(safeguard provision)'으로 기능할 수도 있다. 다만, 과세관청에게는 국조법 제3조 제4항의 도움을 받지 않고 어떤 거래가 혜택을 부당하게 받기 위한 것이므로 국조법 제3조 제3항상의 우회거래라고 인정받을 수 있는 기회는 여전히 열려 있는 것이므로 국조법 제3조 제4항이 완전한 형태의 안전조항이라고 볼 수는 없을 것이다. 과세관청이 국조법 제3조 제4항의 규정을 동원하지 않으면서 국조법 제3조 제3항의 우회거래에 해당한다고 주장하는 때에 납세의무자에게 ②의 정당한 사업목적의 항변의 기회를 주는 명문의 규정은 없지만(명문의 규정을 두고 있는 사례로서 독일조세기본법 제42조 제2항 참조) 그러한 항변의 기회가 있다고 보는 것이 체계에 부합하는 해석일 것이다.

국조법 제3조 제3항은 '우회거래'가 국조법 및 조세조약의 혜택을 부당하게 받기 위한 것이라고 정의하고 있는 반면, 국조법 제3조 제4항은 '우회거래'가 국조법 및 조세조약의 혜택을 부당하게 받기 위한 것인지가 미처 입증되지 않은 거래임을 전제로 규정하고 있다. 이 책에서는 국조법 제3조 제3항에 따라 서술하였다.

2007년 국조법상 단계거래원칙에 관한 국조법 제3조 제3항의 규정 내용이 일반화되어 국세기본법 제14조 제3항에 규정되게 된 것처럼 국조법 제3조 제4항의 규정 내용이 국세기본법 제14조 제4항으로 일반화될 수도 있을 것이다.

제4장

조세채무

이 장에서는 여러 개별세법 규정의 적용 결과 성립하고 확정되는 조세채무(Steuerschuld)로 형성되는 조세법률관계(Steuerrechtsverhältnis)의 변동과정에 공통되는 사항을 설명한다. 우리나라는 1세목 1법률 방식을 원칙으로 세법을 구성하고 있다. 개별 세법은 각 세목별 조세법률관계를 규율하는 일종의 채권법이라고 할 것이다.

개별 세법이 각각 독자적인 납세의무자, 과세대상, 과세표준 및 세율에 관한 규정을 둠으로써 개별 세목의 조세를 창설하지만, 조세는 어떤 것이든지 결국 강제적으로 부과징수된다는 공통적인 성격을 지니고 있다. 국세기본법 및 국세징수법은 강제적 부과징수에 관한 여러 세목에 걸친 공통적인 사항들을 한데 모아 규정하고 있다. 이 장에서는 주로 국세기본법에 규정된 사항들을 공부하게 된다.

제1절   조세법률관계

제1항   조세법률관계의 개념

세법에서 정한 과세대상이 귀속하는 사실이 발생한 자는 조세채무의 귀속자가 된다. 과세요건사실이 존재하게 되는 시점에 자신에 대한 과세권자의 조세채무가 성립한다.

일반적으로 조세채무는 성립·확정 및 소멸의 과정을 거치게 되어 있다. 신고납세방식의 조세(예, 소득세, 법인세 및 부가가치세)에서는 조세채무가 성립한 후 세법에서 정한 기한 내에 세법에서 정한 방법과 절차에 따라 납세의무자가 자신에게 성립한 조세채무액을 계산하여 관할 과세관청 — 세무서장 또는 지방국세청장 (예, 소득세법 제11조) — 에 대한 통지로써 신고를 하면 해당 조세채무는 구체적으로 확정되어 이행할 수 있는 단계에 이른다. 납세의무자가 신고하여 확정된 조세채무액을 정해진 기한 내에 납부할 경우 해당 조세채무는 소멸한다. 납세의무자의 신고를 받은 관할 과세관청은 그 신고의 내역을 심리하여 적법성 여부를 판단한다. 납세의무자의 신고에 의한 과세표준과 세액이 적법한 신고액에 미치지 못할 때에는 그 부족액을 결정한 후 통지의 방법으로 납세의무자에게 부과한다. 과세관청의 부과결정에 의해 확정된 추가적 세액을 납세의무자가 납부할 경우 그 부분의 조세채무는 소멸한다. 위 사례에서 납세의무자에게 한 번 성립한 조세채무가 두 번에 걸쳐 확정되었다. 추상적으로 성립한 하나의 조세채무가 두 개의 조세채무로 확정된 것이다.

부과결정방식의 조세(예, 상속세 및 증여세)에서도 세법은 납세의무자에게 관할 과세관청이 조세채무액을 계산할 수 있게 기본적인 사실관계를 신고하도록 하고 있다. 이때의 신고는 과세관청이 그 신고내용을 토대로 부과통지로써 조세채무를 확정할 수 있도록 보조하는 기능을 하는 것에 불과하며 그 자체로써 조세채무를 확정하는 효력은 인정되지 않는다.

신고납세방식의 조세이든 부과결정방식의 조세이든 구체적으로 확정된 조세채무가 있게 되면 과세권자인 국가 또는 지방자치단체와 같은 조세채권자(Steuer-berechtigten)와 납세의무자인 조세채무자(Steuerschuldner) 간에는 '조세채권채무관계(Steuerschuldverhältnis)'가 형성된다. 이는 '조세법률관계(Steuerrechtsverhältnis)'의 한 영역이다. 조세법률관계는 '조세채권채무관계' 이외에 '조세절차법적관계'를 포함한다. 이는 조세채권채무관계에 부수하는 성격이 있으므로 본서에서는 양자를 구별하지 않고 조세법률관계로 표현하고자 한다. 조세법률관계의 변동은 조세채무의 성립·확정 및 소멸을 통해 나타난다.

조세법률관계상 법률의 규정에 의하여 성립한 조세채무는 법률의 규정(또는 그에 따른 절차)에 의하여 확정하게 된다. 민법상 계약에 의한 법률관계는 당사자 간 합의에 의하여 권리의무관계가 형성되는 것과 대조를 이룬다. 납세의무자 또는 관할 과세관청은 법률에 규정된 바에 따라 조세채무를 확정하는 행위를 하게 된다. 납세의무자가 하는 행위는 사인의 공법행위이며 관할 과세관청이 하는 행위는 행정행위이다. 이들 행위에는 민법상 행위에서와는 다른 공법상 원칙이 적용된다. 예를 들면, 행정행위에는 하자가 있는 경우라도 그것이 중대하고 명백하여 당연무효가 아닌 한 권한 있는 기관(처분청, 조세심판원 또는 법원)에 의하여 취소될 때까지 상대방 또는 이해관계인들이 효력을 부인할 수 없는 공정력이 인정된다.

확정된 조세채무에 대해서는 민법적인 원칙이 적용된다. 예를 들면, 조세채무는 금전채무로서 이행불능의 개념이 적용되지 않으며 이행지체책임규정이 적용된다(민법 제397조). 연대납세의무자에 대한 이행청구에 절대적 효력이 부여된다(국세기본법 제25조의 2). 압류 후 환가한 대금의 배분에도 민법의 원칙이 부분적으로 준용된다(국세징수법 제81조 제4항). 다만, 소멸시효, 우선순위, 이행청구 및 강제집행상 국세기본법 및 국세징수법에 민사법에 대한 예외조항들이 다수 규정되어 있다.

국세기본법은 '조세채무'와 동일한 의미를 지닌 '납세의무'의 용어를 사용하여 조세법률관계를 규정하고 있다. 납세의무는 국세를 납부할 의무이다(국세기본법 제21조 제1항). 이는 '납부의무'라고도 표현되고 있다(국세기본법 제26조). 국세기본법은 납세의무의 성립, 확정, 승계 및 소멸에 대한 기본원칙을 규정하고 있다(국세기본법 제21조~제28조). 납세의무의 확정에 따라 발생하는 국가와 납세의무자 간의 관계를 '권리·의무관계'로 규정하고 있다(국세기본법 제22조의 2). 본서에서는 그 '권리·의무관계'를 '조세법률관계' 또는 '조세채권채무관계'로 표현하며, '납세의무자'를 '조세채무자'와 같은 뜻으로 본다.

참고로 독일 조세기본법상 조세채무의 성립(Entstehung)은 과세요건사실의 존재에 의해 이루어진다(독일 조세기본법 제38조). 조세채무는 과세관청의 부과통지(Steuerbescheid)에 의해 확정(Festsetzung)된다(독일 조세기본법 제155조). 개별 세목에 관한 세법에서 신고의무를 규정하고 있으며 이때의 신고는 납세협력의무(Mitwirkungspflicht)의 하나이다. 상속세와 증여세의 경우 관할 과세관청이 신고할 것을 요청한 경우에 신고하도록 되어 있다(독일 상증세법 제31조).

1. 주 체

일반 국민은 개별적인 조세법률관계에서 조세채무를 부담하는 납세의무자가 된다. 이외에도 법규에 따라서는 징수의무 또는 납세협력의무를 부담하게 된다.

국세기본법상 '납세자(Steuerpflichtiger)'는 납세의무자와 세법에 의하여 국세를 징수하여 납부할 의무를 지는 자를 말한다. '납세의무자(Steuerschuldner, 조세채무자)'는 세법에 의하여 국세를 납부할 의무가 있는 자를 말한다. 납세자에 갈음하여 납부할 의무가 생긴 경우의 제2차 납세의무자 및 보증인을 포함한다. '국세를 징수하여 납부할 의무가 있는 자(Steuerentrichtungspflichtiger, 원천징수의무자)'는 납세자이지만 납세의무자는 아니다(국세기본법 제2조).

가. 인

납세의무자가 되기 위해서는 법률상 '인'의 요건을 충족하여야 한다. 개별 세법상 해당 조세의 납세의무자가 될 수 있는 자격을 '조세권리능력(Steuerrechts-fähigkeit)'이라고 부를 수 있을 것이다.

법인의 권리 의무 주체로서의 능력은 조세법률관계상으로도 인정된다. 사단이나 재단이 법인격을 취득하기 위해서는 민법의 규정에 따라 '주무관청의 허가'

와 '설립등기'를 하여야 한다. 관청의 허가 및 설립등기를 하지 않아 법인격을 취득하지 못한 사단·재단에 대해 민법은 "법인이 아닌 사단의 사원이 집합체로서 물건을 소유할 때 총유로 한다(민법 제275조 제1항)."라고 규정하고 있을 뿐인데 이들을 세법상 어떻게 취급하여야 하는가에 대해 국세기본법은 다음과 같이 규정하고 있다.

다음 중 어느 하나에 해당하는 경우로서 수익을 구성원에게 분배하지 아니하는 법인격 없는 단체는 법인으로 보아 법인세법을 적용하되 비영리법인으로 본다(국세기본법 제13조 제1항, 법인세법 제1조 제1호 다목). 이 경우 법인격 없는 단체를 세법상 '당연히 법인으로 보는 단체'라고 한다.

- 주무관청의 허가 또는 인가를 받아 설립되거나 법령에 의하여 주무관청에 등록한 사단·재단 기타 단체로서 등기되지 아니한 것
- 공익을 목적으로 출연된 기본재산이 있는 재단으로 등기되지 아니한 것

세법상 당연히 법인으로 보는 단체 이외 법인격 없는 단체 중 다음의 요건을 모두 갖춘 것으로서 그 대표자 또는 관리인이 관할 세무서장에게 신청하여 승인을 얻은 것은 법인으로 본다('승인에 의하여 법인으로 보는 단체'). 단체의 계속성 및 동질성이 유지되는 것으로 보아 법인세법을 적용하되 비영리법인으로 본다(국세기본법 제13조 제2항, 법인세법 제2조 제2호 다목).

- 사단·재단, 기타 단체의 조직과 운영에 관한 규정을 가지고 대표자 또는 관리인을 선임하고 있을 것
- 사단·재단, 기타 단체 자신의 계산과 명의로 수익과 재산을 독립적으로 소유·관리할 것
- 사단·재단, 기타 단체의 수익을 구성원에게 분배하지 아니할 것

세법상 '법인으로 보는 단체' 외의 사단·재단 기타 법인격 없는 단체는 이를 거주자 또는 비거주자로 보아 소득세법을 적용한다(소득세법 제2조 제3항). 이 중 대표자나 관리인이 선임되어 있으나 이익의 분배방법이나 분배비율이 정하여 있지 않은 것은 그 단체를 하나의 거주자로 보아 소득세법을 적용한다. 이익의 분배

방법이나 분배비율이 정하여져 있는 경우에는 공동으로 사업을 경영하는 것으로 본다. 명시적으로 이익의 분배방법이나 분배비율이 정해져 있지 않다고 하더라도 사실상 이익이 분배되는 경우에는 그 단체의 구성원이 공동으로 사업을 경영하는 것으로 보아 소득세법을 적용한다.

법인세법은 법인세법시행령이 정하는 기준에 해당하는 단체를 '외국법인'이라고 정의하고 있다(법인세법 제1조 제3호, 법인세법시행령 제2조 제2항).

[사례] (종중) 종중의 이름으로 보유(부동산등기법 제30조)하고 있는 재산은 종중원이 총유하는 것이다(민법 제275조). 종중이 국세기본법 제13조의 요건을 충족하지 않는 때에는 과세상 법인으로 보지 않으며, 소득세법상 자연인 또는 자연인의 조합으로 보게 된다. 과세상 법인으로 보지 않는 종중이 부동산임대업과 같은 수익사업을 하는 경우 그 종중 명의로 사업자등록을 하여야 한다. 종중이 수익사업을 하지 않는 경우에는 종중명의의 고유번호증을 발급받아 통장을 개설할 수 있다. 자연인으로 보는 종중이 총회의 결의에 따라 종중소유 재산을 처분하고 그 처분대금을 종중원에게 분배하게 된 경우에는 그 처분에 따른 양도소득에 대해서 종중이 소득세를 부담하게 되며(대법원 1984. 5. 22. 선고 83누497 판결 등), 분배받은 종중원은 종중으로부터 증여를 받은 것으로 보게 된다(국심 1997. 5. 12. 97서 251 결정). 종중의 재산은 종중원이 총유하도록 되어 있지만, 특정 종중원의 입장에서는 해당 재산에 대한 권리의 취득에 아무런 대가도 지급하지 않은 점을 고려할 때 증여받은 것으로 볼 수 있다는 것이다. 자연인의 조합으로 보는 종중의 사례는 찾기 어렵다.

나. 조 합

민법상 조합(partnership contract)은 사인 간의 계약이며, 권리능력이 있는 단체로 인정되는 것은 아니다(민법 제703조). 조합방식에 의한 자산의 소유는 허용되며 이러한 형태의 자산의 공동소유를 '합유'라고 하고 등기부에 조합체의 소유로 기재한다(민법 제271조). 상법상 익명조합(hidden(silent) partnership)에 의한 자산의 소유는 영업자(현명조합원)의 명의로 하도록 되어 있는데, 과세상 익명조합원의 재산을 영업자 명의로 보유하고 있다고 하여 명의신탁으로 간주하지는 않는다(상법 제79조).

소득세법은 민법상 조합에 대해서는 이를 공동사업으로 보아 조합에 귀속하는 소득을 각 조합원의 지분에 따라 배분하여 각 조합원의 소득으로 보아 과세하도록 하고 있다.

상법상 익명조합도 과세실체로 인정되는 것은 아니다. 소득세법상 익명조합원은 출자공동사업자가 된다. 소득세법은 사업소득이 발생하는 사업을 공동으로 경영하고 그 손익을 분배하는 공동사업을 영위함에 있어서 공동사업의 경영에 참여하지 아니하고 출자만 하는 자로서 공동사업에 성명 또는 상호를 사용하게 하거나 공동사업에서 발생한 채무에 대하여 무한책임을 부담하기로 약정하지 않은 자를 '출자공동사업자'로 정의하고 있다(소득세법 제43조 제1항, 소득세법시행령 제100조 제1항). 출자공동사업자가 수령하는 분배금 또는 분배될 금액은 배당소득이 된다(소득세법 제17조 제1항 제8호 및 소득세법 제43조).

2. 조세채무

앞에서 설명한 것처럼 국세기본법은 본서의 '조세채무'를 '납세의무'로 표현하고 있다. 아래에서는 국세기본법상 용어인 '납세의무'를 사용하여 설명한다.

가. 고유의 납세의무

고유의 납세의무란 개별 세법에서 자신의 행위 또는 소득 등으로 인하여 지는 납세의무를 말한다.

나. 연대납세의무

연대납세의무란 납세의무자가 자신의 고유의 납세의무를 다른 누구와 연대하여 납부할 책임을 부담하는 경우 그 의무(고유의 납세의무)를 말한다.

민법상 연대채무란 수인의 채무자가 채무 전부를 각자 이행할 의무가 있고 채무자 1인의 이행으로 다른 채무자도 그 의무를 면하게 되는 채무를 말한다(민법 제413조). 2인 이상의 채무자가 연대하여 각 채무자의 분담 부분의 합계액에 해당하는 채무를 부담하고 1인의 채무자가 그 급부의무를 이행하면 다른 채무자도 공동 면책되는 것을 말한다.

국세기본법 제25조의 2는 연대채무에 관한 민법조항들 중 국세기본법상 또는 세법상 연대납세의무에 준용되는 것들을 규정하고 있다. 이행청구의 절대적 효력(민법 제416조)에 따라 특정 연대납세의무자에 대한 이행청구는 다른 연대납세의무자에게도 동일한 효력을 갖는다. 어느 연대납세의무자로부터 연대납세의무에 관계되는 조세 중 얼마를 징수할 것인지는 과세관청의 재량사항이다. 연대납세의무자로서 세금을 납부하는 것만으로는 증여세가 과세되지 않는다. 구상권을 포기할 경우 증여세가 과세된다.

세법상 연대납세의무는 국세기본법에서 규정하는 것과 개별 세법에서 규정하는 것이 있다.

(1) 국세기본법

국세기본법은 공유물, 공동사업 또는 당해 공동사업에 속하는 재산에 관계되는 세금에 대한 연대납세의무를 규정하고 있다(국세기본법 제25조 제1항).

법인이 분할되거나 분할합병하는 경우 분할 또는 분할합병 이전에 분할되는 법인에 납세의무가 성립한 세금은 분할되는 법인(분할법인)이 존속하는 경우 분할법인과 분할신설법인(단순분할의 경우) 또는 분할합병신설법인(분할신설합병의 경우)/분할합병존속법인(분할흡수합병의 경우)이 분할로 승계된 재산가액을 한도로 연대납세의무를 부담한다(국세기본법 제25조 제2항).

법인이 분할 또는 분할합병으로 해산하는 경우 해산하는 법인에 부과되거나 그 법인이 납부할 세금은 승계되며, 분할신설법인 또는 분할합병신설법인/분할합병존속법인이 분할로 승계된 재산가액을 한도로 연대하여 납부할 책임을 진다(국세기본법 제25조 제3항).

채무자회생 및 파산에 관한 법률 제215조에 따라 신회사를 설립하는 경우 기존의 법인에 대하여 부과되거나 납세의무가 성립한 국세·강제징수비는 신회사가 연대하여 납부할 책임을 진다(국세기본법 제25조 제4항).

(2) 개별세법

개별세법이 규정하는 연대납세의무로는 상증세법상 공동상속인의 연대납세의무(상증세법 제3조의 2 제3항), 증여자의 연대납세의무(상증세법 제4조의 2 제6항) 및 법인세법상 연결납세신고를 하는 연결법인 간의 연대납세의무(법인세법 제3조 제3항)가 있다.

소득세법상 공동사업자는 국세기본법 규정에 불구하고 연대납세의무를 지지 않는다(소득세법 제2조의 2 제1항 본문).

다. 보충적 납세의무

보충적 납세의무는 과세관청이 주된 납세의무자의 재산에 대해 체납처분을 하여도 부족액이 발생할 경우 세법의 규정에 따라 주된 납세의무자 이외의 자가 지는 납세의무를 말한다.

보충적 납세의무를 지는 자는 자신의 직접적인 귀책사유 이외의 사유로 채무를 부담하게 되는 지위에 놓이게 된다. 자신이 납세의무를 부담하게 되는 시점에는 이미 주된 납세의무는 확정되어 있을 것이므로 주된 납세의무자가 스스로에 대한 조세채무액이 부당하고 과다하게 책정되어 있음을 항변하지 않을 경우 그에 따른 불이익을 뒤늦게 입게 되어 있다. 보충적 납세의무자는 고유의 납세의무자와 더불어 고유의 납세의무를 확정하는 처분의 적법성 여부를 다툴 수 있는 지위를 부여받고 있다(국세기본법 제55조 제2항). 보충적 납세의무자로서 납부고지를 받은 이후에는 주된 납세의무자에 대한 과세처분의 위법여부에 대한 확정에 관계 없이 - 불가쟁력(형식적 확정력)이 발생하였다 하더라도 - 제2차 납세의무 부과처분 취소소송에서 주된 납세의무자에 대한 부과처분의 하자를 다툴 수 있다(대법원 2009. 1. 15. 선고 2006두14926 판결).

보충적 납세의무자도 주된 납세의무자에 대해 구상권이 있으므로 구상권을 포기한 것에 대해서는 연대납세의무자 간의 경우처럼 증여세가 과세될 수 있을 것이다.

(1) 제2차 납세의무

국세기본법은 청산인 등 출자자, 법인 및 사업양수인을 제2차 납세의무자로 규정하고 있다.

제2차 납세의무란 조세징수의 확보를 위하여 원래의 납세의무자(주된 납세의무자)의 재산에 대하여 강제징수를 하여도 징수하여야 할 조세에 부족이 있다고 인정되는 경우에 그 원래의 납세의무자와 특별한 관계에 있는 제3자에 대하여 원래의 납세의무자로부터 징수할 수 없는 액을 한도로 보충적으로 납세의무를 부담하게 하는 경우 그 의무를 말한다(국세기본법 제38조부터 제41조).

제2차 납세의무는 주된 납세의무의 존재를 전제로 하여 성립하므로 주된 납세의무에 관하여 생긴 사유는 제2차 납세의무에도 그 효력이 있으며 이러한 성질을 '부종성(Grundsatz der Akzessorietät)'이라고 한다. 제2차 납세의무자는 주된 납세자의 재산에 대하여 강제징수를 집행하여도 징수할 금액이 부족한 경우에 한하여 그 부족액에 대해 납부책임을 진다는 점에서 제2차 납세의무에 '보충성(Grundsatz der Subsidiarität)'이 있다고 한다. 징수부족액의 판정은 과세관청의 실무상 제2차 납세의무자에 대한 납부고지서의 발부 당시를 기준으로 하고 있다. 반드시 주된 납세의무자에 대하여 강제징수를 집행하여 부족액이 구체적으로 발생할 필요는 없다(대법원 2004. 5. 14. 선고 2003두10718 판결).

제2차 납세의무는 제2차 납세의무자에 대한 국세징수법상 납부고지에 의해 확정된다(국세징수법 제7조, 국세징수사무처리규정 제107조 제1항 제2호, 대법원 2012. 5. 9. 선고 2010두13234 판결, 납부고지할 수 있는 날부터 5년의 부과제척기간). 제2차 납세의무자는 납부고지서를 받은 후에는 자신에 대한 처분이 적법한지에 대한 다툼에 있어 주된 납세의무자에 대한 부과처분의 내용과 주된 납세자에 대한 강제징수의 집행에 대해 다툴 수 있다.

(가) 주 주

국세기본법은 법인의 무한책임사원과 과점주주 등은 법인의 조세채무에 대해 제2차 납세의무를 진다고 규정하고 있다(국세기본법 제39조). 이들은 해당지분에 관한 권리를 실질적으로 행사하는 자들이어야 한다.

과점주주의 제2차 납세의무는 징수부족액을 그 법인의 발행주식 총수 또는 출자 총액으로 나눈 금액에 과점주주의 소유주식 수 또는 출자액을 곱하여 산출한 금액을 한도로 한다.

과점주주의 제2차 납세의무에 관한 규정은 상법상 주주 등의 유한책임 원칙에 대한 중대한 예외이므로 엄격하게 해석하여야 한다(대법원 2019. 5. 16. 선고 2018두36110 판결; 대법원 2022. 5. 26. 선고 2019두60226 판결).

(나) 법 인

법인은 그것의 구성원의 채무와는 무관한 별개의 실체이다. 그것의 구성원이 무슨 경제활동을 하든 그 경제활동이 자신과 관련이 없다면 법적 책임을 지게 할 수 없을 것이다.

국세기본법은 법인이 자신의 구성원이 조세채무를 이행하지 않을 경우 사실상 그 구성원의 지분의 매수를 강제받는 것과 같은 정도의 부담을 지우고 있다. 즉 법인의 순자산가액 중 해당 구성원의 지분에 상응하는 가액을 한도로 그 구성원의 조세채무에 대해 제2차 납세의무를 지도록 하고 있다. 이러한 의무규정이 적용되기 위해서는 그 구성원이 무한책임사원이든가 과점주주이어야 한다. 그리고 정부가 해당 구성원의 지분을 처분하려 하여도 그것이 불가능한 경우 등이어야 하며 이 규정은 엄격해석하여야 한다(국세기본법 제40조 제1항 제1호~제3호, 대법원 2020. 9. 24. 선고 2016두38112 판결, 대법원 2024.09.12 선고 2021두51881 판결). 법인의 제2차 납세의무는 그 법인의 자산총액에서 부채총액을 뺀 가액을 그 법인의 발행주식총액 또는 출자총액으로 나눈 가액에 그 출자자의 소유주식 금액 또는 출자액을 곱하여 산출한 금액을 한도로 한다.

(2) 물적 납세의무

국세기본법은 원래의 납세의무자가 세금을 체납하고 그 납세의무자의 다른 재산에 대하여 체납처분을 하여도 부족액이 발생하는 경우 그 체납세금의 법정기일 후에 설정된 납세의무자가 양도담보설정자로 되어 있는 양도담보재산으로부터 그 부족액을 징수하도록 하고 있다(국세기본법 제42조 제1항). 양도담보가 조세를 회피하기 위한 수단으로 활용되는 것을 방지하고자 하는 것이다.

양도담보재산은 계약에 의해 납세자가 그 재산을 양도한 때에 실질적으로 양수인의 양도인에 대한 채권을 담보하기 위한 목적으로 설정된 재산을 말한다(국세기본법 제42조 제3항).

양도담보권자의 물적 납세의무는 제2차 납세의무의 경우처럼 납부고지서를 받는 시점에 확정된다(국세징수법 제7조, 국세징수사무처리규정 제107조 제1항 제2호). 협의의 양도담보, 환매조건부매매, 매도담보의 경우를 포함한다.

상증세법상 명의신탁으로 명의신탁자에게 증여의제 과세가 이루어질 경우 명의수탁자는 물적 납세의무를 진다(상증세법 제4조의 2 제9항).

(3) 납세담보

세법상 담보에는 물적 담보 및 인적 담보가 있다(국세징수법 제18조). 담보는 채권자의 요구에 의해 채무자가 제공하는 것이 원칙이다. 납세의무자가 납세담보를 제공하는 경우는 국세징수법 및 개별세법(예, 상증세법 제71조)에 규정되어 있다. 세무서장은 조세징수를 완화하는 대신 담보를 요구하기 위한 경우 및 단순히 징수의 확보를 위한 경우 등에 담보의 제공을 요구할 수 있다.

납세보증은 인적 담보의 하나이다. 납세보증으로는 납세보증보험증권 및 세무서장이 확실하다고 인정하는 보증인의 납세보증서가 제공될 수 있다. 보증채무는 세법의 규정에 의해 체결하는 보증계약으로 성립하는 공법상의 채무이다. 과세관청은 보증채무자에 대해 자력집행권을 행사할 수 있다.

제 2 항 조세법률관계의 변동

개별적인 조세법률관계, 즉 조세채권채무관계는 조세채무의 성립·확정 및 소멸의 과정을 거치게 된다. 조세법률관계상 나타나는 법적 주제들을 보면 조세채무의 확정단계까지는 행정행위의 개념을 매개로 하는 행정법적인 사항들이 주를 이루며, 확정된 조세채무의 소멸단계부터는 채무의 이행 등에 관한 민사법적인 사항들이 주를 이룬다.

1. 조세법률관계의 변동과정

가. 조세채무의 성립

사법상의 채무는 원칙적으로 대등한 관계에 있는 당사자 간 의사의 합치에 의해 성립하지만, 조세채무는 세법에 규정한 과세요건이 충족되면 법률상 당연히 성립한다. 이와 같이 조세채무의 성립에 필요한 법률상의 요건을 과세요건이라고 한다. 과세요건은 납세의무자, 과세대상, 과세표준 및 세율 4가지로 구분한다. 과세표준과 세율은 과세효과에 관한 사항으로 볼 수도 있겠다.

납세의무는 특정 납세의무자에게 과세대상이 귀속되고 이에 대한 과세표준을 산정하여 세율을 적용함으로써 세액을 산출할 수 있는 상태에 이르면 당연히 성립한다.

성립한 조세채무는 누군가의 인지작용('인식')과 그것의 표시행위('통지')를 통해 구체적인 세액을 확정하는 절차를 거쳐야 이행할 수 있는 상태에 이르게 된다. 그러한 절차를 조세채무의 확정이라고 한다. 이를 대비하여 '추상적 조세채무의 성립' 및 '구체적 조세채무의 확정'이라고 부른다.

나. 조세채무의 확정

조세법률관계상 법률의 규정에 의하여 성립한 조세채무는 법률의 규정(또는 그에 따른 절차)에 의하여 확정하게 된다. 납세의무자 또는 관할세무서장이 법으로 규정된 바에 따라 조세채무를 확정하는 행위를 하게 된다. 납세의무자가 하는 행위는 '사인의 공법행위'이며 관할세무서장이 하는 행위는 '행정행위(행정처분)'이다. 이들 행위에 대해서는 일반 민사법상의 행위와는 다른 공법상 원칙이 적용된다.

민사법상 법률행위는 의사표시에 따라 법률효과가 주어지지만, 납세자의 신고행위나 세무서장의 처분(행위)은 그것의 내용에 효력을 부여하는 법률규정에 따라 효과가 발생한다. 납세자의 신고행위는 일종의 '의사 통지'이고 세무서장의 행위는 '관념의 통지'이며 그것들은 준법률행위에 해당한다. 그것들은 효과의사를 요소로 하지 않기 때문에 착오에 의한 취소 등 민법상 법률행위에 적용되는 규정들이 당연히 적용되는 것은 아니다. 예를 들면, 납세자의 신고행위는 착오가 있었다 하더라도 그 착오가 중대·명백한 것이 아닌 한 효과가 인정된다. 납세자의 신고는 자기가 한 행위임에도 불구하고, 마치 행정행위에서 공정력이 발생하는 것과 유사하게 신고행위도 스스로 취소하는 것이 불가능하게 된다. 반면, 과세관청의 행정행위는 관청이 스스로 취소할 수 있다. 납세자가 상대방으로서 그 효력을 부인할 수 없다. 납세자가 경정청구 또는 불복청구를 통해 효력의 소멸을 도모할 수는 있다. 납세자는 불복청구기간이 도과하면 그것의 효력을 다툴 수 없다.

다. 조세채무의 소멸

적법하고 유효하게 확정된 조세채무를 둘러싼 권리의무의 효력에 대해서는 일반 민사법적인 원칙이 적용된다. 그러나 적지 않은 영역에서 예외가 존재한다. 소멸시효, 우선순위, 이행청구 및 강제집행상 국세기본법 및 국세징수법에 민사법에 대한 예외조항들이 다수 규정되어 있다. 그 과정에서 국가의 권리를 행사하는 관할세무서장이 하는 행위는 행정행위로서 공법상 원칙의 적용을 받는다.

2. 양도소득세 법률관계 변동사례

갑이 10년 전 병으로부터 5억원에 취득한 아파트를 을에게 8억원에 양도하여 3억원의 양도차익을 거두었다. 갑과 을 간 아파트 매매계약으로 각자에게 청구권이 발생하고 그것을 이행한 결과 갑에게서 을에게로의 소유권이전의 법적 효과가 발생하였다.

갑에게는 소득세법에 따라 양도소득세가 부과된다. 소득세법은 '양도'를 매도 등을 통하여 자산을 유상으로 사실상 이전하는 것이라고 정의하고 있다(소득세법 제88조 제1호).

[사례] 민법에 따른 아파트매매계약 및 그것의 이행이 제대로 이루어져 소득세법 상 양도의 요건을 충족하였다. 갑의 아파트 양도소득은 소득세법상 과세대상이 며, 그 과세대상은 갑에게 귀속하므로 해당 양도소득에 대한 소득세 납세의무자 는 갑이 된다. 해당 양도소득세의 과세표준은 양도소득금액 3억원에 양도소득기 본공제 및 장기보유특별공제를 적용한 금액(예, 2억 5천만원)으로 계산된다. 세율 은 종합소득에 대한 소득세율인 기본세율이 적용된다. 갑이 아파트 양도소득 3억 원을 거둔 사실은 과세요건사실이며, 갑에게 해당 과세표준에 기본세율을 적용한 세액(예, 1천만원)의 양도소득세 납세의무가 성립하는 것은 과세효과이다.
갑에게 위의 양도소득세 납세의무가 성립하는 시점은 갑이 아파트 양도대금 8억 원의 잔금을 수령한 날이 속하는 달의 말일이다(소득세법 제98조, 국세기본법 제21 조 제3항 제2호). 이때에 갑과 갑의 주소지 관할 세무서장 정은 갑에게 구체적으 로 얼마의 양도소득세 납세의무가 성립한 것인지 인지하지 못하고 있다.

소득세법은 갑으로 하여금 양도가 이루어진 날이 속하는 달의 말일부터 2개월 이내에 정에게 과세요건사실과 과세효과에 관한 사항을 신고하고 해당 세액을 납부하도록 하는 절차적 규정을 두고 있다(소득세법 제105조 제1항 제1호, 예정신고납부). 갑의 신고(예, 세액 8천만원)에 의해 갑의 본 건 양도소득세 납세의무는 확정되는 것이며, 신고할 때에 세액을 납부하였다면 해당 납세의무는 그것으로 소멸하게 된다.

정이 갑의 신고서를 검토하여 부족세액(예, 2천만원)을 발견한 경우에는 갑에게 먼저 과세예고통지(국세기본법 제81조의 15 제1항)를 한다. 갑은 과세예고통지를 받은 후 30일 내에 과세전적부심사를 청구할 수 있다. 갑에 의한 과세전적부심사의 청구가 없거나 과세전적부심사에서의 기각결정에 대해 갑의 이의가 없으면 정은 납부고지하게 된다(이때 납부고지는 납부고지서 및 영수증서의 송달에 의하며 부과처분 및 징수처분의 성격을 갖는다).

위의 예에서 정은 갑에게 성립한 양도소득세 납세의무가 1억원이라고 판단한 것이다. 정의 납부고지서가 갑에게 도달한 때에 갑에게 2천만원의 양도소득세 납세의무가 앞의 8천만원의 양도소득세 납세의무와 독립하여 확정된다(국세기본법 제22조의 3 제1항). 갑의 양도소득세 납세의무의 성립은 실체적으로 1회 만에 이루어졌지만 확정은 절차적으로 2회에 걸쳐 이루어진 것이다. 확정된 조세법률관계는 2개가 되는 것이다.

갑의 확정행위 또는 정의 확정행위에 하자가 있는 경우에는 행위의 당사자 또는 상대방이 경정, 경정청구 또는 불복청구를 할 수 있다.

제 3 항 서류의 송달

세법상 서류의 송달은 국세기본법 등 세법에 의하여 그 방법, 절차 및 효력이 규율된다. 세법상 서류의 송달이란 세법에 의한 행정행위(행정처분)의 내용을 그 상대방과 이해관계인에게 알리기 위하여 그 내용을 기록한 서류를 법에서 정한 절차에 따라 송부·전달하는 관계 행정기관의 행위를 말한다(국세기본법 제8조~제12조).

송달의 대상은 과세관청의 서류이다. 납세의 고지·독촉·체납처분 등 조세의 부과 및 징수처분, 이의신청·심사청구 및 심판청구에 대한 결정의 통지, 기타 세법에 의한 정부의 명령(과세예고통지서, 세무조사결과통지서 등)은 서류에 의해 행해진다.

납세의무자의 신고도 서류를 보내는 방식 또는 그것을 대체하는 이파일링 (e-filing)의 전자신고의 방식을 취하고 있지만, 그것을 강학상 통지행위로 볼 뿐 세법상 서류의 송달로 보지는 않는다.

세법상 서류의 송달방법에는 교부송달, 우편송달, 전자송달 및 공시송달의 방법이 있다.

교부송달이나 우편송달의 경우 과세처분의 상대방인 납세의무자 등 서류의 송달을 받을 자가 다른 사람에게 우편물 기타 서류의 수령권한을 명시적 또는 묵시적으로 위임한 경우, 그 수임자가 해당 서류를 수령하면 위임인에게 적법하게 송달된 것으로 보게 되며 이 경우 수령권한을 위임받은 자는 위임인의 종업원 또는 동거인일 필요는 없다. 아파트 경비원은 특별한 사정이 없는 한 납부고지서 등의 등기우편물을 수령할 수 있는 권한을 묵시적으로 위임받은 것으로 보며, 아파트 경비원이 우편집배원으로부터 납부고지서를 수령한 날이 처분의 통지를 받은 날에 해당한다고 본다.

교부송달과 우편송달을 하는 경우 일정한 요건하에 보충송달과 유치송달의 방법을 사용할 수 있다. 보충송달이라 함은 국세기본법상 송달할 장소에서 서류를 송달받아야 할 자를 만나지 못한 때 그 사용인 기타 종업원 또는 동거인으로서 사리를 판별할 수 있는 자에게 서류를 송달할 수 있도록 하는 것을 말한다(국세기본법 제10조 제4항 전단). 납세의무자가 수령권한을 위임한 경우 납세의무자를 만나지 못하였다고 하여 보충송달하는 것은 아니다. 유치송달이라 함은 서류의 송달을 받아야 할 자 또는 보충송달을 받을 수 있는 자가 정당한 사유 없이 서류의 수령을 거부한 때 송달한 장소에 서류를 둘 수 있는데 그것을 말한다(국세기본법 제10조 제4항 후단).

공시송달이라 함은 서류의 송달을 받아야 할 자에게 정상적인 방법으로 송달할 수 없는 일정한 사유(수취인 부재 등)가 있는 경우 서류의 요지를 공고함으로써 서류가 송달된 것과 동일한 효과를 발생시키는 제도이다. 공시송달이 적법한지에 대한 입증책임은 원칙적으로 과세관청에 있다(국세기본법 제11조).

과세관청의 서류의 송달은 그 송달을 받아야 할 자에게 도달한 때로부터 효력이 발생한다. '도달'이라 함은 송달받을 사람의 지배권 내에 들어가 사회통념상 일반적으로 알 수 있는 상태에 있는 때를 말한다. 예를 들어, 우편이 수신함에 투입된 때 또는 동거하는 가족·친족이나 고용인이 수령한 때를 들 수 있다. 여기서 '수신함'은 사서함을 의미하며, 공동주택의 메일박스는 이에 해당하지 않는 것으로 보는 것이 타당할 것이다. 다만, 전자송달의 경우에는 송달받을 자가 지정한 전자우편주소에 입력된 때 그 송달을 받아야 할 자에게 도달된 것으로 본다.

부과통지를 위한 서류가 도달하면 조세채무가 확정되고, 그 부과통지에 의한 부과처분이 효력이 발생하는 것이 된다. 이에 따라 해당 통지를 받은 납세의무자는 그 처분의 적법성 여부를 다툴 수 있게 된다.

한편, 납세자의 세금신고는 서류의 송달로 보지 않으며 발송주의에 의하여 효력이 발생한다. 우편 신고할 때에는 우편법상 통신일부인이 찍힌 날 신고한 것으로 본다(국세기본법 제5조의 2 제1항). 과세표준신고서 등의 전자신고의 신고시기는 국세청장에게 전송된 때이다(국세기본법 제5조의 2 제2항).

제2절 조세채무의 성립

제1항 조세채무의 성립요소

개별적 조세채무가 성립하기 위해서는 '납세의무자', '과세대상', '과세표준' 및 '세율'의 4대 요소를 충족하는 사실이 존재하여야 한다. 개별 세목을 규정하는 세법이 위 4대 요소를 모두 규정하고 있지 않다면 설사 특정 납세의무자에게 해당 과세대상이 귀속하는 사실이 있게 되더라도 해당 납세의무자에게 해당 세목의 조세채무가 성립하지 않는다. 가령 해당 세법에서 규정하는 과세대상이 특정인에게 귀속되는 사실이 있게 되더라도 해당 과세대상의 크기인 과세표준에 관한 규정을 찾을 수 없을 때에는 조세채무가 성립하지 않는다(대법원 2015. 10. 15. 선고 2013두 14283 판결; 대법원 2015. 10. 15. 선고 2013두13266 판결 참조). 더 나아가 해당 과세표준에 관한 규정이 있다 하더라도 해당 과세표준에 관한 규정을 적용할 수 있는 사실의 입증이 없는 상태에서 취해진 과세처분은 위법하다.

'납세의무자'는 조세채무를 부담하는 자, 즉 조세채무자를 말한다.

'과세대상'은 세법이 과세의 목적물로 정하고 있는 것으로서 담세능력을 표창하는 것이 된다. 개별 세법에서 정하는 과세대상은 크게 소득, 수익, 재산, 행위 또는 거래로 나눌 수 있다(국세기본법 제14조 제1항). 소득 또는 수익에 대해서는 소득세나 법인세가 부과된다. 금융기관의 금융업수익에 대해서 교육세가 부과된다. 재산에 관해서는 그 보유를 과세대상으로 하여 재산세나 종합부동산세가 부과되고 그 취득을 과세대상으로 해서 취득세 또는 등록면허세가 부과된다. 일정한 행위에 대해서는 증권거래세 또는 개별소비세가 부과된다. 일반적으로 상거래에 대해서는 부가가치세가 부과된다. 상속세나 증여세와 같이 무상이전되는 재산에 대해 과세하는 조세에 관한 세법을 입법할 때에는 그 과세대상을 소득과 동일하게 무상이전받은 자가 '무상취득한 재산'으로 설정하거나 그와 달리 무상이전하는 자가 영위하는 '무상이전거래' 또는 '무상이전재산'으로 설정할 수도 있다. 우리나라에서는 증여의 경우 전자(취득과세)와 같이 보고 상속의 경우 후자(유산과세)와 같이 보는 관점에서 세법이 입법되었다.

특정인에의 과세대상의 '귀속'은 그에게의 납세의무의 귀속을 의미하게 된다. 어떤 과세대상을 근거로 특정 납세의무자에게 과세할 수 있게 되는 경우 그 결합관계를 과세대상의 귀속이라고 한다. 국세기본법에 따르면 납세의무는 과세대상이 '사실상 귀속'되는 자에게 귀속되는 것으로 하여 세법을 적용하여야 한다(국세기본법 제14조 제1항).

과세대상을 일정한 척도에 의하여 측정하여 금액화한 것을 '과세표준'이라고 한다. 과세표준은 그것에 바로 세율을 곱하여 세액을 산출하도록 되어 있기 때문에 과세대상의 크기에 세법상 각종 공제가 반영된 후의 수치이다. 소득세를 예로 들면, 수입금액에서 필요경비를 공제하면 '소득금액'이 될 것이지만 그것이 바로 소득세 과세표준이 되지는 않고 그것에서 다시 소득세법이 인정하는 각종 공제액을 차감하여 산정하게 된다.

'세율'은 세액산출을 위하여 과세표준에 곱할 율을 말한다. 강학상 세율은 단일세율과 차등세율로 구분할 수 있다. 단일세율은 과세표준의 다과에 불구하고 단일의 세율을 적용하기 때문에 비례세율이 된다. 차등세율은 일반적으로 과세표준이 증가하면 더 높은 세율을 적용하기 때문에 누진세율을 의미한다. 구간을 설정하여 여러 세율을 규정하게 되는데 그것을 '과세표준구간(tax bracket)'이라고 한다. 낮은 과세표준구간에 해당하는 금액에 대해서는 낮은 세율을 적용하고 높은 과세표준구간에 해당하는 금액에 대해서는 높은 세율을 적용하는 방식을 '초과누진세율'이라고 한다. 우리나라 세법상 누진세율은 초과누진세율방식으로 되어 있다.

제 2 항 조세채무의 성립시기

조세채무는 그 기초가 되는 과세요건 중 과세대상인 소득 또는 수익의 발생 시점, 재산의 보유기간 중 일정 시점 및 행위 또는 거래의 완성 시점에 성립한다. 계속적 또는 반복적으로 소득, 수익 또는 거래의 발생이 예상되는 소득세, 법인세 및 부가가치세의 경우에는 매 발생 시점마다 조세채무가 성립하는 것으로 보지 않고 법상 정한 기간의 경과시점에 조세채무가 성립하는 것으로 본다(Anlegungssteuer, 기간과세세목). 재산의 보유에 대해 과세하는 재산세의 경우에는 일정 시점(매년 6월 1일)에 조세채무가 성립한다(Stichtagssteuer, 비기간과세세목). 양도소득세는 소득세이므로 기간과세세목이 되지만 양도시점에 연계하여 예정신고를 하도록 하고 있어 비기간과세세목의 특징이 혼합되어 있다고 할 수 있다.

조세채무의 성립은 그것을 확정하고 이행하는 절차와 무관하게 이루어진다. 특정인에게 과세대상이 귀속하는 시점에 자동적으로 이루어지는 것이기 때문에 그 시점에 납세의무자 또는 과세관청이 그 사실을 인지하거나 그 인지에 따라 어떤 행위를 하는지와는 무관하다. 예를 들어, 소득처분의 대상이 된 소득의 귀속자의 납세의무는 관할세무서장이 법인에게 원천징수납부의무를 지우기 위한 목적으로 소득금액변동통지를 하였는지 또는 언제 하였는지와 무관하게 해당 소득이 귀속된 과세기간의 종료시에 성립한다.

납세의무자는 성립한 조세채무의 이행을 위해 절차적 의무를 이행하여야 한다. 신고납세방식의 조세에서는 신고기한 내에 신고함으로써 세액을 확정시켜야 하며, 부과결정방식의 조세에서도 신고기한 내에 신고함으로써 과세관청이 세액을 확정할 수 있도록 도와주어야 한다. 이러한 절차적 의무를 해태할 경우 제재가 따르게 된다. 납세의무는 일정 세액을 납부하여야 할 조세채무를 부담하는 것(조세채무의 이행) 이외에 절차적 의무를 이행하여야 할 것을 포함하는 포괄적인 것이다.

국세기본법 제21조가 규정하고 있는 조세채무의 성립 시기를 정리하면 다음과 같다.

표 4.1   내국세 조세채무의 성립시기

조세채무		성립시기

기간
과세
세목
	① 소득세
	② 법인세
	③ 부가가치세
		• 과세기간이 끝나는 때
		  * 양도소득에 대한 소득세 : 양도일이 속하는 달의 말일
		  * 수입재화에 대한 부가가치세 : 수입신고하는 때

비기간 과세 세목	① 상속세	• 상속이 개시되는 때
	② 증여세	• 증여에 의하여 재산을 취득하는 때
	③ 종합부동산세	• 과세기준일(매년 6월 1일)

	④ 개별소비세, 주
	세 및 교통·에
	너지·환경세
		• 과세물품 제조장 반출 또는 판매장 판매; 과세장소 입장;과세
		  유흥장소 유흥음식행위; 과세영업장소 영업행위
		  * 수입물품의 경우에는 세관장에게 수입신고를 하는 때
		• 과세문서를 작성한 때
		• 해당 매매거래가 확정되는 때

	⑤ 인지세	• 과세문서를 작성하는 때
	⑥ 증권거래세	• 해당 매매거래가 확정되는 때
기타	① 교육세	• 국세 부과 교육세 : 해당 국세의 납세의무가 성립하는 때 • 금융·보험업 수익금액 부과 교육세 : 과세기간 끝나는 때
	② 농어촌특별세	• 본세의 납세의무가 성립하는 때
무신고가산세		• 법정신고기한이 경과하는 때

제3절 조세채무의 확정

　성립된 조세채무의 확정은 납세의무자의 과세관청에 대한 신고 또는 과세관청의 납세의무자에 대한 부과와 같은 상대방에 대한 통지행위에 의해 비로소 확정되는 경우와 조세채무가 성립되면서 바로 자동확정되는 경우로 구분할 수 있다.

　조세채무 '확정(Festsetzung)'의 개념은 1920년대 독일에서 사용되기 시작하였다. 20세기 초 과세관청의 부과에 의해 확정된 조세채무의 적법성에 대해 다툼이 있을 경우 과세관청의 부과의 근거에 관한 정보가 부족했을 납세의무자가 세법상 규정만을 근거로 하여 본인에게 부과된 세액의 적법성 여부에 대해 다투기 어려웠을 것임은 짐작하고도 남는다. 더욱이 일반 법원에서 채무자인 납세의무자가 채권자인 국가로부터 일방적으로 통보받은 채무액의 타당성에 이의를 제기하고 법관을 설득하는 것은 용이하지 않았을 것이다.

　당시 새로이 사용하게 된 '확정'의 개념은 납세자가 그 적법성에 대해 이의를 제기할 대상으로서 '처분' 또는 '행위'를 특정함으로써 권익구제의 효과성을 제고하는 데 기여하게 되었다. 조세채권채무관계를 단순히 민사적인 채권채무관계로 볼 경우 세법에 정한 요건사실이 존재하면 조세채권채무관계가 성립하는 것으로 할 수 있으므로 과세관청은 상대방인 납세의무자에 대한 부과통지 없이 바로 자신이 적법하다고 믿고 있는 세액의 이행청구를 할 수 있게 된다. 이에 이의를 갖는 납세의무자는 과세관청의 처분의 적법성 여부를 다투지 못하고 자신에게 해당 세액에 대한 채무가 존재하지 않음을 입증하여야 하는 지위에 처할 수 있게 된다 (과세관청이 채무가 존재함을 입증하여야 할 수도 있을 것이다). 마치 오늘날 자동확정 방식에 의한 조세의 경우 납세의무자 또는 과세관청의 세법상 행위를 매개로 하지 않고 조세채무가 바로 확정되도록 되어 있어 발생하는 문제와 유사한 상황이 된다. 부과처분에 의한 확정이 있어야만 과세관청이 이행청구할 수 있도록 하는 제도하에서는 납세의무자는 부과처분 자체의 위법성을 다툼으로써 보다 효과적으로 자신의 권익을 지킬 수 있게 된다.

20세기 후반 확산된 신고납세제도는 과세관청의 부담을 덜 수 있는 환경을 조성해주었다. 과세요건사실에 관한 사항에 대해서는 납세의무자가 보다 많은 정보를 가지고 있으므로 납세의무자가 스스로 조세채무를 확정하고 책임을 지게 한다는 것이다(빅데이타가 확산되는 오늘날 과세관청이 보다 많은 정보를 가지게 되었다). 신고한 사항의 적법성에 대한 입증책임은 기본적으로 납세의무자가 지게 된다.

우리나라에서는 종래 법인세와 부가가치세를 제외하고는 과세관청의 부과통지에 의해 조세채무가 확정되는 부과과세제도를 기본으로 하였다. 1996년에 종합소득세 조세채무가 신고에 의해 확정되도록 하는 제도적 전환이 있었다. 상속세와 증여세는 여전히 부과과세제도를 유지하고 있다.

신고납세제도는 납세자의 책임과 자발적인 성실납세를 근간으로 한다. 국세기본법은 세무공무원은 납세자가 성실하며 납세자가 제출한 신고서 등이 진실한 것으로 추정하여야 한다는 선언적 규정을 두고 있다(국세기본법 제81조의 3). 신고내용의 적법성에 대한 입증책임은 납세자에게 있는 것이지만, 실제 쟁송과정에서 납세자에게 입증책임을 묻는 영역은 많이 축소되어 있다. 과세관청이 행한 부과처분의 적법성에 대한 입증책임은 과세관청에게 있다. 새로운 처분의 적법성에 대해서는 과세관청이 입증책임을 지게 됨에 따라 납세의무자는 간접적으로 자신의 당초 신고의 적법성에 대한 입증책임까지 면하게 되는 결과가 된다. 신고납세제도하에서도 과세관청은 부과과세제도하에서처럼 확정된 조세채무의 적법성에 대한 입증책임을 지고 있는 것이다.

본서는 행정관청인 과세관청의 '처분(Verfügung)' 또는 '행위(Akt)'의 개념을 사용한다. 이는 일반 행정법상 행정관청의 작용으로서 국민의 권리의무에 영향을 주는 것을 의미한다. 세법에 의한 행정관청의 작용은 국민의 재산권에 영향을 주는 것이므로 처분 또는 행위가 되는 것이다. 그것을 세법에서는 부과처분 또는 징수처분이라고 하며, 부과행위 또는 징수행위라고는 하지 않는다. 행정심판법 및 행정소송법에서 사용되는 '처분'의 용어가 세법에서도 사용되고 있는 것이다. 이는 단순히 용어의 선택의 문제이며, 법률적 효과측면에서 특별한 의미를 갖는 것은 아니다.

제 1 항 납세의무자의 신고

납세의무자가 스스로 조세채무 성립요건의 충족 여부를 조사하고 그것에 대해 세법을 적용하여 정해진 기한 내에 과세표준과 세액을 신고함으로써 조세채무를 확정 짓는 방식을 '신고납세방식'이라고 한다. 소득세, 법인세, 부가가치세, 개별소비세, 주세, 증권거래세, 교육세, 교통세, 농어촌특별세, 취득세, 등록세 및 관세 등이 이 방식을 채택하고 있다(국세기본법 제22조 제2항 등). 상속세와 증여세 같은 '부과결정방식'의 부과과세 세목의 조세에 관한 세법에서도 납세의무자에게 신고의무를 부여하고 있다. 이 경우 신고의무는 일종의 납세협력의무에 그치며, 신고는 조세채무를 확정하는 효력이 없다.

소득세를 예로 들면, 해당 과세기간의 종합소득금액이 있는 거주자는 그 종합소득 과세표준을 그 과세기간의 다음 연도 5월 1일부터 5월 31일까지 납세지 관할 세무서장에게 신고함으로써 소득세 조세채무를 확정한다(소득세법 제70조 제1항). 과세대상은 과세기간 단위로 구분된다. 해당 거주자는 그렇게 확정된 세액을 관할세무서에 납부하여야 한다(소득세법 제76조 제2항). 그 거주자가 이렇게 확정된 세액을 납부하지 않으면 관할세무서장은 미납된 세액을 국세징수법에 따라 징수한다(소득세법 제85조).

1. 신고의 성격

신고납세방식의 조세에서는 원칙적으로 납세의무자가 당해 국세의 과세표준과 세액을 신고(Steuererklärung)하는 때에 조세채무가 확정된다. 신고가 없거나 신고내용에 오류·탈루가 있어 정부가 결정 또는 경정결정을 할 경우에는 그 결정하는 때에 확정된다. 과세표준과 세액을 신고하였다면 이로써 그의 납세의무가 확정되는 것이므로 그 뒤 무납부로 인한 납부고지서는 이미 확정된 조세채무의 이행을 명하는 징수처분에 지나지 않는다.

납세의무자의 신고는 납세의무자 자신이 조세채무의 내용을 구체적으로 과세관청에 통지하는 행위이다. 법률행위에 미치지 못하는 준법률행위이므로 민법상 법률행위에 관한 규정 중 의사표시의 존재를 규정 적용의 요건으로 하는 착오, 표현대리 및 비진의표시에 관한 규정은 적용이 배제된다. 중요한 부분의 착오의 경우 의사표시를 취소할 수 있도록 하는 민법 제109조 제1항이 적용되지 않아 신고 내용상 착오가 있더라도 취소가 허용되지 않는다.

신고는 비록 사인에 의해 행해지는 것이지만 공법행위에 해당한다. 이에 따라 과세관청의 처분의 공정력에 준하는 효력을 가지고 있으므로, 그 행위가 흠이 있는 경우에도 그 흠이 중대하고 명백하여 당연무효가 아닌 한 그 흠을 이유로 취소할 권한이 있는 자가 취소할 때까지는 그 효력이 있다.

2. 신고상 하자

신고상 하자(Fehler)를 시정하기 위한 수단으로 국세기본법상 수정신고 및 경정청구의 제도가 운영되고 있다.

납세자 자신이 한 신고에 대해서는 그것의 하자가 무효의 사유에 이르지 않은 경우 스스로 하자를 시정할 수 있는 기회가 한정되어 있다.

과소신고한 것에 대해서는 수정신고하면 된다. 부과제척기간 이내의 수정신고에는 조세채무 확정의 효력이 부여된다(국세기본법 제45조 제1항).

과다신고한 경우에는 경정청구만 허용되고 있다. 경정청구는 통상 법정신고기한으로부터 5년 이내로 한정되어 있다. 경정청구기한을 도과하면 납세자로서는 달리 시정할 기회가 없어지게 된다.

반면 과세관청은 부과제척기간 이내라면 경정할 수 있다. 경정청구기간이 도과한 경우라도 과세관청이 납세자의 신고상 하자에 의해 과다신고한 부분을 스스로 경정해 줄 수 있다. 실무상 이런 직권경정을 받기 위해서는 납세자고충처리 등의 방법에 의존하게 된다.

신고행위의 하자가 중대(gravely erroneous)·명백(apparent)하여 당연무효라면 이미 납부한 세액을 민사상 부당이득반환청구를 통해서도 회수할 수 있다. 이 경우에는 기한 제한 없이 법원에 소를 제기할 수 있다.

무효인 신고에 따라 납부를 청구하는 과세관청의 징수고지는 당연히 무효이다. 징수처분이 무효인 것을 확인하기 위해서는 신고가 무효인지를 먼저 결정하여야 한다. 이 경우에는 납부를 하지 않았기 때문에 부당이득반환청구를 할 수는 없다. 징수처분의 무효확인을 구하는 소송을 제기하면서 그 이유로서 신고의 무효를 주장하여야 한다.

제 2 항   과세관청의 부과

납세의무자의 신고에 대해서는 조세채무를 확정하는 효력을 부여하지 않고 과세관청의 부과처분으로 조세채무를 확정하는 방식을 '부과결정방식'이라고 한다. 과세관청이 과세표준과 세액을 결정하여 통지하는 때에 조세채무가 확정된다. 상속세, 증여세, 재산세 및 종합부동산세 등은 부과결정 세목들이다.

1. 부과처분의 성격

'부과처분(Steuerbescheid)'은 과세관청이 개별 납세의무자의 조세채무를 확정하는 행정처분이다. 부과처분은 주로 부과결정방식의 조세에서 조세채무를 확정하기 위하여 행해지지만, 신고납세방식의 조세에 있어서도 납세의무자가 신고하지 않거나 신고 내용에 오류, 탈루 등이 있을 때에 행해진다. 세법상 '결정(Bescheid)'으로 표현되고 있다. 이는 단순한 관청 내부의 결정을 의미하는 것은 아니다. 납세자에의 통지로써 발효하는 부과처분을 의미한다. 이미 확정된 조세채무의 내용을 변경하는 결정을 '경정'이라고 한다.

조세채무의 확정을 위한 부과결정, 즉 부과처분은 행정법상 확인행위에 해당한다. 이에 반하여 징수처분은 통지행위에 해당한다. 두 가지 모두 준법률행위적 행정행위로 분류된다.

행정심판법상 '처분'이란 행정청이 행하는 구체적 사실에 관한 법집행으로서의 공권력의 행사 또는 그 거부, 그 밖에 이에 준하는 행정작용을 말하고 행정청이 하여야 할 처분을 하지 않는 것을 '부작위'라고 한다(행정심판법 제2조 제1호, 행정소송법 제2조 제1항 제1호).

행정처분으로서 부과처분은 행정법학 용어를 빌리자면 그 내용대로 효력을 발생시키고 납세자와 과세관청을 구속하는 구속력(Verbindlichkeit)이 있어서 과세관청도 취소를 하지 않는 한 그에 구속되는 이외에도 다음과 같은 효력이 있다고 볼 수 있다.

• 공정력(Bindungswirkung)　　　행정행위가 흠이 있는 경우에도 그 흠이 중대하고 명백하여 당연무효가 아닌 한 그 흠을 이유로 취소할 권한이 있는 자가 취소할 때까지는 그 효력이 있다(행정기본법 제15조). 공정력으로부터 집행부정지 원칙이 파생된다(국세기본법 제57조, 재결청은 집행으로 인한 중대한 손해를 예방할 긴급한 필요성이 있는 경우 집행정지를 결정할 수 있다). 이의신청 등이 진행 중에 있는 국세의 체납으로 인하여 압류한 재산은 그 신청 등에 대한 결정 등이 확정되기 전에는 공매할 수 없다(국세징수법 제66조 제4항). 본안이 계속되고 있는 법원은 집행정지를 결정할 수 있다(행정소송법 제23조 제2항).

• 불가쟁력　　　불복청구 기간이 경과하면 행정처분의 효력을 더 이상 다툴 수 없다(형식적 확정력, formelle Bestandskraft).

• 집행력(Vollziehbarkeit)　　　행정기관은 법원의 도움을 빌리지 않고 스스로 강제집행을 할 수 있다.

2. 부과처분상 하자

가. 하자의 종류

(1) 무효·부존재 사유

행정관청의 처분의 형식(Form)과 내용(Inhalt)에 하자(Fehler)가 존재할 수 있다. 처분의 부존재는 당해 처분의 존재 자체가 인정되지 아니하는 경우이다. 예컨대 과세관청이 내부적으로 부과결정을 하였으나 아직 그 통지절차에 나아가지 아니한 경우를 들 수 있다.

행정처분이 당연무효가 되기 위해서는 그 하자가 법규의 중요한 부분을 위반한 중대한 것으로서 객관적으로 명백한 것이어야 한다(중대명백설). 중대하다는 것은 인용할 수 없는 법의 위반이나 권리의 침해를 의미한다. 명백하다는 것은 주의 깊고 이해력 있는 시민이라면 인식할 수 있는 정도를 의미한다. 하자가 중대하고 명백한 것인지를 판별함에 있어서는 그 법규의 목적, 의미, 기능 등을 목적론적으로 고찰함과 동시에 구체적 사안 자체의 특수성에 관하여도 합리적으로 고찰하여야 한다(대법원 2001. 6. 1. 선고 99다1260 판결; 대법원 1995. 7. 11. 선고 94누4615 판결; All relevant circumstances are duly considered).

과세처분의 내용상 하자가 명백한 경우는 드물다고 보아야 한다. 과세대상이 되지 아니하는 어떤 법률관계나 사실관계에 대하여 이를 과세대상이 되는 것으로 오인할 만한 객관적인 사정이 있는 경우 … 라면 외관상 명백하다고 할 수 없어 그와 같이 과세요건사실을 오인한 위법의 과세처분을 당연무효라고 볼 수 없다 (대법원 2002. 9. 4. 선고 2001두7268 판결). 간혹 명백한 하자가 아닌 경우에도 과세요건 등에 관한 중대한 하자가 있고 그 법적 구제수단이 미비하여 위법한 결과를 시정하지 않고 납세의무자에게 그 신고행위로 인한 불이익을 감수시키는 것이 현저하게 부당하다고 볼 만한 특별한 사정이 있는 때에는 무효로 판단하기도 한다 (명백성 보충요건설, 대법원 2009. 2. 12. 선고 2008두11716 판결, 대법원 2016. 12. 29. 선고 2014두2980, 2997 판결).

부과처분의 형식상 하자에 의한 무효사유에 해당하는 것들이 있다. 법정 양식을 사용해야 하는 통지에서 그렇게 하지 않은 경우, 납부고지서상 납세의무자를 특정하지 않은 경우, 세금의 종류와 세액을 기표하지 않은 경우, 과세기간을 특정하지 않은 경우 및 관할관청을 기록하지 않은 경우 등(Muss – Bestandteil)이다(예, 소득의 귀속자나 소득의 귀속자별 소득금액을 특정하여 기재하지 아니한 소득금액변동통지).

(2) 취소 사유

행정처분의 하자가 중대하고 명백한 정도에 이르지 않으면 취소할 수 있는 하자에 그치게 된다. 행정처분의 공정력 때문에 적법한 절차에 의한 취소가 이루어지기 전까지 해당 행정처분의 효력은 유지된다. 취소되면 그것은 소급하여 실효하게 된다. 행정처분을 취소하는 방법에는 당해 행정처분을 한 행정관청의 취소(경정청구에 의한 취소 또는 직권취소), 상급재결청의 취소(심사청구결정 또는 심판청구결정 등에서의 인용결정) 및 법원의 판결에 의한 취소(취소소송에 대한 인용판결)가 있다.

　　부과처분의 내용상 하자는 그 대부분이 취소사유에 해당한다. 해당 과세처분
의 근거조항이 과세처분 후 위헌결정이 난 경우 해당 과세처분은 처분시 취소사
유에 이르는 하자를 가지고 있었던 것으로 본다. 일반적으로 법률이 헌법에 위반
된다는 사정은 헌법재판소의 위헌결정이 있기 전에는 객관적으로 명백한 것이라
고 할 수 없기 때문이다.

　　특정 시행령 조항이 법률의 위임 범위를 넘어 무효인 경우 그 시행령 조항에
근거한 처분상 하자는 취소할 수 있는 사유를 가진 것이다(대법원 2018. 10. 25. 선
고 2015두38856 판결; 대법원 2022. 3. 11. 선고 2019두56319 판결). 당연무효인 처분이
아니므로 그것만으로 국가의 부당이득을 인정할 수는 없다(대법원 2018. 7. 19. 선고
2017다242409 전원합의체 판결).

　　부과처분의 형식상 하자로서 취소사유로는 납부고지서상 세액의 산출근거 및
권리구제방법 등(Soll-Bestandteil)을 기술하지 않은 경우 등을 들 수 있다(대법원
1999. 11. 26. 선고 98두17968 판결).

나. 하자의 승계

　　행정법상 선행처분과 후행처분이 서로 독립하여 별개의 법률효과를 목적으로
하는 때에는 선행처분의 하자가 중대하고 명백하여 당연무효인 경우를 제외하고
는 선행처분의 하자를 이유로 후행처분의 효력을 다툴 수 없는 것이 원칙이다.

　　조세의 부과처분과 징수처분은 각각 조세법률관계의 형성 및 소멸이라는 서
로 다른 별개의 효과를 목적으로 하는 상호 독립된 처분이기 때문에 선행행위인
부과처분상 하자가 당연무효사유에 이르지 않는 한 그 하자가 후행행위인 징수처
분에 승계되지 않는다(대법원 2014. 2. 13. 선고 2013두19066 판결). 다만, 선행처분의
불가쟁력이나 구속력이 그로 인하여 불이익을 입게 되는 자에게 수인한도를 넘는
가혹함을 가져오며, 그 결과가 당사자에게 예측 가능한 것이 아닌 때에는 선행처
분의 하자가 후행처분에 승계된다. 개별공시지가 결정상 위법을 해당 지가를 근
거로 한 과세처분에 대해 다투면서 독립한 위법사유로 주장할 수 있다(대법원
1994. 1. 25. 선고 93누8542 판결). 표준지 지가의 결정상 위법도 주장할 수 있을 것이
다(대법원 2022. 5. 13. 선고 2018두50147 판결).

3. 가산세·과태료 ─ 행정질서벌

'가산세(penalty tax)'는 세법이 규정하는 의무의 성실한 이행을 확보하기 위하여 그 세법에 의하여 산출된 세액에 가산하여 징수하는 금액이다. 가산세는 당해 세법이 정하는 국세의 세목으로 징수한다.

가산세는 세법에 규정된 각종 의무의 불이행에 대한 제재에 해당하는 일종의 행정질서벌이다(행정기본법 제28조). 가산세는 세법이 정하는 바에 의하여 성립·확정되는 국세와 본질적으로 그 성질이 다른 것이므로, 가산세의 부과처분은 본세의 부과처분과 별개의 과세처분이다.

가산세는 의무위반의 정도에 비례하는 결과를 이끌어내는 비율에 의하여 산출되어야 하고, 그렇지 못한 경우에는 비례의 원칙에 어긋나서 재산권에 대한 침해가 될 수 있다. 동일한 의무위반행위에 대해서라도 합리적 이유가 있다면 차별적인 가산세를 부과할 수 있다.

가산세의 부과사유로는 무신고, 과소신고 및 납부지연 등이 대표적인 것이다.

조세채무의 확정을 위한 납세의무자의 신고가 없거나 그에 하자가 있어 과세관청이 결정 또는 경정할 경우에는 가산세를 부과한다. 납세자가 법정 신고기한 내에 세법에 따른 과세표준신고서를 제출하지 아니한 경우에는 세법에 따른 산출세액의 20%에 상당하는 금액(일반무신고가산세액)을 납부할 세액에 가산하거나 환급받을 세액에서 공제한다. 부정행위(조세범처벌법상 '부정한 행위'를 말한다)로 무신고한 과세표준이 있는 경우 가산세율은 세액의 40%이다(국세기본법 제47조의 2 제1항). 국제거래에서 발생한 부정행위로 국세의 과세표준 신고를 하지 아니한 경우에는 세액의 60%이다.

법인인 납세자에게 선임, 관리·감독상의 과실은 있었으나 납세자가 이를 쉽게 인식하거나 예상할 수 없던 사용인 등 제3자가 행한 배임적 부정행위를 할 경우에는 부정과소신고가산세를 부과하지 않는다. 한편, 사용인 등의 부정한 행위로써 포탈된 국세에 관하여 과세관청의 부과권 행사가 어렵게 된 것은 분명하기 때문에 장기 부과제척기간을 적용한다(대법원 2021. 2. 18. 선고 2017두38959 전원합의체 판결).

가산세 부과의 원인이 되는 사유가 기한연장의 사유에 해당하거나 납세자가

의무를 불이행한 것에 대해 '정당한 사유'가 있을 때에는 해당 가산세를 부과하지 않는다(국세기본법 제48조 제1항). 가산세를 면제하는 정당한 사유란 세법상 협력의무를 불이행한 것 또는 해태한 것에 불가피한 사정이 있어서 결과적으로 그 의무해태자에게 가산세를 부과하는 것이 가혹한 것이 되는 경우에 해당하는 것을 말한다. 주장 및 입증책임은 납세자가 부담하게 된다. 정당한 사유가 있는지의 판단은 신고·납부기한을 기준으로 판단한다(대법원 2022. 1. 14. 선고 2017두41108 판결).

과세표준수정신고를 법정 신고기한 경과 후 6개월 이내에 한 경우, 과세전적부심사 결정·통지 기간 이내에 그 결과를 통지하지 아니한 경우, 세법에 의한 제출·신고 등의 기한이 경과한 후 1개월 이내에 해당 세법에 따른 제출 등의 의무를 이행하는 경우에는 가산세액의 50%를 감면한다(국세기본법 제48조 제2항).

2018년 그간 조세범처벌법상 과태료 부과규정은 행정질서벌에 관한 것이며 과태료 부과처분은 질서위반행위규제법상 과태료 부과처분에 해당한다는 이유로 국세기본법에 이관하였다(국세기본법 제88조 직무집행거부 등, 제89조 금품수수 및 공여, 제90조 비밀유지의무 위반). 벌금은 형벌이며, 원칙적으로 법원의 재판에 의하여 부과된다. 다만, 조세범처벌절차법상 조세범처벌법에 의한 벌금을 통고처분을 통해 부과할 수 있다(조세범처벌절차법 제15조).

제 3 항   자동확정

조세채무가 확정되는 방식의 하나로 세법상 특별한 절차 없이 조세채무가 세법의 규정에 의해 성립함과 동시에 확정되는 경우가 있다. 이를 '자동확정'이라고 한다. 이 방식을 채택하고 있는 세목은 인지세, 원천징수하는 소득세·법인세, 납세조합이 징수하는 소득세 및 중간예납하는 법인세(정부가 조사·결정하는 경우는 제외한다), 납부지연가산세이다(국세기본법 제22조 제4항). 아래에서는 자동확정되는 세목 중 원천징수하는 소득세를 사례로 납세의무의 성립과 확정 및 원천징수상 당사자 간 법률관계를 설명한다.

1. 원천납세의무·원천징수의무의 성립·확정

소득세의 원천징수의무는 소득의 지급과 동시에 성립한다. 소득세의 원천납세의무란 소득세의 원천징수의무자가 원천징수하는 때에 해당 원천징수하는 소득세의 납세의무자가 지는 납세의무를 말한다. 소득세의 과세기간은 1년이며 그 기간이 지나면서 소득세납세의무가 성립하므로 1년의 기간 중간에 급여가 지급될 때 원천징수의무는 성립하지만 원천납세의무는 성립하지 않는 것인가? 납세의무가 없는 자에게 세금을 징수할 수는 없으므로 그때에도 소득세 납세의무는 성립하고 확정되는 것으로 보는 특례가 규정되어 있는 것이다(국세기본법 제21조 제3항 제1호, 제22조 제4항).

원천납세의무와 그에 대응하는 원천징수의무가 성립하는 '지급'이 있었다고 보기 위해서는 그 지급을 받을 권리가 충분히 성숙, 확정되어 있는 상태에서 지급이 이루어져야 한다. '지급'을 원인으로 하여 성립하는 원천징수의무는 물리적인 '지급'의 사실만으로는 부족하고 지급원인에 관한 채무가 최종적으로 확정되어야 한다. 예를 들면, 이미 지급한 금액에 대해 소송이 진행 중인 경우에는 그 소송에 따른 확정판결에 의해 채무가 확정된 시점에서 원천징수의무가 발생한다(대법원 1988. 9. 27. 선고 87누407 판결).

[사례1] (급여에 대한 소득세 원천징수) 2023년 중 거주자 갑은 A항공회사에 근무하여 매월 급여를 지급받고 있다. A사가 갑에게 급여를 지급함으로써 세법상 갑의 근로소득에 대해 원천징수의무(소득세법 제127조) 및 원천징수세액의 납부의무(소득세법 제128조)가 발생한다. 그에 따라 A사는 원천징수의무자로서 원천징수한 달의 다음달 10일까지 관할세무서의 원천징수한 세액을 납부해야 한다. 추가로 A사에게 연말정산과정을 거쳐 당해 연도의 다음 연도 2월분의 근로소득을 지급하는 때 종합소득세에 대해 추가로 원천징수 또는 환급해야 하는 의무가 발생한다(소득세법 137조). 원천징수하는 소득세는 소득금액을 지급하는 때 조세채무가 성립하고(국세기본법 제21조 제3항 제1호) 조세채무의 성립과 동시에 자동으로 확정된다(국세기본법 제22조 제4항).

한편, 갑의 2023년 중 근로소득에 대한 소득세의 조세채무 과세기간이 끝나는 때(국세기본법 제21조 제3항 제1호)에 성립한다. 2023년 중 갑에게 근로소득만 있는 경우 갑은 종합소득과세표준 확정신고를 하지 아니할 수 있다(소득세법 제73조 1항). 원천징수의무자인 A사가 연말정산을 통해 소득세를 납부하지 않은 경우 갑은 근로소득에 대해 종합소득 과세표준 확정신고를 하여야 한다(소득세법 제73조 4항). 갑의 종합소득세는 A사의 연말정산 또는 갑의 종합소득 과세표준 확정신고를 통해 확정된다.

[사례2] 소득세 과세기간인 1년이 이미 지나 소득세납세의무가 성립되었는데 아직 지급이 되지 않은 경우가 있을 수 있다. 이때에는 소득세납세의무는 성립하였지만 원천징수의무는 성립하지 않은 것이 된다. 어떤 해에 원천징수대상이 되는 사업소득이 발생하였지만 아직 지급을 받지 못한 경우가 이에 해당할 것이다. 납세의무자는 그 다음 해 5월에 종합소득신고를 하여야 한다. 해당 납세의무자가 종합소득세 신고를 이미 하였다면 원천징수의무자는 해당 소득을 지급하면서 더 이상 원천징수를 하지 않아도 된다.

[사례3] 어떤 법인에 대한 세무조사 결과 그 법인이 수입금액을 누락하고 그 누락한 수입금액을 해당 법인의 임원이 횡령한 것이 밝혀진 경우 그 법인에 대한 세무조사를 한 과세관청은 법인세를 추징하면서 그 임원에게 상여처분을 하는 내용의 소득금액변동통지를 그 법인에게 발송한다. 법인세법시행령은 해당 법인이 그 소득금액변동통지를 수령하는 때에 법인이 해당 임원에게 소득을 '지급'한 것으로 의제하고 그때에 원천징수의무가 성립하는 것으로 규정하고 있다. 이 경우에는 해당 임원의 소득세 납세의무는 횡령을 한 과세기간에 이미 성립하였지만 그 의제된 지급시기에 원천징수의무가 성립하는 것으로 보게 된다. 실제 종합소득세 신고를 기대할 수는 없을 것이다.

[사례4] 만약 지급된 금액에 대해 누군가 의문을 갖게 되는 경우에는 관련 당사자들의 조세채무액 확정을 위한 인지의 과정은 신고납부 혹은 부과결정과 다를 바 없을 정도로 복잡해진다. 갑이 을에게 100을 지급할 경우 갑은 국가에 100의 10%에 해당하는 세금을 원천징수할 의무를 부담하게 된다고 하자. 갑은 같은 시점에 을의 국가에 대한 10에 해당하는 조세채무가 성립하고 확정되었다는 전제하에 원천징수의무를 이행하는 것이다. 갑이 10을 원천징수하였음에도 갑의 관할 세무서장 병이 갑이 을에게 150을 지급하였다고 판단하고, 갑에게 5의 세금을 추가적으로 징수처분하고 이에 대해 갑이 쟁송을 제기한 경우라고 하자. 관할

세무서장 병은 150이 지급되었음을 입증하여야 한다. 만약 병이 이 사실을 일응 입증한 경우라면 입증의 필요는 갑에게 넘어가게 된다. 이때 갑 자신이 100을 지급하였으며 50은 지급한 사실이 없음을 입증하여야 한다. 갑은 이러한 미래의 상황까지도 고려하여 스스로의 원천징수의무를 구체적으로 확정하는 인지의 과정을 거치는 수고를 하여야 한다. 원천징수되는 소득세액의 구체적인 내용이 실제는 결코 자동적으로 확정되는 상황이 아닌 것이다. 자동확정이라는 말은 원천징수를 위해서는 사전에 확정된 조세채무가 있어야 한다는 형식논리에 의해 형성된 것이다.

[사례5] 실질과세의 원칙은 원천징수에도 그대로 적용되므로, 소득을 지급하는 자는 그 소득에 관하여 명의와 달리 실질적으로 귀속되는 자가 따로 있는지를 조사하여 실질적인 귀속자를 기준으로 원천징수할 의무가 있다. 다만, 거래 또는 소득금액의 지급과정에서 성실하게 조사하여 확보한 자료 등을 통해서도 그 소득의 실질적인 귀속자가 따로 있다는 사실을 알 수 없었던 경우까지 실질적인 귀속자를 기준으로 원천징수할 의무가 있다고 볼 수는 없다(대법원 2013. 4. 11. 선고 2011두3159 판결; 대법원 2017. 12. 28. 선고 2017두59253 판결).

[사례6] 국내원천주식 양도차익의 명의상 귀속자가 한국과 말레이시아 간 조세조약의 적용을 받는 말레이시아 법인(M)이라고 보아 원천징수를 하지 않은 원고에 대해 해당 소득의 실질적 귀속자는 케이만군도에서 설립된 법인(C)으로서 M을 소유하고 있는 법인의 다수의 개인주주(I)라고 본 과세관청이 소득세 징수처분을 하였다. 원고가 해당 징수처분의 위법성을 다투는 소송에서 법원은 해당 소득의 실질적 귀속자는 M법인도 I도 아닌 C법인이라고 판단하면서 과세관청의 소득세 징수처분이 위법하다는 판단을 하였다. 이 경우 과세관청은 판결에 따른 처분을 하여야 할 것이지만, C법인을 소득의 귀속자로 하는 부과처분을 할 수는 없으며, 원고에게 C법인으로부터 원천징수할 세액에 대한 징수처분을 할 수 있을 것이다. 원천징수관계에서 원천납세의무는 자동확정되는 것이므로 별도의 부과처분이 있을 수 없으며, 과세관청은 원천징수의무자가 원천징수하지 않을 경우 그에게 징수처분을 할 수 있을 뿐이기 때문이다(이에 불구하고 현행 국세기본법시행령 제12조의 3은 부과제척기간의 기산일로 원천징수세액의 경우 법정 납부기한의 다음 날이라고 규정하여 원천징수세액에 대해 부과제척기간 규정이 적용됨을 전제로 하는 규정을 두고 있다. 이 규정은 1990년 국세기본법시행령 개정 전에는 원천징수세액에 대한 국세징수권의 소멸시효의 기산일에 관한 것이었다). 이때 원천징수의무자인

원고의 납부의무에 대해서는 5년의 소멸시효 규정이 적용된다. 마침 해당 소멸시효기간이 완성된 경우라면 국가의 원고에 대한 조세채권은 소멸한다. 이 상황에서 원천납세의무자를 개인주주로 하여 원고에게 통보하였던 원래의 납세고지, 이 사건에 대한 응소행위는 소멸시효중단의 효력이 없다. 이 사건 조세채권은 원천납세의무자를 C 법인으로 하는 법인세에 관한 것인데, 위의 납세고지 및 응소행위는 I를 원천납세의무자로 한 소득세에 관한 것이었기 때문이다(국심 2009. 4. 2. 2007중397 결정; 조심 2015. 12. 28. 2014중3478 결정; 대전지방법원 2016. 7. 14. 선고 2015구합105499 판결; 대법원 2013. 7. 11. 선고 2010두20966 판결; 대법원 2020. 11. 12. 선고 2017두36908 판결).

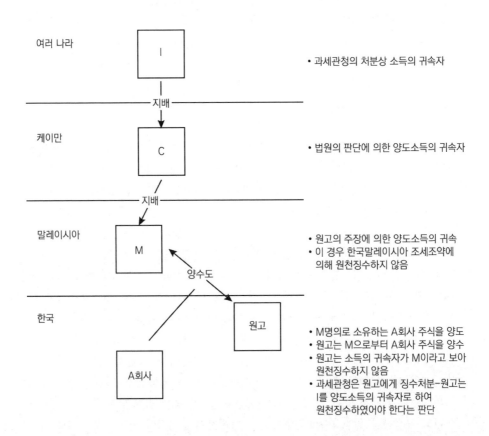

2. 원천징수의 법률관계

가. 원천납세의무자와 국가

세무서장은 원칙적으로 원천납세의무자(소득을 지급받는 자)에게 직접 원천징수대상 세금을 부과고지할 수 없다. 원천징수의무자가 원천납세의무자로부터 원천징수를 하였으나 납부하지 않은 경우 과세관청은 원천징수의무자에게 징수처분을 하여야 하며, 과세관청은 원칙적으로 원천납세의무자에게 부과처분할 수 없다(대법원 1980. 4. 22. 선고 80누4 판결). 다만, 해당 소득이 종합소득세 신고대상인 경우에는 납세의무자에게 직접 부과처분할 수 있다(대법원 1992. 3. 13. 선고 91누9527 판결; 대법원 2001. 12. 27. 선고 2000두10649 판결).

소득세를 원천징수하는 소득이라 하더라도 납세의무자에게 신고의무가 발생하는 경우가 있다. 이자소득과 배당소득의 연간 합계금액이 2천만원을 상회하는 경우(소득세법 제14조 제3항) 또는 근로소득에 대한 연말정산을 하지 않은 경우(소득세법 제73조 제4항)가 그 예이다. 이때 원천납세의무자가 신고를 하지 않았다면 과세관청은 그에게 부과처분을 할 수 있다.

원천징수납부된 금액이 세법상 정당한 금액보다 많은 경우도 발생할 수 있다. 원천징수의무자가 납부를 한 것이므로 원천징수의무자가 부당이득의 반환을 청구할 수 있다. 다만, 원천납세의무자가 직접 납부한 세금이 있다면 그 부분에 대해서는 본인이 부당이득의 반환을 청구할 수 있다.

국세기본법은 원천징수납부가 과다하게 된 경우 소송상 부당이득반환청구 이외의 방법으로 세금을 돌려받을 수 있도록 경정청구 규정을 두고 있다(국세기본법 제45조의 2 제5항). 이 규정은 원천징수의무자뿐 아니라 원천납세의무자(원천징수대상자)도 경정청구할 수 있도록 하고 있다. 과세관청이 경정청구를 거부하는 경우에는 취소소송을 제기할 수 있다. 위 규정에 의할 때 원천징수의무자의 자금으로 납부를 과다하게 한 것인데 원천납세의무자가 경정청구하여 환급을 받는 경우도 발생할 수 있을 것이다. 이때에는 원천징수의무자가 과세관청의 개입 없이 원천납세의무자에게 반환을 청구할 수 있다.

나. 원천징수의무자와 국가

원천징수의무자는 원천징수할 세액에 대한 납부의무를 지게 된다. 세법상 정해진 원천징수납부세액을 납부하지 않을 때에는 원천징수의무자의 관할 세무서장은 원천징수의무자에게 세금의 납부를 명하는 납부고지를 하게 된다. 원천징수의무자에 대한 납부고지는 이미 자동적으로 확정되어 구체적으로 존재하고 있는 세액에 대한 이행청구로서 징수처분에 해당한다.

원천징수의무자는 이러한 징수처분에 대해서는 원칙적으로 해당 처분의 절차상 하자 이외의 사유로 다툴 수 없다. 원천징수의무자의 관할 과세관청의 위법한 징수처분에 따라 과다납부하게 되었다면 그 사안에 대해 조세심판에서 다툴 수 있지만 조세심판에서 기각될 경우 법원에서는 항고소송으로 다툴 수는 없고 부당이득반환청구소송으로써 다툴 수 있을 뿐이다. 이에 대해 과거 대법원 1974. 10. 8. 선고 74다1254 판결은 취소소송으로 다툴 수 있다는 입장을 취하고 있었으나 이후 이를 따르는 판례를 찾기는 곤란하다.

법원은 원천징수에 대한 위와 같은 원칙에 대한 예외로서 소득금액변동통지에 의하여 발생한 원천징수의무의 불이행에 따른 납부고지의 경우에는 그에 대해서 다툴 때에 그 소득금액변동통지의 하자에 관한 주장을 허용하였었다. 그러나 대법원이 2006년 소득금액변동통지 자체를 소송의 대상인 처분으로 인정(대법원 2006. 4. 20. 선고 2002두1878 전원합의체 판결)한 이후부터는 징수처분에 대해서는 그 절차상 하자만 다툴 수 있도록 하고 있다. 즉, 소득금액변동통지에 뒤이은 징수처분에 대한 항고소송에서 징수처분 고유의 하자가 아닌 소득세 납세의무 자체에 대해 다툴 수 없는 것이다(대법원 2011. 4. 14. 선고 2010두28908 판결; 대법원 2012. 1. 26. 선고 2009두14439 판결).

소득금액변동통지는 그것을 수령한 법인에 대한 부과처분적인 성격을 지닌 행정처분으로 인정되고 있으므로 그 내용에 이의가 있는 납세자는 해당 통지에 대해 다투어야 한다(대법원 2021. 4. 29. 선고 2020두52689 판결). 소득금액변동통지를 수령한 법인이 납부를 하지 않아 내려진 징수처분이 있을 경우 그 처분을 받은 법인은 소득금액변동통지 자체가 지니는 내용 또는 형식상 하자를 해당 통지가 아닌 징수처분에 대한 항고소송에서 다툴 수 없다. 소득금액변동통지는 그것을 수령한 법인에 대한 처분으로서 그것의 적법성 여부에 대해서는 별도로 다투어야 하며, 그에 뒤이은 징수처분의 적법성 여부에 대해 다툴 때 그것의 하자를 주장할 수는 없다. 그런데 이때 소득금액변동통지는 부과처분적인 성격은 있지만 과세예고통지의 대상이 되지는 않는다(국세기본법 제81조의 15). 그만큼 납세자가 제대로 된 다툼을 하지 않을 가능성이 상대적으로 높게 되는 여건이 조성될 수 있으므로 주의가 필요하다(대법원 2021. 4. 29. 선고 2020두52689 판결).

다. 원천납세의무자와 원천징수의무자

원천납세의무자는 원천징수와 관련하여 원천징수를 수인할 민사상 의무가 있다. 법원은 원천징수의무자에게 원천납세의무자에 대한 구상권을 인정하고 있다(대법원 2011. 11. 24. 선고 2009다16889 판결). 예를 들어, 원천징수의무자가 착오에 의해 세금을 원천징수하지 않았는데 세무서장이 세금을 징수한 경우 원천징수의무자는 원천납세의무자로부터 구상받을 수 있다. 원천징수의무자는 원천납세의무자의 납세의무가 존재한다는 것에 대한 입증책임을 부담한다(대법원 2016. 6. 9. 선고 2014다82941 판결).

원천징수의무자가 원천납세의무자로부터 세법의 규정에 의한 원천징수세액 이상을 징수한 경우 또는 원천징수세액 상당액을 원천징수의무자가 부담하기로 하였는데 그렇게 하지 않은 경우 등은 원천징수의무자의 원천납세의무자에 대한 거래대금지급채무에 관한 사안이며 민사소송의 대상이 된다.

제 4 항   하자의 시정

조세채무를 확정하기 위한 행위인 납세의무자의 신고행위 및 과세관청의 부과행위 등에 하자가 있을 수 있다. 여기서 하자는 통지행위 자체 또는 통지의 내용상 위법 또는 부당성을 의미한다. 통지의 내용상 하자는 사실관계의 확정 또는 세법의 해석상 오류 등에 기인한다.

세법에는 하자 있는 행위를 한 당사자 또는 그의 상대방이 그 하자를 시정(Berichtigung)하여 적법한 효과가 발생하도록 하는 절차가 마련되어 있다. 하자가 발생하게 된 데에 착오, 무지, 탈세의 고의 등이 작용할 수 있을 것이지만, 위의

절차는 그 원인과 무관하게 적용된다. 다만, 탈세의 고의가 작용할 때에는 조세포
탈죄를 구성할 수도 있게 된다.

행위의 하자는 그것을 시정하는 별도의 절차가 필요한 경우가 있는가 하면
이미 행해진 다른 행위나 사실에 의해 치유(Heilung, remedy)되어 있는 경우도 있
다. 행위의 절차상 하자는 그와 같은 방식으로 치유될 수 있다. 예를 들면, 납부고
지서에 그 기재사항의 일부가 누락되었더라도 부과처분에 앞서 보낸 과세예고통
지서에 납부고지서의 필요적 기재사항이 제대로 기재되어 있었다면 납부고지서의
하자가 치유된 것으로 본다.

1. 납세의무자의 수정신고

세법상 신고의무를 부담하는 납세의무자가 이미 한 신고에 의해 확정된 과세
표준 및 세액이 적법하게 신고하여야 할 과세표준 및 납부할 세액보다 과소한 경
우에는 해당 납세의무자는 수정신고를 통해 이를 증액할 수 있다.

납세의무자는 수정신고에 의해 감액할 수는 없다. 세법상 자신의 독자적 행위
에 의해 감액하는 효과를 거둘 수 있는 방법은 없다. 과세관청에게 감액하는 결정
을 하여줄 것을 청구하는 경정청구가 허용될 뿐이다.

수정신고(Berichtigungserklärung)는 (1) 과세표준신고서에 기재된 과세표준 및
세액이 세법에 의하여 신고하여야 할 과세표준 및 세액에 미달한 때, (2) 과세표
준신고서에 기재된 결손금액 또는 환급세액을 초과하는 때, (3) 원천징수의무자의
정산 과정에서의 누락 및 세무조정과정에서의 누락 등의 사유로 인하여 불완전한
신고를 한 때에 할 수 있다.

수정신고는 국세의 세목에 관계없이 관할 세무서장이 당해 국세에 대한 과세
표준과 세액을 결정 또는 경정하여 통지를 하기 전까지 할 수 있다. 수정신고는
부과제척기간을 경과하여 할 수는 없다(국세기본법 제45조 제1항).

납세의무자의 신고에 의하여 납세의무가 확정되는 국세에 있어서는 당초의
신고가 조세채무를 확정하는 효과를 가지고 있는 것처럼 수정신고에도 동일한 효
력이 인정된다. 수정신고는 당초 확정된 세액에 관한 조세법률관계에 영향을 미
치지 아니한다(국세기본법 제22조의 2 제2항). 부과결정세목의 경우에는 당초신고처

럼 수정신고에도 납세의무를 확정하는 효과는 없다.

 법정 신고기한이 지난 후 1개월 이내에 수정신고한 경우에는 과소신고가산세의 100분의 90, 3개월 이내에 수정신고한 경우에는 과소신고가산세의 100분의 75, 6개월 이내에 수정신고한 경우에는 과소신고가산세의 100분의 50, 1년 이내에 수정신고한 경우에는 100분의 30, 1년 6개월 이내에 수정신고한 경우에는 100분의 20에 상당하는 금액, 2년 이내에 수정신고한 경우에는 100분의 10에 상당하는 금액을 감면한다. 다만, 경정이 있을 것을 미리 알고 제출한 경우에는 경감하지 않는다(국세기본법 제48조 제2항 제1호).

2. 납세의무자의 경정청구 등

 경정청구라 함은 이미 신고ㆍ결정 또는 경정결정 등으로 확정된 과세표준 및 세액이 세법에 의하여 신고하여야 할 과세표준 및 세액을 초과하는 경우에 납세의무자가 과세관청으로 하여금 이를 정정하여 결정 또는 경정하여 줄 것을 청구하는 것을 말한다.

 국세기본법상 경정청구에는 과세표준신고서에 기재된 과세표준 또는 세액 등에 잘못이 있기 때문에 경정을 청구하는 경우(국세기본법 제45조의 2 제1항)와 후발적 사유에 의하여 과세표준 또는 세액 등의 계산의 기초에 변동이 생겼기 때문에 그런 사정을 반영하는 경정을 청구하는 경우(국세기본법 제45조의 2 제2항)가 있다. 전자를 '통상적 경정청구'라고 하고, 후자를 '후발적 사유에 의한 경정청구'라고 한다.

 경정청구는 그 청구의 내용대로 과세표준 및 세액을 감액시키는 효력은 없다. 경정의 청구를 받은 세무서장은 그 청구를 받은 날부터 2개월 이내에 과세표준과 세액을 결정 또는 경정하거나 그 이유가 없다는 뜻을 청구인에게 통지하여야 한다.

 경정청구에 대해 과세관청이 필요한 처분을 하지 아니하거나 처분을 하여도 납세의무자가 그 처분에 만족하지 않는 경우에는 그에 대해 불복청구를 할 수 있다. 청구를 한 자가 2개월 이내에 아무런 통지를 받지 못한 경우에는 통지를 받기 전이라도 그 2개월이 되는 날의 다음 날부터는 그것을 경정청구거부처분으로 보아 불복청구를 할 수 있다(국세기본법 제45조의 2 제3항).

2023년 3월 행정기본법상 처분의 재심사 신청 제도가 도입되었으며, 이는 과세관청의 처분에도 적용된다.

가. 통상적 경정청구

통상적 경정청구는 법정 신고기한 내에 과세표준신고서를 제출한 납세의무자가 스스로의 신고에 의해 확정되거나 그 신고에 의해 부과되어 확정된 세액에 대해 과세관청의 경정을 청구하는 것이다. 신고납세방식의 세목이든 부과결정방식의 세목이든 경정청구가 가능하다.

통상적 경정청구는 대상 국세의 법정 신고기한으로부터 5년 이내에 하여야 한다(국세기본법 제45조의 2 제1항).

납세의무자의 신고에 대해 세무조사를 한 후 추가적인 과세관청의 처분이 있는 경우에는 당해 처분 후에 증가된 과세표준 및 세액에 대해서도 해당 처분이 있음을 안 날부터 3개월 이내(법정신고기한이 지난 후 5년 이내)에 경정을 청구할 수 있다(국세기본법 제45조의 2 제1항 본문 단서, 독일 조세기본법 제172조 (1)2. a) 참조). 법원의 판례에 의하면, 과세표준신고서를 법정신고기한 내에 제출한 납세자가 그 후 과세관청의 결정이나 경정으로 인한 처분에 대하여 불복기간 내에 다투지 않은 경우, 5년의 경정청구기간 내에서는 경정청구권을 행사할 수 있다(대법원 2024. 6. 27. 선고 2021두39997 판결).

나. 후발적 사유에 의한 경정청구

후발적 사유에 의한 경정청구는 과세표준신고서를 법정 신고기한 내에 제출한 자 또는 국세의 과세표준 및 세액의 결정을 받은 자가 그 이후에 발생한 후발적 사유를 이유로 결정 또는 경정을 청구할 수 있도록 하는 제도이다. 신고납세방식의 세목이든 부과결정방식의 세목이든 허용된다.

'후발적 사유'는 당해 경정청구의 대상이 되는 과세표준과 세액이 확정된 후에 발생한 사유를 의미한다. 당초의 신고 또는 결정에 의한 과세표준과 세액의 확정에 하자가 있어야 하는 것은 아니다.

후발적 경정청구는 그 사유가 발생한 것을 안 날부터 3개월 이내에 하여야 한다. 부과제척기간이 경과한 후에도 후발적 사유가 발생한 것을 안 날로부터 3개월 이내에는 경정청구를 할 수 있다.

후발적 사유에 의한 경정청구를 할 수 있는 경우는 다음과 같다(국세기본법 제45조의 2 제2항).

1. 최초의 신고 · 결정 또는 경정에 있어서 과세표준 및 세액의 계산근거가 된 거래 또는 행위 등이 그에 관한 심사 · 심판에 대한 결정이나 소송에 대한 판결 (판결과 동일한 효력을 가지는 화해 기타 행위를 포함한다)에 의하여 다른 것으로 확정된 때

2. 소득 기타 과세물건의 귀속을 제3자에게로 변경시키는 결정 또는 경정이 있은 때

3. 조세조약의 규정에 의한 상호합의가 최초의 신고 · 결정 또는 경정의 내용과 다르게 이루어진 때

4. 결정 또는 경정으로 인하여 당해 결정 또는 경정의 대상이 된 과세표준 및 세액과 연동된 다른 세목(같은 과세기간으로 한정한다)이나 연동된 다른 과세기간(같은 세목으로 한정한다)의 과세표준 또는 세액이 세법에 의하여 신고하여야 할 과세표준 또는 세액을 초과한 때

5. 제1호부터 제4호까지와 유사한 사유로서 대통령령이 정하는 사유가 당해 국세의 법정 신고기한 경과 후에 발생한 때

제1호에서 '판결'은 조세행정처분의 적법성 여부에 관한 판결이 아니라 세법의 적용대상이 되는 법률관계의 효력 여부에 관한 판결을 말한다. 양도한 자산의 대금의 귀속에 관하여 세무서장은 갑으로 판단하여 갑에게 양도소득세를 과세하였는데 역시 그것에 대해 갑과 을이 민사소송을 통해 다툰 결과 을의 귀속으로 확정판결이 내려진 경우가 그 한 예가 된다.

제1호에서 '결정'은 조세행정처분의 적법성 또는 정당성 여부에 관한 심사 또는 심판에서의 결정을 말한다. 이 심사 또는 심판의 결정에서는 그 심리 과정에서 세법의 적용대상이 되는 사실관계를 확정할 것인데, 제1호는 그와 같이 확정된 사실관계상 '거래 또는 행위'가 '다른 것으로 확정'되어야 할 것을 요건으로 한다. 이때 무엇과 비교하여 다른 것으로 확정되어야 하는 관점에서 보면, 조문의 문언상

예를 들자면, 최초의 신고에 있어서의 '거래 또는 행위'와 다른 것이어야 한다는 것이다. 최초의 신고시에 '거래 또는 행위'의 사실확정은 납세의무자가 할 것이며, 그에 대해 과세관청이 다른 견해를 가지게 되어 이제 심사 또는 심판에 붙여져 불복청구에 대한 심리를 하는 것이 되므로 이 단계에서야 최초로 확정되는 것이 되어 달리 비교할 것이 있다고 볼 수 없다. 그럼에도 불구하고 '심사 또는 심판'에서의 결정에서 결정한 것을 '다른 것'이라고 볼 경우에는 납세의무자의 주장과 달리 확정된 사실관계에 근거한 심사 또는 심판의 결정이 있기만 하면 과세관청은 특례부과제척기간을 허용받는 셈이 된다. 이는 사실상 부과제척기간에 관한 규정을 사문화할 소지가 있는 내용이다.

제2호에서 '결정'은 과세관청의 조세행정처분으로서 제1호에서의 '결정'이 심사 또는 심판에서의 결정인 점과 구별된다.

국세기본법시행령은 위 제5호의 규정에서 '대통령령이 정하는 사유가 당해 국세의 법정 신고기한 후에 발생한 때'라 함은 다음 각 호의 1에 해당하는 때를 말한다고 규정하고 있다(국세기본법시행령 제25조의 2).

1. 최초의 신고·결정 또는 경정에 있어서 과세표준 및 세액의 계산근거가 된 거래 또는 행위 등의 효력에 관계되는 관청의 허가 기타의 처분이 취소된 때
2. 최초의 신고·결정 또는 경정에 있어서 과세표준 및 세액의 계산근거가 된 거래 또는 행위 등의 효력에 관계되는 계약이 해제권의 행사에 의하여 해제되거나 당해 계약의 성립 후 발생한 부득이한 사유로 인하여 해제되거나 취소된 때
3. 최초의 신고·결정 또는 경정에 있어서 장부 및 증빙서류의 압수 기타 부득이한 사유로 인하여 과세표준 및 세액을 계산할 수 없었으나 그 후 당해 사유가 소멸한 때
4. 기타 제1호 내지 제3호의 규정과 유사한 사유에 해당하는 때

위 제2호의 '해제'는 해제권의 행사에 의한 것이거나 당해 계약의 성립 후 발생한 부득이한 사유에 의한 합의해제를 말한다. 해제권의 행사에 의해 계약이 해제된 시점이 후발적 경정청구의 기산일이 된다. 해제권의 효력에 대해 당사자 간 다툼이 있어서 소송이 진행되는 경우에도 동일하다(대법원 2020. 1. 30. 선고 2016두59188 판결).

법인이 회계기준 및 관행에 따라 상품매매계약을 해제한 경우 해제일이 속한 사업연도의 소득금액을 차감하는 방법으로 법인세 신고를 하여 왔다면 당초 계약을 체결한 날이 속하는 사업연도의 소득금액에 대한 경정청구는 할 수 없다(대법원 2014. 3. 13. 선고 2012두10611 판결).

위 제4호의 규정상 '유사한 사유에 해당'하는 사례를 인정한 대법원 2014. 1. 29. 선고 2013두18810 판결이 있다. 납세의무의 성립 후 소득의 원인이 된 채권이 채무자의 도산 등으로 인하여 회수불능이 되어 장래 그 소득이 실현될 가능성이 전혀 없게 된 것이 객관적으로 명백하게 되었다면, 이는 국세기본법시행령 제25조의 2 제2호와 유사한 사유에 해당하기 때문에 특별한 사정이 없는 한 제4호의 규정에 의한 후발적 경정청구사유에 해당한다. 한편, 법원에 의한 해석의 변경은 제4호의 경우에 해당하지 않는다(대법원 2017. 8. 23. 선고 2017두38812 판결).

[사례] 토지거래허가를 받아야 토지매매계약의 효력이 발생하고 등기가 가능한 토지거래허가지역 내 토지의 매도인이 잔금을 모두 받고 매수인은 해당 토지를 점유 사용하여 왔지만 최종적으로 토지거래허가를 받을 수 없음을 매매당사자들이 확인하고 이제 합의에 의해 매매계약을 해제한 경우를 상정해보자. 소득세법시행령상 해당 토지의 양도시기는 잔금청산일이므로 이미 도래한 것으로 보아야 할 것이지만 토지매수인이 부동산등기를 통해 해당 토지의 소유권을 확보하고 있지 않았기 때문에 애초부터 양도가 있었다고 볼 수는 없다. 설사 양도가 있었던 것으로 본다 해도 매매당사자들이 부득이한 사유로 당해 계약을 해제하여야 할 상황이므로 후발적 경정청구사유에 해당한다고 볼 수 있을 것이다.

다. 원천징수의 경정청구

원천징수의 법률관계상 조세채무가 확정되는 과정에서 국가가 세법상 취해야 할 행위는 없다. 그렇다면 과세관청이 확정된 조세채무를 경정하는 별도의 행위를 할 수도 없을 것이다.

이에 불구하고 2003년 국세기본법에 자동확정된 조세에 대해서도 세무서장에게 경정을 통해 다시 확정하고 그에 따라 환급하여 달라고 청구할 수 있는 절차가 도입되었다. 국가의 부당이득을 반환받기 위해 원천납세의무자 또는 원천징수의무자가 겪는 불편과 비용을 줄이기 위함이었다.

원천징수의무자가 연말정산에 의해 소득세를 납부하고 지급조서를 제출한 경우(근로소득 등) 또는 원천징수의무자가 원천징수한 소득세(퇴직소득 및 비거주자의 소득)나 법인세를 납부하고 지급조서를 제출한 경우에는 원천징수의무자와 원천납세의무자(원천징수대상자)에게도 납부기한 경과 후 5년 이내 경정청구를 허용한다(국세기본법 제45조의 2 제5항). 이는 근로소득만 있는 자, 퇴직소득만 있는 자, 연금소득만 있는 자, 원천징수되는 사업소득만 있는 자, 퇴직소득과 근로소득만 있는 자, 퇴직소득과 연금소득만 있는 자 및 퇴직소득과 원천징수되는 사업소득만 있는 자에 관한 원천징수 소득세에 대해 허용된다. 비거주자나 외국법인의 국내원천소득 중 사업소득, 인적용역소득, 근로소득, 퇴직소득, 사용료소득 및 유가증권양도소득이 있는 경우에 대해서도 원천징수의무자와 원천납세의무자에게 경정청구가 허용된다.

원천징수의 경우에도 후발적 사유가 발생하면 그 사유의 발생을 안 후 3개월 내에 경정을 청구할 수 있다. 원천징수의무자 또는 원천납세의무자의 경정청구를 관할 세무서장이 거부한 때에는 취소소송을 제기할 수 있다.

[사례] (원천징수한 소득세의 경정청구 등) 2023년 중 거주자 갑은 A항공회사에 근무하여 매월 급여를 지급받고 있다. 갑의 관할세무서장 을은 A사가 2023년 중 갑에게 준 무료항공권의 가액이 급여소득금액에 산입하여야 할 변형급여인데, A사가 갑으로부터 원천징수 납부를 하지 않았다고 하여, 2024년 3월 A사에게 부족분에 해당하는 금액의 원천징수세액의 납부를 명하는 징수처분을 하였다. 을의 징수처분은 지급과 동시에 관련 조세채무가 성립 및 확정된 세액에 대한 이행청구이기 때문에 A사는 원칙적으로 해당 처분의 절차상 하자 이외의 사유로 소송상 다툴 수 없다.

A사는 경정청구 또는 불복청구를 통해 징수처분에 대해 납부고지 받은 금액이 과다하다는 항변을 할 수 있는 길은 열려 있다(국세기본법 제45조의 2 제5항). A사가 2024년 4월 중 실제 제기한 경정청구가 일부 성과를 거두었지만 여전히 일부 금액이 남아 그에 대해서는 납부하여야 하였으므로 자신이 보유한 현금으로 그 금액을 2024년 5월 중 납부한 후 해당 금액을 갑에게 6월 중 지급하여야 할 급여에서 차감한 후 지급하였다.

이 결과에 대해 갑이 을의 처분의 원인이 된 무료항공권을 급여로 보는 판단은 원천적으로 위법하므로 남은 일부의 금액에 대한 징수처분도 위법한 것이었다고 보고 있을 경우 갑은 일정 요건하에 경정청구를 할 수 있으며(국세기본법 제45조의2 제5항), A사에게 위법한 원천징수에 의한 원천징수세액의 반환을 청구할 수도 있을 것이다.

라. 재심사 신청

불가쟁력이 발생한 처분에 대해서는 종전에 고충민원 및 직권취소·철회나 법원의 조리상 신청권 등을 통해 구제받는 경우가 있었다.

2023년 3월 행정기본법상 처분의 재심사 신청제도가 도입되었다(행정기본법 제37조). 당사자는 처분이 행정심판, 행정소송 및 그 밖의 쟁송을 통하여 다툴 수 없게 되어 불가쟁력이 발생한 경우라도 다음 각 호의 어느 하나에 해당하는 경우에는 해당 처분을 한 행정청에 처분을 취소·철회하거나 변경하여 줄 것을 신청할 수 있다고 규정하고 있다.

재심사가 우리나라에 처음 도입되는 점이 고려되어 그 대상이 되는 처분에서 제재처분 및 행정상 강제가 제외되었다. 아울러 법원의 확정판결이 있는 경우는 제외된다. 국세기본법에 이에 관한 특별한 규정이 있으면 그 규정이 우선적으로 적용된다. 국세기본법에 없는 나머지 사항은 행정기본법이 적용된다.

1. 처분의 근거가 된 사실관계 또는 법률관계가 추후에 당사자에게 유리하게 바뀐 경우
2. 당사자에게 유리한 결정을 가져다주었을 새로운 증거가 있는 경우
3. 「민사소송법」 제451조에 따른 재심사유에 준하는 사유가 발생한 경우 등 대통령령으로 정하는 경우

행정기본법시행령은 아래와 같은 사유를 규정하고 있다(행정기본법시행령 제12조).

1. 처분 업무를 직접 또는 간접적으로 처리한 공무원이 그 처분에 관한 직무상 죄를 범한 경우

2. 처분의 근거가 된 문서나 그 밖의 자료가 위조되거나 변조된 것인 경우
3. 제3자의 거짓 진술이 처분의 근거가 된 경우
4. 처분에 영향을 미칠 중요한 사항에 관하여 판단이 누락된 경우

재심사신청이 허용되기 위해서는 재심사 사유가 당사자가 중대한 과실 없이 해당 처분의 절차, 행정심판, 행정소송 및 그 밖의 쟁송에서 검토되지 않은 경우로 한정된다. 즉, 당사자가 이러한 사실을 행정절차 및 그 밖의 쟁송절차에서 주장하지 않은 경우에만 허용된다. 따라서 당사자가 처분을 위한 행정절차 및 쟁송절차에서 이러한 사유를 고의로 주장하지 않았거나 경과실로 주장하지 못한 경우에는 재심사가 허용되지 않는다. 재심사의 신청은 당사자가 해당 사유를 안 날부터 60일 이내에 하여야 한다. 다만, 처분이 있은 날부터 5년이 지나면 신청할 수 없다.

처분의 재심사 결과 중 처분을 유지하는 결과에 대해서는 행정심판, 행정소송 및 그 밖의 쟁송수단을 통하여 불복할 수 없다.

3. 과세관청의 경정

가. 경정처분

과세관청은 위법 또는 부당한 처분의 전부나 일부를 소급하여 취소할 수 있다. 다만, 당사자의 신뢰를 보호할 가치가 있는 등 정당한 사유가 있는 경우에는 장래를 향하여 취소할 수 있다(행정기본법 제18조 제1항).

과세관청은 이미 확정되어 있는 과세표준 및 세액이 적법하며 정당한 과세표준 및 세액이 아닌 때에는 그 확정된 내용을 바꾸는 처분을 할 수 있는데 이를 경정처분(Korrekturbescheid)이라고 한다. 경정처분은 부과권 행사의 하나이기 때문에 부과제척기간 이내에 이루어져야 유효하다.

'경정'에는 (1) 신고에 의해 확정된 세액을 경정하는 것과 (2) 부과처분에 의해 확정된 세액을 경정하는 것이 있다. 경정 후에도 오류 등이 발견되었을 때에는 다시 그것을 경정할 수 있으며 이를 '재경정'이라고 한다. 이것은 넓은 의미에서의 경정이다.

나. 당초처분상 하자의 승계 문제

하나의 과세대상에 대해 과세관청의 부과처분이 여러 번 이루어질 수도 있다. 세법은 중복 세무조사를 금지하고 있지만 중복 처분까지 배제하고 있는 것은 아니다. 당초 부과처분상 오류가 취소사유의 하자에 해당하는 경우 그 처분은 취소되어야 한다. 다만, 당초처분에 취소사유인 하자가 있는 경우 그것이 처분 전체에 영향을 미치는 절차상 사유에 해당하는 등의 사정이 없는 한 당초처분 자체를 취소하고 새로운 과세처분을 하는 대신 하자가 있는 해당 부분 세액을 감액하는 경정처분에 의해 당초처분의 하자를 시정할 수 있다. 당초처분과 경정처분은 형식적으로 보면 별개의 행위이지만 실질적으로 1개의 추상적 납세의무의 내용을 구체화하기 위한 일련의 행위이다.

종래 법원은 경정처분은 당초처분을 흡수하는 것이므로 경정처분에 대해 다투면서 당초처분의 하자를 다툴 수 있다는 흡수설의 입장을 취하고 있었다. 다만, 경정처분이 당초처분이 확정한 세액을 감액하는 감액경정처분인 경우에는 그 자체가 불이익처분이 아니므로 그것에 대해 다툴 소의 이익이 없다는 점(대법원 2014. 3. 13. 선고 2012두7370 판결)을 고려하여 감액경정처분은 당초처분에 역으로 흡수된다고 보아 감액경정처분의 하자는 당초처분에 대해 이미 다투고 있을 때에야 주장할 수 있다는 입장을 가지고 있었다(역흡수설).

증액경정처분에 대한 흡수설에 따르자면 과세관청의 증액경정처분이 있게 되면 당초처분에 이미 불가쟁력이 발생한 경우라도 그 증액경정처분을 지렛대로 하여 당초처분의 하자를 다툴 수 있었다.

정부는 이를 부당한 행위로 보고 2002년 말 국세기본법 제22조의 2(현행 국세기본법상 제22조의 3)를 규정하게 되었다.

① 세법의 규정에 의하여 당초확정된 세액을 증가시키는 경정은 당초확정된 세액에 관한 이 법 또는 세법에서 규정하는 권리·의무관계에 영향을 미치지 아니한다.
② 세법의 규정에 의하여 당초확정된 세액을 감소시키는 경정은 그 경정에 의하여 감소되는 세액 외의 세액에 관한 이 법 또는 세법에서 규정하는 권리·의무관계에 영향을 미치지 아니한다.

다. 국세기본법 제22조의 3

국세기본법 제22조의 3 제1항은 증액경정처분의 효과에 대해 규정하고 있으며, 동조 제2항은 감액경정처분에 대해 규정하고 있다.

제1항에서는 당초 확정된 세액에 관한 조세채무와 증액된 세액에 관한 조세채무를 구분하면서 각각의 조세법률관계는 독립적으로 진행된다고 규정하고 있다(병존설).

제2항에서는 당초 확정된 세액에 관한 조세법률관계가 감액경정에 의해 축소변경된 채로 진행된다고 규정하고 있다(일부취소설).

(1) 증액경정처분

경정처분에 의해 증액된 세액에 따른 조세채무가 적법한 것이라면 당초처분은 적법한 처분이라고 보기 어렵다. 이에 불구하고 당초처분에 의하여 확정된 세액은 독립적인 조세채무액으로 인정하게 된다. 과세관청은 그 세액에 대한 징수절차에 들어갈 수 있으며, 소멸시효도 별도로 진행된다. 당초처분의 적법성 여부에 대한 쟁송이 개시될 수도 있다. 경정처분에 의해 추가된 세액에 대해 별도의 징수절차가 개시되며, 소멸시효도 별도로 진행된다. 해당 경정처분의 적법성 여부에 대한 쟁송도 별도로 이루어진다.

[사례1] 당초처분에 대해 쟁송이 제기되어 있는 시점에서 경정처분이 이루어지고 경정처분에 대해 다투고자 할 경우 처분변경으로 인한 소의 변경을 허용한다(행정소송법 제22조). 법원은 원고인 납세의무자의 신청에 의하여 허가하게 된다.

[사례2] 당초처분에 대한 쟁송기일을 지키지 못하여 불가쟁력이 발생한 이후 이루어진 경정처분에 대해 쟁송을 제기하면서 당초처분의 적법성 여부에 대해 다툴 수 있는가? 대법원에 의하면 "국세기본법 제22조의 2의 시행 이후에도 증액경정처분이 있는 경우 당초 … 결정은 증액경정처분에 흡수됨으로써 독립된 존재가치를 잃게 된다고 보아야 할 것이므로, 원칙적으로는 당초 … 결정에 대한 불복 기간의 경과 여부 등에 관계없이 증액경정처분만이 항고소송의 심판대상이 되고, 납세의무자는 그 항고소송에서 당초 … 결정에 대한 위법사유도 함께 주장할 수 있다고 해석함이 타당하다."고 한다(대법원 2009. 5. 14. 선고 2006두17390 판결). 이 판결

은 구 국세기본법 제22조의 2 제1항의 규정에 불구하고 경정처분이 당초처분을 흡수하는 것으로 보는 입장을 취하고 있다. 다만, 당초 처분에 불가쟁력이 발생한 경우라면, 취소할 수 있는 세액의 범위는 증액경정처분에 의하여 증액된 세액으로 한정하고 있다(부분흡수설적인 입장). 이는 법원이 부과처분 취소소송에서 소송물에 대한 심리대상으로 쟁점주의가 아닌 총액주의를 취하고 있기 때문이다.

[사례3] 국세기본법 제22조의 3은 당초 세액이 부과처분에 의하여 확정된 경우에만 한정하여 적용되는 것은 아니며, 신고에 의해 확정된 세액(20)과 신고 이후 부과처분에 의해 확정된 세액 간의 관계도 규율한다.

[사례4] 통상적 경정청구기간이 경과하기 전 증액경정처분이 있었다면, 증액경정처분에 대해 다투면서 증액경정처분에 의해 증액된 세액뿐 아니라 당초 신고한 세액도 취소를 구할 수 있다(대법원 2011. 6. 30. 선고 2010두20843 판결; 대법원 2012. 3. 29. 선고 2011두4855 판결). 당초 신고한 세액이 증액경정처분에 흡수되어 증액경정처분의 일부를 구성하고 있는 것으로 보기 때문이다(흡수설).

[사례5] 통상적 경정청구기간이 경과한 경우라면, 증액경정처분에 대해 다투면서 증액경정처분에 의해 증액된 세액의 범위 안에서 당초 신고한 세액의 취소를 구할 수 있다.

[사례6] 증액경정처분(10)에 대한 쟁송 중 납세자가 당초 신고한 부분에 대한 위법성을 주장함에 따라 관할과세관청이 해당 부분(당초 신고한 부분 중에서)을 직권감액경정(2)한 경우, 법원은 납세자가 8의 한도 안에서(청구취지 감축) 증액경정처분의 위법성을 다툴 수 있다고 한다(대법원 2011. 4. 14. 선고 2010두9808 판결). 당초 소송물이 증액경정처분의 적법성 여부임을 감안한다면 여전히 10의 범위까지 다툴 수 있도록 하는 것이 타당하였을 것으로 보인다.

[사례7] 증액경정처분(10)에 대한 쟁송 중 관할 과세관청이 납세자의 신고세액(20) 중 일부(5)를 감액한 경우 납세자는 감액경정에 관계 없이 증액경정처분에 의한 세액(10) 전체의 취소를 구할 수 있다(대법원 2011. 4. 14. 선고 2010두9808 판결).

[사례8] A회사는 갑에게 급여를 지급하면서 매월 원천징수납부하였으며, 2022

년 2월 갑의 2021년 귀속 근로소득에 대한 연말정산을 하고 관할세무서에 추가 세액을 납부하였다. B, C 및 D 등의 단체는 갑에게 강의료를 지급하면서 기타소 득으로 하여 2십만원의 소득세를 원천징수하였다. 갑은 2022년 5월 2021년 귀속 종합소득에 대한 과세표준 및 세액의 신고를 하지 않았다. 갑의 관할 세무서 장 을은 2022년 12월 31일 갑의 2021년 중 강의는 10차례나 이루어진 것이 므로 계속적, 반복적 수익활동에 해당한다는 이유로 사업소득으로 보고 부과처분 ('이 사건 처분')을 하였다. 갑은 이 사건 국세심판청구에서 2021년 중 강의료 수 입이 기타소득에 해당한다는 주장을 하였다. 갑이 이 사건 처분에 대한 조세불복 절차에서 연말정산에서의 위법사유에 대해서도 다툴 수 있다(서울행정법원 2016. 4. 1. 선고 2015구합58102 판결 참조).

(2) 감액경정처분

감액경정처분은 신고 또는 부과에 의하여 당초확정된 세액을 감액하는 효과 가 있다. 당초확정된 세액이 감액경정처분에 의해 감소된 채로 해당 조세법률관 계가 진행된다. 징수절차 및 소멸시효의 진행은 감액된 채로 지속된다.

당초확정된 조세채무에 대한 소송이 진행되고 있는 도중에 감액경정처분이 있을 경우 원고의 청구취지가 감축되는 효과가 발생한다.

감액경정처분 자체는 납세의무자에게는 이익을 주는 것이기 때문에 소의 이 익은 없다. 따라서 그것 자체의 적법성 여부에 대해 다툴 수 없다.

[사례] 납세의무자가 세액 100의 감액을 경정청구하였는데 과세관청이 60의 세 액만 감액하는 경정처분을 하였다. 이는 일부경정거부처분이므로 독립적인 쟁송 의 대상이 된다(서울고등법원 2006. 12. 21. 선고 2006누14348 판결 참조). 경정청 구를 하지 않았는데 과세관청이 직권감액경정한 경우는 독립적인 쟁송의 대상이 될 수 없을 것이다. 당초확정된 세액의 취소를 구하는 소송을 제기하고 있었다면 그 소송에서 처분변경으로 인한 소의 변경(청구취지 감축)을 청구하면서 부족한 감액경정처분의 위법성을 주장할 수 있다.

제4절 조세채무의 승계

    조세채무의 승계란 세법의 규정에 따라 원래의 납세의무자 이외의 자에게 조세채무가 이전하는 것을 말한다. 조세채무의 승계는 법률의 규정에 의한 사실의 발생으로 이루어지게 되며 별도의 지정절차를 필요로 하지 않는다.

    승계되는 조세채무에는 추상적으로 성립하고 있는 것과 이미 성립하여 확정된 것이 모두 포함된다. 고유의 납세의무 외에 제2차 납세의무, 물적 납세의무 및 징수납부의무도 물론 승계한다. 포괄승계의 법리상 승계된 납세의무에 부수되는 신고의무, 지급조서 제출의무, 세금계산서 제출의무 및 질문검사권의 수인의무 등 세법상 각종 협력의무도 부담한다.

    상속이 개시된 때에 그 상속인(수유자 포함) 또는 상속재산관리인은 피상속인에게 부과되거나 그 피상속인이 납부할 국세·강제징수비를 상속으로 받은 재산의 한도에서 납부할 의무를 진다(국세기본법 제24조 제1항). 국세기본법 제24조의 규정에 의한 '피상속인에게 부과'될 세금에는 소득세법상 거주자가 사망한 때에는 사망일이 속하는 연도의 1월 1일부터 사망일까지의 기간에 귀속하는 소득에 대해 과세하는 소득세가 포함된다(소득세법 제5조 제2항).

    납세의무 승계를 피하면서 재산을 상속받기 위하여 피상속인이 상속인을 수익자로 하는 보험계약을 체결하고 상속인이 상속을 한정승인 또는 포기한 것으로 인정되는 경우로서 그 자가 피상속인의 사망으로 인하여 보험금을 받는 때에는 그 자를 상속인으로 보고, 보험금을 상속받은 재산으로 보아 피상속인에게 부과되거나 그 피상속인이 납부할 국세 및 강제징수비를 상속으로 받은 재산의 한도에서 납부할 의무를 진다. 피상속인이 국세 등을 체납한 상태에서 해당 보험의 보험료를 납입한 경우로서 상속인(상속의 한정승인 또는 포기의 경우는 제외)이 보험금을 받은 경우에는 보험료 납입기간 중 국세 등을 체납한 기간의 비율에 비례하는 보험금을 납세의무가 승계되는 상속재산으로 본다(국세기본법 제24조 제2항).

공동상속인은 피상속인의 세금을 승계할 때 연대하여 납부할 책임을 진다 (국세기본법 제24조 제3항). 상속으로 인하여 얻은 재산을 한도로 하여 연대하여 납부할 의무를 부담한다. 상속인이 승계하는 세금은 상속재산과세가액 산정 시 차감한다(상증세법시행령 제9조).

법인이 합병한 때에 합병 후 존속하는 법인 또는 합병으로 인하여 설립된 법인은 합병으로 인하여 소멸된 법인에 합병 후 부과되었어야 하거나 그 법인 이 합병 후 납부하였어야 할 국세·강제징수비를 납부할 의무를 진다(국세기본법 제23조).

합병 후 신설법인 또는 존속법인은 소멸법인의 조세채무를 합병 시점의 상태 그대로 포괄적으로 승계한다. 합병 전에 소멸법인이 행한 세법상의 절차나 과세 관청이 소멸법인에 행한 처분 등은 그 조세채무를 승계한 존속법인 또는 신설법 인에 대해서도 그 효력을 가진다.

분할신설법인은 분할법인의 조세채무에 대해 연대책임을 진다(국세기본법 제 25조 제2항). 분할합병법인 및 분할합병의 상대방법인의 경우로서, 분할법인이 존 속하는 경우에는 분할합병법인 및 분할합병의 상대방법인이 분할법인의 조세채무 에 대해 연대책임을 지며(국세기본법 제25조 제2항), 분할법인이 해산하는 경우에 는 분할합병법인 및 분할합병의 상대방법인이 분할법인의 조세채무를 연대하여 승계한다(국세기본법 제25조 제3항).

제5절 조세채무의 소멸

국세기본법 제26조는 조세채무, 즉 세금납부의무의 소멸사유를 다음과 같이 규정하고 있다.

1. 납부·충당되거나 부과가 취소된 때
2. 국세를 부과할 수 있는 기간에 국세가 부과되지 아니하고 그 기간이 끝난 때
3. 국세징수권의 소멸시효가 완성한 때

제1항 납부·충당 또는 부과의 취소

조세채무는 '납부'에 의하여 소멸한다. 조세를 납부기한까지 납부하지 않을 때에는 고지세액에 가산하여 납부지연가산세를 징수한다. 납부고지서상 납부기한까지 완납하지 아니한 때 체납국세의 3%를 징수하며, 체납된 국세가 100만원 이상인 경우 납부기한이 지난 날로부터 매 1월이 지날 때마다(최대 60월) 체납된 국세의 1.2%를 추가로 가산하여 징수한다. 납부지연가산세는 자동확정방식에 의해 확정된다(국세기본법 제22조 제4항 제5호, 제47조의 4, 국세징수법 제6조 제1항 단서).

'부과의 취소'란 일단 유효하게 이루어진 부과처분에 대하여 그 성립에 흠(하자)이 있음을 이유로 하여 그 부과처분의 효력을 소급하여 소멸시키는 것을 말한다. 부과의 취소는 과세관청의 직권이나 납세의무자의 불복청구에 대한 결정 또는 판결에 의하여 행해진다.

제2항 부과권의 제척기간의 경과

부과권의 제척기간은 국세를 부과할 수 있는 기간을 말한다(국세기본법 제26조의 2 제1항). 부과권의 제척기간은 납세의무가 성립된 상태에서의 부과권을 대상으로 하고 징수권의 소멸시효는 조세채무가 확정된 상태에서의 징수권을 대상으로 한다. 부과제척기간은 징수권의 소멸시효의 완성 여부와 관계없이 진행한다.

1. 일반적인 경우

개별 세법상 과세요건이 충족되어 성립한 조세채무는 국세기본법이 정하는 부과권의 제척기간 내에 확정되지 않으면 소멸한다. 추상적으로 성립한 납세의무에 대하여 부과제척기간 내에 부과권이 행사되지 않은 경우 납세의무는 확정되지도 않은 채 소멸하게 된다.

부과제척기간은 원칙적으로 국세를 부과할 수 있는 날 기산한다(국세기본법시행령 제12조의 3). 신고의무가 부과되어 있는 경우에는 과세표준신고기한의 다음 날이다. 원천징수의 경우 법정 납부기한의 다음 날이다(국세기본법시행령 제12조의 3 제2항 제1호).

부과권의 제척기간(부과제척기간)은 일반적인 경우에는 5년(국제거래의 경우 7년), 무신고한 경우에는 7년(역외거래의 경우 10년) 그리고 사기 그 밖의 부정한 행위가 있는 경우에는 10년(역외거래의 경우 15년)으로 규정되어 있다(국세기본법 제26조의 2 제1항 및 제2항). 부정행위로 포탈하거나 환급·공제받은 법인세와 관련하여 소득처분된 금액에 대한 소득세 또는 법인세도 10년이다(국세기본법 제26조의 2 제2항 제2호 2문, 대법원 2010. 4. 29. 선고 2007두11382 판결).

이월된 결손금 또는 세액공제액을 공제하는 경우 해당 이월결손금 등이 발생한 과세기간의 소득세 또는 법인세의 부과제척기간은 위의 통상적인 부과제척기간에 더하여 해당 공제가 이루어진 과세기간의 법정신고기한으로부터 1년으로 한다(국세기본법 제26조의 2 제3항).

상속세와 증여세의 부과제척기간은 보다 길게 10년, 15년으로 설정되어 있으

며 이는 부담부 증여로 인한 양도소득세에도 적용된다(국세기본법 제26조의 2 제4
항). 장기부과제척기간에 관한 규정상 '사기 그 밖의 부정한 행위'는 조세범처벌법
상 '사기 그 밖의 부정한 행위'와 동일한 의미를 갖는다.

독일에서 부과제척기간(Festsetzungsfrist)은 일반적인 경우 4년, 경미한 과소신
고의 경우에는 5년, 조세포탈의 경우에는 10년으로 되어 있다(독일 조세기본법 제
169조). 미국에서 부과제척기간(statute of limitation for assessment)은 신고서를 제
출한 경우 3년, 수입금액의 4분의 1 이상을 누락한 경우 6년, 조세포탈을 위한
허위·사기의 신고 또는 무신고의 경우에는 무기한으로 되어 있다(내국세입법 제
6501조).

표 4.2   국세부과제척기간

구 분		제척기간
(1) 일반적인 세목	① 납세자가 부정행위로 국세를 포탈하거나 환급·공제받은 경우(법인세법에 따라 소득처분된 금액에 대한 소득·법인세 포함)(역외거래) ② 납세자가 부정행위로 세금계산서·계산서 미발급 등에 대한 가산세 부과대상이 되는 경우 해당 가산세	10년 (15년)
	③ 납세자가 법정신고기한까지 과세표준신고서를 제출하지 아니한 경우(역외거래)	7년 (10년)
	④ ①, ②, ③에 해당하지 아니하는 경우(국제거래)	5년(7년)
(2) 상속세와 증여세 (부담부증여시 양도소득세)	① 납세자가 부정행위로 상속세·증여세를 포탈하거나 환급·공제받은 경우 ② 법정신고기한까지 과세표준신고서를 제출하지 않은 경우 ③ 법정신고기한까지 과세표준신고서를 제출한 자가 거짓 신고 또는 누락신고를 한 경우(그 거짓신고 또는 누락 신고를 한 부분만 해당)	15년
	④ ①, ②, ③에 해당하지 아니하는 경우	10년
	⑤ 납세자가 부정행위로 상속세·증여세를 포탈하는 경우로서 제3자의 명의로 되어 있는 피상속인 또는 증여자의 재산을(또는 상속증여재산인 가상자산을 가상자산사업자를 통하지 않고) 상속인이나 수증자가 취득한 경우 등	안 날부터 1년

부과제척기간은 권리의무관계를 조속히 확정시키려는 것이므로 법에서 정한
기간이 경과하면 과세표준이나 세액을 새로이 확정시키는 것은 물론 변경하는 어
떤 결정(경정) 또는 신고도 할 수 없다(대법원 2020. 8. 13. 선고 2019다300361 판결).
부과권의 제척기간을 경과하여 한 처분은 당연무효이다. 납세의무자가 원용하지

않더라도 당연히 권리소멸의 효과가 발생하므로 법원은 부과제척기간의 만료 여부를 직권으로 조사하여야 한다. 자동확정방식에 의해 확정되는 세목의 경우 부과제척기간이 경과하면 이미 확정되어 있는 조세채무를 변경하는 결정을 할 수 없게 된다.

2. 특례부과제척기간

가. 확정판결 · 결정

부과처분취소소송의 판결에 따라 과세처분이 취소되어 다시 처분을 하고자 할 때 이미 5년의 부과제척기간이 도과한 경우가 있을 수 있다. 부과처분 취소소송의 확정판결이 있을 경우 그 판결일부터 1년간 부과권이 존속하는 특례가 인정된다(국세기본법 제26조의 2 제6항 제1호). '판결'은 부과처분이나 경정거부처분에 대한 취소판결 등을 의미한다. 확정판결에 따른 처분에는 동일한 과세대상 단위 내이면서 기본적 사실관계의 동일성의 범위 안에서 이루어지는 재처분이 포함된다(대법원 2016. 2. 18. 선고 2015도1243 판결 참조). 판결에 따른 경정결정이나 그 밖에 필요한 처분만 할 수 있을 뿐 새로운 결정이나 증액경정결정을 할 수 있는 것은 아니다(대법원 2005. 2. 25. 선고 2004두11459 판결; 대법원 2010. 8. 19. 선고 2007두21877 참조).

판결의 대상이 된 과세표준 또는 세액과 연동된 다른 세목 또는 과세기간의 과세표준 또는 세액에 대해서도 판결이 확정된 날부터 1년간 경정이나 그 밖에 필요한 처분을 할 수 있다(국세기본법 제26조의 2 제6항 제1호의 2). 앞의 제1호 및 제1호의 2는 불복청구에 대한 결정이 확정된 경우에도 동일하게 적용된다(대법원 2020. 8. 20. 선고 2017두30757 판결 참조).

국조법상 글로벌최저한세의 부과를 위한 국가별 실효세율(국조법 제69조제2항)이 변경된 경우에는 과세관청이 국가별 실효세율의 변경이 있음을 안 날부터 1년의 부과제척기간이 허용된다(국세기본법 제26조의 2 제6항 제7호). 글로벌최저한세는 다국적기업그룹의 구성기업이 국가별 실효세율이 최저한세율(15퍼센트)보다 낮은 국가에 소재하는 경우 해당 기업그룹의 모기업 소재지국 등에서 그 차이에 대한 추가세액을 과세할 수 있는 제도이다.

결정 또는 판결에 의하여 명의대여사실이 밝혀진 경우 1년 내에 명의대여자에 대한 부과처분을 취소하고 실제로 사업을 경영한 자에게 경정결정이나 필요한 처분을 할 수 있다. 아울러 과세의 대상이 되는 재산의 귀속이 명의일 뿐이고 사실상 귀속되는 자가 따로 있다는 사실이 확인된 경우에 재산의 사실상 귀속자에게 1년 내에 필요한 처분을 할 수 있으며, 국내원천소득의 실질귀속자가 확인된 경우 국내원천소득의 실질귀속자 또는 원천징수의무자에 1년 내에 필요한 처분을 할 수 있다(국세기본법 제26조의 2 제7항).

나. 경정청구

경정청구기간 내의 적법한 통상적 경정청구 또는 적법한 후발적 경정청구를 한 경우에는 그것을 반영하기 위한 경정에는 경정청구일부터 2개월의 특례부과제척기간이 주어진다(국세기본법 제26조의 2 제6항 제3호).

이는 국조법에 따른 국세의 정상가격과 관세의 과세가격 간 조정을 위한 경정청구 또는 조정권고 및 특정외국법인으로부터의 간주배당에 대한 과세 후 실제 받은 배당이 있을 경우의 경정청구에도 해당된다(국세기본법 제26조의 2 제6항 제3호).

또한 앞의 제3호에 따른 경정청구 또는 조정권고가 있는 경우 그 경정청구 또는 조정권고의 대상이 된 과세표준 또는 세액과 연동된 다른 과세기간의 과세표준 또는 세액의 조정이 필요한 경우에는 제3호에 따른 경정청구일 또는 조정권고일부터 2개월의 특례부과제척기간이 주어진다(국세기본법 제26조의 2 제6항 제4호).

제 3 항   징수권의 소멸시효의 완성

시효는 일정한 사실상태가 장기간 계속되는 경우 그 사실상태를 그대로 존중하여 정당한 권리관계로 인정하는 제도이다. 소멸시효는 권리의 불행사라고 하는 사실상태가 일정 기간 계속되는 경우 그 권리를 소멸하게 하는 제도이다.

국세징수권은 그 권리를 행사할 수 있는 때로부터 5년간 행사하지 않으면 시효로 인하여 소멸한다(국세기본법 제27조). 5억원 이상의 국세채권의 소멸시효

(Zahlungsverjährung)의 기간은 10년이다. 소멸시효에 관해 세법에 다른 규정이 없으면 민법의 규정에 의한다.

　　소멸시효의 기산일은 징수권이 발생한 날이 된다. 신고납세 세목의 세금을 신고한 경우 신고납부기한의 다음 날 그리고 부과결정한 세금의 경우 납부고지에 의한 납부기한의 다음 날이 된다. 자동확정세목의 경우에도 당해 고지에 의한 납부기한의 다음 날이 된다(국세기본법 제27조 제4항 제1호). 당초 "당해 원천징수세액의 법정납부기한의 다음 날"로 되어 있던 것을 2007년 개정한 것이다(구 국세기본법시행령 제12조의 4).

　　소멸시효의 기간이 경과하여 소멸시효가 완성되면 국세징수권이 기산일에 소급하여 소멸되고 납부의무도 소멸한다. 소멸시효가 완성하면 납세의무자가 이를 원용하지 않더라도 조세채권은 당연히 소멸한다.

　　재판에서 납세의무자가 이 사실을 주장하지 않더라도 법관은 소멸시효 완성 여부를 직권으로 조사하여야 한다. 소송기록상 시효의 중단사유가 현출되어 있는 경우에는 법관은 그 중단여부를 직권으로 심리 판단하여야 한다.

　　국세의 소멸시효가 완성된 때에는 그 국세의 가산세 및 강제징수비에도 그 효력을 미치며, 주된 납세자의 국세가 소멸시효의 완성에 의하여 소멸한 때에는 제2차 납세의무자·납세보증인과 물적 납세의무자에도 그 효력이 미친다.

　　과세관청이 부과처분을 한 후 다시 감액경정처분을 한 경우에는 당초 부과처분의 소멸시효는 영향을 받지 않지만, 증액경정처분을 한 경우에는 당초처분과 증액경정처분은 각 납부기일의 다음 날부터 별개로 소멸시효가 진행된다. 처분의 동일성을 유지하면서 처분사유만 변경할 경우 새로운 처분이 있게 된 것은 아니므로 당초처분 시점을 기준으로 시효가 진행되는 것으로 보아야 한다.

　　국세기본법은 납부고지, 독촉·납부최고, 압류·교부청구를 시효중단사유로 규정하고 있다. 다만, 압류금지재산 또는 제3자의 재산을 압류한 경우로서 압류를 즉시 해제하는 경우(국세징수법 제57조 제1항 제5호 및 제6호) 압류의 시효중단의 효력을 인정하지 않는다. 압류가 해제될 때까지 시효중단의 효력이 유지된다. 피압류채권이 소멸된 경우 그때에 시효중단 사유가 종료되고, 새로운 소멸시효기간이 개시된다(대법원 2017. 4. 28. 선고 2016다239840 판결).

　　그 준용에 관한 명문의 규정이 없음에도 불구하고 소멸시효에 관한 민법 제

168조의 규정(청구, 압류 또는 가압류, 가처분 및 승인)은 준용된다(대법원 2020. 3. 2. 선고 2017두41771 판결). 이에 따라 조세채권의 경우에도 '청구'는 소멸시효 중단사유가 되며, 과세관청의 응소행위는 시효중단의 효력이 있는 재판상의 청구에 해당한다. '승인'이 소멸시효의 중단사유에 해당한다는 민법상 규정이 준용됨에 따라 세법상의 징수유예신청, 세금의 일부 납부, 물납 또는 분할납부의 신청, 기한 후의 과세표준신고나 수정신고, 납세연기원 또는 납세서약서의 제출 등에 대한 승인에는 시효중단의 효력이 인정된다.

소멸시효는 세법에 의한 분납 기간·징수유예기간·체납처분유예기간·연부연납 기간·사해행위취소소송 진행 기간 및 채권자대위소송 진행 기간 중에는 진행하지 않고 정지한다(국세기본법 제28조 제3항). 다만, 소송이 각하·기각 또는 취하된 경우에는 효력이 없다.

제 6 절 조세채권의 확보

제 1 항 조세우선권

자력이 충분하지 않은 납세의무자가 조세채권을 포함한 여러 채권의 이행을 동시에 청구받는 상황에서 조세채권이 민법상 채권자평등의 원칙에 따라 다른 채권과 동일한 지위에 있게 된다면 국가재정이 불안해지게 된다. 국세기본법은 다른 채권에 비하여 조세채권에 우선적인 지위를 부여하고 있다(국세기본법 제35조).

1. 조세의 우선

조세의 우선권 또는 우선징수권이라 함은 납세자의 재산이 강제집행·경매·체납처분 등의 절차에서 강제환가되고 그 환가대금이 경합하는 공과금 기타의 채권의 변제에 충당되는 경우 각 채권 성립의 전후에 관계 없이 조세채권자가 공과금 기타 채권자에 우선하여 변제받을 수 있는 것을 의미한다.

조세의 우선권은 권리의 강제실현절차에서 문제될 뿐 납세자의 임의의 변제순서까지 강제하는 것은 아니다. 임의의 변제는 국세징수법상 사해행위 취소 청구의 대상이 되는 "국세의 징수를 피하기 위하여 한 재산의 처분이나 그 밖에 재산권을 목적으로 한 법률행위"에 해당하지 않는다(국세징수법 제25조).

2. 조세채권 간의 순위

체납액의 징수순위는 (1) 강제징수비, (2) 국세(가산세 제외), (3) 가산세 순이다(국세징수법 제3조).

압류·담보 또는 교부청구에 관련된 국세에 있어서는 (1) 담보 설정한 국세, (2) 압류에 관계된 국세 및 (3) 교부청구·참가압류한 국세의 순으로 징수한다. 국세와 지방세는 순위 부여상 차등이 없으며, 그 우선순위는 압류의 선후에 의하여 결정된다(국세기본법 제36조 제1항, 국세징수법 제96조 제1항). 이를 '압류선착수주의'라고 한다. 국세의 체납처분에 의하여 체납자의 재산을 압류한 다음 교부청구가 있는 경우에는 해당 국세는 교부청구한 다른 국세 등에 우선하여 징수한다(국세기본법 제36조 제2항). 납세담보로 제공된 재산에 대해서는 압류선착수주의에 불구하고 그 담보권에 의하여 담보에 관련된 조세가 우선권을 가진다(국세기본법 제37조).

3. 조세우선권의 배제

강제집행, 경매 또는 파산절차에 의한 재산의 매각에 있어서 그 매각금액 중에서 국세·강제징수비를 징수하는 경우 그 강제집행, 경매 또는 파산절차에 소요된 비용은 모든 채권자의 공동이익을 위하여 지출된 공익비용이므로 공익비용우선의 원칙에 따라 최우선적으로 징수한다(국세기본법 제35조 제1항 제2호). 국세징수법도 '공익비용 최우선원칙'에 따라 강제징수비, 국세(가산세 제외) 그리고 가산세의 순으로 징수하도록 하고 있다(국세징수법 제3조).

'법정기일' 전에 전세권·질권·저당권(근저당권을 포함한다) 또는 대항요건 및 확정일자 갖춘 임차권('전세권 등')이 설정된 재산이 국세의 강제징수 또는 경매 절차를 통해 매각(제3호의 2에 해당하는 재산의 매각은 제외한다)되어 그 재산의 매각금액 중에서 국세·강제징수비를 징수하는 경우 그 전세권 등에 의하여 담보된 채권 또는 임대차보증금반환채권은 국세·강제징수비에 우선하여 징수한다(국세기본법 제35조 제1항 제3호).

'법정기일'이란 국세채권과 전세권 등에 의하여 담보된 채권 등 간의 우선 여부를 결정하는 기준일을 말한다. 이때 법정기일은 신고납부하는 세목은 신고일, 부과결정하는 세목은 납부고지서의 발송일, 원천징수하는 세목은 납세의무의 확정일, 제2차 납세의무 및 물적 납세의무의 경우는 납부고지서의 발송일, 압류와 관련하여 확정된 세액은 그 압류등기일 또는 등록일이다(국세기본법 제35조 제2항).

　전세권 등이 설정된 재산이 양도, 상속 또는 증여되어 소유권의 변동이 있게 된 후 해당 재산이 국세의 강제징수 또는 경매 절차를 통해 매각되어 그 매각금 액에서 새로운 소유자의 국세를 징수하는 경우 해당 재산에 설정된 전세권 등에 의하여 담보된 채권 또는 임대차보증금반환채권은 국세·강제징수비에 우선한다. 이는 법정기일 이후 담보되거나 확정일자를 받은 경우에도 해당된다. 다만, 해당 재산의 직전 보유자가 전세권등의 설정 당시 체납하고 있었던 국세 등을 고려하 여 계산한 금액의 범위 내에서는 국세를 우선하여 징수한다(국세기본법 제35조 제1 항 제3호의 2, 2023년 신설). 이때 국세는 그 법정기일이 전세권 등의 설정일보다 앞선 것에 한정된다.

　전세권 등의 목적인 재산에 대하여 부과된 국세나 지방세('당해세')는 비록 그 담보권이 '법정기일' 전에 설정된 경우라도 그 전세권 등에 의하여 담보된 채권 또는 임대차보증금반환채권에 우선한다. 가등기담보 등에 관한 법률은 담보가등 기권리는 세법상 담보권으로 본다고 규정하고 있다(가등기담보 등에 관한 법률 제17 조 제3항). 당해세는 담보물권의 목적물인 당해 재산 자체를 과세대상으로 하는 조세로서 국세로서 상속세, 증여세 및 종합부동산세가 된다(국세기본법 제35조 제3 항). 재산 소유권에 변동이 있게 된 경우의 전세권 등에 적용되는 제1항 제3호의 2 규정에도 불구하고 해당 재산에 대하여 부과된 종합부동산세는 전세권 등에 의 하여 담보된 채권 또는 임대차보증금반환채권보다 우선한다.

　국세기본법 제35조 제3항의 당해세 규정에 불구하고 대항요건과 확정일자를 갖춘 임차권에 의하여 담보된 임대차보증금반환채권 등은 해당 임차권 또는 전세 권이 설정된 재산이 국세의 강제징수 또는 경매 절차를 통해 매각되어 그 매각금 액에서 국세를 징수하는 경우 그 확정일자 또는 설정일보다 법정기일이 늦은 해 당 재산에 대하여 부과된 상속세, 증여세 및 종합부동산세의 우선 징수 순서에 대 신하여 변제될 수 있다. 이 경우 대신 변제되는 금액은 우선 징수할 수 있었던 해 당 재산에 대하여 부과된 상속세, 증여세 및 종합부동산세의 징수액에 한정한다 (국세기본법 제35조 제7항).

　당해세 중 상속세, 증여세 및 종합부동산세의 우선권에 대해서는 다음과 같은 한계가 설정되어 있다. 상속세와 증여세를 예로 들자면, 체납자의 당해 재산 중 일부를 매각하는 경우 우선 징수하는 금액은 '상속세·증여세'에 '총상속·증여 재산가액 중 매각재산가액이 차지하는 비율'을 곱하여 산출한 금액으로 한다(국세기본법기본통칙 35-18-1 ①).

상속세·증여세는 피상속인 및 증여자가 조세의 체납이 없는 상태에서 설정한 저당권 등에 의하여 담보된 채권보다 우선하지는 않는다(국세기본법기본통칙 35-18-1 ③). 피상속인인 저당권설정자가 체납이 없는 상태에서 사망한 경우 그의 상속인에 대하여 부과한 상속세를 당해세로 보아 국세 등에 우선하는 저당채권보다 우선 배분한 공매대금배분처분이 채권자의 배분 부족분에 있어서는 당연무효이다(대법원 1997. 6. 15. 선고 96다55204 판결; 대법원 2005. 3. 10. 선고 2004다51153 판결 참조). 저당권자의 권리는 저당권 설정 당시의 저당권 설정자의 상태를 보아 그 보호 여부를 판단하여야 할 것이기 때문이다. 다만, 피상속인이 체납이 있었던 상태로 사망한 경우라면 채권자는 당해세의 세액 중 그 체납금액을 한도로 하지 않고 전체 세액에 대해 우선순위가 배제되는 것이다.

체납자에 대한 소액임차보증금채권은 국세·강제징수비보다 우선 징수된다(국세기본법 제35조 제1항 제4호).

체납자에 대한 최종 3월분의 임금, 최종 3년간의 퇴직금 및 재해보상금의 채권은 국세채권에 우선한다(국세기본법 제35조 제1항 제5호). 기타의 임금채권도 담보부 채권에 우선하는 조세채권(당해 국세의 법정기일 이후에 설정된 담보부 채권이 있는 경우의 조세채권) 이외의 조세채권에 우선하는 효력을 인정받는다(근로기준법 제38조 제1항).

제2항 납세담보

납세담보란 국가가 조세채권을 보전하기 위하여 납세자 등으로부터 제공받는 인적·물적 담보를 말한다.

국가가 스스로의 조세채권을 보전하기 위해 납세의무자로부터 그 이행을 보장받기 위한 수단으로 제공받는 것이다.

과세관청은 세법이 정하는 일정한 경우에 한하여 세법이 정하는 절차에 따라 세법이 정하는 종류의 납세담보를 제공하도록 요구하여야 하며 세법의 근거 없이 제공한 것은 납세담보로서의 효력이 없다. 납세의무자가 납세담보를 제공할 수 있는 경우는 국세징수법 및 개별세법에 규정되어 있다. 납부기한을 연장하는 경우 및 징수유예를 할 때 등이다.

조세의 징수를 확보하기 위한 세법상 납세담보에는 물적 담보 및 인적 담보가 있다(국세징수법 제18조). 인적 납세담보는 세무서장이 확실하다고 인정하는 보증인의 납세보증서에 의한 납세담보로서 납세보증인의 재산상태 및 신용을 조세채권의 담보로 이용하는 것이다(국세징수법 제18조 제4호). 물적 납세담보는 납세자 또는 제3자가 제공하는 특정 재산의 교환가치에 의하여 조세채권을 확보하는 제도이다.

제3항   짜고 한 거짓계약의 취소

세무서장은 납세자가 제3자와 짜고 거짓으로 그 재산에 전세권·질권 또는 저당권의 설정계약, 임대차계약, 가등기설정계약 또는 양도담보설정계약을 하고 그 등기·등록을 하거나 대항요건과 확정일자를 갖춘 임대차계약을 체결함으로써 당해 재산의 매각금액으로 국세를 징수하기가 곤란하다고 인정하는 때에는 당해 행위의 취소를 법원에 청구할 수 있다(국세기본법 제35조 제6항 1문).

납세자가 국세의 법정기일 전 1년 내에 친족 기타 특수관계인과 전세권·질권 또는 저당권의 설정계약, 임대차계약, 가등기설정계약 또는 양도담보권설정계약을 한 경우에는 짜고 한 거짓계약으로 추정한다(국세기본법 제35조 제6항 2문, 국세기본법시행령 제18조의 2).

제 7 절 조세채무의 이행청구와 독촉

조세채무의 이행청구와 독촉 및 강제징수절차는 국세징수법이 규율한다. 국세징수법에 규정된 국세의 징수절차는 다음과 같다.

① 임의징수절차: 각 세법에 의하여 확정된 조세채권에 대하여 자발적인 납부를 권하는 납부고지 및 독촉에 의한 징수절차
② 강제징수절차: 납부고지 및 독촉에 의하여도 조세를 납부하지 아니한 경우 「재산의 압류 → 압류재산의 매각 → 청산」의 과정을 통하여 강제적으로 조세채권을 실현하는 절차

과세관청은 국세징수법에 근거하여 징수처분을 한다. 징수처분은 부과처분과는 다른 목적을 위한 별개의 행정처분이다(대법원 2022. 6. 16. 선고 2022두35749 판결). 징수처분이 국세징수법에 의한 절차에 따라 적법하게 이루어지지 않을 경우에는 하자있는 행정처분으로서 법적 다툼의 대상이 된다.

국제징수법상 과세관청이 체납자의 재산에 대하여 압류 등 강제징수절차를 집행하기 전에 납세자로 하여금 자발적으로 국세를 납부하도록 하는 임의징수절차의 내용은 다음과 같다.

• 납부고지: 납세자가 납부기한 내에 자진납부하도록 하는 청구
• 독촉: 납부기한 내에 납부하지 아니한 경우 재차 자진납부하도록 권하는 청구
• 납기전 징수: 특정한 사유가 있을 때 기한의 이익을 박탈하고 납기 전에 징수
• 납부고지유예: 국세를 납부할 수 없는 사유가 있을 때 그 납부기한을 일정기간 연장

고지 또는 독촉에 의한 납부기한까지 납세자가 조세를 납부하지 아니한 경우 과세관청이 조세채권확보를 위하여 강제적으로 납세자의 재산을 압류하고 압류한 재산을 환가하여 체납액에 충당하는 강제적 징수절차가 있다.

납부기한은 납세의무가 확정된 국세를 납부하여야 할 기한이며, 이에는 법정 납부기한과 지정납부기한이 있다(국세징수법 제2조 제1항 제1호).

납부고지는 세무서장이 국세를 징수하고자 할 때 과세기간·세목·세액 및 산출근거·납부기한과 납부장소 등을 납세자에게 알려서 납세의무의 이행을 청구하는 것을 말한다. 납부고지는 징수절차의 첫 단계로서 특정 국세의 징수에 관한 과세관청의 내부적인 의사결정, 즉 징수결정을 한 후 이를 외부에 표시하는 행정처분이다. 납부지연가산세 중 지정납부기한이 지난 후의 가산세를 징수하는 경우에는 납부고지서를 발급하지 않을 수 있다(국세징수법 제6조 제1항 단서).

국세징수법은 납부고지서에 과세기간·세목·세액 및 산출근거·납부기한과 납부장소를 명기할 것을 규정하고, 국세징수법시행규칙은 납부고지서의 서식을 규정하고 있다.

필요적 기재사항 중 내용이 간단하고 일의적인 세목, 과세기간, 세액, 납부기한 및 납부장소 등은 그 기재의 하자는 착오임이 명백하여 납세자의 불복신청에 장애를 주는 것이 아니라면 위법하다고 보기 어렵다. 납세의무자의 표시가 전혀 없거나 동일성을 식별할 수 없는 경우 등 하자가 중대하고 명백한 경우는 무효가 되는 하자라고 할 수 있다.

필요적 기재사항 중 세액산출근거는 납부고지의 핵심을 이루고 납세의무자의 불복 여부 판단의 기초적인 자료가 되므로 그 기재의 누락은 물론 산출근거를 가늠할 수 있는 기재의 미비나 오류는 과세처분의 위법사유가 된다. 세액산출의 근거가 누락된 경우 등은 취소사유에 불과하다고 보는 것이 판례의 태도이다.

행정처분으로서 과세처분의 하자가 무효사유인 경우에는 치유(Heilung)가 허용되지 않는다는 것이 통설, 판례의 입장이다. 하자를 치유하기 위해서는 서면에 의한 보정이 있어야 하며 그것은 납부고지서의 기재사항에 갈음할 수 있는 정도의 내용을 포함하는 것이어야 한다. 하자치유에 적합한 것으로 인정된 예로서는 과세예고통지서 및 과세안내서 등이 있다. 그리고 하자의 치유는 늦어도 과세처분에 대한 불복 여부의 결정과 불복신청에 지장이 없는 상당한 기간 이내이어야 한다.

독촉은 납세의무자가 납부고지서에 지정된 납부기한까지 당해 국세를 완납하지 아니하는 경우에 납세자의 임의납부를 촉구하는 절차이다(국세징수법 제10조). 이는 강제징수의 예고로서의 성격을 가진다.

독촉에 의하여 국세징수권의 소멸시효가 중단된다(국세기본법 제28조). 2013년부터는 재독촉도 징수권의 소멸시효가 중단되는 효력이 있게 되었다.

일반적으로 납세자가 독촉장을 받고 지정된 기한까지 국세를 완납하지 아니한 때에는 납세자의 재산을 압류한다(국세징수법 제24조). 독촉의 절차는 압류의 필요적 요건이다.

통상적인 조세의 부과 및 징수절차에 의존할 경우에는 납세의무자의 고의에 의한 재산도피 또는 다른 민사채권의 우선적 집행에 의해 해당 조세채권을 확보하기 어려울 수도 있다.

국세징수법은 조세채권을 확보하기 어려운 상황에서는 과세관청이 통상의 조세부과 및 징수절차와 달리 미리 조세를 징수하거나 압류할 수 있도록 하고 있다.

납기 전 징수는 이미 납부할 세액이 확정된 조세에 대하여 납세자의 신용 실추 및 자력 상실 등 일정한 사정이 발생한 경우에 조세의 징수 확보를 목적으로 본래 납세자가 가지는 납부의 기한의 이익을 상실시켜 바로 이행을 청구하고 체납처분에 들어갈 수 있도록 하는 징수처분이다(국세징수법 제9조).

확정전보전압류는 국세의 확정 후에는 당해 국세를 징수할 수 없다고 인정되는 경우 국세로 확정되리라고 추정되는 금액의 한도 안에서 납세자의 재산을 세무서장이 압류할 수 있도록 하는 제도이다(국세징수법 제31조 제2항). 민사집행법상 가압류와 유사한 제도이다.

제8절 조세채권의 실현 — 조세체납처분

국세징수법은 '강제징수(종래 '체납처분'이라고 하였다)'에 대해 규정하고 있다. 납세자가 국세를 납부기한까지 납부하지 아니한 채 납부기한이 도과한 것을 '체납'이라고 한다(국세징수법 제2조 제1항 제2호).

확정된 조세채권을 납세자가 임의이행하지 않을 경우 과세관청은 자력집행권에 의해 그 조세채권의 실현을 위한 강제징수에 들어간다. 그 내용은 과세관청이 납세자의 재산을 압류한 후 이를 매각하여 그 대금을 조세에 배분·충당하는 것이 된다.

체납처분은 압류·매각·청산(배분)이라는 일련의 독립된 행정처분으로 구성되어 있다. 개별 처분은 각각 법적 효과가 인정되며 쟁송의 대상이 된다. 압류·매각·청산은 각각 개별적인 법률효과를 도모하는 것이기는 하지만 국세채권의 강제징수라는 동일한 목적을 위한 일련의 행정처분이므로 선행처분인 압류처분이 위법한 경우 후행처분인 공매처분 등도 위법하게 된다.

제1항 체납자의 재산보전

1. 채권자대위권

민법의 채권자대위권에 관한 규정이 국세징수절차에도 일반적으로 적용된다. 채권자대위권은 채권자가 자신의 채권을 보전하기 위하여 채무자의 권리를 대신 행사할 수 있는 권리이다. 세법에 별도의 규정은 없지만 조세법률관계에서도 납세자가 자신의 책임재산이 감소하는 것을 방치하고 있을 때에 채권자인 국가가

채무자인 납세자를 대신하여 권리를 행사함으로써 부당한 재산의 감소를 방지하는 채권자대위권을 행사할 수 있다. 조세채권자인 국가는 납세자가 채무를 변제할 충분한 자력을 가지고 있지 아니함에도 불구하고 스스로 제3자에 대한 권리를 실현하지 않는 경우에 납세자의 일반 재산을 확보·보전하기 위하여 채권자대위권을 행사할 수 있다.

채권자대위권은 채권자인 국가가 대위원인을 증명하고 (납세자의 대리인으로서가 아닌) 자신의 명의로 납세자의 권리를 대위 행사하는 것이다. 채권자취소권과 달리 반드시 재판상으로 행사하여야 하는 것은 아니다.

채권자대위권은 국세의 납부기한이 도래하여야 행사할 수 있다(민법 제404조 제2항). 채권자대위권은 납세자가 무자력 상태에 있으면서, 자신의 권리를 행사하지 아니하는 경우에만 행사할 수 있다.

국가가 채권자대위권을 행사한 경우 그 효과는 직접 납세자에게 귀속한다. 대위권 행사 후 체납자가 임의로 납부하지 않을 경우 국가는 압류 등 다시 체납처분절차를 밟아야 한다. 대위권의 행사로 우선변제권을 취득하는 것은 아니며 다른 채권자와 평등하게 배당을 받을 수 있을 뿐이다. 다만, 대위채권자는 변제수령권이 있어서 사실상 우선 변제받는 효과를 도모할 수 있다.

2. 사해행위취소

세법은 짜고 한 거짓계약의 취소(국세기본법 제35조 제6항)와 일반 사해행위취소(국세징수법 제25조)를 각각 규정하고 있다. 이들은 모두 민법 제406조가 인정하는 사해행위취소의 일종이다.

민법은 사해행위의 취소 및 원상회복은 법원에 청구하여야 한다고 규정하고 있다. 세법상으로도 "법원에 청구할 수 있다."고 규정하고 있으므로 법원에 소송을 제기하는 방법만이 허용되는 것으로 보아야 할 것이다.

세법상 사해행위취소의 요건은 민법상 사해행위취소와 마찬가지로 (1) 조세채권의 존재, (2) 체납자의 고의(악의), (3) 양수인(수익자) 또는 전득자의 고의(악의) 및 (4) 체납자의 사해행위(재산권을 목적으로 한 법률행위)를 요구하고 있다.

채권자취소에 의하여 보호될 수 있는 국세채권은 원칙적으로 사해행위 이전에 성립되어 있어야 한다. 그런데 소득세와 같은 기간과세의 세목에서 그 기간 도중 사해행위의 대상이 되는 부동산 양도행위 등이 있는 경우 그 양도행위가 과세기간 개시일 이후에 있는 이상 이미 조세채권 발생의 기초는 존재하는 것이다. 판례상 민법상의 채권자취소의 대상이 되는 채권은 실제로 가까운 장래에 그 개연성이 현실화되어 채권이 성립된 경우에는 그 채권도 채권자취소의 피보전채권이 될 수 있다고 보는 점에 비추어 보면 기간과세세목의 경우 기간의 종료에 의해 조세채권이 성립하기 전이라 하더라도 피보전채권으로 인정할 수 있을 것이다.

체납자가 사해행위 당시에 압류를 면하는 등 국세징수권을 해함을 알면서 법률행위를 하여야 한다. 이때 사해의사는 국세채권을 해하고자 하는 적극적 의욕이 아니라 국세채권의 담보가 부족하게 된다는 소극적 인식으로도 충분하다. 체납자의 사해행위로 이익을 받은 자나 그로부터 전득한 자도 사해행위 또는 전득할 당시에 그로 인하여 국세징수권이 침해됨을 알고 있어야 한다.

무자력인 체납자의 특수관계인에 대한 증여나 시세보다 낮은 가격의 매매 등은 전형적인 사해행위에 해당한다. 채무자가 유일한 부동산을 매각하여 소비하기 쉬운 부동산으로 바꾸는 행위, 채무초과상태의 채무자가 유일한 부동산을 특정 채권자에게 대물변제하는 행위, 상당한 정도를 초과하는 이혼에 의한 재산분할, 과도한 상속재산의 분할 등이 사해행위에 해당한다.

채권자인 국가는 사해행위취소의 요건이 충족되는 경우에 민법과 민사소송법의 규정을 준용하여 사해행위의 취소를 법원에 청구할 수 있다. 이때 취소의 대상은 체납자의 행위이며 수익자나 전득자의 행위가 아니다.

사해행위취소의 소를 제기한 때에 사해행위 대상 재산을 방치하면 장래에 국가가 승소하더라도 체납처분이 불가능하게 되거나 곤란하게 될 우려가 있기 때문에 소제기 전 또는 소제기와 동시에 피고(수익자 또는 전득자)의 재산에 대한 집행보전을 위한 가압류나 가처분의 신청을 통해 채권의 보전조치를 하여야 한다.

사해행위취소의 행사로 국가가 승소한 때 그 취소판결의 효력은 소송에 참가한 당사자인 국가와 수익자 또는 전득자 사이에서만 발생한다(상대적 효력). 즉 소유명의는 형식상 체납자에게로 회복되지만 체납처분의 결과로 국세에 충당 후 잔여가 있는 경우에는 그 잔여분을 체납자에게 주지 아니하고 수익자 또는 전득자에게 반환한다.

제 2 항 압류 등

세무서장은 납세자가 독촉장 또는 납부최고서를 송달받고 그 지정된 기한까지 조세를 완납하지 아니한 때에 납세자의 재산을 압류한다.

압류는 체납처분의 제1단계 절차로서 조세채권의 내용을 실현하고 그 만족을 얻기 위하여 납세자의 재산을 강제적으로 확보하는 행위이다.

국세징수법상 압류의 대상이 되는 재산은 압류 당시에 그 소유권이 체납자에게 귀속되고 있는 것이어야 한다. 압류대상이 된 재산이 부동산인 경우에 그 재산이 납세자의 소유에 속하는지는 등기의 효력에 의하여 판단하여야 한다.

압류는 체납자의 특정 재산에 관하여 법률상 또는 사실상의 처분을 금지하는 효력이 있다. 이에 반한 체납자에 의한 채무의 변제, 채권의 양도, 권리의 설정 등과 같은 압류채권자에 불리한 처분은 압류채권자에게 대항할 수 없다. 그러나 제3채무자는 그 압류통지의 송달 이전에 채무자에 대한 상계적상에 있었던 반대채권을 가지고 그 압류 송달 이후에도 상계로써 대항할 수 있다. 급료·임금 기타 이와 유사한 채권의 압류의 효력은 체납액을 한도로 하여 압류 후에 수입할 금액에 미친다(국세징수법 제54조).

압류의 해제는 압류의 효력을 장래에 향하여 소멸시키는 행정처분이다. 해제할 때까지 이루어진 압류처분의 효과(시효의 중단, 과실의 수취 등)에는 영향을 미치지 않는다. 국세징수법 제57조는 압류해제의 요건을 설정하고 있다.

교부청구는 납세자가 (1) 국세 등의 체납으로 강제징수 또는 체납처분을 받은 때, (2) 강제집행·경매 또는 파산선고를 받을 때, (3) 법인이 해산한 때에 세무서장이 스스로 압류하지 않고 당해 관서·공공단체·집행법원 등에 대하여 국세 등의 교부를 청구하여 체납조세의 만족을 받는 절차를 말한다(국세징수법 제59조).

교부청구는 강제환가를 진행하는 행정기관에 대하여 국세채권을 환가대금 중에서 배당하여 줄 것을 요구하는 것이므로 민사집행에서의 배당요구와 같은 효력이 있다.

참가압류란 압류하고자 하는 재산이 이미 다른 기관에서 압류하고 있는 재산인 때에 교부청구에 갈음하여 참가압류통지서를 그 재산을 이미 압류한 기관에

송달함으로써 그 압류에 참가하는 강제징수절차를 말한다.

세무서장은 압류하고자 하는 재산을 이미 다른 기관에서 압류하고 있는 때에는 교부청구에 갈음하여 참가압류통지서를 기압류기관에 송달함으로써 그 압류에 참가할 수 있다(국세징수법 제61조).

참가압류는 기압류기관에 대해 교부청구의 효력이 있다.

제3항 압류재산의 매각

체납된 세금의 납세자의 재산을 압류하였음에도 세금을 납부하지 않을 경우 세무서장은 압류한 재산을 매각하게 된다.

매각은 체납자의 권리를 상실하게 하는 중요한 처분이기 때문에 그 방법과 절차를 법에서 엄격히 정하고 있다. 특히 매각절차상의 공정성을 확보하기 위하여 체납자 또는 세무공무원은 매수인이 되지 못하도록 하고, 공매실시의 방해자를 배제하는 등의 제한을 두고 있다. 매각의 방법에는 공매와 수의계약이 있다.

공매란 불특정다수인의 매수희망자 중 자유경쟁에 의한 최고가격 제시자를 매수인으로 결정하는 매각방법이다. 세무서장은 한국자산관리공사에 공매를 대행시킬 수 있다.

국세기본법에 의한 이의신청·심사청구·심판청구 또는 행정소송의 계류 중 강제징수에 대한 집행정지결정이 있는 경우에는 공매할 수 없다(국세징수법 제88조 제2항, 국세기본법 제57조). 국세청훈령은 체납자 및 이해관계자로부터 이의신청, 심사청구, 심판청구, 감사원심사청구 및 행정소송이 진행 중인 때에는 공매를 정지한다고 규정하고 있다(국세징수사무처리규정 제187조 제2항, 제195조 제2항).

매각처분에 따라 국가·매수인·체납자와의 상호간에는 다음과 같은 관계가 생긴다. 국가와 체납자의 관계상으로는 국가가 행한 매각처분은 체납자의 재산을 매각한 것과 동일한 효과가 발생하고 매각재산에 대한 체납자의 권리는 직접 매수인에게 이전한다. 국가는 매각대금으로 체납자의 체납액에 직접 충당한다.

국가와 매수인 간의 관계상으로는 매수인은 국가에 대하여 매각대금의 지급의무를 부담한다. 또 국가는 체납자로 하여금 권리이전절차를 밟게 하거나 체납자에 대위하여 그 절차를 밟는다. 그리고 매수인은 권리이전에 필요한 제 비용을 부담한다.

체납자와 매수인 간의 관계상으로는 체납자는 매수인에 대하여 권리이전의무를 지는 외에 그 재산에 대한 담보책임을 진다(민법 제578조). 그리고 매수인은 체납자로부터 매각재산을 승계취득한다.

체납자의 재산이 매각되고 체납자에게 양도소득이 발생할 경우 그 소득에 대한 세금이 부과된다. 그 세금은 당해세는 아니며 배당의 우선순위상 특별한 지위가 인정되지 않는다.

제 4 항 청 산

세무서장은 압류, 매각 등에 의하여 취득한 금전을 국세채권과 기타 채권에 배분하여야 하는데 이를 청산(배분)이라고 한다(국세징수법 제94조). 청산은 배분계산서 작성으로 종결되며 배분잔액은 원칙적으로 체납자에게 지급한다.

세무서장은 매각대금이 조세체납액과 채권의 총액보다 적을 때에는 민법이나 그 밖의 국세기본법 등 법령에 따라 배분할 순위와 금액을 정하여 배분하여야 한다(국세징수법 제96조 제4항). 국세·강제징수비는 다른 공과금 기타 채권에 우선하여 징수하는 것이 원칙이다(국세기본법 제35조 제1항). 그러나 이러한 국세우선원칙에 대하여 사법질서 존중 등의 이유로 다음의 것은 당해 국세채권에 우선하는 예외를 인정한다.

- 선집행 지방세 또는 공과금의 강제징수비
- 공익비용
- 일정한 요건을 충족하는 채권
  ▶ 주택 및 상가건물 임차보증금 중 일정 금액, 최종 3월분의 임금과 최종 3년간의 퇴직금 및 재해보상금
  ▶ 법정기일 전에 설정된 전세권·질권·저당권 등에 의하여 담보된 채권
  ▶ 최종 3월분 이외의 임금 및 기타 근로관계로 인한 채권
- 당해세(당해 재산에 부과된 상속세·증여세 및 종합부동산세)

- 납세담보가 있는 국세
- 우선 압류한 국세 · 지방세

제 5 항 압류 · 매각유예

압류 · 매각유예란 세무서장이 재산의 압류 또는 매각을 유예하는 제도이다(국세징수법 제105조). 체납자가 국세청장이 성실납세자로 인정하는 기준에 부합하거나 유예를 함으로써 정상적으로 사업을 운영하여 체납액의 징수가 가능하다고 인정되는 때 압류 · 매각을 유예해 줄 수 있다. 압류 · 매각의 유예는 체납자의 신청에 의하여 할 수도 있고 세무서장이 직권으로 할 수도 있다. 그리고 유예할 경우에는 납세담보를 요구할 수 있으며 유예의 기간은 1년 이내로 한다.

세무서장은 체납국세에 대해 압류 · 매각 유예일로부터 1년 이내에 재산의 압류나 압류재산의 매각을 유예할 수 있으며, 필요하다고 인정하는 때에는 압류를 해제할 수 있다. 압류 · 매각 유예기간 중에는 국세징수권을 행사하지 못하므로 소멸시효가 정지된다.

제 5 장

권리구제

납세자는 세법에 따라 조세를 납부하는 의무를 부담한다. 복잡한 세법조항을 적용하기 위한 사실의 조사와 확정에는 많은 노력을 필요로 한다. 사실확정을 위한 증거는 납세자가 더 많이 확보하고 있지만 전문적 인력에 의해 운영되는 과세관청의 실질적 권력 앞에 납세자가 자신의 권리를 충분히 행사할 수 없는 경우가 발생한다.

과세관청에 의한 위법·부당한 행위로부터 납세자의 권익을 보호하기 위한 장치(Rechtsbe-helfsverfahren)가 여러 단계에 걸쳐 마련되어 있다. 부과처분으로 이어지는 세무조사의 과정에서 납세자의 권익을 보호하기 위한 제도들도 있다.

조세의 부과처분에 임박하여서는 사전적 구제로 과세전적부심사제도가 있다. 조세부과 전 납세자의 의견을 충분히 반영함으로써 조세부과의 적정성을 도모하는 것이다.

사후적 구제에는 직권구제와 쟁송구제가 있다. 직권구제는 납세자의 이의제기 없이 과세관청의 자발적 판단에 의하여 직권으로 시정하는 것이다. 납세자의 경정청구에 의한 경정도 직권구제의 하나로 볼 수 있다.

쟁송구제는 납세자의 이의를 기초로 이를 국가기관이 판단하여 권리구제 여부를 결정하는 제도이다. 이는 행정청에서의 절차(불복절차)와 사법부에서의 절차(조세소송)로 나누어 볼 수 있다. 행정청을 통하는 경우로는 세무서, 지방국세청, 국세청 등 처분을 한 기관 또는 그의 상급기관이 스스로 자기시정을 하도록 하는 절차와 감사원 및 조세심판원과 같은 제3의 기관이 과세의 위법성 또는 부당성 여부를 심사 또는 심판하도록 하는 제도가 있다. 사법부에서의 소송으로는 행정소송과 민사소송이 있다. 행정소송에서 법원은 주로 행정처분의 위법성 여부를 판단한다. 민사소송으로는 과세의 위법무효에 따른 부당이득의 반환을 청구하는 부당이득반환청구소송과 세무공무원의 위법한 공권력의 행사로 인한 손해의 배상청구소송 등이 있다.

제1절 납세자권익보호

기원전 3천년경 수메르왕국이 남긴 점토판은 세정의 문란에 관한 기록을 남기고 있다. 로마제정과 프랑스 부르봉 왕조 당시 조세징수 도급인(tax farmer)의 가렴주구는 제정과 왕정의 붕괴를 부채질하는 것이었다.

오늘날 조세행정은 자발적 신고의 지원(compliance service)과 (신고성실도 검증·제고를 위한) 세무조사(tax audit)의 두 영역으로 구성되어 있다. 세무조사는 납세자에게 실제로 많은 비용과 정신적 스트레스를 가져온다. 과도한 조사활동은 납세자에게 회복할 수 없는 피해를 초래할 수 있다. 세무조사에 임하는 공무원이 납세자가 영위한 개별적인 거래를 제대로 이해하고 그것의 경제적 실질을 찾아 사실관계를 확정하기란 용이한 일이 아니다. 납세자와 조사공무원이 협력하여 타당한 법적용을 모색하는 것이 바람직하지만 납세자의 이기적 태도와 조사공무원의 권한남용으로 원만한 법적용에 이르지 못하는 경우가 있을 수 있다.

국세기본법은 제7장의 2의 제목을 '납세자의 권리'로 하고, 제81조의 2부터 제81조의 19까지 18개 조문에 걸쳐 납세자의 권익을 보호하기 위한 규정을 두고 있다.

세무공무원은 조사 등을 하는 경우에 납세자권리헌장의 내용이 수록된 문서를 납세자에게 교부하여야 한다(국세기본법 제81조의 2).

세무공무원은 납세자가 제출한 신고서 등을 진실한 것으로 추정하여야 한다. 납세자에게 납세협력의무를 이행하지 않는 등의 사유가 있을 때에는 성실성 추정을 배제한다(국세기본법 제81조의 3). 이는 납세자가 제출한 서류의 진실성에 대한 법상 추정력을 주는 규정은 아니다. 소송에서 납세자는 자신이 세무공무원에게 제출한 신고서 등은 그 진실성을 자동적으로 추정받기 때문에 과세관청이 자기가 제출한 해당 서류의 진실성에 대해 이의를 제기하지 않는 한 바로 그것의 진실성에 대한 입증을 하지 않아도 된다는 것은 아니다.

세무공무원은 다른 목적 등을 위하여 조사권을 남용해서는 안 된다(국세기본법 제81조의 4 제1항 단서, 대법원 2016. 12. 15. 선고 2016두47659 판결).

세무조사는 특정한 세목만을 조사할 필요가 있는 등 대통령령으로 정하는 경우를 제외하고는 납세자의 사업과 관련하여 세법에 따라 신고·납부의무가 있는 세목을 통합하여 실시하는 것을 원칙으로 한다(국세기본법 제81조의 4 및 동법 제81조의 11). 국세기본법은 조세탈루의 혐의를 인정할 만한 명백한 자료가 있는 경우, 거래상대방에 대한 조사가 필요한 경우 및 2개 이상의 과세기간과 관련하여 잘못이 있는 경우 등에 중복조사금지의 예외를 인정하고 있다(국세기본법 제81조의 4, 대법원 2015. 5. 28. 선고 2014두43257 판결). 현지확인도 조사행위가 실질적으로 과세표준과 세액을 결정 또는 경정하기 위한 것으로서 납세자 등의 사무실 등에서 상당한 시일에 걸쳐 검사·조사하는 경우에는 재조사금지의 대상이 되는 세무조사로 본다(대법원 2017. 3. 16. 선고 2014두8360 판결).

납세자는 변호사, 공인회계사, 세무사로 하여금 세무조사에 참여하게 하거나 의견을 진술하게 할 수 있다(국세기본법 제81조의 5).

세무조사에는 정기조사와 수시조사가 있다. 정기조사는 개별기업성실도, 업종별 조사필요성 및 표본추출방식에 따라 그 대상을 선정한다. 2014년에는 업종별 조사필요성 판정에 '업종', '규모'뿐 아니라 '경제력 집중'도 감안하도록 바뀌었다(국세기본법 제81조의 6, 대법원 2014. 6. 26. 선고 2012두911 판결).

세무공무원은 세무조사(조세범칙조사는 제외)를 하는 경우에는 조사를 받을 납세자에게 조사를 시작하기 20일 전에 조사대상 세목, 조사기간 및 조사 사유 등의 사항을 통지하여야 한다(국세기본법 제81조의 7).

조사대상 세목·업종·규모, 조사난이도 등을 고려하여 세무조사기간이 최소한이 되도록 하여야 하고, 특히 연간 수입금액(양도가액) 100억원 미만의 납세자에 대하여는 조사기간을 원칙적으로 20일 이내로 제한하며, 연장시에도 연장기간을 1회당 20일 이내로 제한한다(국세기본법 제81조의 8).

세무공무원은 구체적인 세금탈루 혐의가 여러 과세기간 또는 다른 세목까지 관련되는 것으로 확인되는 경우 등을 제외하고는 조사진행 중 세무조사의 범위를 확대할 수 없다(국세기본법 제81조의 9).

세무공무원은 세무조사의 목적으로 납세자의 장부 또는 서류 등을 세무관서에 임의로 보관할 수 없다(국세기본법 제81조의 10). 다만, 납세자의 성실성 추정이 배제되는 사유에 해당하는 경우로서 납세자가 임의로 제출한 장부·서류 등에 대해서만 납세자의 동의를 얻어 세무관서에 장부·서류 등을 일시 보관할 수는 있다. 일시 보관한 장부·서류 등은 원칙적으로 납세자가 요청한 날부터 14일 이내에는 반환하여야 한다.

세무공무원이 세무조사를 마쳤을 때에는 그 조사 결과를 서면으로 납세자에게 통지하여야 한다(국세기본법 제81조의 12). 또한 국세청 내 업무감사 결과(현지에서 시정조치하는 경우를 포함한다)에 따른 과세 등을 하기 위해서는 과세예고 통지를 하여야 한다(국세기본법 제81조의 15).

세금에 관한 절차에 익숙하지 않은 납세자들이 부과통지에 이의가 있을 때에 그것을 수령한 날부터 90일 이내에 이의를 제기하지 않으면 그 처분의 효력에 대해 다툴 수 없도록 확정(불가쟁력, 형식적 확정력)되어버린다는 점을 알지 못하고 추후 징수처분이 있거나 체납액의 납부독촉을 받을 때에 가서야 이의를 제기할 방법을 찾는 사례가 나타난다. 이러한 사례를 방지하기 위해 세무조사의 경우에는 부과통지를 하기 전에 세무조사 결과를 '세무조사결과통지서'에 의해 통지하고 기타의 경우에는 납부고지될 내용에 대한 '과세예고통지'를 하여 부과통지 전에 과세전적부심사를 통해 이의를 제기할 수 있는 기회를 부여하고 있다(국세기본법 제81조의 12 및 제81조의 15).

세무공무원이 납세자가 세법이 정한 납세의무를 이행하기 위하여 제출한 자료나 국세의 부과 또는 징수를 목적으로 업무상 취득한 과세정보를 타인에게 제공 또는 누설하거나 목적 외의 용도로 사용할 수 없다(국세기본법 제81조의 13).

2014년에는 납세자보호위원회의 설치에 관한 근거조항이 국세기본법에 신설되었다. 세무서, 지방국세청 및 국세청에 납세자보호위원회를 두고 있다. 납세자보호위원회는 납세자보호담당관(taxpayer advocate)을 포함한 공무원과 외부위원으로 구성된다. 납세자는 과세처분이 내려지기 전에 납세자권리보호를 요청할 수 있다. 위원회의 의결로 세무조사기간의 연장 여부를 심의하고, 세무조사의 일시중지 및 중지를 세무공무원에게 요구할 수 있다. 위원장은 민간위원이 하게 된다(국세기본법 제81조의 18).

　납세자는 위법·부당한 세무조사 일시중지 및 중지 요청 등을 납세자보호위
원회에 심의 요청할 수 있다. 납세자보호위원회의 결정 통지는 심의요청받은 날
부터 20일 이내에 하여야 한다(국세기본법 제81조의 19).

　납세자보호를 위한 위 제반 규정들을 위반하여 행해진 처분은 원칙적으로 취
소사유가 되는 하자 있는 처분이 된다.

제2절 사전구제

세법적용상 '사전구제'란 과세관청의 조세행정처분이 있기 전에 그 예고된 처분의 위법성 또는 부당성에 대해 이의를 제기할 수 있는 기회를 부여하는 절차이다. 조세행정처분에는 공정력이 부여되어 있어서 잘못된 것을 바로 잡는 데에 많은 노력이 필요하기 때문에 처분 전 납세자가 자기 주장을 펼 수 있는 충분한 기회를 보장하기 위함이다.

국세기본법은 이를 위해 조세의 부과처분에 대한 '과세전적부심사' 제도를 도입하고 있다(국세기본법 제81조의 15). 과세관청에 의한 부과처분 이전에 납세자는 과세관청의 담당 세무공무원 이외의 자 및 외부민간위원들 앞에서 자신의 의견을 개진할 수 있다.

관할 세무서장이 세무조사를 한 경우에는 그 결과를 '세무조사결과통지서'에 의해 통지하여야 한다. 통지서에는 결정할 내용 및 예상총고지세액을 기록한다. 세무조사의 경우가 아니더라도 납부고지하려는 세액이 1백만원 이상인 경우에는 '과세예고 통지'를 하게 되며 이도 과세전적부심사의 대상이 된다.

납부기한 전 징수의 사유가 있거나 세법에서 규정하는 수시부과의 사유가 있는 경우, 조세범처벌법 위반으로 고발 또는 통고처분하는 경우 및 세무조사 결과통지 및 과세예고통지를 하는 날부터 국세부과 제척기간의 만료일까지의 기간이 3개월 이하인 경우 등에는 과세전적부심사를 청구할 수 없다(국세기본법 제81조의 15 제3항).

세무조사결과통지서 또는 과세예고통지서상 통지내용의 적법성에 대한 이의가 있는 납세자는 당해 세무서장 또는 지방국세청장에게 30일 내에 과세전적부심사를 청구할 수 있다.

과세전적부심사의 청구를 받은 세무서장 등은 과세전적부심사위원회의 심사를 거쳐 결정한다.

청구인은 청구의 기초에 변경이 없는 범위 안에서 청구의 취지 또는 이유를 변경할 수 있다. 과세전적부심사위원회는 청구의 변경이 이유 없다고 인정할 때에는 신청 또는 직권에 의하여 결정으로써 그 변경을 허가하지 아니할 수 있다(국세기본법 제81조의 15 제6항, 행정심판법 제20조).

위원회는 필요하다고 인정할 때에는 당사자가 주장하지 아니한 사실에 대해서도 심리할 수 있다(직권심리). 과세전적부심사시 행정심판법상 증거조사 규정 및 이해관계인 등의 취하규정이 준용된다(국세기본법 제81조의 15 제7항). 심리는 구술심리 또는 서면심리로 한다. 다만, 서면심리만으로 결정할 수 있다고 인정되는 경우 외에는 당사자가 신청한 때에는 구술심리를 하여야 한다(행정심판법 제26조).

과세전적부심사의 결정에는 채택, 불채택 그리고 각하의 세 가지 유형이 있다. 재조사를 결정할 수도 있다(국세기본법 제81조의 15 제4항 제2호). 이때의 재조사는 국세기본법상 재조사금지대상은 아니다(국세기본법 제81조의 4 제2항 제4호).

과세관청이 과세예고 통지 후 과세전적부심사 청구나 그에 대한 결정이 있기 전에 과세처분을 한 경우, 절차상 하자가 중대·명백하여 그 과세처분은 원칙적으로 무효이다(대법원 2016. 12. 27. 선고 2016두49228 판결). 과세관청이 과세예고통지를 하지 아니함으로써 납세자에게 과세전적부심사의 기회를 부여하지 아니한 채한 과세처분은 중대한 절차 위반으로 당연무효이다(대법원 2016. 4. 15. 선고 2015두52326 판결).

제3절 사후구제 – 행정구제

'사후구제'는 과세관청의 조세행정처분이 내려진 후 그것의 위법성 또는 부당성에 대해 다투는 절차이다. 사후구제는 '불복절차'와 '조세소송'으로 구별되는데 전자는 부당성에 대해서까지 심리할 수 있는 특징이 있다. 실제 부당함을 근거로 납세자의 주장을 받아들이는 경우는 많지 않다.

사후구제로서 불복절차에는 처분관청에 대한 이의신청과 처분관청의 상급관청에 대한 행정심판(국세심판청구, 국세심사청구 및 감사원심사청구)이 있다. 국세기본법은 '이의신청', '심사청구' 및 '심판청구'를 '불복청구(Einspruch)'라고 표현하고 있다(국세기본법 제55조).

국세기본법 또는 세법에 따른 처분으로서 위법 또는 부당한 처분을 받거나 필요한 처분을 받지 못함으로 인하여 권리나 이익을 침해당한 자는 국세기본법상 이의신청, 심사청구 및 심판청구의 불복청구를 제기할 수 있다(국세기본법 제55조 제1항).

불복청구절차를 둔 것은 법정절차비용이 없이 납세자권익의 보호가 이루어질 수 있도록 하며, 행정의 자기통제가 가능하게 하고, 심사 또는 심판을 의무적 전치절차로 함으로써 법원의 부담을 줄이고자 함이다.

이의신청은 납세자 임의로 제기할 수 있으며 행정심판이나 법원 소송의 전제조건은 아니다. 법원 소송에 나가기 위해서는 원칙적으로 행정심판은 거쳐야 한다. 납세자는 '심사청구', '국세심판' 및 '감사원심사청구'의 3가지 유형의 행정심판 중 하나를 선택할 수 있다. 사후구제 전에 통상 관할 과세관청에서의 사전구제로 과세전적부심사절차를 밟기 때문에 실제 과세 후 관할 과세관청에 제기할 수 있도록 되어 있는 이의신청을 거치는 경우는 많지 않다.

이의신청인, 심사청구인 또는 심판청구인은 일정한 요건하에 변호사, 세무사 또는 세무사법에 따라 등록한 공인회계사를 국선대리인으로 선정하여 줄 것을 신청할 수 있다(국세기본법 제59조의 2). 청구세액 3천만원 이하인 경우 무료로 지원 받을 수 있다.

　이의신청과 심사청구 및 심판청구 절차에 의한 결정을 '재결' 또는 '결정'이라고 한다(국세기본법 제57조 및 제80조 등).

제 1 항　이의신청

　납세자로서의 권리 또는 이익의 침해를 당한 자는 행정심판을 제기하기 전에 당해 처분을 하거나 했어야 할 세무서장이나 소관 지방국세청장에게 이의신청할 수 있다. 이의신청은 납세자가 행정심판을 제기하기 전에 선택적으로 할 수 있는 제도이며 이를 거치지 아니하고 바로 행정심판을 청구하는 것도 가능하다(행정기본법 제36조 참조). 이의신청은 당해 처분이 있는 것을 안 날(처분의 통지를 받은 때에는 그 받은 날)부터 90일 이내에 제기하여야 한다.

　이의신청을 받은 세무서장 또는 지방국세청장은 이의신청을 받은 날부터 30일 이내에 결정하여야 한다. 다만, 이의신청인이 과세관청의 의견서에 대하여 30일 내에 항변하는 경우에는 이의신청을 받은 날부터 60일 이내에 결정하여야 한다(국세기본법 제66조 제7항).

　30일 내에 결정을 통보받지 못하는 경우에는 행정심판을 청구할 수 있다(국세기본법 제61조 제2항). 이의신청에 대한 재조사 결정 후 60일 이내에 처분 결과를 통지받지 못한 경우에는 그 처분기간이 지난 날부터 90일 이내에 심사청구 또는 심판청구를 할 수 있다.

제 2 항　행정심판

　과세관청의 처분에 대한 3가지의 행정심판 중 국세심판에 대해 설명한다. 국세심판은 행정심판절차의 하나이다. 행정심판법에 대한 특별법인 국세기본법이 적용된다.

행정심판법은 행정청의 모든 처분 또는 부작위를 행정심판의 대상으로 함으로써 개괄주의를 채택하고 있다. 행정청의 위법 또는 부당한 공권력의 행사 등으로 권익을 침해당한 자가 그 취소 또는 변경을 구하는 취소청구가 주를 이룬다. 무효등 확인심판 및 의무이행심판도 있다.

행정심판은 원칙적으로 취소소송에 대해서 임의적 전치주의를 채택하고 있지만 조세취소소송에 대해서는 필요적 전치주의(Vorverfahren)를 유지하고 있다. 행정심판은 행정소송에 비해 보다 넓은 범위의 권익 침해에 대해 간편하고 신속하게 구제받을 수 있으며, 비용이 없다는 장점이 있다. 행정심판 중 행정처분의 취소 청구에 관한 취소심판은 처분이 있음을 안 날부터 90일 이내 그리고 처분이 있은 날로부터 180일 이내에 제기하여야 하며, 정당한 사유 없이 위의 기간 중 하나라도 경과하여 행정심판을 청구하면 부적법한 청구가 된다. 단, 처분청이 심판청구기간을 알리지 아니한 때에는 처분이 있은 날로부터 180일 이내에 청구할 수 있다(행정심판법 제27조). 취소소송은 처분 등이 있음을 안 날부터 90일 이내에 제기하여야 하지만, 취소소송에 대해 필요적 전치주의를 두고 있는 경우와 그 밖에 행정심판청구를 할 수 있는 경우 또는 행정청이 행정심판청구를 할 수 있다고 잘못 알린 경우에 행정심판청구가 있은 때의 기간은 재결서의 정본을 송달받은 날부터 기산한다(행정소송법 제20조).

행정심판의 재결(행정심판의 청구에 대하여 행정심판위원회가 행하는 판단)은 피청구인인 행정청과 그 밖의 관계행정청을 기속한다. 피청구인인 행정청은 재결에 대하여 다른 방법으로 다시 다툴 수 없게 된다(행정심판법 제37조 제1항). 기각 판결이나 기각 재결은 행정청을 기속하지 아니하므로, 기각 판결이나 재결이 있더라도 처분 행정청은 직권으로 당해 처분을 취소·변경할 수 있다.

2008년 개정된 행정심판법은 행정심판에 있어 심리·의결기관과 재결기관으로 이원화되었던 구법과 달리, 심리·의결권 및 재결권을 국민권익위원회 소속 중앙행정심판위원회에 통합하고 있다.

국세심판을 담당하는 조세심판원은 행정심판법상 특별행정심판기관이다. 국세심판은 권리 또는 이익의 침해를 당한 납세자가 국세청장과 독립된 조세심판원에 제기하는 불복절차이다. 취소소송에 앞서 필요적 전치주의를 채택하고 있다. 이의신청, 심사청구에서와는 달리 심판결정에는 심판관의 독립성 보장, 준사법적 기능

부여 등 납세자의 권리구제를 위하여 여러 가지 제도적 장치가 마련되어 있다.

특별행정심판으로 특허심판, 국세심사, 국세심판, 지방세심사, 해양안전심판, 공무원징계에 대한 소청심사, 교원소청심사 등이 있다. 국세기본법과 지방세기본법은 국세 또는 지방세 행정심판을 위해 각각 조세심판원에 심판청구를 하거나 국세청장 또는 시도지사에게 심사청구를 할 수 있도록 하고 있다. 국세심사를 위한 심사위원회와 지방세심사를 위한 심사위원회는 의결기관이다(국세기본법 제64조 제1항 등). 취소소송 및 부작위위법확인소송의 경우 국세 행정심판의 필요적 전치주의가 적용된다. 2021년부터는 지방세 취소소송의 경우에도 적용된다.

특별행정심판은 전문성을 고려하여 행정심판위원회의 일반행정심판과는 다른 기관에서 담당하도록 하고 있다. 조세행정심판을 위한 특별행정심판을 이원적으로(감사원심사청구까지 고려하면 3원적으로) 구성할 이유가 명확한 것은 아니다. 심판기관은 그것이 어디에 있든 전문성을 갖춘 자로 구성하여 독립적인 의결기능을 가지도록 하면 될 것이다. 아울러 행정의 자기시정의 의미를 갖도록 하고자 한다면 당해 행정관청 또는 행정관청의 감독기관도 참여하는 방식이 되어야 할 것이다. 중앙행정심판위원회 및 조세심판원에 의한 행정심판은 독립성은 강하지만 행정의 자기시정의 의미는 작다.

1. 청구절차

심판청구는 그 처분을 하였거나 하였어야 할 세무서장을 거쳐 조세심판원장에게 하여야 한다. 심판청구는 당해 처분이 있는 것을 안 날(처분의 통지를 받은 때에는 그 받은 날)부터 90일 이내에 제기하며, 이의신청을 거친 후 심판청구를 할 때에는 이의신청에 대한 결정의 통지를 받은 날로부터 90일 이내에 하여야 한다. 다만, 이의신청 결정 기간인 30일 내에 결정의 통지를 받지 못한 경우에는 그 결정 기간이 경과한 날부터 심판청구를 할 수 있다.

해당 심판청구서를 받은 세무서장은 이를 받은 날부터 10일 이내에 그 청구서에 답변서를 첨부하여 조세심판원장에게 송부하여야 한다. 답변서가 제출되면 조세심판원장은 지체 없이 그 부본(副本)을 해당 심판청구인에게 송부하여야 한다(국세기본법 제69조).

심판청구인은 그 신청 또는 청구에 관계되는 서류를 열람할 수 있으며 해당 재결청에 의견을 진술할 수 있다. 이의신청과 심사청구에도 마찬가지이다. 심판청구의 경우 처분청도 서류열람 및 의견진술권을 갖는다(국세기본법 제58조).

2. 청구의 대상

국세기본법 또는 개별세법에 의한 처분으로서 위법 또는 부당한 처분을 받았거나 필요한 처분을 받지 못한 경우가 대상이 된다.

'위법 또는 부당한 처분'에서의 '처분'은 행정법상 '처분성'이 있는 것으로 한정되지만 '필요한 처분'에서의 '처분'은 '처분성'을 갖추지 못한 세무서장의 사실행위(예, 적법한 환급금의 환급거부)도 포함하는 것이다. 청구의 대상으로서 부당한 처분을 받은 경우도 포함된다는 점에서 조세소송과 다르다. 부당한 처분이란 과세의 형평에 어긋나거나 합목적성에 위배되어 공익 또는 행정목적에 반하거나 재량을 그르친 처분을 말한다. 이와 같이 심판청구의 대상을 넓게 설정한 것을 개괄주의라고 한다.

부과처분에 대해서는 해당 처분에 의한 조세채무 확정의 위법성 여부를 다툴 수 있다. 징수처분에 대해서는 원칙적으로 해당 징수의 원인이 되는 조세채무의 확정의 위법성 여부를 다툴 수 없으며, 해당 징수처분의 절차상 하자에 대해 다툴 수 있을 뿐이다. 다만, 행정구제의 경우에 한정된 것이지만 원천징수의무자에 대한 징수처분의 경우 징수처분상 세액 그 자체의 적법성 여부에 대해 다툴 수 있다.

부과처분 또는 징수처분의 무효확인에는 행정심판전치주의가 적용되지 않으며, 소제기에 불변기간도 없다. 무효확인의 경우에는 소제기에 앞서 국세심판청구를 할 수 있지만 청구기간 90일의 제한이 적용된다.

심사청구 및 심판청구의 결정, 세법에 따른 과태료 부과처분 및 조세범처벌절차법에 의한 통고처분 및 감사원심사청구결정은 심판청구의 대상이 되지 않는다. 심판청구에 대한 처분, 즉 심판결정은 심판청구의 대상이 되는 '처분'에 해당하지 않는다(국세기본법 제55조 제5항).

2016년 국세기본법 개정으로 재조사결정에 따른 과세관청의 처분에 대해서도 심판청구를 할 수 있게 되었다(국세기본법 제55조 제5항). 감사원장의 감사결과 시정요구에 따라 행한 처분도 대상이 된다.

3. 심리원칙과 결정절차

심리의 대상을 판단함에 있어서는 총액주의에 의한다. 심리에는 불이익변경금지(Verbot der Verböserung), 불고불리 및 자유심증주의의 원칙이 적용된다.

불이익변경금지의 원칙에 의하면 심판결정을 함에 있어서 심판청구를 한 처분보다 청구인에게 불이익이 되는 결정은 하지 못한다. 따라서 청구인은 과세표준의 증가, 세액의 증가, 이월결손금의 감소 및 환급세액의 감소 등과 같은 불이익을 받지 아니한다. 재조사결정에 따른 재조사에 의한 처분으로 당초 부과처분에 의한 세액보다 증액할 수는 없다(대법원 2016. 9. 28. 선고 2016두39382 판결).

불고불리의 원칙에 의하면 심판결정을 함에 있어서 심판청구를 한 처분 이외의 처분에 대해서는 그 처분의 전부 또는 일부를 취소 또는 변경하거나 새로운 처분을 하는 결정을 하지 못한다.

자유심증주의에 의하면 심판관은 심판청구에 대한 조사 및 심리의 결과와 과세의 형평을 참작하여 자유심증으로 사실을 판단한다. 당사자가 주장하지 않은 사실에 대해서도 심리할 수 있다.

조세심판원장이 심판청구를 받았을 때에는 조세심판관회의가 심리를 거쳐 결정한다. 조세심판관회의는 조세심판원 내에 여럿 구성되어 있다. 각 회의는 4인의 심판관(2인의 상임심판관과 2인의 비상임심판관)으로 구성되어 있다. 조세심판원장이 필요하다고 인정하는 경우에는 조세심판관합동회의가 심리를 거쳐 결정한다(국세기본법 제78조).

4. 심판결정

가. 종 류

심판청구에 대한 결정은 그 결정된 내용에 따라 각하, 기각 및 인용(취소, 경정 또는 필요한 처분) 등으로 분류된다.

각하결정은 청구요건이 불비한 경우에 청구인이 주장한 이유 등 내용을 심리하지 않고 청구 자체를 배척하는 결정이다. 즉 본안심리를 하지 않고 청구 자체가 부적법하다고 판단하는 결정이다. 예를 들어, 심판청구 기간의 경과, 청구적격 없는 자의 청구, 불복대상이 된 처분의 부존재, 불복대상이 되지 못하는 사항에 대한 청구 등의 이유가 있다.

기각결정은 청구요건을 구비하였으므로 본안심리에 의하여 청구 주장의 내용 및 이유 등을 검토·심리하고 그 불복의 내용이 이유 없다고 판단하는 결정으로 청구인의 불복을 받아들이지 아니하고 처분청의 처분 등을 정당하다고 인정하여 청구의 대상이 된 처분을 유지시키는 결정이다.

인용결정은 내용심리의 결과 불복의 내용이 이유 있다고 판단하는 결정이다. 청구인의 불복을 받아들여 처분청의 처분을 전부 취소, 일부 취소(경정) 및 필요한 처분의 결정 중 어느 하나에 해당하는 결정을 한다. 또한 본안심리를 한 결과 청구의 대상이 된 처분에 대하여 처분청으로 하여금 다시 조사시킬 필요가 있을 때 내리는 재조사결정도 필요한 처분의 결정에 포함된다. 취소·경정 또는 필요한 처분을 하기 위하여 사실관계 확인 등 추가적으로 조사가 필요한 경우에는 처분청으로 하여금 이를 재조사하여 그 결과에 따라 취소·경정하거나 필요한 처분을 하도록 하는 재조사결정을 할 수 있다(국세기본법 제65조 제1항 제3호 단서). 재조사결정은 재결청의 결정에서 지적된 사항에 관하여 처분청의 재조사결과를 기다려 그에 따른 후속 처분의 내용을 심판청구 등에 대한 결정의 일부분으로 삼겠다는 의사가 내포된 변형결정에 해당한다(대법원 2010. 6. 25. 선고 2007두12514 전원합의체 판결 참조). 현행 국세기본법은 재조사결정에 따른 재조사에 대해 중복조사금지 규정에 대한 예외를 인정하는 조문에 이 경우 재조사는 결정서 주문에 기재된 범위의 조사에 한정한다고 명시하고 있다(국세기본법 제81조의 4 제2항 제4호).

나. 효 력

심판결정은 행정처분의 일종이므로(국세기본법 제55조 제5항 제1호), 일반 행정처분에 인정되는 효력인 공정력·불가쟁력이 있다. 아울러 심판결정은 쟁송절차를 거쳐서 된 심판행위이므로 재결의 효력으로서 형성력, 기속력 및 불가변력이 있다.

형성력은 취소결정의 취지에 따라 종전의 처분에 의하여 형성된 기존의 법률관계 또는 법률상태에 변동을 가져오는 효력을 말한다. 심판결정에 대해서는 법원의 판결에 대해서처럼 바로 형성력이 인정되는 것은 아니다. 결정문에서 바로 취소·경정한다고 하면 형성력이 있는 것이 되지만 단순하게 취소·경정의 기준만 제시한 경우에는 그렇지 않다.

기속력이라 함은 처분청과 기타 관계 행정청을 기속하는 효력이 있음을 말한다(행정심판법 제37조 제1항, 대법원 2016. 10. 27. 선고 2016두42991 판결, 대법원 2019. 1. 31. 선고 2017두75873 판결). 처분청은 청구인과 달리 심판결정에 불복하여 행정소송 등 쟁송을 제기할 수 없다. 조세심판원장으로부터 심판결정의 통지를 받은 관계 행정기관의 장은 그 받은 날로부터 14일 이내 그 처리전말을 조세심판원장에게 보고하여야 한다. 재조사결정의 경우 처분청은 재조사 결정의 취지에 따라 재조사를 한 후 그 내용을 보완하는 후속 처분만을 할 수 있으므로(불이익변경금지원칙) 처분청이 재조사 결정의 주문 및 그 전제가 된 요건사실의 인정과 판단, 즉 처분의 구체적 위법사유에 관한 판단에 반하여 당초처분을 그대로 유지하는 것은 재조사 결정의 기속력에 저촉된다(대법원 2017. 5. 11. 선고 2015두37549 판결, 대법원 2024.07.25 선고 2022두60745 판결). 재조사 결과 심사청구인의 주장과 재조사 과정에서 확인한 사실관계가 다른 경우 등 대통령령으로 정하는 경우에는 해당 심사청구의 대상이 된 당초의 처분을 취소·경정하지 아니할 수 있다(국세기본법 제65조 제6항). 이의신청에 대한 결정에도 기속력을 인정한다(대법원 2017. 3. 9. 선고 2016두56790 판결).

불가변력은 일단 결정되면 그 재결에 어떤 하자(취소사유에 해당하는 하자)가 있더라도 재결청 자신도 이를 취소·변경할 수 없는 내용적 확정력으로서 실질적 확정력(materielle Bestandskraft)이라고도 한다. 이는 법률생활의 안정을 도모하면서 행정권의 자율성을 제한함을 목적으로 한다.

제4절 사후구제 – 사법구제

제1항 조세소송의 개념과 종류

법원의 구제절차(Gerichtliches Rechtsbehelfsverfahren)로서 세법상 법률관계에 관련된 행정소송법상 행정소송 및 민사소송법상 민사소송에 해당하는 소송을 '조세소송'이라 할 수 있을 것이다. 통상적으로는 행정소송법상 주관적 소송인 항고소송과 당사자소송, 객관적 소송인 민중소송과 기관소송을 포괄하는 조세행정소송을 말한다(행정소송법 제3조). 협의로는 조세행정소송 중 주관적 소송인 항고소송과 당사자소송을 지칭한다.

행정소송법은 행정소송의 구체적 유형으로서 행정청의 처분 등이나 부작위에 대하여 제기하는 '항고소송', 행정청의 처분 등을 원인으로 하는 법률관계에 관한 소송, 그밖에 공법상의 법률관계에 관한 소송으로서 그 법률관계의 한쪽 당사자를 피고로 하는 소송인 '당사자소송' 등을 열거하고 있다(행정소송법 제3조). 나아가 행정소송법은 '항고소송'을 다시 행정청의 위법한 처분 등을 취소 또는 변경하는 '취소소송', 행정청의 처분 등의 효력 유무 또는 존재 여부를 확인하는 '무효 등 확인소송', 행정청의 부작위가 위법하다는 것을 확인하는 '부작위위법확인소송'으로 구분하고 있다(행정소송법 제4조).

납세자가 가장 빈번하게 제기하는 조세소송은 취소소송이다. 과세관청의 부과처분 및 그 경정결정에 위법이 있다는 사유를 내세워 처분의 취소를 구하는 부과처분취소소송이 주된 것이다. 취소소송과 부작위위법확인소송에는 반드시 전심절차로서 행정심판절차를 거치도록 규정하고 있어 무효 등 확인소송과는 다르다.

조세민사소송은 납세자와 과세 주체(국가 또는 지방자치단체) 사이의 대등한 관계에서 납세자 개인의 권리구제를 목적으로 하는 사법상의 법률관계에 대한 소송이다. 조세환급청구소송, 국가배상청구소송(대법원 1991. 1. 25. 선고 87다카2569 판결), 조세채무부존재확인소송(대법원 1982. 3. 23. 선고 80누476 전원합의체 판결; 대법원 2017. 4. 28. 선고 2016다239840 판결 참조), 사해행위취소소송, 채권자대위소송, 압류채권지급청구소송, 압류등기말소소송 및 배당이의소송 등이 그 예이다. 국세환급청구는 납세의무자가 부당이득의 반환을 청구하는 것이다.

조세법률관계에서 납세자가 과세관청에 납부한 세액이 법률상의 근거를 결여함으로써 발생하는 권리가 조세환급청구권이다. 항고소송으로 관할 과세관청의 처분이 위법함을 밝혀 그것의 효력을 판결에 의해 소급하여 소멸시키면 국가가 원인 없이 세금을 받아 놓는 것이 된다. 이에 따라 납세자는 국가에 대해 환급청구권을 갖게 되고 이러한 청구권에 의해 세금의 환급을 청구하게 되는데, 관할 과세관청이 환급을 거부하면 조세환급청구권의 이행을 구하는 국세환급청구소송을 제기하게 된다. 다만, 국가의 부가가치세 환급세액 지급의무는 그 납세의무자로부터 어느 과세기간에 과다하게 거래징수된 세액 상당을 국가가 실제로 납부받았는지와 관계없이 부가가치세법령의 규정에 의하여 직접 발생하는 공적의무이므로 부가가치세액의 환급청구는 당사자소송의 대상이 된다(대법원 2013. 3. 21. 선고 2011다95564 전원합의체 판결).

국가 등 과세주체가 당해 확정된 조세채권의 소멸시효 중단을 위하여 납세의무자를 상대로 제기한 조세채권존재확인의 소는 공법상 당사자소송에 해당한다(대법원 2020. 3. 2. 선고 2017두41771 판결).

조세행정소송은 적용 법률의 위헌성을 다투는 조세위헌법률심판, 헌법소원 등 조세헌법소송과도 구별된다.

제 2 항 조세항고소송

행정소송법상 항고소송은 '행정청의 처분 등이나 부작위에 대하여 제기하는 소송'이다(행정소송법 제3조 제1호). 즉 행정청의 위법한 공권력의 행사 또는 불행사로 인하여 권리, 이익이 침해된 경우에, 그 위법상태를 배제하여 권익구제를 받기 위하여 제기하는 소송이다.

행정소송법상 항고소송 및 당사자소송의 제1심관할법원은 행정법원이다. 1994년 행정소송법 개정으로 고등법원으로부터 관할이 이관되었다. 법원조직법에 따라 서울지역은 서울지방법원 산하에 설치된 행정법원에서, 행정법원을 설치하지 않은 그 밖의 지역에서는 행정법원이 설치될 때까지 해당 지방법원본원 및 춘천지방법원 강릉지원이 관할한다.

조세행정소송만을 전담하기 위한 조세법원의 설치는 독립성과 공정성의 제고를 위해 바람직한 것이다. 조세법원이 설립될 경우 이는 조세행정심판과 병존하는 것이 적절할 것이다. 현재 특허사건은 침해금지/손해배상 사건은 지방법원 합의부(서울중앙, 부산, 대구, 광주, 대전지방법원) → 고등법원(항소심) → 대법원(상고심)으로 이어지는 3심제로 운영되고 있다. 무효/권리범위확인사건은 특허심판원 → 특허법원(심결취소소송) → 대법원(상고심)으로 이어진다. 특허심판은 특허 등 관련 처분 또는 그 처분에 의하여 등록된 산업재산권(특허권, 실용신안권, 디자인, 상표권)에 관한 분쟁을 담당한다. 특허심판원은 행정의 자기시정보다는 사인 간 권리의무의 조정자 역할을 한다.

1. 종 류

행정소송법은 항고소송으로 취소소송, 무효 등 확인소송, 부작위위법확인소송 세 가지 유형을 규정하고 있다.

가. 취소소송

취소소송은 과세관청의 위법한 부과처분이나 징수처분의 취소나 변경을 구하는 소송으로서 처분청을 상대로 제기되는 조세행정소송의 전형이다. 취소소송은 행정청의 처분의 전부 또는 일부의 취소나 변경을 구하는 것을 원칙으로 하며, 국세심판청구에 대한 결정과 같은 재결의 취소나 변경은 당해 재결 자체에 고유한 위법이 있음을 이유로 하는 경우에만 허용된다(행정소송법 제19조 단서).

조세에 관한 취소소송에는 행정심판전치주의가 적용되고 제소 기간의 제한이 있다. 행정소송법상 취소소송은 처분 등이 있음을 안 날부터 90일 이내에 제기하여야 한다. 조세취소소송에 대해 필요적 심판전치주의를 두고 있으므로 심판의 재결서의 정본을 송달받은 날부터 기산한다. 재조사결정에 따른 과세관청의 처분에 대해서도 심판청구를 할 수 있지만(국세기본법 제55조 제5항), 이를 거치지 않을 수 있으며 그 경우라면 재조사결정에 따른 후속처분의 통지를 받은 날부터 90일 내에 소송을 제기하여야 한다(국세기본법 제56조 제2항 단서, 대법원 2010. 6. 25. 선고 2007두12514 전원합의체 판결).

취소소송은 취소사유가 되는 하자가 있는 처분을 대상으로 하는 것이 일반이나 취소소송의 요건을 갖추고서도 처음부터 처분이 무효인 것을 주장하여 청구하는 것도 가능하다. 법원은 이에 대해 취소결정을 할 수 있다.

조세환급청구의 요건을 충족시키기 위한 이른바 전제소송으로서 처분취소소송은 실무상 주종이 되는 조세행정소송의 형태이다. 그 소송대상처분에 따라 부과처분취소소송, 징수처분취소소송과 거부처분취소소송으로 나눌 수 있다.

부과처분취소소송은 과세관청의 과세표준과 세액에 관한 결정(부과방식의 조세) 및 경정(최초의 결정에 대한 경정, 신고납세방식의 조세에 있어서는 신고내용의 경정)에 대하여 직접 그 처분의 취소를 구하는 것으로 조세소송의 주류적인 것이다.

징수처분취소소송은 과세관청의 징수절차상의 위법에 대하여 그 취소를 구하는 것이다.

거부처분취소소송은 과세관청이 납세자의 일정한 신청에 대하여 그에 따른 청구를 거부한 경우에 제기하는 것으로서 국세기본법 제45조의 2에 기한 납세자의 경정청구에 대하여 이를 받아들이지 아니하는 경우에 그 처분청을 상대로 제기하는 거부처분취소소송이 대표적인 예이다.

취소소송의 성질에 관해서는 학설상 형성소송설, 확인소송설 및 구제소송설 등으로 나누어져 있다. 이 중 형성소송설이 통설과 판례의 입장이다. 처분의 취소가 확정되면 당해 처분의 효력은 소급적으로 소멸하게 된다.

나. 무효 등 확인소송

과세관청이 행한 처분의 효력 유무 또는 존재 여부의 확인을 구하는 소송으로 부과처분무효확인소송 및 부과처분부존재확인소송이 그 예이다.

무효 등 확인소송은 제소 기간의 제한이나 행정심판전치주의가 적용되지 아니한다. 또한 법률상의 이익이 인정되는 자는 납세자가 아니더라도 그 소송을 제기할 수 있다.

다. 부작위위법확인소송

납세자의 신청에 따라 과세관청이 상당한 기간 내에 일정한 처분, 즉 인용하는 적극적 처분이나 각하하는 등의 소극적 처분을 하여야 할 법률상 의무가 있음에도 불구하고 아무런 조치도 하지 아니하는 경우 그 부작위가 위법하다는 확인을 구하는 소송이다.

경정처분의 '거부'는 '부작위'가 아닌 작위에 해당하여 취소소송의 대상이 된다.

납세자의 환급신청에 대하여 국세기본법 제51조에 따른 환급결정을 하지 않고 있는 것은 납세자의 권리의무에 직접적인 영향을 주는 것은 아니고 단순히 이행을 하지 않고 있는 것에 불과하기 때문에 행정소송법상 부작위로 보지는 않는다.

2. 주요 요소

가. 당사자능력

당사자능력이 없는 자가 제기한 소나 당사자능력이 없는 자를 상대로 한 소는 부적법하다. 소송당사자가 될 수 있는 소송법상의 권리능력을 당사자능력이라고 한다.

조세소송의 당사자능력에 관해서는 행정소송법이나 국세기본법 기타 세법 등에 특별한 규정이 있는 외에는 민사소송법의 당사자능력에 관한 규정이 준용된다(행정소송법 제8조 제2항).

항고소송에 있어서는 민사소송의 경우와는 달리 실체법상의 권리능력이 없는 행정청이 피고로 된다(행정소송법 제13조). 조세 당사자소송에서는 민사소송과 마찬가지로 그 피고는 처분청이 아니라 권리의무의 귀속 주체인 국가나 지방자치단체가 된다.

나. 소송요건

조세항고소송을 적법하게 제기하기 위해서는 (1) 그 과세처분이 항고소송의 대상으로서 적격성(처분성)이 있어야 하고, (2) 당해 소송에 있어서의 권리 또는 법률상 이익을 구할 자격(원고적격)이 있는 자가 당해 행정청(피고적격)을 상대로 제기하여야 하며, (3) 법원이 본안 판결을 할 정도의 구체적 이익(소의 이익)이 있어야 하고, (4) 소정의 전심절차를 밟고 제소 기간을 준수하여 제기하여야 한다. 이와 같은 요건을 구비하지 못한 소송은 부적법하여 각하된다. 일반적으로 소의 이익을 넓은 의미로 이해할 때에는 위 (1) 내지 (3)의 세 가지 측면을 모두 가리킨다.

(1) 처분성

항고소송의 대상으로 되는 행위는 행정처분이다. '처분'이라 함은 구체적 사실에 관한 행정청의 법집행으로서 공권력의 행사 또는 그 거부와 그 밖에 이에 준하는 행정작용을 말한다(행정소송법 제2조 제1항 제1호).

과세처분의 선행적 절차로서 행정청의 내부적 의사결정인 것은 처분성이 없다. 중간처분이라도 그로써 국민의 권리가 제한되거나 의무가 발생하면 항고소송의 대상이 될 수 있다.

(2) 당사자 적격

행정소송법은 소를 구할 법률상 이익이 있는 자만이 소를 제기할 수 있다고 규정하고 있다. 처분의 직접 상대방이 아닌 제3자의 원고적격에 관하여 판례는 이를 매우 엄격하게 해석하고 있다.

연대납세의무가 문제되는 동업자 간 동업자 1인이 다른 동업자에 대한 과세처분의 취소를 구하는 소송, 증여자가 수증자에 대한 증여세 과세처분의 취소를 구하는 소송 등은 모두 사실상 간접적인 이해관계를 가진 자가 제기한 것으로서 당사자적격이 없어 부적격하다고 하고 있다.

증여자는 자신에 대한 연대납세의무 납부고지가 부과처분이므로 이에 대해 다투면서 수증자에 대한 부과처분의 위법성 여부를 다툴 수 있도록 하고 있다.

공동상속인의 연대납세의무에 의한 납부고지는 징수처분에 해당한다. 공동상속인의 연대납세의무는 자신에 대한 부과처분통지로서의 최초의 납부고지에 의해 이미 확정되었기 때문이다. 공동상속인이 과세관청으로부터 연대납세의무에 의한 납부고지를 받은 경우에는 징수부족액을 일으킨 다른 공동상속인에 대한 처분에 대해 직접 다툴 수 있는 원고적격을 인정한다. 공동상속인이 연대납세의무에 의한 납부고지를 받지 않은 경우에는 고유의 상속세 납세의무에 대해서만 다툴 수 있다.

제2차 납세의무자는 납부고지서를 받은 후에는 자신에 대한 처분이 적법한지에 대한 다툼에 있어 주된 납세의무자에 대한 부과처분의 내용과 주된 납세자에 대한 강제징수의 집행에 대해 다툴 수 있다.

항고소송은 다른 법률에 특별한 규정이 없는 한 당해 처분 등을 행한 행정청을 피고로 하여 제기한다. 조세당사자소송의 경우에는 권리 주체인 국가 또는 지방자치단체가 피고로 된다.

세법상 자연인의 사망, 법인의 합병·분할로 인한 소멸과 같이 포괄승계가 이루어지는 경우에 한하여 조세채무의 승계가 인정되므로 소송승계도 그러한 경우에 한정된다.

(3) 소의 이익

부과처분상 과세표준이나 세액의 증액이 없을 경우 그것에 대한 소의 이익은 없다. 예를 들면, 감액경정처분은 그것 자체에 대해 다투지 않고 당초처분에 대해 다투어야 하는 것이다(당초처분과 감액경정처분 간의 관계).

과세처분에 따라 세금을 납부한 후에는 과세처분의 무효확인소송이나 부존재확인소송을 제기할 이익이 없다는 것이 판례의 태도이었다(보충성의 원칙). 이미 세금을 납부하였다면 그 전제가 된 과세처분의 흠이 당연무효사유에 해당하더라도 무효선언을 구하는 의미에서의 항고소송은 현재의 법률관계에 대해 부당이득반환청구의 소에 의하여 목적을 달성할 수 있다고 보는 것이었다. 이러한 입장은 대법원 2008. 3. 20. 선고 2007두6342 판결에 의해 변경되었다.

(4) 전치주의

행정소송법상 필요적 전치주의는 서울행정법원이 설립된 1998년 3월 임의적 전치주의로 전환하였다. 조세소송 중 취소소송과 부작위위법확인소송에 대해서는 국세기본법 및 지방세기본법이 행정소송법 제18조에 대한 예외규정을 두어 필요적 전치주의가 유지되고 있다(국세기본법 제56조 제2항, 지방세기본법 제98조 제3항, 독일 조세법원법 제44조 참조).

전심절차로 행정기관에 의한 행정심판의 절차를 거치도록 하는 것은 행정청으로 하여금 행정처분이 적법한 것인지를 심리하여 스스로 재고·시정할 수 있는 기회를 부여함과 아울러 소송비용과 시간 등을 절감시켜 국민에게 편의를 주려는 행정심판전치주의의 근본취지와, 특히 조세법률관계를 규율하는 법률이 극히 전문적·기술적이고 복잡하여 이를 정확하게 이해하기 위해서는 전문적·기술적인 지식을 필요로 할 뿐만 아니라, 조세법률관계가 극히 대량적·주기적으로 반복하여 성립되는 점 등 조세관계사건의 특수성 때문이다.

법정기간 90일 내에 결정의 통지를 받지 못한 경우 전치주의에 대한 예외를 인정한다(국세기본법 제56조 제3항, 지방세기본법 제98조 제4항).

다. 소의 변경

소의 변경에는 소의 종류의 변경과 처분변경으로 인한 소의 변경이 있다.

소의 종류의 변경에는 (1) 항고소송과 당사자소송 간의 변경, (2) 동일한 항고소송 내에서 취소소송, 무효 등 확인소송 및 부작위위법확인소송 간의 변경이 있다. 행정소송법상 법원은 취소소송을 당해 처분 등에 관계되는 사무가 귀속하는 국가 또는 공공단체에 대한 당사자소송 또는 취소소송 외의 항고소송으로 변경하는 것이 상당하다고 인정할 때에는 청구의 기초에 변경이 없는 한 사실심의 변론종결시까지 원고의 신청에 의하여 결정으로써 소의 변경을 허가할 수 있다(행정소송법 제21조 제1항).

행정소송법은 법원은 행정청이 소송의 대상인 처분을 소가 제기된 후 변경한 때에는 원고의 신청에 의하여 결정으로써 청구의 취지 또는 원인의 변경을 허가할 수 있다고 규정하고 있다. 당초처분에 대해 쟁송이 제기되어 있는 시점에서 경정처분이 이루어지고 경정처분에 대해 다투고자 할 경우 처분변경으로 인한 소의 변경을 허용한다(행정소송법 제22조). 당초확정된 조세채무에 대한 소송이 진행되고 있는 도중에 감액경정처분이 있을 경우 원고의 청구취지가 감축되는 효과가 발생한다. 처분변경으로 인한 소의 변경의 신청은 처분변경이 있음을 안 날부터

60일 이내에 하여야 한다.

3. 심 리

과세처분의 취소소송에서 법관의 심리에는 다음과 같은 원칙이 적용된다.

가. 심리의 대상

(1) 소송물

행정처분의 취소소송은 처분의 위법을 이유로 하여 그 취소를 구하는 것이므로 그 심판의 대상, 즉 '소송물(Streitgegenstand)'은 처분에 대한 취소사유의 존부, 즉 위법성 일반이다. 여기에서 위법성은 실체적 위법성과 절차적 위법성을 모두 포함한다.

소득세 과세처분의 취소소송에서 판례는 소득의 종류별로 소송물도 달라지는 것으로 보고 있다. 원칙적으로는 종합소득을 구성하는 각각의 소득별로 소송물이 나뉘게 되지만, 과세방식이 동일하거나 유사한 소득 간에는 하나의 소송물이 될 수 있다. 가령 부동산 임대사업소득이라 하여 과세되었으나 합산과세되는 이자소득임이 인정되는 경우에는 처분사유를 변경하고 그에 따른 정당한 세액을 주장·입증하지 아니하는 한 당해 처분 전부를 취소하여야 하고, 법원이 정당한 이자소득세를 산출하여 이를 초과하는 범위 내에서만 부과처분을 취소하여야 하는 것은 아니다. 이는 이자소득과 부동산 임대사업소득이 과세요건과 소득금액의 산정방식 등을 달리하고 있기 때문이다(대법원 1997. 11. 14. 선고 96누8307 판결).

개별 소송상 소송물의 대상 설정에는 '처분권주의'가 적용된다. 처분권주의란 소송의 개시, 심판의 대상과 범위의 결정 및 소송의 종결에 대하여 당사자에게 주도권을 인정하고 그의 처분에 맡기는 원칙을 말한다.

(2) 심리의 범위

과세처분의 취소소송에 있어서는 해당 소송물인 과세관청에 의하여 인정된 조세채무인 과세표준 및 세액의 객관적 존부가 심리의 대상이 된다. 납세자의 실제의 과세표준이나 세액 자체가 심리의 대상이 되는 것은 아니다.

행정처분의 무효 확인을 구하는 소에는 특단의 사정이 없는 한 취소를 구하는 취지도 포함되어 있다고 보아야 하므로, 해당 행정처분의 취소를 구할 수 있는 경우라면 무효사유가 증명되지 아니한 때에 법원으로서는 취소사유에 해당하는 위법이 있는지 여부까지 심리하여야 한다(대법원 2023. 6. 29. 선고 2020두46073 판결).

당사자는 처분 당시에 객관적으로 존재한 사실상태를 기준으로 삼아 이를 사실심인 고등법원에서의 변론종결시까지 입증할 수 있고, 법원도 그 변론종결 시점까지 제출된 모든 자료를 종합하여 처분 당시 객관적으로 존재한 사실상태를 확정하고 그 사실에 기초하여 처분의 위법성 여부를 판단해야 한다. 당사자는 전심절차에서 주장하지 아니한 공격방어방법을 소송절차에서 주장할 수 있다. 과세관청으로서는 소송 도중이라도 사실심 변론종결 시까지는 해당 처분에서 인정한 과세표준 또는 세액의 정당성을 뒷받침할 수 있는 새로운 자료를 제출하거나 처분의 동일성이 유지되는 범위에서 그 사유를 교환·변경할 수 있고, 반드시 처분 당시의 자료만으로 처분의 적법 여부를 판단하여야 하거나 당초의 처분사유만을 주장할 수 있는 것은 아니다(대법원 2022. 2. 10. 선고 2019두50946 판결).

과세처분취소소송의 '소송물(Streitgegenstand)'의 심리범위와 관련하여 판례는 대체로 '총액주의(Saldierungstheorie)'의 입장을 취하고 있다. 총액주의란 법원이 과세관청의 부과처분에 의한 세액 전체에 대해 심리한다는 의미이다. 심판의 범위는 과세처분에 의하여 인정된 총 세액에 미치게 된다. 여기서 "세액 전체"란 한 단위의 과세대상에 대한 처분에 의한 세액이며 실제 해당 과세단위의 적법한 세액 자체에 관한 것은 아니다. 이에 반해 '쟁점주의(Individualisierungstheorie)'란 법원이 피고의 처분시의 처분사유 중 원고가 당초 제기한 쟁점에 관련되는 세액만 심리한다는 의미이다.

총액주의에 의하면 법원은 원고가 당초 제기한 쟁점 이외의 사항에 대해서도 심리하되, 그 사항에 대한 심리 결과 피고가 부과한 세액의 범위 안에서 피고의 과세처분을 취소할 수 있다는 것이 된다.

나. 변론주의보충설

행정소송법 제26조는 "법원은 필요하다고 인정할 때에는 직권으로 증거조사를 할 수 있고, 당사자가 주장하지 아니한 사실에 대해서도 판단할 수 있다."라고 규정하고 있다. 대법원은 기본적으로 민사소송에서와 같이 변론주의를 그 근간으로 하면서 약간의 직권주의적 태도를 가미한 것으로 보는 '변론주의보충설'을 취하고 있다. 행정소송법 제26조는 소송자료의 수집에 관해 규정한 것에 불과하고 당사자가 주장하지 않은 사항까지 심판하는 것을 허용하는 것은 아니라는 것이다. 법원이 취하고 있는 총액주의적인 입장과 조화롭게 이해하자면 법원은 피고의 처분시의 처분사유 이외의 쟁점 중 원고가 주장하는 쟁점에 관한 사항에 대해서는 심리한다는 것이 된다.

다. 입증책임

소송절차에 있어 법원이 소송상 청구의 당부에 관하여 판단하기 위해서는 일정한 요건사실의 확정이 선행되어야 하는데 이러한 요건사실의 확정에 있어, 당사자는 스스로 주요 사실을 주장하고 법관을 설득하지 않으면 자기에게 유리한 법률효과를 인정받을 수 없다. '입증책임' 또는 '증명책임'은 소송에 있어 어느 요건사실의 존부에 관하여 증명이 없는 경우, 즉 진위가 불명확할 경우 당해 사실이 존재하지 않는 것으로 취급되어 법률판단을 받게 되는 결과 일방 당사자가 최종적으로 받게 되는 위험 또는 불이익을 말한다. 강학상 '입증책임'은 변론에서 주요 사실을 주장하지 아니함으로써 일방의 당사자가 부담하게 되는 '주장책임'과 주장한 사실에 대해 법관을 설득하지 못하여 부담하게 되는 '설득책임'으로 구분되기도 한다.

법관이 질문을 하거나 설명을 요구하는 석명권 행사는 이러한 당사자의 '주장책임'을 침해하지 않는 범위에서 이루어져야 한다. 법원은 당사자의 주장에 모순된 점이 있거나 불완전·불명료한 점이 있을 때에 이를 지적하여 정정·보충할 수 있는 기회를 주고, 계쟁사실에 대한 증거의 제출을 촉구할 수 있다. 당사자가 주장하지도 아니한 법률효과에 관한 요건사실이나 독립된 공격방어방법을 시사하여 그 제출을 권유함과 같은 행위를 하는 것은 변론주의의 원칙에 위배되는 것으로 석명권 행사의 한계를 일탈하는 것이 된다(대법원 2001. 10. 23. 선고 99두3423 판결; 대법원 2004. 6. 11. 선고 2003두4522 판결).

조세소송에서 일반적으로 입증책임이 누구에게 있는가에 대하여 세법상 명문의 규정은 존재하지 않는다. 판례와 학설상 조세행정소송에 있어 입증책임의 분배는 일반행정소송에서와 같이 '법률요건분류설'이 적용되어 왔다. 법률요건분류설은 행정행위의 공정력이론에 근거하여 위법사유에 대한 입증책임이 납세자에게 있다는 공정력추정설에 대항한 것이다. 조세소송에 있어서 과세요건사실에 관한 입증책임은 과세권자에게 있다. 어느 사업연도의 소득에 대한 과세처분의 적법성이 다투어지는 경우 과세관청으로서는 과세소득이 있다는 사실 및 그 소득이 그 사업연도에 귀속된다는 사실을 증명하여야 한다(대법원 2000. 2. 25. 선고 98두1826 판결; 대법원 2007. 6. 28. 선고 2005두11234 판결; 대법원 2020. 4. 9. 선고 2018두57490 판결). 한편, 법원은 필요경비의 존재, 조세감면사유의 존재 등 납세자의 과세상 유리한 사항에 해당하는 것에 관한 입증책임은 납세자에게 분배하고 있다.

세법에 법률상 추정 규정이 있는 경우 전제사실의 증명에 의하여 다른 사실이 존재하는 것으로 추정된다. 추정 사실을 부정하려는 상대방, 즉 납세자는 추정사실의 부존재에 대하여 입증할 책임을 부담한다(입증책임의 전환).

제4장 제1절 제2항 2.의 양도소득세 법률관계 변동사례상 사실관계에 아래의 사실관계를 추가한다.

[사례] 갑은 정으로부터의 부과통지서에서 세액산출의 근거를 보고, 정의 부과통지가 위법하다는 확신을 갖게 되었다. 이 경우 갑은 결정 또는 경정으로 인하여 증가된 과세표준 및 세액에 대해 해당 처분이 있음을 안 날부터 90일 이내에 경정청구가 가능하다. 경정청구를 대신하여 정의 부과처분에 하자가 있음을 들어 이의신청과 심판청구 등 불복청구를 할 수 있다. 당초의 부과처분 또는 경정청구 거부처분에 대한 불복청구가 기각될 경우 갑은 정의 갑에 대한 부과처분 또는 경정청구거부처분의 위법성 여부를 법원에의 소제기를 통해 취소소송으로 다투게 된다. 갑의 당초 신고세액은 5천만원이고, 정에 의하여 부과된 부족세액은 2천만원이다. 정의 부과처분 사유는 갑이 양도소득세 과세표준을 계산하면서 비용으로 산입한 아파트 개보수비가 양도소득금액 계산상 비용으로 계상할 수 없다는 것(쟁점1)이었다. 갑은 비용으로 인정하지 않는 정의 처분의 위법성을 다투는 소송을 제기한 것이다.

법원에서 심리가 진행되면서 정이 인정하지 않은 개보수비 중 일부에 대해 정이 충분한 근거를 들어 법관을 설득하게 되자, 갑은 자신이 한 신고의 내역 중 양도가액은 그 8억원 중 5천만원은 자신의 오류에 의해 잘못 산입한 것이기 때문에 7억 5천만원이 정확한 양도가액이라고 하면서 당초 신고에 의한 세액의 감액을 새로이 주장하게 되었다(쟁점2). 이때 법관은 갑의 새로운 주장(쟁점2)에 대해 해당 취소소송에서 함께 심리하고 판단할 수 있다(총액주의). 법관은 갑의 새로운 주장 없이는 양도가액의 적정성 여부(쟁점2)에 대해 직권으로 심리할 수 없다(변론주의 보충설). 이 경우 심리의 대상이 되는 것은 정의 부과처분에 의한 총세액인 2천만원이다(부분흡수설). 다만, 갑의 당초의 신고에 대한 통상적 경정청구기간이 아직 경과하지 않은 시점에 정의 부과처분이 있었다면, 갑은 정의 부과처분상의 위법사유뿐 아니라 당초의 자기의 신고상의 위법사유를 주장하면서 신고세액 전체의 범위까지도 그 취소를 구할 수 있게 된다(대법원 2011. 6. 30. 선고 2010두20843 판결 참조). 당초 신고한 세액이 증액경정처분에 흡수되어 증액경정처분의 일부를 구성하고 있는 것으로 보기 때문이다(흡수설).

4. 판결과 그 효력

법원의 심판의 대상은 부과고지세액이 정당한 세액을 초과하는 것인지 여부이므로 법원은 정당한 세액을 초과하는 부분만 취소한다(대법원 2001. 6. 12. 선고 99두8930 판결; 대법원 2016. 8. 24. 선고 2016두38839 판결; 대법원 2022. 5. 26. 선고 2022두33712 판결). 당사자가 사실심 변론종결 시까지 객관적인 과세표준과 세액을 뒷받침하는 주장과 자료를 제출하지 아니하여 정당하게 부과될 세액을 산출할 수 없는 경우에는 처분 전체를 취소한다(대법원 2020. 10. 29. 선고 2018두53221 판결). 법원이 직권에 의하여 적극적으로 납세의무자에게 귀속될 세액을 찾아내어 부과될 정당한 세액을 계산할 의무까지 지는 것은 아니다(대법원 2020. 8. 20. 선고 2017두44084 판결). 법원은 소송의 대상이 되는 과세관청 결정세액 이상의 세액을 부과할 것을 명하는 결정을 할 수 없다.

가. 형성력

판결의 형성력은 취소판결의 취지에 따라 기존의 법률관계 혹은 법률상태에 변동을 가져오는 효력을 말한다. 취소판결이 확정되면 그 취소판결의 형성력에 의해 당해 행정처분의 취소나 취소통지 등 별도의 절차를 요하지 아니하고 당연히 취소·변경의 효과가 발생한다.

종래 확인판결은 일반적으로 판결의 효력이 제3자에게 미치지 않음이 원칙이었지만 현행의 행정소송법은 취소판결의 대세효에 관한 규정을 무효 등 확인판결에 준용하고 있다(행정소송법 제29조).

나. 기속력

행정소송법 "처분 등을 취소하는 확정판결은 그 사건에 관하여 당사자인 행정청과 그 밖의 관계행정청을 기속한다."라고 규정하고 있다(행정소송법 제30조 제1항).

취소판결이 확정되면 당사자인 행정청과 그 밖의 관계행정청은 동일한 사실관계 아래 동일 당사자에 대해 확정판결의 사실심 변론종결 이전의 사유를 내세워 다시 확정판결에 저촉되는 새로운 행정처분을 할 수 없다. 동일한 사실관계 아래에서라도 위법사유를 시정 보완하여 새로운 처분을 하는 것은 허용된다(대법원 2001. 9. 14. 선고 99두3324 판결). 아울러 기본적 사실관계가 달라 다른 사유에 해당하는 것을 근거로 새로이 처분하는 것은 허용된다.

다. 기판력

기판력이라 함은 취소판결이 확정되면 같은 사건으로 다시 판결을 받거나 판결을 반복하는 것을 방지하는 원칙이다. 다음 소에서 당사자는 동일 사항에 대하여 확정판결의 판단내용과 모순되는 주장을 할 수 없고, 법원도 동일 사항에 대하여 확정판결의 판단내용과 모순되는 판단을 할 수 없다는 개념이다.

객관적 범위로 볼 때 기판력은 그 판결의 주문에 포함된 것(소송물로 주장된 법률관계의 존부에 관한 판단의 결론 그 자체)에만 미친다.

제 5 절   헌법재판

　　과세관청은 세법조항(법률조항)을 충실히 따라 부과처분을 하였지만 이를 받은 납세자는 부당한 처분을 받았다고 생각할 수 있다. 해당 세법조항이 헌법이 제시하는 세법입법의 기본원칙에 부합하지 않는 세법조항일 경우가 그 한 예가 될 수 있다. 이 경우 납세자가 해당 처분의 위법성에 대해 법원에서 다투고자 한다면 과세관청의 처분의 근거가 되는 세법조항이 위헌이므로 무효이고 그에 따라 과세관청의 부과처분도 취소되어야 한다고 주장하고, 수소법원에게 헌법재판소가 당해 세법조항이 위헌인지의 여부를 판단해주도록 하는 위헌법률심판제청을 하도록 신청하여야 한다. 신청을 받은 법원이 그 주장에 동의할 경우에는 위헌법률심판제청을 하게 된다. 그 주장에 동의하지 않을 경우에는 원고인 납세자는 직접 헌법재판소에 헌법소원(위헌법률심사형헌법소원)을 제기하여야 한다.

　　헌법재판소가 당해 세법조항이 위헌임을 확인하는 결정을 하게 되면 법원은 그 결정에 따라 당해 처분을 취소하는 판단을 하게 될 것이다. 일반적으로 법률이 헌법에 위반된다는 사정은 헌법재판소의 위헌결정이 있기 전에는 객관적으로 명백한 것이라고 할 수 없으므로 특별한 사정이 없는 한 이러한 하자는 당초 행정처분의 취소사유에 해당할 뿐 무효 사유는 아니다(대법원 1994. 10. 28. 선고 92누9463 판결; 대법원 1995. 3. 3. 선고 92다55770 판결; 대법원 1996. 6. 11. 선고 96누1689 판결 등 참조).

제 1 항   헌법재판의 요건

　　세법의 적용과 관련된 헌법재판에는 위헌법률심판과 헌법소원심판이 있다.

1. 위헌법률심판(헌가사건)

법원의 재판을 받고 있는 도중에 재판의 전제가 된 법률의 위헌성을 다투고
자 할 때 재판받는 법원에 위헌법률심판제청신청을 하여 재판중인 법원이 이를
받아들여 헌법재판소에 제청하는 경우의 위헌법률심판사건을 '헌가사건'이라고
구분한다. 헌가사건은 재판전제성과 법원의 제청을 요건으로 한다(헌법재판소법
제41조).

2. 헌법소원심판(헌바사건, 헌마사건)

헌법소원심판은 권리구제형 헌법소원심판(헌법재판소법 제68조 제1항)과 위헌
법률심사형 헌법소원심판(헌법재판소법 제68조 제2항)으로 구분할 수 있다. 재판부
에 대한 위헌법률심판제청 신청이 기각된 때에 헌법소원(위헌법률심사형 헌법소원)
을 할 경우 '헌바사건', 그 외에 공권력의 행사 또는 불행사로 인한 헌법소원(권리
구제형 헌법소원)은 '헌마사건'으로 구분한다.

위헌법률심사형 헌법소원심판을 청구하기 위해서는 위헌법률심판제청신청을
먼저 거쳤어야 한다(헌바사건). 법원이 법률의 위헌 여부 심판을 헌법재판소에 제
청한 때에는 해당 소송사건의 재판은 헌법재판소의 위헌 여부의 결정이 있을 때
까지 정지된다.

권리구제형 헌법소원심판을 청구하기 위해서는 청구인 적격, 기본권 침해, 자
기관련성·직접성·현재성의 요건이 충족된 상태에서 다른 법률에 정해진 구제절
차를 모두 거쳐야 한다(헌마사건).

가. 자기관련성

헌법소원은 자기관련성이 있는 자만이 제기할 수 있으며, 자기관련성은 원칙
적으로 공권력의 행사 또는 불행사의 직접적인 상대방에게만 인정된다(헌법재판소
2016. 12. 13. 선고 2016헌마1011 결정).

부가가치세법상 부가가치세 납부의무자는 사업상 독립적으로 재화 또는 용역
을 공급하는 자이므로, 청구인과 같이 재화 또는 용역을 공급받는 소비자는 재정

학상 사실상의 담세자로서의 지위를 가지고 있을 뿐 조세법상의 납세의무자로서의 지위에 있지 않아 이 사건 법률조항들의 직접적인 수규자가 아닌 제3자에 불과하므로 자기관련성을 결여하고 있다.

나. 기본권침해

권리구제형 헌법소원심판은 공권력의 행사 또는 불행사로 기본권 침해가 있음을 안 날부터 90일 내에 기본권 침해가 있은 날부터 1년 내에 청구해야 한다. 입법작용, 행정작용 및 사법작용 모두 헌법소원심판의 대상이 될 수 있다.

입법작용, 즉 법률 또는 법률조항 자체가 헌법소원의 대상이 될 수 있으려면 그 법률 또는 법률조항에 의하여 구체적인 집행행위를 기다리지 아니하고 직접, 현재 자기의 기본권을 침해받아야 하는바, 여기서 말하는 기본권침해의 직접성이란 집행행위에 의하지 아니하고 법률 그 자체에 의하여 자유의 제한, 의무의 부과, 권리 또는 법적 지위의 박탈이 생긴 경우를 말하므로, 당해 법령에 근거한 구체적인 집행행위를 통하여 비로소 기본권침해의 법률효과가 발생하는 경우에는 직접성의 요건이 결여된다.

행정소송의 대상이 되는 행정처분은 헌법소원의 대상이 되지 않는다. 행정소송법에 의한 구제절차가 가능하기 때문이다.

사법작용 중 헌법재판소가 위헌이라고 선언한 법령을 적용한 재판에 대해서는 예외적으로 헌법소원이 허용된다. 한정위헌결정에 배치되는 재판은 기본권을 침해한 것으로 본다.

제 2 항   위헌법률심판의 결정

1. 결정의 유형

위헌법률심판에서 헌재의 결정은 '합헌(한정합헌 포함)', '위헌(한정위헌 포함)', '헌법불합치/잠정적용' 및 '헌법불합치/적용중지' 등의 유형으로 구분할 수 있다. 한정합헌, 한정위헌, 헌법불합치 결정 등은 변형결정이라고 한다. 헌법소원에서의 결정으로는 인용, 기각 및 각하가 있다.

한정합헌은 해당 법률조항에 대해 헌법재판소가 가리키는 해석을 하는 한 합헌이라는 것이고, 한정위헌은 해당 법률조항에 대해 헌법재판소가 가리키는 해석을 하는 한 위헌이라는 결정이다.

헌법불합치결정은 위헌으로 결정된 법률조항의 잠정적용 및 적용중지 등의 변형결정을 하는 것이다.

헌법불합치결정/적용중지 결정은 헌법불합치 결정의 효력이 소급적으로 미치게 되는 모든 소송사건이나 앞으로 위 법률조항들을 적용하여 행할 부과처분에 대하여는 법리상 헌법불합치 결정 이후 입법자에 의하여 위헌성이 제거된 새로운 법률조항을 적용하여야 하는 것이다(대법원 2004. 2. 27. 선고 2001두8452 판결). 헌법재판소는 적용중지 결정이 있을 경우 법원의 재판도 그에 구속되어야 한다는 입장을 가지고 있다.

2. 위헌결정의 효과

헌법재판소 위헌결정은 비형벌사안의 경우 장래효만 갖는 것이 원칙이다(헌법재판소법 제47조 제2항). 그러나 위헌결정난 법률의 규정을 근거로 한 과거 과세처분으로서 그것에 대해 재판이 진행 중인 것은 취소사유가 있는 행정처분이 된다. 헌법재판소는 위헌결정으로 효력을 상실한 법률을 적용한 법원의 판단은 기본권을 침해한 것으로 본다(헌법재판소 2016. 4. 28. 선고 2016헌마33 결정).

세법조항에 근거하여 과세관청이 동시에 다수의 부과처분을 하였는데 그 부과처분을 받은 납세자 갑은 부당하다고 하여 소송을 제기하고 위헌법률심판에까지 가서 부과처분을 취소받은 결과를 쟁취할 수 있었는데, 납세자 을은 별 이의 없이 모두 납부하였다고 할 경우를 상정해보자. 이와 같은 상황이 정의에 부합하는가? 다투지 않은 자에게는 투쟁의 과실이 돌아갈 수 없는 것이며, 조세소송에서는 집단소송의 방식도 인정되지 않고 있으므로 어쩔 수 없는 것이라고 볼 일이다. 대법원은 위헌결정 후 제소된 사건에 대해서도 원칙적으로 소급효를 인정하고 있다(대법원 1993. 1. 15. 선고 92다12377 판결 외 다수). 물론 해당 사건은 법원에의 소송제기 기간의 요건을 충족하여야 할 것이므로 이미 불가쟁력이 발생한 과거의 처분 모두에 대해 소급효를 인정하게 되는 것은 아니다.

다수 납세자가 을과 같은 입장을 취하였는데 헌법재판소의 위헌결정이 이미 부과처분의 소제기기간도 경료한 시점에 내려지는 경우가 있다. 종합부동산세법의 규정 중 세대별 합산규정을 위헌으로 결정하고, 주택분 종합부동산세 부과규정은 헌법불합치/잠정적용으로 결정하였다(헌법재판소 2008. 11. 13. 선고 2006헌바112 전원재판부 결정). 과세당국이 직권경정의 방법으로 2006년 세대별 합산으로 종부세를 납부한 12만명에게 약 2천억원, 2007년 16만명에게 약 4천억원을 환급하였다. 신뢰보호원칙에 따른 처분이라고 볼 수 있다.

헌법재판소는 헌법재판소법 제47조 제2항 본문의 문구에 불구하고 위헌결정을 위한 계기를 부여한 사건(당해 사건), 위헌결정이 있기 전에 이와 동종의 위헌 여부에 관하여 헌법재판소에 위헌제청을 하였거나 법원에 위헌제청신청을 한 사건(동종사건), 따로 위헌제청신청을 아니하였지만 당해 법률조항이 재판의 전제가 되어 법원에 계속중인 사건(병행사건)에 대하여 예외적으로 소급효가 인정되고, 위헌결정 이후에 제소된 사건(일반사건)이라도 구체적 타당성의 요청이 현저하고 소급효의 부인이 정의와 형평에 반하는 경우에는 예외적으로 소급효를 인정할 수 있다고 한다(헌법재판소 2013. 6. 27. 선고 2010헌마535 결정).

제 6 장

조세범

제1절 개념과 역사

조세포탈행위와 중요한 세법상 의무위반행위는 범죄가 되어 형사적 제재를 받는다. 내국세의 조세범에 관한 일반적인 법률로 조세범처벌법이 있으며, 지방세의 조세범에 관한 일반적인 법률로 지방세기본법이 있다. 이 두 법률에 대한 특별법인 특정범죄가중처벌 등에 관한 법률('특가법')이 있다. 그 처벌절차에 관하여 조세범처벌절차법이 있다. 지방세 관련 조세범과 그 처벌절차에 대해서는 지방세기본법 제8장에서 규율한다.

국가 또는 지방자치단체는 납세의무의 이행을 게을리하는 납세자에게는 부과처분과 징수처분으로써 재정 수입을 확보한다. 납세의무의 존재 또는 재산의 존재를 은폐하여 과세관청이 부과처분이나 징수처분을 할 수 없게 하는 고의적인 행동에 대해서는 그것을 조세포탈범죄로 규정하고 벌금 또는 징역을 부과한다. 조세포탈범으로 기소되어 형사소송이 진행되는 때에는 통상 포탈세액에 대한 부과처분의 적법성 여부에 대한 행정소송도 진행된다. 은폐 등 부정한 행위를 하였더라도 포탈한 세액이 없으면 조세포탈범죄는 성립하지 않는다. 포탈세액의 존부에 관한 사항은 두 소송의 핵심 쟁점이 된다. 실제 소송에서는 형사소송이 먼저 진행되고 포탈세액의 존부가 가려지는 경우가 적지 않게 나타난다.

영국에서 조세포탈은 Taxes Management Act 1970 제106조, Value Added Tax Act 1994 제72조 및 Customs and Excise Management Act 1979 제170조 등 개별세법에 의해 규율되고 있다. 소득세 포탈범에 관한 Taxes Management Act 1970 제106조에 의하면 고의로 본인 또는 타인의 소득세의 사기적 포탈에 관여한 자는 포탈범죄를 저지른 것이 되는데, 그에 대해 약식기소된 경우에는 1년 미만의 징역 또는/그리고 법정 한도 미만의 벌금에 처하고, 정식기소된 경우에는 7년 미만의 징역 또는/그리고 벌금에 처한다. 개별세법상 조세포탈범죄의 구성요건을 충족하지 않는 경우라도 Perjury Act 1911 제5조 또는 Regina v. Hudson (1956) 36 Tax Case 561의 판례법에 따라 조세포탈행위로 기소될 수 있다. Hudson은 보통법상 국가에 대한 사기 혐의로 기소되었다. 동 사건에서 법원은 개인의 국가에 대한 사기행위는 비록 동일한 행위가 다른 개인에게 행해질 경우 사기행위로 기소되지 않은 경우라 하더라도 범죄가 될 수 있다는 입장을 취하였다. 세무당국에 대해 거짓의 신고를 하거나 증빙을 제출한 경우에는 범죄를 구성하는 것이 된다.

미국 내국세입법(Internal Revenue Code) 제7201조는 조세포탈범을 규정하고 있다. Revenue Act of 1913은 소득세의 부과를 피하기 위해 사기적인 신고 또는 진술을 하는 자(who makes any false or fraudulent return or statement)는 경범죄(misdemeanor)를 저지르는 것이므로 2천불 이하의 벌금 또는/그리고 1년 미만의 징역에 처한다는 규정을 두고 있었다. 1913년 소득세가 도입된 이후 사회적으로 조세저항의 분위기가 일면서 조세포탈도 횡행하였다. 1918년 이후 조세포탈로 고소되는 자가 현저히 증가하였다. Revenue Act of 1921에서는 벌금 상한이 1만 달러로 증액되었다(Section 253). 마피아 갱 두목 알 카포네는 조세포탈죄로 1932년부터 7년간 복역하였다.

The Revenue Act of 1936 제145조 (b)은 오늘날의 내국세입법 제7201조와 동일한 취지의 규정을 도입하였다. 이후 Internal Revenue Code of 1939 Section 145에도 동일하게 규정되었다. 현행의 내국세입법 제7201조는 1954년 Internal Revenue Code부터 규정된 것이다.

내국세입법 제7201조상 조세포탈범은 중범죄(felony)로서 10만 달러 이하의 벌금 또는 5년 이하의 징역에 처한다. 조세포탈은 과세요건사실을 은닉하거나 허위의 사실을 보고하는 것을 구성요건으로 한다는 점에서 조세회피와 구분된다. 예를 들면, 파트너십을 구성하여 파트너들이 직접 과세받도록 하는 것은 조세회피가 될 수 있을지언정 조세포탈은 되지 않는다. 그러나 납세자들이 파트너십을 구성하였다고 주장하지만 실제 조사결과 그 파트너십은 구성되지 않았으며 파트너 중 일부가 은밀히 자신에게 배분된 소득을 그 사업체의 실제 소유자에게 돌려주었으며 그 실제 소유자가 그렇게 받은 소득을 신고하지 않은 경우 조세포탈이 된다.

독일에서 조세형법규정은 관세법과 같은 개별세법에서 규정되기 시작하였다. 여러 세법에 흩어져 있던 규정들이 통합된 것은 1919년 Enno Becker의 제국조세기본법(Reichsabgabenordnung, RAO)에 기원한다. RAO 제359조는 "세수를 감소시키는 원인(Bewirken, dass Steuereinnahmen verkürzt werden)"은 형벌로 다스린다고 규정하고 있었다. '원인'은 '유발(Verursachen)'로 해석되어 입법자에 의해 의도되지 않은 정도의 행위라면 충분히 조세포탈의 구성요건을 충족하기에 이르렀다. 1926년 제국법원은 비록 명문으로는 규정되어 있지 않았지만 "사기적인, 즉 조세에 반하는 진실하지 못한 행태(fraudulöses, d. h. unehrliches, steuerwidriges Verhalten)"를 구성요건의 하나로 인정하게 되었다. 현행 조세기본법 제370조는 과세당국에게 과세상 실질적으로 중요한 사항에 관해 부정확하거나 불완전한 사실을 제공하거나 동 사항의 제공의무를 이행하지 않는 경우 등으로서 결과적으로 세금포탈 등을 한 자에 대해서는 5년 이하의 징역 또는 벌금을 부과하도록 규정하고 있다. 포탈은 확정되어야 할 세액이 부분적 또는 전체적으로 확정되어야 할 시점에 확정되지 않는 것을 말한다.

　일본에서 조세포탈죄는 개별세법에 규정되어 있다. 예를 들면, 소득세법 제238조는 "거짓 기타 부정한 행위로 … 소득세의 금액에 대해 소득세를 면탈하거나 … 소득세 환급을 받은 자는 10년 이하의 징역 또는 1,000만 엔 이하의 벌금에 처하거나 병과한다."고 규정하고 있다. 2차대전 전 일본에서는 조세조탈죄에 대해서는 재산형만 규정되어 있었다. 포탈세액의 배수로 규정되어 있어서 재판관의 양형재량이 없었다. 범인의 주관적 사정 및 범죄의 객관적 상황을 고려하지 않아 통상적인 형벌과는 현저히 다른 것이었다. 1945년에는 간접세 영역에서 재산형주의가 폐지되고 자유형이 채택되면서 재판관의 양형상 재량도 인정되게 된다. 1948년에는 직접세에도 동일한 변화가 있었다.

제 2 절   조세범

제 1 항   조세포탈범

조세범처벌법 제3조 제1항은 조세포탈범에 대해 다음과 같이 규정하고 있다.

① 사기나 그 밖의 부정한 행위로써 조세를 포탈하거나 조세의 환급·공제를 받은
자는 2년 이하의 징역 또는 포탈세액등의 2배 이하에 상당하는 벌금에 처한
다. (이하 생략)

'조세포탈'이란 자신이 영위한 행위나 사실로 이미 성립한 조세채무가 그대로
확정되지 않도록 하거나 확정된 조세채무의 징수를 불가능하게 하는 것이다. 자
신이 직접 신고하여야 하는 세목의 경우 신고하지 않는 방법으로 그리고 정부가
부과 결정하여야 하는 세목의 경우 고지에 응하지 않는 방법을 사용한다. '사기
그 밖의 부정한 행위'를 동반하지 않는 단순한 무신고, 과소신고 및 조세회피행위
등도 조세수입의 감소결과가 발생한 것이라면 조세포탈에 해당한다.
　　조세포탈범은 '사기 그 밖의 부정한 행위'로써 조세를 포탈하거나 조세의 환
급 또는 공제를 받아야 한다. 조세포탈범은 사기 그 밖의 부정한 방법을 사용하고
또 그것의 사용과 효과에 대해 인지하고 있어야 된다. 조세포탈범은 '사기 그 밖
의 부정한 행위'를 그 구성요건으로 함으로써 사기죄와 동일하게 '기망행위'를 구
성요건으로 하고 있다고 볼 수 있다. 조세포탈죄는 조세사기죄(tax fraud crime)라
고도 부를 수 있는 것이다.

　　'사기 그 밖의 부정한 행위'의 개념은 조세범처벌법에 다음과 같이 규정되었

다(조세범처벌법 제3조 제6항).

⑥ 제1항에서 '사기 그 밖의 부정한 행위'란 다음 각 호의 어느 하나에 해당하는 행위로서 조세의 부과와 징수를 불가능하게 하거나 현저히 곤란하게 하는 적극적 행위를 말한다.

1. 이중장부의 작성 등 장부의 거짓 기장
2. 거짓 증빙 또는 거짓 문서의 작성 및 수취
3. 장부와 기록의 파기
4. 재산의 은닉, 소득·수익·행위·거래의 조작 또는 은폐
5. 고의적으로 장부를 작성하지 아니하거나 비치하지 아니하는 행위 또는 계산서, 세금계산서 또는 계산서합계표, 세금계산서의 조작
6. 「조세특례제한법」 제24조 제1항 제4호에 따른 전사적 기업자원관리설비의 조작 또는 전자세금계산서의 조작
7. 그 밖의 위계에 의한 행위 또는 부정한 행위

위 규정에서 '사기 그 밖의 부정한 행위'는 제6항 각 호의 행위이면서 제6항 본문의 "조세의 부과와 징수를 불가능하게 하거나 현저히 곤란하게 하는 적극적 행위"이므로 조세포탈범이 되기 위해서는 '적극적 행위'의 요건이 충족되어야 한다. 수입금액을 과소신고하는 단순매출누락의 경우, 부가가치세를 과소신고하기 위해서는 세금계산서합계표를 사실과 다르게 작성하여 제출하는 등의 행위가 필요할 것이므로 적극적 행위가 있었던 것으로 보게 되는 반면, 소득세와 법인세의 과소신고에는 그와 같은 적극적 행위가 개입되지 않은 것으로 보게 된다(대법원 2015. 2. 12. 선고 2014도12483 판결).

차명계좌의 사용 그 자체는 제4호의 은닉행위가 되지만, 그것에 적극적 소득은 닉 의도가 나타나지 않는 한 부정행위라고 보지는 않는다(대법원 1999. 4. 9. 선고 98도667 판결). 차명계좌로 돈을 받은 것만으로는 증여세를 포탈한 것으로 보지 않는다. 적극적 은닉의도는 조세포탈과 연관되어 있어야 한다. 그것이 누진세율의 회피 또는 과세특례의 적용 등을 통해 조세포탈과 관련되는 경우 부정행위로 인정된다. 이 경우 명의대여자는 공범이 된다.

고의적으로 장부를 오랜 기간 작성하지 않은 경우에는 제5호를 충족하는 적극

적인 행위로 보게 된다(대법원 2015. 9. 15. 선고 2014두2522 판결).

조세포탈범은 조세포탈, 즉 조세수입의 감소를 가져오는 것이 필요한 결과범 (Erfolgsdelikt)이다. 조세포탈죄로 기소된 후 부과처분이 취소된 경우에는 조세포탈죄가 성립하지 않게 된다(대법원 2020. 12. 30. 선고 2018도14753 판결). 위법소득에 대한 몰수·추징으로 후발적 경정청구 사유가 발생하여 과세처분이 취소되더라도 이미 성립한 조세포탈죄에 영향을 미치지는 않는다(대법원 2017. 4. 7. 선고 2016도19704 판결).

미수를 처벌하지 않는다(독일 조세기본법상 미수범도 처벌된다). 포탈세액의 산정은 형사처벌에서 양형, 특히 벌금형을 정하는 기준이 되기 때문에 구체적으로 특정되어야 한다. 이는 당해 포탈범에 대하여 부과되어야 할 세법상의 납세의무 액수와 그 범위를 같이한다. 개별 세법이 정하는 바에 따라 산정되는 세액이라고 보아야 한다. 가산세를 제외한 본세액을 기준으로 판단하여야 한다.

조세포탈죄의 기수시기는 다음과 같다(조세범처벌법 제3조 제5항).

1. 납세의무자의 신고에 의하여 정부가 부과·징수하는 조세: 해당 세목의 과세 표준을 정부가 결정하거나 조사결정한 후 그 납부기한이 지난 때. 다만, 납세 의무자가 조세를 포탈할 목적으로 세법에 따른 과세표준을 신고하지 아니함으로써 해당 세목의 과세표준을 정부가 결정하거나 조사결정할 수 없는 경우에는 해당 세목의 과세표준의 신고기한이 지난 때로 한다.
2. 제1호에 해당하지 아니하는 조세: 그 신고·납부기한이 지난 때

조세포탈죄의 죄수는 위반사실의 구성요건 충족 횟수를 기준으로 하여 정한다. 소득세포탈범은 각 과세연도의 소득세마다, 부가가치세의 포탈범은 각 과세기간인 6월의 부가가치세마다 1죄가 성립한다. 조세포탈죄의 죄수는 위반사실의 구성요건 충족 횟수를 기준으로 정하기 때문이다. 소득세포탈행위가 여러 해에 걸쳐 있는 경우에는 과세기간의 다음 해 5월 31일마다 별개의 조세포탈범칙행위가 성립하게 된다. 각 과세기간에 대한 소득세 포탈범죄의 공소시효의 진행은 각 죄에 대해 개별적으로 결정하여야 한다.

조세포탈범은 고의범이다. 따라서 그 구성요건적 고의(Vorsatz)는 소득의 존재에 대한 인식, 사기 그 밖의 부정행위에 해당하는 사실의 인식 및 포탈결과의 발

생에 대한 인식이 필요하다. 조세포탈범은 고의범이지 법익 침해의 결과를 불러올 목적을 요하는 목적범은 아니므로 피고인에게 조세를 회피하거나 포탈할 목적까지 가질 것을 요하는 것이 아니다. 소득의 존재에 대한 인식이 일부에 한정되어 있을 경우에는 포탈범이 그 인식된 부분에 대해서만 성립하는지(인식부분설) 또는 소득총액에 대하여 성립하는지(총세액설) 논의가 있으나 고의범의 본질에 비추어 볼 때 인식부분설이 타당하다(법원의 입장).

소득세법의 적용과 관련하여 포탈결과의 발생에 대한 인식은 과세대상이 되는 소득의 존재에 대한 인식이 되어야 한다.

조세포탈죄는 납세의무자와 법정의 행위자만이 그 주체가 될 수 있다(신분범). 조세포탈죄의 주체로서의 납세의무자는 세법에 의해 국세를 납부할 의무가 있는 자이어야 한다. 세법상 실질과세원칙에 따라 납세의무의 실질귀속자를 납세의무자로 보게 되므로 조세포탈에서도 납세의무의 실질귀속자를 조세포탈범으로 보게 된다. 양벌규정에 관한 조세범처벌법 제18조의 법인의 대표자에는 실질상의 경영인도 포함된다. 행위자가 아닌 법인 또는 개인은 행위자가 범칙행위를 한 때에 조세범처벌법 제18조의 양벌규정에 의해 소정의 벌금형을 과한다.

신분범인 조세포탈범에도 공범은 인정된다. 범행에 가담하지 않고 공모만 하더라도 공동정범으로 인정될 수 있으며 묵시적·순차적 공모도 인정된다. 자료상이 허위세금계산서를 발급하는 경우, 종교단체가 허위기부금 증명서를 발급하는 경우, 토지의 매수인이 매도인과 공모하여 허위매매계약서를 작성하는 경우, 사업자 등록명의를 대여하여 조세포탈이 가능하게 하는 경우, 세무사·회계사·변호사 등이 포탈방법을 조언하는 등 적극 가담하는 경우 등이 공모의 예이다. 조세부과권자는 조세포탈범행의 설계자를 상대로 손해배상을 청구할 수 있다(대법원 2021. 10. 28. 선고 2019다293814 판결).

[사례] 세법상 가장행위에 관한 (주식의 양도 후 소각) 사례에서 네덜란드법인 갑은 외관상 주식양도소득을 거두어 한국과 네덜란드 간의 조세조약이 적용되므로 한국에서 과세될 소득이 없다고 보아 은행 병은 갑의 주식양도소득에 대한 법인세를 원천징수하지 않았다. 추후 과세당국은 갑이 실현한 소득은 배당소득이므로 한국과 네덜란드 간의 조세조약상 비과세되는 것은 아니므로 과세되어야 한다는 입장에서 주식발행법인 을에게 징수처분을 하였다. 과세당국이 그와 같이 판단한

것은 외부 제보에 의하여 갑으로부터 주식을 매입한 병이 주식발행법인인 을에게
주식을 매도하고 을은 매입한 주식을 소각한 사실을 근거로 한 것이다. 이때 과세
당국이 국세기본법 제14조 제3항의 조세회피방지규정을 근거로 갑에게 배당소
득이 발생한 것으로 판단한 것이라고 해보자. 갑이 과세당국이 국세기본법 제14
조 제3항의 조세회피방지규정을 적용할 경우 배당소득이 있을 것으로 판단할 것
으로 인식하는 고의가 있었으며, 그러한 판단을 회피하기 위해 병과 을의 거래에
관한 사실을 은폐하는 사기 그 밖의 부정한 행위를 한 것으로 볼 수 있을까? 조세
회피방지규정이 적용되면 과세될 것을 알고 해당 규정이 적용될 수 있는 사실관계
를 은폐한 것이라면 사기 그 밖의 부정한 행위와 조세포탈의 고의가 있었던 것으
로 보아야 할 것이다. 갑으로서는 을과 병 간의 거래에 관해 갑, 을 및 병 3자 간
에 약정이 있었다 하더라도 그 약정을 과세당국에 적극적으로 통보하여야 할 의무
는 없는 것이므로 적극적 은폐행위가 있었다고 보기는 용이하지 않을 것이다. 아
울러 국세기본법 제14조 제3항은 추상적인 용어로 구성되어 있어 그 적용 범주
에 들 것인지에 대해 확실한 인식을 갖기 어렵게 되어 있다. 이에 불구하고 갑의
적극적인 은폐행위가 있었으며 갑의 고의가 있었다는 점이 입증되면 갑은 조세포
탈범으로 처벌될 수 있다. 이때 을은 원천징수불이행범으로 처벌될 가능성이 있
다(조세범처벌법 제13조).

제 2 항   기타 조세형사범

조세범처벌법은 면세유의 부정유통(제4조), 가짜석유제품의 제조(제5조), 무면
허 주류의 제조 및 판매(제6조), 체납처분의 면탈(제7조), 장부의 소각·파기 등(제8
조), 성실신고방해(제9조), 세금계산서발급의무위반(제10조), 명의대여행위(제11조),
납세증명표지의 불법사용(제12조), 원천징수불이행(제13조), 거짓근로소득원천징수
영수증발급(제14조), 해외금융계좌정보의 비밀유지 의무 위반(제15조), 해외금융계
좌 신고의무 불이행(제16조)에 대해 징역 또는 벌금을 부과하도록 규정하고 있다.
세금계산서를 발급받아야 할 자가 통정하여 세금계산서를 발급받지 아니하거
나 거짓으로 기재한 세금계산서를 발급받은 경우에는 1년 이하의 징역 또는 매입
금액에 부가가치세의 세율을 적용하여 계산한 세액의 2배 이하에 상당하는 벌금

에 처한다(조세범처벌법 제10조 제2항).

재화 또는 용역을 공급하지 아니하거나 공급받지 아니하고 세금계산서를 발급하거나 발급받은 행위를 한 자는 3년 이하의 징역 또는 그 세금계산서 및 계산서에 기재된 공급가액에 부가가치세의 세율을 적용하여 계산한 세액의 3배 이하에 상당하는 벌금에 처한다(조세범처벌법 제10조 제3항).

허위가공세금계산서를 발급받은 자가 발급받은 세금계산서로 매입세액공제를 받고 허위의 세금계산서를 발급한 자가 세금계산서상 매출세액을 제외하고 부가가치세의 과세표준 및 납부세액을 신고하여 결과적으로 국가의 조세수입 감소를 가져오게 될 것이라는 인식을 갖고 있다면 그도 조세포탈결과의 발생에 대한 인식이 있었던 것이 되어 조세포탈범으로도 처벌받는다(조세범처벌법 제3조 제1항).

제3절   조세범처벌절차

세무조사과정에서 조세포탈범의 문제가 대두되면 국세청 내의 조세범칙조사심의위원회에서 심의하고 조세범칙조사로 전환하게 된다(조세범처벌법 제3조 제1항, 조세범처벌절차법 제7조 제2항).

조세범칙조사란 지방검찰청 검사장으로부터 지명을 받은 세무공무원이 조세범처벌법 제3조부터 제14조까지의 죄에 해당하는 위반행위 등을 확정하기 위하여 조세범칙행위의 혐의가 있는 사건에 대하여 조세범처벌절차법에 근거하여 행하는 조사활동을 말한다.

통상 세무조사착수 후 조세범칙조사심의위원회의 심의를 거쳐 범칙조사로 전환한다. 검찰조사의뢰를 통하여 범칙조사에 착수하는 경우도 있다. 현행범 등의 경우에는 심의를 생략할 수 있다.

조세범칙조사는 사전통지 없이 착수할 수 있다. 범칙조사에는 영장을 제시하고 압수·수색할 수 있다. 현행범의 경우에는 예외이다(조세범처벌절차법 제8조 및 제9조). 형사소송법 제244조의 3에 의해 불리한 진술을 강요당하지 않을 수 있다.

범칙조사과정은 녹화 및 녹음이 되며, 세무대리인의 입회가 허용된다. 범칙조사에서 적법하지 않은 방법으로 획득한 과세정보를 활용할 수 있는가? 미국의 제4수정헌법은 불법적 수색과 압수를 금지하고 있다. 형사소송절차에서는 제4수정헌법을 위배한 증거는 채택되지 않도록 되어 있다. 그러나 제3자로부터 위법한 방법으로 수집한 증거는 채택된다. 제4수정헌법에 의한 불법적인 수색의 금지가 문제되는 행정조치에는 과세조치가 포함된다. 이 경우에도 납세자가 아닌 자로부터 수집한 흠결 있는 자료를 증거에서 배제되지는 않는다. 임의제출의 형식으로 확보한 과세정보가 불법적 압수 수색을 금지하는 소송상의 정신에 위배되지 않는가가 문제될 수 있다.

조세포탈범에 대한 범칙처분 결정 등에 관해서는 조세범칙조사심의위원회의 심의를 거쳐야 한다(조세범처벌절차법 제14조). 도주 증거인멸 우려가 있는 경우에는 심의를 생략할 수 있다.

조세범칙사건의 조사 결과에 따른 국세청장 등의 후속조치로는 통고처분, 고발, 무혐의 통지만이 규정되어 있다. 고발 또는 통고처분하는 경우에는 과세전적부심사청구가 허용되지 않는다.

지방국세청장 또는 세무서장이 납세자가 사기 그 밖의 부정한 방법으로 국세를 포탈한 것으로 인정할 경우 그 자를 항상 검찰에 고발하는 것은 아니다(조세범처벌절차법 제9조). 통고처분에 의한 벌금의 부과에 그칠 수 있다. 이 경우 국세청장 훈령인 「벌과금상당액양정규정」에 의해 포탈범에 대해서는 예를 들자면, 포탈세액의 1배의 벌금을 부과할 수 있다. 검찰에 고발한 이후 동일한 사안에 대해 하는 통고처분은 효력이 없다(대법원 2016. 9. 28. 선고 2014도10748 판결).

지방국세청장 또는 세무서장은 범칙사건을 조사하여 범칙의 확증을 얻게 되었을 때에는 그 이유를 명시하여 벌금 등을 납부할 것을 통고하여야 한다(조세범처벌절차법 제15조). 통고처분은 조세범칙자에게 벌금 또는 과료에 해당하는 금액 등을 납부할 것을 통고하는 처분일 뿐 벌금 또는 과료의 면제를 통고하는 처분이 아니며, 통고서는 범칙자별로 작성된다.

국세청장은 「벌과금상당액 양정규정」을 두고 조세범처벌법에 규정하는 범칙행위자에 대한 통고처분을 하는 경우에 그 벌금상당액을 양정하고 있다. 예를 들면, 포탈범 및 부정환급·공제범은 포탈세액 및 환급·공제받은 세액의 0.5배의 금액을 벌금상당액으로 한다. 다만, 범칙행위일 전 3년 이내에 같은 조의 범칙행위로서 1회 처벌받은 사실이 있는 경우에는 1배, 2회 이상 처벌받은 사실이 있는 경우에는 2배의 금액을 벌금상당액으로 한다.

통고처분을 이행할 경우 그것에 대해 확정판결에 준하는 효력이 부여되어 있다. 확정력이 부여되어 납세자는 그것의 위법성을 다투지 못하고 과세관청은 직권 취소할 수 없는 것으로 본다. 조세범처벌절차법상 통고처분은 국세심판의 대상에서 제외된다. 범칙자가 통고대로 이행하였을 때에는 동일한 사건에 대하여 소추받지 아니한다(조세범처벌절차법 제17조).

조세범처벌법에 따른 범칙행위에 대해서는 국세청장, 지방국세청장 또는 세무서장의 고발이 없으면 검사는 공소를 제기할 수 없다(조세범처벌법 제21조). 이를 '고발전치주의'라고 한다. 조세범은 친고죄이다. 다만, 특정범죄가중처벌 등에 관한 법률의 적용을 받는 조세포탈행위에 대해서는 고소·고발 없이도 공소를 제기할 수 있다.

조세범에 대한 공소시효는 원칙적으로 7년으로 하되, 특정범죄가중처벌 등에 관한 법률 적용을 받는 조세포탈죄 중 양벌규정에 따라 법인에도 벌금을 부과하는 경우에는 공소시효를 10년으로 하고 있다(조세범처벌법 제22조).

지방국세청장 또는 세무서장은 범칙자가 통고를 받은 날부터 15일 이내에 통고한 대로 이행하지 아니한 경우에는 고발하여야 한다. 또는 거소가 분명하지 아니하거나 서류의 수령을 거부하여 통고처분을 할 수 없는 경우 또는 통고한 대로 이행할 자력이 없다고 인정되는 경우에도 고발하여야 한다.

지방국세청장 또는 세무서장은 통고처분에 관한 결정과 무관하게 범칙조사 과정에서 도주 또는 증거인멸의 우려가 있는 경우 또는 정상에 따라 징역형에 처해질 것으로 판단되는 경우에는 즉시 고발하여야 한다(조세범처벌절차법 제17조). 즉시고발권을 세무공무원에게 부여한 것은 세무공무원으로 하여금 때에 따라 적절한 처분을 하도록 할 목적으로 특별사유의 유무에 대한 인정권까지 세무공무원에게 일임한 취지이다. 조세범칙사건에 대하여 관계 세무공무원의 즉시고발이 있으면 그로써 소추의 요건은 충족되는 것이고, 법원은 본안에 대하여 심판하면 되는 것이지 즉시고발 사유에 대하여 심사할 수 없다(대법원 1974. 3. 26. 선고 73도 2711 판결). 조세범처벌절차법에 즉시고발을 할 때 고발사유를 고발서에 명기하도록 하는 규정이 없기도 하다. 한편, 고발은 범죄사실에 대한 소추를 요구하는 의사표시로서 그 효력은 고발장에 기재된 범죄사실과 동일성이 인정되는 사실 모두에 미치므로, 고발의 효력은 범칙사건에 관련된 범칙사실의 전부에 미치고 한 개의 범칙사실의 일부에 대한 고발은 전부에 대하여 효력이 생긴다. 수개의 범칙사실 중 일부만을 범칙사건으로 하는 고발이 있는 경우 고발장에 기재된 범칙사실과 동일성이 인정되지 않는 다른 범칙사실에 대해서까지 고발의 효력이 미칠 수는 없다.

제 7 장

소득세법

소득세법은 여러 개별세법을 대표하는 세법이라고 할 수 있다. 소득세법은 소득세의 4대 요소를 규정하는 실체적 조항들과 소득세채무의 확정 및 (원천)징수에 관한 절차적 조항들로 구성되어 있다. 실체적인 내용은 소득세의 납세의무자, 과세대상 및 과세표준에 관한 것이 중심이 된다. 과세대상은 열거된 것만 과세하는 체계를 유지하면서도 열거된 소득을 다단계적으로 그룹핑하고 있다.

우리나라를 포함한 세계 주요국가들은 부가가치세와 더불어 개인소득세 또는 법인세를 주요 세목으로 하고 있다. 개인소득세는 개개의 국민들에게 직접적인 납세의무와 경제적 부담을 지우는 것이기 때문에 최대한 다수의 지지를 받는 과세체계를 갖추어야 한다.

개인소득세의 납세의무자와 관련하여 제도를 구성할 때에 거주자만 과세할 것인가 아니면 국적인도 과세할 것인가, 우리나라와 어느 정도의 생활연계를 가질 경우 거주자로 인정할 것인가 및 거주자의 과세대상을 전세계소득으로 할 것인가 아니면 국내원천소득으로 한정할 것인가 등의 쟁점들이 있다.

개인소득세의 과세대상의 설정에 대해서도 많은 논의가 필요하다. 평등의 원칙에 충실하자면, 소득세 과세대상은 완전포괄적인 것이 되어야 할 것이다. '응능부담원칙'의 개념상 능력은 '경제적 실질'에 의한 능력이며, 여기서 '경제적 실질'은 특정 경제력을 지배, 관리 및 처분할 수 있는 '경제적 지위'를 의미한다. 그간 조세행정적인 집행가능성과 법적 안정성을 이유로 개인소득과세상으로는 열거된 소득만 과세하는 체계가 유지되어 왔다. 특정 경제적 이득이 그 이득을 취하는 개인의 경제적 지위를 향상하는 것이라면 일본 소득세법상의 규정방식을 원용해서라도 모두 과세할 수 있는 길을 열어 놓아야 할 것이다.

개인소득세의 과세표준은 경제적 실질에 따라 파악하도록 할 필요가 있다. 결손금을 다른 소득금액과 상계하고 그것도 모자랄 경우에는 이월공제하는 것이 필요할 것이다. 개인의 진정한 담세능력은 행정적 편의를 위해 구분한 소득이나 과세기간의 경계와는 무관하게 자신의 생애에 걸친 실질적인 경제력에 의해 좌우되기 때문이다.

개인소득세의 세율은 어느 정도로 설정되어야 하는가? 최고세율은 소득의 50% 이상 설정할 수 있는가, 세율은 과세대상에 따라 차등 설정하는 것이 타당한가 등의 쟁점이 있다. 재분배를 위해 소득의 과반을 국가가 조세로 가져갈 경우 헌법상 보장되는 자유 또는 재산권보장의 가치와 충돌하는 것은 아닌지에 대해서는 독일 헌법재판소 결정 사례가 있다. 전쟁과 같은 특별한 사정이 없는 한 내국세, 지방세 그리고 각종 사회부담금의 합계가 50%를 넘어서는 정도에 이른다면 우리 헌법상으로도 위헌 여부가 문제될 수 있을 것이다. 2차대전 중 미국에서 소득세 최고세율이 94%까지 올라간 때도 있었다. 한편, 현행 소득세법은 과세대상에 따라 여러 개의 차등세율을 규정하고 있다. 주요 국가들에서도 과세대상별로 일정한 요건하에 차등적인 세율을 적용하는 것은 합리적 차별로 인정받고 있다. 우리 소득세법상 연간 2천만원 미만의 이자소득과 배당소득은 14%의 세율로 원천징수되며, 각종 공제 혜택이 주어지지 않는다. 유럽 대부분의 국가에서는 금융소득은 자본손익과 합산하여 소득금액을 계산하도록 하여 낮은 단일세율(또는 복수세율)로 과세하되, 노동소득에 대해서는 누진세율을 적용하고 있다. 눈앞의 담세능력으로 보아서는 평등의 정신에 부합하지 않는 것 같지만 생애전체적으로 보아서는 오히려 더 평등하다는 관점이 내재되어 있다.

제1절 소득세의 역사

소득과세제도는 인(人)의 소득에 대한 조세제도이다. 소득, 납세의무자, 과세기간 및 세액계산 4요소로 구성되어 있다. 우리나라에서는 자연인에 대해서는 소득세법으로 소득세를 부과하고, 법인에 대해서는 법인세법으로 법인세를 부과한다.

제1항 영 국

Adam Smith는 그의 「국부론(The Wealth of Nations, 1776)」에서 소득세의 사회적 순기능을 역설하였다. 각자의 능력인 소득에 비례(proportional to respective revenue)하면서도 사회에서 생활하는 것에 따르는 편익에 비례(proportional to how much a person benefits from living in society)하는 부담이 되어야 한다는 것이다. 소득은 각자가 국가의 보호하에 가득한 것(the revenue which they respectively enjoy under the protection of the state)이므로 편익에 비례하는 것이기도 한 것이다. 그는 더 나아가 조세는 확실한 내용으로 구성된 법규에 의해 부과되어야 하며, 조세행정은 능률적이어야 하고, 조세는 시장에 대한 간섭을 최소화하는 방법으로 과세되어야 한다고 하였다.

William Pitt the Younger는 1783년 영국수상이 된 이후 탈루가 많던 관세율을 낮추는 대신 재산세와 같은 직접세를 도입하였다. 1799년 프랑스와의 전쟁 재원을 조달하기 위한 목적으로 소득세를 도입하였다. 연간 60파운드에서 2백파운드까지는 1%에서 10%까지 누진세율로 과세하고 2백파운드를 초과하는 소득에 대해 10%의 세율로 과세하는 것이었다. 전쟁으로 인한 대규모 적자에 불구하고

1816년 폐지되었다. 이후 자유무역의 증대를 위해 개별소비세를 없애야 한다는 주장이 나타나면서 그것을 대신하는 조세로서 1842년 연간 150파운드를 초과하는 소득에 대한 소득세가 다시 등장하였으며(Robert Peel 정부), 그것이 오늘날까지 이어지고 있다. 1914년에 6%이던 소득세율은 제1차 세계대전이 종료한 1918년에는 30%까지 인상되었다. 독일과의 전쟁을 앞둔 1938년에는 5만 파운드 초과 소득에 대한 세율이 68.5%까지 치솟았다. 현재 소득세는 2007년 소득세와 법인세에 관한 Income and Corporation Taxes Act 1988에서 분리한 Income Tax Act of 2007에 의하여 부과되고 있다.

제 2 항 미 국

소득세는 1862년 남북전쟁 수행을 위한 재정조달을 위해 링컨 행정부에 의해 최초로 부과되었다. 당시 소득세는 인별로 600달러를 초과하고 1만 달러에 미달하는 금액에 대해서는 3%, 1만 달러 초과분에 대해서는 5%의 세율로 세금을 부과하는 것이었다. 이 세금은 1872년에 폐지되었다. 1894년 관세율 인하에 따른 세수감소를 보충하기 위하여 소득세(세율 2%)를 다시 도입하였지만 연방대법원에 의해 미국 헌법 제1조 제2항 제3호에 배치된다고 하여 위헌으로 판단되었다. 미국 헌법 제1조 제2항 제3호는 연방정부가 재정조달을 위해－재산에 대한－직접세(direct tax)를 부과징수할 때 주별로 세원을 할당한다는 개념을 설정하고, 그 할당은 각 주에 거주하는 주민의 수에 따른다고 규정하고 있었다. 재산으로부터의 소득과 같은 임대료소득에 대한 세금은 재산에 대한 직접세이므로 위 조항에 따라 주간 할당하여야 하는데 1894년 소득세는 그렇지 않다는 것이었다(Pollock v. Farmers' Loan and Trust Co. 1865). 1913년 제16수정헌법은 직접세라 하더라도 '소득'에 대한 것이면 연방정부가 주간 할당이나 인구비례에 대한 고려 없이 조세를 부과할 수 있도록 하였다. 연방의회는 1913년 주간 할당 없이 개인과 법인의 순소득에 대해 조세를 부과하는 법안을 제정하였다.

현행 미국 내국세입법 제1편(Subtitle I)에서 Income Tax를 규정하고 있다. 이때 Income Tax는 Tax on Individuals(내국세입법 제1조~제5조 참조)와 Tax on

Corporations(내국세입법 제11조~제12조 참조)를 모두 포괄하는 것이다.

제3항 독 일

프로이센이 나폴레옹의 프랑스와의 전쟁 패배로 인한 배상금 지급을 위해 1807년 도입한 소득세는 1806년 소멸한 신성로마제국(제1제국)에 소속했던 독일 지역 왕국들이 도입한 소득세 중 대표적인 사례가 된다.

근대적인 형태의 소득세는 1871년 독일제국(제2제국)이 형성된 이후 1878년 의 작센 소득세법과 1891년의 프로이센 소득세법에 의해 도입되었다. 1891년의 프로이센 소득세법은 재무장관 Johannes von Miquel이 주도하여 입법되었다. Bernhard Fuisting이 발전시킨 소득원천설(Quellentheorie)에 입각한 것이었다. 상 속 또는 증여에 의한 재산의 증가는 소득으로 보지 않았다. 당시 소득세율은 3~4%(법인세율은 4~5%)의 범위 안에 있었다.

1차세계대전 패전 후 바이마르공화국에서는 1920년 재무장관 Matthias Erzberger가 주도하여 제국소득세법이 제정되었다. 이때 Georg Schanz의 순자산 증가설(Reinvermögenszugangstheorie)에 따른 소득개념에 입각한 소득세가 도입되 었다. 1925년 제국소득세법은 오늘날과 유사하게 소득원천설을 따르는 소득종류 와 순자산증가설을 따르는 소득종류를 병합한 형태의 소득세제를 도입하였다.

현행 소득세법(Einkommensteuergesetz, EStG)은 농림업, 사업 및 독립인적용역 에 따른 소득을 '이윤소득(Gewinneinkünfte)'이라고 하며, 그 소득금액은 순자산증 가설적인 방법에 의하여 계산한다(Georg Schanz). 이들의 경우 소득금액은 과세기 간 중 사업용자산가액의 순증분으로 정의된다(독일 소득세법 제4조 제1항). 이 규정 은 법인의 소득금액 계산에도 적용된다. 다만, 소득세법 제4조 제3항은 총수익에 서 필요경비를 공제하는 방법으로 소득금액을 계산하는 단순방법을 인정하는 특 례규정을 두고 있다. 이는 기장의무가 없는 개인사업소득자들에게 주로 적용된다. 그 이외의 소득은 '순소득(Überschusseinkünfte)'이라고 하며, 근로소득, 자본소득, 임대료소득, 기타소득 등이다(독일 소득세법 제2조 제1항 제1문 제4호~제7호 EStG). 이들은 소득원천설에 따라 소득의 원천으로부터의 과실을 의미하는데, 해당 원천으로부터 열리는 것은 달리 비용의 고려가 필요 없는 순소득이라는 것이다. 이에 따르자면 자산의 가치변동은 소득으로 과세대상이 될 수 없다(Bernhard Fuisting).

제 4 항 일 본

일본 최초의 소득세법인 1887년 메이지 소득세법은 당시 내각이 영국 소득세법과 프로이센 소득세법을 검토한 끝에 후자를 모범으로 하여 작성된 것이다. 원래 대장성 관리들은 프랑스 재정학자인 Leroy-Beaulieu, Paul(1843-1916)의 「조세론」을 토대로 영국형의 분류과세방식을 선호하였다. 납세의무의 이행상 전제통치에 익숙해진 나라에서는 종합과세가 가능하지만 그렇지 않은 나라에서는 원천징수에 주로 의존하는 영국식의 분류과세제도가 현실적이라는 것이다. 실은 영국식을 도입하더라도 난해한 소득의 분류 문제가 부수한다는 이유로 대장성 관리들은 소득세 도입을 망설이면서 비교적 징수가 용이한 가옥세 도입을 희망하고 있었다.

일본의 1886년 예산안은 갑안으로 가옥세를 을안으로 소득세와 영업세를 놓고 논의되었지만 철회되었다. 1891년 프로이센 소득세법 제정 이전 프로이센 소득세(Klassen-und Klassifizierte Einkommensteuer)안을 본떠 Carl Rudolph가 마련한 수입세법안이 결정적 역할을 하였다. 결국 1887년 도입된 소득세는 소득구간은 5개로 구분하며, 소득최고구간에 해당하는 3만 엔 이상의 경우에 3%의 세율로 과세하는 것이었다. 열거한 소득에 해당하는 소득을 종합과세하는 것이었으며, 소득금액은 군구장(현재의 세무서장에 상당)이 조사위원회의 결의에 따라 결정하는 부과결정제도이며, 그 기초가 되는 금액은 본인이 그 해의 소득예산금액을 4월 30일까지 신고하는 것이었다. 여기서 '예산'이라는 것은 '과거로부터 미래를 추산하는 것'이며, 전 3년치의 실적을 기초로 1년치의 것을 추산하는 방식에 의하는 것이었다.

2차세계대전 패전 후 미국 컬럼비아대학 교수인 Carl S. Shoup 교수의 보고서상 제안을 따라 소득세제에 미국식 조항이 다수 도입되어 오늘날에 이르고 있다. 현행 소득세는 所得稅法이 규율하고 있다.

제5항 우리나라

우리나라의 소득세는 일제강점기인 1934년 조선총독부 내 세제조사위원회의 세제개혁안을 바탕으로 도입된 일반소득세가 그 효시이다. 이때 1종은 법인소득, 2종은 원천과세대상인 이자·배당 등, 3종은 종합과세대상인 2종에 속하지 않는 소득으로 구분되었다. 해방 후 미군정은 일제강점기의 제도를 그대로 물려받으면서 1945년 11월 2일 군정법령 제21호로 「법률 제 명령의 존속」을 공포함으로써 총독부가 발한 법령의 효력을 존속시키도록 하였다. 1948년에 부동산 등의 양도차익에 대한 과세제도가 도입되었다.

1949년 소득세법이 제정되면서 법인세가 소득세로부터 분리되었다. 소득세법상 양도소득은 1949년 과세대상에서 제외되었다. 한국전쟁 후 1953년 왈드(H.P. Wald)가 제출한 '한국 세제에 관한 보고와 건의'를 참고하여 이루어진 세제 개혁에서는 전후 부흥을 위한 사업 투자를 장려하는 한편, 조세부담률을 높이는 대신 민간 투자를 활성화하고 과세의 공평성을 확보하는 것을 목표로 하였다. 소득세는 종합과세로, 법인세는 비례세로 바꾸면서 전체적인 세율은 낮추었고 영업세와 물품세는 세율을 조정하였다. 1954년 개정 소득세법은 양도소득을 다시 과세대상 소득으로 열거하였다(구 소득세법 제12조 제1항 제7호, 법률 제319호, 1954. 3. 31). 양도소득과세조항이 별 실익을 거두지 못하자 1960년 다시 과세대상에서 삭제되었다. 1975년 소득세법 개정으로 이자소득·배당소득 및 부동산소득의 자산소득이 세대단위 합산과세로 전환되었다. 그리고 1974년 말 1968년 신설되었던 부동산투기억제세가 소득세에 흡수되어 양도소득세가 신설되었다.

제 2 절 과세대상

제 1 항 소득의 범주와 분류

1. 소득의 범주

소득세법에서 과세대상인 소득을 규정하는 방식으로는 추상적인 소득 개념에 부합하는 것이면 모두 과세하는 '포괄주의 과세방식'과 과세대상으로 열거한 항목에 대해서만 과세하는 '열거주의 과세방식'이 있다. 미국 내국세입법은 소득세의 과세대상을 '총소득(gross income)'이라고 명명하고 그것을 "그 연원하는 원천을 불문한 모든 소득 …(all income from whatever source derived …)"이라고 정의하고 있어 포괄주의 규정방식을 채택한 하나의 예를 보여주고 있다(내국세입법 제61조 (a)항). 이 예에서도 '소득' 그 자체에 대해서는 정의하지 않고 있다. 이 개념 정의는 개인과 법인에 공통적으로 사용된다.

소득세법은 열거주의 과세방식에 입각해 있다. 소득세법은 과세대상 각 종류의 소득을 규정하면서 그것에 포함될 경제적 이익을 열거하고 있다. 이자소득에 관한 소득세법 제16조 제1항의 규정을 예로 들면 '국가 … 발행한 채권 또는 증권의 이자와 할인액'을 첫 번째 이자소득항목으로 열거하고 있다. 여기서 '이자'는 소득세법 제16조 제1항 본문에서의 '이자소득'과는 다른 개념이며 국채의 발행에 관한 실정법상 '이자'를 의미한다. '이자소득'은 소득세법 제14조의 규정에 의한 '종합소득금액'에 합산될 '이자소득금액'을 산정하기 위한 개념이다. 소득세법은 '소득' → '종합소득' → '이자소득'의 규정 단계상 어느 하나에 있어서도 세법 독자적인 '소득'의 개념을 정의하지 않고 있다.

소득세법상 이자소득, 배당소득, 근로소득 및 사업소득에 관한 규정은 그 대상을 규정하면서 '금전 사용의 대가', '수익분배의 성격', '근로의 제공으로 인하여 받은 급여', 및 '영리를 목적으로 자기의 계산과 책임하에 계속적·반복적으로 행하는 활동을 통하여 얻는 소득'의 개념들을 통해 해당 소득 범주 안에서 추상적인 개념을 통한 과세대상의 포괄적 규정을 도모하고 있다. 이 규정들은 해당 소득유형의 개념의 '완전 포괄화'에는 이르지 못하고, 앞에 열거된 소득들과 '유사한 것'의 요건을 부가하고 있어서 '유형화'를 지향하고 있다고 볼 수 있다. 이를 '유형별 포괄주의'라고 부를 수 있을 것이다.

소득세법상 과세대상은 원칙적으로 법률에서 규정하여야 한다(대법원 2008. 5. 8. 선고 2007두4490 판결). 법률에서 규정한 과세대상의 구체적 요건의 규정을 하위 법규에 위임하는 경우에도 포괄위임은 하지 않아야 할 것이다(헌법재판소 2006. 2. 23. 선고 2004헌가26 전원재판부 결정).

법인세법은 영리법인의 소득을 규정하면서는 포괄적 소득개념을 적용하고 있다. 법인은 개인과 달리 소득금액을 복식부기(double-entry bookkeeping)에 의하여 계산할 수 있는 제도가 비교적 잘 마련되어 있기 때문이다. 복식부기에 의하여 계산한 당기순이익을 그대로 과세상 소득금액으로 인정하지는 않으며 소득가득활동과의 관련성이 있는 비용 또는 손실만을 인정하는 점은 개인의 소득과세시 소비한 금액은 공제하지 않는 것과 유사하다고 할 수 있다.

비영리법인에 대해서는 영리법인의 경우와 달리 열거된 소득, 즉 수익사업소득만 과세하고 있다. 비영리법인의 수익사업소득은 개인의 사업소득에 해당하는 항목, 개인의 이자소득 또는 배당소득에 해당하는 항목, 주식 등의 양도차익 및 비고유목적사업용 고정자산의 처분차익 등이다(법인세법 제4조 제3항). 개인의 과세대상소득보다도 그 범주가 좁게 형성되어 있다. 이는 비영리법인의 설립 목적을 감안하여 정책적으로 과세소득의 범주를 축소한 것이다.

2. 소득의 분류

소득세법은 소득을 종합소득, 퇴직소득 및 양도소득으로 3대 분류하고 있으며 이를 '분류과세방식'이라고 한다. 종합소득은 당해 연도에 발생하는 이자소득, 배당소득, 사업소득, 근로소득, 연금소득 및 기타소득을 합산한 것이다(소득세법

제4조 제1호). 종합소득에 포함되는 소득들은 합산하여 '종합과세방식'으로 과세한다(소득세법 제4조). 퇴직소득은 퇴직으로 인하여 발생하는 소득과 국민연금법 또는 공무원연금법 등에 의하여 지급받는 일시금이다(소득세법 제4조 제2호). 양도소득은 과세대상 자산의 양도로 인하여 발생하는 소득이다(소득세법 제4조 제3호).

소득의 구분은 과세상 매우 중요하다. 첫째, 소득유형에 따라 필요경비의 공제 또는 소득공제 등이 달라 소득금액의 산출방식에 차이가 있을 수 있다. 둘째, 소득유형에 따라 납세의무의 이행방식에 차이가 있을 수 있다. 셋째, 비거주자의 국내원천소득과세상 소득을 구분할 필요가 있다. 넷째, 동일 기간 동일 납세자에 귀속하는 소득이라도 서로 종류가 다르면 조세소송상 다른 소송물로 보는 경우가 있다.

투자신탁 등을 제외한 신탁의 이익은 수탁자에게 이전되거나 그 밖에 처분된 재산권에서 발생하는 소득의 내용별로 구분한다(소득세법 제4조 제2항).

소득세법은 소득의 분류를 위해 비세법에서 차용한 용어를 많이 사용하고 있다. 세법에서 차용개념을 해석할 때에는 원칙적으로 해당 비세법에서의 정의나 해석관행을 존중하여야 하지만, 해당 세법 조항의 목적을 고려하여 세법 독자적으로 해석할 여지는 있다.

제 2 항   과세소득의 귀속

공동사업에 의한 사업소득은 각 공동사업자별로 배분하여 개별적으로 납세의무를 진다. 다만, 주된 공동사업자에게 합산과세되는 경우 그 합산과세되는 소득금액에 대해서는 주된 공동사업자의 특수관계인은 손익분배비율에 해당하는 그의 소득금액을 한도로 주된 공동사업자와 연대하여 납세의무를 진다(소득세법 제2조의 2). 공동소유 자산으로부터의 양도소득은 해당 공동소유자별로 개별적으로 납세의무를 진다.

피상속인의 소득금액에 대해서 과세하는 경우에는 그 상속인이 납세의무를 지며, 이 경우 공동상속인 간 연대납세의무를 진다.

부당행위계산부인규정(소득세법 제101조 제2항)에 따라 증여자가 자산을 직접 양도한 것으로 보는 경우 그 양도소득에 대해서는 증여자가 양도소득에 대한 납세의무를 부담하며, 증여받은 자는 그와 연대하여 납세의무를 진다. 위 규정에 따라 증여자가 양도소득세를 부담하는 경우에는 수증자에 대한 증여는 없는 것으로 보아 수증자가 납부한 증여세를 환급해준다. 이와 같이 과세상 증여는 존재하지 않는 것으로 봄에도 불구하고 수증자에게 연대납세의무를 부과하는 것은 타당하지 않다.

소득세법에 따라 원천징수되는 소득으로서 소득세 종합소득과세표준에 합산되지 아니하는 소득이 있는 자는 그 원천징수되는 소득세에 대해서 납세의무를 진다.

신탁재산에 귀속되는 소득은 그 신탁의 수익자(수익자가 특별히 정해지지 아니하거나 존재하지 아니하거나 위탁자가 신탁해지권, 수익자 지정권을 보유하는 등 신탁재산을 실질적으로 통제하고, 신탁의 수익자를 위탁자의 배우자 등으로 별도로 설정한 경우에는 신탁의 위탁자)에게 귀속되는 것으로 본다(소득세법 제2조의 3).

제 3 항   소득금액

소득세법상 소득금액은 소득의 유형별로 계산한다. 소득금액을 계산한 후 일정 공제를 하여 과세표준을 산정하고 세율을 적용하여 세액을 계산하게 된다. 과세표준을 계산할 때 종합소득에 해당하는 소득유형의 소득금액은 모두 합산하여 종합소득과세표준을 계산하는 것이 원칙이다. 퇴직소득과 양도소득은 각각 과세표준을 계산한다.

종합소득과세표준은 제16조 내지 제47조의 2의 규정에 따라 계산한 이자소득금액, …, 기타소득금액의 합계액에서 종합소득공제를 한 금액이다(소득세법 제14조 제1항). 여기에는 소득세법 제12조의 규정 또는 조세특례제한법('조특법')에 의한 비과세소득의 소득금액이 합산되지 않는다(소득세법 제14조 제3항).

소득세법이 규정하는 개별 소득유형들은 총수입금액을 바로 소득금액으로 하는 소득과 총수입금액에서 그에 대응하는 필요경비를 공제한 금액을 소득금액으로 하는 소득으로 구분할 수 있다.

전자에 해당하는 소득유형은 이자소득, 배당소득, 근로소득, 연금소득 및 퇴직소득이 있으며 주로 원천징수의 방법으로 과세한다. 후자에 해당하는 소득유형은 사업소득, 기타소득 및 양도소득이 있으며 주로 신고납부의 방법으로 과세한다.

종합소득 중 소득세법상 가장 앞에 규정된 이자소득과 마지막에 규정된 기타소득의 소득금액 계산에 대해 살펴보면 아래와 같다. 이자소득은 당해 연도에 발생한… 채권 또는 증권의 이자와 할인액… 및 …과 유사한 소득으로서 금전의 사용에 따른 대가의 성격이 있는 것으로 한다(소득세법 제16조 제1항). 이자소득금액은 당해 연도의 총수입금액으로 한다(소득세법 제16조 제2항). 기타소득은 이자소득… 연금소득, 퇴직소득 및 양도소득 외의 소득으로 상금 …에 준하는 금품… 종교인소득으로 하며(소득세법 제21조 제1항), 서화골동품 양도소득이 이에 포함된다(소득세법 제21조 제2항). 기타소득금액은 당해 연도의 총수입금액에서 이에 사용된 필요경비를 공제한 금액으로 한다(소득세법 제21조 제3항).

각 소득에 대한 총수입금액의 계산은 당해 연도에 수입하였거나 수입할 금액의 합계액에 의한다(소득세법 제24조). 사업소득금액 또는 기타소득금액의 계산에 있어 필요경비에 산입할 금액은 당해 연도의 총수입금액에 대응하는 비용으로서(necessary) 일반적으로 용인되는 통상적인(ordinary) 것의 합계액으로 한다(소득세법 제27조).

총수입금액의 용어에서 '총'은 여러 유형의 소득들의 소득금액을 총합한다는 의미는 아니며, 당해 소득유형에 해당하는 수입금액으로서 해당 과세연도에 귀속하는 것들을 합계한다는 의미이다.

제3절   납세의무자

제1항   과세단위

소득세는 개인(individual)에 귀속하는 소득에 대한 조세이다. 그 납세의무자는 개인이며(소득세법 제1조), 이를 과세단위로 하는 것이 원칙이다.

'과세단위(taxable unit)'라 함은 과세대상의 귀속 주체가 될 수 있는 인적 단위를 말한다. 과세단위가 문제되는 것은 누진세율체계를 갖는 조세에서이다. 비례세율이 적용될 때에는 과세단위가 변한다고 하여 실질적인 세부담에 차이가 발생하는 것은 아니기 때문이다.

소득세의 과세단위의 설정에 관해 '개인단위주의'와 '소비단위주의'를 생각할 수 있다. 소비단위는 서로의 소득을 하나의 바스켓에 모아 공동의 소비재원으로 하는 단위를 말한다. 실제 사회생활에서 보면 부부 또는 가족이 이에 해당할 것이다.

소득세는 소득을 담세력으로 과세하는 세금이다. 소득은 소비를 위하여 존재하는 것이므로 잠재소비능력이라고 볼 수 있다. 소비단위 내 각 구성원들은 가족구성원 전체의 소득을 각 구성원의 수만큼 나눈 정도의 소비잠재력을 가지고 있다고 볼 수 있다는 점에서 소비단위로 과세하는 것은 이론적으로 정당성을 갖는다. 가족단위로 하는 경우에는 개개의 가족구성원의 소득가득능력이 동일한 경우라 하더라도 소가족에 유리한 결과가 나오게 될 것이므로 인분인승(人分人乘)의 방식으로 그 문제를 치유하기도 한다.

각국의 제도를 보면 가족 간 유대가 많았던 시절에는 소비단위주의가 채택되기도 하였지만 이제는 개인단위주의로 가고 있으며 경우에 따라 인분인승에 의한 소비단위과세를 선택할 수 있게 하는 국가(예, 독일)도 있다. 미국은 一부부재산공

유제도(community property rule)를 취하는 가족법을 갖고 있는 주가 다수 있음에
도 불구하고 ─ 연방차원에서 부부의 소득을 과세함에 있어서는 일부 예외적 규정
에 불구하고 개인단위주의를 원칙으로 하고 있다고 볼 수 있다.

　소득세법상 2002년까지 존재하던 자산소득 부부합산과세는 그것이 혼인한 부
부를 차별 취급하는 것이기 때문에 헌법 제36조 제1항에 위반된다는 헌법재판소
의 결정에 따라 폐지되었다. 2008년 종합부동산세법 중 세대합산과세규정이 혼인
에 대한 비합리적 차별 조항이라는 이유로 위헌으로 결정되면서 우리 세법상 개
인단위과세의 원칙이 어느 정도 자리를 잡아가고 있는 것으로 보인다.

　소득세법상 ‘1세대 1주택’ 양도차익의 비과세제도가 있다. 이는 세대단위 거
주의 실제를 감안하여 거주이전이 제약을 받지 않도록 하는 것을 주된 목적으로
한다. 세대의 구성원이 아닌 개인은 없을 것이므로 이 제도는 차별적 과세제도라
고 볼 수 없을 것이다.

　다주택자의 양도소득, 임대소득에 대한 소득세 또는 취득세를 중과세하면서
주택 보유수를 세대단위로 판단한다면 개인단위과세원칙에 위배되는 것이 된다.

제 2 항　거주성별 과세소득의 범위

　소득세법은 개인이 우리나라의 거주자인 경우에는 전세계소득에 대해 과세하
고 비거주자인 경우에는 국내원천소득만 과세하는 ‘속인주의 과세방식(personal
approach, 거주지주의)’을 채택하고 있다. 거주자의 국외원천소득을 과세하면서는
외국납부세액을 공제해주는 방식으로 이중과세를 해소한다. 이 방식은 거주성
(residency) 여부에 불구하고 모두에게 국내원천소득만 과세하는 ‘속지주의 과세방
식(territorial approach, 원천지주의)’에 대립하는 것이다.

　1890년대 프로이센 등 독일제국(Deutsches Kaiserreich)의 구성국들에 도입된
소득세는 종합과세하는 방식을 채택하였다. 독일제국의 재정은 관세나 소비세 및
우편 · 전신 수입을 재원으로 삼고 있었으며, 부족분은 각 구성국들의 분담금에
의존하고 있었다. 독일제국 구성국들은 과세관할을 설정하면서 구성국간 이중과
세 및 독일제국 외 국가와의 이중과세를 해소하기 위한 방안을 강구하였다. 거주

자의 국외원천소득에 대해 모두 과세하도록 하면서도 제국의 다른 구성국 원천소득 중 일부에 대해서는 면제하는 방법이 사용되었다.

1918년 미국의 Revenue Act of 1918 Chapter 18 제222조는 속인주의과세방식에 의한 각국의 국내조세법규상 오늘날과 같은 형태의 외국납부세액공제제도의 도입사례로서는 최초의 일이다. '원천지'를 가리는 일은 매우 어려운 일인 반면, 외국납부세액은 증거만 확보되면 그 집행상 어려울 일이 없는 것이었다는 점도 작용한 것이다. 당시 입법을 주도한 T.S. Adams와 Edwin R.A. Seligman의 의견 대립을 간과할 수 없다. 전자는 응익부담원칙에 입각한 원천지주의 과세를 후자는 응능부담원칙에 입각한 거주지주의 과세를 주장하였다. Adams는 국제적 이중과세는 효율의 문제라기보다는 적대적 차별의 문제이므로 그것을 본원적으로 불식하여야 한다고 인식하였다.

영국에서는 1920년 왕립소득세위원회에서 이중과세문제가 집중적으로 논의되었다. 대영제국 소속국 간의 이중과세문제가 시급한 것으로 인식되었으며 그에 따라 소득과세상 국제적 이중과세조정제도가 도입되었다. 대영제국 내에 공동의 번영이 당위성을 가지며 이를 위해서는 자본의 자유로운 이동이 필요하다는 것이었다. 당시에는 대영제국 외의 국가와의 관계에서의 이중과세는 배제되지 않는 것이었다. 영국은 1920년대 국제연맹에서의 논의과정에서 거주지주의 과세를 매우 강력하게 주장하였다. 1926년 대영제국 외 국가들과의 관계에서도 외국납부세액공제를 허여하는 입법을 하였다.

일본의 1899년 개정 소득세법은 무제한납세의무자와 제한납세의무자를 구분하였다. 무제한 납세의무자에 대해서는 '전세계소득과세원칙'의 입장을 명확히 하고, 국제적 이중과세의 배제방법으로서 유럽형의 '국외소득면제방식'을 채택하였다. 1920년 개정 소득세법은 무제한 납세의무자에 대해 소득발생지의 내외를 불문하고 종합과세되는 것으로 하며, 국제적 이중과세의 배제방법으로서 '외국세액손금산입방식'을 채택하였다. 일본의 외국세액공제제도는 전후 미국의 영향을 받아 1953년 도입되었다.

1. 거주성

소득세법은 '국내에 주소를 두거나 183일 이상 거소를 둔 개인'을 거주자라고 규정하고 있다. 소득세법시행령은 소득세법 제1조의 규정에 의한 '주소'는 "국내에서 생계를 같이하는 가족 및 국내에 소재하는 자산의 유무 등 생활관계의 객관적 사실에 따라 판정한다."고 규정하고 있다(소득세법시행령 제2조 제1항). '거소'는 주소지 외의 장소 중 상당 기간에 걸쳐 거주하는 장소로서 주소와 같이 밀접한 일반적 생활관계가 형성되지 아니하는 장소이다(소득세법시행령 제2조 제2항). 주소나 거소는 '생활관계의 객관적 사실'에 따라 구분하여야 하며, 관계의 '밀접성'에 따라 주소 또는 거소 여부가 결정된다.

국내에 주소를 둔 경우에는 주소를 둔 기간 전체에 걸쳐 거주자가 되며, 거소를 둔 경우에는 거소를 둔 지 183일이 되는 날 거주자가 된다(소득세법기본통칙 1-7).

2. 과세대상

거주자에 대해서는 소득세법이 규정하는 모든 소득에 대해 과세하며 비거주자에게는 국내원천소득에 대해서만 과세한다(소득세법 제2조, 제3조).

소득세법상 비거주자는 자기의 소득 중 우리나라에서 발생한 소득, 즉 국내원천소득에 대해 소득세를 납부하여야 한다(소득세법 제1조 제1항 제2호). 비거주자의 국내원천소득에 대한 과세는 원천징수의무를 부과함으로써 조세채권을 확보하는 방식에 주로 의존한다.

소득세법 제4장은 비거주자의 국내원천소득에 대한 납세의무에 관해 규정하고 있다. 비거주자의 과세대상 국내원천소득은 소득세법 제119조에 열거된 것으로 한정된다(소득세법 제3조). 제119조가 규정하는 소득은 대체로 거주자의 과세대상 국내원천소득과 그 내용이 동일하다. 한 국가의 입장에서 볼 때 비거주자는 그에 귀속하는 모든 소득에 대해 과세할 만한 고리(nexus)가 있다고 보기는 어려울 것이다.

해당 과세기간 종료일 10년 전부터 국내에 주소나 거소를 둔 기간의 합계가

5년 이하인 외국인 거주자에게는 과세대상 소득 중 국외에서 발생한 소득, 즉 국외원천소득의 경우 국내에서 지급되거나 국내로 송금된 소득에 대해서만 과세한다(소득세법 제3조 제1항 단서).

국외로 전출하는 거주자(출국일 전 10년 중 5년 이상 국내에 주소·거소가 있던자)에 대해서는 대주주로서 보유하고 있는 주식에 대하여 비록 주식을 실제로 처분 또는 양도하지 않았다고 하더라도 국외로 전출하는 시점에 주식을 양도했다고 간주하여, 전출시점의 주식 시가에서 과거 주식 매입 당시 실제 취득가액을 차감함으로써 자본이득을 산정하고 그 차익에 양도소득세율을 적용하여 산정한 양도소득세를 과세하고 있다(소득세법 제118조의 9).

3. 양도소득의 특수성

소득세법상 거주자는 국내원천소득뿐 아니라 국외원천소득도 그 과세대상으로 하여 소득세 납세의무를 부담한다. 다만, 양도소득의 경우 국외원천양도소득에 대한 납세의무를 부담하는 자는 소득세법 제1조의 2의 규정에 의한 "국내에 주소를 두거나 183일 이상의 거소(居所)를 둔 개인"이 아니라 소득세법 제118조의 2의 규정에 따라 "해당 자산의 양도일까지 계속 5년 이상 국내에 주소 또는 거소를 둔자"를 의미한다. 소득세법은 이와 같이 그 범주가 축소된 거주자의 개념이 적용되는 국외원천 양도소득에 대한 과세를 규정하기 위해 소득세법 '제3장 거주자의 양도소득에 대한 납세의무'에 '제10절 국외자산 양도'를 두고 있다.

제10절은 소득세법상 일반적인 거주자의 과세대상 양도소득과 별도로 과세대상 국외자산 양도소득을 규정하고 있다. 전자는 제4절의 소득세법 제94조에서 규정하고 있으며, 후자는 제10절의 소득세법 제118조의 2에서 규정하고 있는 것이다. 그런데 전자에 국외자산도 일부 항목 포함되어 규정되어 있다.

소득세법 제94조에서 규정하는 양도소득 과세대상 6개호 중 제3호와 제5호는 국외자산으로부터의 소득을 포함하고 있다. 그중 제1호, 제2호 및 제4호에 대응하는 국외자산은 소득세법 제118조의 2에서 규정하고 있다. 제6호는 국내자산만 규정하고 있으며, 그에 대응하는 국외자산이 소득세법 제118조의 2에서 규정되어 있지 않다.

거주자가 보유하는 국외자산은 일반적인 거주자이면 양도소득이 과세되는 자산, 축소된 거주자 개념에 부합하여야 양도소득이 과세되는 자산 그리고 아예 양도소득이 과세되지 않는 자산으로 분류할 수 있을 것이다.

제4절   종합소득

소득세법은 제2장에서 거주자의 종합소득 및 퇴직소득에 대한 납세의무에 관해 규정하고 있다. 그리고 제3장에서는 거주자의 양도소득에 대한 납세의무에 관해 규정하고 있다. 각 장은 각 납세의무의 성립, 확정 및 이행에 관해 규정하고 있다. 퇴직소득은 종합소득과 동일한 장에서 규정되고 있지만 양도소득과 비교하여 다를 바 없이 구분되는 소득이다. 소득세법은 종합소득과 퇴직소득은 서로 소득금액과 세액을 구분하여 계산한다고 규정하고 있다(소득세법 제14조 및 제15조). 각각에 대해 확정신고에 관한 규정을 두고 있다(소득세법 제70조 및 제71조). 제3장이 규정하는 양도소득도 납세자의 확정신고에 의하여 납세의무가 확정되는 점에서는 종합소득 및 퇴직소득과 동일하다.

제1항   과세대상

소득세법상 '종합소득(global income)'은 특정인에게 귀속하는 개별적 소득의 유형이 서로 다름에도 불구하고 각 소득의 소득금액을 종합하여 누진세율을 적용하는 소득을 말한다.

응능과세의 원칙에 충실한 '종합과세방식'의 소득세는 1891년 프로이센 소득세법에서 그 첫 제도적 사례를 찾아볼 수 있다. 당시 영국의 소득세는 '분류과세방식'에 의한 것이었다.

오늘날 종합과세방식에 가장 충실한 소득세제를 가진 나라는 미국이다. 미국 내국세입법상 소득은 포괄적인 개념으로 받아들여지고 있으며 각 개인은 원칙적으로 자신에 귀속하는 연간 순자산증가분을 소득으로 인식하여 소득세를 부과받는다. 미국에서도 자산양도소득은 소득금액 계산과 세율적용상 다른 소득들과 분리되어 과세되는 경우가 대부분이다.

소득세법상 종합소득은 이자소득, 배당소득, 사업소득, 근로소득, 연금소득 및 기타소득의 6가지 소득으로 구성된다. 위 6가지 소득이 종합소득이므로 상호간 굳이 구분할 필요가 없을 것임에도 소득세법이 이와 같이 유형화하는 이유는 종합과세를 원칙으로 하되, 각 소득별 특성을 감안하여 과세상 예외를 두기 위함이다. 예를 들면, 이자소득과 배당소득은 연간 두 소득의 합계금액인 2천만원 이하인 자에 대해서는 14% 세율에 의한 원천징수로 소득세 조세채무가 소멸하게 하고 종합하여 과세하지 않는 '분리과세방식'을 채택하고 있다.

이 절에서는 소득세법상 종합소득에 속하는 소득유형들을 과세방식이 유사한 것별로 묶어 설명한다. 이에 따라 이자소득·배당소득, 사업소득, 근로소득·연금소득 및 기타소득으로 구분한다. 소득세법은 각 소득유형에 대해 규정하면서 그 유형의 소득에 포함되는 항목을 열거하고 있다.

1. 이자소득·배당소득

이자소득과 배당소득 각각에 대해 그 과세대상, 소득금액계산 및 소득인식시기판정에 관한 규정의 내용을 설명한다. 과세방식은 두 소득유형에 공통되므로 한데 모아 설명한다.

가. 이자소득

(1) 과세대상

소득세법은 제16조 제1항에서 제1호부터 제13호까지에서 이자, 할인액, 환매조건부증권매매차익 및 10년 미만 저축성 보험차익 등을 '이자소득'으로 열거하고 있다.

'이자'란 일반적으로 금전 또는 기타의 금전 대체물(cash equivalent, 현금성 자산)을 사용한 대가로서 원본과 사용기간에 비례하여 지급하거나 지급하기로 약정된 금전 또는 기타의 금전 대체물을 말한다.

이자소득으로 보기 위해서는 금전의 사용을 허여한 자에게 원본의 회수가 보장되어야 하며, 대상 소득이 원본의 '사용기간에 비례'한 사용대가라는 민법상 이자의 개념적 본질에 부합하여야 한다. 채권의 양도로 얻는 수익이 진정한 양도(true sale)에 의한 양도차익인지 양도담보에 의한 자금의 대여에 의한 것인지는 그 수익이 원본의 '사용기간에 비례'한 사용대가인지에 따라 판단한다.

'… 채권 또는 증권의 환매조건부 매매차익'은 이자소득이다(소득세법 제16조 제1항 제8호). 비록 환매방식에 의한 매매차익의 외관을 가지고 있지만 환매하기로 한 가격이 당초 매매가격에 환매기간 동안의 이자상당액을 가산한 가액으로 되어 있는 점을 고려한 것이다.

'… 저축성보험의 보험차익'은 이자소득이다(소득세법 제16조 제1항 제9호). '저축성보험'은 생명보험 또는 손해보험 등 보험의 명칭과 내용에 불구하고 결과적으로 납부한 보험료의 합계금액보다 많은 보험금을 받게 되는 보험 등을 말한다. 정책적으로 만기 10년 이상의 저축성 보험차익 등은 과세대상에서 제외되고 있다. 피보험자의 사망·질병·부상 그 밖의 신체상의 상해로 인하여 받거나 자산의 멸실 또는 손괴로 인하여 받는 보험금을 차감한 후의 보험금에서 보험료의 합계금액을 차감하여 보험차익을 계산한다(소득세법시행령 제25조 제1항).

'비영업대금(非營業貸金)의 이익'은 이자소득이다(소득세법 제16조 제1항 제11호). 일시적인 금전소비대차에 의한 이익을 말한다. 비영업대금의 이익은 조건부 종합과세대상이며, 25%의 세율로 원천징수한다. 비실명 비영업대금의 이익에 대해서는 45%의 세율로 원천징수하여야 한다(소득세법 제129조 제2항).

소득세법 제16조 제1항 제12호에서 이자소득의 하나로서 '제1호 내지 제11호의 소득과 유사한 소득으로서 금전사용에 따른 대가로서의 성격이 있는 것(2001. 12. 31. 신설)'을 규정하고 있다('유형별 포괄주의 규정'). '유사한'은 독자적인 의미를 갖는다. '제1호 내지 제11호의 소득'은 모두 '일시적 또는 수동적인' 활동으로부터의 소득이라는 성격을 공유하고 있는 것으로 보아야 할 것이다. 동일한 '이자'라고 하더라도 계속적, 반복적인 활동을 통해 가득하는 경우 즉, 영업대금업에서의 '이자' 수입은 사업소득으로 과세되는 것을 참고할 수 있다. '금전의 사용에 대한 대가로서의 성격'에 대한 법원의 해석사례는 드물게 발견된다(엔화스왑예금사건, 대법원 2011. 5. 13. 선고 2010두5004 판결 참조). 이자제한법상 간주이자의 경우에는 제

11호 또는 제12호의 규정에 포함되어야 할 것이다(이자제한법 제4조).

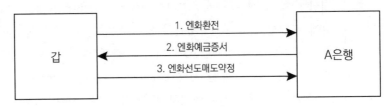

1. 10원/1엔의 환율로 1억원을 1천만엔으로 환전
2. 1.과 같은 날에 1천만엔을 만기 정기예금으로 예입. 이자율 0.1%
3. 1.과 같은 날에 1년 후 10.3%/1엔의 환율로 선도매도약정 체결
4. 1년 후 갑은 A은행으로부터 1억 310만원을 수령
5. A은행은 1만엔*10.3=10만3천원에 대해 14%의 세율로 이자소득세 원천징수
6. 2,997,000원은 이자소득인가?

제1호 내지 제12호까지의 소득을 발생시키는 거래 또는 행위와 「자본시장 및 금융투자업에 관한 법률('자본시장법')」 제5조에 따른 파생상품이 결합된 경우 해당 파생상품의 거래 또는 행위로부터의 이익('이자부상품결합파생상품이익')은 이자소득이다(소득세법 제16조 제1항 제13호). '결합'은 이자부상품과 파생상품을 함께 거래하는 경우로서 실질상 하나의 상품과 같이 운영되거나 장래 특정시점에 지급하는 파생상품이익이 확정되는 경우를 말한다(소득세법시행령 제26조 제5항). 지수연동예금(equity linked deposit)이 이에 해당한다.

(2) 소득금액

이자소득금액은 당해 연도의 총수입금액으로 한다(소득세법 제16조 제2항). 이자소득의 총수입금액은 당해 연도에 수입하였거나 수입할 금액의 합계액에 의한다(소득세법 제24조 제1항). '수입한 금액'은 실제로 수령한 현금뿐 아니라 환가할 수 있는 경제재의 금액을 말한다. '수입할 금액'은 확정된 수입할 권리에 따라 당해 연도에 수입할 것으로 기대할 수 있는 금액을 말한다.

이자소득의 총수입금액에 대한 필요경비는 인정되지 않는다(소득세법 제27조 제1항). 대금업과 같이 사업으로 영위하는 금융업으로부터의 이자수입금액에 대해서는 이자비용 등 필요경비가 인정되나 기타의 이자소득에 대해서는 필요경비가 인정되지 않는다.

비영업대금의 이익도 이자소득이기 때문에 총수입금액에 대해 과세한다. 비영업대금은 사업적으로 이루어지는 것은 아니기 때문에 소득금액 계산상 필요경비를 인정하지 않는다.

금전소비대차에 있어서 채권자가 채무자로부터 받는 금원은 비용, 이자, 원본의 순서로 변제에 충당한다(민법 제479조 제1항). 따라서 이자를 지급받은 후 추후 원본을 지급받지 못하였다고 하여 이자소득이 발생하지 않은 것으로 보지는 않는다. 그런데 소득세법시행령상으로는 해당 과세기간에 발생한(약정에 의해 지급하기로 한 날이 도래한) 비영업대금 이익에 대하여 과세표준확정신고 전에 회수불능 사유가 발생한 경우 회수한 금액에서 원금을 먼저 차감하여 이자소득을 계산한다(소득세법시행령 제51조 제7항). 이 경우 회수한 금액이 원금에 미달하는 때에는 총수입금액은 이를 없는 것으로 한다.

(3) 인식시기

이자소득의 인식시기, 즉 과세시기는 소득세법시행령 제45조에서 이자소득의 각 유형별로 그 특징을 감안하여 규정하고 있다. 이자소득은 실제로 지급을 받는 날과 약정에 의해 지급을 받기로 한 날 중 어느 하나가 소득의 인식시기가 된다.

소득의 인식시기는 주로 실제 지급하는 때로 되어 있다. 원천징수는 실제 지급하는 때에 하는 것을 원칙으로 하므로 소득 인식시기는 대부분 원천징수시기와 일치한다. 소득세법상 지급시기를 의제하여 그때 원천징수하도록 하는 특례를 두고 있는 경우가 있다. 약정에 의해 지급받기로 한 날과 일치하는 것은 아니다.

비영업대금의 이익의 소득인식시기는 약정에 의해 지급하기로 한 날이다(소득세법시행령 제45조의 2 제9호). 비영업대금에서 이자를 지급하기로 약정한 날 실제 이자를 지급받지 못하더라도 이자소득이 있었던 것으로 본다.

나. 배당소득

(1) 과세대상

소득세법은 배당소득으로 다음을 열거하고 있다(소득세법 제17조 제1항).

1. 내국법인으로부터 받는 이익이나 잉여금의 배당 또는 분배금
2. 법인으로 보는 단체로부터의 배당 또는 분배금
2의2. 법인과세 신탁재산으로부터 받는 배당금 또는 분배금
3. 의제배당
4. 배당으로 처분된 금액
5. 국내 또는 국외에서 받는 집합투자기구로부터의 이익
5의2. 국내 또는 국외에서 받는 파생결합증권 또는 파생결합사채로부터의 이익
5의3 및 5의4. 미술품ㆍ저작권 등에 대한 조각투자상품으로부터의 이익(2025. 7.~)
6. 외국법인으로부터 받는 이익이나 잉여금의 배당 또는 분배금
7. 국조법에 따라 배당받은 것으로 간주된 금액
8. 출자공동사업자에 대한 분배금
9. 앞(8호 제외)의 배당소득과 유사한 소득으로서 수익분배의 성격이 있는 것
10. 앞의 규정 중 어느 하나에 해당하는 소득을 발생시키는 거래 또는 행위와 파생상품이 결합된 경우 해당 파생상품의 거래 또는 행위로부터의 이익

소득세법상 배당소득으로 열거된 항목들을 비세법상 배당으로 보는 것과 세법에 의해 배당으로 간주하는 것으로 구분할 수 있다.

상법상 배당은 상법에서 규정하는 회사법인이 정해진 절차에 따라 주주에게 분배하는 법인의 이익을 의미한다(1, 6). 외국에서 설립된 limited partnership은 법인세법상 외국법인으로 보게 되어 있으므로 그것으로부터의 분배금은 소득세법상 배당소득으로 구분된다. 설립지인 외국에서는 과세상 투과단체(transparent entity)로 취급받지만, 국내에서는 외국법인으로 인정받는 국외투과단체(reverse hybrid entity)가 받는 소득을 해당 국외투과단체에 대한 국내의 출자자에게 귀속하는 것으로 보아 과세하는 것을 선택할 수 있도록 하는 국조법 제34조의 2의 규정이 적용될 경우에는 국외투과단체에 해당하는 그 limited partnership의 소득이 그 partner에게 직접 귀속되는 것으로 보아 과세받을 수도 있다. 이 경우에는 추후 실제 분배하는 금액은 과세되지 않는다.

세법에 의해 배당으로 간주하는 것에는 법인이 아니지만 국세기본법상 법인으로 보는 단체로부터의 분배금(2) 또는 법인으로 보는 법인과세신탁재산의 분

배금(2의 2), 이익분배의 절차에 의하여 주주에게 분배되는 것은 아니지만 경제적 실질로 보아 이익의 분배와 다를 바 없는 결과를 초래하는 경우의 의제배당·간주배당(3, 8), 다른 세법규정의 적용 결과 배당으로 처분되거나 간주되는 것(4, 7), 투자회사 분배금과의 형평을 감안하여 배당소득으로 보는 것(5) 그리고 앞의 것들과 유사한 무엇(9, 10)이 포함된다. 경제적으로 보면 자본이득의 성격을 가지고 있음에도 배당소득으로 보는 것(5의 2)도 있다.

(가) 법인과세신탁재산의 분배금

법인과세신탁재산으로부터의 이익은 소득원천별로 소득을 구분하는 신탁과세의 기본원칙(소득세법 제4조 제2항 본문)에 대한 예외로서 배당소득으로 과세된다(소득세법 제4조 제2항 제1호). 신탁법상 목적신탁, 수익증권발행신탁 등에 해당하는 경우 신탁재산에 귀속되는 소득에 대하여 신탁재산을 내국법인으로 보아 법인세법을 적용한다(법인세법 제5조 제2항).

(나) 의제배당

소득세법은 의제배당을 그 사유별로 1. 감자, 2. 잉여금자본전입, 3. 해산, 4. 합병, 5. 잉여금자본전입시 자기자본 해당분, 6. 합병(분할합병)의 6가지로 열거하고 있다(소득세법 제17조 제2항). 우리나라의 의제배당에 관한 규정은 주주가 가지고 있던 주식 수가 늘거나 주는 현상에 착안하여 과세소득의 발생 여부를 판단한다. 이를 ① 주식 처분에 대한 과세와 ② 주식 취득에 대한 과세로 분류할 수 있다.

① 주식처분에 대한 과세

주식의 처분에 대한 과세는 해산·감자, 합병 및 분할 등(1, 3, 4, 6)을 통해 주식을 처분할 때 발생하는 경제적 이익에 대한 과세를 말한다. 주식처분에 의한 의제배당 소득금액은 처분의 대가로 수령한 실물 또는 현금의 가액에서 해당 주식의 취득원가를 차감하여 계산한다.

주식처분에 따른 의제배당의 경우 주주가 얻는 이익의 원천은 (1) 그간 법인에 유보되어 있던 이익과 (2) 그 법인의 장래 초과수익력이라고 할 수 있을 것이다. 의제배당에 대해서는 배당세액공제가 가능한데 이 경우 배당세액공제는 (1)과 (2)의 모든 부분에 대해 이루어지게 된다. 배당세액공제는 (1)의 부분에 한정되는 것이 논리적이다. (2)의 부분은 본질적으로 양도소득에 해당하는 것을 배당소득으로 의제한 것이다. 이에 대한 배당세액공제의 허용은 논리성을 결여한 것이 된다.

합병과 유사한 효과를 가져오는 주식의 포괄적 교환·이전에서 주주가 얻는 이득은 양도소득으로 과세하는 점과 비교할 필요가 있다.

• 자본감소(partial liquidation)·주식소각　　주식의 소각이나 자본의 감소로 인하여 주주가 취득하는 금전의 가액이 그것을 취득하기 위하여 사용한 금액을 초과한 금액은 배당소득이다. 주식의 소각이나 자본의 감소를 위해서는 주주가 보유한 주식을 주식회사에 상환하여야 한다. 2011년 개정된 상법은 원칙적으로 자기주식의 취득을 허용하고 있다(상법 제341조). 거래소를 통하여 일반적인 매매 방법으로 불특정다수의 주주로부터 취득하거나 각 주주가 가진 주식 수에 따라 균등한 조건으로 취득하는 방법 중 하나의 방법으로 취득한 자기주식을 자본금감소에 관한 규정을 따르지 않고 이사회의 결의에 따라(상법 제343조 제1항 단서) 소각하는 경우 거래의 상대방이 된 주주가 실현한 소득은 양도소득이다.

• 해산(complete liquidation)　　해산은 개별 주주 입장에서는 자기의 주식을 완전히 상환하는 것과 다를 바 없다. 주식의 상환이 어떤 주주에게나 동일한 비율로 강제되는데 모두 상환하라는 것이 될 때에는 자본의 완전한 감소를 위한 것이다. 즉 완전해산을 위한 것이다.

• 합병 또는 분할·분할합병　　주주가 합병 또는 분할·분할합병으로 분배금 또는 주식을 취득한 경우에는 수령한 분배금과 해당 주식의 가액에서 소멸된 주식의 취득원가를 차감하여 의제배당소득금액을 계산한다. 새로 받은 주식은 시가대로 평가한다. 사업목적 및 지분 계속성의 요건을 갖춘 합병 또는 분할·분할합병의 경우 대가로 취득한 주식은 주주의 장부가액에 의하여 계산한다(소득세법시행령 제27조 제1항 제1호 나목).

② 주식취득에 대한 과세

잉여금의 자본전입에 따라 주주가 받는 무상주에 대해서는 의제배당으로 과세한다(2). 자본잉여금 자본전입 시점에서 법인이 가지고 있던 자기주식에 대해 주식이 배정되지 못함에 따라 다른 주주가 얻게 되는 경제적 이득도 의제배당으로 과세한다(5).

잉여금의 자본전입 시점에서 주주는 처분하는 주식 없이 새로운 주식을 취득하게 된다. 여기서 잉여금은 이익잉여금과 자본잉여금을 말한다. 그것의 자본전입으로 의제배당으로 과세되는 경우는 원칙적으로 이익잉여금에 의한 자본전입으로 한정된다. 이익잉여금은 기업회계상 당기의 미처분이익잉여금과 전기로부터 이월된 이익준비금 등을 모두 포괄한다. 자본준비금의 경우에도 채무의 출자전환시 채무면제이익 중 주식발행액면초과금으로 계상되어 익금불산입된 금액 등 일정한 경우의 자본준비금을 자본에 전입하는 금액은 의제배당으로 과세된다(소득세법시행령 제27조 제4항 단서).

상법 제462조의 2의 규정에 의하면 회사는 '이익의 배당'을 새로이 발행하는 주식으로써 할 수 있다. 이를 '주식배당'이라고 하며, 이 경우 주식배당은 이익배당총액의 2분의 1에 상당하는 금액을 초과하지 못한다. 상법은 주식배당으로 인해 발행하는 신주의 발행가액은 주식의 권면액(액면가)으로 한다고 규정하고 있다(상법 제462조의 2 제2항). 주주는 받은 주식의 발행가액을 의제배당소득으로 과세받는다(소득세법시행령 제27조 제1항 제1호 다목).

이익의 배당은 자본준비금 및 이익준비금으로서는 할 수 없다(상법 제462조 제1항). 이익준비금의 자본전입에 의한 무상주배정은 주식배당에 해당하지 않으며 그 발행가액은 액면가액보다 많은 금액으로 할 수 있다. 이때 발행법인은 액면가액을 상회하는 금액을 회사의 장부상 주식발행초과금으로 계상한다. 이 경우에도 받은 무상주의 액면가액을 소득세법상 의제배당소득금액으로 본다(소득세법시행령 제27조 제1항 제1호 가목).

새로 받은 주식이 무액면주식인 경우 그것 한 주의 가치는 (자본금전입액)/(자본전입시 신규발행된 주식수)로 계산한다.

(다) 배당으로 처분된 금액 - 인정배당

법인이 법인세를 불성실하게 신고하여 정부가 법인세과세표준과 세액을 경정결정할 때 익금산입 또는 손금불산입된 금액 중 주주에게 귀속되었다고 인정되는 금액은 이를 주주에 대한 배당으로 처리한다. 이와 같이 법인세법의 규정에 의하여 개인주주의 배당으로 처분된 금액을 소득세법은 배당소득으로 보며 이를 인정배당이라 부른다(법인세법 제67조).

(라) 집합투자기구로부터의 이익

소득세법은 자본시장법상 집합투자기구가 ① 1년에 1회 이상 결산 및 분배를 할 것 및 ② 금전으로 위탁받아 금전으로 환급할 것의 요건('적격요건')을 충족하는 경우에는 해당 집합투자기구가 분배하는 소득을 배당소득으로 통일하여 과세하는 규정을 두고 있다(소득세법시행령 제26조의 2 제1항). '적격요건'을 충족하는 집합투자기구에 대한 과세는 집합투자기구에 대한 과세가 이루어지지 않고 (through) 투자자에게는 지급(pay)할 때에 과세가 되며, 소득의 종류가 배당소득으로 한정된다(limited)는 의미에서 'limited pay through taxation'에 해당한다고 볼 수 있다. 법인과세 신탁재산으로부터의 분배금도 동일한 방식의 과세를 받는다.

(마) 파생결합증권·파생결합사채 이익

파생결합증권(자본시장법 제4조 제7항)과 파생결합사채(상법 제469조 제2항 제3호, 자본시장법 제4조 제10항의 기초자산 연계)로부터의 이익을 말한다(소득세법시행령 제26조의 3 제1항). 상장지수증권(ETN, 자본시장법 제4조 제10항의 기초자산 연계)은 파생결합증권으로 분류된다.

자본시장법상 파생결합증권(자본시장법 제4조 제7항 본문)과 파생결합사채(상법 제469조 제2항 제3호에 따른 사채로서 자본시장법 제4조 제7항 본문 단서에 해당)는 구분된다. 전자는 원금비보장 ELS·DLS를 포함한다. 원금비보장 DLS는 금파생결합 증권인 골드뱅킹(자본시장법시행령 제7조 제2항 제1호의 '금적립계좌')으로부터의 이익을 포함한다(대법원 2016. 10. 27. 선고 2015두1212 판결 참조). 금거래소를 통한 금 거래이익은 소득세 비과세대상이다. 후자의 예로서 ELB(원금보장 ELS)와 DLB(원금보장 DLS)가 있다. 이들로부터의 소득은 2025년부터는 이자소득(소득세법 제16조 제1항 제2호의 2)으로 과세된다.

(바) 유형별 포괄주의 규정

소득세법은 제17조 제1항 제9호에서 "… 규정에 따른 소득과 유사한 소득으로서 수익분배의 성격이 있는 것"을 배당소득의 하나로 열거하고 있다. '수익분배'라 함은 출자에 대해 이익을 분배하는 것을 말한다.

(사) 배당부상품결합파생상품이익

소득세법 제17조 제1항 제10호에서 배당소득의 하나로서 "… 규정 중 어느 하나에 해당하는 소득을 발생시키는 거래 또는 행위와 파생상품이 결합된 경우 해당 파생상품의 거래 또는 행위로부터의 이익"을 규정하고 있다(소득세법시행령 제26조의 3 제5항).

(2) 소득금액

배당소득으로 수입된 금액이 그대로 배당소득금액이 됨이 원칙이다(소득세법 제17조 제3항). 다만, 금융소득종합과세의 경우 배당세액공제의 목적으로 그로스업 (gross-up)된 금액은 배당수입금액에 합산하여 이를 소득금액으로 한다. 법인이 주주에게 배당을 한 경우 그 배당의 재원이 되는 법인의 소득은 이미 법인세가 과세되었으므로 법인으로부터 배당을 받은 주주에게 다시 배당소득으로 소득세가 과세되면 동일한 소득에 대해 이중과세를 하는 결과가 된다. 소득세법은 개인이 수령하는 배당소득에 대한 이와 같은 경제적 이중과세의 조정을 위해 그로스업방식을 사용하고 있다. 그로스업을 위한 가산율은 법인세율보다 낮게 하여 이중과세를 부분 조정하는 방법을 채택하고 있다(배당수령액의 100분의 10을 더한다, 소득세법 제17조 제3항).

(3) 인식시기

배당소득을 과세소득으로 인식하는 데 있어 이자소득에서처럼 받기로 '약정'한 날과 같은 개념은 존재하지 않는다.

법인이 배당을 지급하기로 '결정'한 날에는 배당수령권이 발생하는 것이기 때문에 바로 그날을 배당수익의 인식시기로 보게 된다. 무기명주식의 경우에는 실제 배당을 지급받은 날로 한다. 배당소득에 대해서도 원천징수는 소득을 지급할 때에 하도록 하여야 하는데 배당소득의 인식시기가 실제 지급하는 때로 되어 있지 않음에 따라 이를 그대로 둘 경우 수령자의 소득인식시기와 지급자의 원천징수시기가 달라진다. 이를 방지하기 위해 소득세법은 배당소득의 지급시기를 대체로 권리의무가 확정된 날들로 구체화하는 특칙을 두고 있다(소득세법시행령 제191조).

다. 과세방식

(1) 원천징수

국내에서 거주자나 비거주자에게 이자 또는 배당을 지급하는 자는 소득세를 원천징수하여야 한다(소득세법 제127조). 원천징수는 실제로 현금을 지급하는 때에 한다. 지급시점이 명확하지 않은 경우 또는 미리 원천징수할 필요가 있는 경우에는 지급시기를 의제한다. 원천징수세율은 거주자의 경우 14%이며 비거주자의 경우 20%이다.

이자소득이나 배당소득을 다른 종합소득에 합산하여 신고하여야 하는 경우에는 원천징수세액을 공제받을 수 있다. 이 경우 원천징수는 '예납적 원천징수'라고 한다. 원천징수로써 납세의무가 소멸하는 경우에는 '완납적 원천징수'라고 한다. 일반적으로 이자소득 및 배당소득은 일인당 연간 합계금액이 2천만원을 초과하는 경우에는 합산과세되지만 일부 이자소득과 배당소득은 항상 완납적으로 원천징수된다('분리과세', 소득세법 제14조 제5항).

(2) 금융소득 종합과세(합산과세)

이자소득 및 배당소득은 1인당 연간 합계금액이 2천만원을 초과하는 경우에는 그 초과하는 금액은 다른 종합소득항목과 합산하여 과세된다('조건부 종합과세'). 금융소득이 2천만원 이하일 경우에는 분리과세하게 된다.

종합과세를 한 결과 분리과세의 경우보다 작은 세액을 부담하는 현상이 나타나지 않도록 다음의 ①, ② 중 큰 것을 세액으로 하는 '비교과세'의 방법을 사용한다(소득세법 제62조).

① [종합과세] : (2천만원×14%)+(2천만원 초과 금융소득+여타 종합소득금액)× 기본세율

② [분리과세] : (금융소득×14%)+(여타 종합소득금액×기본세율)

출자공동사업자의 분배금은 배당소득임에도 불구하고 금융소득 2천만원 초과 여부를 판정할 때 금융소득으로 보지 않는다(소득세법 제62조 각 호 외의 본문 제2문). 비영업대금의 이익은 금융소득으로 본다. 종합과세시 비영업대금에 대한 원천징수세율 25%로 산출한 세액과 비교한다.

라. 이원적 소득세제

소득세법상 용어는 아니지만 이자소득과 배당소득의 종합과세 여부를 판단하

는 소득세법 제14조 제3항 제6호의 규정을 적용할 때 두 소득을 '금융소득'으로 부르는 실무적 관행이 자리 잡고 있다.

연간 2천만원 이하의 금융소득은 14%의 비교적 낮은 세율로 과세하지만 그것을 초과하는 금융소득은 최고 45%까지의 누진세율을 적용받도록 되어 있다.

다수의 유럽국가들은 자본소득에 대한 과세는 미래소비, 즉 저축에 대한 차별적 과세라는 이유로 자본소득에 대해 낮은 비례세율에 의한 과세를 하되, 노동소득에 대해서는 누진세율에 의한 과세를 하고 있다. 이를 이원적 소득세제(dual income taxation)라고 부른다. 자본소득과 노동소득 모두 순소득금액에 대해 과세한다.

우리나라는 행정적 편의성을 고려하여 이자소득과 배당소득에 대해서는 원천징수로 분리과세하되, 수직적 평등을 제고하기 위해 비교적 소수의 고액의 금융소득자들의 금융소득은 종합과세하고 있다. 이원적 소득세제를 도입하고 있는 독일에서 낮은 금융소득자들에게는 종합과세를 선택할 수 있게 하는 반면, 고액 금융소득자들에게는 단일의 비례세율(25%)을 적용하여 과세하는 것과는 정반대의 형태를 갖추고 있다.

2. 사업소득

사업소득은 영리를 목적으로 자기의 계산과 책임하에 계속적·반복적으로 행하는 활동을 통하여 얻는 소득을 말한다. 사업소득은 자본소득과 노동소득의 혼합적 성격을 가져서 구분이 필요할 때가 있다.

부동산임대를 통해 가득하는 소득은 자신의 노동을 투입하지 않을 경우에는 자본소득에 가까울 것이지만, 자신의 노동을 투입할 경우에는 노동소득에 좀더 가까울 것이다. 소득세법은 한때 부동산임대소득을 사업소득과 구분되는 별도의 소득항목으로 구분하기도 하였지만 현행 소득세법은 사업소득에 포함시키고 있다.

사업활동을 영위하면서 건물과 같은 고정자산을 취득할 수 있다. 해당 건물을 사용하여 사업을 영위하면서 그 건물을 사용하고 있는 만큼 사업소득금액을 계산할 때 건물감가상각비를 필요경비로 공제한다. 해당 건물을 양도할 때 얻는 소득은 양도소득으로 과세한다. 양도소득금액을 계산할 때에는 양도가액에서 장부가액을 차감한다. 장부가액은 취득가액에 보유기간 동안의 감가상각비누계액을 차감하여 계산한다. 사업소득에 대한 세율이 양도소득에 대한 세율보다 높게 되는 사안의 경우에는 감가상각을 허용함에 따라 세금을 절약하는 효과가 나타날 수 있게 된다.

가. 과세대상

소득세법 제19조 제1항은 "사업소득은 당해 연도에 발생한 다음 각 호의 소득으로 한다."고 규정하고 있다. 소득세법 제19조 각 호는 대체적으로 한국표준산업분류체계상의 '산업'이라고 볼 수 있는 것이다. 소득세법은 '사업'의 개념에 대해 별도로 정의하지 않고 있지만 제21호는 유형별 포괄주의적 항목을 규정하면서 "… 유사한 소득으로서 영리를 목적으로 자기의 계산과 책임하에 계속적·반복적으로 행하는 활동을 통하여 얻는 소득"이라고 사업소득의 특성을 규정하고 있다. 법인세법상 영리법인의 표현 중 '영리'는 주주 등 구성원에의 수익의 분배를 의미하는 것이지만 소득세법상 사업소득에 관한 '영리'는 '수익'을 의미하는 것으로 보아야 할 것이다.

나. 소득금액

총수입금액에서 필요경비를 공제하여 소득금액을 계산한다. 해당 과세연도에 귀속되는 것들만 고려한다.

(1) 총수입금액

총수입금액은 당해 연도에 수입하였거나 수입할 금액의 합계액이다(소득세법 제24조 제1항). 사업과 관련된 수입금액으로서 당해 사업자에게 귀속되었거나 귀속될 금액은 총수입금액에 산입한다(소득세법시행령 제51조 제3항 제5호).

소득세법시행령은 개별 거래유형별 사업소득의 수입시기에 대해 규정하고 있다(소득세법시행령 제48조). 권리의무확정주의, 수익비용대응의 원칙 및 기업회계존중의 원칙이 반영된 것이다.

차량 및 운반구 등 모든 사업용 유형자산(양도소득으로 과세되는 부동산은 제외)의 처분손익은 사업소득으로 과세한다(소득세법 제19조 제1항 제20호). 사업용 고정자산인 토지·건물 및 부동산에 관한 권리와 함께 양도하는 영업권의 처분손익은 양도소득으로 과세한다(소득세법 제94조 제1항 제4호 가목). 따라서 부동산임대용 자산 및 사업용 자산의 매각에 따른 손익은 사업소득금액을 산정할 때 반영되지 않는다. 한편, 사업용 자산의 손실로 인하여 얻게 되는 보험차익은 총수입금액에 산입한다(소득세법시행령 제51조 제3항).

부동산임대사업소득의 총수입금액 계산상 일정 요건하에 임대보증금을 기초로 계산한 간주임대료금액을 포함한다(소득세법시행령 제53조 제3항). 이 제도가 실제 발생하지 않은 소득에 대한 과세로서 보증금을 금융자산에 투자한 경우에는 간주임대료 과세대상 보증금에서 공제해주고 부동산 등 실물에 투자한 경우에는 공제를 해주지 않는 것이 과잉한 것이 아닌가에 대해 헌법재판소는 헌법상 과잉금지원칙에 위배되지 않는다는 판단을 하였다(구 소득세법 제29조 제1항 위헌제청 헌법재판소 1996. 12. 26. 선고 94헌가10 전원재판부결정). 법인의 경우에는 추계과세를 받지 않는 한 간주임대료 과세를 하지 않는다.

부동산을 스스로 사용하여 수령한 보증금이 없는 경우에도 과세상 간주임대료를 계산하는 제도를 둘 수도 있다. 2021년 현재 유럽국가 중 네덜란드만 주택 자가거주자 간주임대소득을 과세하고 있다(imputed rent taxation, 추정시가의 0.7% 수준, 추정시가는 75,000~1,060,000유로). 스페인과 이태리에서는 별장과 같은 2차적 주택(secondary residence)에 대해서만 간주임대소득과세를 하고 있다. 주택자가거주자의 간주임대소득(imputed rent)을 과세하던 스웨덴은 이를 재산세(연 0.75%, 최대 1백만 SEK(2008 도입))로 전환하였다. 벨기에도 주택자가거주자의 재산세는 간주임대료 수준에 근거하여 부과하고 있다.

(2) 필요경비

사업소득의 필요경비는 당해 연도의 총수입금액에 대응하는 비용의 합계액으로 한다. 필요경비는 확정되어야 인정받을 수 있다. 과거 연도 수입금액에 대응하는 비용인데 당년 확정된 것은 당년 필요경비로 인정받을 수 있다.

필요경비는 일반적으로 용인되는 통상적인 것이어야 한다(소득세법 제27조 제1항). 미국에서도 통상적이고 필요한(ordinary and necessary) 비용은 원칙으로 손금으로 인정한다.

사업자등록을 한 사업자 또는 법인으로부터 재화 또는 용역을 공급받은 거주자가 사업자 또는 법인의 부도·폐업, 공급 계약의 해제·변경 등의 사유로 계산서를 발급받지 못한 경우 납세지 관할 세무서장의 확인을 받아 매입자발행계산서를 발행할 수 있으며(소득세법 제163조의 3 제1항), 그것을 활용하여 필요경비를 인정받을 수 있게 된다.

사업소득금액 계산상 기부금이란 사업자가 사업과 직접적인 관계없이 무상으로 지출하는 금액을 말한다(소득세법 제34조). 이에는 대통령령으로 정하는 거래를 통해 실질적으로 증여한 것으로 인정되는 금액이 포함된다. '기부'는 '무상으로' 지출한다는 점에서 재산 또는 이익을 '무상으로' 이전하는 '증여'와 공통되는 특성을 지니고 있다. 기부금을 받은 쪽에서는 증여세 과세요건을 충족하는 증여재산을 받게 되는 셈이다.

기부금은 사업과 직접 관련이 없기 때문에 필요경비에 산입할 수 없는 것이 원칙이지만 일정 한도까지는 산입을 허용하고 있다. 이는 사회적으로 외부경제효과가 있는 재화나 용역의 공급을 확대하기 위한 것이다. 사업소득이 있는 거주자가 해당 연도에 지급한 1) 종래 법정기부금으로 불리던 특례기부금은 사업소득금액의 전액의 범위 안에서 공제하고(소득세법 제34조 제2항), 2) 공익법인등에 대한 기부금 및 공익단체에 대한 기부금 등 종래 지정기부금으로 불리던 일반기부금은 사업소득금액의 100분의 30(종교단체에 대한 기부금은 100분의 10)의 범위 안에서 공제한다(소득세법 제34조 제3항, 소득세법시행령 제80조). 거주자의 배우자와 부양가족의 기부금도 포함한다. 기부금의 공제한도 초과금액은 10년 동안 이월공제가 가능하다. 추계신고하는 연말정산대상 사업소득자 등은 기부금 세액공제가 가능하다(소득세법 제59조의 4 제4항). 기부금의 공제 또는 세액공제는 다른 종류의 종합소득금액이 있는 자에게는 서로 다른 방식으로 인정된다. 그러나 종합과세되지 않는 이자소득이나 배당소득에 대해서는 인정되지 않는다(소득세법 제52조 제6항).

기업업무추진비란 접대, 교제, 사례 또는 그 밖에 어떠한 명목이든 상관없이 이와 유사한 목적으로 지출한 비용으로서 사업자가 직접적 또는 간접적으로 업무와 관련이 있는 자와 업무를 원활하게 진행하기 위하여 지출한 금액을 말한다(소득세법 제35조, 조특법 제136조). 기업업무추진비는 수입금액을 창출하기 위하여 사용되는 것이기 때문에 수익비용대응의 원칙에 입각한다면 당연히 필요경비로 인정받아야 하는 것이지만 과다하게 지출하는 것을 인정할 경우 기업이 부실해지고 조세부담의 불공평을 가져올 수 있으므로 제한적으로 인정하고 있다.

(3) 부당행위계산부인

소득금액 계산에 필요한 거주자의 행위 또는 계산이 그와 특수관계에 있는 자와의 거래로 인하여 당해 소득에 대한 조세의 부담을 부당하게 감소시킨 것으로 인정되는 때에는 세무서장은 그 행위나 계산에 관계 없이 당해 연도의 소득금액을 계산할 수 있다(소득세법 제41조). 부당행위계산부인에 관한 규정은 사업소득뿐 아니라 기타소득 및 양도소득이 있는 거주자에 대해서도 적용되는 사항이다.

부당행위계산부인규정은 부당행위계산을 한 것으로 인정되는 납세자의 소득금액을 증액하는 것에 관한 규정이다. 부당행위계산부인규정은 특수관계인과의 거래에서 일정한 요건을 충족하는 경우 과세표준의 계산상 실질과세원칙에 관한 국세기본법 제14조 제2항이 사실 또는 실질에 부합하게 계산하는 원칙을 규정한 것과는 달리 부당행위계산부인규정이 의제하여 사실관계를 확정하여 소득세법을 적용하도록 하고 있다.

조세회피의 소지가 많은 특수관계자와의 일정한 행위 유형에 해당하는 경우에는 바로 조세회피가 있는 것으로 간주하고 법으로 미리 정한 제3자와의 관계에서의 거래였다면 이루어졌을 거래의 내용대로 의제하는 것이다. 부당행위계산부인규정은 거래의 법적 형식에 불구하고 실질에 대해 세법을 적용하는 실질과세원칙과는 구별되는 것이다. 통상적인 조세회피방지규정이 그 규정의 적용 효과로 '경제적 실질'에 대한 과세를 도모하는 것과는 차이가 있지만 일정 유형의 조세회피행위가 발생하는 것을 방지하는 효과를 추구한다는 점에서 조세회피방지규정이라고 볼 수 있다.

(4) 공동사업

(가) 일반원칙

사업소득이 발생하는 사업을 공동으로 경영하고 그 손익을 분배하는 경우에는 공동사업장을 1 거주자로 보아 공동사업장별로 그 소득금액을 계산한다(소득세법 제43조 제1항).

공동사업에서 발생한 소득금액은 해당 공동사업을 경영하는 공동사업자 간에 약정된 손익분배비율에 의해 분배되었거나 분배될 소득금액에 따라 각 공동사업자별로 분배한다(소득세법 제43조 제2항).

민법상 조합은 계약의 하나로서 법적인 실체가 아니다. 민법상 조합에 대해서는 이를 공동사업으로 보아 조합에 귀속하는 소득을 각 조합원의 지분에 따라 배분하여 각 조합원의 소득으로 보아 과세하도록 하고 있다.

국세기본법상 공동사업을 영위하는 자 간에는 연대납세의무가 있는 것으로 규정되어 있지만 소득과세상 공동사업자 간에는 그 규정이 적용되지 않는다.

(나) 가족조합을 통한 조세회피의 방지

거주자 1인과 가족관계(국세기본법시행령 제20조)에 있는 자로서 생계를 같이 하는 자가 공동사업자에 포함되어 있는 경우로서 손익분배비율을 허위로 정하거나 조세를 회피하기 위하여 공동으로 사업을 경영하는 것이 확인되는 경우에는 당해 특수관계인의 소득금액은 그 손익분배비율이 큰 공동사업자의 소득금액으로 본다(소득세법 제43조 제3항, 헌법재판소 2008. 5. 29. 선고 2006헌가16,2007헌가14(병합) 전원재판부 결정 참조). 손익분배비율을 허위로 정한 경우에는 조세포탈범으로 처벌될 수 있다.

주된 공동사업자에게 합산과세될 경우 당해 합산과세되는 소득금액에 대해서는 주된 공동사업자 외의 특수관계인은 손익분배비율에 해당하는 소득금액을 한도로 주된 공동사업자와 연대하여 납세의무를 부담한다(소득세법 제2조 제1항).

(다) 출자공동사업자

소득세법은 사업을 공동으로 경영하고 그 손익을 분배하는 공동사업(소득세법 제43조 제1항)을 영위함에 있어서 공동사업의 경영에 참여하지 아니하고 출자만 하는 자로서 공동사업에 성명 또는 상호를 사용하게 하거나 공동사업에서 발생한 채무에 대하여 무한책임을 부담하기로 약정하지 않은 자를 출자공동사업자로 정의하고 있다(소득세법 제17조 제1항 제8호, 제43조 제1항). 상법상 익명조합원이 이에 해당한다.

출자공동사업자가 수령하는 분배금 또는 분배될 금액은 배당소득이 된다. 출자공동사업자의 배당소득은 25% 세율로 원천징수한다(소득세법 제14조 제3항 제6

호, 제129조 제1항 제2호 나목의 세율). 출자공동사업자의 배당소득은 당연 종합과세
되며(소득세법 제14조 제3항 제6호 괄호안), 종합과세방식에 의한 세액과 14%의 세
율을 적용한 세액 중 많은 세액으로 과세된다. 출자공동사업자의 배당소득은 종
합과세되므로 그의 다른 사업소득 결손금과 상계될 수 있다.

(5) 결손금

결손금(Net Operating Loss, NOL)이라 함은 사업소득이 있는 자의 소득별 소득
금액을 계산함에 있어서 당해 연도에 속하거나 속하게 될 필요경비가 당해 연도
에 속하거나 속하게 될 총수입금액을 초과하는 경우의 그 초과금액을 말한다(소득
세법시행령 제101조 제1항). 차기로 이월하는 이월결손금이라 함은 당해 연도의 종
합소득과세표준의 계산상 공제하고 남은 결손금을 말한다(소득세법 제45조 제2항).
거주자의 종합소득 중 사업소득에 결손금이 발생할 경우 그 결손금을 당해
연도의 다른 종류의 소득금액과 통산한다. 소득금액통산에는 내부적 통산(interner
(horizontaler) Verlustausgleich)과 외부적 통산(externer(vertikaler) Verlustausg－
leich)이 있다. 전자는 같은 종류의 소득이 발생하는 사업장이 여럿일 경우 각 사
업장 간 결손금과 소득금액을 통산하는 것을 말하고 후자는 다른 종류의 소득 간
통산하는 것을 말한다.
소득세법상 전자에는 제한이 없으며 후자에 대해서는 다음과 같은 제한을 두
고 있다. 사업소득상 결손금과 통산할 때에는 근로소득금액, 연금소득금액, 기타
소득금액, 이자소득금액 및 배당소득금액의 순으로 한다(소득세법 제45조 제1항).
부동산임대사업소득상 결손금은 종합소득과세표준을 계산할 때 공제하지 아니한
다. 다만, 주택임대사업의 결손금 및 이월결손금은 다른 종합소득금액과의 통산을
허용한다(소득세법 제45조 제2항).
결손금의 통산(setoff)은 동일한 과세연도에서의 개념인 반면 결손금의 이월
(carry－over)은 다른 과세연도 간의 개념이다. 당해 연도 사업소득상 결손금이 다
른 종류의 소득금액과 통산하여도 남는 금액이 있을 때에는 차후 연도로 이월되
어 그 해의 사업소득금액, 근로소득금액, 연금소득금액, 기타소득금액, 이자소득
금액 및 배당소득금액의 순으로 통산한다. 부동산임대사업소득상 결손금은 차후
연도의 부동산임대사업소득금액과 통산이 허용된다. 이월결손금은 발생한 해로부

터 15년 내에 종료하는 과세연도까지 이월이 허용된다. 이월결손금이 누적되어 있는 경우에는 먼저 발생한 연도의 이월결손금부터 순차적으로 공제하도록 하고 있다. 선입선출방식이 적용되는 것이다. 당해 연도 다른 종류의 소득금액은 당해 연도의 결손금과 먼저 상계하고 이전 해로부터 이월된 결손금과 상계한다. 다만, 국세부과의 제척기간이 지난 후에 그 제척기간 이전 과세기간의 이월결손금이 확인된 경우 그 이월결손금은 공제하지 아니한다(국세기본법 제45조 제3항 단서, 대법원 2004. 6. 11. 선고 2003두4522 판결 참조).

중소기업에 대해서는 당해 연도의 결손금을 직전년의 소득금액과 소급하여 통산하는 것을 허용한다. 이 경우 신청을 하면 환급해 준다(소득세법 제85조의 2).

다. 과세방식

사업소득은 종합소득으로서 과세표준을 계산하고 신고납부하는 것을 원칙으로 한다.

사업소득 중 의료보건용역 및 독립적 인적용역에 대한 대가의 그 지급자는 지급시 원천징수하여야 한다(소득세법시행령 제184조, 부가가치세법시행령 제35조, 제42조).

일부 사업소득에 대해서는 원천징수로써 납세의무가 소멸한다. 보험모집인의 보험수당과 방문판매 등에 관한 법률상 판매수당 및 음료품배달원의 수입이 그 예이다. 방문판매원·음료품배달원의 소득('연말정산 사업소득')은 지급자가 연말정산을 한 경우에 한하여 원천징수로써 납세의무가 소멸한다(소득세법 제144조의 2, 동법시행령 제137조). 이때 해당 사업자가 종합소득공제를 적용받으려는 경우에는 해당 과세기간의 다음 연도 2월분의 사업소득을 받기 전에 원천징수의무자에게 소득공제신고서를 제출하여야 한다(소득세법 제144조의 3).

3. 근로소득·연금소득

가. 근로소득

(1) 과세대상

소득세법은 다음 5개의 호의 소득을 근로소득으로 규정하고 있다(소득세법 제

20조 제1항).

1. 근로를 제공함으로써 받는 봉급·급료·보수·세비·임금·상여·수당과 이와 유사한 성질의 급여
2. 법인의 주주총회·사원총회 또는 이에 준하는 의결기관의 결의에 의하여 상여로 받는 소득
3. 법인세법에 의하여 상여로 처분된 금액
4. 퇴직으로 인하여 받는 소득으로서 퇴직소득에 속하지 아니하는 소득
5. 종업원 등의 직무발명보상금
6. 자사 또는 계열사의 종업원에 대한 재화 또는 용역의 할인금액

제1호 항목은 '근로를 제공함으로써 받는'과 '봉급 … 과 이와 유사한 성질의 급여' 두 부분을 요건으로 한다. 후자의 부분은 그 명칭에 불구하고 실질을 보아 근로의 제공에 대한 대가로서의 성질을 지닌 것은 모두 근로소득으로 과세한다는 것이다. 예를 들어, 주식매수선택권의 행사에 의한 이득이 이에 포함된다(대법원 2007. 10. 25. 선고 2007두1934 판결). 제3자로부터 받는 것이라 하더라도 근로의 제공과 관련된 것은 근로소득으로 본다. '변형급여(fringe benefit)'도 근로의 제공에 대한 대가로서의 성질을 갖는 경우에는 근로소득이 된다. 예를 들어, 복지포인트가 소속 임직원들에게 정기적으로 배정되어 사용되고, 제공한 근로와 일정한 상관관계 내지 경제적 합리성에 기한 대가관계가 인정되는 경우 급여에 해당한다(대법원 2024. 12. 24. 선고 2024두34122판결). 다만, '근로를 제공하는 업무'와 관련하여 발생한 경비를 변제받는 것(실비 변상적 급여)은 급여에 해당하지 않는다. 사용자의 비용이 되어 공제되고 거래상대방의 소득이 되어 과세되는 경로를 밟게 된다.

골프장 경기보조원은 노동법상 출퇴근, 근무장소, 지휘·감독의 요소로 보아 근로자이지만 세법상 근로자는 아니다. 장부기장을 따로 하지 않는 경우 단순경비율(64%)을 적용하여 소득금액을 계산한다(소득세법시행령 제145조). 다만, 사업장의 제공자인 골프장 법인은 과세자료를 제출하여야 한다(소득세법 제173조, 동법시행령 제224조). 소득세법시행규칙 별지 제33호의 2(사업장제공자 등의 과세자료제출명세서) 서식을 이용한다. 이는 근로장려세제의 운영상 필요에 의하여 도입된 제

도이다.

보험모집인은 노동법 및 세법상 근로자가 아니다. 노동부는 보험모집인은 출퇴근에 대한 엄격한 통제가 없고 근무장소에 대한 통제가 없으며 업무수행과정에서 회사의 직접적이고 구체적인 지휘·감독 없이 각자 재량에 따라 업무를 수행하기 때문에 근로자가 아니며 노조를 결성할 수 없다고 한다(노동조합및노동관계조정법 제4조). 일반 사업자로서 종합소득세 신고 납부의무가 있다.

근로의 제공으로 받는 '상여'는 일반적으로 정규 급여와 별도로 지급받는 것을 말한다.

제2호 항목은 근로자가 법인의 상법상 잉여금의 처분에 의한 '상여'이다. 원래 주주에게 귀속되는 성격의 잉여금을 주주들의 결의에 의해 임직원에게 분여하는 것이므로 근로약정상 지급할 의무가 있는 것은 아니라는 점에서 주주의 임직원에 대한 증여로서의 성격도 있지만, 근로의 제공과 관련되어 지급하는 것이므로 근로소득으로 보는 것이다.

제3호 항목은 법인이 법인세법상 상여로 처분한 금액을 말한다. 법인세법 제67조는 법인세과세표준을 납세자가 신고하거나 세무서장이 결정 또는 경정함에 있어서 익금에 산입한 금액은 그 귀속자 등에게 상여·배당·기타 사외유출·사내유보 등으로 처분한다고 규정하고 있다. 사외유출된 것 중 그 귀속자가 임원 또는 사용인인 경우에는 그 귀속자에 대한 상여로 보게 된다(법인세법시행령 제106조 제1항 제1호 나목). 이를 '인정상여'라고 한다. 이는 세무회계와 기업회계 간의 차이 조정 또는 세무조사의 결과에 따라 임원 또는 사용인에게 귀속하는 것으로 보게 되는 것이지만 그 본질은 근로의 제공에 대한 대가이다.

소득세법시행령은 소득세법의 위임을 받아 근로소득 범주에 포함되는 것을 규정하고 있다(소득세법 제20조 제3항). 소득세법 제20조 제3항은 소득세법 제20조 제1항 제1호의 소득을 구체화하도록 하는 위임을 한 것으로 볼 수 있다. '통근수당'은 근로를 제공하는 업무와의 관련성이 있는 출퇴근에 소요되는 경비를 충당하도록 하기 위한 것임에도 불구하고 급여로 규정하고 있다(소득세법시행령 제38조 제1항 제9호).

(2) 소득금액

근로소득금액은 총급여액에서 근로소득공제를 한 후의 금액으로 한다. 근로소득공제액은 당해 연도 총급여액이 많아지면 그 총급여액 대비 공제율이 줄어드는 방식으로 설정된 표에 따라 계산된다(소득세법 제47조). 근로소득공제액은 근로소득에 대한 필요경비로서 해당 근로소득을 얻기 위해 통상 소요되리라고 예상되는 표준적인 금액으로 이해할 수 있다.

(3) 과세방식

근로소득을 원천징수하는 자는 원천징수한 달의 다음 달 10일까지 관할세무서에 원천징수한 세액을 납부하여야 한다. 전년도 평균 직원 수가 10명 이하인 소규모사업장의 경우 근로소득에 대한 원천징수세액을 연 2회(7월 10일 및 1월 10일)에 걸쳐 신고납부할 수 있다.

근로소득을 지급하는 자는 당해 연도의 다음 연도 2월분의 근로소득을 지급하는 때에 당해 연도의 근로소득금액에서 종합소득공제를 한 금액을 종합소득과세표준으로 하여 종합소득산출세액을 계산하고 각종 세액공제를 한 후 당해 연도에 이미 원천징수하여 납부한 소득세를 공제하고 그 차액을 원천징수하여야 한다. 이미 원천징수한 세액이 더 많은 경우에는 환급한다(소득세법 제137조). 이러한 전체적 과정을 '연말정산'이라고 한다. 근로소득과 다른 종합합산과세대상소득이 있는 경우에도 원천징수의무자는 연말정산을 하여야 한다.

근로소득만 있는 자의 사용자가 연말정산을 한 경우에는 해당 근로소득자는 종합소득과세표준 확정신고를 하지 아니할 수 있다. 연말정산을 할 때 원천납세의무자가 제대로 공제하지 않은 항목은 과세표준확정신고를 할 때 공제할 수 있다. 원천징수의무자가 연말정산에 의하여 소득세를 납부하지 않은 때에는 근로소득자는 확정신고를 하여야 한다(소득세법 제73조 제4항).

부과제척기간에 관한 규정을 적용할 때 연말정산은 확정신고와 동일한 의미를 가진 것으로 본다. 근로소득만 있는 거주자가 연말정산에 의하여 소득세를 납부하였으나 연말정산에서 누락된 다른 근로소득이 있는 경우 그 소득세에 대한 부과제척기간은 종합소득 신고를 한 것으로 보아 5년으로 한다(대법원 2021. 4. 29.

선고 2020두54630 판결).

나. 연금소득

(1) 과세대상

소득세법은 연금소득을 공적연금소득, 연금계좌수령연금소득 및 기타의 연금소득으로 구분하고 있다(소득세법 제20조의 3 제1항). 소득세법상 실제 어느 해에 지급을 받는 연금이라면 그것이 공적 연금에 의한 것이든 사적 연금에 의한 것이든 동일하게 연금소득으로 과세된다. 장기간 저축하는 것이 법률의 규정에 의해 의무화되어 있는 경우는 '공적 연금'이라 하고 그렇지 않고 스스로의 결정에 의해 하는 경우를 '사적 연금'이라고 한다. 사적 연금을 위한 연금계좌에는 '연금저축계좌'와 '퇴직연금계좌'가 있다.

연금소득은 장기간 저축의 결과 발생하는 것이기 때문에 연금취급기관에 대한 자금의 사용대가로서 받는다는 의미에서 이자소득으로서의 성격도 지니고 있다. 연금소득은 퇴직소득과 구별되는 것이지만 공통점도 가지고 있다. 공무원연금이나 퇴직연금의 경우 사용자가 연금불입액의 일정 부분을 부담하게 된다. 사용자의 불입액은 퇴직급여를 미리 지급하는 성격을 가지고 있는 것으로서 지급할 때 사용자의 소득금액 계산상 손금으로 공제받는다. 그러나 그때 근로자의 소득으로 보지는 않는다. 이는 추후 연금으로 지급받을 때 근로자의 연금소득금액에 포함되어 과세된다.

(2) 소득금액

연금소득금액은 과세대상연금소득액에서 연금소득공제를 한 금액으로 한다(소득세법 제47조의 2).

과세대상연금소득액은 소득세법시행령에서 규정하고 있다. 이는 연금수령액 중 자신이 실제 납입했던 연금운용실적에 따라 증가된 금액(연금기여금을 차감하고 남는 금액), 사용자가 부담한 연금불입액과 기여금 불입 당시 연금보험료로서 소득공제받은 기여금과 세액공제받은 기여금부분에 해당하는 금액이다(소득세법 제20조의 3 제1항 제2호). 공적연금납입액은 소득공제하는 한편, 사적연금계좌에 대한 납입액은 세액공제한다. 수령시 동일하게 과세되는데 납입시 다른 취급을 하는 점에서 차별적인 것이다.

연금계좌에서 인출할 때에는 해당 연금계좌에 납입한 연금보험료 중 연금계좌세액공제를 받지 아니한 금액을 먼저 인출한 것으로 본다(소득세법시행령 제40조의 3 제2항).

연금계좌에서 원금손실이 발생한 경우 납입 원천별로 ① 세액공제받은 금액, ② 이연퇴직소득, ③ 세액공제받지 않은 금액의 순서로 손실이 반영된다.

(3) 과세방식

연 1,500만원 이하인 사적 연금액은 납세자가 합산을 선택하지 않는 경우에는 저율분리과세한다. 2023년부터는 연 1,500만원을 초과하는 경우에도 납세자가 합산을 선택하지 않은 경우 분리과세한다(15% 세율). 분리과세하는 사적연금소득은 연말정산 대상이 아니다.

공적 연금소득 수령시에는 연말정산을 하게 된다(소득세법 제143조의 4). 분리과세 이외의 경우에는 다른 소득과 합산하여 과세한다(소득세법 제14조 제3항 제9호).

4. 기타소득

가. 과세대상

기타소득은 이자소득·배당소득·사업소득·근로소득·연금소득·퇴직소득 및 양도소득 외의 소득 외의 소득으로서 소득세법상 과세대상 소득으로 규정된 것이다. 소득세법 제21조 제1항에서 열거하고 있으며, 기타소득으로 과세되는 항목 간 상호 공통점을 찾기 어려운 것들로 구성되어 있다. 기타소득에 열거된 항목 중 포괄규정(catch all clause)적인 성격을 지닌 것은 없다.

(1) 영업권

영업권(점포 임차권 포함) 및 그와 유사한 자산이나 권리를 양도하고 받는 금품은 기타소득이 된다(소득세법 제21조 제1항 제7호). 소득세법시행령은 '영업권'은 행정관청으로부터 인가·허가·면허 등을 받음으로써 얻는 경제적 이익을 포함하되, 사업용 고정자산과 함께 양도되는 영업권은 포함하지 않는다고 규정하고 있다(소득세법시행령 제41조 제3항).

행정관청으로부터 인가·허가·면허 등을 받음으로써 얻는 경제적 이익은 영업권에 포함된다.

영업권 양도로 받는 금품에는 '점포 임차권'이 포함된다. 이는 사업소득이 발생하는 점포를 임차하여 점포 임차인으로서의 지위를 양도함으로써 얻는 경제적 이익을 말한다. 그에는 점포임차권과 함께 양도하는 다른 영업권이 포함된다(소득세법시행령 제41조 제4항).

소득세법상 영업권의 소득금액은 실지거래가액으로 계산된다. 장부 기타 증빙서류에 의하여 그것을 확인할 수 없을 때에는 감정가액 또는 기준시가에 의해 추계조사하여 결정할 수 있다(소득세법 제114조 제7항). 영업권의 기준시가는 해당 기업의 순손익액과 자기자본을 일정 산식에 의하여 계산한 결과치로 한다(소득세법시행령 제165조 제8항 제2호, 상증세법시행령 제59조 제2항). 이때 자본의 기회비용(할인율)은 비상장주식의 순손익가치 산정시 활용되는 것과 동일하게 10%로 하고 있다(상증세법시행규칙 제19조).

사업용 고정자산(토지·건물 및 부동산에 관한 권리)과 함께 양도하는 영업권의 경우에는 양도소득으로 과세한다(소득세법 제94조 제1항 제4호 가목). 이에는 영업권을 별도로 평가하지 않았으나 사회통념상 영업권이 포함되어 양도된 것으로 인정되는 것과 행정관청으로부터 인가·허가·면허 등을 받음으로써 얻는 경제적 이익이 포함된다. 법규상 이전의 금지 여부와는 관계없이 당해 인·허가가 사실상 이전됨으로써 발생하는 소득을 포함한다.

(2) 계약의 위약금 등

기타소득의 한 종류로서 소득세법상 열거된 것으로 '계약의 위약 또는 해약으로 인하여 받는 위약금 및 배상금'이 있다(소득세법 제21조 제1항 제10호). 계약의 위약 또는 해약으로 인하여 받는 소득으로서 부당이득 반환 시 지급받는 이자도 기타소득이다.

소득세법시행령은 '위약금 및 배상금'을 "재산권에 관한 계약의 위약 또는 해약으로 인하여 받는 손해배상으로서 그 명목 여하에 불구하고 본래 계약의 내용이 되는 지급 자체에 대한 손해를 넘는 손해에 대하여 배상하는 금전 또는 기타

물품의 가액"이라고 한다(소득세법시행령 제41조 제7항).

과세대상에 포함되는 것은 계약과 관련된 배상금에 한정된다. 당초 재산권에 관한 계약과 관계가 없던 것으로서 소송상 화해로 비로소 발생하는 의무의 위반을 원인으로 한 배상금은 포함하지 않는다(대법원 2014. 1. 23. 선고 2012두3446 판결).

근로자가 부당해고에 따른 정신상 피해를 보상받기 위해 지급받은 손해배상금은(비록 넓게 보아 근로계약의 위반에 해당하는 것이기는 하지만) 재산상의 피해에 대한 배상금이 아니라는 이유로 소득세가 과세되지 않는다. 아파트 신축공사와 관련하여 일조권·조망권 침해 등으로 인해 발생한 재산상 피해의 보전 또는 원상 회복을 초과하지 않는 범위 내에서 지급하는 보상금과 소음·분진·진동·사생활 침해로 인한 정신적 고통에 따른 위자료 명목으로 지급받은 손해배상금에 대해서도 소득세가 과세되지 않는다.

(3) 사례금

소득세법 제21조 제1항 제17호는 '사례금'을 기타소득의 하나로 규정하고 있다. 사례금은 사무처리 또는 역무의 제공 등과 관련하여 사례의 뜻으로 지급되는 금품을 의미하고, 여기에 해당하는지는 당해 금품 수수의 동기·목적, 상대방과의 관계, 금액 등을 종합적으로 고려하여 판단하여야 한다.

학교설립인가를 받은 학교법인의 이사장이 갖는 학교의 실질적 운영권을 넘겨주고 받은 대가는 '사례금'에 해당한다(소득세법 제21조 제1항 제17호, 대법원 1999. 1. 15. 선고 97누20304 판결).

나. 소득금액

기타소득금액은 총수입금액에서 이에 대응하는 필요경비를 공제하여 계산한다. 그리고 해당 과세기간의 총수입금액에 대응하는 비용으로서 일반적으로 용인되는 통상적인 것의 합계액을 필요경비에 산입한다(소득세법 제37조 제2항).

원고료, 강연료 등에 대해서는 필요경비가 확인되지 않거나 확인된 필요경비가 총수입금액의 60% 미만인 경우에는 총수입금액의 60%에 상당하는 금액을 필요경비로 한다(소득세법시행령 제87조). 기타소득이 있는 거주자에 대해서도 부당행위계산부인규정이 적용된다.

다. 과세방식

소득금액 300만원 이상의 기타소득은 종합소득으로 합산하여 신고하여야 한다. 소득금액 300만원 이하의 기타소득의 경우 납세자가 원하면 분리과세를 하지 않고 종합합산과세할 수 있다(소득세법 제14조 제3항 제8호).

제 2 항 과세표준 및 세액의 계산

1. 과세표준·소득금액

종합소득세의 과세표준은 당해 연도에 귀속하는 각종 소득의 소득금액 및 결손금(사업소득에 한함)의 합계금액에서 소득공제액과 이월결손금을 차감하여 계산한다(소득세법 제14조, 제45조).

종합합산되는 소득들은 각 소득별로 총수입금액에서 그에 대응하는 필요경비를 차감하여 소득금액을 산정하고 그 소득금액들을 합하여 종합소득금액을 계산한다. 종합소득금액에서 각종 소득공제액을 차감하여 종합소득과세표준을 계산한다(소득세법 제14조 제2항).

종합소득과세표준을 계산할 때에는 종합소득의 각 소득별 소득금액의 합계액에서 일정 요건하에 결손금 및 이월결손금을 공제한다(소득세법 제45조).

합산하여 과세표준을 계산하지 않고 분리과세하는 경우 과세표준 계산에는 각 소득유형별로 별도의 규정이 있는데 필요경비를 인정하는 경우도 있고 그렇지 않는 경우도 있다(소득세법 제14조 제3항). 필요경비로서는 실액을 인정하는 경우도 있고 개산적인 공제액을 인정하는 경우도 있다.

당해 연도의 소득금액에 대하여 추계신고를 하거나 추계조사결정을 하는 경우에는 당해 연도의 과세표준을 계산할 때 전기로부터의 이월결손금을 공제할 수 없다. 이는 이월결손금은 이전 과세기간의 비용을 실지조사하여 산정된 것인데, 하나의 과세기간의 과세표준을 결정함에 있어 일부 비용은 추계조사하고 다른 비용은 실지조사하는 것이 허용되지 않는 기본 원칙에 반하기 때문이다.

이와 같이 소득세과세표준을 추계결정 또는 경정함으로 인하여 공제되지 아니한 이월결손금은 그 후의 과세기간에 공제할 수 있다. 그러나 부과제척기간이 만료된 과세기간의 경우 해당 과세기간의 결손금이 증가한 것이 사후확인되더라도 그 후 과세기간의 소득금액에서 공제할 수 없다(소득세법 제45조 제3항 단서).

2. 소득공제

소득공제에는 소득세법상의 종합소득공제와 조특법상의 소득공제가 있다. 종합소득공제에는 인적공제(기본공제·추가공제)·연금보험료공제·주택담보노후연금이자비용공제 및 특별소득공제가 있다.

소득세법상 특별소득공제(국민건강보험료등 제외, 소득세법 제52조 제1항) 및 조특법상 소득공제의 합계금액이 종합한도(연간 2천 5백만원)를 초과할 때에는 그 금액은 없는 것으로 본다(조특법 제132조의 2).

가. 소득세법상 공제

(1) 인적 공제

인적 공제에는 기본공제 및 추가공제가 있다. 인적 공제를 허용하는 것은 가족부양의 상황에 따라 세부담에 차별을 두는 방법으로 부분적으로나마 최저생활을 지원하는 데에 그 취지가 있다. 기본공제액은 납세자 본인 및 가족 1인당 연 150만원으로 한다. 이때 가족에 대한 기본공제에는 배우자공제와 생계를 같이하는 부양가족에 대한 부양가족공제가 있다(소득세법 제50조). 사실혼관계에 있는 배우자에 대해서는 배우자공제가 허용되지 않는다.

소득세법상 부양가족공제의 대상이 되기 위해서는 연간소득금액이 100만원(근로소득만 있는 경우에는 총급여 500만원) 이하이어야 한다.

소득세법은 8세 이상 20세 이하(20세가 되는 날과 그 이전 기간을 말한다)의 직계비속이 있을 경우 부양가족공제를 허용한다. 소득세법상 거주자와 생계를 같이하는 거주자의 직계비속 및 거주자의 배우자가 재혼한 경우로서 당해 배우자가 종전의 배우자와의 혼인(사실혼을 제외한다) 중에 출산한 자, 민법 또는 입양촉진 및 절차에 관한 특례법에 의하여 입양한 양자 및 사실상 입양상태에 있는 자로서 거주자와 생계를 같이하는 자에 대해서는 거주자가 일정 요건하에서 공제받을 수 있다(소득세법 제50조 제1항 제3호, 소득세법시행령 제106조 제6항 및 제7항). '직계비속'은 혼인 외의 자를 포함한다.

추가공제는 기본공제대상자가 특별한 사정을 지니고 있을 경우 그것을 반영해 주기 위해 허용된다. 경로우대자, 부녀자공제(부녀자세대주, 취업주부), 장애인 및 한부모에 대해 허용되는데 각각 공제금액이 다르다(소득세법 제51조 제1항).

(2) 연금보험료공제

거주자가 공적연금을 위해 납부하는 보험료는 종합소득금액에서 공제한다(소득세법 제51조의 3).

(3) 주택담보노후연금이자비용공제

연금소득이 있는 거주자가 주택담보노후연금을 지급받은 경우에는 그 지급받은 연금에 대하여 해당 연도에 발생한 이자상당액을 비용으로 보아 연금소득금액에서 공제한다(소득세법 제51조의 4). 노령자가 기존 주택을 담보로 하여 생활비를 조달하는 금융행위를 역모기지대출(reverse mortgage loan)이라고 한다.

주택담보노후연금 가입 당시 담보권의 설정대상이 되는 주택의 기준시가가 9억원 이하여야 한다(소득세법시행령 제108조의 3 제1항). 공제할 이자상당액이 200만원을 초과하는 경우에는 200만원을 공제하고, 연금소득금액을 초과하는 경우 그 초과금액은 없는 것으로 한다.

(4) 특별소득공제

특별소득공제액으로는 먼저 근로자가 국민건강보험법, 고용보험법 또는 노인장기요양보험법에 따라 부담하는 보험료가 있다(소득세법 제52조 제1항). 그리고 근로소득이 있는 거주자가 당해 연도에 지출한 주택임차차입금원리금상환액 및 장기주택저당차입금이자상당액은 일정한 요건에 따라 당해 연도의 근로소득금액에서 공제한다. 여러 특별공제 합계액이 종합소득금액을 초과할 때에는 그 금액은 없는 것으로 본다(소득세법 제52조 제8항).

나. 조특법상 공제

신용카드, 선불카드, 현금영수증, 전통시장, 대중교통비 및 문화생활비 사용금액에 대한 공제 등이 있다(조특법 제126조의 2 등).

3. 세액의 계산

종합소득과세표준에 기본세율(8단계 과세표준구간)을 적용하여 종합소득산출세액을 계산한다(소득세법 제55조). 종합소득산출세액에서 세액공제를 하여 결정세액을 계산해 낸다. 가산세가 있는 경우에는 결정세액에 가산세를 합산한 것을 총결정세액으로 한다. 금융소득종합과세상 금융소득이 종합과세기준금액을 초과하는 부분을 종합과세하는 경우에는 종합소득세율에 의해 산정한 세액과 금융소득금액에 대해 분리과세방법에 의해 산정한 세액과의 비교과세방식이 적용된다.

과세표준에 세율을 곱하면 세액이 산출되지만 이에 대해 배당세액공제, 기장세액공제, 외국납부세액공제, 재해손실세액공제, 근로소득세액공제, 자녀세액공제, 연금계좌세액공제 및 특별세액공제와 같은 소득세법상의 세액공제와 조특법상의 세액공제(예, 월세세액공제)가 허용되고 있다.

8세 이상의 자녀 또는 손자녀(7세 이하의 자녀를 돌보는 부모와 조부모에게 월 10만원의 아동수당 지급, 아동수당의 지급과 자녀세액공제는 중복 불가)가 있을 경우 연 25만원의 세액공제를 허용한다. 2명인 경우에는 연 55만원, 3명 이상인 경우에는 연 55만원과 2명을 초과하는 1명당 연 40만원을 합한 금액으로 한다.

출산 또는 입양시에는 첫째 30만원, 둘째 50만원, 셋째부터 70만원을 추가공제한다(소득세법 제59조의 2). 자녀장려금은 연소득 4천만원 미만 가구에 대해 1인당 최대 80만원까지 지급한다. 총급여액이 2천 100만원 미만인 홑벌이 가구의 경우 1인당 80만원을 지급한다. 자녀장려금은 자녀세액공제와 중복하여 적용할 수 없다(조특법 제100조의 30 제2항).

연금계좌세액공제로 연금저축·퇴직연금의 납입금의 12%를 공제한다. 종합소득금액 4,000만원 이하(근로소득만 있는 경우에는 총급여액 5,500만원 이하)인 경우에는 납입금의 15%를 공제한다. 세액공제 납입한도는 900만원이며, 이 중 연금저축납입한도는 600만원이다(소득세법 제59조의 3).

특별세액공제로 보장성보험료세액공제, 의료비세액공제, 교육비세액공제, 기부금세액공제가 있다(소득세법 제59조의 4).

근로소득이 있는 거주자의 보장성보험료에 대해서는 12%의 세액공제를 한다(보장성보험은 만기에 환급되는 금액이 납입보험료를 초과하지 아니하는 경우의 보험이다. 보험계약 또는 보험료납입영수증에 보험료공제대상임이 표시된다(생명보험, 상해보험, 자동차보험, 기타 손해보험)).

근로소득이 있는 거주자가 당해 연도에 지출한 의료비의 실지출액에서 총급여액의 3%를 차감한 금액의 15%, 교육비의 (일정 한도 내) 실지출액의 15%를 세액공제한다. 성실사업자와 성실신고확인서 제출 사업자에 대해서는 근로소득이 있는 거주자에 대해서와 같이 의료비와 교육비의 세액공제가 허용된다(조특법 제122조의 3 제1항). 소득세법상 세액공제대상 의료비에 의료법에서 규정한 의료기관에 지급하는 비용, 약사법에서 규정한 의약품을 구입하고 지급하는 비용은 포함되고 외국의 의료기관에 지급하는 비용이나 국외에서 구입하는 의약품은 제외된다(소득세법시행령 제118조의 5).

국외교육기관에서의 교육비용은 매우 제한적으로 세액공제가 허용된다(소득세법 제59조의 4 제3항 제1호 다목).

종합소득이 있는 거주자는 및 기부금지출액(특례기부금에 대해서는 종합소득금액 한도가 없고, 일반기부금에 대해서는 종합소득금액의 30%(종교단체 기부금의 경우 10%)를 한도로 하며, 사업소득금액 계산시 필요경비로 산입한 금액은 차감한다)의 15%(2024년 말까지 1천만원 초과분에 대해서는 30%, 3천만원 초과분에 대해서는 40%)를 세액공제한다.

기부자는 본인이 기부금 세액공제를 받는 대신 그 기부금에 대한 세액공제상당액(기부장려금)을 당초 기부금을 받은 자가 지급받을 수 있도록 기부장려금을 신청할 수 있다(조특법 제75조). 기부장려금단체는 국세청장의 추천을 받아 기획재정부장관이 지정한다. 환급액은 기부액의 15%, 2천만원 초과시 초과분의 30%로 한다. 기부자의 결정세액을 한도로 한다. 원래의 일반기부금의 세액공제한도(소득금액의 30%)를 적용하지 않는다. 기부자로서는 이월공제하느니 기부장려금을 선택할 수 있다. 납세지 관할 세무서장은 기부장려금을 신청한 기부자의 해당 과세연도의 종합소득 결정세액과 기부금 세액공제액 중 적은 금액을 기부장려금으로 결정한다.

거주자가 2026년말 이전에 혼인신고를 한 경우에는 1회에 한정하여 혼인신고를 한 날이 속하는 과세기간의 종합소득산출세액에서 50만원을 공제한다(조특법 제92조).

총급여액 8천만원 이하의 근로소득이 있는 무주택자인 세대주가 지급하는 월세액(연 1천만원까지)의 100분의 15(총급여액이 5천 500만원 이하인 근로소득이 있는 근로자 100분의 17)에 해당하는 금액을 해당 과세기간의 종합소득산출세액에서 공제할 수 있다(조특법 제95조의 2 및 제122조의 3). 종합소득금액이 7천만원 이하인 성실사업자와 성실신고확인서 제출 사업자에게도 허용된다(조특법 제122조의 3 제3항).

특별세액공제와 월세세액공제를 일괄하여 그 대신 표준세액공제를 선택할 수 있다. 표준세액공제는 근로자 13만원, 성실사업자 12만원, 기타 종합소득자 7만원으로 한다(소득세법 제59조의 4 제9항).

중소기업 취업자에 대해서는 소득세 세액감면을 허용한다[감면한도: 과세기간별 200만원; (종합소득 산출세액)×(근로소득금액/종합소득금액)×(감면대상 중소기업체로부터 받는 총급여액/해당 근로자의 총급여액)×(감면율)](조특법 제30조).

제 3 항   인식시기 등

거주자의 각 과세기간 총수입금액 및 필요경비의 귀속연도는 총수입금액과 필요경비가 확정된 날이 속하는 과세기간으로 한다(권리의무확정주의, 소득세법 제39조 제1항). 이때 소득이 확정되었는지는 소득이 발생할 권리가 그 현실의 가능성에 있어 상당히 높은 정도로 성숙 확정되었는지에 따라 판단한다.

거주자의 각 소득에 대한 총수입금액의 계산은 당해 연도에 수입하였거나 수입할 금액의 합계액으로 한다(소득세법 제24조 제1항). 수익의 인식은 받을 권리가 확정된 날과 실제 수입한 날 중 먼저 오는 날이 된다. 비용의 인식은 인식한 수익에 대응하는 것으로서 지급할 의무가 확정되었거나 실제 지급된 때에 하게 된다(소득세법 제27조 제1항).

판례는 소득세법 제39조 제1항상 '확정'의 의미에 대해 대체로 소득 실현의 개연성만으로는 부족하고 그 가능성이 매우 높은 정도에 이를 것을 필요로 한다고 한다(대법원 1977. 12. 27. 선고 76누25 판결). 양도소득을 예로 들자면 해당 양도소득에 대한 관리, 지배와 양도소득의 객관화 정도, 납세자금의 확보시기 등까지 함께 고려하여 양도소득이 현실적으로 실현될 것까지는 없다고 하더라도 그 실현 가능성이 상당히 높은 정도로 성숙·확정되었는지를 기준으로 하여 귀속시기를 합리적으로 판단한다. 공사가 완공되고 대금 지급시기가 도래하였으며 일부 대금을 어음으로 지급받기까지 한 경우라면 채권이 확정적으로 발생하였다고 볼 수 있다.

소득세법은 거주자가 각 과세기간의 소득금액을 계산함에 있어서 총수입금액과 필요경비의 귀속연도와 자산·부채의 취득 및 평가에 관하여 일반적으로 공정·타당하다고 인정되는 기업회계의 기준을 적용하거나 관행을 계속적으로 적용하여 온 경우에는 동법 및 조특법에서 달리 규정하고 있는 경우를 제외하고는 당해 기업회계의 기준 또는 관행에 따른다고 규정하고 있다(소득세법 제39조 제5항).

거주자가 보유하는 자산 및 부채의 장부가액을 평가한 경우 그 평가일이 속하는 과세기간 및 그 후 과세기간의 소득금액을 계산할 때 해당 자산 및 부채의 장부가액은 평가하기 전의 가액으로 한다. 다만, 재고자산은 각 자산별로 소득세법시행령이 정하는 방법에 따라 평가한 가액을 장부가액으로 한다(소득세법 제39조 제3항).

제4항 조세채무의 확정

1. 확정신고

소득세는 신고납세방식의 조세로서 납세의무자가 과세표준과 세액을 신고하는 때에 납세의무가 구체적으로 확정된다. 납세의무자가 과세표준과 세액을 신고하지 아니하거나 과소신고한 경우에 한하여 관할세무서장이 그 과세표준과 세액을 결정하거나 경정한다(소득세법 제80조 제1항).

당해 연도의 종합소득금액이 있는 거주자는 종합소득과세표준을 다음 연도의

5월 1일부터 5월 31일까지 납세지관할세무서장에게 신고하여야 하며, 이를 '확정신고'라고 한다(소득세법 제70조 제1항). 다만, 연말정산을 하였거나 분리과세되는 이자소득, 배당소득, 연금소득 및 기타소득 등의 소득만 있는 자는 확정신고를 하지 않아도 된다.

사업소득이 있는 등의 일부 거주자에 대해서는 관할세무서장이 매년 11월 1일부터 15일 사이에 중간예납세액을 고지한다(소득세법 제65조). 관할세무서장은 중간예납세액을 결정하고 이를 고지하는 절차를 밟는데 이 경우 중간예납세액은 부과결정방식으로 확정되는 것이다(국세기본법 제22조 제2항, 제3항).

2. 결 정

소득세의 납세의무자가 신고하지 않은 경우에는 납세지관할 세무서장이나 지방국세청장이 결정하고, 납세의무자가 불성실하게 신고하여 신고내용에 오류 또는 탈루가 있는 경우에는 과세표준과 세액을 납세지관할 세무서장이나 지방국세청장이 경정하게 된다. 결정이나 경정에 오류 또는 탈루가 있는 것이 발견된 때에는 즉시 이를 다시 결정한다(재결정).

가. 실지조사결정

관할세무서장이나 지방국세청장이 과세표준과 세액을 결정하는 때에는 장부 기타 증빙서류를 근거로 하여야 한다(소득세법 제80조 제3항). 소득금액은 원칙적으로 실액을 조사하여 결정하여야 한다(실액과세방법). 그런데 납세의무자가 직접 증거를 가지고 있지 않거나 허위의 증거를 제시하는 경우에는 간접적인 증거에 바탕을 둔 추계방법에 의할 수밖에 없다. 전자의 방법에 의한 결정을 '실지조사결정', 후자의 방법에 의한 결정을 '추계조사결정'이라고 한다. 추계과세의 필요성이 인정되는 경우를 판단함에 있어서는 근거과세의 원칙에서 볼 때 그 허용의 범위를 엄격히 제한하고 절차상 납세자 권리가 보호되도록 하여야 한다.

나. 추계조사결정

소득세법은 대통령령이 정하는 사유로 장부 기타 증빙서류에 의하여 소득금액을 계산할 수 없는 경우에는 대통령령이 정하는 바에 의하여 소득금액을 추계결정(presumptive taxation)할 수 있다고 규정하고 있다(소득세법 제80조 제3항 단서).

추계과세의 요건 해당 여부는 객관적으로 판단하여야 한다(소득세법시행령 제143조 제1항). 요건의 충족에 대한 입증책임은 과세관청이 부담한다(대법원 1999. 1. 15. 선고 97누20304 판결).

과세관청은 소송상 추계과세의 결과가 실액과세에 가장 근접하다는 것을 보임으로써 추계방법 적용의 적절성을 입증하여야 한다. 이는 일반적으로 합리적인 방법을 선정했을 뿐 아니라 개별적으로 사건의 상황에 비추어 가장 타당한 방법이었음을 입증하는 것이 되어야 한다.

과세관청이 법령에서 정한 방법으로 추계과세를 하였다 하더라도 그 추계방법에 의한다면 불합리하게 된다고 볼 만한 특수한 사정이 있는 경우에는, 그러한 특수한 사정을 참작하여야 한다.

소득세법시행령은 소득금액의 추계결정의 방법을 열거하고 있다(소득세법시행령 제143조 제3항). 이에는 기준소득금액방법, 단순경비율방법, 연말정산사업소득률방법, 동업종권형방법, 기타 국세청장이 합리적이라고 인정하는 방법 5가지가 있다(대법원 1995. 12. 22. 선고 95누5929 판결). 사업소득 수입금액의 추계결정 방법으로는 6가지가 규정되어 있다(소득세법시행령 제144조 제1항).

수입금액은 실지조사하는 데 소득금액을 추계조사로 결정할 수 있으며, 수입금액은 추계조사하더라도 소득금액은 실지조사로 결정할 수 있다(소득세법시행령 제144조 제4항, 대법원 1996. 7. 30. 선고 94누15202 판결).

제5절 퇴직소득

소득세법은 제2장에서 종합소득과 퇴직소득을 규정하고 있다. 소득세법상 퇴직소득은 현실적인 퇴직으로 인하여 받는 일시금을 의미한다(소득세법 제22조 제1항, 소득세법기본통칙 22-0...1).

퇴직소득금액에서 퇴직소득공제를 한 금액이 퇴직소득과세표준이다(소득세법 제14조 및 제48조). 퇴직소득공제는 급여비례공제(환산급여공제)와 근속연수공제로 구성된다.

퇴직소득에 대한 총수입금액을 인식할 시기는 퇴직을 한 날로 한다(소득세법 시행령 제50조 제2항).

세액의 계산은 연분연승법을 사용하고 있다. 당해 연도의 과세표준을 근속연수로 나눈 금액에 종합소득의 기본세율을 적용하고 다시 근속연수를 곱한 금액을 세액으로 한다(소득세법 제55조 제2항).

퇴직금을 개인형 퇴직연금계좌(Individual Retirement Pension(IRP), 근로자가 퇴직 또는 이직 시 받은 퇴직금 및 본인이 추가로 납입한 개인부담금을 적립, 운용하여 향후 일시금이나 연금으로 받을 수 있는 계좌)에 이체하고 연금수령방식을 선택할 경우 연금수령시 낮은 세율이 적용되어 세금을 납부한다(소득세법 제129조 제1항 제5호의 3).

퇴직소득금액이 있는 납세자는 퇴직소득과세표준을 다음 연도 5월 1일부터 5월 31일까지 납세지관할세무서장에게 신고하여야 한다(소득세법 제71조 제1항). 납세지관할세무서장의 결정 혹은 경정은 종합소득에 대해서와 동일한 절차를 따른다(소득세법 제80조). 퇴직소득만 있는 경우 등에는 확정신고를 하지 않을 수 있다(소득세법 제73조 제1항). 이 경우에는 원천징수납부로써 납세의무가 소멸한다.

제 6 절 양도소득

제 1 항 역사적 조감

소득세법상 양도소득은 자산의 양도에 따른 경제적 이익이다. 자본자산(capital asset)의 처분으로 인한 이득이므로 '자본이득(capital gain)'이라고도 한다. 자본이득은 해당 자산이 창출할 것으로 기대하는 미래현금흐름을 시장이자율로 할인한 가치가 시점 간 달라짐에 따라 나타나는 것이다. 미래기대현금흐름(expected future cash flow)은 미래의 현금이 될 것인데 그 현금에 대해서도 과세할 것이기 때문에 자본이득에 대해 과세하는 것은 경제적 이중과세가 된다고도 볼 수 있겠다. 예를 들면, 부동산가격은 미래임대료의 현재가치인데 미래의 소유자가 임대료를 벌 때 임대소득으로 과세될 소득의 일부분을 이제 처분하는 현 소유자에게 자본이득으로 과세하는 것이다. 경제적 이중과세는 여러 조세 분야에서도 용인이 되고 있는 것이므로 이를 이유로 자본이득에 대한 과세를 배제할 수는 없다.

무릇 생산요소의 제공에 따른 소득에 대해 과세하는 데에는 해당 소득 가득자의 담세력에 대해 과세한다는 응능과세적인 요소 이외에 국가가 해당 소득 가득자의 생산활동이 가능하게 기여하였다는 데에 과세하는 이른바 응익과세적인 요소가 내재되어 있다. 자본이득에 대해 과세하는 것에 대해서도 국가는 그것을 응익과세적인 측면에서 정당화할 수 있을 것이다. 해당 자산의 가치가 증가할 수 있도록 환경을 조성하는 데에 국가가 기여하는 점은 부인할 수 없을 것이기 때문이다.

세법상 자본이득의 과세대상 소득 개념에의 편입은 국가별·시대별로 상이한 모습을 나타내고 있다. 국가별로 보면 우리나라를 포함한 주요국에서 자본이득은 소득의 범주에 포함된다. 영국에서는 일반소득(ordinary income)과 자본이득(capital gain)이 별도의 세법에 의해 과세되고 있다.

영국에서는 1962년까지 자본이득에 대해 조세가 부과되지 않았다. 1962년 제도 도입 초기 6개월 미만 단기보유주식만 과세하다가 점차 그 과세대상 범위를 넓혀왔다. 소득세율과 동일한 세율 체계를 유지하다가 현재는 10%(일반소득 50,270파운드 초과시 20%)의 세율로 자본이득세가 과세되고 있다. '양도(disposal)'는 유상·무상의 모든 소유권의 이전을 포섭한다. 상속은 자본이득 과세계기로 보지 않는다(Taxation of Chargeable Gains Act 1992, Section 62(1)(b)). 시가로 상속세를 과세받으며 그 시가가 상속인 자산의 취득가격이 된다. 증여세는 별도로 없으며 증여 후 7년 이내에 상속하면 상속세가 부과된다. 일반적인 증여는 자본이득과세의 계기가 된다(Turner v Follett (1973) 48 TC 614). 수증자는 증여 당시 시가가 자신의 취득가격이 된다. 부부간 자산의 이전 또는 자선 목적의 자산의 이전은 자본이득세 과세대상에서 제외된다. 자산을 이전받은 배우자는 이전한 배우자의 장부가액을 승계한다.

미국에서는 1913년 세입법 제정 당시 자본이득은 소득의 하나로서 동일하게 최고세율 7%의 소득세로 과세되었다. 미국에서 자본이득은 1921년 법원이 이를 과세소득으로 인정하면서 본격적으로 과세되기 시작하였다. 1921년 세법은 2년 이상의 장기보유자산과 그 미만의 단기보유자산으로 나누고 후자로부터의 자본이득은 일반소득세율로 과세하고 전자로부터의 자본이득은 낮은 12.5%의 세율로 과세하게 되었다. 현행 내국세입법상 1년 이하 단기보유의 경우에는 일반소득세율이 적용된다. 장기보유자산에 대한 세율이 0%, 10%, 20%이다(일반소득금액 규모에 따라 차등과세).

파생상품거래에서 발생한 손익은 자본이득으로 간주하여 과세한다. 선물, 옵션 등의 손익은 60%를 장기자본손익으로 40%를 단기자본손익으로 처리한다. 단기손익은 일반소득과 합산하여 일반적인 소득세율을 적용하지만 장기손익은 낮은 세율을 적용한다.

증여에 의한 부의 무상이전은 자본이득의 과세계기로 보지 않는다. 수증자는 증여자의 취득원가 및 보유기간을 그대로 이어받는다. 증여세는 증여시점의 시가로 과세된다. 상속을 받는 경우에는 시가에 따라 상속세를 과세받는다. 상속인은 피상속인의 장부가액을 물려받지 않고 시가에 취득한 것으로 본다.

부동산을 처분하는 자가 내국세입법 제1031조에 따라 동일 유형의 대체 부동산을 취득한 금액에 대응하는 자본이득에 대한 세금이 이연된다. 해당 부동산을 상속할 때에는 시가로 상속세를 과세받는다.

독일에서는 1925년 소득세법 이래 단기보유자산의 자본이득에 대해 과세하여 왔다. 그 이외의 자산으로부터의 자본이득 예를 들면, 1년 이상 보유 주식양도차익은 비과세하고 있었다. 파생상품에 대하여는 주식에 대해서처럼 원칙적으로 비과세하였다.

2009년 이원적 소득세제가 도입되면서 비과세대상을 대폭 축소하였다. 2008년 12월 이전에 취득한 당시 법에 의한 비과세대상 주식양도차익은 이후 처분할 경우에도 과세에서 면제되는 경과조치가 있다. 자본이득은 여타 금융소득과 동일하게 25%의 세율로 과세된다.

부동산은 10년 이상 보유한 경우에는 앞으로도 소득세 과세대상에서 제외된다. 증여 및 상속을 자본이득 과세계기로 보지는 않는다. 증여 및 상속의 경우 증여자나 피상속인의 장부가액을 이전받는다. 그러나 추후 양도할 때에 [(양도소득세)×(증여세(상속세))/(양도가액)]은 양도소득세액에서 세액공제해준다.

일본에서는 전후 미국의 영향으로 1946년 소득세법이 개정되어 자본이득이 비로소 과세되기 시작하였다. 현행 세법상 세율은 20%(주식), 15%, 30%(부동산) 등이다. 법인에 대한 증여와 한정승인에 의한 상속의 경우 그 증여와 상속은 양도소득 과세계기로 본다(소득세법 제59조). 그 증여 또는 상속 시점의 시가대로 양도한 것으로 간주하는 것이다. 증여와 상속(한정승인에 의한 것을 제외한다)에 의하여 취득한 자산의 개인의 소득세 양도소득금액을 계산할 때에는 증여자와 피상속인의 장부가액을 승계한다(소득세법 제60조). 상속 또는 유증으로 취득한 재산을 3년 10개월 이내에 양도할 경우 상속인 본인 고유의 상속세액에 본인이 양도하는 재산이 본인이 상속받은 재산에서 차지하는 비율을 곱한 금액을 양도소득금액 계산상 취득비로 인정해준다(取得費加算の特例).

우리나라에서는 미군정 당시 1948년에 부동산 등의 양도차익에 대한 과세제도가 도입되었지만 이듬해 과세소득에서 제외되었다. 1954년 개정 소득세법은 양도소득을 다시 과세대상소득으로 열거하였다(구 소득세법 제12조 제1항 제7호, 법률 제319호, 1954. 3. 31). 양도소득과세조항이 별 실익을 거두지 못하자 1960년 다시 과세대상에서 삭제되었다. 1975년에는 1968년 신설되었던 부동산투기억제세(당시에는 토지만 과세)를 소득세제로 흡수하여 양도소득세를 신설하였다.

우리나라 소득세법은 소득으로 열거한 것만을 소득으로 보는 열거주의 과세 방식을 채택하고 있다. 세 가지로 대분류한 소득 중 하나에 양도소득이 있으므로 양도소득이 과세대상 소득이 됨은 자명하다. 당초 양도소득세는 소득종류 간 형평의 가치보다는 부동산투기억제의 목적에 의하여 도입되었다. 제도 도입 당시 자본이득이 가지는 담세능력에 따른 과세보다는 부동산의 양도를 통한 부동산가격의 상승을 방지하기 위한 목적을 추구하였기 때문에 대상물건을 부동산으로 한정하고 대상거래도 양도거래로 한정하는 데서 출발하였다. 이후 과세대상의 범주를 점차 넓혀 오고 있다.

제 2 항 과세대상

1. 대상물건

가. 소득세법상 열거된 것

소득세법상 양도소득세의 과세대상은 '양도소득'이며, 다음과 같이 열거되어 있다(소득세법 제94조).

1. 토지 또는 건물의 양도로 인하여 발생하는 소득
2. 부동산에 관한 권리의 양도로 인하여 발생하는 소득
3. 주식 또는 출자지분(신주인수권, 증권예탁증권 포함)의 양도로 인하여 발생하는 소득
4. 기타 자산의 양도로 인하여 발생하는 소득
   가. 사업용 고정자산과 함께 양도하는 영업권
   나. 이용권·회원권 및 시설물이용권
   다. 부동산주식
5. 파생상품등의 거래 또는 행위로 발생하는 소득
6. 신탁의 이익을 받을 권리의 양도로 발생하는 소득

(1) 부동산 · 부동산에 관한 권리 · 부동산주식

부동산은 토지와 건물을 말한다. 토지의 정착물로서 사실상 토지와 일체화된 구축물을 토지와 함께 양도할 경우 구축물의 양도 대가는 토지의 양도소득에 포함된다.

부동산에 관한 권리는 부동산을 취득할 수 있는 권리를 포함한다. '부동산을 취득할 수 있는 권리'는 해당 부동산이 건축 중이어서 등기가 가능하지 않은 시점의 아파트입주권 등을 의미한다. 매수자가 잔금을 지급하지 않아 등기가 불가능한 상태에서 매수자가 제3자에게 이전하는 매수자의 지위는 부동산에 관한 권리가 된다(대법원 2013. 10. 11. 선고 2013두10519 판결).

순수한 아파트입주권과 달리 바로 아파트 취득등기가 가능한 시점에서의 양도는 부동산의 '미등기전매'로 본다(대법원 2015. 4. 23. 선고 2013두13563 판결).

'부동산주식' 또는 '특정주식'이란 ① 당해 법인의 자산총액 중 부동산가액의 합계액이 차지하는 비율이 100분의 50 이상인 법인일 것과 당해 법인의 주식 등의 합계액 중 주주 1인과 기타 주주가 소유하고 있는 주식 등의 합계액이 차지하는 비율이 100분의 50 이상인 법인일 것의 요건을 모두 충족하는 법인의 주주 1인 및 기타 주주가 그 법인의 주식 등의 합계액의 100분의 50 이상을 주주 1인 및 기타 주주 외의 자에게 양도하는 경우의 당해 주식 등과 ② 당해 법인의 자산총액 중 법인 부동산가액의 합계액이 차지하는 비율이 100분의 80 이상인 법인일 것과 골프장업 · 스키장업 등 체육시설업 및 휴양시설관련업(관광사업)과 부동산업 · 부동산개발업을 영위하는 법인일 것의 요건을 모두 충족하는 법인의 주식 등을 양도하는 경우의 당해 주식 등을 말한다(소득세법 제94조 제1항 제4호 다목).

(2) 주식 · 출자지분

주식 또는 출자지분(신주인수권, 증권예탁증권 포함, 소득세법 제88조 제2호)의 양도로 인하여 발생하는 소득은 양도소득이 된다.

현행 소득세법상으로는 소액주주가 보유하는 주권상장법인의 주식을 장내에서 거래하여 거둔 양도차익은 과세대상에서 제외된다. 다만, 소액주주라 하더라도 주권상장법인의 주식을 장외에서 거래할 경우 과세대상이 된다. 이 경우에도 소액주주가 상법에 따라 주식을 포괄적 교환 · 이전하거나 포괄적 교환 · 이전에 대한

주식매수청구권 행사로 양도하는 주식 등은 양도소득의 범위에서 제외된다. 소액
주주는 소득세법상 대주주 이외의 자를 말한다(소득세법 제94조 제1항 제3호). 그간
직계존비속 및 배우자의 소유분까지 합산하여 대주주 여부(종목별 10억원 등)를 판
단하도록 하던 것을 2023년부터는 본인 소유분만 고려하여 판단하도록 바뀌었다.

앞에서 자본자산의 자본이득에 대한 소득세가 부과된 이후 해당 자본자산으
로부터의 미래소득에 대해 다시 소득세가 부과된다면 이는 이중과세에 해당한다
고 하였다. 주식 양도차익에 대한 소득세는 법인의 소득에 대한 법인세가 부과되
고 남는 것에 부과되는 것이기 때문에 또 다른 관점에서 경제적 이중과세가 되는
것이다. 주식양도차익에 대한 주요국의 세율은 미국(0, 15, 20%), 영국(10, 20%),
일본(15%), 독일(25%), 프랑스(30%)이다. 이원적 소득세제가 도입되어 있는 일본,
독일 및 프랑스에서는 이자소득과 배당소득에 대한 세율과 원칙적으로 동일하게
설정되어 있다. 미국과 영국에서 이자소득과 배당소득은 일반소득으로서 기본세
율이 적용된다.

(3) 파생상품등

파생상품 등의 거래 또는 행위의 이익에 대해 양도소득세가 과세된다. 실제로
는 파생상품 등의 양도소득에 대해서 과세된다(소득세법시행령 제161조의 2). '파생
상품 등'은 파생결합증권, 장내파생상품, 장외파생상품 등 모든 주가지수 관련 장
내·장외 파생상품이다. 개별 종목 관련 파생상품은 과세되지 않는다.

(4) 신탁의 이익을 받을 권리('신탁수익권')

신탁수익권의 양도소득을 말한다. 자본시장법 제110조의 금전신탁계약의 수
익증권은 과세에서 제외되며, 투자신탁의 수익권 또는 신탁의 수익권을 나타내는
수익증권의 양도로 인한 소득이 배당소득으로 과세되는 경우 등은 제외된다(소득
세법시행령 제159조의 3). 신탁의 이익을 받을 권리는 원본의 이익을 받을 권리와
수익의 이익을 받을 권리로 구분할 수 있다.

신탁수익권의 양도를 통하여 신탁재산에 대한 지배·통제권이 사실상 이전되
는 경우는 신탁재산 자체의 양도로 본다.

나. 열거되지 않은 것들

소득세법에는 내용상 자본이득이지만 과세대상 양도소득으로 구분되지 않는 것들도 있다. 주식회사가 주식을 이익소각 이외의 방법으로 소각하는 경우 또는 합병에 의하여 소멸법인의 주식을 소각하고 신주를 발행하는 경우에 얻게 되는 경제적 이득은 해당 주식에 귀속하는 미래기대현금흐름의 현재가치 변화에 기인하는 것이기 때문에 자본이득이라고 보아야 할 것인데 소득세법상으로는 배당소득으로 의제한다.

자본이득적인 항목들이지만 기타소득으로 분류되는 것들도 있다. 서화·골동품의 양도차익(소득세법 제21조 제2항), 저작권의 양도대가로 받는 금품(소득세법 제21조 제1항 제5호), 영화필름 등의 양도대가로 받는 금품(소득세법 제21조 제1항 제6호), 광업권 등의 양도대가로 받는 금품(소득세법 제21조 제1항 제7호), 고용관계 없이 주식매수선택권을 부여받아 이를 행사함으로써 얻는 이익(소득세법 제21조 제1항 제22호)이 이에 해당한다. 2027년부터는「특정 금융거래정보의 보고 및 이용 등에 관한 법률」제2조 제3호에 따른 가상자산의 양도·대여로 발생한 소득('가상자산소득')은 기타소득으로 분류되어 과세된다(소득세법 제27조 제1항 제27호).

부동산임차권을 양도할 때 받는 사업용 무형자산이라 할 수 있는 영업권의 대가도 기타소득으로 과세된다(소득세법 제21조 제1항 제7호). 소득세법상 양도소득 과세대상이 되는 사업용 유형자산과 함께 양도하는 영업권의 대가는 양도소득에 포함된다(소득세법 제94조 제1항 제4호 가목). 사업용 유형자산(양도소득 과세대상 제외)의 양도소득은 사업소득으로 본다.

2. 양   도

가. 기본개념

(1) 유상의 사실상 이전

양도소득은 자산을 양도함에 따라 얻는 경제적 이익을 말한다. 여기서 '양도'라 함은 소득세법상 매도·교환 및 현물출자 등을 통하여 그 자산을 유상으로 사실상 이전하는 것을 말한다(소득세법 제88조 제1호). 소유권에 관한 분쟁으로 양도의 사실이 소급하여 무효가 되는 경우에는 후발적 사유가 인정되어 납세의무자는 경정청구할 수 있다(국세기본법 제45조의 2 제2항 제1호). 양도의 개념정의조항은 소득세법이 법률 제4803호, 1994. 12. 22. 전부개정되면서 도입되었다.

소득세법상 자산의 무상이전은 양도로 보지 않는다. 여기서 '무상이전'은 양도할 당시 유상으로 하였지만 실제 대금을 받지 못하는 경우를 포섭하지는 않는다. 시장가격에 비해 아주 낮은 가격으로 양도하더라도 당사자들의 뜻을 존중하여 양도로 보고 실지거래가액으로 과세한다.

법인에 대한 현물출자는 양도로 본다. 비록 사인 간의 약정상 '양도'의 표현은 사용하지 않았지만 유상으로 소유권을 이전하는 것이기 때문이다. 조합에의 출자도 자산을 유상으로 이전하는 것으로 본다.

(가) 부담부 증여시 양도

부담부 증여의 경우 증여 당시의 재산가액 중 수증자가 부담하는 채무에 해당하는 부분에 대해서는 증여자가 양도한 것으로 본다(소득세법 제88조 제1항 후단). 부담부 증여란 타인에게 일정한 재산을 증여하면서 그와 동시에 일정한 부채도 인수시키는 것을 말한다(민법 제561조). 해당 재산과 채무는 수증자에게 귀속하는데 재산가액에서 부채액을 차감한 액수만큼 증여를 한 것이 된다. 명의가 이전되는 재산의 가액 중 부채액에 상응하는 부분은 증여자가 수증자에게 대가를 받고 이전하는 것과 다를 바 없는 실질을 가지고 있어서 양도한 것으로 본다.

증여세 과세상으로는 당해 증여재산에 담보된 증여자의 채무로서 수증자가 인수한 금액을 차감하여 증여재산가액을 산정한다(상증세법시행령 제36조 제1항). 이 경우 인수한 금액에 상당하는 부분은 양도로 보게 된다. 만약 해당 재산을 조건 없이 증여받은 경우에는 증여가액은 증여 당시의 그 재산가액 전액으로 한다. 이 경우 당해 재산을 증여받은 수증자가 담보된 채무를 변제한 때에는 그 채무상당액을 채무자에게 증여한 것으로 본다. 다만, 담보된 채무를 수증자가 채무자를 대위하여 변제하고 채무자에게 구상권을 행사하는 경우에는 그러하지 아니하다. 즉 채무의 대위변제를 증여로 보지 않는다. 그러나 구상권을 행사하더라도 원래 자신의 명의로 이전받은 재산에 대해서는 그 재산가액 전액을 증여로 과세한다는 것이 된다. 이는 당초 증여를 받을 때에 제3자에 대한 증여자의 채무를 수증자가 인수한다는 조건을 달지 않았기 때문이다.

상증세법상 배우자 또는 직계존비속에게 양도한 경우 증여로 추정한다(상증세법 제44조 제1항). 아울러 배우자 간 및 직계존비속 간의 채무 이전은 없었던 것으로 추정한다(상증세법 제47조 제3항 본문). 다만, 이전 대상 채무가 금융기관에 대한 채무이거나 달리 채무의 이전에 대해 법적으로 신뢰할 만한 문서가 있는 경우에는 이전한 것으로 볼 수 있는 여지가 있다.

[사례] 임차보증금반환채무에 대해 확정일자를 받아 놓은 주택의 명의를, 증여를 원인으로 하여 자신의 배우자에게 이전할 경우 이전하는 배우자(갑)와 세입자(병) 간의 전세계약서를 해지하고 새로이 이전받는 배우자(을)와 세입자(병) 간 전세계약서를 작성할 경우에는 채무를 이전한 것으로 보아 부담부 증여로 과세한다. 이전하는 배우자(갑)는 부담 부분에 해당하는 만큼은 양도로 보아 양도차익을 계산하여 양도소득세를 신고납부하고 이전받는 배우자(을)는 주택의 가액에서 부담 부분을 차감한 액수만큼 증여받은 것으로 보아 증여세를 신고납부하여야 한다. 세무서장이 부과고지하고자 한다면 두 세금의 부과제척기간은 동일하게 10년이 된다.

(나) 등기부상 명의변경의 세법상 효과

소득세법상 '양도'는 자산에 대한 등기·등록 등에 관계없이 그 자산이 유상으로 사실상 이전되는 것을 말한다.

위탁자와 수탁자 간 신임관계에 기하여 위탁자의 자산에 신탁이 설정되고 그 신탁재산의 소유권이 수탁자에게 이전된 경우로서 위탁자가 신탁 설정을 해지하거나 신탁의 수익자를 변경할 수 있는 등 신탁재산을 실질적으로 지배하고 소유하는 것으로 볼 수 있는 경우에는 양도로 보지 않는다(소득세법 제88조 제1호 다목).

자산을 이전하는 자가 양도소득에 대해 과세받기 위해서는 이전하기 전 해당 자산의 실질적인 소유자가 되어 있어야 할 것이다. 부동산에 대한 실질적인 소유권을 가진 자가 자신의 명의를 등기부에 드러내지 않고 처분하는 '미등기전매'의 경우 벌금과 과징금이 부과되는 이외에 양도소득세가 중과된다. 과세상 중간에 전매하는 실질적인 소유권을 가진 자가 해당 부동산을 양도하는 것으로 본다(소득세법 제104조 제3항). 전매하는 자가 자신에게 매도한 자의 등기권리증을 보유하는 등 바로 취득등기가 가능한 실질적인 소유권을 행사하여 처분함으로써 최종 매수인이 유효하게 소유권을 취득한 점을 감안하는 것이다.

부동산 '명의신탁'과 같이 제3자의 명의를 빌린 경우도 부동산에 대한 실질적인 소유권을 가진 자가 자신의 명의를 등기부에 드러내지 않고 처분하는 예이다. 부동산 명의신탁의 약정과 그 약정에 따른 등기로 이루어진 물권변동은 원칙적으로 그 법적인 효력이 부인된다. 종중재산의 명의신탁 및 위임형(계약형) 명의신탁 등의 경우에는 그 효력이 인정된다(부동산 실권리자 명의 등기에 관한 법률 제4조, 제8조). 명의수탁자가 제3자로부터 부동산을 매수하는 계약의 당사자로 되어 있으며, 매도하는 제3자가 명의신탁을 인지하지 못하고 있는 위임형(계약형) 명의신탁의 경우에는 명의수탁자와 제3자 간의 매매약정과 그에 따른 부동산등기는 효력이 인정된다. 이에 따라 제3자는 해당 부동산을 양도한 것이 된다.

[사례] 갑이 병으로부터 아파트를 매입하면서 갑이 직접 병과 매매계약을 체결하지만 을의 명의로 취득한 '중간 생략형(3자 간) 명의신탁'의 경우를 상정한다. 갑과 병 간의 매매계약은 유효하지만, 을의 명의로 등기를 하기로 하는 물권적 합의는 효력이 없다. 해당 아파트의 소유권은 병에게 남게 된다. 지방세법상 취득세 부과를 위한 취득은 '사실상 취득'이며, 재산세 및 종합부동산세의 부과를 위한 소유는 '사실상 소유'이다. 갑이 매매계약상 매수자로 되어 있고, 잔금을 지급한 경우라면 취득세(대법원 2018. 3. 22. 선고 2014두43110 전원합의체 판결)와 재산세 및 종합부동산세(대법원 2018. 3. 22. 선고 2014두43110 전원합의체 판결)의 납세의무자가 된다.

갑과 명의신탁약정을 한 을이 병과 아파트매매계약을 체결한 '위임형(계약형) 명의신탁'의 경우를 상정한다. 병이 선의이면 명의수탁자인 을이 소유권을 취득한다. 이 경우에는 수탁자에게 취득세 납세의무가 있다. 병이 악의이면 병은 여전히 소유권을 보유하게 되지만 취득세 납세의무가 발생하는지에 대해서는 의견이 갈린다.

갑이 자신이 소유하는 아파트를 을에게 명의신탁 목적으로 이전한 '이전형(2자간) 명의신탁'의 경우 여전히 갑이 소유하고 있는 것이 된다. 을에게 취득세 납세의무가 발생할 것인지에 대해서는 의견이 갈린다.

세 유형의 명의신탁에 있어서 모두 추후 을이 제3자인 정에게 해당 아파트를 매도하는 계약은 효력이 있다. 명의신탁약정 및 그에 따른 등기에 의한 물권변동의

무효가 제3자에게 대항하지 못한다는 규정의 적용을 받는다(부동산 실권리자 명의 등기에 관한 법률 제4조 제3항, 대법원 2021. 9. 9. 선고 2018다284233 전원합의체 판결). 정에의 아파트 양도에 따른 소득에 대해서는 양도소득을 사실상 지배, 관리, 처분할 수 있는 지위에 있는 자가 양도소득세의 납세의무자가 된다(대법원 2014. 9. 4. 선고 2012두10710 판결).

(2) 사업과의 구별

소득세법상 부동산 보유시 발생하는 소득은 사업소득으로 과세하고 처분 시 발생하는 소득은 양도소득으로 과세한다. 개인 사업자가 보유하던 사업용 고정자산은 개별 자산별로 그것이 양도소득의 과세대상인지를 판단하여 과세한다. 사업용 고정자산을 매도할 때 그것의 대가를 산정하면서 일종의 영업권의 존재를 고려하여 시장가격보다 높은 가격을 받으면 그것은 과세대상에 포함한다.

판매목적으로 주택을 신축하여 실제 판매하는 경우에는 주택신축판매업을 영위한 소득으로 과세된다. 주택신축판매업은 건설업의 일종이다.

이미 완공된 주택을 취득하여 판매하는 데 6개월의 기간(부가가치세법상 1과세기간) 중 1회 이상 취득하고 2회 이상 판매하는 경우에는 부동산매매업을 영위한 소득으로 과세된다. 이때에는 양도소득으로 과세하였다면 부담했을 세액과 비교하여 그중 많은 세액을 부담하게 한다(소득세법 제64조). 양도소득과세라면 높은 세율이 적용되는 경우 사업소득과세를 통해 그 부담을 줄이는 것을 막기 위함이다(소득세법 제104조).

자신이 거주하거나 타인에게 임대할 목적으로 주택을 신축하였다가 일정 기간 후에 양도하는 경우에는 양도소득으로 과세된다.

판매목적으로 상가를 신축하여 판매하는 데 6개월의 기간(부가가치세법상 1과세기간) 중 1회 이상 취득하고 2회 이상 판매하는 경우에는 부동산매매업을 영위한 소득으로 과세된다. 양도소득과세를 할 때에는 예정신고의 부담이 있는데, 이는 부동산매매업소득과세의 경우에도 동일하다(소득세법 제69조 및 동법시행령 제122조 제2항 및 제128조).

나. 거래의 법률적 사실의 존중 여부

양도의 형식을 취하였지만 당사자 간 담보를 목적으로 한 것(양도담보)일 경우에는 양도로 보지 않는다(소득세법시행령 제151조 제1항). 양도담보의 경우 해당 자산의 사용수익은 원래소유자인 채무자가 한다. 이에 따라 임대하던 부동산일 경우 임대료수입은 채무자에게 귀속하게 된다.

「국토의 계획 및 이용에 관한 법률」상 토지거래허가구역 안의 토지를 양도함에 있어 허가를 받지 못한 매매계약의 효력은 허가를 받기 전까지는 유동적 무효의 지위에 있으므로 허가를 받을 때까지는 소득세법상 양도로 볼 수 없다.

민법상 매매계약이 합의해제된 경우 매수인에게 이전되었던 소유권은 매도인에게 복귀한다. 양도계약을 합의해제한 경우에 대해 그 효력을 존중할 것인지에 대해 소득세법은 명문의 규정을 두지 않고 있다.

소득세법상 매수인이 잔대금을 지급하지 않자(등기의 경료도 없었음) 매도인이 해제하였는데 그 해제의 효력에 대해 소가 제기되자 매수인이 제3자와 체결한 동 물건의 매매계약을 합의해제한 경우 매매계약의 효력이 상실되어 양도가 이루어지지 않은 것이 되므로 소득세법상 양도로 보지 않는다. 설사 부동산등기가 경료된 경우라 하더라도 양도자가 양도대금을 실질적으로 지배, 관리 및 처분할 수 있는 지위에 있지 않다면 양도로 보지 않는다.

매도자가 양도대금을 받아 실질적으로 지배, 관리 및 처분할 수 있어서 양도소득세 신고를 한 경우에 대해 판례는 잔금의 청산은 있어서 양도소득세가 부과된 이후라도 토지거래허가구역으로서 등기가 곤란한 상황에서 한 합의해제를 인정하고 있다(대법원 1993. 5. 11. 선고 92누17884 판결; 대법원 2000. 10. 27. 선고 98두13492 판결 등).

상증세법상으로는 등기나 인도에 의해 소유권이 이전된 때를 증여의 시점으로 보고 그로부터 3월 이내에 신고하도록 하고 있는데 법정신고기한 내의 합의해제만을 허용하는 규정이 있다(상증세법 제4조 제4항). 증여를 원인으로 한 소유권 이전이 있는 경우 그것의 합의해제를 일정 기한 내라면 수용하고 있는 것이다.

지방세법상 취득세의 과세요건으로 '사실상 취득'의 개념이 사용되고 있다(지방세법 제7조 제2항). 부동산매매계약이 합의해제된 사안에 대해 법원은 당초 매수자의 취득은 있었지만 반환받는 당초 매도자의 취득은 없었던 것으로 판단하고 있다(대법원 1993. 9. 14. 선고 93누11319 판결). 소득세법상 '사실상 이전'에 의한 '양도'는 없었던 것으로 보는 것과 비교할 필요가 있다.

거래의 법률적 사실에 불구하고 세법은 특수관계인과의 거래에 대해서는 관할세무서장이 일정한 요건하에 당사자 간 약정을 재구성할 수 있도록 하고 있다. 특수관계인 간 양도에 대해 그 거래가액이 시가와 다를 때에는 조정하는 규정을 두고 있다(소득세법 제101조).

조세회피 또는 탈세의 개연성이 있는 경우 외관에만 의존하지 않고 개연성 있는 사실관계로 추정하는 조항이 있다. 배우자나 직계존비속에게 양도한 경우는 증여로 추정한다(상증세법 제44조 제1항). 특수관계인에게 재산을 양도하였는데 양수한 특수관계인이 3년 이내에 다시 그것을 당초 양도한 자의 배우자나 직계존비속에게 양도한 경우에는 다시 양도할 당시의 시가대로 배우자나 직계존비속이 증여받은 것으로 추정한다(상증세법 제44조 제2항). 배우자나 직계존비속에게 대가를 지급받고 양도한 사실을 명백히 하는 등의 방법으로 반증할 수 있는 길이 열려 있다(상증세법 제44조 제3항 제5호).

3. 국외전출

2018년 이후 거주자가 이민 등으로 국외전출하는 경우 국외전출일에 일정한 요건을 충족하는 그간 보유하던 국내주식을 양도한 것으로 보아 양도소득세('국외전출세')를 과세한다(소득세법 제118조의 9~제118조의 18). 이민 등으로 국외전출하는 자로서 국외전출일 전 10년 중 5년 이상 국내에 주소·거소가 있었고, 양도소득세 과세대상인 대주주에 해당하는 자가 납세의무를 진다. 납세의무의 성립일은 국외전출일이다.

국외전출일에 일정한 요건을 충족하는 국내주식을 양도한 것으로 보아 간주 양도가액을 산정하여 계산한 양도차익을 과세표준으로 하고, 20% 또는 25%의 세율을 적용한다. 외국납부세액공제가 허용되며, 추후 주식양도시 가격이 국외전출 시보다 하락한 경우 세액공제를 허용한다.

국외전출일이 속하는 달의 말일로부터 3개월 내에 신고·납부하여야 한다. 무신고시 납부할 세액의 20% 무신고 가산세 등이 부과된다. 납세담보 설정, 납세관리인 지정 등의 요건을 충족할 경우 5년간 납부유예가 허용된다. 국외전출일로부터 5년 내 국내 재전입 등으로 거주자가 되는 경우에는 기납부세액을 환급한다.

4. 비과세 · 감면

소득세법과 조특법상 양도소득세의 비과세 · 감면에 관한 다수의 규정이 있다. 아래에서는 1세대 1주택 비과세(소득세법 제89조 제1항 제3호)에 대해 설명한다.

가. 1세대

소득세법상 '1세대'는 "거주자 및 그 배우자가 그들과 같은 주소 또는 거소에서 생계를 같이 하는 자와 함께 구성하는 가족단위"를 말한다(소득세법 제88조 제6호).

'가족'은 거주자와 그 배우자의 직계존비속(그 배우자를 포함한다) 및 형제자매를 말한다. 가족은 본인과 배우자와 동일한 주소 또는 거소에서 생계를 같이하여야 한다. 취학 · 질병의 요양, 근무상 또는 사업상의 형편으로 본래의 주소 또는 거소를 일시퇴거한 자를 포함한다.

거주자의 배우자는 '사실혼' 관계의 배우자를 포함한다. 법률상 부부라 하더라도 '사실상 이혼' 상태에 있으면 제외된다. 법률상 이혼을 하였으나 생계를 같이 하는 등 사실상 이혼한 것으로 보기 어려운 관계에 있는 사람을 포함한다(소득세법 제88조 제6호). 국세기본법은 '특수관계인'의 범주를 판단할 때 사실상 혼인관계에 있는 자를 배우자에 포함시키고 있다(국세기본법 제2조 제20호). 종합소득세, 상속세 및 증여세에서 배우자공제의 경우에는 법률상 배우자만을 인정하는 것과 대비된다.

당해 거주자의 연령이 30세 이상인 경우, 배우자가 사망하거나 이혼한 경우, 미성년자라도 소득이 중위소득의 100분의 40 수준 이상으로서 소유하고 있는 주택 또는 토지를 관리 · 유지하면서 독립된 생계를 유지할 수 있는 경우의 자는 별도의 직업과 소득이 있고 각자의 자금으로 생활하는 경우라면 독립된 세대로 인정한다(소득세법시행령 제152조의 3, 대법원 2010. 5. 27. 선고 2010두3664 판결).

나. 1주택

• 주택　　'주택'이란 "허가 여부나 공부(公簿)상의 용도구분과 관계없이 세대의 구성원이 독립된 주거생활을 할 수 있는 구조로서 대통령령으로 정하는 구조를 갖추어 사실상 주거용으로 사용하는 건물"을 말한다. 이 경우 그 용도가 분

명하지 아니하면 공부상의 용도에 따른다(소득세법 제88조 제7호).

실지거래가액 12억원을 초과하는 고가주택은 1세대 1주택 비과세대상에서 제외되어 있다. 다만, 양도할 때에 양도가액 중 12억원을 초과하는 부분의 양도차익에 대해서만 과세한다. 그 부분의 양도차익에서 장기보유특별공제를 적용하여 과세표준을 계산한다.

• 1개의 보유   1세대의 세대원이 1개의 주택을 보유하고 있어야 한다. 세대원의 주택보유 수의 합이 복수이면 어느 한 주택도 비과세의 혜택을 받을 수 없다. 하나의 주택을 동일 세대원이 공유하는 경우에는 1세대 1주택이 될 수 있다. 하나의 주택을 여러 세대가 공유하는 경우에는 각각의 공유지분을 1주택으로 본다. 1주택을 공동으로 상속받은 경우에는 상속지분이 가장 큰 상속인의 주택으로 본다. 1주택 보유의 요건에도 일시적으로 상속, 대체취득, 부모봉양·혼인 등으로 2주택이 되는 경우에는 1주택으로 보는 특례가 인정된다.

• 2년간의 보유   주택을 2년 이상 보유하여야 한다. 보유기간은 자산의 취득일부터 양도일까지로 한다. 2년 이상 1주택으로 보유할 필요는 없다. 2년 이상 2주택을 보유하다가 제1주택을 매도하여 제2주택은 1주택이 되어 있는 경우 바로 1세대 1주택 비과세의 혜택을 볼 수 있다. 첫 번째 매도한 주택은 비과세의 혜택을 볼 수 없다.

취학, 근무상 형편, 1년 이상 질병의 치료·요양 등 부득이한 양도의 경우에는 1년 이상 거주시 1세대 1주택 양도로 보아 양도소득세를 비과세한다.

• 2년간의 거주   조정대상지역 내 주택인 경우에는 보유기간 중 2년 이상 거주하여야 한다.

제 3 항 과세표준 및 세액의 계산

1. 과세표준

가. 계산과정

거주자의 양도소득금액은 과세대상 자산을 4개로 그룹핑하여 각각 계산한다

(소득세법 제102조). 소득세법 제94조 제1항에서 제1호, 제2호 및 제4호의 소득이 모여 하나가 되며, 제3호, 제5호 및 제6호의 소득이 각각 하나가 된다. 해당 과세 대상의 발생원천지가 국외일 경우도 있을 것이다. 소득의 원천지가 국외인 제6호 의 소득은 과세대상으로 규정되어 있지 않다. 제3호의 소득은 2020년부터, 제5호 의 소득은 2018년부터 원천의 국내외를 구분하지 않고 한 가지의 소득으로 본다. 결과적으로 소득금액 구분계산의 그룹은 5개가 된다(소득세법 제94조 제1항 제3호 다목, 소득세법시행령 제159조의 2).

각각의 그룹 안에서도 자산의 특성에 따라 적용세율이 다를 경우 특성을 달 리하는 각 자산별로 양도소득금액을 계산한다. 각 그룹 안에서 양도차손은 일정 한 원칙에 따라 통산한다(소득세법시행령 제167조의 2). 양도소득과세표준은 양도 소득금액에서 양도소득기본공제를 차감하여 산출한다. 일정한 토지 및 건물에 대 해서는 양도차익에서 장기보유특별공제를 하여 양도소득금액을 계산한다(소득세 법 제95조 제2항).

- 양도소득과세표준 = 양도소득금액 − 양도소득공제
- 양도소득금액 = 양도가액 − 필요경비 − 장기보유특별공제
- 필요경비 = 취득가액 + 자본적 지출액 + 양도비

나. 소득금액

(1) 양도차익

양도소득금액은 양도차익에서 장기보유특별공제를 차감하여 계산하고, 양도차익은 양도가액에서 취득가액 등의 필요경비를 차감하여 계산한다.

일반적으로 양도가액 및 취득가액의 산정을 위해서는 실지거래가액 방법과 기준시가 등 추계가액방법 두 가지가 있다. 양도가액과 취득가액은 동일한 방법 에 의하여 결정하는 것을 원칙으로 한다(소득세법 제100조 제1항 본문).

부동산의 경우 종래 기준시가에 의한 과세가 주를 이루다가 2006년 「공인중 개사의 업무 및 부동산거래신고에 관한 법률」에 의해 부동산 실거래가 신고가 의 무화됨에 따라 2007년 1월 1일 이후 양도분부터는 모든 부동산에 대해 실지거래

가액에 의해 과세하도록 하고 있다. 실지거래가액이라 함은 자산의 양도 또는 취득 당시에 양도자와 양수자가 실제로 거래한 가액으로서 해당 자산의 양도 또는 취득 과 대가관계에 있는 금전과 그 밖의 재산가액을 말한다(소득세법 제88조 제5호).

장부 기타 증빙서류에 의하여 당해 자산의 양도 당시 또는 취득 당시 실지거 래가액을 인정 또는 확인할 수 없는 경우에는 양도가액 또는 취득가액을 매매사 례가액, 감정가액, 환산취득가액 또는 기준시가 등에 의하여 추계조사하여 결정 또는 경정할 수 있다(소득세법 제114조 제7항).

납세자가 토지·건물 등을 함께 취득하거나 양도하는 경우 양도소득의 계산 을 위하여 자산별로 구분하여 기장한 가액이 각 자산별 기준시가에 따른 안분가 액과 100분의 30 이상 차이나는 경우 기준시가를 기준으로 취득가액 또는 양도가 액을 안분한다(소득세법 제100조 제3항).

주식양도차익을 계산할 때에는 보유하는 처분한 주식별로 취득시 가액이 다 를 수 있으므로 보유하고 있던 주식 중 어떤 것을 양도한 것인지를 판단하여야 한다. 양도한 주식의 취득시기가 분명한 경우 그에 따르고 분명하지 않은 경우에 는 선입선출법에 의한다(소득세법시행령 제162조 제5항).

(가) 양도가액

양도가액은 실지거래가액으로 한다(소득세법 제96조). 양도가액은 실제 대가로 지급받은 경제적 이익을 모두 포함한다. 양수자가 인수한 양도자의 채무도 양도대 가에 포함된다. 부담부 증여에서 부담의 부분은 양도로 보는 것도 그 예가 된다.

실지거래가액의 확인과 관련하여 판례상 양도자가 실지거래가액에 관한 증 빙서류로서 제출한 매매계약서 등은 특별한 사정이 없는 한 당사자 사이의 계약 내용대로 작성된 것으로 추정한다.

상증세법상 고가 양도로 증여세가 과세되는 경우에는 상증세법상 증여재산가 액을 양도가액에서 차감한 금액을 실지거래가액으로 본다(소득세법 제96조 제3항 제2호).

부담부 증여에서 증여재산가액과 양도차익의 계산은 아래와 같다. 이때 양도 시 시가를 기준시가로 한 경우라면 취득시 시가도 기준시가로 하여야 한다(소득세 법시행령 제159조 제1항).

증여재산가액 = 양도시 시가 − 양도가액

양도차익 = 양도가액 − 취득가액

양도가액 = 양도시 시가 × 부담비율

취득가액 = 취득시 시가 × 부담비율

부담비율 = 부담액/(양도시 시가)

자신의 양도차익에 대한 과세가 비과세될 경우라면 그것을 실제보다 높은 가격으로 매각한 것으로 하더라도 자신에게는 세부담이 없게 된다. 오히려 자신으로부터 양수받은 자는 추후 자기가 매각할 때 세금을 절약할 수 있게 된다. 이 점을 이용한 탈세의 현상을 방지하기 위해 소득세법은 자산을 매매하는 거래당사자가 매매계약서의 거래가액을 실지거래가액과 다르게 적은 경우에는 해당 자산에 대하여 양도소득세의 비과세 또는 감면에 관한 규정을 적용할 때 비과세 또는 감면받았거나 받을 세액에서 다음 각 호의 구분에 따른 금액을 뺀다고 규정하고 있다(소득세법 제91조 제2항). 이는 양도하는 자가 본인의 세액을 포탈한 것은 아니어서 조세포탈범에 이르지는 않지만, 거래상대방인 양수한 자의 미래 양도소득세를 포탈하는 것을 방조한 책임을 물어 조세특례를 회수하되 거짓으로 가액을 늘린 금액을 한도로 하여 그 책임을 묻는 규정이다.

(1) 양도소득세의 비과세에 관한 규정을 적용받을 경우: 비과세에 관한 규정을 적용하지 아니하였을 경우의 양도소득산출세액과 매매계약서의 거래가액과 실지거래가액과의 차액 중 적은 금액

(2) 양도소득세의 감면에 관한 규정을 적용받았거나 받을 경우: 감면에 관한 규정을 적용받았거나 받을 경우의 해당 감면세액과 매매계약서의 거래가액과 실지거래가액과의 차액 중 적은 금액

(나) 필요경비

필요경비에는 취득가액, 자본적 지출액 및 양도비가 포함된다(소득세법 제97조 제1항).

• 실지거래가액 원칙 취득가액은 실지거래가액으로 한다(소득세법 제97조). 자산의 취득 당시 실지거래가액을 인정 또는 확인할 수 없는 경우에는 취득가액을

매매사례가액, 감정가액 또는 환산취득가액을 순차적으로 적용한다.

환산취득가액은 취득가액의 실지거래가액, 매매사례가액 또는 감정가액을 구할 수 없을 경우 양도 당시의 실지거래가액, 매매사례가액 또는 감정가액을 취득 당시로 환산한 가액을 말한다(소득세법 제114조 제7항). 환산가액은 (양도 당시 실지거래가액, 매매사례가액 또는 감정가액) × (취득 당시 기준시가) / (양도 당시 기준시가)로 계산한다. 필요경비는 (환산가액) + (개산공제금액)이 된다. 납세자가 선택하는 경우에는 이 대신 (필요경비) = (자본적 지출액) + (양도비)로 계산할 수 있다. 실지취득가액의 의도적 은폐를 통한 탈세를 방지하기 위해 신축건물을 5년 이내 양도하는 경우로서 환산가액을 취득가액으로 사용하는 경우에는 해당 건물에 대한 환산가액의 100분의 5에 해당하는 금액을 양도소득 결정세액에 더하는 특례를 두고 있다(소득세법 제11조의 2).

해당 자산 자체에 대한 대가뿐 아니라 그것의 '취득부대비용'도 필요경비로 인정받는다. 예를 들어, 토지와 건물을 함께 취득한 후 해당 건물을 철거하고 토지만을 양도하는 경우 철거된 건물의 취득가액과 철거비용의 합계액에서 철거 후 남아있는 시설물의 처분가액을 차감한 잔액을 양도자산의 필요경비로 산입한다.

무상감자 후 잔여주식을 양도할 때 해당 무상감자된 주식의 취득가액은 잔여주식의 취득가액에 가산한다. 유상감자에 의한 개인주주의 손실은 잔존주식의 취득가액에 가산하지 않는다(조심 2020. 12. 1. 2020부0685 결정). 유상감자의 경우 의제배당과세를 하기 때문이다.

구주식이 무상감자됨에 따라 발생한 손실을 해당연도에 유상증자로 취득하여 양도한 타주식의 양도소득금액과 상계할 수 없다. 신주식과 구주식은 별개의 자산이기 때문이다(대법원 2013. 11. 28. 선고 2011두16407 판결).

사업용 고정자산 중 건물의 경우 사업에 사용하고 있던 기간 중 감가상각을 하게 된다. 감가상각비는 장부에 반영되는 것인데 해당 사업용 고정자산을 처분하면서 실지거래가액에 의해 양도소득금액을 계산하는 경우에는 '감가상각비'로서 필요경비로 인정받은 금액은 장부가액(adjusted basis)을 낮추는 방향으로 작용하게 된다. 사업소득금액 계산 시 필요경비로 고려된 감가상각비는 양도소득금액 계산시 필요경비로 공제할 수 없다(소득세법 제97조 제3항). 취득가액을 매매사례가액, 감정가액 또는 환산가액으로 하는 경우에도 동일하다(기준시가에 의하는 경우는 제외).

• 상속 또는 증여받은 재산　　상속 또는 증여받는 재산을 양도한 경우의 취득가액은 취득 당시의 실지거래가액에 의하는 것을 원칙으로 한다(소득세법 제97조 제1항 제1호 가목, 소득세법시행령 제163조 제9항). 이때 상속개시일 또는 증여일 현재 상증세법 제60조부터 제66조까지의 규정에 따라 평가한 가액을 실지거래가액으로 본다. 해당 자산을 양도하고 양도소득금액을 계산할 때 양도자가 이전에 부담했던 상속세나 증여세는 필요경비로 공제하지 않는다.

거주자가 양도일부터 소급하여 10년 이내에 그 배우자 또는 직계존비속으로부터 증여받은 부동산 및 시설물이용권의 양도차익을 계산함에 있어서 양도가액에서 공제할 취득가액은 당해 배우자 또는 직계존비속의 취득 당시 가액으로 한다. 양도일 전 1년 이내에 증여받은 주식 등에 대해서도 동일한 방식의 과세가 이루어진다. 이때 거주자가 증여받은 자산에 대하여 납부하였거나 납부할 증여세 상당액이 있는 경우에는 필요경비에 산입한다(소득세법 제97조의 2 제1항). 증여자의 취득가액을 승계하여 위와 같이 계산한 양도소득세와 수증자의 취득가액(증여당시의 평가가액)으로 계산한 양도소득세를 비교하여 큰 세액으로 하도록 하고 있다(소득세법 제97조의 2 제2항 제3호).

증여받은 재산에 대해 증여세 신고를 하지 않았는데 추후 그 재산을 양도할 때 증여 당시의 시가를 취득원가로 하여 필요경비를 인정받을 수 있는가? 상속 또는 증여받은 자산에 대해서는 상속개시일 또는 증여일 현재 시가를 취득 당시의 실지거래가액으로 본다(소득세법시행령 제163조 제9항). 다만, 상증세법 제33조 내지 제42조 규정에 의한 증여의 경우에는 실제 증여과세를 받은 가액만 가산하여 필요경비를 인정한다(소득세법시행령 제163조 제10항).

가업상속공제받은 자산을 양도할 때에는 피상속인의 취득가액을 이월받아 필요경비로 인정한다(소득세법 제97조의 2 제4항). 취득가액은 (① + ②)이 된다. 부의 무상이전에 대한 과세가 자본이득에 대한 과세로 전환된 것과 동일한 효과가 발생하도록 구성되어 있다.

① 피상속인의 취득가액 × 가업상속공제적용률
② 상속개시일 현재 해당자산가액 × (1−가업상속공제적용률)

• 교환으로 취득한 자산   우리 세법상 자산의 교환 시 취득한 자산의 가액과 처분한 자산의 가액 중 무엇을 기준으로 할 것인지에 대한 명시적 규정이 없다. 통상 제3자 간의 거래에서는 시장가격대로 거래될 것이기 때문에 거래가격은 하나일 것이라는 전제 아래 어느 자산의 가격이든 확인할 수 있는 것이라면 그것의 가액대로 인정하는 정도이다. 그 가격으로는 시가가 우선적으로 고려되지만 그것을 발견하기 곤란한 경우에는 감정가격으로 한다(소득세법시행령 제176조의 2 제1항).

자산의 현물출자는 자산의 양도로 본다. 법인에 현물출자하여 그 대가로 주식을 취득한 경우에 있어서 양도가액은 현물출자의 대가로 교부받은 주식의 가액으로 한다.

주식을 취득하는 대가로 저당권부 자산을 양도할 경우에는 당해 주식의 취득원가를 산정함에 있어 양도하는 자산의 시가에서 저당부 채무의 가액을 차감한다. 자산과 부채를 묶어 출자한 경우에도(예, 물적 분할 또는 사업의 포괄 현물출자) 당해 주식의 취득원가를 산정함에 있어 부채의 가액을 차감한다. 우발채무라 하더라도 회계상 인식한 경우에는 세무상으로도 인정한다.

(2) 부당행위계산부인

소득세법은 사업소득 및 기타소득에 대한 부당행위계산부인규정과 별도로 양도소득에 대한 부당행위계산부인규정을 두고 있다(소득세법 제101조).

(가) 저가양도·고가양수 등

소득세법 제101조 제1항은 부당행위계산의 대표적 사례로 특수관계자에 대한 자산의 저가양도행위를 규정하고 있다. 자산의 저가양도를 부당행위계산으로 보는 경우 저가양도한 자는 시가와의 차액만큼을 소득으로 인식하여야 하고 저가양수한 자는 그 차액만큼을 증여로 과세받으며 그 자는 추후 양도할 때 공제할 취득가액은 증여가액을 가산한 것이 된다.

소득세법상 개인이 특수관계 있는 개인에게 저가로 양도한 경우로서 유가증권 양도차익이 원래 과세되지 않는 경우에는 양도한 자에 대해 부당행위계산부인 규정이 적용되지 않는다. 특수관계 있는 개인으로부터 현저히 저렴한 대가로 취득한 경우에는 그 저가 매입에 상당하는 금액에 대해 증여세를 과세한다(상증세법 제35조).

소득세법 제101조 제1항에 의해 저가양도한 자가 추가적으로 인식하는 양도 차익은 저가양수한 자가 미래에 인식할 양도차익에서 증여과세로 인해 차감할 금 액과 동일하다면 부당행위로 보는 것이 타당한지에 대해 헌법재판소는 소득세법 제101조 제1항 위헌소원 등 2006. 6. 29. 2004헌바76, 2004헌가16(병합) 전원재판 부결정에서 합헌으로 결정하였다. 헌법상 재산권 보장의 원칙과 담세능력에 의한 과세원칙에 어긋난다는 취지의 반대의견을 경청할 필요가 있다.

(나) 증여 후 양도

• 배우자·직계존비속 이외의 특수관계인(이연과세)　개인이 특수관계인에게 자산을 증여한 후 그 자산을 증여받은 자가 그 증여일부터 10년 이내에 다시 이 를 타인에게 양도한 경우로서 수증자가 납부한 증여세 및 양도소득세의 합계액이 증여자가 직접 양도한 경우로 보아 계산한 양도소득세보다 작은 경우에는 증여자 가 그 자산을 직접 양도한 것으로 본다(소득세법 제101조 제2항 본문).

소득세법 제101조 제2항은 부당행위계산부인규정의 하나로서 거래를 완전히 재구성하는 성격을 가진 것이다. 수증자에게 증여세를 부과하고 증여자에게 양도 소득세를 추가적으로 부과한다면 동일한 방향의 거래에 대해 정부가 납세자가 신 고한 방식대로 낸 세금은 받아 두면서 신고내용을 세법상 무효로 취급함으로써 다시 세금을 거두는 셈이 된다. 이는 일종의 부당이득이라고 할 것이다. 헌법재판 소는 이러한 상태에 있던 구 소득세법 제101조 제2항이 헌법불합치하다는 결정을 내렸다. 현행 소득세법은 상증세법의 규정에도 불구하고 당초 증여받은 자산에 대해서는 증여세를 부과하지 않는 것으로 개정되었다. 이미 부과된 증여세는 환 급을 받게 된다(소득세법 제101조 제3항).

소득세법 제101조 제2항 단서는 "다만, 양도소득이 해당 수증자에게 실질적 으로 귀속된 경우에는 그러하지 아니하다."고 규정하고 있다(2009. 12. 30. 신설).

제2항 본문과 단서의 규정에 걸쳐 볼 때 제2항 단서는 양도소득이 실질적으 로 수증자에게 귀속할 경우에는 비록 [① (증여세) + (수증자의 양도소득세) < ② (증여자의 양도소득세)]인 경우라 하더라도 당사자가 구축한 거래구조를 존중하 여 ①로 과세하겠다는 것이다.

제2항 본문은 Ⅰ. 당사자들 간 소득의 귀속을 은폐하는 방법을 사용하고, Ⅱ. (①<②)인 경우에만 ②로 과세하겠다는 것이다. 증여계약은 통모허위표시로 무효

에 불과하지만 수증자로부터 재산을 양수한 선의의 제3자와의 관계에서는 그 무효를 주장할 수는 없다. 이에 따라 제3자는 해당 재산의 소유권을 취득하게 된다. 재산이 양도된 결과가 나타났으며, 그 이익은 당초 증여자에게 귀속되어 있는 것이다. 제2항 본문의 Ⅰ. 부분이 있는 경우라면, 증여자와 수증자는 부정한 방법을 사용한 것이다. 증여자는 (①＞②)든 (①＜②)든 자신의 양도소득세는 포탈한 것이 된다. 자력이 없는 수증자에게 과세관청이 조세채권을 확보하지 못할 수도 있는 것이다. 그런데 현행 소득세법은 (①＞②)인 경우에는 당초의 증여와 수증자의 양도 모두 인정하겠다는 것이다. 허위의 증여에 대해 증여세를 매기는 것은 상증세법의 취지에 부합하지 않는다. 그렇다면, ① 중에서 (증여세)＝0이 될 것이며, 거의 대부분 (①＜②)의 상황이 될 것이므로, 제2항 본문이 적용될 것이다. 이때 증여세를 환급하도록 하는 것은 당초 증여가 가장행위에 불과했던 것이므로 당연한 것이다. 이를 환급하지 않는 것이 헌법재판소 2003. 7. 24, 2000헌바28 결정에 의해 헌법불합치/적용중지결정되었으며, 현행 소득세법 제101조 제3항은 이를 반영하여 개정된 것이다.

현행 소득세법 제101조 제2항이 적용된다 하더라도, 그것만으로 조세범처벌법의 적용이 배제되지는 않는다. 부당행위가 부정행위도 될 수 있는 것이다. 세법상 규정된 부당행위임을 버젓이 밝히고 있다 하더라도 그 자체가 원래 부정행위이었던 점을 가릴 수는 없는 것이다. 부당행위로 규정되면 부정행위가 아닌 것이 된다는 원칙은 조세범처벌법에서 발견할 수 없다. 또한 부당행위로 단정되는 것을 피하고자 부당행위계산부인규정의 적용요건이 발생하였음에도 그 사실을 은폐한 것은 부정행위이다.

제2항 단서는 양도소득이 실질적으로 수증자에게 귀속할 경우에는 (①＜②)인 경우라도 ①대로 과세하겠다는 것이다. 증여자와 수증자가 (②－①)/2만큼씩 나누어 가진 경우에는 어떻게 할 것인가? 실제 거래계에는 이런 경우가 충분히 발생할 수 있다. 조세회피방지규정은 당사자들이 영위한 거래들 전체에 걸쳐 조세의 부당한 감소가 없었는지를 보아 조세회피여부를 판단하여야 한다. 미국, 독일 및 일본의 조세회피방지규정은 이와 같이 전체 거래흐름을 보아 조세절약이 있었으며, 그에 합리적인 사업목적이 존재하지 않은 경우에는, 그 거래를 부인하는 내용으로 되어 있다. 현행 소득세법 제101조 제2항은 단계거래에 의한 조세회피를 방지

하고자 한다는 점에서는 진일보한 규정이라고 볼 수 있지만, 부당행위와 부정행위를 혼동하고 있는 한계가 있다.

　대법원은 2004. 2. 27. 선고 2001두8452 판결을 통해, 구 소득세법 제101조 제2항을 적용하면서 증여자의 양도소득세를 산정함에 있어 수증자가 기납부한 증여세액을 공제할 수 있는지에 대하여 양도소득세와 증여세는 납세의무자, 과세요건 등을 서로 달리하는 것이므로 양도소득세를 산정함에 있어 기납부한 증여세액을 공제할 수는 없다고 판단한 것은 정당하고 거기에 이중과세에 관한 법리오해의 위법이 있다고 할 수 없으며, 나아가 위 사건 2001두8452 사건의 원고와 동일인이 헌법소원심판청구한 헌법재판소 2000헌바28 사건 결정(2003. 7. 24. 전원재판부)에서, 구법 제101조 제2항은 … 입법목적의 달성에 필요한 정도를 과도하게 넘은 이중과세를 허용함으로써 … 헌법에 위반된다는 내용의 헌법불합치결정(적용중지)을 하고 그 취지에 따라 2003년 12월 30일 법률 제7006호로 개정된 소득세법 제101조에서 제2항 후단을 신설하여 위 규정에 따른 부당행위계산 부인의 경우 당초 증여받은 자산에 대하여 증여세를 부과하지 아니한다고 규정하였더라도 이에 따라 수증자에게 기납부 증여세액을 환급함은 별론으로 하고 그로 인하여 원고에 대한 이 사건 양도소득세 부과처분의 적법 여부가 달라지는 것은 아니라고 판단하였다.

　헌법재판소의 구 소득세법 제101조 제2항의 적용중지명령에 불구하고 이 사건 양도소득세 부과처분이 적법하다고 판단한 대법원 2004. 2. 27. 선고 2001두8452 판결에 대해서, 당해 재판의 원고인 증여자가 해당 재판이 기본권을 침해한 것이라는 주장을 할 수 있었던 상황이라면, 헌법소원심판청구를 통해 그것을 시정할 수 있었을 것이다.

　소득세법 제101조 제2항은 실질적인 증여(경제적 실질)가 특수관계인에게 이루어지도록 하기 위해 증여자가 선택할 수 있는 (실물 증여 후 양도)의 법적 형태와 (실물 양도 후 증여)의 법적 형태 간 세부담 차이를 고려하여 조세회피여부를 따지도록 하는 규정이 되어야 할 것이지만 실질적인 증여가 있었던 경우에는 아예 적용되지 않도록 하고 있다.

　부당행위계산부인규정은 행위의 거래당사자 모두에게 미치는 조세효과를 종합적으로 고려하여 부당한 조세혜택이 있었는지 여부를 검토하기보다는 거래 당사자 일방의 조세효과만을 고려하고 있다. 실질우위원칙에 의한다면 선택 가능한

여러 유형의 거래에 따른 관련 당사자들의 종합적인 조세효과를 상호비교하여 조
세회피 여부를 검토하는 것이 타당하다.

· 배우자·직계존비속(이월과세)　소득세법 제101조 제2항의 규정은 제97조
의 2 제1항의 규정을 적용받는 배우자 및 직계존비속에 대해서는 적용되지 않는
다. 소득세법 제97조의 2 제1항은 1996년 소득세법 전부개정시 도입된 것이다.
동항은 배우자 및 직계존비속으로부터 자산을 증여받아 10년 이내 양도하는 자의
양도소득금액을 계산할 때 취득가액은 증여한 배우자의 취득가액으로 한다고 규
정하고 있다. 거주자가 증여받은 자산에 대하여 납부하였거나 납부할 증여세 상
당액이 있는 경우에는 필요경비에 산입한다. 이때 증여자의 취득가액을 승계하여
계산한 양도소득세와 수증자의 취득가액으로 계산한 양도소득세를 비교하여 큰
세액으로 하도록 하고 있다(소득세법 제97조의 2 제2항 제3호). 이 규정은 부당행위
계산부인과 다를 바 없는 논리에 입각한 것이다.

이 규정은 부동산, 부동산을 취득할 수 있는 권리 및 이용권 등에 대해서만
적용된다는 점에서, 소득세법 제101조 제2항의 규정과 구별된다.

[사례] 갑이 배우자 을로부터 증여를 받아 10년 이내에 양도하여 소득세법 제97
조의 2 제1항의 적용을 받는 경우를 상정해 보자. 증여를 받은 배우자 갑의 증여
재산가액은 증여 당시의 시가(100)로 하는 한편 그가 양도할 때의 공제할 가액은
증여한 자의 취득가액(30)으로 하게 된다. 갑은 100에 대해 증여세를 내고 다시
그중 70 부분에 대해 양도소득세를 부담하게 된다. 이때 100에 대한 증여세
(20)를 필요경비로 인정받을 수 있다. 결국 50에 대해서는 이중과세를 받는 셈이
다. 이러한 거래구조에 대해 세법은 양도소득과세상으로는 배우자가 아닌 특수관
계인으로부터 증여를 받아 양도하는 소득세법 제101조 제2항의 경우처럼 자본
이득과세에 틈이 생기지 않도록 하는 한편으로 소득세법 제101조 제2항에서와
달리 증여과세도 하는 것이다.

(3) 소득금액의 구분계산

양도소득금액은 양도소득과세대상 자산별로 4개의 그룹으로 구분하여 계산한
다. 각 그룹 안에서도 적용세율이 다른 경우 소득금액을 각각 계산한다. 소득금액
을 계산함에 있어서 발생하는 결손금은 각각의 그룹 내 소득금액만 통산할 수 있

다(소득세법 제102조 제2항). 각 그룹 내에서 양도차손은 양도차손이 발생한 자산과 같은 세율을 적용받는 자산의 양도소득금액에서 먼저 공제하고 난 후 남는 것을 양도차손이 발생한 자산과 다른 세율을 적용받는 자산의 양도소득금액에서 공제한다. 이때 다른 세율을 적용받는 두 개 이상의 자산의 양도소득금액이 있는 경우에는 각 세율별 양도소득금액의 합계액에서 당해 양도소득금액이 차지하는 비율로 안분하여 공제한다(소득세법시행령 제167조의 2 제1항). 양도차손은 이월되어 공제되지 않는다.

국외자산의 양도차손익은 국내자산의 양도차손익과 통산하지 않는다. 다만, 2018년부터는 국내외 파생상품 손익이 통산되며, 2020년부터는 국내주식과 해외주식(외국법인이 발행한 주식과 내국법인이 발행한 주식으로서 해외 증권시장에 상장된 것) 양도손익은 통산된다(소득세법 제94조 제1항 제3호 다목).

(4) 장기보유특별공제

양도소득은 비교적 오랜 기간에 걸쳐 축적된 자본이득이 한 시점에 실현되는 것이다. 양도가액에는 그간의 물가상승분이 반영되어 있다. 실현된 소득에 대해 누진세율이 적용될 경우 세부담이 과중하게 된다(bunching effect). 소득세법은 이러한 점을 완화하기 위해 장기보유특별공제제도를 두고 있다.

현행 소득세법은 그 대상을 토지, 건물로서 보유기간이 3년 이상인 것과 조합원입주권으로 한정하고 있다(소득세법 제95조 제2항, 소득세법시행령 제166조 제5항). 장기보유특별공제율은 3년 이상 4년 미만의 경우 6%(24%)이고 그로부터 늘어나는 1년마다 2%p(8%p)씩 증가하여 15년(10년) 이상의 경우에는 30%(80%)가 인정된다(괄호 안은 1세대 1주택의 경우).

1세대 1주택 특례공제율은 1세대 1주택 양도가액 중 12억원을 초과하는 부분에 대한 양도소득금액에 대해 적용되며 양도자가 국내에 주택으로서 거주하면서 보유한 기간만 고려하여 산정된다(소득세법 제95조 제5항). 비거주자가 된 이후 2년이 지난 시점부터는 1세대 1주택의 혜택을 볼 수 없어 일반적인 장기보유특별공제율을 적용받게 된다.

다주택자에 대해서도 그 양도소득에 대해 2011년부터 장기보유특별공제가 인정된다. 비사업용 토지에 대해서도 2016년부터 장기보유특별공제가 적용되나, 미등기양도자산과 조정대상지역 1세대 2주택 등에 대해서는 배제된다(소득세법 제95조 제2항).

장기보유특별공제규정 적용을 위한 기간 계산시 재개발이나 재건축의 경우에는 종래 소유하던 건물의 보유기간을 합산하여 준다. 상속이나 증여에 의해 자산의 소유권이 이전할 경우에는 보유기간이 새로이 개시한다. 상속세나 증여세를 부과할 때에는 상속이나 증여시점의 시가로 과세되고 이후 양도차익 계산 시 그 시가를 취득원가로 하기 때문에 상속이나 증여시점까지 누적된 물가상승분이 이미 해소되는 이유에서이다.

다. 양도소득기본공제

양도소득과세표준은 양도소득금액에서 양도소득기본공제를 차감하여 산정한다(소득세법 제92조 제2항). 양도소득기본공제는 과세대상자산 각 그룹별로 연 250만원씩 주어진다.

라. 인식시기

자산의 양도시기 또는 취득시기는 당해 자산의 대금을 청산한 날로 한다(소득세법시행령 제162조 제1항). 대금청산일이 분명하지 않은 경우에는 등기부·등록부 또는 명부에 기재된 등기·등록접수일 또는 명의개서일로 한다(소득세법시행령 제162조 제1항 제1호). 대금을 청산하기 전에 소유권이전등기 등을 한 경우에는 등기부, 등록부 또는 명부에 기재된 등기접수일로 한다(동항 제2호). 장기할부조건부 양도의 경우에는 소유권이전등기 접수일·인도일 또는 사용수익일 중 빠른 날로 한다(동항 제3호).

토지거래허가 지역 내에서 매매계약은 체결하였지만 아직 허가를 받지 못한 상황(유동적 무효)에서도 잔금을 청산한 다음 토지거래허가를 받아 소유권이전등기를 한 경우 양도소득 산정기준이 되는 토지의 양도시기는 그 대금청산일이 된다. 실제 신고는 등기한 날을 양도일로 보아 하게 된다.

자산의 취득시기는 당해 자산의 대금을 청산한 날로 하지만, 자기가 건설한 건축물은 사용승인서의 교부일로 한다(동항 제4호). 상속의 경우에는 상속이 개시된 날, 증여의 경우에는 그 증여를 받은 날로 한다(동항 제5호). 조건부로 자산을 매매하는 경우에는 그 조건 성취일이 거래시기가 된다.

2. 세 액

양도소득에 대한 소득세는 종합소득에 대한 소득세와 퇴직소득에 대한 소득세와 구별하여 세액을 계산한다.

양도소득에 대한 세율체계는 자산의 종류, 등기 여부 및 보유기간에 따라 다른 세율 구조로 이루어져 있다. 일반적인 부동산양도소득에 대해서는 종합소득 기본세율이 적용된다(소득세법 제104조 제1항 제1호). 주식양도소득에 대한 세율은 다음과 같다.

중소기업		중소기업 외의 기업		
소액주주	대주주	소액주주	대주주	
			단기	장기
10%	~3억원: 20% 3억원 초과부분: 25%	20%	30%	~3억원: 20% 3억원 초과부분: 25%

소득세법상 파생상품 등에 대한 양도소득세율은 20%이다. 자본시장의 육성 등을 위하여 필요한 경우 그 세율의 100분의 75의 범위에서 대통령령으로 정하는 바에 따라 인하할 수 있다(소득세법 제104조 제1항). 현재 탄력세율은 10%이다. 신탁수익권의 양도소득세율은 중소기업 대주주의 주식양도소득세율과 같다.

비사업용 토지 및 비사업용토지 과다보유법인의 주식 등의 양도소득에 대해서는 기본세율에 10%p 추가하여 과세한다.

미등기양도자산에 대해서는 70%의 세율이 적용된다(소득세법 제104조 제1항 제10호). 미등기양도자산이지만 장기할부조건으로 취득한 자산으로서 그 계약조건에 의하여 양도 당시 그 자산의 취득에 관한 등기가 불가능한 자산이거나 법률의 규정 또는 법원의 결정에 의하여 양도 당시 그 자산의 취득에 관한 등기가 불가능한 자산에 대해서는 70%의 세율이 적용되지 않는다(소득세법시행령 제168조 제1항). 아울러 법원의 판결에 의하면 애당초 그 자산의 취득에 있어서 양도자에게 자산의 미등기양도를 통한 조세회피목적이나 전매이득취득 등 투기목적이 없다고 인정되고, 양도 당시 그 자산의 취득에 관한 등기를 하지 아니한 책임을 양도자에게 추궁하는 것이 가혹하다고 판단되는 경우, 즉 부득이한 사정이 인정되는 경우에도 미등기양도자산에 대한 중과세율이 적용되지 않는다(대법원 2005. 10. 28. 선고 2004두9494 판결; 대법원 2018. 3. 15. 선고 2017두32791 판결).

　1년 미만 보유 부동산 양도소득세율은 50%, 2년 미만 보유의 경우 40%, 2년 이상 보유의 경우 기본세율이 적용된다. 다주택소유자(조합원입주권 포함)의 주택 양도소득과 단기보유 부동산 양도소득에 대한 중과세제도가 시행되고 있으며 정책적 필요에 따라 수시 변경되고 있다. 조정대상지역 내 1세대 2주택은 기본세율에 20%p를 가산하고, 1세대 3주택 이상의 경우 30%p를 가산한다. 분양권은 1년 미만 보유의 경우 70%, 1년 이상 보유의 경우 60%이다.

제4항　조세채무의 확정

1. 신　고

　양도소득에 대한 소득세는 신고납세방식으로 조세채무를 확정한다. 종합소득세와 양도소득세는 각각 1996년과 2000년에 신고납세방식으로 전환하였다.

　토지 등을 양도한 경우에는 그 양도일이 속하는 달의 말일부터 2월, 주식 등을 양도한 경우에는 그 양도일이 속하는 분기의 말일부터 2월 이내에 납세지관할 세무서장에게 예정신고를 하여야 한다. 국내 주식 거래시 반기별로 주식양도일이 속하는 반기의 말일부터 2개월 이내 양도소득세 예정신고를 하여야 한다(소득세법 제105조). 세무서장은 예정신고를 하여야 할 자가 그 신고를 하지 않은 때에는 양도소득세의 과세표준과 세액을 결정하고 서면으로 통지한다(소득세법 제114조 제1항 및 제8항). 2009년 세법 개정으로 양도소득 예정신고를 한 자에 대한 세액공제는 폐지되고 양도소득 예정신고를 하지 않은 자에 대한 가산세가 신설되었다. 납세자가 통지한 세액은 통지한 날부터 30일 내에 징수한다(소득세법 제116조 제2항).

　특정 연도의 그룹별 양도소득금액은 하나의 과세물건으로서 취급되고 있다. 소득세법상 양도소득기본공제는 토지 등, 주식 등 및 파생상품 등 각 그룹별로 연

250만원씩 주어진다. 양도소득금액이 있는 거주자는 그 양도소득과세표준을 양도소득이 발생한 연도의 다음 연도 5월 1일부터 5월 31일까지 납세지관할세무서장에게 확정신고를 하여야 한다. 다만, 토지거래허가구역 안에 있는 토지를 양도함에 있어서 토지거래허가를 받기 전에 대금을 청산한 경우에는 그 허가일이 속하는 연도의 다음 연도 5월 1일부터 5월 31일까지 확정신고를 하여야 한다(소득세법 제110조 제1항).

양도소득만 있는 자로서 예정신고를 한 자는 확정신고의무가 없다. 그러나 예정신고를 한 자 중 당해 연도에 누진세율 적용대상 자산에 대한 예정신고를 2회 이상하면서 합산하여 신고하지 않은 자는 확정신고의무가 있다(소득세법 제110조 제4항).

예정신고의무 및 확정신고의무 어느 것이든 납세자가 성실하게 이행하지 않은 경우 관할세무서장은 부과처분을 할 수 있으며 각각 납세의무를 확정하는 효과가 있는 것이다.

[사례1] 특정 연도 중 두 개의 양도소득(100, 200)이 있는데 아무런 신고도 하지 않은 경우 과세관청이 첫 번째 무신고한 양도소득금액(100)에 대해 세금 20(세율 20%)을 고지하고, 이후 두 번째 양도에 의한 양도소득금액(200)을 첫 번째 양도소득금액과 합산하여(300) 세금 70(세율 30%)을 부과한 경우 두 처분은 독립된 별개의 것이다.

[사례2] 특정 연도 중 두 개의 양도소득(100, 200)이 있는데 납세자가 양도소득 100에 대해 예정신고한 후 그것을 양도소득 200과 합산하여 예정신고한 경우에는 당초 양도소득 100에 대한 예정신고세액이 20에서 30으로 증액변경된다(소득세법 제107조 제2항). 이 경우에도 두 개의 예정신고는 독립한 것이 된다(대법원 2021. 11. 25. 선고 2020두51518 판결). 두 번째 예정신고를 하면서 합산하였음에도 불구하고 확정신고를 한 경우라면 확정신고의 내용은 예정신고와 동일할 것이므로 예정신고의 효력은 그대로 유지된다.

[사례3] 특정 연도 중 두 개의 양도소득(100, 200)이 있는데 납세자가 양도소득 100에 대해 예정신고하였고, 양도소득 200에 대해 예정신고하면서 당초 양도소득 100과 합산하지 않았다가 확정신고하면서 합산한 경우에는 당초 양도소득 100에 대한 예정신고세액이 20에서 30으로 증액변경된다(대법원 2021. 11. 25.

선고 2020두51518 판결). 두 번째 양도소득에 대한 세액도 동일한 경로로 증액변 경될 것이다. 확정신고를 예정신고와 달리 한 경우에는 예정신고는 확정신고에 흡수·소멸된다(대법원 2008. 5. 29. 선고 2006두1609 판결). 확정신고를 예정신고 와 달리 한 경우에는 예정신고에 기초하여 그 과세표준과 세액을 경정한 과세관청 의 증액경정처분이 있었다면 그것 역시 확정신고로써 효력을 상실한다(대법원 2021. 12. 30. 선고 2017두73297 판결).

양도소득 예정신고에 조세채무를 확정하는 효력이 있으며 과세관청은 그 예 정신고 부족분에 대해 부과처분할 수 있도록 되어 있고 확정신고가 예정신고와 동일한 내용일 경우에는 예정신고가 소멸흡수하지 않는 것으로 인정하고 있지만, 예정신고에 의한 양도소득세 부과제척기간의 기산일은 확정신고기한의 다음날로 한다(대법원 2020. 6. 11. 선고 2017두40235 판결).

2. 결 정

납세자의 신고서에 대해 심사하면서 탈루나 오류를 발견하는 경우 세무서장 은 양도차익을 결정하여야 한다. 이때 양도 또는 취득 당시의 실지거래가액의 확 인을 위하여 필요한 장부·매매계약서·영수증 기타 증빙서류가 없거나 그 중요한 부분이 미비된 경우이거나 장부·매매계약서·영수증 기타 증빙서류의 내용이 매 매사례가액, 감정평가법인이 평가한 감정가액 등에 비추어 허위임이 명백한 경우 에는 추계조사로 결정할 수 있다(소득세법시행령 제176조의 2 제1항).

추계를 할 경우에는 매매사례가액(양도일 또는 취득일 전 각 3월 이내에 당해 자 산(주권상장법인 또는 코스닥상장법인의 주식 등을 제외한다)과 동일성 또는 유사성이 있는 자산의 매매사례가 있는 경우 그 가액), 감정가액[양도일 또는 취득일 전후 각 3월 이내에 당해 자산(주식 등을 제외한다)에 대하여 2 이상의 감정평가법인이 평가 한 것으로서 신빙성이 있는 것으로 인정되는 감정가액(감정평가기준일이 양도일 또는 취득일 전후 각 3월 이내인 것에 한한다)이 있는 경우에는 그 감정가액의 평균액], 환 산가액(실지양도가액이 밝혀졌으나 취득가액이 밝혀지지 않은 경우 기준시가에 의해 환 산한 취득가액) 또는 기준시가를 적용한다(소득세법 제114조 제7항).

세무서장이 거주자의 양도소득과세표준과 세액을 결정 또는 경정한 때에는 이를 당해 거주자에게 서면으로 통지하여야 한다(소득세법 제114조 제8항). 과세표준과 세율·세액 기타 필요한 사항을 납부고지서에 기재하여 서면으로 통지하여야 한다. 납부할 세액이 없는 경우에도 적용한다(소득세법시행령 제177조 제2항).

부담부 증여에 의한 양도소득과세를 위한 결정에는 증여세의 부과제척기간이 적용된다(국세기본법 제26조의 2 제4항). 부담부증여 시 양도로 보는 부분에 대한 양도소득세 과세표준을 결정·경정한 경우(부정행위로 양도소득세의 과세표준을 과소신고한 경우는 제외한다)에는 과소신고가산세와 과소납부가산세를 부과하지 않는다(국세기본법 제47조의 3 제4항).

소득세법은 거주자의 국외자산 양도소득금액을 산정할 때에도 실지거래가액을 원칙으로 하는 규정을 두고 있다. 다만, 양도 당시의 실지거래가액을 확인할 수 없는 경우에는 양도자산이 소재하는 국가의 양도 당시 현황을 반영한 시가에 따르되, 시가를 산정하기 어려울 때에는 그 자산의 종류, 규모, 거래상황 등을 고려하여 추계하도록 하면서 그 구체적 방법의 규정을 소득세법시행령에 위임하고 있다(소득세법 제118조의 3 제1항). 소득세법시행령에 규정하고 있는 방법은 예시규정으로 보아야 할 것이다(대법원 2023. 10. 26. 선고 2020두48215 판결).

제 7 절 납부와 징수

제 1 항 자진납부

　　세무서장은 종합소득(주로 사업소득이 있는 자에 해당한다)이 있는 거주자에 대하여 1월 1일부터 6월 30일까지의 기간을 중간예납기간으로 하여 전년도에 종합소득에 대한 소득세로서 납부하였거나 납부할 세액의 2분의 1에 상당하는 금액을 납부하여야 할 세액으로 결정하여 11월 30일까지 징수한다. 납세자는 중간예납기간의 종료일까지의 종합소득금액에 대한 소득세가 중간예납기준액의 30%에 미달하는 경우에는 그 추계액을 11월 1일부터 11월 30일까지의 기간에 신고할 수 있다(소득세법 제65조).

　　당해 연도의 종합소득, 퇴직소득이 있는 자는 확정신고기한 내에 세액도 함께 자진납부하여야 한다(소득세법 제76조). 분리과세되는 소득이나 연말정산을 한 소득에 대해서는 확정신고 자진납부가 없게 된다. 납부할 세액이 1천만원을 초과하는 경우에는 2개월 이내에 분납할 수 있다(소득세법 제77조).

　　거주자가 양도소득과세표준과 세액의 예정신고를 하는 때에는 산출세액에서 감면세액공제를 한 세액을 납세지 관할세무서·한국은행 또는 체신관서에 납부하여야 한다(소득세법 제106조, '예정신고납부'). 거주자는 당해 연도의 과세표준에 대한 양도소득산출세액에서 감면세액과 세액공제액을 공제한 금액을 확정신고기한까지 납세지관할세무서·한국은행 또는 체신관서에 납부하여야 한다(소득세법 제111조).

제 2 항 징수 및 원천징수

납세자가 당해 연도의 소득세로 납부하여야 할 세액을 납부하지 아니한 때에는 납세지관할세무서장은 국세징수법에 따라 징수한다.

원천징수에 있어서 원천납세의무자가 개인인 경우에는 소득세법에서 규율하고 법인인 경우에는 법인세법에서 규율한다. 두 경우에 대한 원천징수의 절차는 거의 동일하다.

이자소득, 배당소득, 부가가치세가 면제되는 인적 용역과 의료·보건용역을 제공하는 자의 사업소득, 근로소득, 연금소득, 기타소득, 퇴직소득, 과세유흥장소 등에서의 봉사료를 거주자 또는 비거주자에게 지급하는 사업자는 그 거주자 또는 비거주자에 대한 소득세를 원천징수하여야 한다(소득세법 제127조 제1항). 세율에 대해서는 소득세법 제129조 제1항에서 각 소득마다 달리 정하고 있다.

징수한 세액은 징수일이 속하는 달의 다음 달 10일까지 원천징수의무자의 관할세무서, 한국은행 또는 체신관서에 납부하여야 한다(소득세법 제128조).

근로소득을 지급하는 원천징수의무자는 당해 연도의 다음 연도 2월분 근로소득을 지급하는 때에 당해 연도의 근로소득금액에서 종합소득공제를 한 금액을 종합소득과세표준으로 하여 종합소득산출세액을 계산하고 각종 세액공제를 한 후 당해 연도에 이미 원천징수하여 납부한 소득세를 공제하고 그 차액을 원천징수한다(연말정산). 이미 원천징수한 세액이 더 많은 경우에는 환급한다(소득세법 제137조). 근로소득과 다른 종합합산과세대상소득이 있는 경우에도 원천징수의무자는 연말정산을 하여야 한다. 연말정산을 할 때 원천납세의무자가 제대로 공제하지 않은 항목은 과세표준확정신고를 할 때 공제할 수 있다. 원천징수의무자가 연말정산에 의하여 소득세를 납부하지 않은 때에는 확정신고를 하여야 한다(소득세법 제73조). 퇴직자에게 퇴직하는 달의 근로소득을 지급하는 때에도 연말정산의 절차를 거쳐야 한다(소득세법 제137조 제1항).

원천징수의무자가 소득을 지급할 때에 원천징수하고 원천징수영수증을 원천납세의무자에게 교부하고 세무서장에게는 지급조서를 제출하도록 되어 있다. 원천납세의무자는 원천징수영수증으로 자신이 납부할 세액을 계산할 때 공제를 받는다. 원천납세의무자가 신고납부하기 전까지 원천징수당한 세액은 당연히 공제된다. 신고납부하였는데 원천징수의무자가 원천징수를 하려 한다면 원천징수를 거부하게 될 것이다. 그러나 원천징수의무자가 신고납부한 사정을 알지 못하고 원천징수를 하고 납부한 경우라면 원천납세의무자가 국가에 반환을 청구하여야 한다. 원천징수납부와 지급명세서제출이 제때 이루어지지 못한 데 대해서는 원천 징수의무자가 가산세를 부담한다(소득세법 제81조의 11 및 제164조).

납세조합은 원천징수의무를 부담한다(소득세법 제150조). 구 소득세법 제20조 제1항은 근로소득을 갑종근로소득과 을종근로소득으로 양분하고 있었다. 여기서 갑종근로소득은 을종근로소득을 제외한 것을 말하였다. 을종근로소득에 대해 소득세법이 별도로 정의하고 있지는 않았지만 우리나라에 소재하는 외국기관이나 국제연합군으로부터 받는 급여와 우리나라에 소재하지 않는 외국인이나 외국법인으로부터 받는 급여를 말하였다. 우리나라에서 정부가 원천징수의무를 부과하기 곤란한 자로부터 지급받는 근로소득을 의미하는 것이다. 갑종근로소득은 우리나라에서 정부가 원천징수의무를 부과할 수 있는 자로부터 지급받는 것이 된다.

종래의 세법상 을종근로소득자들이 스스로 모여 납세조합을 구성하고 원천징수를 할 경우 세법상 약간의 지원을 해 주었다. 이제 을종근로소득의 개념이 사라졌지만 납세조합 제도는 아직도 남아 있다. 납세조합의 원천징수는 자기의 소득에 대해 스스로 원천징수를 하는 것이기 때문에 부가가치세법상 대리납부와 유사한 성격을 가진다. 이는 직접세든 간접세든 납세자가 징수하여 납부하는 방법을 사용할 수 있음을 깨닫게 하는 부분이다. 소득세의 납세조합 원천징수는 조합구성운영비가 필요할 것이므로 일정한 세액공제를 해 주는 반면 부가가치세의 대리납부에는 그러한 지원이 없다. 이미 사업자로서 대리납부에 추가적인 납세협력비용이 의미 있는 정도로 발생하지는 않을 것이기 때문이다.

제 8 장

법인세법

제1절 개념과 역사

제1항 개 념

법인세는 법인에 귀속하는 소득에 대한 조세이다. 국세, 보통세 및 직접세인 점에서 개인에 귀속하는 소득에 대한 소득세와 동일하다.

이론적으로는 법인에 귀속하는 소득은 최종적으로 개인에게 분배될 것이기 때문에 법인에 대해 과세하지 않고 개인에 분배될 때까지 기다려서 과세할 수도 있겠다(법인도관설). 오늘날 법인세는 각국 세수의 중요한 부분을 차지하고 있으며 경제정책의 주요한 수단이기도 하다. 법인을 과세단위로 보아 그에 귀속하는 소득을 과세하는 이유로는 법인이 권리의무의 귀속 주체라는 점, 경제적인 유기체로서 담세능력이 있으므로 과세할 필요가 있다는 점, 경제활동 주체로서 정부 서비스의 혜택을 본 만큼 대가를 지불하여야 한다는 점 등을 들 수 있겠다(법인실재설).

법인에 대해 과세하는 것이 이론적으로 정당성을 가지고 있고 현실적으로 그것을 유지하여야 할 필요성이 있음에도 불구하고 그것은 본질적으로 동일한 소득을 법인을 통해 가득하는 경우와 개인이 직접 가득하는 경우에 대해 세제가 중립성(neutrality)을 상실하게 하는 조세라는 점을 부인할 수 없다.

각국은 사업의 기구(vehicle)에 따라 조세가 중립성을 상실하지 않도록 여러 가지 방식의 제도를 강구해 왔다. 소위 경제적 이중과세의 완화를 위해 세액공제 혹은 소득공제의 방식 중 하나를 사용하고 있다. 동업기업과세제도(partnership taxation)도 크게 보아 경제적 이중과세 완화의 한 방법에 속한다고 볼 수도 있다. 내국법인으로부터 개인주주가 지급받는 배당에 대해서는 배당세액공제를 허용한다. 지분율 10% 이상의 외국자회사로부터 내국법인이 지급받는 배당에 대해서는 2022년까지는 간접외국납부세액공제 방식이 적용되며, 2023년 이후부터는 배당금익금불산입방식이 적용되지 않는 경우에 한하여 적용된다. 내국법인 간에는 배당을 지급하는 법인에게 허용하는 지급배당공제와 배당을 수령하는 법인에게 허용하는 수령배당공제 두 가지가 있다. 각국의 세제를 보면 세액공제의 방식이든 소득공제의 방식이든 지분비율에 따라 공제의 수준을 달리하는 것이 통례이다.

제 2 항 주요국의 제도와 역사

1. 영 국

1965년까지 법인은 소득세법에 따라 개인과 동일한 세율로 소득세를 부과받았다. 배당을 수령하는 자는 배당수령액에 배당을 지급한 법인의 법인세액을 합산한 금액을 소득으로 가득한 것으로 보아 자기의 소득세율을 곱하여 세액을 계산한 후 배당을 지급한 법인의 법인세액을 모두 세액공제하는 완전배당세액공제제도를 적용하였다. 배당을 수령한 자는 배당을 지급한 법인과의 세율차이에 해당하는 만큼 추가적인 세액을 납부하였다. 2차대전 후에는 법인은 지급하는 배당에 대해 부가세를 납부하였다. 기업으로 하여금 이윤을 유보하여 투자를 하도록 유도하기 위한 것이었다.

1965년 재정법(Finance Act 1965)은 법인세(corporation tax) 세목을 신설하였다. 1962년부터 6개월 미만 단기보유주식 양도소득을 과세하기 시작하였으며, 1965년 재정법에 의해 개인의 주식양도차익이 본격적으로 과세되기 시작하였다. 동법에 따라 법인의 소득은 단일세율로 과세하되 개인은 배당된 이윤에 대해서 소득세를 부과받았다. 배당세액공제와 같은 개인주주에 대한 경제적 이중과세를 배제하는 장치가 없었다(미국, 네덜란드). 이를 전통적 시스템(classical system)이라고 한다.

1973년 영국에서는 배당세액공제제도가 도입되었다(credit system).

현재는 Corporation Tax Act 2010을 개정하는 방식으로 법인세제도를 유지하고 있다. 이는 Corporation Tax Act 2009로 1988년 소득세및법인세법(Income and Corporation Taxes Act 1988)으로부터 분리되었다.

영국의 법인세는 소득원천설에 따라 열거된 소득에 대해서만 단일의 세율 (19%)로 과세하는 체계로 되어 있다. 열거된 소득 단위별로 과세하는 것은 결손금 등을 단위 간 통산하지 않기 위함이다. 개인의 배당소득에 대한 과세는 별도의 누진세율 체계로 구성되어 있다.

2. 미 국

법인에 대한 소득세는 1894년 관세율 인하에 따른 세수감소를 보충하기 위해 개인 및 법인에 대한 소득세가 도입된 데 연원한다. 1895년 연방대법원은 법인세는 개인소득세와 독립하여 존속하기에는 부적절한 것이고 개인소득세는 미국헌법 제1조 제2항 제3호의 주간할당조항에 위배된 것이므로 두 가지 모두 위헌이라고 하였다. 1909년에는 Tariff Act에 의해 법인개별세(corporate excise tax)가 부과되었다. 소득금액 5천 달러 초과액의 1%를 조세로 부과하는 것이었는데 재산에 대한 직접세(direct tax)가 아니기 때문에 주간 할당이 필요 없다는 이유로 연방대법원에 의해 합헌으로 결정되었다.

연방의회는 1913년 개인과 법인의 순소득에 대해 조세를 부과하는 법을 제정하였다. 개인에 대한 배당에 대해서는 경제적 이중과세를 조정하는 장치가 마련되어 있지 않다(classical system).

현행 미국 내국세입법 제1편(Subtitle Ⅰ) Income Tax에서 법인세를 소득세와 함께 규율하고 있다. 미국의 법인세율은 단일의 21%이다.

3. 독 일

법인세는 독일제국 시절인 1891년 프로이센 소득세법으로 도입되었다. 이때에는 단일세법으로 개인에 대한 소득세와 법인에 대한 소득세가 규율되었다.

이후 1920년 바이마르공화국에서 법인세법이 분리되었다. 법인세법은 소득세법과 비교하여 다른 사항만 규율하는 특징을 지니고 있다. 법인세법상 법인의 소득은 소득세법상 개인의 사업소득과 동일하게 취급된다. 역년을 과세기간으로 한다.

법인과세상 1977년까지는 경제적 이중과세가 용인되다가, 1977년 세액공제제도가 도입되었다. 당시 배당세액공제제도가 EU의 지침에 어긋난다는 지적에 따라 법인 간 배당에 대해 배당소득 50%의 수령배당공제제도가 도입되었다. 현재 법인 간 배당소득은 면세된다.

현재 법인세를 규율하는 세법으로는 소득세법(Einkommensteuergesetz, EStG), 법인세법(Körperschaftsteuergesetz, KStG) 및 영업세법(Gewerbesteuergesetz, GewStG)이 있다. 독일의 법인세율은 15.825%(15%+solidarity surcharge 법인세액의 5.5%)이다.

4. 일 본

1884년 개인의 소득에 대한 소득세가 도입되었다. 1899년 3분류 소득세제가 도입되면서 법인소득도 과세되기 시작하였다. 1종 법인소득(세율 2.5%), 2종 이자 등(세율 2%), 3종 개인소득(세율 1~5.5%)이었다. 개인에 대한 배당은 과세되지 않았다.

현행 법인세는 法人稅法이 규율하고 있다. 일본의 법인세율은 납입자본금이 1억엔 이상인 법인은 23.2%, 그 미만인 법인 중 소득금액이 8백만엔 이상인 법인은 23.2%, 그 미만인 법인은 15%이다.

5. 우리나라

일제강점기 1916년 7월에 법인소득세가 도입되었다. 이는 조선의 법인으로부터 받는 배당은 일본 본토에서 면세의 대상이었기에 조선에서 주주에게 직접 과세하지 않도록 함으로써 일본 자본의 조선 내 투자를 유치하기 위한 것이었다. 당시의 법인소득세는 「조선소득세령」에 근거한 것이었지만 그것은 법인소득세만을 규정하고 있었다. 당시에는 개인소득세를 징수하기 어려웠기 때문이다.

1934년 조선총독부 내 세제조사위원회의 세제개혁안에 따라 일반소득세가 도입될 때 소득을 3개로 구분하였는데 1종이 법인소득이다.

미군정 당시에는 처음 종래의 소득세제를 그대로 실시하였다가, 1949년 법인세가 소득세로부터 분리되어 별도의 법으로 규정되었다. 당시에도 법인세는 각 사업연도의 소득에 대한 법인세와 청산소득에 대한 법인세로 구분되어 있었다. 세율은 35%의 단일세율이었으며 신고납세방식을 채택하고 있었다. 과세대상 소득은 총괄주의 방식으로 규정되었다. 오늘날 규정과는 많이 다르지만 부당행위계산부인규정도 존재하였다.

제 2 절   납세의무자

제 1 항   법인·법인과세신탁재산

1. 세법상 법인

가. 내국법인

법인세의 납세의무자는 '법인'이다(법인세법 제3조 제1항). 민법상 법인격 없는 사단·재단 중 세법상 법인으로 보는 단체(국세기본법 제13조)는 법인세법상 비영리법인으로 취급된다(법인세법 제2조 제2호 다목). 이와 같은 법인 중 본점·주사무소 또는 사업의 실질적 관리장소가 국내에 존재하는 것을 '내국법인'이라고 한다. '실질적 관리장소'란 법인의 사업수행에 필요한 중요한 관리 및 상업적 결정이 실제로 이루어지는 장소를 말한다(대법원 2021. 2. 25. 선고 2017두237 판결).

수익을 구성원에게 분배하지 않는 단체로서 아래의 요건을 충족하는 것은 세법상 법인으로 본다.

- 주무관청의 허가 또는 인가를 받아 설립되거나 법령에 의하여 주무관청에 등록한 사단·재단 기타 단체로서 등기되지 아니한 것
- 공익을 목적으로 출연된 기본재산이 있는 재단으로서 등기되지 아니한 것

다음의 요건을 갖춘 것으로서 대표자 또는 관리인이 관할세무서장에게 신청하여 승인을 얻은 것에 대해서도 이를 세법상 법인으로 본다.

- 사단·재단 기타 단체의 조직과 운영에 관한 규정을 가지고 대표자 또는 관리

인을 선임하고 있을 것

- 사단·재단 기타 단체 자신의 계산과 명의로 수익과 재산을 독립적으로 소유·관리할 것
- 사단·재단 기타 단체의 수익을 구성원에게 분배하지 아니할 것

나. 외국법인

상법은 외국회사는 대한민국에서 성립된 동종 또는 가장 유사한 회사로 본다고 규정하고 있다(상법 제621조). 아울러 법인의 거주지를 판단함에 있어서 비록 외국에서 설립된 회사라고 하더라도 대한민국에 그 본점을 설치하거나 대한민국에서 영업할 것을 주된 목적으로 하는 때에는 대한민국에서 설립된 회사와 같은 규정에 따라야 한다고 하고 있다(상법 제617조).

법인세법은 본점·주사무소 및 사업의 실질적 관리장소 중 어느 것도 국내에 존재하지 않는 외국단체(foreign association)로서 우리나라 상법 또는 민법 등에 비추어볼 때 법인으로 볼 수 있는 요소를 가지고 있는 것은 외국법인으로 본다(법인세법 제2조 제3호, 법인세법시행령 제2조 제2항).

외국에서 설립된 partnership은 설립지국의 법에 따라 그 정도의 차이는 있지만 단체(association)로서의 속성을 가지고 있다. 예를 들어, 미국에서 설립되는 partnership은 우리 민법상 조합계약과는 달리 지방정부의 공부상 등록을 함으로써 설립되고, 한정된 범위에서 재산의 독자적 소유권을 가질 수 있는 능력과 소송행위능력을 인정받고 있다. 우리 법상 법인과 조합계약의 중간 정도에 해당하는 독립성을 가지고 있다. 미국의 partnership과 같은 외국단체가 국내에 투자하여 거둔 소득의 귀속판단을 위해서는 ① 이 단체가 소득의 귀속자격이 있는 법인으로 볼 수 있는지(법인세법 제2조), ② 그 단체에 소득의 실질귀속이 있는지를 판단하여야 한다(국세기본법 제14조 제1항). 국외투과단체(foreign transparent entity, 한국에서는 과세실체로 보는데 설립지국에서는 투과단체, 즉 도관으로 보는 단체)에 해당하는 것에 대해서는 비록 국세기본법 제14조의 규정상 동 단체에 소득의 실질귀속을 인정할 수 있는 경우라도 그 출자자 등에게 소득의 귀속이 있는 것으로 선택할 수 있는 특례가 있다(역혼성체 발생 방지규정(anti−reverse hybrid entity provision), 국조법 제34조의 2).

2. 법인과세 신탁재산

신탁재산에 귀속되는 소득에 대해서는 그 신탁의 이익을 받을 수익자가 그 신탁재산을 가진 것으로 보고 소득세법과 법인세법을 적용한다(법인세법 제5조 제1항, 소득세법 제2조의3 제1항). 위탁자가 신탁재산을 실질적으로 통제하는 등의 신탁의 경우에는 신탁재산에 귀속되는 소득에 대하여 위탁자가 납세의무를 부담한다(법인세법 제5조 제3항, 소득세법 제2조의3 제2항). 위탁자가 납세의무자인 신탁의 경우로서 신탁재산에 속한 채권 등을 매도하는 경우에는 원천징수의무에 대하여 신탁업자와 해당 신탁재산의 위탁자 간에 대리·위임 관계가 있는 것으로 간주한다(법인세법 제73조의2 제4항).

법인세법 제5조 제2항은 목적신탁, 수익증권발행신탁, 유한책임신탁으로서 위탁자가 신탁재산을 실질적으로 지배·통제하지 않는 신탁(투자신탁과 조각투자상품인 수익증권을 발행한 신탁은 제외한다)의 경우에는 신탁재산에 귀속되는 소득에 대하여 신탁계약에 따라 그 신탁의 수탁자가 법인세를 납부하여야 한다고 규정하고 있다. 이 경우 신탁재산별로 각각을 하나의 내국법인으로 본다. 이를 '법인과세 신탁재산'이라고 한다(법인세법 제5조 제2항). 법인세법 제2장의 2는 이와 같은 법인과세 신탁재산의 각 사업연도 소득에 대한 법인세 과세특례에 대해 규정하고 있다. 법인과세 신탁재산에 귀속되는 소득에 대한 법인세 납세의무자는 법인과세 수탁자이다. 신탁재산을 내국법인으로 보아 법인세를 과세하는 경우 그 신탁의 수탁자('법인과세 수탁자')는 신탁재산에 귀속되는 소득과 그 외의 소득을 구분하여 법인세를 납부하도록 한다.

해당 법인과세 신탁재산의 재산으로 법인세 등을 충당하지 못하는 경우 분배받은 재산가액 및 이익을 한도로 그 신탁의 수익자에게 제2차 납세의무를 부과하며, 신탁재산의 이익을 수익자에게 분배하는 경우 배당으로 간주한다(법인세법 제75조의 11).

법인과세 신탁재산이 수익자에게 배당한 경우에는 그 금액을 해당 배당을 결의한 잉여금 처분의 대상이 되는 사업연도의 소득금액에서 공제한다(limited pay through taxation 방식, 법인세법 제75조의 14).

법인과세 신탁재산은 그 신탁의 설정일에 설립된 것으로 보고 그 신탁의 종료일에 해산된 것으로 본다. 수탁자가 해당 신탁재산에 대한 사업연도를 별도로 신고하여야 한다. 수탁자가 둘 이상인 경우에는 수탁자 중 신탁사무를 주로 처리하는 수탁자로 신고한 자가 납세의무를 부담하게 하고, 그 외 수탁자에게는 연대납부책임을 부과한다(법인세법 제75조의 12 및 제75조의 13).

이중과세 조정을 위하여 법인과세 신탁재산이 수익자에게 배당한 경우에는 그 금액을 해당 배당을 결의한 잉여금 처분의 대상이 되는 사업연도의 소득금액에서 공제한다(법인세법 제75조의 14). 소득공제를 적용받은 법인과세 신탁재산으로부터 배당을 받는 수입배당금액에 대해서는 익금불산입 규정을 적용하지 않는다. 신탁의 합병·분할을 법인의 합병·분할로 본다. 수탁자 변경에 따라 법인과세 신탁재산의 자산 및 부채를 이전하는 경우에는 변경 후의 수탁자에게 장부가액으로 이전한 것으로 간주한다.

법인과세 신탁재산의 경우 성실신고확인서 제출과 중간예납의무 규정을 적용하지 않는다(법인세법 제75조의 17). 법인과세 신탁재산에 이자소득 등을 지급하는 자의 해당 소득에 대한 원천징수의무를 법인과세 수탁자가 금융회사 등인 경우에는 부과하지 않으며, 법인과세 신탁재산에 속하는 채권 등을 매도하는 경우 원천징수의무자는 법인과세 수탁자이다(법인세법 제75조의 18).

3. 법인설립과 관련된 조세

법인설립을 위한 현물출자는 소득세법상 양도로 보며, 부가가치세법상 재화의 공급으로 본다. 소득과세상으로는 거주자가 사업용 고정자산을 현물출자하거나 포괄적인 사업양수도방법에 따라 신설하는 법인에게 이전하면서 법인으로 전환하는 경우에는 당해 사업용 고정자산에 대해 이월과세를 적용받을 수 있다. 즉 거주자는 양도소득과세를 받지 않으며 신설된 법인이 거주자의 취득원가를 승계하여 추후 그 법인이 매도할 때 필요경비로 산입하게 된다(조특법 제32조).

거주자가 취득하는 현물출자로 신설되는 법인 주식의 가액은 사업용 고정자산의 시가에 상응하는 것이 된다(법인세법시행령 제72조 제2항).

부가가치세 과세상으로는 사업의 포괄적 현물출자는 포괄적 사업양도로서 현물출자대상이 된 재화의 공급에 대해 부가가치세가 과세되지 않는다(부가가치세법

제10조 제9항 제2호, 임의적 조항).

제 2 항   과세실체 · 과세단위

법인세 납세의무자와 관련하여 과세실체(taxable entity)와 과세단위(taxable unit)의 개념이 있다. 전자는 비세법상 하나의 실체로 인정받는 것을 과세상으로도 실체로 보아 법인세 납세의무를 지울 것인가에 관한 것이라면, 후자는 복수의 과세실체를 하나의 과세단위로 보아 법인세 납세의무를 지울 것인가에 관한 것이다.

1. 과세실체

가. 법인격 부인의 가능성

법인격이 남용되는 개별적 사안에 대해 제한적으로 적용되는 민사법상 '법인격부인이론'을 법인세 적용상 원용하여 개별 거래에서 법인의 법인격을 부인하고 그 결과 법인세 납세의무를 부과하지 않는 과세를 할 수 있는가? 법적 안정성을 중시하는 세법 적용상 법인격부인의 판례이론으로 활용할 수 있는가의 문제이다.

실체적인 조세채권채무관계의 형성과정에서는 국세기본법 제14조 제1항은 과세대상의 실질귀속이 없는 자에게는 납세의무가 귀속하지 않는다고 규정하고 있는 점을 본다면 굳이 법인격부인이론을 도입할 필요성이 작다고 볼 수 있다. 조세채무의 이행과 관련해서는 국세기본법에 무한책임사원 및 과점주주의 제2차 납세의무 및 사해행위취소조항들이 규정되어 있다.

출자자가 무한책임사원인 경우에는 법인의 채무 일반에 대해 무한책임을 지게 되므로 법인의 조세채무에 대해 책임을 지는 것은 당연하다. 국세기본법은 무한책임사원이 법인의 조세채무에 대해 제2차 납세의무를 진다고 규정하고 있다. 그리고 과점주주에 해당하는 경우에도 법인의 조세채무에 대해 제2차 납세의무를 진다고 규정하고 있다(국세기본법 제39조 제1항).

국세기본법은 법인이 자신의 구성원이 조세채무의 이행을 하지 않을 경우 사실상 그 구성원의 지분을 매수하는 것과 같은 정도의 부담을 지도록 하고 있다.

즉 해당 법인의 순자산가액 중 해당 구성원의 지분에 해당하는 가액을 한도로 해당 구성원의 조세채무에 대해 제2차 납세의무를 지도록 하고 있다. 이러한 의무규정이 적용되기 위해서는 해당 구성원이 무한책임사원이든가 과점주주이어야 한다. 그리고 정부가 해당 구성원의 지분을 처분하려 하여도 그것이 불가능한 경우이어야 한다(국세기본법 제40조 제1항).

> [사례] 조세피난처에 설립된 물리적인 실체를 가지지 않은 법인(Pacific Gate Company)이라도 법적 권리의무의 주체로 활동한 법인이면 과세상 법인격이 부인되지 않으며, 원칙적으로 명의상 보유하는 자산 및 그 자산으로부터의 소득의 실질적 귀속자로 인정하여야 한다.
> 서울고등법원 2013. 11. 6. 선고 2013누8983 판결에서 법원은, ① … 해당 거래를 자신의 명의로 하면서 10여 년 동안 독립된 법적 · 경제적 주체로서 활동하였고, 외국 법인으로서 국내 세법에 따라 각종 의무를 이행한 점, ② … 쟁점 거래가 주로 조세회피를 목적으로 한 것으로 보기 어려운 점, ③ … 각 쟁점 거래에서 해당 자금의 계산과 집행을 갑 등이 자신들의 지분비율에 따라 개인적으로 처리하고 … 등을 종합하면, 해당 법인이 단순한 도관으로서 그 주주인 원고들이 실질적인 행위 주체인 것으로 볼 수 없다고 보아야 한다고 판단하였다.
> 이 사건 대법원 2015. 11. 26. 선고 2013두25399 판결에서 대법원은 해당 법인이 조세피난처에 설립된 회사로서 그 명의의 재산을 지배 · 관리할 능력이 없을 뿐만 아니라 … 원고들이 그 지배권을 통하여 … 해당 법인의 명의로 실질적인 사업활동을 수행하였으며, … 조세회피의 목적에서 비롯된 것으로 볼 수 있으므로, 해당 법인이 실질과세의 원칙상 그 실체를 인정할 수 없는 이른바 '기지회사'에 해당한다고 하면서 원심법원에 파기환송하는 결정을 하였다(서울고등법원 2018. 1. 26. 선고 2015누2132 종합소득세부과처분등취소 파기환송원심).
> 어떤 특정 단체가 법인인지 또는 그 단체가 어떤 거래의 귀속자인지를 판단할 때에는 실질을 존중하는 방법으로 사실확정을 하고 세법을 적용하여야 한다.

나. 동업기업과세

법인이 그 외관에 불과하고 그것이 영위하는 거래가 그 구성원에 귀속하는 것으로 보아야 할 실질이 있는 것이라면 그 구성원에게 거래가 귀속되는 것으로 보는 실질과세원칙을 적용함으로써 경제적 실질에 부합하는 과세를 할 수 있다.

동업기업과세제도는 그와 같은 실질이 있는 거래가 반복되는 구조를 갖고 있는 형태의 단체를 통해 사업을 영위하는 구성원들은 그들의 선택에 따라 법인 단계의 과세를 받지 않고 바로 구성원들 자신이 과세를 받을 수 있도록 선택할 수 있게 하는 제도이다. 동업기업과세제도를 적용받는 법인은 민사법상 법적 실체(legal entity)이지만 법인세법 적용상으로는 과세실체(taxable entity)인 법인으로 취급되지 않는다. 동업기업과세제도는 경제적 실질로 볼 때 조합에 불과한 특성을 지닌 법적 형태에 대해서만 허용된다. 동업기업과세제도하에서는 경제적 이중과세가 발생하지 않게 되며, 능동적 동업자의 경우 종합소득금액 계산상 동업기업의 손실을 바로 자신의 손실로 반영할 수 있게 된다.

• 개 요　　동업기업과세제도는 2008년 도입되었다(조특법 제10절의 3). 동업기업의 동업자가 동업기업에 출자하는 것에 대해서는 자본이득을 인식하여 양도소득에 대한 소득세 또는 법인세를 과세한다. 동업기업의 소득에 대해 비과세하지만, 동업기업 명의의 소득이 발생할 때에 동업자별 손익배분비율에 따라 동업자에게 배분(allocation)하여 소득세(개인 동업자) 또는 법인세(법인 동업자)를 과세한다. '수동적 동업자'는 손실을 인식할 수 없다(조특법 제100조의 18 제1항 단서). 동업자가 동업자의 자격이 아닌 제3자의 자격으로 동업기업과 거래하는 경우 발생된 익금과 손금의 인식을 허용한다. 동업자가 동업기업으로부터 자산을 실제로 분배(distribution)받는 경우 지분가액을 초과하여 분배받은 자산가액(시가)에 한하여 과세한다. 동업자가 제3자에게 동업기업 지분을 양도하는 경우 법인의 주식·출자지분을 양도한 것으로 보아 양도소득(=양도가액－지분가액) 과세한다. 지분은 소득세법상 주식으로 취급하여 다른 주식의 손익과 통산을 허용한다(소득세법 제94조 제1항 제3호). 동업기업 탈퇴 시 양도소득으로 과세한다. 양도손실이 있으면 인정한다. 해산 등의 사유로 동업자가 동업기업으로부터 자산을 분배받은 경우 지분가액에 미달하여 분배받은 자산가액(시가)에 대해 손실을 인정한다.

• 대상법인　　조특법상 동업기업과세제도의 적용대상이 되는 사업 또는 투자의 법적 형태는 1. 민법상 조합, 2. 상법상 합자조합 및 익명조합, 3. 상법상 합명회사 및 합자회사, 4. 1.~3.의 단체와 유사하거나 인적 용역을 주로 제공하는 단체로서 대통령령으로 정하는 것, 5. 법인세법상 외국법인 또는 소득세법상 비거주자로 보는 법인 아닌 단체 중 1.~4.와 유사한 단체로서 대통령령으로 정하는

기준에 해당하는 외국단체로 규정되어 있다(조특법 제100조의 15 제1항). 위 4.와 관련하여 조특법시행령은 법무법인, 법무법인(유한), 법무조합, 특허법인, 특허법인(유한), 노무법인, 법무사합동법인, 회계법인, 세무법인, 관세법인을 규정하고 있다(조특법시행령 제100조의 15 제1항).

자본시장법상 집합투자기구는 투자신탁 이외에 투자합자조합, 투자익명조합, 투자회사, 사모투자전문회사, 투자목적회사, 투자유한회사, 투자합자회사 및 투자유한책임회사가 있다. 이 중 기관전용 사모집합투자기구만 동업기업과세제도의 적용을 받는다(조특법 제100조의 15 제1항 제3호괄호 안).

자본시장법상 투자회사, 투자목적회사, 투자유한회사, 투자합자회사 및 투자유한책임회사에 대해서는 지급배당공제가 적용된다(법인세법 제51조의 2 제1항 제2호). 기관전용 사모집합투자기구에 대해서는 지급배당공제가 적용되지 않는다.

기관전용 사모집합투자기구의 동업기업과세제도의 적용요건은 다음과 같이 완화되었다. 원래 동업기업과세제도상 동업자 간에는 지분비율과 다른 손익분배비율을 약정하는 것이 허용되는데 그 비율은 단일비율이어야 한다. 따라서 이익분배비율과 손실분배비율을 서로 다르게 할 수 없다. 그리고 개별 수익·비용 항목별로 비율을 달리 정할 수도 없다. 그런데 기관전용 사모집합투자기구의 경우 정관·약관·투자계약서에서 정한 손익분배비율·순서에 따른다면 이러한 단일비율 제한의 적용을 받지 않을 수 있다(조특법시행령 제100조의 17 제4항).

동업기업과세특례를 적용받는 동업기업의 동업자는 다시 동업기업과세특례의 대상기업이 될 수 없는 것이 원칙이지만, 기관전용 사모집합투자기구에 대해서는 예외가 인정된다. 최초 출자자가 모펀드에 투자하고 모펀드가 자펀드에 출자하는 구조에서 자펀드('하위동업기업')와 모펀드('상위동업기업')는 과세받지 않고 최초 출자자만 과세받는 구조가 될 수 있다(조특법 제100조의 15).

• 지분의 양도   동업기업과세에서 지분의 양도 그 자체를 양도소득의 과세대상으로 하면서 비상장기업의 주식과 같이 과세하도록 하고 있다. 이는 조특법상 개별적인 지원 또는 규제법에 의해 설립된 조합에 대한 과세에서와 동일한 내용이다. 개별법상 조합은 지분이 증권화되어 거래되는 점을 감안하여 양도소득으로 과세하게 된 것인데, 동업기업과세제도의 적용대상이 되는 것들 중 민법상 조합이나 상법상 익명조합은 그러한 성격이 없음에도 지분의 양도를 양도소득의 과

세계기로 보도록 하고 있는 것이다(조특법 제100조의 21 제1항).

세법상 조합에의 현물출자는 '양도'로 본다. 현물출자로 취득한 지분을 양도할 경우라 함은 해당 조합원이 탈퇴하고 경우에 따라서는 그 지분의 소유자가 제3자로 변경되는 경우를 의미한다. 민법은 조합원의 탈퇴가 있는 경우 조합이 해산되는 것으로 보지 않고 탈퇴한 사람이 자기 몫을 찾아가는 것으로 구성하고 있다. 세법상으로는 그에 상당하는 대가를 잔여 또는 신규 조합원으로부터 받을 경우에는 양도로 보며, 출자한 현물자산을 돌려받을 때에는 양도로 보지 않는다. 탈퇴할 때까지 해당 조합에 발생한 소득에 대해서는 소득의 원천별로 자신의 배분비율만큼 과세될 것이다.

• 동업기업 소득귀속   동업기업과세제도에 의하면 동업자군별 배분대상 소득금액 또는 결손금은 각 과세연도의 종료일에 해당 동업자군에 속하는 동업자들에게 동업자 간의 손익배분비율에 따라 배분한다.

능동적 동업자에 대해서는 동업기업에 귀속하는 소득이 소득세법상 ① 이자소득, ② 배당소득 및 ③ 양도소득으로 구분되는 경우에는 그 투자자에게 동일한 유형으로 귀속시킨다. ④ 그 외의 소득(소득세법상 비과세소득을 포함한다)은 모두 사업소득으로 구분하여 투자자에 귀속시킨다. 위 ③의 양도소득은 동일 유형의 매매차익 간 통산이 가능하다(변형된 소득원천별 과세, pass through taxation).

수동적 동업자의 경우 배당소득으로 통일하여 과세된다. 수동적 동업자에게는 결손금을 배분하지 아니하되, 해당 과세연도의 종료일부터 15년 이내에 끝나는 각 과세연도에 그 수동적 동업자에게 소득금액을 배분할 때 배분되지 않은 결손금을 그 배분대상 소득금액에서 공제하고 배분한다(조특법 제100조의 18 제1항, limited pass through taxation).

2. 과세단위-연결납세

연결납세제도(consolidated tax return filing)는 여러 법인이 경제적으로 하나의 동일체(single enterprise)를 구성하고 있을 때에 각 법인별로 법인세를 계산하여 신고·납부하도록 하는 대신 해당 경제적 동일체의 대표 법인으로 하여금 전체의 법인세를 계산하여 신고 납부하도록 하는 제도이다(법인세법 제76조의 8 내지 22).

동업기업과세제도가 법적인 실체로 인정받고 있는 단체를 투시(look through)함으로써 '과세실체(taxable entity)'로 인정하지 않는 것인 반면, 연결납세제도는 법적인 실체로 인정받고 있는 단체를 한 그룹의 구성부문으로 격하함으로써 '과세단위(taxable unit)'로 인정하지 않는 효과를 가져온다. 연결납세의 경우 그 그룹을 하나의 과세단위로 보게 된다. 그룹의 구성 요소가 되는 법인은 과세단위의 한 부문에 불과하기 때문에 구성법인 간 거래는 마치 한 법인의 부문간 거래와 같이 보아 소득금액 계산상 인식하지 않거나 그것과 동일한 효과가 나오게 제도를 구성하게 된다. 동업기업과세제도와 연결납세제도는 모두 납세자가 그 적용을 선택하는 방식을 채택하고 있다.

동업기업과세제도가 적용되면 능동적 동업자는 동업기업의 손실을 자신의 소득금액 계산에 반영할 수 있다. 연결납세제도가 적용되면 연결그룹을 구성하는 법인 간에는 결손금을 통산하는 효과가 나타난다.

• 개 요   연결납세제도는 기업의 조직형태(사업부제와 분사화)에 대한 조세중립성을 도모하여 기업경영의 효율성을 제고할 수 있는 제도이다. 연결납세제도는 20세기 초 몇 개 서구국가에서 법인세가 시행되고 얼마 안 되어 법원의 판례 또는 입법에 의해 인정되기 시작한 것이 이제 거의 모든 주요국에서 시행되고 있다.

각국의 제도는 연결납세형(또는 소득통산형)과 손익대체형(group relief)으로 구분할 수 있다. 연결납세형은 각 연결법인의 과세표준을 계산할 때 단일의 실체를 생각하고 하나의 과세표준을 만드는 관념에 입각한 것이다. 각 연결법인의 거래는 그 실체에 귀속하는 것으로 보기 때문에 연결법인 간 내부거래는 과세표준 계산상 거래로 인식하지 않게 된다. 반면 손익대체형은 각 연결법인을 개별실체로 생각하고 각각의 과세표준을 계산하도록 하지만 그에 따라 산출된 손익을 세액계산 시 서로 대체할 수 있도록 하는 방법이다. 이때 손실만 이전할 수 있도록 하는 경우도 있고 손실이든 이익이든 이전할 수 있도록 하는 경우가 있다. 연결납세형의 대표적인 입법례는 미국에서 발견할 수 있고 손익대체형의 대표적인 입법례는 영국에서 발견할 수 있다. 일본은 2022년 4월 연결납세형에서 손익대체형으로 전환하였다. 연결납세형제도의 운영에 따르는 과다한 납세협력비용과 행정비용의 문제 때문이다. 전자는 내부거래인식배제 및 손익통산이 그 제도의 핵심이며 후자는 내부거래인식 및 손익대체가 그 핵심이다. 내부거래가 아예 존재하지 않는 경우를 상정한다면 손익통산을 할 경우에는 하나의 실체로 보아 누진세율체계상 높은 세율을 적용받을 것이지만 후자는 손익대체를 하므로 다수의 실체가 되어 낮은 세율을 적용받는 부분이 상대적으로 많을 수 있다.

우리나라는 연결납세형을 채택하고 있다. 90% 자회사와 모회사 간에 연결납세가 허용된다. 따라서 90% 자회사들 간에도 연결납세하게 된다. 연결납세제도를 도입한 OECD 24개 국가 중 12개 국가가 90% 이상의 기준을 사용하고 있다(프랑스 95%, 미국 80%, 영국 75%).

연결모법인이 연결납세제도의 적용을 신청하는 경우 연결자법인은 모두 연결납세하여야 한다. 한번 신청하면 5년간 계속 적용된다(법인세법 제76조의 10). 연결모법인의 납세지 관할지방국세청장의 승인을 받아 연결납세방식을 적용할 수 있다. 연결납세방식 승인 후 5년 이내에 그 연결납세방식에 대한 승인이 취소되거나 연결자법인이 연결집단에서 배제된 경우 해당 연결집단에 대하여 연결납세방식 적용 당시 연결법인 간 상호 공제한 다른 연결법인의 소득금액과 결손금을 개별법인의 익금 또는 손금으로 환원한다.

신고납부의무는 연결모법인이 부담한다. 연결모법인은 연결산출세액을 납부하고, 연결자법인은 연결모법인에게 자기 법인소관 법인세액을 지급하여야 한다(법인세법 제76조의 19 제2항). 연결법인 간에는 연결산출세액의 납부에 연대납세의무를 진다(법인세법 제3조 제3항).

• 연결과세표준 계산   각 연결법인의 각 사업연도소득금액에 연결수정을 하여 수정소득금액(결손금 포함)을 산출하고, 이를 통산하여 연결소득금액을 계산한다. 여기서 연결수정이라 함은 연결법인 간 내부거래손익 제거 및 기부금, 기업업무추진비 재계산 등 연결에 따른 추가적인 세무조정을 하는 것을 말한다.

법인세법 제76조의 14는 각 연결사업연도의 소득은 각 연결법인별로 계산한 소득 또는 결손금을 합한 금액으로 한다고 규정하고 있다. 순서상으로는 각 연결법인별로 각 사업연도소득 또는 결손금을 계산하고, 연결법인별 연결조정항목을 제거하며, 연결법인 간 거래손익을 조정하고 마지막으로 앞에서 제거한 연결조정항목을 연결집단을 한 개의 내국법인으로 보아 일정 기준에 따라 각 연결법인에 대한 귀속액을 배분하게 된다.

연결 개시 전 실현된 손실로서 이월결손금은 각 회사 소득(연결소득개별귀속

액)과의 상계만 허용된다. 연결 개시 후 실현된 손실은 각 법인에의 연결소득개별
귀속액 구분 없이 상계가 가능하다.

법인세법상 연결법인이 다른 연결법인으로부터 받은 수입배당금액 상당액은
익금에 산입하지 않는다. 다른 연결법인에 지급한 기업업무추진비상당액과 다른
연결법인에 대한 채권에 대해 설정한 대손충당금상당액을 손금에 산입하지 않는
다. 고정자산 등 '양도손익이연자산'을 다른 연결법인에 양도함에 따른 손익은 인
식하지 않는다(법인세법 76조의 14 제1항 제3호 라목).

법인세법은 재화를 공급하거나 용역을 제공하는 내부거래 중 인식배제의 대
상을 '양도손익이연자산'의 양도로 한정하고 있다.

법인세법 제76조의 13은 각 연결사업연도의 소득에서 과세표준을 계산하는
과정에 대해 규정하고 있는데, 각 연결사업연도과세표준은 각 연결사업연도소득
에서 각 연결법인의 이월결손금, 비과세소득 및 소득공제액을 차감하여 계산한다.

연결납세제도 적용 전 결손금은 연결 후 해당 법인의 소득금액 내에서만 공
제할 수 있다. 타인의 지분을 취득하여 90% 출자관계가 성립한 연결자법인의 결
손금은 취득 후 5년간 해당 법인의 소득에서만 공제할 수 있다.

연결전 법인의 자산에 내재한 내재손실(built-in loss)을 통한 조세회피를 방
지하기 위해 연결모법인 또는 연결자법인이 연결납세방식 적용 전에 취득한 자산
의 처분손실(5년 이내 발생분)은 해당 모법인 또는 자법인의 소득에서만 공제가 가
능하도록 하고 있다. 그리고 연결모법인이 다른 내국법인을 합병하는 경우 합병
등기일 이후 5년 이내에 끝나는 연결사업연도에 발생한 피합병법인으로부터 양도
받은 자산의 처분손실은 피합병법인으로부터 승계받은 사업에서 발생한 소득금액
과의 상계만 허용된다(법인세법 제76조의 14 제2항). 아울러 합병 전 기존 연결집단
[합병법인(연결모법인) 및 연결자법인]이 보유하던 자산의 처분손실(5년 이내 발생
분)은 모법인의 합병 전 사업에서 발생한 소득 및 자법인의 소득에서만 공제가 가
능하다.

• 연결세액 계산   연결과세표준에 법인세율을 적용하여 세액을 산출한다.
토지 등 양도소득에 대한 법인세는 연결법인별로 계산하여 연결법인세액에 가산
한다. 조세특례는 연결법인별로 적용하여 계산한 후 합산한 금액을 연결법인세액
에서 차감한다. 중소기업에 대한 특례에 따르면 연결집단을 하나의 법인으로 보

아 중소기업 여부를 판정한다. 연결 전 중소기업에 대해서는 4년간 중소기업 졸업 유예기간을 적용한다.

제3항   법인별 과세소득의 범위

법인세법은 과세소득을 '각 사업연도의 소득', '청산소득' 및 '토지 등 양도소득' 으로 규정하고 있다(법인세법 제4조 제1항). 비영리내국법인 및 외국법인에 대해서는 '각 사업연도의 소득'과 '토지 등 양도소득'만 과세한다.

각 사업연도소득 및 청산소득의 소득은 포괄주의 방식으로 규정되어 있다. 포괄주의는 법인에 귀속하는 경제적 손익으로서 자본거래 이외의 것은 그 원천을 불문하고 과세대상으로 한다는 것이다.

내국법인·외국법인 및 영리법인·비영리법인별로 과세대상이 아래와 같이 달리 설정되어 있다.

표 8.1　과세소득의 범위

구　분		각 사업연도소득	청산소득
내국 법인	영리법인	국내외원천의 모든 소득(법인세법 제4조 제1항)	과세
	비영리 법인	국내외원천소득 중 일정한 수익사업에서 발생한 소득(법인세법 제4조 제3항), 고유목적사업준비금 인정(법인세법 제29조)	비과세
외국 법인	영리법인	국내원천소득(법인세법 제4조 제4항)	비과세
	비영리 법인	국내원천소득 중 일정한 수익사업에서 발생한 소득 (법인세법 제4조 제5항)	비과세

법인세법은 법인을 영리법인과 비영리법인으로 구분한다. 영리법인은 법인의 구성원에게 법인의 소득을 분배하는 것을 목적으로 하는 법인이다(수익분배설). 비영리법인에 대해서는 열거된 항목만 '수익사업'이라는 이름으로 과세한다(법인세법 제4조 제3항).

• 영리법인　　법인세법은 법인을 내국법인과 외국법인으로 구분한다. 내국

법인은 전세계소득을 과세하고 외국법인은 국내원천소득만 과세한다.

내국법인에 대해서는 전세계소득에 대해 과세하며, 국외원천소득에 대해서는 외국납부세액공제를 허용한다. 외국납부세액공제의 대상이 되는 세액에는 해당 법인이 직접 납부한 법인세뿐 아니라 외국자회사가 납부하여 간접적으로 해당 법인의 경제적 부담이 된 법인세액까지 포함된다.

• 비영리법인   비영리법인의 주된 설립목적은 비영리적인 공익활동을 위한 것이다. 외부 경제효과가 있는 활동으로서 국가가 정책적으로 그 양을 늘릴 필요가 있는 것들이다. 비영리법인이 수익사업을 통해 얻는 경제적 이득을 그러한 활동에 사용한다면 그것을 필요경비로 인정해 줄 정책적 필요가 있는 것이다. 이를 위해 비영리법인에 대해서는 '고유목적사업'이라는 개념을 두고 수익사업소득 중 그에 전출한 것은 비용(고유목적사업준비금 전출 또는 일반기부금 지출)으로 인정해 주는 조세특례를 두고 있다(법인세법 제4조 제1항 본문 단서, 제29조, 법인세법시행령 제36조 제2항).

비영리법인의 자산양도차익에 대한 과세에 있어서는 납세상 편의를 위해 개인방식의 과세와 법인방식의 과세 중 선택할 수 있도록 하고 있다(법인세법 제62조의 2). 이자소득에 대해서는 원천징수로써 납세의무가 소멸되는 것을 선택할 수 있다(법인세법 62조).

비영리법인의 수익사업은 법인세법에서 열거하고 있다. 비영리법인이 영위하는 정관목적사업이라 하여 반드시 수익사업의 범주에서 제외되는 것은 아니다. 법인세법상 의료법인은 의료업을 정관목적사업으로 하는 비영리법인임에도 의료업은 수익사업으로 되어 있다. 의료업을 위한 지출은 통상적인 고유목적사업준비금 적립을 통해 손금으로 인정받을 수 없다. 그러나 의료법인이 병원 건물 및 부속토지와 일정 요건을 갖춘 의료기기를 취득하거나 해외진출사업 또는 연구개발사업을 위하여 지출하기 위한 고유목적사업준비금상당액을 의료발전회계(고유목적사업준비금의 적립 및 지출에 관하여 다른 회계와 구분하여 독립적으로 경리하는 회계)로 구분하여 경리한 경우에는 손금으로 인정한다(법인세법시행령 제56조 제6항 제3호, 제10항).

수익사업을 영위하는 비영리내국법인이 타인으로부터 증여받은 수익사업용 재산은 법인세 과세대상이 아니라 증여세 과세대상이다(대법원 2025. 1. 23. 선고

2023두47893판결).

• 당기순이익과세 조합법인등(조특법 제72조)   신용협동조합, 새마을금고, 농업협동조합, 수산업협동조합, 중소기업협동조합, 산림조합, 엽연초생산협동조합 및 소비자생활협동조합은 일반법인과 달리 결산재무제표상의 법인세 등을 공제하지 아니한 당기순이익에 다음과 같이 법인세법 제24조 등을 적용하여 계산한 금액을 과세표준으로 한다. 기부금(당해 법인의 수익사업과 관련된 것에 한함)의 손금불산입액과 기업업무추진비(당해 법인의 수익사업과 관련된 것에 한함)의 손금불산입액 및 잉여금 처분 사항을 손비로 계상한 금액을 가산하고, 부당행위계산부인 규정을 적용하고, 인건비 등 과다경비와 업무무관비용을 합한 후 차입금 지급이자, 퇴직급여충당금, 대손금·대손충당금의 세무조정을 거친 금액에 9%(과세표준 20억원 이하분) 또는 12%(과세표준 20억원 초과분) 세율을 적용하여 법인세를 신고·납부한다. 이로써 약식의 세무조정절차를 거치고 세금을 신고하면서 낮은 세율을 적용받게 된다. 직전 사업연도 수입금액(기업회계기준에 따라 계산한 매출액)이 100억원 이하의 범위에서 대통령령으로 정한 금액을 초과하는 법인은 일반법인과 동일하게 세무조정을 하여야 한다(조특법 제72조 제2항).

제3절 각 사업연도소득에 대한 법인세

'각 사업연도의 소득'에 대한 법인세는 법인세법이 과세대상으로 규정하고 있는 3가지의 소득에 대한 법인세 중 가장 중심이 되는 것이다. 법인세법은 소득을 포괄적으로 '각 사업연도' 중 법인의 순자산의 증감액으로 규정하고 있다. '각 사업연도의 소득'에 대한 법인세는 이 소득을 과세하기 위한 것이다.

'청산소득'에 대한 법인세의 경우 과세대상이 되는 청산소득의 금액은 법인이 해산하는 과정에서 해산등기일 현재 잔여재산의 추심 또는 환가처분에 의하여 확정된 가액에서 동일 현재 자본액을 차감하여 산정된다. '청산소득'에 대한 법인세의 과세는 각 사업연도의 소득 중 자산과 부채의 처분이익에 대한 과세와 본질적으로 동일한 것이다. 조세채무의 확정과 이행과정상 절차적인 특성 때문에 현행 법인세법처럼 '각 사업연도의 소득'과 구분되는 소득항목으로 규정하고 있다.

'토지등 양도소득'에 대해서는 부가적인 세율에 의해 법인세를 더 부과하게 된다.

만약 법인세 과세대상 소득을 이와 같이 세분하지 않는다면 법인 소득을 규정할 때에 개념적으로 당연히 내포되어 있는 '각 사업연도'라는 수식어는 덧붙일 필요 없이 법인세법 제4조의 제목처럼 '과세소득' 정도로 할 수 있을 것이다. 제8장 중 아래에서의 논의는 별도 언급이 없는 한 영리내국법인의 각 사업연도소득에 대한 법인세를 전제로 한다.

제 1 항 조세채무의 성립

1. 과세소득

내국법인의 각 사업연도의 소득은 그 사업연도에 속하는 '익금'의 총액에서 그 사업연도에 속하는 '손금'의 총액을 공제한 금액으로 한다(법인세법 제14조 제1항).

법인세법은 법인의 소득에 대한 과세상 '소득'의 개념을 직접적으로 정의하지 않고, 익금과 손금의 개념을 포괄적으로 규정하고 있다. '익금'은 "…을 제외하고 당해 법인의 순자산을 증가시키는 거래로 인하여 발생하는 수익의 금액"이다(법인세법 제15조 제1항). '손금'은 "…을 제외하고 당해 법인의 순자산을 감소시키는 거래로 인하여 발생하는 손비의 금액"이다(법인세법 제19조 제1항).

법인세법상 소득은 원칙적으로 해당 사업연도 중 순자산을 증가시키거나 감소시키는 거래로 인하여 발생하는 순수익으로 이해할 수 있을 것이다.

2. 소득금액

각 사업연도의 소득의 소득금액은 익금(수익의 금액)에서 손금(손비의 금액)을 차감한 금액이다.

가. 익금과 손금

법인세법상 각 사업연도의 소득금액은 해당 사업연도에 귀속하는 익금에서 손금을 차감한 것을 의미한다. 각 사업연도의 소득금액을 산정함에 있어 익금과 손금은 각각 총액에 의하여 계산한다. 특정 거래상대방과 매출과 매입거래가 동시에 발생하였다고 하여 그 상대방과의 거래들에서의 순매출액만 익금으로 계산하는 것은 아니다.

법인세법상 익금과 손금은 각각 법인의 순자산을 증가시키는 것과 감소시키는 것을 의미하기 때문에 법인세법에 특별히 익금에 불산입하거나 손금에 불산입할 것으로 규정할 것 이외에는 별도로 익금에 산입할 사항 또는 손금에 산입할 사항을 규정할 필요는 없다. 그럼에도 불구하고 법인세법은 익금산입사항과 손금산입사항 및 익금불산입사항과 손금불산입사항을 규정하고 있다. 전자에 관한 것은 예시규정적인 성격을 지니고 있지만 후자에 관한 것은 열거규정적인 성격을 지니고 있다고 볼 수 있다.

나. 사업연도

종합된 소득에 누진세율을 적용하는 방식을 채택하는 한 인위적으로 기간을 설정하여 과세대상에 시간적 한계를 설정하여야 한다. 소득세와 법인세는 모두 과세기간마다 그 기간에 귀속하는 소득을 종합하여 신고하고 누진세율로 과세하는 것을 원칙으로 하고 있다. 시간적 한계는 개인에 대한 소득과세상으로는 역년으로 하고 법인에 대한 소득과세상으로는 법인의 정관에 의한 회계연도에 따른다. 법인의 각 사업연도 소득금액은 법인의 회계장부를 토대로 계산하게 되는데 법인이 상법의 규정에 따라 스스로 설정한 회계연도와 다른 기간을 설정할 경우 세법이 복잡해지고 절차가 불편해지기 때문이다(법인세법 제6조 내지 제8조 참조).

법인세율을 단일세율로 설정하더라도 기간과세방식을 유지할 필요는 있다. 수익을 발생시키는 거래와 손비를 발생시키는 거래가 계속적으로 연이어 이루어질 경우 그들 중 어떤 것을 모아 과세소득금액으로 계산하여 하나의 매듭을 지을 것인가의 기술적 문제를 해결해야 하기 때문이다. 개인소득과세상 이원적 소득세제를 도입하고 있는 국가들에서 단일세율(복수세율인 경우도 있다)을 적용하는 자본소득금액을 계산할 때 순소득금액 방식으로 과세하는 경우에 있어서 특정 역년(calendar year) 단위로 소득금액을 계산하도록 하는 것과 동일한 이유에서이다.

다. 세무조정

(1) 과정의 개요

각 사업연도의 소득에 대한 법인세액은 법인이 기업회계기준에 의해 작성한 재무제표상 당기순손익금액을 법인세법상 익금산입, 익금불산입, 손금산입 및 손금불산입에 관한 규정에 따라 수정한 각 사업연도 소득금액에 일정 공제를 반영하여 과세표준을 계산하고 그에 세율을 적용하여 세액을 산출하는 과정을 거쳐 산정된다.

당기순손익금액은 해당 사업연도에 이루어진 거래나 사실을 기업회계기준에 따라 결산함으로써 얻게 된다. 법인세법은 각 거래나 사실에 대해 기업회계기준과 다른 기준을 적용하여 소득금액을 산정하도록 하고 있다. 기업회계기준에 따라 손익계산을 하는 과정에서 보면 거래나 사실은 순이익을 늘리는 것과 줄이는 것으로 구분할 수 있다. 순이익을 늘리는 것은 이익이 증가하거나 비용이 감소하는 거래에 의한 것이며, 순이익이 감소하는 것은 이익이 감소하거나 비용이 증가하는 거래에 의한 것이다. 법인세법은 그 각각의 경우에 대해 개별적으로 익금산입, 손금불산입, 익금불산입 및 손금산입의 규정을 두고 기업회계상 당기순손익금액으로부터 법인세법상 각 사업연도소득금액을 산정해 내도록 하고 있는 것이다. 이와 같은 과정을 '세무조정'이라고 한다.

(2) 결산조정과 신고조정

기업이 연말에 결산을 한 후 세금을 계산하기 위한 세무조정은 법인세 과세목적으로 존재하는 과정이며 그 과정이 기업의 재무제표에서 보고될 필요는 없다. 재무제표의 법인세비용란에 세무조정의 결과치인 세액이 기재될 뿐이다.

법인세법은 일부 항목에 대해서는 굳이 재무제표에 반영하여야만 손금으로 인정할 수 있다고 규정하고 있다. 외부와의 거래는 없고 내부적 의사결정에 따라 계산만 하는 것에 대해 신고할 때 조정만 하도록 한다면 실제 그러한 의사결정을 하고 그 계산이 장래에 구속력을 갖도록 규율할 수 있는 방법을 찾기 곤란한 것이 있기 때문이다. 이러한 필요에 따라 결산에 반영하도록 한 세무조정사항을 '결산조정사항'이라고 하고 그렇지 않고 단순히 법인세 신고서에만 반영해도 되는 조정사항을 '신고조정사항'이라고 한다. 결산조정사항은 손금으로 인정받기 위해 재무제표에 반영되어 있을 것이기 때문에 재무제표의 이용자라면 모두 그 결과치를 보게 된다(감가상각비, 퇴직급여충당금, 고유목적사업준비금, 대손충당금 등). 신고조정사항은 재무제표의 이용자는 볼 수 없으며 해당 법인과 과세관청만 알게 된다. 결산조정사항이 법인이 임의로 선택하여 계상하도록 한 항목이라면 추후 이를 변경하여 결산을 변경할 경우 결산조정한 것이라는 이유로 경정청구할 수는 없을 것이다. 그러나 법인이 해당 사항을 당초 결산에 반영하면서 있었던 오류를 추후 수정하는 경우라면 경정청구를 허용하는 것이 타당하다.

　신고조정사항은 법인세 신고서를 작성할 때 손금산입조정을 하여야 손금산입이 인정된다. 조특법상 준비금 전입은 세무조정계산서에의 계상에 의한 단순신고조정 대신 잉여금처분에 의한 신고조정을 하여야 한다. 주주총회에서 이익잉여금의 처분에 의하여 준비금으로 적립하고 이를 세무조정계산서상 손비로 계상할 경우에는 세법상 손금으로 인정하는 것이다.

　신고조정사항의 손금산입은 원칙적으로 강제사항(임의조정사항 제외)이므로 그 귀속시기에 손금에 산입하지 않고 그 후 사업연도의 손금으로 공제하는 것은 허용되지 않는다. 이에 대해서는 납세자가 추후 해당 사업연도분으로 새로이 조정을 하거나 이미 한 조정에 대한 오류를 반영하기 위한 경정을 청구할 수 있다.

　원래 결산조정사항인 일시상각충당금 또는 압축기장충당금에의 전입을 세무조정계산서에 계상하고 이를 법인세 과세표준신고 시 손금에 산입한 경우 그 금액은 손비로 계상한 것으로 본다(법인세법시행령 제98조 제2항). 일시상각충당금은 실제 발생한 비용이 아니어서 기업회계상 이를 법인의 장부에 비용으로 계상할 수 없는 점을 고려하여 특별히 신고조정의 방법에 의하여 그 일시상각충당금의 설정에 따른 손금산입이 허용되는 것이다(대법원 2009. 7. 9. 선고 2007두1781 판결). 원래 결산조정사항이므로 그 조정 여부가 해당 법인의 임의에 맡겨져 있는 일시상각충당금, 압축기장충당금의 경우에도 이런 점을 고려하여 경정청구가 허용된다(조심 2011. 11. 21. 2009부3431 결정).

제 2 항　과세표준 및 세액의 계산

　내국법인의 각 사업연도소득에 대한 법인세의 과세표준은 각 사업연도소득 범위 안에서 이월결손금, 비과세소득 및 소득공제액을 순차로 공제한 금액으로 한다(법인세법 제13조). 내국법인의 각 사업연도소득은 그 사업연도에 속하는 익금의 총액에서 그 사업연도에 속하는 손금의 총액을 공제한 금액으로 한다. 내국법인의 각 사업연도 결손금은 그 사업연도에 속하는 손금의 총액이 그 사업연도에 속하는 익금의 총액을 초과하는 경우에 그 초과하는 금액으로 한다(법인세법 제14조).

1. 익 금

법인세법 제2장 제1절 제2관에서는 익금의 산입과 불산입에 대해 규정하고 있다. 제2관은 제15조부터 제18조의 3까지 6개의 조문으로 구성되어 있다.

가. 익금산입

법인세법 제15조 제1항은 "익금은 자본 또는 출자의 납입 및 이 법에서 규정하는 것은 제외하고 해당 법인의 순자산을 증가시키는 거래로 인하여 발생하는 수익의 금액으로 한다."는 일반적인 규정을 두고 있다. 이에 부합하는 내용으로서 예시가 필요한 사항에 대해서는 법인세법시행령 제11조에서 규정하고 있다. 한편, 일반적인 원칙에 대한 특례가 될 수 있는 것에 관해서는 법인세법 제15조 제2항과 제16조부터 제18조의 3까지의 규정이 있다.

(1) 법인세법시행령 규정 항목

법인세법시행령 제11조는 법인세법 제15조 제1항에서 규정하는 법인의 순자산을 증가시키는 거래를 규정하고 있다. 법인세법은 법인의 소득을 종류별로 구분하지 않고 있다. 법인세법이 필요에 따라 소득세법의 규정을 인용하여 소득을 구분할 경우에 그 소득의 개념은 소득세법의 규정내용에 따라 해석되어야 한다.

법인세법시행령은 법인세법 제15조 제1항의 규정에 따라 "순자산을 증가시키는 거래로 인하여 발생하는 수익"에 대해 구체적으로 규정할 수 있다(법인세법 제15조 제3항). 순자산을 증가시키는 항목이 아닐 때에는 법인세법에서 특별히 법인세법 제15조 제1항의 규정에 대한 예외의 규정을 두고 있으면서 그 구체적 내용을 법인세법시행령에서 규정하도록 할 경우에만 익금 항목으로 규정할 수 있다. 법인세법시행령 제11조 제9호의 항목(특수관계가 소멸되는 날까지 회수하지 아니한 가지급금등 등)은 순자산을 증가시키는 항목은 아니므로 그것에 규정에 관한 구체적인 법률상의 위임의 근거규정이 있어야 할 것이다. 위임의 근거규정은 비록 명시적인 것은 아니라 하더라도 맥락상 파악할 수 있으면 되는 것인데 법원에 의하면 이 항목의 경우 법인세법 제67조(소득처분)의 규정이라고 볼 수 있다고 한다(대법원 2021. 7. 29. 선고 2020두39655 판결). 소득처분을 위한 조세정책상 이유로 익금으로 보는 것이라는 것이다.

이보다는 법인세법시행령 제11조 제9호는 법인세법 제52조(부당행위계산부인)의 적용상 필요한 것으로 보아야 할 것이다(대법원 2006. 11. 10. 선고 2006두125 판결, 법인세법시행령 제88조 제1항 제9호).

아울러 현행 법인세법 제52조의 규정 중 "… 인정되는 경우에는 그 법인의 행위 또는 소득금액의 계산과 관계없이 그 법인의 각 사업연도의 소득금액을 계산한다."는 부분 중 "… 인정되는 경우에는 그 법인의 행위 …"를 "… 인정되는 경우에는 제15조 제1항의 규정에 불구하고 그 법인의 행위 …"로 수정하는 것이 바람직할 것이다.

(가) 한국표준산업분류에 의한 각 사업에서 생기는 수입금액

한국표준산업분류에 의한 각 사업에서 생기는 수입금액은 익금으로 본다. 이는 소득세법상 사업소득에 관한 규정과 동일한 것이다. 소득세법 제19조 제1항은 "사업소득은 당해 연도에 발생한 다음 각 호의 소득으로 한다."고 규정하고 있으며 법인세법시행령 제11조 제1호와는 달리 "한국표준산업분류에 의한 각 사업"이란 표현을 사용하고 있지 않지만, 소득세법 제19조 제3항은 소득세법 제19조 각 호의 규정에 의한 사업의 범위에 관해서는 이 법에 특별한 규정이 있는 것을 제외하고는 한국표준산업분류를 기준으로 한다고 규정하고 있다. 차이가 있는 점은 소득세법상 사업소득은 이에 국한되지만 법인세법상으로는 아래 예시하는 바와 같은 다양한 소득이 법인의 각 사업연도소득금액을 구성하게 된다는 점이다.

재고자산의 양도금액은 한국표준산업분류에 의한 각 사업에서 생기는 수입금액에 포함된다. 각 사업에서 생기는 수입금액에는 도급금액·판매금액과 보험료액이 포함되지만, 기업회계기준에 따른 매출에누리금액 및 매출할인금액이 제외된다.

(나) 자산의 양도금액

고정자산이나 투자자산과 같은 자산의 양도금액은 각 사업연도소득금액에 포함된다. 소득세법상으로는 양도소득으로 과세될 항목이다. 법인의 자기주식의 양도차익(양도차손)은 기업회계상 비록 자본잉여금(자본조정) 항목으로 되어 있으나, 법인세법상 각 사업연도소득이 되어 과세된다(법인세법시행령 제11조 제2호의 2). 합병법인이 합병으로 인하여 피합병법인이 보유하던 합병법인의 발행주식(자기주식)을 승계취득하여 처분한 이익은 익금산입대상이다(법인세법시행령 제11조 제2호의 2, 대법원 2022. 6. 30. 선고 2018두54323 판결). 자본감소절차의 일환으로 자기주식을 취득하여 소각하여 생긴 손익은 제외한다(법인세법 제17조 제1항 제4호).

법인이 현물로 배당할 경우(상법 제462조의 4) 주주에게 이전하는 자산은 처분한 것으로 보게 된다. 법인이 감자함에 있어 보유 중인 부동산을 감자대가로 지급하는 경우에는 동 부동산이 시가에 의하여 유상으로 양도된 것으로 본다. 감자대가로 동 부동산을 지급받는 주주는 당해 부동산의 시가가 감자된 주식의 취득가액을 초과하는 금액에 대하여 의제배당소득으로 과세된다.

(다) 자산의 임대료

자산의 임대료는 익금에 해당한다. 자산을 임대하면서 받은 임대보증금이 있는 경우 해당 법인 전체의 소득금액을 장부에 의하여 실액과세를 할 때에는 간주임대료를 계산하지 않는다. 받은 임대보증금을 차입금 상환에 사용하였다면 향후 이자비용 발생을 줄여 소득금액을 증가시키게 될 것이며, 그것을 투자하였다면 투자소득을 발생시켜 소득금액을 증가시키게 될 것인데, 그 두 경우 모두 간주임대료를 별도로 계산하는 과정 없이 통상의 익금과 손금 인식방법에 따라 소득금액에 반영시킬 것이기 때문이다.

해당 법인 전체의 소득금액을 장부 기타 증빙서류에 의하여 계산할 수 없어 추계하는 경우 부동산임대에 의한 전세금 또는 임대보증금에 대한 수입금액은 금융기관의 정기예금이자율을 적용하여 계산한 금액으로 한다(법인세법 제66조 제3항 단서, 법인세법시행령 제11조 제1호 단서).

(라) 자산의 평가차익

기업회계상 재고자산은 일반적으로 원가법에 의해 계상되며 평가차익의 인식문제도 발생하지 않는다. 고정자산은 역사적 원가에 의하여 평가하지만 유가증권이나 투자자산의 경우 시가법, 공정가액법, 지분법 및 원가법에 의한 평가방법 중 하나에 의해 평가된다.

법인세법은 원칙적으로 각 사업연도소득금액 계산상 자산 또는 부채의 평가손익을 인정하지 않는다(법인세법 제42조). 다만, 보험업법 기타 법률에 의한 유형자산 및 무형자산 등의 평가(증액에 한한다)와 재고자산, 유가증권, 금융기관이 보유하는 외화자산·부채 및 금융기관이 보유하는 통화 관련 파생상품 중 통화선도와 통화스왑의 평가손익은 인정한다. 한국채택국제회계기준(K-IFRS)을 적용하게 되면서 재고자산평가방법을 변경한 경우에는 평가차익('재고자산평가차익')을 5년 간 균등하게 익금에 산입할 수 있다(법인세법 제42조의 2).

법인세법은 자산·부채의 취득 및 평가에 관하여 일반적으로 공정·타당하다 고 인정되는 기업회계의 기준을 적용하거나 관행을 계속적으로 적용하여 온 경우 에는 법인세법에서 달리 규정하고 있는 경우 이외에는 당해 기업회계의 기준 또 는 관행을 따른다고 규정하고 있으며, 이는 자산의 평가에도 해당된다(법인세법 제 43조).

(마) 무상으로 받은 자산의 가액

무상으로 이전받은 자산의 가액은 익금에 산입한다. 무상으로 받은 자산이 실 물자산일 경우 그것을 시가로 평가한 금액이 익금에 산입된다(법인세법시행령 제72 조 제1항 제5호).

(바) 채무의 면제 또는 소멸로 인하여 생기는 부채의 감소액

채무를 면제받게 되면 당해 법인의 회계상 순자산이 증가하게 된다. 채권자의 적극적인 면제의 의사표시가 없었지만 소멸시효로 채무가 소멸될 경우도 마찬가 지다.

(사) 손금에 산입한 금액 중 환입된 금액

(아) 불균등 자본거래로 인하여 특수관계인으로부터 분여받은 이익

불균등 합병·증자 및 감자 등 불균등 자본거래로 인하여 다른 주주(동일 법인 소속의)로부터 이익을 분여받은 경우 그 이익도 익금에 산입한다(법인세법시행령 제11조 제8호). 합병을 예로 들자면, 당시 주가가 과대평가된 주주나 증자 당시 실 권주가 발생하여 그것을 배정받은 주주 및 감자 당시 감자되지 아니한 주주가 분 여받은 이익이 그에 해당한다. 이 경우 개인이라면 증여로 과세되었을 것이다. 그 리고 그 상대방 주주가 법인이라면 부당행위계산부인규정이 적용되었을 것이다 (법인세법시행령 제88조 제1항 제8호). 다른 주주로부터 분여받은 이익이 이미 법인 세법 제16조의 규정에 의해 의제배당액으로 인식되는 것이라면 다시 익금에 산입 하여서는 안 될 것이다.

또 하나의 불균등자본거래에서 특정 법인에게 법인세법시행령 제11조 제8호 의 요건과 법인세법시행령 제88조 제1항 제8호의 요건이 충족되는 동시에 발생하

였을 때에는 분여받은 이익에서 분여한 이익을 차감하여 익금에 산입하여야 한다. 예를 들어, 불공정합병이 이루어진 경우 합병당사법인들의 주식을 함께 보유하고 있는 법인에 대해서는 주가가 과소평가된 합병당사법인의 주주로서 입은 손실과 주가가 과대평가된 합병당사법인의 주주로서 얻은 이익을 통산하여 실질적으로 분여하거나 분여받은 이익이 있는지 밝힌 다음, 그 결과에 따라 부당행위계산부인 규정과 익금 규정 중 어느 하나를 적용하여야 한다.

이와 달리 주가가 과소평가된 합병당사법인의 주주로서 분여한 이익에 대해서는 부당행위계산부인 규정을, 주가가 과대평가된 합병당사법인의 주주로서 분여받은 이익에 대해서는 익금 규정을 각각 적용하여 각 이익 상당액을 모두 익금에 산입하는 것은 허용될 수 없다(대법원 2022. 12. 29. 선고 2018두59182 판결).

증자시 주식을 고가발행할 경우 신주인수를 포기한 자는 실제 주식을 인수하는 특수관계인으로부터 경제적 이익을 무상으로 이전받는 효과가 발생한다. 이때 인수를 포기한 자는 기존 보유하고 있는 주식의 평가이익이 발생하는 것에 불과하지만 이를 익금으로 인식하여야 한다.

법인주주가 불균등자본거래로 인하여 얻게 된 증여재산가액에 해당하는 금액을 익금으로 산입하여야 할 때에는 개인의 증여재산금액을 계산할 때와는 달리 주식평가액 증가비율(30%)이나 이익금액(3억원) 기준이 법정되어 있지 않다. 법인소득과세상 순자산증감액을 반영하여야 하기 때문이다.

(자) 정당한 사유 없이 특수관계인으로부터 회수하지 않은 업무무관 가지급금등과 그 이자

특수관계가 소멸되는 날까지 회수하지 아니한 해당 가지급금등 또는 특수관계가 소멸되지 아니한 경우로서 해당 가지급금의 이자를 이자발생일이 속하는 사업연도 종료일부터 1년이 되는 날까지 회수하지 아니한 경우 그 이자는 익금에 산입한다.

(차) 그 밖의 수익으로서 그 법인에 귀속되었거나 귀속될 금액

법인세법 제15조 제1항은 "익금은 … 수익의 금액으로 한다."고 규정하고 있으며 법인세법시행령 제11조 제10호는 '그 밖의 수익으로서 그 법인에 귀속되었거나 귀속될 금액'을 익금에 포함하고 있다. 법인세법 제43조는 기업회계기준과 관행을 적용한다고 규정하고 있다. 법인세법은 '수익'은 '이익' 또는 '수입'으로 정

의하고 있다(법인세법 제15조 제1항). 기업회계기준상 '수익'은 경영활동의 전 과정에서 나타나는 자원의 흐름으로서 제품의 생산·판매, 용역의 제공 및 경제실체의 주요한 또는 중심적 영업활동을 구성하는 활동으로부터 일정 기간 내에 발생하는 자산의 증가 또는 부채의 감소를 말한다.

(2) 법인세법 규정 항목

(가) 특수관계인인 개인으로부터 유가증권을 시가에 미달하는 가액으로 매입하는 경우 시가와 당해 매입가액의 차액에 상당하는 금액(법인세법 제15조 제2항 제1호)

법인이 특수관계 있는 개인으로부터 저가로 양수하는데 양도하는 개인의 유가증권 양도차익이 비과세되는 경우 저가양수한 법인에 대해 저가양수 이득만큼 과세하지 않는다면 양도하는 개인과 양수하는 법인에 걸쳐 과세이연의 효과가 나타나게 될 것이다. 타인이 실질적으로 지배하는 법인에게 그와 같이 저가로 양도한다면 그 타인에 대한 증여세를 회피하는 효과도 거두게 될 수도 있다. 법인세법은 이를 규제하기 위해 특수관계인인 개인으로부터 유가증권을 시가에 미달하는 가액으로 매입하는 경우 시가와 당해 매입가액의 차액에 상당하는 금액은 법인세법상 익금으로 보도록 하고 있다.

(나) 의제배당(법인세법 제16조)

법인주주의 의제배당에 대한 과세는 개인주주의 의제배당에 대한 과세와 동일한 특성을 지니고 있다. 아래에서는 법인주주와 관련하여 특별히 언급이 필요한 사항만 서술한다.

• 자본감소　　주식을 발행한 법인이 결손금의 보전을 위하여 무상감자를 한 경우에는 당해 주식을 소유하고 있는 법인은 소유주식가액을 감액처리하지 아니하며 당해 주식을 처분하는 사업연도의 손익으로 계상한다(법인세법 기본통칙 19-19-35). 감자에 의한 법인주주의 손실을 잔존주식의 취득가액에 가산하는 것과 동일한 효과가 있다. 개인주주의 경우 감자에 의한 손실은 무상감자의 경우에만 잔존주식의 취득가액에 가산한다.

• 해 산

• 합 병　　피합병회사의 주주인 법인이 회사 합병으로 피합병회사의 주식

에 갈음하여 존속회사 또는 신설회사의 주식(합병신주)을 취득하는 경우에, 대체하여 취득한 주식의 시가가 기존에 보유하던 주식(합병구주)의 취득가액에 미치지 못한다면 그 차액은 자산의 평가차손에 불과하여 당해 사업연도의 소득금액을 산정함에 있어서 이를 손금에 산입할 수 없다(대법원 2011. 2. 10. 선고 2008두2330 판결). 법원의 이러한 판단은 합병신주의 가액이 합병구주의 가액을 초과하여 의제배당소득의 과세를 함에 있어서는 자산의 처분차익으로 보아 과세하는 것과 일관되지 못한 것이다. 적격합병요건을 충족하는 경우에는 합병신주의 가액은 피합병법인의 주주가 계상하고 있는 구주에 대한 종전의 장부가액으로 평가하게 되어 사실상 의제배당소득이 산정되지 아니하고 합병신주를 처분하는 시점까지 과세이연된다.

합병 시 양도차익 등 과세이연요건으로서 합병법인이 피합병법인 주주에게 지급하는 합병대가 중 80% 이상 배정하도록 하는 것에 합병법인 주식뿐 아니라 합병법인의 완전모법인의 주식(삼각합병)도 포함되었다(법인세법 제44조).

- 분할·분할합병
- 잉여금의 자본전입   잉여금의 자본전입에 의한 무상주 의제배당은 법인의 경우에도 이를 인식한다. 유상 증자에 있어서 법인주주가 특수관계가 있는 다른 주주에게 신주를 배당받을 수 있는 권리를 포기하거나 신주를 시가보다 높은 가액으로 인수함으로써 이익을 분여한 경우에는 부당행위계산부인규정이 적용된다(법인세법시행령 제88조 제1항 제8호 나목). 개인주주에 대해서는 이와 같은 부당행위계산부인규정이 적용되지 않는다.

(다) 간접외국납부세액공제를 위한 외국법인세액(세액공제된 경우에 한한다)에 상당하는 금액

간접외국납부세액공제는 지분율 10% 이상의 외국 자회사로부터 국내 모회사가 배당을 받을 때 그 배당에 대해 자신이 낸 세금(직접외국납부세액)뿐 아니라 외국 자회사 법인이 납부한 법인세(간접외국납부세액)까지 공제해 주기 위해 배당받은 금액(배당에 대한 세금 포함)과 자회사의 세금을 합한 금액을 마치 모회사가 번 것처럼 의제하고 그것만큼을 우리나라에서 벌었다면 냈을 세금에서 외국 자회사 법인이 낸 세금과 국내 모회사가 배당에 대해 낸 세금을 차감하는 것을 말한다. 이 과정에서 외국 자회사의 법인세액은 국내 모회사의 익금에 가산(gross-up)하

게 되는데 그것을 imputation이라고 한다(법인세법 제57조 제4항, 법인세법시행령 제94조 제8항).

익금에 가산하는 외국법인세액은 국내 주주가 출자한 외국법인이 자기의 이름으로 소재지국에서 납부한 법인세액을 말한다(법인세법 제15조 제2항 제2호). 법인세법은 세액공제의 대상이 되는 금액을 익금에 가산하도록 하고 있다(법인세법 제15조 제2항 제2호).

2023년부터 간접외국납부세액공제는 외국자회사 배당금 익금불산입규정이 적용되지 않는 경우에 한하여 적용한다.

나. 익금불산입

법인세법 제17조부터 제18조의 4까지는 법인세법 제15조 제1항의 '자본 또는 출자의 납입 및 이 법에서 규정하는 것'으로서 익금의 범위에서 제외되는 것들이다. 해당 각 조는 '익금불산입'이라는 제목으로 규정하고 있다.

- 자본거래로 인한 수익의 익금불산입(법인세법 제17조)
- 평가이익 등의 익금불산입(법인세법 제18조)
- 일반법인의 수입배당금액의 익금불산입(법인세법 제18조의 2)
- 외국자회사의 수입배당금액의 익금불산입(법인세법 제18조의 4)

(1) 자본거래로 인한 수익

법인세법 제17조는 주식발행액면초과액, 주식의 포괄적 교환차익, 주식의 포괄적 이전차익, 감자차익, 합병차익 및 분할차익 6개 항목을 자본거래로 인한 수익의 익금불산입사항으로 규정하고 있다.

• 주식발행액면초과액　　주식발행액면초과액은 주주가 액면자본금을 초과하여 납입한 주금이므로 법인의 소득금액 계산상 익금에 산입하지 않는다. 이는 기업활동을 통해 가득한 것이 아니라 기업활동자금의 원본에 해당하기 때문이다.

무액면주식을 발행할 때 자본금은 주식발행가액의 2분의 1 이상으로서 이사회에서 정한 금액이며, 주식발행액면초과액은 주식의 발행가액 중 자본금을 초과하는 금액으로 한다(법인세법 제17조).

• 주식의 포괄적 교환차익과 포괄적 이전차익   회사는 주식의 포괄적 교환을 한 경우에는 상법 제360조의 7에 규정하는 자본증가의 한도액이 완전모회사의 증가한 자본액(교부주식의 액면가액)을 초과하는 금액을 자본준비금으로 적립하여야 한다(상법 제459조). 그리고 주식의 포괄적 이전을 한 경우에는 상법 제360조의 18에 규정하는 자본의 한도액이 설립하는 완전모회사의 자본액을 초과하는 금액을 자본준비금으로 적립하여야 한다. 전자의 초과금을 '주식의 포괄적 교환차익', 후자의 초과금을 '주식의 포괄적 이전차익'이라고 한다. 모두 자본적 거래로 인한 수익으로서 익금불산입한다.

주식의 포괄적 교환규정에 의하면 자회사가 될 법인의 주주는 자신이 보유하는 주식을 모회사가 될 법인에게 이전하고 그 대가로 모회사가 새로 발행하는 주식을 받는다. 결국 그는 모회사의 주주가 되며 그 모회사는 자신이 지배하던 회사의 주주가 된다. 흡수합병의 경우와 경제적으로 보아 다를 바 없다. 그러나 흡수합병의 경우 흡수되는 법인은 소멸하지만 포괄적 교환의 경우에는 자회사로 남아있게 되는 차이점이 있다. 이때 자회사를 두게 된 모회사는 이러한 자본거래로 인해 차익이 발생할 수 있는데 이를 주식의 포괄적 교환차익이라고 하며 익금에 불산입한다. 합병차익을 익금에 산입하지 않는 것과 다를 바 없는 이유에서이다. 주식의 포괄적 교환에 의한 차익은 그 시점에 자회사가 될 회사의 순자산의 가액이 완전모회사의 증가한 자본액을 초과하는 금액인데 그 안에는 자회사 자산의 평가이익이 존재할 것이다. 이에 대해서는 과세하는 규정이 없다.

주식의 포괄적 이전은 완전자회사가 될 기업의 주주가 완전모회사를 신설하면서 자신의 자회사에 대한 주식을 현물출자하는 것이다. 주식의 포괄적 교환에 있어서는 완전모회사가 될 기업이 완전자회사가 될 기업의 주주에게 자신의 신주를 발행해 주는 것과 대조를 이룬다. 주식의 포괄적 이전의 경우 완전모회사가 되는 법인도 포괄적 교환에서와 다를 바 없는 차익이 발생할 수 있으며 그에 대한 법인세법상의 규정은 동일한 내용을 담고 있다.

• 감자차익   감자에 따라 감소한 자본의 액(액면가액)과 잃게 되는 자산가액과의 차액을 '감자차익'이라고 한다. 이는 주주에게 액면가액보다 덜 주는 방식으로 회사에 사업자금원본을 남긴 것이기 때문에 기업활동에 의한 소득으로 과세할 수 없다. 주식발행액면초과액은 증자에 따라 얻게 되는 자산가액과 그를 위해

증자한 자본금(액면가액)과의 차액이라고 할 수 있다. 주주에게 액면가액보다 더 받는 방식으로 회사에 사업자금원본을 늘린 것이기 때문에 과세하지 않는다.

• 합병차익   합병차익은 합병법인이 주식을 추가로 발행하면서 그 대가로 취득하는 자산을 취득하는 거래에서 발생하는 차익(합병에 의하여 증가한 자산의 가액이 증액한 자본금을 초과하는 금액)이다.

합병차익 중 합병매수차익에 해당하는 금액은 익금에 산입한다(법인세법 제17조 제1항 제5호 단서).

• 분할차익   분할은 기존 법인의 일부분을 별도의 법인으로 분할하는 것을 말하는데 그것에 대한 지분을 기존 법인이 갖는 것으로 하는 경우를 물적 분할, 기존 법인의 주주가 갖는 것으로 하는 것을 인적 분할이라고 한다.

분할의 경우에는 분할로 신설되는 법인은 자신이 인수한 자산의 가액과 자신이 제공한 주식가액의 차액이 '분할차익'이 된다.

(2) 평가이익 등

법인세법 제18조는 자본거래 이외의 거래 중 법인과세의 본질 또는 정책적 필요에 의해 익금에 가산하지 않을 수익에 대해 규정하고 있다.

• 자산의 평가이익   자산의 평가이익은 익금에 산입하지 않는다. 다만, 보험업법 등에 의한 평가이익은 익금에 산입한다(법인세법 제42조 제1항).

법인세법상 보유 중인 주식에 대해 매각과 매입의 주문을 동시에 내서 매매거래를 성립시킴으로써 처분가액과 동일한 가격으로 재취득하는 경우 거래의 실질내용이 사실상 시가 평가를 하기 위한 것으로 인정되는 때에는 장부가액과 매각가액의 차액은 소득금액 계산상 이를 익금 또는 손금에 산입하지 아니한다. 소득세법상 자전거래(wash sale)의 경우에는 형식상으로는 매매의 형식을 취하였으나, 자산이 유상으로 사실상 이전된 것으로 할 수 없어 양도나 자산의 새로운 취득에 해당하지 않는 것으로 본다. 자기 소유 부동산이 경매개시되어 자기가 경락받은 경우에는 '양도'로 보지 않는다.

• 이월익금   '이월익금'은 이전 사업연도 귀속분으로 과세된 것이 다시 당 사업연도 회계상 수익으로 계상되어 있는 것을 말한다(예, 기업회계와 세무회계의 손익인식시기의 차이). 이전 사업연도에 세무상 인식되었지만 비과세된 소득도 이

월익금이다.

• 환급받거나 다른 세액에 충당한 법인세 또는 법인지방소득세   법인세나 법인지방소득세는 손금에 산입하지 않는다. 환급받은 법인세나 법인지방소득세는 원래 손금에 산입했던 것이 아니기 때문에 익금에 산입하지 않는다.

• 국세 또는 지방세의 과오납 환급금에 대한 이자   과오납한 국세나 지방세의 환급금에 대한 이자는 익금불산입한다. 국채이자는 익금산입된다. 미국 세법상 일부 지방채(municipal bonds)로부터의 이자에 대해서는 연방소득세가 부과되지 않는다. 연방채권의 이자소득에 대해서는 지방정부 소득세를 부과하지 않는다.

• 부가가치세 매출세액   부가가치세 매출세액은 매출자가 매입자로부터 거래징수하여 보관하고 있다가 신고기한이 되면 국가에 납부하여야 하는 것이다. 국가의 돈을 매출자가 대신 관리하여 주는 것이기 때문에 자신에게 귀속하는 익금으로 볼 수 없다.

• 자산수증이익 또는 채무면제이익 중 이월결손금의 보전에 충당된 금액
법인이 무상으로 받은 자산으로 이월결손금을 보전하는 경우에는 이를 익금에 산입하지 않는다(법인세법 제18조 제6호). 익금에 산입되면 각 사업연도소득금액을 증액하게 될 것이지만 과세표준을 계산할 때 이월결손금을 공제하도록 되어 있어 결국 상계되는 효과가 나타날 것이기 때문이다. 공제시한이 경과됨으로써 그 후의 각 사업연도의 과세표준 계산에 있어서 공제되지 아니한 소멸한 이월결손금과의 상계도 허용된다(법인세법기본통칙 18－16…1).

개인이 무상으로 받은 자산에 대해서는 개인이 사업을 영위하는 경우에도 증여세가 과세된다. 사업소득상 결손금의 증여가액과의 통산은 허용되지 않는다. 다만, 사업과 관련하여 자산을 무상으로 받았거나 채무를 면제받은 경우에는 소득세를 과세하되 결손금이 있으면 그것과의 상계를 허용한다(소득세법시행령 제51조 제3항 제4호).

채무면제이익은 그것으로 이월결손금을 보전하는 경우 이를 익금에 산입하지 않는다(법인세법 제18조 제6호). 채무의 출자전환으로 주식 등이 발행될 때 당해 주식 등의 시가를 초과하여 발행된 금액(법인세법 제17조 제1항 제1호 단서)은 채무면제이익이다. 채무의 면제는 법령 또는 당사자 간 합의에 의해 회생가능성이 있는 기업에게 기회를 주기 위한 채권자의 고육지책이라고 할 수 있다. 채무의 면제는

경제 전체적으로도 순기능이 많은 것이므로 법인세법상 익금불산입하는 규정을 두고 있는 것이다. 조특법은 「채무자회생 및 파산에 관한 법률」에 의한 회생계획 인가결정을 받는 경우나 기업구조조정촉진법 및 기업구조조정투자회사법에 의하는 경우에는 채무면제이익으로 이월결손금을 충당하고도 남는 금액이 있더라도 바로 익금으로 보지 않고 향후 발생하는 결손금 보전에 충당하는 특례를 두고 있다(조특법 제44조).

재무구조개선계획(기업구조조정촉진법에 따른 경영정상화 계획, 파산법에 따른 회생계획 등)에 따라 모회사가 자회사의 채무를 인수하거나 변제하고 자회사의 지분을 양도 또는 청산하는 경우 모회사는 인수 또는 변제금액을 손금산입하고, 자회사는 채무면제이익을 4년 거치 3년 분할 익금산입한다(조특법 제39조). 부당행위계산부인규정이 적용되지 않는다.

법인에 대한 채권자가 보유 채권과 교환으로 해당 법인으로부터 주식을 교부받는 것을 '채권(채무)의 출자전환'이라고 한다. 출자전환은 정상적인 경우라면 채권가액과 주식가액이 동등하게 계산하게 되어 있지만 경영난을 겪고 있는 채무기업의 회생을 돕기 위해 주식의 발행가격은 주식의 시가를 초과하여 발행하게 된다. 이때 ① 발행가 > 시가 > 액면가, ② 발행가 > 액면가 > 시가 또는 ③ 액면가 > 발행가 > 시가의 3가지 상황을 가정할 수 있을 것이다.

채권을 출자전환한 채권자의 입장에서는 취득한 주식의 가액은 시가에 의한다(법인세법시행령 제72조 제2항 제4호의 2 본문, 회생계획 또는 기업경영개선계획 등에 관련된 경우 채무의 출자전환으로 채권자가 취득한 주식가액은 출자전환된 채권의 장부가액으로 한다(법인세법시행령 제72조 제2항 제4호의 2 단서). 출자전환된 채권의 장부가액과 주식의 시가와의 차액에 해당하는 부분은 출자전환 당시 대손으로 인정하는 대신 추후 해당 주식을 처분할 때 비용으로 인정한다). 채권자의 입장에서는 발행가와 시가와의 차액은 대손액이 될 것이지만 채무자의 입장에서는 채무면제이익이 발생하게 되는데 그 금액은 위 세 가지의 경우에서 항상 채권자의 대손액과 동일하게 되는 것은 아니다.

①의 경우 주식의 시가를 초과하여 발행된 금액(발행가액−시가)은 주식발행액면초과액에서 제외하고 익금산입한다(법인세법 제17조 제1항 제1호 단서). 채권자의 대손액과 동일한 금액이 채무면제이익이 되는 것이다. 출자전환 당시 시가를

초과하여 발행한 것(채무의 출자전환이익)이 채무의 면제 또는 소멸로 인한 부채의 감소액(채무면제이익)에 해당하며 이월결손금의 보전에 충당되는 때에는 익금에 산입되지 않는다. 이월결손금이 없는 경우에도 이를 당해 사업연도의 익금에 산입하지 아니하고 그 이후의 각 사업연도에 발생한 결손금의 보전에 충당할 수 있는 길도 열어 놓고 있다(법인세법 제17조 제2항). (발행가 − 시가)의 부분의 금액은 추후 자본전입시 의제배당으로 과세된다(법인세법시행령 제12조). 뒤의 부분(시가 − 액면가액)은 주식발행액면초과액으로서 익금불산입한다.

②의 경우가 빈번하게 발생한다. 액면가를 초과하는 발행가의 부분은 채무면제이익으로 본다(법인세법 제17조 제1항 제1호 단서, 국세청 법인세과 − 36, 2011. 1. 13). 시가를 초과하는 액면가의 부분은 채무면제이익으로 보지 않는다(법인, 서면 − 2020 − 법인 − 1665[법인세과 − 1905], 2020. 6. 4.). 액면가의 부분은 자본금으로 계상하기 때문이다.

③의 경우 발행가를 초과하는 액면가의 부분은 주식할인발행차금이다. 과세상 액면가를 초과하는 발행가의 부분을 채무면제이익으로 보는 것이므로 시가를 초과하는 발행가의 부분(채권자의 대손액에 해당하는 부분)은 채무면제이익으로 보지 않는다.

• 자본준비금 감액 배당 　 자본준비금을 감액하여 받는 배당은 익금에 산입되지 않는다. 다만, 이익분배의 성격이 있는 자본준비금의 배당은 익금에 산입한다(법인세법 제18조 제8호). 재평가적립금은 법인 자산의 재평가에 따른 평가차액이므로 재평가적립금의 감액 배당금액은 익금에 산입한다.

[사례] 출자전환하는 채권의 가액은 7,500원, 발행하는 주식의 시가는 6,000원, 액면가액은 5,000원인 경우를 상정해 보자. 법인세법은 채무의 출자전환으로 주식을 발행할 때 당해 주식 등의 시가를 초과하여 발행된 금액(7,500 − 6,000 = 1,500원)은 채무면제이익이다. 이는 우선 이월결손금을 보전하게 되며(법인세법 제18조 제6호), 그래도 남는 출자전환 채무면제이익으로서 일정 요건을 충족하는 금액은 익금불산입하고 이후 사업연도의 결손금 보전에 충당할 수 있다(법인세법 제17조 제2항, 동법시행령 제15조 제4항).

(3) 경제적 이중과세의 방지를 위한 항목

법인세법상 경제적 이중과세를 배제하기 위한 제도에는 배당을 지급하는 법인에게 허용하는 지급배당공제(dividend paid deduction)와 배당을 수령하는 법인에게 허용하는 수령배당공제(dividend received deduction) 두 가지가 있다. 법인과 세신탁재산의 경우 원칙적으로 지급하는 배당전액을 공제하는 지급배당공제제도가 적용된다(법인세법 제75조의 14).

배당을 지급하는 법인에 대한 지급배당공제는 손금산입 대신 소득공제에 관한 조항으로 규정되어 있다(법인세법 제51조의 2). 지분비율이 낮은 경우에는 경제적 이중과세의 배제를 부분적으로만 하고 지분비율이 일정률 이상이거나 100%인 경우에는 경제적 이중과세를 완전히 배제하는 방법을 사용한다.

배당을 수령하는 법인에 대한 수령배당공제는 익금불산입에 관한 조항으로 규정되어 있다. 법인세법 제18조의 2는 수입배당금액의 익금불산입에 대해 규정하고 있다. 배당소득을 지급하는 법인에 대한 지분비율이 50% 이상인 경우에는 수입배당금액의 100%를 익금불산입하고, 지분비율이 20% 이상~50% 미만인 경우에는 수입배당금액의 80%를 익금불산입하고, 지분비율이 20% 미만인 경우에는 수입배당금액의 30%를 익금불산입하도록 하고 있다(법인세법 제18조의 2 제1항 제1호).

수입배당금액 익금불산입규정을 적용할 때 차입을 통한 타 회사의 지분취득을 억제하기 위해 다른 법인에 출자한 내국법인이 차입금을 사용하는 경우에는 일정 금액을 익금불산입되는 수입배당금액에서 차감하게 되어 있다(법인세법 제18조의 2 제1항 제2호). 이는 자금을 차입하여 주식에 투자할 때 당해 차입금이자를 손금인정함과 동시에 배당소득을 익금에 산입하지 않을 경우 과세기반이 잠식되기 때문이다. 비록 당해 주식이 업무와 직접 관련이 없다 하더라도 법인세법상 업무무관자산으로 보지 않고 이를 취득하기 위하여 차입한 자금의 지급이자는 손금인정된다(법인세법 제28조). 아울러 수입배당금 중 법인세가 과세되지 않은 금액은 수입배당금 익금불산입 규정 적용대상에서 배제한다. 지급배당공제 소득공제를 받은 유동화전문회사로부터의 분배금이 그 예이다. 유상감자시 주식취득가액 초과금액 및 자기주식이 있는 상황에서 자본잉여금의 자본전입으로 인해 발생하는 이익, 3%

재평가적립금을 감액하여 받은 배당도 이에 해당한다(법인세법 제18조의2 제2항).

내국법인(간접투자회사등은 제외)이 해당 법인이 출자한 외국자회사[내국법인이 의결권 있는 발행주식총수 또는 출자총액의 100분의 10(해외자원개발사업을 하는 외국법인의 경우에는 100분의 2) 이상을 출자하고 있는 외국법인]로부터 받은 수입배당금액의 100분의 95에 해당하는 금액은 각 사업연도의 소득금액을 계산할 때 익금에 산입하지 아니한다. 국조법 제27조 등의 규정에 따른 특정외국법인의 유보소득에 대하여 내국법인이 배당받은 것으로 보는 금액 및 해당 유보소득이 실제 배당된 경우의 수입배당금액과 자본 및 부채의 성격을 동시에 가지고 있는 혼성금융상품(국내에서는 배당소득으로 간주되지만 지급지국가에서는 이자로 취급되는 경우)의 거래에 따라 내국법인이 지급받는 수입배당금액에 대해서는 이 규정을 적용하지 아니한다(법인세법 제18조의 4). 이 규정은 2023년 이후 배당받는 분부터 적용된다. 이전 배당받은 분에 대해서는 외국납부세액공제규정이 적용된다.

외국자회사 수입배당금액 익금불산입제도의 적용대상은 외국자회사 설립 또는 지분의 인수 이후 창출한 이익잉여금으로부터의 분배금이다. 외국자회사의 지분을 제3자로부터 인수한 이후의 개별적 배당금이 인수 이전의 이익잉여금에 연원하는 분배금에 대해서는 익금불산입의 혜택을 부여하지 말아야 할 것이지만, 기술적으로 구분하기 어려운 점이 있다. 이에 따라 지분 인수 이전의 이익잉여금에 연원하는 분배금에 상당하는 금액을 해당 외국자회사 지분의 취득가액에서 차감하여 장부가액을 계산하고 이를 추후 해당 지분처분시 필요경비로 인정하는 방식으로 과세한다(법인세법 제41조 제1항 제1호의 2, 법인세법시행령 제72조 제2항 제1호의 2). 이 경우 지분양도소득에 대해서는 경제적 이중과세의 배제가 이루어지지 않는다.

외국자회사 수입배당금액 익금불산입제도를 도입하였지만 외국자회사 지분양도소득에 대해서는 과세하는 제도를 유지하고 있다.

2. 손 금

법인세법 제2장 제1절 제3관은 손금의 산입과 불산입에 대해 규정하고 있다. 제3관은 제19조부터 제28조까지 13개의 조문으로 구성되어 있다. 법인세법 제2장

제1절 제4관은 손금산입에 관한 특칙으로서 준비금 및 충당금의 손금산입 등에 대해 제29조부터 제31조까지와 제33조부터 제38조까지의 총 8개 조에 걸쳐 규정하고 있다.

가. 손금산입

(1) 손금산입에 관한 일반적 규정

법인세법 제19조 제1항은 "손금은 자본 또는 출자의 환급, 잉여금의 처분 및 이 법에서 규정하는 것은 제외하고 해당 법인의 순자산을 감소시키는 거래로 인하여 발생하는 손비의 금액으로 한다."고 규정하고 있다. '손비'는 '손실' 또는 '비용'이다. 동조 제2항은 손금으로 인정될 수 있는 것의 범위에 대해 다음과 같은 일반적인 가이드라인을 제시하고 있다.

> 손비는 이 법 및 다른 법률에 달리 정하고 있는 것을 제외하고는 그 법인의 사업과 관련하여 발생하거나 지출된 손실 또는 비용으로서 일반적으로 인정되는 통상적인 것이거나 수익과 직접 관련된 것으로 한다.

법인세법상 과세대상 소득은 포괄적으로 규정되어 있다. 영리법인에 귀속하는 경제적 사건 중 순자산의 증감에 영향을 미치는 거래는 모두 인식하여야 한다. 익금항목은 원칙적으로 그 성격 여부를 불문하고 모두 소득금액에 반영하는 반면, 손금에 관해서는 일정한 제한을 두고 있는 것이다.

법인세법상 손금으로 인정받기 위해서는 손비는 수익금액의 창출에 관련성이 있으며, 그러한 관련성은 일반적으로 인정되는 통상적인 수준이 되어야 한다(법인세법 제19조 제2항). '일반적으로 인정되는 통상적'인 손비라 함은 납세의무자와 같은 종류의 사업을 영위하는 다른 법인도 동일한 상황 아래에서는 지출하였을 것으로 인정되는 손비를 의미하고, 그러한 손비에 해당하는지는 지출의 경위와 목적, 형태, 액수, 효과 등을 종합적으로 고려하여 객관적으로 판단하여야 하는데, 특별한 사정이 없는 한 사회질서를 위반하여 지출된 비용은 여기에서 제외된다(대법원 2024. 9. 12. 선고 2021두35308 판결).

법인세법상 손금으로 인정받기 위해서는 손비는 익금에 산입한 소득을 창출한 사업 또는 익금에 산입한 수익과의 관련성이 있어야 한다. 익금의 경우 당해 법인의 정관상 영위하기로 되어 있는 사업과의 관련성이 떨어지더라도 모두 산입하는 것과 대조를 이룬다. 가령 법인의 이름으로 산 복권으로부터의 당첨금은 법인의 소득으로 계상하도록 하는 반면, 법인이 업무와 무관한 일로 지급보증을 하여 발생한 손실은 법인세법상으로는 손금으로 인정하지 않는다.

기업회계상으로는 법인이 활동한 결과 사법상 법률효과를 모두 고려한 경제적 성과에 대해 주주 등 이해관계인이 정확하게 그 내역을 알아야 할 필요가 있다. 따라서 수익의 창출과 무관한 일로 인한 손실도 당기순이익의 산정에 반영하여야 한다. 그러나 조세를 부과하기 위한 목적으로 소득금액을 계산하는 데에는 그렇지 않다. 수익 등 익금의 창출에 연관이 없는 것까지 손금산입을 인정하면 과세기반이 취약해지기 때문이다.

수익과 직접 관련된 것이라면 일반적으로 인정되는 통상적인 것이 아니라 하더라도 손금으로 인정받을 수 있다(위법수익을 얻기 위한 위법비용).

(2) 법인세법시행령 규정 항목

'관련성'과 '통상성'은 불확정 개념이다. 법인세법시행령은 제19조에서 다수의 규정을 두고 있다. 법인세법시행령이 "법 제19조 제1항의 규정에 의한 손비는… 다음 각 호의 것을 포함한다."고 규정하고 그 마지막 호에서 '그 밖의 손비로서 그 법인에 귀속되었거나 귀속될 금액'이라고 규정하여 법인세법시행령 제19조가 예시적인 성격임을 알 수 있게 한다. 따라서 원칙적으로 법인의 순자산을 감소시키는 거래로 인하여 발생하는 손비에 해당하지 않는 것이라면 법인세법상 손금산입 특례규정 등에 열거되어 있지 않은 한 손금이 될 수 없다(대법원 2023. 10. 12. 선고 2023두45736 판결).

아래에서는 법인세법시행령 제19조 제1항에서 예시한 27개 호의 항목 중 일부에 대해 설명한다.

(가) 판매한 상품 또는 제품에 대한 원료의 매입가액과 그 부대비용

판매하여 수익을 올린 상품 또는 제품에 대응하는 원가를 손금으로 산입한다. 전기로부터 이월된 재고자산 수량에 당기의 매입수량을 가산하고 재고수량을 차감하면 당기 판매에 대응하는 수량이 나오게 된다. 그 수량에 해당하는 가격을 산정하기 위해서는 기업회계상 선입선출법, 후입선출법, 개별법, 이동평균법 등 방법이 사용되는데 법인세법은 기업회계상 인정된 방법을 수용한다.

판매한 상품 또는 제품의 보관료, 포장비, 운반비, 판매장려금 및 판매수당 등 판매와 관련된 부대비용으로서 기업회계기준에 따라 계상한 것을 손금에 산입한다(법인세법시행규칙 제10조). 법인이 그 거래처에 판매장려금 등을 지급함에 있어서 사전약정에 의한 금액을 초과하여 지급한 경우에도 모든 거래처에 동일한 조건에 의하여 차별 없이 관행적으로 계속하여 지급한 것으로서 건전한 사회통념과 상관행에 비추어 정상적인 거래라고 인정될 수 있는 범위 안의 금액은 법인세법상 손금에 해당한다.

(나) 양도한 자산의 양도 당시의 장부가액

재고자산 이외에 고정자산이나 투자자산을 양도할 때에 양도가액은 익금으로 하고 그것에 대응하는 원가인 장부가액은 손금으로 한다. 장부가액은 취득가액에 자본적 지출액을 가산하고 감가상각누적액을 차감하여 계산한다.

합병신주의 취득가액은 합병구주의 장부가액에 의제배당소득금액을 가산한 금액으로 한다. 해당 의제배당이 비과세된 경우라도 동일하다.

2011. 4. 14. 법률 제10600호로 개정된 상법은 자기주식의 취득을 원칙적으로 허용하고(상법 제341조), 자기주식의 처분기한을 규정한 구 상법 제342조의 내용을 삭제하였다. 자본감소절차의 일환으로서 자기주식을 취득하여 소각하는 것은 자본의 증감에 관련된 자본거래이다. 법인이 자기주식을 취득한 후 그것을 소각할 때에는 자산을 취득한 후 그것을 처분하는 외관을 갖추게 된다. 주식소각의 목적으로 자기주식을 취득한 대가로 지급한 금액은 자본의 환급에 해당할 뿐 손익거래로 인하여 발생하는 손금에 해당하지 않는다. 자기주식소각에 따른 손익은 자본계정의 일부로 계상한다(감자차손익).

(다) 인건비

인건비는 원칙적으로 손금으로 인정한다. 보수, 상여금, 퇴직급여, 복리후생비 등 노동력의 확보를 위하여 지출한 비용은 인건비가 된다. 법인세법 제26조는 인건비가 과다경비 등에 해당하는 경우 손금불산입한다고 규정하고 있다. 이에 대해서는 손금불산입에 관한 부분에서 논한다.

세법상 손금으로 인정받기 위해서는 손비로 계상하여야 한다. 급여지급기준에 따른 성과급일지라도 잉여금처분사항으로 계상한 것은 손금산입이 부인된다(법인세법시행령 제43조 제1항).

법인이 임원 또는 사용인에게 지급하는 퇴직급여는 임원 또는 사용인이 현실적으로 퇴직할 때 지급하는 것에 한하여 이를 손금에 산입한다. 퇴직급여를 중간정산하여 지급한 때도 현실적인 퇴직으로 본다(법인세법시행령 제44조). 이는 중간정산시점부터 새로 근무연수를 기산하여 퇴직급여를 계산하는 경우에 한정한다. 새로 근무연수를 기산할 때 연월차수당·근속수당·호봉 및 상여 등은 이전 근무연수를 고려하여 산정하여도 된다.

법인세법시행령은 직장체육비, 직장문화비 및 직장회식비 등은 손금으로 인정한다고 규정하고 있다. 그리고 기타 임원 또는 사용인에게 사회통념상 타당하다고 인정되는 범위 안에서 지급하는 경조사비 등 위와 유사한 비용은 손금으로 인정한다고 규정하고 있다(법인세법시행령 제45조 제1항). 직원의 사기진작을 위하여 부서별로 일정 한도의 금액을 정한 회식비 지출액은 그 금액이 사회통념상 적정하다고 인정되는 경우 손금으로 인정된다.

임직원의 주식매수선택권 행사시 발생하는 비용은 손금산입이 허용된다(법인세법시행령 제19조 제19호 및 제19호의 2). 모회사가 자회사 임직원에게 주식매수선택권을 부여하고 그것을 행사한 경우 발생하는 모회사의 비용을 자회사가 모회사에게 보전하는 경우 그간 자회사의 소득금액 계산 시 해당 보전금의 손금산입이 부인되어 왔다. 상법에 따라 관계회사 임직원에게 주식매수선택권을 부여한 경우 또는 외국모회사(상장)가 국내자회사 임직원에게 주식매수선택권을 부여한 경우도 이에 해당한다.

(라) 고정자산의 수선비

기업회계상 고정자산에 대한 자본적 지출액은 고정자산의 장부가액에 가산될 뿐 당기 비용으로 처리되지 않는다. 고정자산에 대한 수익적 지출액은 고정자산의 장부가액에 가산되지 않고 당기 비용으로 처리된다. 고정자산의 수선비는 수익적 지출액으로서 법인세법상 손비로 인정하고 있다. 수선비는 자산이 조업 가능한 상태를 유지하도록 하기 위한 비용을 의미한다(법인세법시행규칙 제17조).

(마) 고정자산에 대한 감가상각비

고정자산의 감가상각비는 물적 자산의 사용에 따른 비용으로서 손금으로 인정된다(법인세법 제23조). 법인이 스스로 결산에 반영할 경우 법인세법 제23조의 규정에 의해 손금산입 여부와 금액을 결정하게 되는 임의상각제도로 운영된다(결산조정사항). 해당 내국법인이 법인세를 면제·감면받은 경우에는 해당 사업연도의 소득금액을 계산할 때 감가상각비를 손금에 산입하여야 한다(법인세법 제23조 제3항, '감가상각의 의제'). 소득금액을 추계결정하는 경우에도 동일하다. 한국채택국제회계기준의 도입에 따른 특례가 규정되어 있다(법인세법 제23조 제2항).

• 대상자산   감가상각자산은 토지를 제외한 건물, 기계 및 장치, 특허권 등이다(법인세법시행령 제24조). 특별히 사업에 사용하지 아니하는 것(유휴설비를 제외한다), 건설 중인 것 및 시간의 경과에 따라 그 가치가 감소되지 아니하는 것에 대해서는 감가상각이 허용되지 않는다. 장기할부조건 등으로 매입한 고정자산의 경우 법인이 당해 고정자산의 가액 전액을 자산으로 계상하고 사업에 사용하는 경우에는 그 대금의 청산 또는 소유권의 이전 여부에 관계없이 이를 감가상각자산에 포함한다.

법인세법시행령은 '영업권'을 무형고정자산의 하나로서 감가상각대상자산이라고 규정하고 있다(법인세법시행령 제24조 제1항 제2호 가목). 동 규정에 의한 '영업권'에는 사업의 양수도과정에서 양수도 자산과는 별도로 양도사업에서 소유하고 있는 허가·인가 등 법률상의 특권, 사업상 편리한 지리적 여건, 영업상의 비법, 신용·명성·거래선 등 영업상의 이점 등을 감안하여 적절한 평가방법에 따라 유상으로 취득한 가액이 포함된다.

법인세법상 합병매수차손 중 기업회계상 영업권(순자산의 공정가액보다 매수회사 지분이 더 많은 부분)에 해당하는 부분은 합병등기일부터 5년간 균등분할하여 손금에 산입한다(법인세법 제44조의 2 제3항, 법인세법시행령 제80조의 3 제2항). 합병매수차손이란 합병법인이 피합병법인에게 지급한 양도가액이 피합병법인의 순자산시가보다 큰 금액을 말한다.

리스회사가 대여하는 금융리스의 자산은 리스이용자의 감가상각자산으로, 금융리스 외의 리스자산은 리스회사의 감가상각자산으로 한다. 유동화전문회사가 자산유동화계획에 따라 금융리스의 자산을 양수한 경우 당해 자산에 대해서는 종전자산보유자인 리스이용자의 감가상각자산으로 한다(법인세법시행령 제23조 제6항).

• 상각방법   법인세법시행령 제26조는 상각범위액 설정방법으로 각 대상자산별로 정액법, 정률법, 생산량비례법 또는 내용연수법 중 하나를 지정하고 있다. 한번 선택하면 원칙적으로 계속 적용하여야 한다. 내용연수에 대해서는 법인세법시행령 제28조 및 제29조에서 그 대강을 규정하고 있다.

• 임의상각   고정자산에 대한 감가상각비는 내국법인이 각 사업연도에 결산을 확정함에 있어서 손비로 계상한 경우에 한하여 법인세법상 일정한 산식에 의하여 계산한 상각범위액 안에서 당해 사업연도의 소득금액 계산상 이를 손금에 산입한다(임의상각제도). 법인이 감가상각자산을 취득하기 위하여 지출한 금액과 감가상각자산에 대한 자본적 지출에 해당하는 금액을 손비로 계상한 경우에는 이를 감가상각한 것으로 본다(법인세법시행령 제31조 제1항). 법인이 진부화되거나 시장가치가 급격히 하락한 유형·무형자산에 대하여 기업회계기준에 따라 자산감액손실을 계상한 경우 그 금액은 법인세법상 감가상각비로서 손금에 산입한 것으로 본다. 법인이 전기에 과소 계상한 고정자산의 감가상각비를 기업회계기준에 따라 이월이익잉여금을 감소시키는 전기오류수정손으로 계상한 경우 동 상각비는 법인이 손금에 계상한 것으로 본다.

• 시부인계산   법인이 각 사업연도에 손비로 계상한 감가상각비 중 상각범위액을 초과하는 금액을 '상각부인액'이라고 한다. 그리고 법인이 손비로 계상한 감가상각비가 상각범위액에 미달하는 경우에 그 미달하는 금액을 '시인부족액'이라고 한다. 상각부인액은 그 후의 사업연도에 있어서 시인부족액을 한도로 하여 이를 손금으로 추인한다. 이 경우 당년도 법인이 감가상각비를 손비로 계상하지 아니한 경우에도 상각범위액을 한도로 하여 그 전년도 상각부인액을 손금으로 추인한다(법인세법시행령 제32조 제1항). 여기서 '추인'이라는 말은 상각부인액이 발생한 연도의 손금으로 소급하여 인정하는 것이 아니라 그 상각부인액을 시인부족액이 발생한 연도의 손금으로 인정한다는 것이다. 시인부족액은 그 후 사업연도의 상각부인액에 이를 충당하지 못한다.

• 결산조정   감가상각은 결산조정사항이다. 한국채택 국제회계기준(K-IFRS)은 기존의 기업회계기준에 비해 결산 시 반영할 감가상각비를 큰 폭으로 축소시키고 있다. 법인세법은 감가상각에 대해 결산조정 원칙을 유지하되, 유형자

산, 비한정 내용연수 무형자산(추가비용 없이 갱신 가능한 상표권 등)에 대해서는 다음과 같이 신고조정을 허용하고 있다. 2013년 이전 취득한 자산의 경우 K-IFRS 도입 이전 결산상 감가상각방법 및 내용연수를 한도로 신고조정할 수 있다. 2014년 이후 취득한 자산은 세법상 기준내용연수를 한도로 신고조정할 수 있다 (법인세법 제23조, 법인세법시행령 제26조의 2).

(바) 자산의 임차료

자산의 임차료는 물적 자산의 사용에 따른 비용으로서 손금으로 인정되는 것이다. 마치 인적 자산의 사용에 따른 인건비를 손금으로 인정하는 것과 같다.

(사) 차입금이자

수익창출을 위한 사업활동에 필요한 자금의 조달비용은 그에 대응하는 비용으로서 손금으로 인정한다. 법인세법은 제28조에서 지급이자 중 손금에 산입할 수 없는 것에 대해 자세한 규정을 두고 있다.

(아) 대손금

• 대상채권   사업활동과 관련하여 발생한 채권을 회수하지 못함에 따른 손실은 손금으로 인정한다. 법인세법은 권리의무확정주의에 따라 소득을 인식하도록 하고 있으므로 비록 현금을 받지 않은 경우라 하더라도 권리가 확정되면 익금으로 인식하여야 한다. 이미 익금으로 인식하였는데 실제 채권을 회수하지 못하는 상황에 이른 경우에는 이전에 인식한 익금을 수정하지 않고 손금으로 인식한다. 사업활동과 관련하여 발생한 채권의 경우에만 그러한 손금인식이 가능한 것이다.

보증을 서고 보증채무를 이행한 후 주 채무자에 대해 발생한 구상채권의 대손금은 원칙적으로 손금으로 인정하지 않는다(법인세법 제34조 제2항). 보증을 선 것은 사업활동과의 관련성이 높다고 할 수 없다는 이유에서이다. 금융기관이나 신용보증을 업으로 하는 법인의 채무보증 등의 경우에는 대손이 된 구상채권액을 손금으로 산입할 수 있다(법인세법시행령 제19조의 2 제6항). 법인의 통상의 업무와 무관한 일로 지급보증을 하였지만 지급보증수수료를 받은 경우라면, 그로써 법인의 업무와의 관련성을 갖게 된 것이므로, 그 보증에 따른 손실은 손금으로 인정하여야 할 당위성이 있다. 이는 특수관계인에게 지급보증을 하여 부당행위계산부인 규정에 의해 시가에 의한 보증수수료를 익금산입한 경우에도 해당된다고 보아야 할 것이다.

　특수관계인에게 당해 법인이 업무와 관련 없이 지급한 가지급금 등 대여금채권은 대손이 인정되지 않는다(법인세법 제34조 제2항). 가지급금에 대해 부당행위계산부인규정에 따라 인정이자를 익금에 산입한 경우라면 역시 대손을 인정하는 것이 타당할 것이다.

　부가가치세매출세액 미수금으로서 회수할 수 없는 것 중 부가가치세법 제17조의 2의 규정에 의한 대손세액공제를 받은 것은 다시 법인세법상 대손금으로 인정하지 않는다(법인세법시행령 제19조 제8호).

　• 회수불능　　법인세법시행령 제19조의 2 제1항은 '회수할 수 없는 채권'을 열거적으로 규정하고 있다.

　법인이 이자율 완화 및 만기의 연장 등의 방법으로 채권을 재조정함에 따른 채권의 장부가액과 현재가치의 차액을 기업회계기준에 따라 대손금으로 계상한 경우에는 이를 손금에 산입한다. 손금에 산입한 금액은 기업회계기준에 따라 환입하면 그 금액을 익금에 산입한다(법인세법시행령 제19조의 2 제5항).

　채권자인 법인이 원금의 일부를 감면한 경우에는 약정에 의하여 채권의 전부 또는 일부를 포기하는 것으로 보아 대손금이 아닌 기업업무추진비 또는 기부금으로 본다. 법인이 정당한 사유 없이 채권회수를 위한 제반 법적 조치를 취하지 아니함에 따라 채권의 소멸시효가 완성된 경우에는 동 채권의 금액은 기업업무추진비 또는 기부금으로 본다. 다만, 특수관계인 외의 자와의 거래에서 발생한 채권으로서 채무자의 부도발생 등으로 장래에 회수가 불확실한 어음·수표상의 채권 등을 조기에 회수하기 위하여 당해 채권의 일부를 불가피하게 포기한 경우 동 채권의 일부를 포기하거나 면제한 행위에 객관적으로 정당한 사유가 있는 때에는 동 채권포기액을 손금에 산입한다.

　현실적으로 회수 불능인 부실채권을 특수관계인이 아닌 자(예, 부실채권회수전문업체)에게 양도하는 매각거래를 하는 경우, 해당 거래로 인한 장부가액과 시가 처분가액과의 차액은 법인의 당기손익으로 계상한다.

　• 손금인식방법　　손금인식에는 직접 대손금으로 계상하는 방법과 우선 대손충당금을 설정하고 실제 대손이 발생하면 이와 상계하도록 하는 방법이 사용된다. 법인세법상 대손금으로서 손금을 인정받을 수 있는 채권의 범위는 대손충당

금을 설정할 수 있는 채권의 범위보다는 넓다(법인세법시행령 제19조의 2, 제61조).

채권이 법적으로 소멸한 경우에는 회계상 인식을 하지 않더라도 그 소멸된 날이 속하는 사업연도의 손금이 되지만, 그렇지 않은 경우에는 '회수불능'이라는 회계상 인식을 하고 장부에 계상하여야 당해 과세연도의 손금으로 인정한다(법인세법시행규칙 제10조의 4).

(자) 자산의 평가차손

법인세법상 재고자산과 유가증권 및 화폐성 외화자산 이외의 자산의 평가손익은 원칙적으로 인정하지 않는다. 법인세법상 보험업법 기타 법률에 의한 고정자산의 평가의 경우에는 증액만 인정한다. 고정자산의 경우에는 원칙적으로 평가차손을 인정하지 않는다. 예외적으로 천재지변·화재 등의 경우에는 손금산입을 인정한다(법인세법 제42조 제3항).

(차) 세금과 공과금

손금불산입되는 것에 대해서는 법인세법 제21조에서 규정하고 있다. 익금불산입의 적용 대상이 되는 수입배당금액에 대하여 외국에 납부한 세액과 세액공제되는 외국법인세액도 손금불산입된다.

(카) 그 밖의 손비로서 그 법인에 귀속되었거나 귀속될 금액

법인세법 제19조 제1항은 "손금은 … 손비의 금액으로 한다"고 규정하고 있으며 법인세법시행령 제19조 제23호는 "그 밖의 손비로서 그 법인에 귀속되었거나 귀속될 금액"을 손금에 포함하고 있다. 이 경우에도 법인세법 제19조 제2항의 규정에 의한 관련성과 통상성의 요건을 충족하여야 한다.

법인세법 제43조는 기업회계기준과 관행을 적용한다고 규정하고 있는데 기업회계기준상 '손비'의 개념은 '손실'과 '비용'을 의미한다. '비용(expense)'은 일정 기간 실체의 계속적인 주요(중심) 영업활동을 구성하는 재화의 생산·인도 또는 용역의 제공 기타 활동의 수행으로 발생하는 실체로부터 자산의 유출 또는 부채의 발생으로 나타난 것이다. '손실(loss)'은 경제 실체의 임시·우발적인 거래로부터 발생하는 지분(순자산)의 감소, 즉 비용이나 소유주에 대한 분배를 제외하고 일정 기간 내 경제실체에 영향을 미치는 기타의 모든 거래·사건·환경에 의해 발생하는 지분(순자산)의 감소이다.

(3) 법인세법이 규정하는 항목 - 준비금 및 충당금의 손금산입 등

법인세법상 준비금과 충당금의 손금산입에 관한 규정은 투자재원조달 또는 위험분산과 같은 미래 경영의 건전성 확보를 위해 손금산입의 요건과 시기를 조정하고자 하는 취지에서 도입된 것들이다. 준비금 및 충당금 전입액의 손금산입에는 실제로 현금의 전입까지 별도로 관리하는 것을 요건으로 하지는 않는다. 다만, 결산에 반영하는 것을 요건으로 하고 있다.

(가) 고유목적사업준비금(법인세법 제29조)

법인세법상 비영리법인에 대해서는 법상 열거된 수익사업에 한해 과세한다(법인세법 제4조 제3항). 그리고 해당 수익사업에서 발생한 소득금액을 산정할 때에도 고유목적사업에 사용하기 위해 전출한 비용은 공제한다. 구체적으로는 고유목적사업준비금이라는 개념을 두고 수익사업소득 중 그에 전출한 것은 비용으로 인정해 주고 있다(법인세법 제4조 제1항, 제29조, 법인세법시행령 제39조 제2항). 고유목적사업준비금은 비영리법인의 일정 수익사업에서 발생한 소득에 100분의 50을 곱하여 산출한 금액과 이자소득금액 및 배당소득금액의 합계액(기타 수익사업에서 결손금이 발생한 겨우에는 이자소득금액과 배당소득금액에서 결손금을 차감)을 한도로 설정할 수 있다. 이때 비영업대금의 이익을 제외한 이자소득과 배당소득은 전액을 고유목적사업준비금으로 설정할 수 있다(법인세법 제29조 제1항). 학교법인, 사회복지법인, 공공의료법인 등과 같이 공익성이 큰 비영리법인에 대해 수익사업에서 발생하는 소득의 전액을 고유목적사업준비금으로 손금에 산입할 수 있는 특례가 인정된다(조특법 제74조, 일몰법 조항).

고유목적사업준비금은 선입선출법에 의해 사용하는 것으로 본다. 고유목적사업준비금을 손비로 계상한 사업연도의 종료일 이후 5년이 되는 날까지 고유목적사업에 사용하지 아니한 때에는 익금으로 환입한다. 익금에 환입하는 경우에는 이자상당액을 당해 사업연도의 법인세에 가산하여 납부하여야 한다.

법인으로 보는 단체 중 일반기부금단체가 아닌 것에 대해서는 고유목적사업준비금을 설정하도록 하는 대신 그 단체의 수익사업에서 발생한 소득을 고유목적사업비로 지출하는 금액을 일반기부금으로 보아 손금으로 인정한다(법인세법시행령 제39조 제2항). 실제 고유목적 사업에 지출하는 것을 보아 가면서 손금으로 인정하는 것이다.

(나) 책임준비금 등(법인세법 제30조 및 제32조)

보험사업을 하는 내국법인이 각 사업연도에 보험업법 기타 법률의 규정에 의하여 책임준비금(보험회사 제외)과 비상위험준비금을 손비로 계상한 경우에는 일정한 산식에 의해 계산한 금액의 범위 안에서 당해 사업연도의 소득금액 계산에 있어서 이를 손금에 산입한다. 2023년부터는 K−IFRS가 보험회사에 적용되게 됨에 따라 보험회사가 해약환급금준비금을 세무조정계산서에 계상하고 그 금액 상당액을 해당 사업연도의 이익처분을 할 때 해약환급금준비금으로 적립한 경우에는 그 금액을 결산을 확정할 때 손비로 계상한 것으로 보아 해당 사업연도의 소득금액을 계산할 때 손금에 산입한다.

(다) 퇴직급여충당금(법인세법 제33조)

내국법인이 각 사업연도에 임원 또는 사용인의 퇴직급여에 충당하기 위하여 퇴직급여충당금을 손비로 계상한 경우에는 일정한 산식에 의하여 계산한 금액의 범위 안에서 당해 사업연도의 소득금액 계산에 있어서 이를 손금에 산입한다. 퇴직급여충당금을 손금에 산입한 내국법인이 임원 또는 사용인에게 퇴직금을 지급하는 경우에는 당해 퇴직급여충당금에서 먼저 지급하여야 한다.

(라) 대손충당금(법인세법 제34조)

내국법인이 각 사업연도에 외상매출금·대여금 기타 이에 준하는 채권의 대손에 충당하기 위하여 대손충당금을 손비로 계상한 경우에는 일정한 산식에 따라 계산한 금액의 범위 안에서 당해 사업연도의 소득금액 계산에 있어서 이를 손금에 산입한다. 내국법인이 보유하고 있는 채권 중 채무자의 파산 등 사유로 회수할 수 없는 채권의 금액, 즉 대손금은 당해 사업연도의 소득금액 계산에 있어서 이를 손금에 산입한다.

채무보증으로 인하여 발생한 구상채권과 특수관계인에게 당해 법인의 업무와 관련 없이 지급한 가지급금에 대해서는 대손충당금을 설정할 수 없다. 그러나 금융기관이나 신용보증기관이 한 보증 등 일부 보증의 경우에는 대손충당금을 설정할 수 있다(법인세법시행령 제61조 제4항).

대손충당금을 손비로 계상한 내국법인이 대손금이 발생한 경우에는 그 대손금을 대손충당금과 먼저 상계하여야 하고, 대손금과 상계하고 남은 대손충당금의 금액은 다음 사업연도의 소득금액 계산에 있어서 이를 익금에 산입한다. 손금에 산입한 대손금 중 회수한 금액은 그 회수한 날이 속하는 사업연도의 소득금액 계산에 있어서 이를 익금에 산입한다.

(마) 구상채권상각충당금(법인세법 제35조)

법률에 의하여 신용보증사업을 영위하는 내국법인이 각 사업연도에 구상채권 상각충당금을 손비로 계상한 경우에는 일정한 산식에 따라 계산한 금액의 범위 안에서 당해 사업연도의 소득금액 계산에 있어서 이를 손금에 산입한다. 이와 같이 손금에 산입한 구상채권상각충당금은 다음 사업연도의 소득금액 계산에 있어서 이를 익금에 산입한다.

(바) 결산조정항목이지만 신고조정의 예외를 인정하는 항목들

• 국고보조금등으로 취득한 사업용 자산가액(법인세법 제36조)

내국법인이 국고보조금등을 지급받아 그 지급받은 날이 속하는 사업연도의 종료일까지 사업용 자산의 취득 또는 개량에 사용한 경우 또는 사업용 자산을 취득·개량하고 이에 대한 국고보조금등을 사후에 지급받은 경우에는 당해 사업용 자산의 가액 중 그 사업용 자산의 취득 또는 개량에 사용된 국고보조금등에 상당하는 금액은 일정한 산식(일시상각 또는 압축기장)에 따라 당해 사업연도의 소득금액 계산에 있어서 이를 손금에 산입할 수 있다.

국고보조금등을 지급받은 날이 속하는 사업연도의 종료일까지 사업용 자산을 취득 또는 개량하지 아니한 내국법인이 그 사업연도의 다음 사업연도의 개시일부터 1년 이내에 이를 취득 또는 개량하고자 하는 경우에는 취득 또는 개량에 사용하려는 국고보조금 등의 금액을 손금에 산입할 수 있다.

이때 허가 또는 인가의 지연 등의 사유로 국고보조금등을 기한 내에 사용하지 못한 경우에는 해당 사유가 종료된 날이 속하는 사업연도의 종료일을 그 기한으로 본다.

국고보조금등 상당액을 손금에 산입한 내국법인이 손금에 산입한 금액을 기한 내에 사업용 자산의 취득 또는 개량에 사용하지 아니하거나 사용하기 전에 폐업 또는 해산하는 경우 그 사용하지 아니한 금액은 당해 사유가 발생한 날이 속하는 사업연도의 소득금액 계산에 있어서 이를 익금에 산입한다.

• 공사부담금으로 취득한 고정자산가액(법인세법 제37조)

전기사업, 도시가스사업, 액화석유가스충전사업·액화석유가스집단공급사업

및 액화석유가스판매사업 및 집단에너지공급사업 등을 영위하는 내국법인이 그 사업에 필요한 시설을 하기 위하여 전기·가스·열 등의 수요자 또는 그 시설에 의하여 편익을 받는 자로부터 공사부담금을 제공받아 그 제공받은 날이 속하는 사업연도의 종료일까지 당해 시설을 구성하는 고정자산의 취득에 사용하는 경우 그 고정자산의 가액은 일정한 산식(일시상각 또는 압축기장)에 따라 당해 사업연도의 소득금액 계산에 있어서 이를 손금에 산입할 수 있다. 손금산입과 익금 환입에 관해서는 국고보조금에 관한 것을 준용한다.

- 보험금으로 취득한 고정자산의 보험차익(법인세법 제38조)

내국법인이 고정자산의 멸실 또는 손괴로 인하여 보험금을 지급받아 그 지급받은 날이 속하는 사업연도의 종료일까지 그 멸실한 고정자산에 대체하여 동일한 종류의 고정자산을 취득하거나 손괴된 고정자산을 개량하는 경우 당해 고정자산의 가액 중 그 고정자산의 취득 또는 개량에 사용된 보험차익에 상당하는 금액(예, 수령한 보험금액 − 멸실한 자산의 장부가액)은 일정한 산식(일시상각 또는 압축기장)에 따라 당해 사업연도의 소득금액 계산에 있어서 이를 손금에 산입할 수 있다. 손금의 산입과 익금 환입에 관해서는 국고보조금에 관한 것을 준용하되 상계기간은 짧게 2년으로 한다.

(4) 교환자산 양도차익의 손금산입

소비성 서비스업 등 이외의 사업을 영위하는 내국법인이 2년 이상 당해 사업에 직접 사용하던 사업용 고정자산을 특수관계인 외의 다른 내국법인이 2년 이상 당해 사업에 직접 사용하던 동일한 종류의 사업용 고정자산과 교환하는 경우 당해 교환취득자산의 가액 중 교환으로 발생한 사업용 고정자산의 양도차익은 익금에 가산되어 있을 것이지만 그에 상당하는 금액은 당해 사업연도의 소득금액 계산에 있어서 이를 손금에 산입할 수 있도록 되어 있으며 실제 산입할 경우 과세되는 소득금액이 없게 된다(법인세법 제50조 제1항).

나. 손금불산입

법인세법 제20조부터 제28조까지는 법인세법 제19조 제1항상 '자본 또는 출자의 환급, 잉여금의 처분 및 이 법에서 규정하는 것'에 관한 것으로서 다음과 같은 손금불산입사항을 규정하고 있다.

(1) 사업활동과 관련이 작은 것

(가) 자본거래로 인한 손비(법인세법 제20조)

• 잉여금의 처분을 손비로 계상한 금액   기업회계에 의할 때 수익에 대응하는 비용으로 인식할 수 있는 것은 원칙적으로 법인세법상으로도 손금으로 인정된다. 그러나 주주에게 돌아갈 잉여금의 성격을 지니고 있는 것은 수익에 대응하는 비용으로 볼 수는 없으며 법인세법상으로도 그러한 잉여금의 처분적인 성격이 있는 것은 손금으로 인정하지 않는다.

법인이 임원에게 지급하는 상여금 중 정관·주주총회·사원총회 또는 이사회의 결의에 의하여 결정된 급여지급기준에 의하여 지급하는 금액을 초과하여 지급한 경우 그 초과금액은 이를 손금에 산입하지 아니한다(법인세법 제26조 및 동법시행령 제43조 제2항). 사전에 결정된 지급기준에 따라 지급되는 급여 이외의 급여는 잉여금의 처분에 의한 것이 된다. 임원에 대한 상여가 이익처분에 의한 것이라면 법인이 처분하는 이익은 세후순이익을 의미하므로 비록 상여를 받는 임원의 입장에서는 근로소득이 되지만 지급하는 법인은 손금으로 공제할 수 없다(법인세법시행령 제43조 제1항). 종래 잉여금처분에 의한 성과배분상여금은 당해 잉여금처분 사업연도에 손금에 산입(신고조정)하였지만 2018년부터는 직원의 성과급에 대하여 기업회계기준 상 이익잉여금 처분을 하는 경우에는 손금 산입 대상에서 제외한다.

• 주식할인발행차금   주식을 액면가액에 미달하게 발행할 경우 그 미달액을 '주식할인발행차금'이라고 한다. 기업회계상 주식할인발행차금은 자본조정계정이다. 주식발행연도부터 3년 이내에 매기 균등액을 이익잉여금과 상계한다. 법인세법상 사업활동에 따른 소득의 발생과는 무관한 사항이므로 손금불산입한다.

(나) 세금과 공과금(법인세법 제21조)

법인은 법인세를 손익계산서상 법인세비용으로 하여 당기순이익을 계산하고 공시한다. 법인세비용은 법인세 산출을 위해 법인세 과세소득금액을 계산할 때 손금으로 산입하지는 않는다. 특정 과세연도의 법인세액과 법인세비용의 금액에 차이가 있을 수 있다. 법인세액은 법인세과세표준에 대응하는 개념인 반면, 법인세비용은 기업회계상 당기순이익에 대응하는 개념인데 법인세과세표준은 당기순이익에 세무조정을 하여 산출한 법인세과세소득금액에 따르기 때문이다.

각 세법에 규정된 의무 불이행으로 인하여 납부하였거나 납부할 세액(가산세를 포함한다)은 손금으로 인정하지 않는다.

법인이 원자재를 구입하면서 부가가치세를 거래징수 당한 경우에 부가가치세는 자신이 그 원자재를 활용하여 제조한 재화를 판매하면서 거래징수한 부가가치세에서 차감하여 세무서에 납부할 것이기 때문에 소득금액을 계산할 때 손금으로 산입하지 않는다.

구입한 원자재를 활용하여 제조한 재화가 면세재화일 때에는 부가가치세과세상으로는 매입세액을 공제받을 기회가 없게 되어 비용적인 성격을 가지게 되므로 소득금액 계산상 손금으로 공제한다. 면세원자재를 구입하여 과세재화를 제조할 때에는 일정한 요건을 충족하는 면세원자재에 내재하고 있던(전 단계 거래에서 부담된) 부가가치세의 일부를 일정 산식으로 계산하여 부가가치세 신고상 매입세액으로 의제하고 공제해 준다. 간이과세자가 구입한 물품 및 용역에 내재하는 부가가치세 상당액은 손금으로 산입한다.

(다) 징벌적 손해배상금(법인세법 제21조의 2)

내국법인이 지급한 손해배상금 중 실제 발생한 손해를 초과하여 지급하는 징벌적 손해배상금 및 화해결정에 따른 지급금액 중 실손해를 초과하여 지급한 금액, 즉 초과금액은 손금 불산입한다. '징벌적 손해배상금'은「하도급거래 공정화에 관한 법률」,「가맹사업거래의 공정화에 관한 법률」,「제조물 책임법」등에 따른 손해배상 등이 된다. 국외에서 지급한 징벌적 손해배상금을 포함한다.

(라) 자산의 평가손실(법인세법 제22조)

(마) 업무무관비용(법인세법 제27조)

내국법인이 당해 법인의 업무와 직접 관련이 없다고 인정되는 자산을 취득·관리함으로써 생기는 비용 등과 그 법인의 업무와 직접 관련이 없다고 인정되는 지출금액은 손금으로 산입하지 않는다. 당해 법인의 업무와 직접 관련이 없다고 인정되는 자산은 법인의 업무에 직접 사용하지 아니하는 부동산, 서화·골동품, 업무에 직접 사용하지 아니하는 자동차·선박·항공기 및 기타 이에 유사한 자산으로서 당해 법인의 업무에 직접 사용하지 아니하는 자산을 말한다(법인세법시행령 제49조 제2호).

• 업무무관지출   업무와 관련이 없는 지출은 다음의 것들을 말한다(법인세
법시행령 제50조).

• 해당 법인이 직접 사용하지 아니하고 다른 사람이 주로 사용하고 있는 장소·건
축물·물건 등의 유지비·관리비·사용료와 이와 관련되는 지출금
• 해당 법인의 주주 등 또는 출연자인 임원 또는 그 친족이 사용하고 있는 사택
의 유지비·관리비·사용료와 이와 관련되는 지출금
• 업무와 직접 관련이 없는 자산을 취득하기 위하여 지출한 자금의 차입과 관련
되는 비용
• 해당 법인이 공여한 뇌물에 해당하는 금전 및 금전 외의 자산과 경제적 이익의
합계액
•「노동조합 및 노동관계조정법」을 위반하여 지급하는 급여

외견상 법인이 스스로를 위해 지출한 것으로 보이지만 실질을 보면 그 법인
의 주주를 위하여 지출한 성격을 지닌 비용의 경우 해당 법인으로서는 업무무관
비용이기 때문에 손금에 산입할 수 없다. 어떤 법인(인수법인)이 타 법인을 인수하
기 위한 조사와 협상의 과정에서 지출한 비용은 인수법인의 투자자산을 확장하기
위해 지출하는 성격이 있으므로 인수법인의 주주를 위한 비용으로 볼 수는 없다.
타 법인에 지분을 처분하는 방안으로 인수법인과 자기가 주주로 있는 법인의 가
치를 평가하기 위한 과정에서 소요되는 자문 또는 법무비용은 피인수법인의 업무
와 관련된 비용으로 보아야 하는 것인지 아니면 그 법인의 주주를 위한 비용으로
보아야 하는 것인지의 문제가 있다. 물건의 주인이 그 값을 올리기 위한 여러 노
력을 하는 과정에서 지출한 비용은 당연히 그 물건의 주인이 거둔 양도차익을 계
산할 때 비용으로 산입되어야 한다. 이러한 논리를 기업인수과정에 대입한다면
거래의 대상이 되는 법인의 비용으로 산입하는 것은 타당하지 않다는 것이 된다.
다만, 법인의 해산등기일 이후 청산업무와 관련하여 발생한 변호사수임료와 같이
청산소득의 산정에 필요한 용역에 대해 지급한 대가는 법인의 비용으로 산입하는
것이 타당할 것이다.
• 업무무관자산비용   법인세법은 소득금액을 산정할 때 익금은 순자산이

증가하면 모두 포괄하도록 하면서(법인세법 제15조 제1항), 손금은 그 법인의 사업과 관련하여 발생하거나 지출된 손실 또는 비용으로서 일반적으로 인정되는 통상적인 것이거나 수익과 직접 관련된 것으로 한정하고 있다(법인세법 제19조 제2항). 해당 자산으로부터 적정한 수입이 발생하거나 그에 준하는 과세를 할 경우에는 업무관련성을 인정하는 것이 타당할 것이다.

현행 법인세법 제27조는 앞의 '사업'이라는 말을 '업무'라는 표현으로 보다 완화하고 그것의 의미를 다음과 같이 설정하고 있다(법인세법시행규칙 제26조 제2항).

- 법령에서 업무를 정한 경우에는 그 법령에서 규정된 업무
- 각 사업연도 종료일 현재의 법인등기부상의 목적사업으로 정하여진 업무. 행정관청으로부터 인가·허가 등을 요하는 사업의 경우에는 그 인가·허가 등을 받은 경우에 한한다.

법인세법상 법인의 업무와 직접 관련이 없는 자산을 취득하기 위하여 지출한 자금의 차입과 관련되는 비용은 손금불산입된다. 그러나 업무와 직접 관련 없는 자산이라도 그 보유 또는 처분에 따른 이익은 과세된다. 순자산증가설적인 입장에서 소득금액을 산정하기 때문이다. 이를 연장하면 그 자산의 취득원가와 자본적 지출액은 처분이익 산정 시 필요경비로 인정되어야 한다는 것이 된다. 일반적으로 자본적 지출액은 해당 자산의 기능을 개선하는 효과가 있어야 한다. 자산의 취득을 위해 조달한 자금의 조달비용도 자본적 지출액으로 인정한다. 자본적 지출에 관한 규정은 업무무관자산의 취득자금을 차입한 경우 그것에 대한 이자에 대해서는 동일하게 적용되지는 않는다. 일반적인 회계이론상 그것은 건설자금이자로서 자본적 지출로 보아야 할 것이지만 법인세법상으로는 취득원가에 가산하는 것을 허용하지 않는 것이다. 이는 법인소득과세의 논리, 즉 순자산증가설적인 입장에서는 설명이 곤란한 것이다.

법인이 업무용승용차의 취득·유지·관리를 위하여 각 사업연도에 지출한 비용 중 업무용 사용금액을 초과하지 아니한 사용금액에 한정하여 해당 사업연도의 손금에 산입한다(법인세법 제27조의 2).

법인이 업무와 직접 관련이 있는 자산의 취득을 위해 조달한 자금의 조달비용은 자본적 지출액으로서 해당 자산의 양도시점에 필요경비로 공제한다. 이에

따라 법인세법상 지급이자의 손금불산입에 관한 조항에서 규정하고 있는 것이다(법인세법 제28조 제1항 제3호).

개인의 양도소득과세상으로는 과세대상 자산을 취득하기 위하여 자금을 조달한 경우 그에 소요되는 비용은 취득원가로 인정하지 않는다. 이때 업무와의 관련성은 고려대상이 아니다. 이는 개인소득과세상 투자자산으로부터의 소득금액 계산 시 금융비용을 공제하여 주지 않는 원칙에 입각한 것이다. 다만, 대금의 지급방법과 관련하여 발생한 화폐의 시간가치(time value of money)는 취득원가에 가산하도록 하고 있다.

(2) 정책적인 고려를 반영하는 규정

(가) 기부금(법인세법 제24조)

법인세법은 소득세법에서처럼 기부금을 내국법인이 사업과 직접적인 관계없이 무상으로 지출하는 금액을 말한다고 규정하고 있다. 아울러 법인이 특수관계인 외의 자에게 당해 법인의 사업과 직접 관계없이 무상으로 지출하는 재산적 증여의 가액과 법인이 특수관계인 외의 자에게 정당한 사유 없이 자산을 정상가액보다 낮은 가액으로 양도하거나 정상가액보다 높은 가액으로 매입함으로써 그 차액 중 실질적으로 증여한 것으로 인정되는 금액(이 경우 정상가액은 시가에 시가의 100분의 30을 가산하거나 100분의 30을 차감한 범위 안의 가액으로 한다)도 기부금으로 본다(법인세법 제24조, 법인세법시행령 제35조). 사업과 직접 관계있는 자에게 금전 또는 물품을 기증한 때에는 그 금품의 가액은 기업업무추진비로 구분하며, 사업과 직접 관계가 없는 자에게 금전 또는 물품 등을 기증한 때에는 그 물품의 가액은 거래 실태를 보아 업무와 관련하여 지출한 경우라면 기업업무추진비로, 그렇지 않은 경우라면 기부금으로 본다.

2020년까지 법인세법상 기부금은 법정기부금과 지정기부금의 용어를 활용하여 구분했다. 현행의 법인세법 제24조 제2항은 종래의 법정기부금을 특례기부금으로 개명하여 규정하고 있으며, 제24조 제3항은 종래의 지정기부금을 일반기부금으로 개명하여 규정하고 있다.

특례기부금은 국가 또는 지방자치단체에 무상으로 기증하는 금품, 국방헌금과 국군장병 위문금품, 천재·지변으로 생기는 이재민을 위한 구호금품 및 사립학교 등에 대한 시설비·교육비·장학금 또는 연구비 명목의 기부금을 말한다. 국가 또는 지방자치단체에 무상으로 기증하는 금품 중 기부금품의 모집 및 사용에 관한 법률의 적용을 받는 기부금품은 동법의 규정에 따라 접수하는 것에 한하여 인정한다. 특례기부금은 그것들을 합한 금액이 당해 사업연도의 소득금액에서 결손금을 차감한 후의 금액에 100분의 50을 곱하여 산출한 금액을 한도로 하여 손금에 산입한다.

특례기부금과 별도로 일반기부금이 있다. 내국법인이 각 사업연도에 지출한 기부금 중 사회복지·문화·예술·교육·종교·자선·학술 등 공익성 기부금을 일반기부금이라고 한다(법인세법 제24조 제3항). '공익법인등'에 대한 기부금과 기타 법인세법시행령이 정하는 기부금이 이에 포함된다(법인세법시행령 제39조). 일반기부금은 당해 사업연도의 소득금액에서 특례기부금과 결손금을 차감한 금액에 100분의 10(사회적 기업은 100분의 20)을 곱하여 산출한 금액을 한도로 하여 손금에 산입한다. 다만, 비영리법인이 스스로의 고유목적사업에 사용하는 것을 기부금으로 볼 때에는 이러한 한도의 적용을 받지 않는다.

특례기부금과 일반기부금의 손금산입한도액 초과금액은 당해 사업연도의 다음 사업연도의 개시일부터 10년 이내에 종료하는 각 사업연도에 이월하여 이를 손금에 산입한다.

(나) 기업업무추진비(법인세법 제25조)

법인세법은 소득세법에서처럼 기업업무추진비를 "접대 … 그 밖에 어떠한 명목이든 상관없이 이와 유사한 목적으로 지출한 비용으로서 내국법인이 직접 또는 간접적으로 업무와 관련이 있는 자와 업무를 원활하게 진행하기 위하여 지출한 금액"이라고 규정하고 있다(법인세법 제25조 제1항). 내국법인이 각 사업연도에 지출한 기업업무추진비의 손금인정 한도를 규정하고 있다(법인세법 제25조 제4항). 법인세법시행령은 기업업무추진비의 범위에 관해 몇 개의 가이드라인을 설정하고 있다(법인세법시행령 제40조). 문화분야에 지출하는 기업업무추진비('문화기업업무추진비')는 일반기업업무추진비와 별도로 내국인 기업업무추진비 20%에 상당하는 금액 범위 내에서 추가로 손금에 산입한다(조특법 제136조 제3항, 일몰법 조항).

(3) 과다경비 등(법인세법 제26조)

인건비, 복리후생비, 여비·교육훈련비, 법인이 그 법인 외의 자와 동일한 조직 또는 사업 등을 공동으로 운영하거나 경영함에 따라 발생되거나 지출된 손비 및 기타 법인의 업무와 직접 관련이 적다고 인정되는 경비로서 대통령령이 정하는 것 중 과다하거나 부당하다고 인정되는 금액은 내국법인의 각 사업연도의 소득금액 계산에 있어서 이를 손금에 산입하지 아니한다. 법인세법시행령은 각각에 대해 구체적인 손금불산입의 요건에 대해 규정하고 있다.

법인이 당해 법인 외의 자와 어떤 조직 또는 사업 등을 공동으로 운영하거나 영위함에 따라 발생되거나 지출된 비용은 다음의 기준에 따라 손금에 산입한다(법인세법시행령 제48조). 출자공동사업자는 출자 총액 중 당해 법인이 출자한 금액의 비율에 의한다. 비출자공동사업자는 비출자공동사업자 사이에 특수관계가 있는 경우에는 직전 사업연도의 매출액 총액에서 해당 법인의 매출액이 차지하는 비율에 의하고 그 이외의 경우에는 비출자공동사업자 사이의 약정에 따른 분담비율에 의한다.

법인세법시행령 제43조는 상여금 등, 제44조는 퇴직급여, 제44조의 2는 퇴직보험료 등, 제45조는 복리후생비 및 제46조는 여비 등의 손금불산입에 대해 규정하고 있다. 법인이 지배주주 등(특수관계에 있는 자를 포함한다)인 임원 또는 사용인에게 정당한 사유 없이 동일 직위에 있는 지배주주 등 외의 임원 또는 사용인에게 지급하는 금액을 초과하여 보수를 지급한 경우 그 초과금액은 이를 손금에 산입하지 아니한다(법인세법시행령 제43조 제3항). 제43조 제3항의 '정당한 사유 없이'의 의미가 해당 규정의 적용상 중요한 역할을 하게 된다. 그리고 제44조 제1항의 '현실적인 퇴직' 및 제45조 제1항의 "사회통념상 타당하다고 인정되는 범위"의 의미도 해당 규정들의 적용상 중요한 역할을 하게 된다(대법원 2016. 2. 18. 선고 2015두50153 판결).

(4) 지급이자(법인세법 제28조)

채권자가 불분명한 사채의 이자, 지급사실이 객관적으로 인정되지 아니하는 이자, 건설자금에 충당한 차입금의 이자, 업무무관자산·업무무관가지급금 관련

차입이자는 내국법인의 각 사업연도의 소득금액 계산에 있어서 이를 손금에 산입하지 아니한다.

- 채권자가 불분명한 사채의 이자. 채권자의 주소 및 성명을 확인할 수 없는 차입금, 채권자의 능력 및 자산상태로 보아 금전을 대여한 것으로 인정할 수 없는 차입금 및 채권자와의 금전거래사실 및 거래내용이 불분명한 차입금을 말한다.
- 채권 또는 증권의 이자·할인액 또는 차익을 당해 채권 또는 증권의 발행법인이 직접 지급하는 경우 그 지급사실이 객관적으로 인정되지 아니하는 이자·할인액 또는 차익
- 건설자금에 충당한 차입금의 이자. 그 명목 여하에 불구하고 사업용 고정자산의 매입·제작 또는 건설에 소요되는 차입금에 대한 지급이자 또는 이와 유사한 성질의 지출금을 말한다.
- 다음의 자산을 취득하거나 보유하고 있는 내국법인이 각 사업연도에 지급한 차입금의 이자 중 당해 자산가액에 상당하는 금액의 이자
  ▶ 당해 법인의 업무와 직접 관련이 없다고 인정되는 것으로서 법인의 업무에 직접 사용하지 아니하는 부동산, 서화 및 골동품. 업무에 직접 사용하지 아니하는 자동차·선박 및 항공기 및 기타 이에 유사한 자산으로서 당해 법인의 업무에 직접 사용하지 아니하는 자산(법인세법시행령 제49조, 제50조)
  ▶ 특수관계인에게 당해 법인의 업무와 관련 없이 지급한 가지급금 등으로서 명칭여하에 불구하고 당해 법인의 업무와 관련이 없는 자금의 대여액

차입금이 있는 법인이 일시적인 여유자금을 특수관계인인 법인에게 대여할 경우 업무무관 가지급금에 해당한다. 대법원 2003. 3. 11. 선고 2002두4068 판결은 업무관련성 여부에 대하여 당해 법인의 목적사업이나 영업내용을 기준으로 객관적으로 판단하여야 한다고 하면서, 가지급금을 받은 특수관계인이 금융회사인 경우에도 업무무관 가지급금으로 보는 선례를 남기고 있다.

업무무관가지급금과 관련된 금융이자비용을 손금불산입한다. 특수관계인에 대한 가지급금에 대해 부당행위계산부인규정에 따라 인정이자를 계산하여 익금에 산입할 경우라면 그에 관련된 금융이자비용은 손금산입하는 것이 타당한 입법이라 할 것이다. 이에 대해 헌법재판소에 의하면 부당행위계산부인으로 시가에 의해 수입이자를 과세받고 손금불산입 규정에 의해 지급이자를 손비부인 당하는 것

(법인세법 제28조 제1항 제4호 나목, 법인세법시행령 제53조 제1항)은 실질과세원칙과 과잉금지원칙에 위배되지 않는다고 한다(헌법재판소 2007. 1. 17. 선고 2005헌바75, 2006헌바7·8(병합) 전원재판부 결정; 대법원 2007. 9. 20. 선고 2006두1647 판결).

3. 손익의 인식

법인세법은 내국법인의 각 사업연도의 익금과 손금의 귀속사업연도는 그 익금과 손금이 확정된 날이 속하는 사업연도로 한다고 규정하고 있다(법인세법 제40조). '익금'과 '손금'은 법인이 하는 개별 거래에 따라 발생하는 것이다. 법인으로서는 각 사업연도 중에 다수의 익금이 발생하는 거래와 손금이 발생하는 거래를 할 것이다. 개별 거래들은 교섭, 계약, 이행 등의 과정을 거쳐 종결되는데 이와 같은 거래과정 중 어느 시점을 기준으로 익금 또는 손금이 발생한 것으로 볼 것인가? 개별 거래금액은 계약에서의 금액과 실제 이행된 금액이 다를 수 있으며, 여러 과세기간에 걸쳐 용역 사업에 대한 대가를 분할하여 받을 수도 있는데, 어떤 과세기간에 얼마의 익금 또는 손금이 발생한 것으로 보아야 할 것인가? 여기서 '발생한 것으로 보는 것'을 '인식'이라고 한다. 기업회계에서는 당기순손익을 계산하기 위한 목적으로 인식에 관한 기준을 설정하고 있으며 법인세법에서 각 사업연도 소득금액을 계산하기 위한 목적으로 인식에 관한 기준을 설정하고 있다.

가. 기업회계

일반적인 회계원칙상 수익은 '실현'되는 때에 인식한다. '실현'이라 함은 수익금액이 확정적이거나 합리적으로 추정가능하며, 의무이행이 예상되는 경우를 말한다. 실현의 의미를 보다 구체화하는 데에는 그러한 거래가 발생하는 때를 실현시점으로 보는 '발생주의'와 그에 따른 현금 또는 현금등가물의 수취가 있는 때를 실현시점으로 보는 '현금주의'가 있다. 세무회계의 경우 권리의무가 확정될 때 실현되는 것으로 보는 것과 대비된다(대법원 2022. 1. 27. 선고 2017두51983 판결).

우리의 기업회계기준상 원칙적으로 상품 및 제품의 매출수익은 판매하여 인도하는 시점에 실현되는 것으로 한다('발생주의'). '발생'이라 함은 기업이 제공해야 할 재화나 용역의 전부 또는 상당 부분을 제공함으로써 수익획득과정이 완료되거나 실질적으로 완료되는 것을 의미한다. '제공'은 계약의 관점에서 이해하면 계약의 성립단계를 넘어 이행단계에 접어든 것이다. 기업회계상 비용은 발생한 것으로서 인식된 수익에 대응하는 것을 인식하도록 하고 있다. 여기서 대응이 핵심적인 개념이 되는데 이는 비용이 수익획득과 인과관계를 갖는 것을 의미한다.

기업회계기준은 원칙적으로 발생주의에 의해 익금에 관련된 거래 및 손금에 관련된 거래를 인식하도록 하고 있는 것이다.

나. 법인세법

(1) 권리의무확정주의

법인세는 기간과세세목이므로 과세대상인 각 사업연도소득금액을 결정하는 익금과 손금에 관련된 거래가 귀속되는 시기가 특정 사업연도의 법인세액의 규모를 좌우하게 된다. 그런데 법인의 각 사업연도소득금액은 기업회계상 당기순이익에서 출발하여 법인세법상 익금과 손금의 산입 및 불산입에 관한 규정에 따라 조정된 금액으로 하게 되므로 거래의 귀속시기에 대해서는 먼저 기업회계상의 원칙이 기본적인 내용을 결정한다고 볼 수 있다. 법인세법이 동법상 특별한 규정이 있는 경우를 제외하고는 기업회계의 기준과 관행을 존중한다는 규정을 두고 있는 것도 이러한 이유에서이다(법인세법 제43조). 여기서 '관행'은 위 기준에 배치되지 아니한 것으로서 일반적으로 공정·타당하다고 인정되는 관행을 포함한다(법인세법시행령 제79조).

법인세법은 '권리의무확정주의'에 의해 손익이 실현되는 것으로 보아 그때에 인식하도록 하고 있다(법인세법 제40조 제1항). 법인세법 제40조 제1항은 내국법인의 각 사업연도의 익금과 손금의 귀속사업연도는 그 익금과 손금이 확정된 날이 속하는 사업연도로 한다고 하면서 익금과 손금의 귀속사업연도의 범위 등에 관하여 필요한 사항은 대통령령으로 정한다고 규정하고 있다.

과세관청으로서는 과세소득이 있다는 사실 및 그 소득이 당해 사업연도에 귀속되었다는 사실을 입증하여야 한다.

(2) 개별 항목별 규정

권리의무의 확정시기는 일률적으로 특정하기 곤란한 성질이 있다. 수익을 획득할 권리는 거래 계약의 성립으로 바로 확정되기도 하지만 재화나 용역의 제공자로서 계약을 이행하여야만 확정되기도 한다. 법인세법시행령은 자산의 판매손익 등(제68조), 용역제공 등(제69조), 이자소득 등(제70조) 및 임대료 등 기타손익(제71조)의 귀속사업연도에 대해 규정하고 있다.

개별적으로 규정한 것 이외의 사항을 포섭하기 위한 규정은 법인세법시행령 제71조 제7항이다. 제71조 제7항에 의하면 "법 제40조 제1항 및 제2항의 규정을 적용함에 있어서 법(제43조를 제외한다)·조세특례제한법 및 이 영에서 규정한 것 외의 익금과 손금의 귀속사업연도에 관해서는 기획재정부령으로 정한다."고 하고 있는데 기획재정부령인 법인세법시행규칙은 제36조(기타 손익의 귀속사업연도)에서 "영 제71조 제7항의 규정을 적용함에 있어서 이 규칙에서 별도로 규정한 것 외의 익금과 손금의 귀속사업연도는 그 익금과 손금이 확정된 날이 속하는 사업연도로 한다."고 규정하고 있다. 결과적으로 법률의 구체적 위임을 받아 규정한 사항 이외에는 다시 법률상의 표현을 빌려 '익금과 손금이 확정된 날'이라고 동어반복하고 있으므로 '확정'의 의미를 규명하는 일은 법인세법상 손익의 인식시기를 판단하는 데 있어 가장 핵심적인 역할을 한다는 것을 재확인할 수 있다.

'확정'의 의미에 관해서는 법인세법이 규정하고 있지 않으며, 이에 관한 다수의 판결들이 있어서 그 의미 파악에 지침을 주고 있다. 한편, 법인세법시행령 제68조 내지 제71조는 실제 손익의 인식과정에서 가장 많이 나타나는 사항들에 대해 규정함으로써 '확정'의 의미를 구체화하고 있다. 해당 조문들의 취지상 '확정'은 공급자가 '인도'와 같은 행위를 함으로써 상대방에 대한 대금지급의 이행청구권을 행사하는 데 있어 법률적인 장애가 없는 것을 의미한다(법인세법시행령 제68조 제1항 제1호). 다수의 예외적 규정들이 있으나 이는 기업회계상 '발생'에 거의 동일한 의미를 갖는 용어라고 볼 수 있을 것이다.

받을 권리가 확정된 수익에 대응하는 비용으로서 지급할 의무가 확정된 것을 세법상 손금으로 인식한다. 기업회계기준상으로는 발생한 비용으로서 인식한 수익에 대응하는 것을 인식하도록 하고 있는 데에 반하여 법인세법상으로는 지급할

의무가 확정된 비용으로서 인식한 익금에 대응하는 것을 손금에 산입하도록 하고
있다. 손금의 인식상으로도 '확정'이 '발생'과 특별히 구분되는 성격을 지니고 있다
고 보기는 어렵다.

다. 기업회계기준의 존중

우리 기업회계기준은 다양한 내용에 대해 규율하고 있다. 기업회계기준상 수
익의 인식은 실현주의원칙에 의하고 비용의 인식은 수익비용대응의 원칙에 입각
한다고 규정하고 있다. 이러한 원칙은 세법에도 대체로 반영되어 있다. 그러나 기
업회계와 세무회계는 본질적으로 차이가 있다. 기업회계는 보수주의에 입각하여
수익인식은 꼼꼼히 따지고 비용인식은 조기에 하고자 하는 정신이 여러 군데 반
영되어 있다. 세무회계는 소득금액을 권리의무가 확정된 것인지에 입각하여 본다
고 하지만 정부재정을 확충하고 조세부담을 공평하게 하여야 한다는 목표를 달성
하기 위해 상대적으로 수인인식은 더 적극적인 반면 비용인식에는 인색한 것이
다. 기업회계와 세무회계 간 관점의 차이가 있음에도 불구하고 소득세법은 기업
회계를 존중한다는 규정을 두고 있다. 법인세법도 다음과 같이 기업회계기준의
존중에 관한 규정을 두고 있다(법인세법 제43조). 세무회계란 과세표준금액과 세액
을 계산하기 위한 회계원칙 및 기법을 의미한다. 세법에 따라 세액을 계산하는 과
정을 말한다.

> 내국법인의 각 사업연도소득금액을 계산할 때 그 법인이 익금과 손금의 귀속사업연도
> 와 자산·부채의 취득 및 평가에 관하여 일반적으로 공정·타당하다고 인정되는 기
> 업회계기준을 적용하거나 관행을 계속 적용하여 온 경우에는 이 법 및 조세특례제한
> 법에서 달리 규정하고 있는 경우를 제외하고는 그 기업회계기준 또는 관행에 따른다.

이는 납세자가 해당 사안에 대해 손익의 인식시기를 설정함에 있어 기업회계
의 기준을 적용하였는데 세법에서 달리 규정하고 있지 않은 경우라면 해당 기업
회계기준에 의한 처리를 세법에서 수용한다는 의미이다. 세법이 독자적인 관점에
입각해 규정해야 할 사항은 스스로 규정하고 나머지는 기업회계기준에 따라 인식
하여야 한다는 입장을 표명한 것이다. 세법상 규정을 해석함에 있어 기업회계기

준상 해석관행이 중요한 참고가 될 수 있음을 의미하기도 한다. 법인세법 제43조에서 '관행'은 한국채택 국제회계기준(K-IFRS) 등에 배치되지 아니한 것으로서 일반적으로 공정·타당하다고 인정되는 관행을 포함한다(법인세법시행령 제79조).

한편, 법인세법 제43조의 규정은 법인세법시행규칙 제36조가 "영 제71조 제7항의 규정을 적용함에 있어서 이 규칙에서 별도로 규정한 것 외의 익금과 손금의 귀속사업연도는 그 익금과 손금이 확정된 날이 속하는 사업연도로 한다"고 규정하고 있는 것과는 충돌할 수 있어서 사안별로 적용의 우선순위에 관한 판단이 필요할 수 있겠다.

4. 합병·분할 등

합병(statutory merger)은 법률의 규정에 의해 두 개의 법인이 한 개의 법인으로 바뀌게 되는 일련의 과정을 의미한다. 분할(spinoff)은 법률의 규정에 의해 한 개의 법인이 두 개의 법인으로 바뀌게 되는 일련의 과정을 의미한다. 법인세 과세의 주된 대상이 되는 영리법인의 조직에 대해서는 원칙적으로 상법이 규율하며, 상법은 합병과 분할에 관한 규정을 두고 있다. 합병과 분할은 원래 존재하던 법인의 사업조직 또는 지배구조를 재편하는 과정이다. 소멸하는 법인은 잔여재산을 처분하게 되며, 존속하거나 새로 설립되는 법인은 신규의 자산 및 부채를 취득하게 된다. 합병으로 소멸하는 법인의 주주 또는 인적 분할되는 법인의 주주는 이 과정에서 자신의 주식을 처분하거나 새로 발행되는 주식과 교환하게 된다. 각 주체들이 자산의 처분 또는 취득을 하게 됨에 따라 과세상 그것을 인식할 것인가 인식한다면 얼마의 가액으로 인식할 것인가의 과제가 있다.

합병·분할과 관련하여 과세할 대상은 해당 법인과 주주의 자본손익이다. 합병으로 소멸하는 법인이 얻는 소득은 통상적인 자본이득으로 보아 각 사업연도의 소득으로 과세한다. 소멸법인 주주가 얻게 되는 것도 그 본질을 보면 자본이득이다. 자산의 처분에 의한 소득이기 때문이다. 우리 세법이 이를 배당으로 의제하여 의제배당이라는 이름으로 과세하고 있을 뿐이다. 합병이나 분할로 남거나 새로 생기는 법인에는 회계상 합병차손익이나 분할차손익이 발생할 수 있다. 이에 대해서는 법인세법의 익금불산입사항 부분에서 논하였으며, 합병으로 소멸하는 법인이 얻는 소득에 대해서는 익금산입사항 부분에서 논하였다. 주주가 얻게 되는 의제배당에 대해서는 소득세법과 법인세법의 익금산입사항 부분에서 논하였다.

아래에서는 법인세법 제2장 제1절 제6관(제44조~제50조의 2)에서 주로 '합병 및 분할 등에 관한 특칙'의 제하에 규정하고 있는 것 중 이 책의 다른 부분에서 다루지 않은 것들에 대해 살펴본다. 합병·분할 이외의 사항으로서 포괄적 주식교환·이전, 현물출자, 법인전환에 관한 사항도 설명한다.

가. 처분차익에 대한 과세

법인세법 제44조는 합병 시 피합병법인 과세에 관한 규정이고, 제46조, 제46조의 5 및 제47조는 분할법인 또는 소멸한 분할합병의 상대방법인('분할법인 등')의 과세에 관한 규정이다.

합병의 경우 합병당한 법인은 분할의 경우 분할시킨 법인과 같은 지위에 있게 된다. 그간 피합병법인에 대해서는 청산소득에 대한 법인세가 과세되고, 인적분할의 경우 인적분할 후 소멸하는 법인에 대해서는 피합병법인의 경우와 같이 청산소득이 과세되고 인적분할 후 존속하는 법인에 대해서는 의제청산소득의 개념을 설정하고 청산소득의 경우와 같이 과세하여 왔다. 2010년 7월부터는 피합병법인에 대한 청산소득의 개념은 폐지되고 해당 소득은 각 사업연도소득으로 과세된다. 이에 따라 인적분할의 경우 분할법인에 대해서도 각 사업연도소득으로 과세한다. 물적 분할시 분할법인 양도차익과세에 관해서는 종래의 규정과 동일한 내용으로 법인세법 제47조가 규율한다.

(1) 적격요건과 사후관리

법인세법은 일정한 계속성의 요건 등('적격요건')을 충족할 때에는 과세특례를 인정하는 조항을 두고 있다. 경제의 선순환구조를 이끌 수 있는 기업구조조정을 촉진하기 위해서는 가급적 기업구조조정 자체를 과세사건으로 인식하지 않는 것이 바람직하다.

합병과 분할시 적격요건은 법인세법 제44조 제2항(합병)과 제46조 제2항(분할)에서 규정하고 있다. 적격요건을 충족할 경우의 과세특례에 대해서는 법인세법 제44조, 제44조의 3, 제46조, 제46조의 3, 제46조의 5, 제47조 및 제47조의 2에서 규정하고 있다.

(가) 적격요건

법인세법은 적격합병의 요건으로 4가지를 들고 있다(법인세법 제44조 제2항).

- 사업목적: 합병등기일 현재 1년 이상 계속하여 사업을 영위하던 내국법인 간의 합병일 것. 기업인수목적회사(Special Purpose Acquisition Company, SPAC)는 이 요건을 갖춘 것으로 본다.
- 지분계속성: 피합병법인의 주주 등이 합병으로 인하여 받은 합병대가의 총 합계액 중 합병법인의 주식등의 가액이 100분의 80 이상이거나 합병법인의 모회사의 주식등의 가액이 100분의 80 이상으로서 그 주식 등이 대통령령이 정하는 바에 따라 배정되고, 대통령령으로 정하는 피합병법인의 주주 등이 합병등기일이 속하는 사업연도의 종료일까지 그 주식 등을 보유할 것
- 사업계속성: 합병법인이 합병등기일이 속하는 사업연도의 종료일까지 피합병법인으로부터 승계받은 사업을 계속할 것. 기업인수목적회사는 이 요건을 갖춘 것으로 본다.
- 고용승계: 합병등기일 1개월 전 당시 피합병법인에 종사하는 근로자 중 100분의 80 이상을 합병법인이 승계하여 합병등기일이 속하는 사업연도의 종료일까지 그 비율을 유지할 것

완전모법인이 자법인을 합병하는 경우, 자법인이 완전모법인을 합병하는 경우 또는 완전자회사 간 합병의 경우에는 적격합병요건의 충족 여부와 상관없이 양도차익을 과세이연하며, 사후관리규정도 적용하지 않는다(법인세법 제44조 제3항).

법인세법은 적격분할의 요건으로 4가지를 들고 있다(법인세법 제46조 제2항).

- 사업목적: 분할등기일 현재 5년 이상 사업을 계속하던 내국법인이 분리독립가능한 사업부문을 이전하면서 그 부분의 자산과 부채를 포괄적으로 이전하고 분할법인 또는 소멸한 분할합병의 상대방 법인('분할법인등')만 출자하는 방식으로 분할하는 것일 것(분할합병의 경우에는 소멸한 분할합병의 상대방법인 또는 존속하는 분할합병의 상대방법인이 분할등기일 현재 1년 이상 사업을 계속하던 내국법인일 것)
- 지분계속성: 분할법인등의 주주가 분할신설법인 또는 분할합병의 상대방 법인

('분할신설법인등')으로부터 받은 분할대가의 전액(분할합병의 경우에는 100분의 80 이상)이 주식으로서 그 주식이 분할법인등의 주주가 소유하던 주식의 비율에 따라 배정(분할합병의 경우에는 분할대가의 100분의 80 이상이 분할신설법인등의 주식인 경우 또는 분할대가의 100분의 80 이상이 분할합병의 상대방 법인의 발행주식총수 또는 출자총액을 소유하고 있는 내국법인의 주식인 경우를 말한다)되고 대통령령으로 정하는 분할법인등의 주주가 분할등기일이 속하는 사업연도의 종료일까지 그 주식을 보유할 것
- 사업계속성: 분할신설법인등이 분할등기일이 속하는 사업연도의 종료일까지 분할법인등으로부터 승계받은 사업을 계속할 것
- 고용승계: 분할등기일 1개월 전 당시 분할법인에 종사하는 근로자 중 80퍼센트 이상을 분할신설법인등이 승계하여 분할등기일이 속하는 사업연도의 종료일까지 그 비율을 유지

"5년 이상 계속하던 사업" 중 '사업'은 분리하여 사업이 가능한 독립된 사업부문이어야 할 것이므로 다음의 경우에는 실질적으로 영위하는 사업부문으로 보지 않는다(법인세법시행령 제82조의 2).

- 부동산 임대업을 주업으로 하는 분할
- 승계하는 자산(사업에 직접 사용되는 부동산 등 기획재정부령으로 정하는 고정자산은 제외) 중 100분의 80 이상이 토지·건물·부동산에 관한 권리인 분할
- 승계하는 자산이 주식인 분할, 다만 공정거래법·금융지주법상 지주회사 설립·전환을 위해 주식 등을 분할하는 경우 등 제외

'지분계속성', '사업계속성' 및 '고용승계'의 요건은 부득이한 사유가 있는 경우에는 그것을 충족하지 못하는 경우에도 해당 요건을 충족하는 것으로 인정된다(법인세법 제44조 제2항 본문 단서 및 제46조 제2항 본문 단서, 제47조 단서).

(나) 사후관리

합병의 경우 피합병법인의 자산을 장부가액으로 양도받은 합병법인은 합병등기일이 속하는 사업연도의 다음 사업연도의 개시일부터 2년(제3호의 경우에는 3년)에 다음 각 호의 어느 하나에 해당하는 사유가 발생하는 경우에는 그 사유가 발생한 날이 속하는 사업연도의 소득금액을 계산할 때 양도받은 자산의 장부가액과

시가와의 차액, 승계받은 결손금 중 공제한 금액 등을 익금에 산입한다. 다만, 부득이한 사유가 있는 경우에는 그러하지 아니하다(법인세법 제44조의 3 제3항).

1. 합병법인이 피합병법인으로부터 승계받은 사업을 폐지하는 경우
2. 대통령령으로 정하는 피합병법인의 주주 등이 합병법인으로부터 받은 주식 등을 처분하는 경우
3. 각 사업연도 종료일 현재 합병법인에 종사하는 근로자 수가 합병등기일 1개월 전 당시 피합병법인과 합병법인에 각각 종사하는 근로자 수의 합의 100분의 80 미만으로 하락하는 경우

분할의 경우에도 동일한 취지의 사후관리규정을 두고 있다(법인세법 제46조의 3 제3항).

(2) 합 병

소멸하는 피합병법인의 자산은 합병법인에 양도한 것으로 본다. 이 경우 양도에 따라 발생하는 양도차익은 피합병법인이 합병등기일이 속하는 사업연도의 소득금액을 계산할 때 익금에 산입한다. 양도차익은 아래 제1호의 금액에서 제2호의 금액을 차감한 액수로 한다(법인세법 제44조 제1항).

1. 피합병법인이 합병법인으로부터 받은 양도가액
2. 피합병법인의 합병등기일 현재의 자산 장부가액 총액에서 부채의 장부가액 총액을 뺀 순자산 장부가액

일반적인 양도차익과세상 특수관계인이 아니라면 실지거래가액으로 양도가액을 계산한다. 그런데 합병의 경우에는 당사자 간 거래되는 것은 자산과 부채를 포괄하여 다수의 물건이 이전하게 되므로 개별 물건의 실지거래가액이라고 하는 것을 구분해 내기 곤란하다. 법인세법은 양도차익을 계산하기 위한 양도가액은 피합병법인이 받은 재산의 가액을 총괄적으로 파악하여 산정하도록 하고 있다(법인세법시행령 제80조 제1항 제2호).

적격합병요건을 충족할 경우 피합병법인에 대한 양도차익과세를 하지 않는다. 즉 피합병법인의 합병시점 장부가액으로 처분하는 것으로 본다(법인세법 제44

조 제2항). 피합병법인이 완전모법인에 합병되는 경우에는 적격합병요건 충족 여
부에 불구하고 양도차익과세를 하지 않는다(법인세법 제44조 제3항).

한편, 합병에 따라 발생한 중복자산을 양도한 경우에는 자산양도차익을 3년
거치 3년분할 익금산입하는 특례가 있다(조특법 제47조의 4).

(3) 포괄적 주식교환 · 이전 등

상법에 따른 포괄적 주식교환 · 이전은 경제적으로는 합병과 동일한 효과를
거두면서도 피인수기업의 실체를 유지하여 그 기업의 책임과 의무가 인수기업에
게 이전되는 것을 방지하고 피인수기업이 가지고 있던 사업의 면허 등은 유지할
수 있는 특징이 있다.

포괄적 주식교환의 경우 피인수기업은 완전자회사가 되고 인수기업은 완전모
회사가 된다. 이때 피인수기업의 주주는 해당 기업의 주식을 완전모회사가 되는
인수기업에게 이전하면서, 인수기업의 주식을 교부받는다. 피인수기업의 주주는
합병시 주식의 처분에 의한 의제배당과 성격이 동일한 과세계기를 가지게 되는 것
이다. 소득세법과 법인세법은 이를 의제배당으로 규정하지 않고 단순한 양도차익
으로 과세하고 있다. 합병시와는 달리 주식이 소각되지 않는 점을 고려한 것이다.

세법은 주식의 포괄적 교환 · 이전('포괄적 교환 등')에 대해서도 사업목적, 주식
인수비중(100분의 80 이상) 및 사업계속성 등의 적격요건을 두고 있다. 적격요건을
충족하면, 그 주식의 포괄적 교환 등으로 발생한 완전자회사 주주의 주식양도차
익에 상당하는 금액에 대한 양도소득세 또는 법인세에 대해서 완전자회사의 주주
가 완전모회사의 주식을 처분할 때까지 과세를 이연하고 있다. 완전자회사의 주
주는 신주를 구주의 장부가액으로 취득하는 것이다. 이 경우 완전모회사는 완전
자회사 주식을 시가로 취득하는 것으로 본다(조특법 제38조 제1항 및 제2항). 동일
한 경제적 이득을 완전자회사의 주주이었던 자와 이제 완전모회사가 된 회사에게
이중으로 과세하는 것을 방지하기 위해 종래 완전모회사가 구주의 장부가액으로
취득하도록 하던 것을 2018년부터 시가로 취득하는 것으로 보도록 개정한 것이
다. 합병의 경우 소멸법인의 주주가 의제배당으로 과세되는 소득은 소멸법인이
법인세를 부과받은 소득에서 법인세를 차감한 부분을 분배받은 것이어서 경제적
이중과세가 발생한다. 포괄적 주식교환 등의 경우에는 피인수기업이 완전자회사

로 남아 있어 이와 같은 이중과세가 발생하지 않는 것이다.

과세상 합병을 주도한 인수기업은 피인수기업의 사업을 시가대로 인수하는 것으로 하며, 적격요건을 충족하는 경우에는 피인수기업은 양도차익과세를 받지 않는 대신 인수기업이 피인수기업의 자산을 장부가액으로 인수하고 추후 처분시 과세받도록 한다(이월과세). 적격합병시 주주에 대해서는 이연과세를 하는 것과 구별된다. 인수기업에게 이월과세를 하는 것은 소멸한 법인에 대해서는 이연과세를 할 수 없기 때문이다.

합병시 의제배당 소득이 발생한 주주에 대한 과세상 경제적 이중과세를 완화하는 배당세액공제가 허용된다. 그러나 포괄적 주식교환 등의 경우에는 피인수기업의 주주는 양도소득을 실현한 것이 되어 경제적 이중과세완화를 위한 배당세액공제의 기회가 주어지지 않는다.

주식의 포괄적 교환 등의 경우 모회사 주식을 지급할 수 있도록 하는 삼각주식교환을 도입하는 등의 내용으로 상법이 개정됨에 따라, 2017년부터는 완전자회사의 주주가 교환대가 중 완전모회사의 모회사 주식을 100분의 80 이상 받는 경우에도 주식양도차익에 대한 과세를 이연받을 수 있도록 하고 있다.

전략적 제휴를 위해 주식을 교환한 벤처기업 또는 매출액 대비 연구개발투자비중 10% 이상 중소기업의 주주에 대해서는 교환으로 취득한 주식을 처분할 때까지 양도소득세 과세를 이연한다(조특법 제46조의 7). 기업활력제고를위한특별법에 따라 승인받은 사업재편계획에 의한 주식교환시 주식양도차익에 대한 법인세를 교환주식 처분시까지 이연한다(조특법 제121조의 30).

(4) 분할

(가) 인적 분할

인적 분할하고 분할법인이 소멸하는 경우에 대해서는 법인세법 제46조가 규정하고, 인적 분할하지만 분할법인이 존속하는 경우에 대해서는 법인세법 제46조의 5의 규정이 규율한다.

인적 분할하고 분할법인이 소멸하는 경우에는 피합병법인의 경우와 같이 분할등기의 시기에 양도차익과세를 한다. 분할합병으로 해산하는 경우에도 동일하다. 이러한 점은 인적 분할법인이 존속하는 경우에도 동일하다. 다만, 분할법인이 존속하는 경우에는 결손금을 승계하지 않는다.

양도차익은 분할법인 등(분할법인 또는 소멸한 분할합병의 상대방법인)이 분할 등기일이 속하는 사업연도의 소득금액을 계산할 때 익금에 산입한다. 양도차익 은 아래 제1호의 금액에서 제2호의 금액을 차감한 액수로 한다(법인세법 제46조 제1항).

1. 분할법인 등이 분할신설법인 등으로부터 받은 양도가액
2. 분할법인 등의 분할등기일 현재 순자산 장부가액

적격분할요건을 충족할 경우 분할법인 등이 존속하는지에 불구하고 분할법인 등에 대한 양도차익과세를 하지 않는다. 즉 분할법인 등의 분할시점의 장부가액 으로 처분하는 것으로 본다(법인세법 제46조 제2항, 제46조의 5 제2항). 분할신설법 인에게 과세가 이월된다.

상법 개정으로 분할합병시 분할법인의 주주에게 분할합병의 상대방 법인의 모회사 주식을 교부하는 삼각분할합병이 허용됨에 따라, 2016년부터는 분할법인 등의 주주가 받은 분할대가의 100분의 80 이상이 분할합병의 상대방 법인의 발행 주식총수 또는 출자총액을 소유하고 있는 내국법인의 주식인 경우에도 분할에 따 른 양도손익에 대한 과세이연을 허용하게 되었다(법인세법 제46조 제2항 제2호).

적격분할을 한 분할신설법인등은 분할등기일이 속하는 사업연도의 다음 사업 연도 개시일부터 2년(고용승계요건의 경우에는 3년) 이내에 분할신설법인등이 분할 법인등으로부터 승계받은 사업을 폐지하는 경우, 분할법인등의 주주가 분할신설 법인등으로부터 받은 주식을 처분하는 경우 또는 각 사업연도 종료일 현재 분할 신설법인에 종사하는 근로자 수가 분할등기일 1개월 전 당시 분할하는 사업부문 에 종사하는 근로자 수의 100분의 80 미만으로 하락하는 경우에는 그 사유가 발 생한 날이 속하는 사업연도의 소득금액을 계산할 때 양도받은 자산의 장부가액과 시가와의 차액, 승계받은 결손금 중 공제한 금액 등을 익금에 산입한다. 다만, 대 통령령으로 정하는 부득이한 사유가 있는 경우에는 그러하지 아니하다(법인세법 제46조의 3 제3항).

(나) 물적 분할

물적 분할의 경우 양도차익의 과세에 관한 것은 제47조의 규정이 규율한다. 분할법인이 분할시키면서 넘긴 자산을 시가로 처분한 것으로 보게 된다. 적격분할요건을 충족하는 경우에는(인적 분할의 경우와 달리 처분가액을 장부가액으로 계상하는 방법을 사용하도록 하지 않고) 처분가액을 여전히 시가로 하고(법인세법시행령 제72조 제2항), 압축기장충당금방식으로 손금을 인정받도록 하고 있다. 압축기장충당금방식으로 하는 것은 분할자회사가 아니라 분할모회사의 소득인식에 관한 규정으로 규율해야 하기 때문이다. 다만, 부득이한 사유가 있는 경우에는 지분계속성, 사업계속성 및 고용승계의 요건을 갖추지 못한 경우에도 자산의 양도차익에 상당하는 금액을 손금에 산입할 수 있다(법인세법시행령 제84조 제12항).

분할신설법인이 인수한 자산을 처분하는 경우 또는 분할법인이 분할신설법인으로부터 받은 주식을 처분하는 경우에는 분할신설법인이 양도받은 자산의 장부가액과 분할 당시 시가와의 차액 중 처분비율에 상당하는 금액을 분할법인이 익금에 산입한다(법인세법 제47조 제2항, 이연과세). 다만, 분할법인, 분할신설법인 등의 적격구조조정의 경우에는 계속 과세이연을 인정한다. 적격구조조정은 적격합병·분할·물적분할·현물출자, 적격 주식 포괄적 교환 등, 적격주식 현물출자를 말한다(법인세법시행령 제84조 제5항).

분할법인이 분할등기일일 속하는 다음 사업연도의 개시일부터 2년(고용승계요건의 경우에는 3년) 내에 분할신설법인이 승계받은 사업을 폐지하거나 취득한 주식의 50% 미만을 보유하게 되는 경우 또는 고용승계요건을 충족하지 못하게 되는 경우에는 그 사유가 발생하는 날이 속하는 사업연도에 전액 익금으로 산입한다(법인세법 제47조 제3항). 다만, 분할신설법인이 적격합병하거나, 적격분할함에 따라 주식 또는 자산을 처분하는 경우 등에는 분할법인의 적격물적분할에 따른 양도차익을 분할법인에게 즉시 과세하지 않고 주식 또는 자산처분 시까지 과세이연한다(법인세법시행령 제84조 제12항).

(5) 현물출자

현물출자를 법인이 하고 출자를 받은 법인의 계속성 등 일정한 요건을 갖춘 경우에는 현물출자를 한 법인의 양도차익을 손금으로 산입할 수 있다(법인세법 제

47조의 2 제1항 본문 및 본문 단서). 내국법인이 적격분할요건을 충족하면서 공동출자 시 비특수관계인일 것의 요건을 갖추어 현물출자를 하는 경우 그 현물출자로 취득한 현물출자를 받은 법인의 주식가액 중 현물출자로 발생한 자산의 양도차익에 상당하는 금액은 압축기장충당금 설정의 방식으로 현물출자일이 속하는 사업연도의 소득금액을 계산할 때 손금에 산입할 수 있다. 다만, 대통령령으로 정하는 부득이한 사유가 있는 경우에는 사업의 계속성 및 지분의 계속성의 요건을 갖추지 못한 경우에도 자산의 양도차익에 상당하는 금액을 압축기장충당금방식으로 손금에 산입할 수 있다(법인세법 제47조의 2). 현물출자가 물적 분할과 그 경제적 실질에 있어 차이가 없다는 점을 감안하여 그에 준하는 과세특례를 인정하기 위함이다. 물적 분할의 경우와 동일하게 사후관리한다.

지주회사 설립을 위한 주식현물출자에 따른 양도차익은 지주회사의 주식처분 시까지 과세를 이연한다(조특법 제38조의 2). 내국법인의 외국자회사 주식을 외국법인에 현물출자시 주식 양도차익을 4년거치 3년분할 익금산입한다(조특법 제38조의 3).

(6) 법인전환 시 양도소득세 이월과세

조특법상 거주자가 사업용 고정자산을 현물출자하거나 포괄적인 사업양수도 방법에 따라 신설하는 법인에게 이전하면서 법인으로 전환하는 경우에는 당해 사업용 고정자산에 대해 이월과세를 적용받을 수 있다. 즉 거주자는 양도소득과세를 받지 않으며 신설된 법인이 거주자의 취득원가를 승계하여 추후 그 법인이 매도할 때 필요경비로 산입하게 된다(조특법 제32조). 거주자가 취득하는 현물출자로 신설되는 법인의 주식의 가액은 사업용 고정자산의 시가에 상응하는 것이 된다. 주주가 된 자가 주식을 처분(5년 내 50% 이상 처분)하거나 신설된 법인의 사업을 폐지하는 경우 이월된 양도소득세를 추징한다.

나. 조세특성의 승계 여부

합병·분할 등으로 법인의 조직에 변경이 있을 때 소멸된 법인에 귀속하는 조세특성(tax attribute)이 흡수하는 법인이나 신설된 법인에 승계되는 것인지가 문제된다. 이러한 조세특성에 대해 제6관에서 규정하는 것으로는 승계한 자산의 가액에 관한 사항(제44조의 2, 제46조의 2 및 제46조의 5), 이월결손금에 관한 사항(제45 조 및 제46조의 4) 및 감면세액에 관한 사항(제44조의 3 제2항(제3항 본문 후단), 제 45조 제4항)이 있다.

(1) 승계한 자산의 가액

합병법인이 피합병법인으로부터 승계한 자산의 가액에 관해서는 법인세법 제 44조의 2에서 규정하고 있으며, 분할신설법인 등이 분할법인 등으로부터 승계한 자산의 가액에 대해서는 법인세법 제46조의 2 및 제46조의 5 제3항에서 규정하고 있다. 세무조정사항에 대해서는 적격요건을 갖춘 경우 승계하는 것을 원칙으로 하고 있는데 이에 대해서는 본서에서 상술하지 않는다(법인세법 제44조 제4항 등).

(가) 합 병

법인세법은 법인세과세상 합병 시 재산은 '시가'로 승계되는 것을 원칙으로 규정하고 있다(법인세법 제44조의 2 제1항, 법인세법 제52조 제2항의 '시가').

피합병법인으로부터 자산의 승계를 '양도'로 간주하고 피합병법인에게 양도의 대가를 직접 지급한 것으로 보고 있다. 구 법인세법이 합병의 과정에서 피합병법 인은 합병의 대가를 직접 지급받는 당사자가 아닌 것으로 본 것과는 구별된다.

피합병법인이 보유하고 있던 기간 중의 자본이득은 모두 소멸하는 법인의 소 득으로 과세되고 합병법인은 그 자본이득을 이유로 과세되지 않는다. 합병법인의 합병차익의 개념은 있지만 그중 합병평가차익을 구분하지 않는다(법인세법 제44조 제1항, 제44조의 2 제1항).

법인세과세상 시가로 승계되는 것으로 보는 데에 대한 예외로서 적격합병의 요건을 충족하면 장부가액으로 이전하는 것으로 본다(법인세법 제44조 제2항, 법인 세법 제44조의 3 제1항). 피합병법인은 그 자본이득 부분에 대해 과세받지 않고 합 병법인이 추후에 승계받은 재산을 양도할 때 과세받도록 하는 것이다(이월과세).

(나) 분 할

합병 시 승계자산의 가액에 관한 원칙은 인적분할에도 그대로 적용된다. 적격 인적 분할에서는 처분가액을 장부가액으로 계상한다(법인세법 제46조 제1항, 제2항, 제46조의 2 제1항, 제46조의 3 제1항, 제46조의 5, 이월과세).

물적 분할에서는 적격분할 요건을 충족하여 분할법인이 양도차익에 상당하는 금액을 압축기장충당금방식으로 손금에 산입한 경우 분할신설법인은 분할법인의 자산을 시가로 양수받은 것으로 한다(법인세법 제47조 제1항). 추후 분할법인이 주식등을 처분하거나 분할신설법인이 양수한 자산을 양도하는 경우 등에는 양도차익에 상당하는 금액은 분할법인의 익금으로 과세된다(법인세법 제47조 제2항, 이연과세).

(2) 합병차손익 · 합병매수차손익

상법에 의하면 "회사합병의 경우에 소멸된 회사로부터 승계한 재산의 가액이 그 회사로부터 승계한 채무액, 그 회사의 주주에게 지급한 금액과 합병 후 존속하는 회사의 자본증가액 또는 합병으로 인하여 설립된 회사의 자본액을 초과한 때에는 그 초과금액"을 자본준비금으로 한다고 규정하고 있다(상법 제459조 제1항 제3호). 이를 '합병차익'이라고 한다(법인세법 제17조 제1항 제5호). 법인세법은 합병차익을 익금불산입사항으로 규정하고 있다(법인세법 제17조 제1항 제5호). 법인세법상 명문의 규정은 없지만 기업회계상 '합병차손'은 자본조정계정항목이므로 손금불산입한다.

> 합병차익 = 피합병법인으로부터 승계한 순재산가액(승계한 재산의 가액 − 승계한 채무액) − 피합병법인의 주주에게 지급한 금액(합병교부금) − 합병법인의 자본증가액(피합병법인의 주주에 교부한 주식의 액면가액)

2016년 개정된 법인세법은 익금불산입사항인 합병차익에 관한 법인세법 제17조 제1항 제5호에서 "다만, 소멸된 회사로부터 승계한 재산가액이 그 회사로부터 승계한 채무액, 그 회사의 주주에게 지급한 금액과 주식가액(시가)을 초과하는 경우로서 이 법에서 익금으로 규정한 금액은 제외한다."는 단서를 신설하여 과세대상 익금을 구분해내는 규정을 두고 있다. 여기에서 "이 법에서 익금으로 규정한 금액"은 '합병매수차익'을 말한다.

비적격합병시 합병법인이 피합병법인에게 지급한 양도가액(시가)이 피합병법인의 순자산시가보다 작을 경우 그 금액을 '합병매수차익'이라고 한다(법인세법시행령 제80조의 3 제1항). 법인세법상 합병매수차익은 합병등기일부터 5년간 균등분할하여 익금에 산입한다(법인세법 제44조의 2 제2항). 이는 기업회계상 염가매수차익(bargain purchase gain)에 해당하는 부분이며 당기손익으로 인식한다. 한편, 합병법인이 피합병법인에게 지급한 양도가액이 피합병법인의 순자산시가보다 많을 경우 그 금액을 '합병매수차손'이라고 한다. 이 금액 중 기업회계상 영업권(goodwill)에 해당하는 부분은 합병등기일부터 5년간 균등분할하여 손금에 산입한다(법인세법 제44조의 2 제3항, 법인세법시행령 제80조의 3 제2항). 한국채택 국제회계기준에 의하면 순자산의 공정가액보다 매수회사 지분이 더 많은 부분은 '영업권'으로 계상하고 매년 상각하는 대신 손상검사를 하도록 되어 있다. 합병매수차손 중 발생원인이 영업권이 아닌 것은 손금으로 인정하지 않는다.

영업권 및 염가매수차익의 개념은 인적 분할의 경우에도 동일하게 적용된다(법인세법 제46조의 2 제2항 및 제3항, 제46조의 5).

(3) 이월결손금의 승계와 내재손실

피합병법인이나 인적 분할을 통해 소멸한 분할법인(또는 소멸한 분할합병의 상대방법인)이 가지고 있던 이월결손금을 합병법인이나 분할신설법인(또는 분할합병법인)이 사용할 수 있도록 인정해 주는 것이라면 그것은 다음과 같은 장·단점이 거론될 수 있다. 결손의 원천이 되는 사업이 지속적으로 진행되고 있다면 그 사업 추진 주체의 구성에 변화가 있다 하더라도 결손금을 인정하여야 한다. 결손을 시현하고 있는 기업이 채무를 출자로 전환하거나 제3자로부터 증자를 받아 기업을 회생시키려 할 때 이월결손금의 사용에 제약이 없다. 결손을 시현하고 있는 기업이 이를 타개하기 위해 합병이나 분할을 고려한다면 채무의 출자전환이나 증자에서와 달리 이월결손금의 사용을 제한할 이유가 없다. 그러나 결손법인이 보유하고 있는 이월결손금을 제한 없이 사용하도록 할 경우에는 공연히 사업을 잘 영위하고 소득도 많은 기업이 자신의 세금을 줄이기 위한 목적으로 결손법인을 자기에게 붙이는 행위를 유도할 수 있다.

법인세법은 이월결손금은 해당 이월결손금이 발생하던 사업부문으로부터의 미래소득과만 상계할 수 있도록 하도록 하고 있다. 합병과 분할을 통해 승계받은 이월결손금은 승계받은 사업으로부터의 소득과의 상계만 허용하고 있는 것이다(법인세법 제45조 제2항, 법인세법 제46조의 4 제2항). 승계받은 사업부문으로부터의 이월결손금을 사용하기 위해서는 적격요건을 충족하여야 한다. 합병법인이나 분할합병의 상대방법인이 당초부터 가지고 있던 이월결손금은 해당 법인이 영위하던 사업으로부터 소득과의 상계만 허용된다(법인세법 제45조 제1항, 제46조의 4 제1항). 구분경리를 하여야 하지만 그렇게 하지 못한 경우에는 자산가액비율로 안분한다(법인세법시행령 제156조 제2항).

적격합병의 경우 합병법인은 합병법인과 피합병법인이 합병 전 보유하던 자산의 처분손실을 각각 합병 전 해당 법인의 사업에서 발생한 소득금액의 범위에서 해당 사업연도의 소득금액을 계산할 때 손금에 산입한다. 합병등기일 현재 해당 자산의 시가가 장부가액보다 낮은 경우로서 그 차액을 한도로 하며, 합병등기일 이후 5년 이내에 끝나는 사업연도에 발생한 것만 해당한다(법인세법 제45조 제3항). 이러한 성격의 손실을 '내재손실(built-in loss)'이라고 한다. 부실이 자산의 가액에 내재되어 있는데 자산에 내재된 손실을 결손금으로 현실화하지 않고 있다가 자산을 이전하고 합병 이후 그 자산을 처분함으로써 손실을 실현하는 방법으로 결손금승계제한 규정을 회피하는 것을 방지하기 위함이다. 이 규정은 분할의 경우에도 적용된다(법인세법 제46조의 4 제3항).

한편, 법인이 다른 법인과 합병하거나 분할하는 경우로서 대손금을 합병등기일 또는 분할등기일이 속하는 사업연도까지 손비로 계상하지 아니한 경우 그 대손금은 해당 법인의 합병등기일 또는 분할등기일이 속하는 사업연도의 손비로 한다(법인세법시행령 제19조의 2 제4항). 이는 합병 시까지 피합병법인이 대손금으로 계상하지 않은 회수불능채권의 손금 귀속시기를 세무회계상 인식 여부와 관계없이 일률적으로 정함으로써 합병에 따른 피합병법인의 합병등기일이 속하는 사업연도의 소득금액 계산 방식과 일치시키기 위한 것이다. 합병 당시 채무자의 사업폐지 등으로 피합병법인의 채권 전부를 회수할 수 없다는 사실이 이미 객관적으로 확정되었다면 회수불능채권을 합병등기일이 속하는 사업연도의 손비로 계상하지 않았더라도 대손금은 피합병법인의 합병등기일이 속하는 사업연도의 손금으로 하여야 한다.

합병법인이 피합병법인이 결산 이전에 대손충당금을 설정하지 않게 하면서 그 금전채권을 장부가액으로 승계한 후에 자신이 대손충당금을 설정하여 손금으로 인식하는 것은 허용된다. 대손충당금의 설정은 결산조정사항으로서 납세자에게 선택권이 부여된 것이다.

(4) 감면세액의 승계

적격합병을 한 합병법인은 피합병법인의 감면·세액공제 등을 승계한다(법인세법 제44조의 3 제2항). 합병법인이 피합병법인으로부터 승계받은 사업을 폐지하거나 피합병법인의 주주 등이 합병법인으로부터 받은 주식 등을 처분하는 경우 또는 고용승계 요건을 지키지 못하게 된 경우에는 승계받아 공제한 감면·세액공제액 등을 그 사유가 발생한 날이 속하는 사업연도의 법인세에 더하여 납부한 후 해당 사업연도부터 감면 또는 세액공제를 적용하지 않는다(법인세법 제44조의 3 제3항 본문). 합병법인이 승계한 피합병법인의 감면 또는 세액공제는 피합병법인으로부터 승계받은 사업에서 발생한 소득금액 또는 이에 해당하는 법인세액의 범위에서 적용한다(법인세법 제45조 제4항). 위의 원칙은 분할의 경우에도 동일하게 적용된다. 위의 승계는 적격 인적분할과 적격 물적분할의 경우에도 동일하게 인정된다(법인세법 제46조의 3 제2항, 제47조 제4항).

(5) 사업양수 시 이월결손금 공제 제한

내국법인이 다른 내국법인의 사업을 양수하는 경우에는 사업양수일 현재 결손금(종전사업에서의 이월결손금)은 사업을 양수한 내국법인의 각 사업연도의 과세표준을 계산할 때 양수한 사업부문에서 발생한 소득금액의 범위에서는 공제하지 아니한다. 회계를 구분하여 기록하지 아니한 경우에는 그 소득금액을 자산가액 비율로 양수한 사업부문에서 발생한 소득금액을 안분계산한다(법인세법 제50조의 2).

5. 부당행위계산부인

1949년 제정된 법인세법은 제33조에서 "동족회사의 행위 또는 계산으로서 그 소득이거나 주주, 사원 또는 이와 친족, 사용인 기타 대통령령의 정하는 출자관계 있는 법인등 특수의 관계있는 자의 소득에 대하여 소득포탈의 목적이 있다고 인정되는 경우에는 그 행위 또는 계산에 불구하고 정부는 그 인정하는 바에 의하여 당해 법인의 소득금액을 계산할 수 있다."는 규정을 두고 있었다.

1961년 폐지제정된 법인세법은 제18조(법인의 부당행위계산부인)에서 "법인의 행위 또는 계산이 각령의 정하는 바에 의하여 소득포탈의 목적이 있다고 인정되는 경우에는 그 행위 또는 계산에 불구하고 정부는 그 법인의 소득금액을 계산할 수 있다."는 규정을 두게 되었다. 1949년 법인세법 제33조와 1961년 법인세법 제18조의 '포탈의 목적이 있다고 인정'의 문구는 1925년 일본 소득세법이 동족회사의 행위 혹은 계산에 있어서 법인세 '포탈의 목적이 있다고 인정'되는 경우라고 규정한 것과 동일한 것이다. 일본에서는 1947년 위 조문이 "법인세를 면할 목적으로…"로 바뀌었다가 1950년에는 현재의 문구대로 "그 법인의 행위 또는 계산에서 그것을 용인할 경우에는 법인세의 부담을 부당하게 감소시키는 결과가 되는 것으로 인정되는 경우에는"으로 개정되었다. 당시나 지금이나 일본의 법인세법상 동족회사계산부인에 관한 규정은 시행령상 구체적인 행위유형을 규정하고 있지 않다. 우리 법인세법에서는 1961년 부당행위계산부인규정이 도입될 때부터 법인세법시행령으로 그 구체적인 유형을 예시해 오고 있다. 당시에는 출자자에게 재산을 빼돌리는 방법으로 법인세를 포탈하는 것을 규제하는 것을 주된 목적으로 하였다. 이제는 거래상대방이 특수관계인으로 확대되고 거래유형도 다양화되었다. 포괄적인 다른 조항에 의해 포섭될 수 있는 사항에 관한 조항들이 중첩적으로 규정되어 있다(예, 현행 법인세법시행령 제88조 제1항 제2호, 제3호, 제4호 및 제5호).

가. 부인의 요건

과세관청은 내국법인의 행위 또는 소득금액의 계산이 특수관계인과의 거래로 인하여 그 법인의 소득에 대한 조세의 부담을 부당히 감소시킨 것으로 인정되는 경우에는 그 법인의 행위 또는 소득금액의 계산('부당행위계산')에 관계없이 그 법인의 각 사업연도의 소득금액을 계산할 수 있다(법인세법 제52조 제1항). 부당행위계산 여부는 건전한 사회 통념 및 상거래 관행과 특수관계인이 아닌 자 간의 정상적인 거래에서 적용되거나 적용될 것으로 판단되는 가격('시가')을 기준으로 판단한다(법인세법 제52조 제2항).

(1) 특수관계인

법인세법상 '특수관계인'이란 법인과 경제적 연관관계 또는 경영지배관계 등 대통령령으로 정하는 관계에 있는 자를 말한다. 이 경우 본인도 그 특수관계인의 특수관계인으로 본다(법인세법 제2조 제12호). 국세기본법상 '특수관계인'의 개념(국세기본법 제2조 제20호)을 법인세법의 목적에 맞게 조정한 것으로 볼 수 있다. 법인세법시행령은 "경제적 연관관계 또는 경영지배관계"에 대해 다음의 7개 호를 규정하고 있다(법인세법시행령 제2조 제5항).

1. 해당 법인의 경영에 대해 사실상 영향력을 행사하고 있다고 인정되는 자와 그 친족
2. 비소액주주등과 그 친족
3. 다음 각목에 해당하는 자 및 이들과 생계를 같이 하는 친족
   가. 법인의 임직원 또는 비소액주주등의 직원
   나. 법인 또는 비소액주주등의 금전이나 그 밖의 자산에 의해 생계를 유지하는 자
4. 해당 법인이 직접 또는 위 1.~3.의 자를 통해 어느 법인의 경영에 지배적 영향력을 행사하고 있는 경우 그 법인
5. 해당 법인이 직접 또는 위 1.~4.의 자를 통해 어느 법인의 경영에 지배적 영향력을 행사하고 있는 경우 그 법인
6. 해당 법인에 30% 이상을 출자하고 있는 법인에 30% 이상 출자하고 있는 법인이나 개인
7. 해당 법인이 공정거래법에 따른 기업집단에 속하는 법인인 경우에는 그 기업집단에 소속된 다른 계열회사 및 그 계열회사의 임원

(2) 조세의 부당한 감소

법인세법시행령은 법인세법 제52조 제1항을 적용하기 위해 '조세의 부담을 부당히 감소시킨 것으로 인정되는 경우'의 의미에 대한 정의규정을 두고 있다(법인세법시행령 제88조 제1항 본문). 해당 정의규정은 부당행위의 유형을 규정하는 방식으로 형성되어 있다. 법인세법시행령이 규정한 부당행위계산의 유형은 소득세법시행령이 규정한 유형에 비해 그 종류가 많다.

(가) 부당행위계산으로 보는 자본거래

법인세법시행령 제88조 제1항은 12개의 호에 걸쳐 "조세의 부담을 부당하게

감소시킨 것으로 인정되는 경우"를 열거적으로 정의하고 있다.

　　제8호는 자본거래로 인하여 주주 등인 법인이 특수관계인인 다른 주주 등에게 이익을 분여한 경우에 대해 규정하고 있다(대법원 2014. 6. 26. 선고 2012두23488 판결, 대법원 2023. 5. 18. 선고 2023두32839 판결). 증자시 주식을 인수하는 자가 주식을 고가로 인수함으로써 실권주주에게 경제적 이익을 분여한 것으로 보아 과세한 사례가 있다(대법원 2010. 11. 11. 선고 2008두8994 판결).

　　제8호의 2는 종래 "제8호 외의 경우로서 증자·감자, … 등 법인의 자본 …을 증가시키거나 감소시키는 거래를 통하여 법인의 이익을 분여하였다고 인정되는 경우"로 규정하고 있었다. 2019년 개정된 제8호의 2의 규정은 "제8호 외의 경우로서 증자·감자, … 등 자본거래를 통하여 법인의 이익을 분여하였다고 인정되는 경우"로 규정하고 있다. 종래의 규정을 적용하는 사안에서 대법원은 제8호의 2에서 '법인'은 주식발행법인을 의미하는 것은 아니라는 판단을 하였다(대법원 2020. 12. 10. 선고 2018두34350 판결). 이 판결은 주주에 대한 주식발행법인의 이익의 분여를 부당행위로 보기 어렵다는 전제하에 주식발행법인을 배제하고 동 규정이 주주 간의 이익의 분여를 규율하는 제8호의 보완적 규정이라고 본 것이다. 2019년 개정된 제8호의 2의 규정은 이런 대법원의 판단을 수용한 것이다. 원래 부당행위계산부인규정이 주주에 대한 숨은 이익처분을 통해 경제적 이중과세를 회피하는 것을 규제하기 위한 목적에서 도입된 역사적 배경을 고려한다면, 오히려 제8호의 2의 규정을 주식발행법인이 주주에게 이익을 분여하는 경우로 해석하는 것이 타당하였을 것으로 보인다.

　　참고로 주주인 법인이 신주를 고가로 인수하더라도 주식발행법인에게 제8호의2의 규정에 따라 이익을 분여한 것으로 볼 수는 없다(대법원 2020. 12. 10. 선고 2018두56602 판결).

　　(나) catch all clause

　　제9호는 두 개의 의미 단위로 구성되어 있다. '제1호 … 에 준하는 행위 또는 계산'과 '그 외에 법인의 이익을 분여하였다고 인정되는 경우'로 구분할 수 있다. 전반은 1998년 법인세법 및 법인세법시행령이 전부개정되면서 삽입된 문구이다. 후반은 1961년 법인세법시행령상 '기타 … 법인의 이익을 분여하였다고 인정되는 것이 있을 때'의 문구가 이어져 온 것이다. 법인세법시행령 제88조 제1항은 소득세법시행령 제98조 제2항과 동일하게 그 마지막 호에서 법률상의 문구를 다시 반복하는 방법으로 그 앞 호들의 규정이 예시적인 것임을 확인시켜 주고 있다. 이는 소득세법시행령과 법인세법시행령 해당 마지막 호에서 그 앞의 호들에서는 사용되지 않는 '··· 하였다고 인정되는 경우'라고 하는 표현을 사용함으로써 법률상의 문구와 동일한 방식으로 마무리하고 있음을 통해서도 알 수 있다. 이는 부당행위계산부인규정 적용의 요건으로 일종의 '합리성기준(reasonableness test)'을 설정한 것으로 보아야 한다. 조세회피의 목적의 존부를 객관적 사실과 정황으로 보아 판단하도록 한다는 점에서 요건충족 여부에 대한 판단을 객관화(objectify)한 것으로 볼 수 있다.

1998년 법인세법시행령을 개정할 때 삽입된 전반의 '제1호 ··· 에 준하는 행위 또는 계산'의 문구가 후반의 문구와 병렬적으로 새로이 놓임으로써 후반의 문구가 더욱 독립적인 의미를 갖게 되었다. 종래 법원은 후반의 문구를 선언적으로 보는 경향이 있었다.

제9호 전반의 문구가 적용된 사례로는 대법원 2006. 11. 10. 선고 2006두125 판결을 후반의 문구가 적용된 사례로는 대법원 2019. 5. 30. 선고 2016두54213 판결을 들 수 있다.

(다) 부당성의 의미

법인세법상 부당행위계산으로 보기 위해서는 법인세의 부당한 감소가 있어야 한다. 법원은 반드시 조세부담을 회피하거나 경감시킬 의도가 필요한 것은 아니지만 조세부담이 회피되거나 경감될 개연성이 있음을 인지하면서 한 행위가 '경제적 합리성'을 결여한 경우 부당한 것으로 볼 수 있다고 한다.

대법원 2006. 11. 10. 선고 2006두125 판결에서 법원은 "부당행위계산부인에 있어 반드시 조세부담을 회피하거나 경감시킬 의도가 있어야만 하는 것은 아니다(대법원 1996. 7. 12. 선고 95누7260 판결; 대법원 2000. 2. 11. 선고 97누13184 판결 등 참조). ···, 이 사건 채무보증 및 이에 따른 대위변제 등 일련의 행위는 경제적 합리성이 결여된 비정상적인 행위로서 ··· 부당행위계산부인의 대상에 해당한다고 봄이 상당하다."고 하였다. 법원의 이러한 원칙은 실제 시행령상 열거된 행위라 하더라도 그렇게 하는 것에 '경제적 합리성'이 있었던 경우라면 부당행위로 보지 않는 상당수의 대법원 판례에 의하여 확인되고 있다(대법원 1985. 5. 28. 선고 84누

337 판결; 대법원 1996. 7. 26. 선고 95누8751 판결; 대법원 2008. 7. 24. 선고 2008두3197 판결 등).

'경제적 합리성' 여부의 판단에 관해서 대법원 2014. 4. 10. 선고 2013두20127 판결 사건에서는 법인이 매입한 자산이 수익파생에 공헌하거나 장래에 자산의 운용으로 수익을 얻을 가능성이 있는 등 수익과 관련이 있는 자산에 해당하고 매입 행위가 행위 당시를 기준으로 할 때 건전한 사회통념이나 상관행에 비추어 '경제적 합리성'을 결여한 비정상적인 행위라고 할 수 없는 경우 부당성을 인정할 수 없다고 하였다.

대법원 2008. 7. 24. 선고 2008두3197 판결 사건에서는 원고가 특수관계인으로부터 주식을 매입할 때 지역 케이블방송과 경쟁관계에 있었던 점, 케이블방송의 경우 미래가치에 의한 평가가 중요하다고 볼 수 있는 점, 경영권이 포함된 주식인 점, 계약금액보다 더 많은 금전으로 전환된 점 등에 비추어 세법상 시가보다 높은 가격으로 매입한 것이 '경제적 합리성'을 결여하였다고 보기 어렵다는 판단을 하고 있다.

'경제적 합리성'의 판단은 기업가에게 맡겨야 할 것이며, 설사 일응 경제적으로 비합리적이라고 보이더라도 그 점만을 이유로 세법적용상 불이익을 주는 것은 타당하지 않다. 납세의무자가 형성한 거래를 부인하기 위해서는 그 거래의 구성에 조세절감 이외의 다른 어떤 목적도 존재하지 않았다든가 다른 목적이 조세요인에 비해 경미한 것이었다는 정도에 불과한 경우이었음이 입증되어야 할 것이다(principle purpose test). 과세관청에 의해 그런 점이 입증될 경우 납세의무자로서는 '경제적 합리성'의 항변으로 조세의 부당한 감소가 없었음을 설득할 수 있을 것이다. 이때 '경제적 합리성'은 당사자에게 경제적으로 불이익이 되는 '이익의 분여'가 없었다는 점을 의미한다. 설사 해당 납세자의 조세를 절감하는 결과가 되더라도 당사자에게 경제적으로 불이익이 되는 '이익의 분여'가 없었다면, 해당 납세자로서는 경제적으로 합리적인 것이 되고, 부당행위계산부인규정이 적용될 수 없다.

나. '시가'의 개념·적용

부당행위계산부인규정이 적용되기 위해서는 특수관계인과의 거래가 있어야 하며 그것에서 주고받은 대가가 '시가'와 차이가 있는 것이 되어야 한다. 법인세법 제52조 제2항은 "건전한 사회통념 및 상관행과 특수관계인이 아닌 자 간의 정상적인 거래에서 적용되거나 적용될 것으로 판단되는 가격(요율·이자율·임대료 및 교환비율 기타 이에 준하는 것을 포함하며, 이하 이 조에서 '시가'라 한다)을 기준으로 한다."고 규정하고 있다.

'시가'의 개념은 '건전한 사회통념 및 상관행'과 '특수관계인이 아닌 자 간의 정상적인 거래에서 적용되거나 적용될 것'의 두 가지의 요소로 구성되어 있다. 전자는 이른바 정당한 사업목적(legitimate business reason)이 있으면 조세회피행위로 규제될 수 없다는 미국 내국세입법상 '사업목적이론(business purpose doctrine)'의 정신이 반영된 것이며, 후자는 조세회피와는 직접적인 관련 없이 순수하게 비특수관계인 간의 거래라면 이루어졌을 가격, 즉 정상가격을 의미한다. 전자는 조세회피방지규정적인 성격을 함유하고 있으며 후자는 중립성을 유지하고자 하는 이전가격과세제도와 유사한 것이다. 부당행위계산부인규정은 '개별적 조세회피방지규정(specific anti-avoidance rule)'으로서의 성격이 있는 것이기 때문에 전자의 관점에서 해당 조문을 해석하는 것이 타당하다.

실제 시가의 구체적인 산정방법은 이전가격과세상 정상가격의 산정방법과 많은 부분 공통점을 가지고 있다. 이는 시가의 구체적인 산정방법에 관해 방대한 규정을 두고 있는 법인세법시행령 제89조가 그 제1항에서 시가의 산정방법으로 '특수관계인이 아닌 자 간의 정상적인 거래'의 가격을 보다 구체화하기 위해 "법 제52조 제2항의 규정을 적용함에 있어서 당해 거래와 유사한 상황에서 당해 법인이 특수관계인 외의 불특정다수인과 계속적으로 거래한 가격 또는 특수관계인이 아닌 제3자 간에 일반적으로 거래된 가격이 있는 경우에는 그 가격에 의한다."고 하여 '(유사)매매사례가액'을 우선한다는 원칙적 규정을 두고 있는 데에서도 알 수 있다.

법인세법시행령 제89조 제2항은 제1항에 의한 시가가 불분명한 경우 보완적인 시가 산정방법으로서 감정가액 및 상증세법상 보충적평가가액으로 순서를 정하고 있다. 상증세법상 시가에 매매사례가액, 수용가액, 공매가격, 감정가액이 포함되며 보충적 평가가액은 제외되는 것과 비교할 수 있다(상증세법 제60조 제1항 및 제2항). 법인세법시행령 제89조 제3항과 제4항은 자금거래나 부동산임대거래에 적용할 시가에 대해 특칙을 두고 있다.

법원은 여러 자산을 포괄적으로 양수한 것으로 인정되는 경우에는 원칙적으로 개개의 자산별로 그 거래가격과 시가를 비교하여 고가양수 등에 해당하는지 여부를 판단할 것이 아니라, 그 자산들의 전체 거래가격과 시가를 비교하여 포괄적 거래 전체로서 고가양수 등에 해당하는지 여부를 판단하여야 한다고 한다(대법원 2013. 9. 27. 선고 2013두10335 판결; 대법원 1997. 2. 14. 선고 95누13296 판결 등).

법원은 시가의 입증책임은 일관되게 과세관청에게 있다고 보고 있다. 시가를 산정하기 어려워 상증세법상 보충적 평가방법을 택할 수밖에 없었다는 점에 관한 입증책임을 과세관청에 부담시키고 있다(대법원 2004. 5. 13. 선고 2004두2271 판결; 대법원 2005. 6. 23. 선고 2005두3066 판결; 대법원 2013. 9. 27. 선고 2013두10335 판결 외 다수 같은 뜻). 과세관청은 법인세법상 부당행위계산부인 시 적용되는 '시가'를 산정할 때에는 '매매사례가액', '감정가액' 및 상증세법상 '보충적으로 평가한 가액'을 적용함에 있어서 어느 한 가액을 시가로 적용할 수밖에 없다는 점을 명확히 입증하여 과세할 필요가 있다.

다. 부인의 효과

(1) 저가양도 · 고가양수의 경우

법인세법시행령 제88조 제1항이 규정하고 있는 부당행위계산의 유형 중 제1호의 규정에 의한 자산의 고가매수(시가와 거래가액의 차액이 3억원 이상이거나 시가의 100분의 5에 상당하는 금액 이상인 경우에 한하여 적용한다)의 예를 들어 본다.

제3호의 규정에 의한 자산의 저가양도(시가와 거래가액의 차액이 3억원 이상이거나 시가의 100분의 5에 상당하는 금액 이상인 경우에 한하여 적용한다)의 예를 들어 본다.

제1호의 고가양수 및 제3호의 저가양도의 사례에서 갑 법인은 을법인에게 무상으로 이익을 이전한 것이다. 개인 과세상 갑이 을에게 무상으로 이익을 이전하면 을은 증여세를 부과받고 양자 간 특수관계일 경우 갑이 부당행위계산부인을 받는다. 이와 같은 이중과세에 대해 법원은 증여세의 과세와 소득세의 과세는 그 요건이 다른 것이므로 이중과세로 보기 어렵다는 판단을 하고 있다(대법원 1999.

9. 21. 선고 98두11830 판결). 법인과세상으로는 갑과 을 모두 법인세를 부과받게 되므로 그러한 논리만으로 합리화하기는 어려울 것으로 보인다.

[사례1] 갑 법인이 특정 자산을 시가의 130%의 가액으로 을 법인으로부터 매수한 경우 을 법인은 갑 법인에게 매도한 실지거래가액대로 소득금액을 계산하여 법인세를 부과받는다. 갑 법인의 경우 시가와 실지거래가액의 차액에 해당하는 30% 해당분(A)은 갑 법인이 추후 양도시 양도소득금액을 계산할 때 실지거래가액에서 차감하여 필요경비를 산정한다(법인세법시행령 제72조 제4항 제3호). A만큼은 갑 법인의 양도소득 및 을 법인의 양도소득으로 2회 과세되어 경제적으로 이중과세된다.

[사례2] 갑 법인이 특정 자산을 시가의 70%의 가액으로 을 법인에게 양도할 경우 시가와 실지거래가액의 차액에 해당하는 30% 해당분(A)은 갑 법인의 소득으로 과세된다(법인세법시행령 제89조 제5항). 을 법인은 실지거래가액을 취득가액으로 인식하고 추후 제3자에게 양도시 필요경비로 인정받는다. A만큼은 갑 법인의 양도소득 및 을 법인의 양도소득으로 2회 과세되어 경제적으로 이중과세된다.

(2) 업무무관가지급금의 경우

차입금을 보유하고 있는 법인이 법인세법상 특수관계에 있는 자에게 업무와 관련 없이 대통령령이 정한 가지급금 등을 지급한 경우에 부당행위계산부인에 따라 대여금의 인정이자를 익금에 산입한다(법인세법시행령 제11조 제9호, 법인세법시행령 제88조 제1항 제6호).

'업무와 관련 없이 지급한 가지급금'에는 순수한 의미의 대여금은 물론 채권의 성질상 대여금에 준하는 것도 포함되고, 적정한 이자율에 의하여 이자를 받으면서 가지급금을 제공한 경우도 포함되며, 가지급금의 업무 관련성은 당해 법인의 목적이나 영업내용을 기준으로 객관적으로 판단하여야 한다(대법원 1992. 11. 10. 선고 91누8302 판결). 해당 가지급금으로부터 적절한 수입이 발생할 경우에는 업무관련성을 인정하는 것이 타당할 것으로 보인다.

미국의 경우 주로 법인과 주주 간 자금의 대여에 대해 시장이자율에 의한 인정이자 과세를 하는 규정을 두고 있다(내국세입법 제7872조, 제267조).

(3) 부당행위계산부인 시 소득처분

실지거래가액이 시가와 차이가 있어 분여한 것으로 구분된 이익은 이익을 분여한 법인에게는 익금으로 추가하고 그 이익의 실질적인 귀속자에게는 이득이 될 것이므로 별도로 과세 여부를 판단한다. 그 이득이 누군가의 소득 내지 증여재산으로 과세되도록 되어 있다면 세법상 추가적인 조치가 필요하지 않으므로 해당 법인의 관할세무서장은 기타 사외유출된 것(대여자의 소득으로 과세되므로)으로 처분한다. 관할세무서장의 조치가 필요한 경우가 있을 수도 있다.

특수관계인에 대한 업무무관가지급금에 대해 부당행위계산부인규정이 적용될 때, 해당 법인에 대해서는 인정이자를 익금가산하고 이를 해당 특수관계인의 소득으로 소득처분한다. 업무무관가지급금과 관련된 차입금에 대해서는 그 지급이자를 손금불산입하고 이를 기타 사외유출된 것으로 소득처분한다.

[사례] 갑 법인이 제3자로부터 3년 전에 3억원에 양수한 부동산을 이제 특수관계인인 을에게 8억원에 양도하는데 현재 해당 부동산의 시가는 10억원인 경우 신고한 양도소득금액은 5억원이지만 부당행위계산부인규정에 의해 갑 법인이 추가적으로 과세받아야 할 소득금액은 2억원이 된다(법인세법시행령 제88조 제1항 제3호). 이때 양수자인 을은 2억원에 대해 증여세를 부담하지는 않는다. 시가 대비 차액이 시가의 30% 또는 3억원에도 미치지 않기 때문이다(상증세법시행령 제26조 제3항). 다만, 을은 갑 법인으로부터 양수한 부동산을 15억원에 처분할 때에 양도소득금액을 계산하면서 실지거래가액인 8억원을 필요경비로 계상하여야 한다. 갑 법인과 을에 걸쳐 발생한 실제 발생한 자본이득은 12억원인데, 과세소득은 14억원이 된다. 만약 갑 법인이 해당 부동산을 시가인 10억원에 을에게 양도하였다면 과세소득은 12억원이 될 것이다. 두 경우의 과세소득의 차이 2억원은 을이 갑 법인으로부터 증여를 받은 것에 대한 세금을 갑 법인이 법인세의 형태로 부담하게 되는 것이다.

사례를 바꾸어 을을 국외에 소재하는 갑 법인의 완전지배주주이면서 국외특수관계인인 A 법인이라고 해보자. 이때에는 국조법상 이전가격과세규정이 적용된다. 한국 과세당국이 정상가격을 10억원으로 보고 갑 법인의 소득금액을 5억원에서 7억원으로 증액한다. A 법인의 소재지국 과세당국이 대응조정을 할 경우 A 법인의 양수가액은 8억원에서 10억원으로 증액된다. A 법인이 제3자에게 15억원에 처분할 경우 A 법인의 소득금액은 7억원에서 5억원으로 감액된다. 이 경우 갑 법인과 A 법인의 합계 소득금액은 여전히 12억원이 된다. 그런데 한국의 과세당국은 A 법인이 2억원에 해당하는 금액을 갑 법인에게 반환하지 않으면 그 금액만큼 A 법인이 배당을 가져간 것으로 소득처분하여 A 법인에게 국내원천배당소득으로 2억원을 과세한다. 결과적으로 과세금액은 14억원이 된다. 국내거래와 국제거래간 비록 다른 규정이 적용되지만 공통적으로 도모하는 과세는 경제적 이익의 무상이전에 대해 무상이전하는 자에게는 비용인정을 하지 않고 무상이전을 받는 자에게는 소득 또는 증여로 과세하는 것이다.

특수관계자 간 국제거래에 대한 과세상 시가 또는 정상가격에 의해 거래가격을 의제하는 것은 일방국의 과세권을 지키기 위함이다. 국내거래에 있어서도 그와 같은 의제규정을 두는 것이 필요한지는 의문이다. 우리나라에서 부의 무상이전과세는 자본이득과세와 대체적 관계에 있다. 자산을 무상이전받는 자는 시가에 의해 상속세 또는 증여세를 과세받고 그 과세가격을 취득가격으로 인정받는다. 저가양수의 '부당행위'를 통해 자산을 이전받은 자의 경우 증여과세 없이 실지거래가액을 취득가액으로 인정받거나 증여과세를 받으면서 그 과세받은 부분을 실지거래가액에 가산하는 것을 인정받게 된다. 저가양수의 '부당행위'에 대한 과세는 부의 무상이전과세원칙에 부합하게 설정되어 있다. 결과적으로 자산을 저가양수한 자에 대한 과세를 위해 부당행위계산부인규정을 둘 필요는 없는 것이다.

자산을 무상이전하는 자에 대한 과세의 측면에서 본다. 소득세법은 양도소득과세상 특수관계인에게 자산을 무상이전하는 자에게 어떤 과세의 계기도 규정하지 않고 있다. 특수관계인에게 자산을 저가양도하는 자에게는 부당행위계산부인규정을 두고 시가에 맞는 양도소득과세를 하도록 하고 있다. 특수관계인에 대한 자산의 저가양도에 대한 부당행위계산부인규정은 일관성을 결여한 것이다. 한편, 법인세법상 과세소득금액은 기업회계상 당기순손익에 세무조정을 하여 계산하도록 되어 있으므로 자산의 무상이전에 의한 순자산감소분이 제한 없이 과세소득금액을 감소시키도록 허용하기는 곤란하다. 이에 대해서는 '기부금'의 명칭을 사용하여 일정한 요건을 충족하는 경우에만 손금으로 인정한다. 비특수관계인에 대한 자산의 정당한 사유 없는 저가양도 또는 고가매수한 금액은 기부금으로 보도록 되어 있다. 특수관계인과의 거래에 대해서도 그와 같은 규정을 적용하는 것이 바람직하다.

6. 과세표준과 세액의 산정

가. 개 요

(1) 과세표준

법인세액은 과세표준에 세율을 곱하여 산정한다. 내국법인의 각 사업연도소득에 대한 법인세의 과세표준은 각 사업연도소득 범위 안에서 이월결손금, 비과세소득 및 소득공제액을 순차로 공제한 금액으로 한다(법인세법 제13조).

이월결손금은 해당 사업연도의 개시일 전 15년 이내에 개시한 사업연도에서 발생한 결손금으로서 그 후의 각 사업연도의 과세표준계산에 있어서 공제되지 아니한 금액을 말한다. 이월결손금은 각 사업연도 소득의 80퍼센트(중소기업과 회생계획을 이행 중인 기업은 100퍼센트)를 한도로 하여 공제된다. 각 사업연도에 소득에서 공제할 수 있는 결손금은 통상적인 법인세 신고가 되거나 세무서장에 의해 결정·경정되거나, 수정신고된 과세표준에 포함된 결손금에 한정한다(법인세법 제13조 제1호 2문). 이 조항이 도입되기 전, 법원은 확정된 과세처분과는 독립한 별개의 처분인 그 뒤 사업연도의 법인세 부과처분의 효력을 다툼에 있어 이전의 과세표준 결정이 잘못되었다거나 법인세법의 관계 규정에 따라 소득에서 공제될 수 있는 이월결손금이 있다는 등의 주장을 다시 할 수 있다(대법원 2002. 11. 26. 선고 2001두2652 판결)는 입장을 취하였다. 이 판결 이후에는 비록 과세연도의 과세표준 및 세액이 확정되었더라도 그 후 사업연도의 과세표준 등을 산출함에 있어서는 전의 사업연도에 공제가능하였던 정당한 이월결손금이 순차로 공제되었음을 전제로 당해 연도에 공제할 결손금을 계산하여야 한다는 다소 보수적인 입장으로 선회하였다(대법원 2004. 6. 11. 선고 2003두4522 판결). 이들 판결은 모두 법인세법상 결손금은 반드시 과세표준 확정시 결손금으로 조사된 금액뿐 아니라 어느 사업연도의 손금총액이 익금총액을 초과하는 경우 그 금액은 당연히 결손금에 해당한다는 것을 전제로 하는 것이었다. 이 판결들에서 법원은 결손금 감액경정의 처

분성을 인정하지 않았다. 현행 규정상으로는 그과 같은 주장은 허용되지 않는 것
이다. 이제 법원은 결손금 감액경정의 처분성을 인정하고 있다(대법원 2020. 7. 9.
선고 2017두63788 판결).

(2) 산출세액

법인세율은 초과누진방식으로 구성되어 있다(법인세법 제55조). 부동산 임대업
을 주된 사업으로 하는 법인 등에 대해서는 별도의 세율표가 적용된다.

과세 표준구간	~2억원	2억원~2백억원	2백억원~3천억원	3천억원~
세율	9%	19%	21%	24%

과세표준에 세율을 곱한 것을 산출세액이라고 하고 산출세액에서 공제감면세
액을 차감하고 가산세액을 가산한 후 기납부세액을 공제하면 차감납부할 세액이
된다. 공제감면세액에는 외국납부세액이 포함되며, 기납부세액에는 원천납부세액
이 포함된다. 차감납부할 세액에서 '사실과 다른 회계처리경정세액공제'를 하면
차감납부세액이 된다(법인세법 제58조의 3).

법인세 산출세액은 위의 세율표에 의한 세액에 법인세법 제55조의 2(토지 등
양도소득에 대한 법인세) 및 조특법 제100조의 32의 규정에 의한 세액(미환류소득법
인세)을 합한 세액으로 한다(법인세법시행규칙 [별지 제3호서식] 참조).

중소기업의 결손금의 소급에 의한 환급의 경우, 당해 연도에 결손금이 있는
중소기업이 그것을 소급하여 상계하고자 할 때에는 관할세무서장에게 법인세신고
기한 내에 세액의 환급을 신청하여야 한다. 이와 동시에 해당 법인은 당해 연도
및 소급하고자 하는 사업연도의 법인세신고를 하여야 한다(법인세법 제72조). 당초
신고 시에는 당해 사업연도의 결손금에 대해 소급공제를 신청하지 않고 있다가
추후 소급공제에 대한 환급을 신청하는 방법으로 경정청구를 하는 것은 허용되지
않는다. 법인이 당해 사업연도의 법인세를 신고납부하였는데 관할세무서장이 경
정을 하면서 직전 사업연도의 법인세액을 증액하고 당해 연도는 결손이 발생한
것으로 결정한 경우에도 해당 법인은 환급을 신청할 수 없다. 여기서 신청은 법인
세신고기한 이내에 하여야 하기 때문이다. 환급 신청에 따른 세무서장의 결정에

는 직전년도 법인세의 환급세액을 결정하는 효력이 부여된다.

이 결정은 납세의무자와의 관계에서 국가의 조세채권에 준하는 납세의무자의 환급채권을 확정하는 효력이 있다는 점에서 부과처분으로 보아야 한다. 해당 환급채권의 귀속시기는 결손이 발생한 해와 그 직전 해의 과세표준 모두와 연관되어 있어서 둘 중 어느 연도로 볼 것인지의 문제가 있게 되는데 법원은 결손이 발생하는 해에 귀속하는 것으로 보고 있다. 당초 결정한 환급세액이 추후 직전년 과세표준이 후발적 사유로 인해 축소됨에 따라 과다했던 것이 되어 세무서장이 경정을 하고 그에 따라 해당 중소기업에게 과다환급분을 결정하고 해당 금액의 반납을 명하는 처분을 하는 경우 그 부과제척기간은 결손이 발생한 해를 기준으로 판단하여야 한다(대법원 2022. 11. 17. 선고 2019두51512 판결).

나. 최저한세

일정한 경제·사회적 목적의 달성을 위해 도입한 개별적 조세특례는 그 도입 취지에 맞게 독립적으로 적용되어야 할 것이다. 여러 특례가 동시에 적용되다 보면 내야 할 세금이 전혀 없는 기업도 발생한다. 이때 중첩적인 조세특례를 통해 과다하게 지원을 받는 기업이 발생하지 않도록 하기 위한 목적으로 도입된 제도가 '최저한세(alternative minimum tax)'이다. 최저한세는 '각종 조세지원을 감안하지 않았을 경우라면 산출됐을 과세표준'에 대해 최소한으로 내야 할 세금을 의미한다. 따라서 최저한세는 별도로 세금을 내야 할 세목은 아니며, 최저한세규정 때문에 증가한 법인세액이다. 최저한세율은 중소기업은 7%, 대기업은 과세표준 구간에 따라 10%, 12%, 17%의 초과누진세율로 되어 있다(조특법 제132조 제1항). 조특법상 조세지원은 최저한세의 규정의 적용을 받는 조세지원과 그렇지 않은 조세지원으로 양분된다. 최저한세 적용대상 조세지원에는 각종 특별비용, 비과세소득, 익금불산입, 소득공제, 세액공제 및 세액감면이 있다. 최저한세규정의 적용대상이 아닌 조세지원을 받은 법인의 실제 부담세율은 최저한세율보다 낮은 수준이 될 수 있다.

다. 토지 등 양도소득에 대한 부가적인 세액 등

법인세법은 법인의 지가급등지역의 주택, 비사업용 토지에 대해서는 통상의 법인세율에 의한 세액 이외에 10%p의 세율로 계산한 세액을 부과한다(법인세법 제4조 제1항 제3호, 법인세법 제55조의 2 제1항 제1호). 개인의 경우 지정지역 안의 토지에 대해 높은 세율이 적용되는 것과 균형을 맞추기 위함이다(소득세법 제104조 제4항, 제104조의 2).

2017년으로 기업소득환류세제(법인세법 제56조)는 일몰이 종료되어 소멸하게 되었으며, 그와 동일한 구조이지만 구체적 내용을 달리하는 상호출자제한기업집단 소속법인을 대상으로 하는 투자·상생협력촉진(미환류소득)세제가 2025년까지의 일몰세제로 부과되고 있다(조특법 제100조의 32).

라. 세액공제

법인세액 산출과정상 세액공제에는 법인세법상 기납부세액공제 및 외국납부세액공제 그리고 조특법상 세액공제 등이 있다.

법인세법 제58조의 3은 '사실과 다른 회계처리 경정 세액공제'에 대해 규정하고 있다. 내국법인이 사실과 다른 회계처리로 증권거래법 및 외감법상 경고·주의 등의 조치를 받은 경우로서 과세표준과 세액을 과다하게 계상하여 국세기본법 제45조의 2의 규정에 의하여 경정을 청구한 경우에는 관할세무서장이 경정을 한다. 여기서 사실과 다른 회계처리는 수익 또는 자산을 과다계상하거나 손비 또는 부채를 과소계상하는 등의 회계처리를 말한다. 법원은 납세자가 자산을 과대계상하는 분식회계에 의해 과다납부한 법인세에 대해 취소소송을 제기하는 것이 신의성실의 원칙에 위배되었다고 할 정도로 배신행위를 한 것은 아니라고 보고 있다.

조특법상 세액공제(최저한세 적용대상, 최저한세 적용제외로 구분)로는 근로소득을 증대시킨 기업에 대한 세액공제(조특법 제29조의 4, 조특법시행령 제26조의 4) 등이 있다. 임금증가 기업에 대해 증가분의 5%(중견기업 10%, 중소기업 20%)를 세액공제해준다. 여기서 증가분은 직전 3년 평균 임금증가율을 초과한 임금증가분(임원, 고액연봉자 등을 제외하고 계산)으로 한다.

제3항 조세채무의 확정

1. 신   고

법인세는 신고납세방식의 조세이므로 납세의무자인 법인이 신고를 함으로써 납세의무가 확정된다. 법인세를 신고납세방식의 조세로 한 것은 법인의 경우 법인 스스로의 복식부기에 의해 유지되는 회계장부를 기초로 소득금액을 계산하도록 하고 있어서 개별 법인이 자신의 소득금액을 확정하기 용이한 점이 반영된 것이다.

내국법인은 각 사업연도의 종료일이 속하는 달의 말일부터 3개월 이내에 당해 사업연도의 법인세과세표준과 세액을 납세지관할세무서장에게 신고하여야 한다. 법인은 많은 경우 역년을 사업연도로 하고 있는데 그 경우 그 시한은 3월 말이 된다. 개인의 종합소득세신고기한은 5월 말이므로 법인세의 신고기한과 2개월의 간격이 있다. 개인은 법인으로부터의 배당이나 상여를 합산하여 종합소득세를 신고할 수 있는 시간적 여유를 갖게 된다.

비영리내국법인에게는 일정한 경우 신고상 특례가 인정된다. 비영리내국법인의 사업은 고유목적사업과 수익사업으로 구분할 수 있는데 수익사업의 범주에 포함되어야 할 것이 단순한 투자자산소득에 불과할 경우에는 사실상 계속적인 사업을 영위한 것으로 보기 어렵기 때문에 그 소득에 대한 세금이 원천징수되거나 개인과 같은 요령으로 해당 소득에 대한 세금을 신고납부하면 법인세의 신고를 하지 않을 수 있다.

2. 부과결정

법인세법 제66조는 법인의 각 사업연도소득과세표준의 결정 및 경정에 대해 규정하고 있다. 납세지관할세무서장은 법인이 신고하지 않은 경우 법인세과세표준과 세액을 결정하고 신고내용에 오류 또는 탈루가 있는 경우 등에는 경정하여야 한다.

과세표준신고서에 기재된 과세표준 및 세액이 세법에 의하여 신고하여야 할 과세표준 및 세액을 초과하는 때에는 경정청구를 할 수 있다(국세기본법 제45조의 2 제1호). 이때 경정청구는 법정신고기한으로부터 5년 이내에 하여야 한다.

법인세법시행령은 소득세법시행령처럼 소득금액의 추계결정방법을 열거하고 있다(법인세법시행령 제104조 제2항). 수입금액은 실지조사하는 데 소득금액을 추계조사로 결정할 수 있다. 수입금액은 추계조사하더라도 소득금액은 실지조사로 결정할 수 있다(법인세법시행령 제105조 제2항).

당초 결정할 때 실지조사에 의하여 과세표준을 확정하였는데 추후 수입금액 누락사실이 발견된 경우 그에 대응하는 비용을 실사를 통해 확인할 수 없는 때에는 해당 수입금액에 대응하는 소득금액만 추계할 수는 있다. 실무상으로는 비용의 확인이 곤란한 경우 소득금액을 추계하지 않고 비용을 전혀 인정하지 않는 경우도 있다. 납세자가 이러한 결과를 막기 위해서는 원래 실지조사를 할 당시 산입되지 않은 비용이 존재함을 입증하여야 한다. 입증이 곤란하다고 하여 전체를 추계조사로 전환할 수는 없는 것이다. 원래 결정이 추계조사방식에 의해 하였는데 추가적인 수입금액이 발견되는 경우에는 추가적인 부분에 대해 추계결정하면 된다.

제 4 항   소득처분

법인세 과세표준의 신고·결정 또는 경정이 있는 때 익금에 산입하거나 손금에 산입하지 아니한 금액은 그 귀속자 등에게 상여(賞與)·배당·기타사외유출(其他社外流出)·사내유보(社內留保) 등 대통령령으로 정하는 바에 따라 처분한다(법인세법 제67조(소득처분)). '소득처분'이라 함은 기업회계상 당기순이익에서 출발하여 법인세법상 각종 조정과정을 거친 결과 법인의 각 사업연도소득금액이 구해진 다음 그것이 어떠한 상태에 있는가를 과세의 관점에서 바라보고 필요한 조치를 취하도록 하는 것을 말한다.

소득처분에서 '소득'은 법인의 소득을 말하는 것이다. 기업회계상으로는 법인의 당기순이익은 법인세, 배당 그리고 사내유보의 방법으로 처분된다. 기업회계상 당기순이익에 세무상 아무런 조정을 할 필요가 없었던 경우라면 소득처분도 필요하지 않게 된다. 세무조정사항이 발생하면 소득처분도 하게 된다.

소득처분은 기업회계와 세무회계의 차이가 발생하는 등 세무조정을 하는 경우에만 하는 것은 아니며, 법인이 신고한 소득과 과세관청이 조사한 소득간에 차이가 발생하여 법인세법 제66조의 규정에 따라 결정 또는 경정을 하거나 법인세법 제69조의 규정에 의하여 수시부과결정을 하는 경우 또는 납세자가 원래 신고한 사항을 스스로 수정신고하는 경우에도 하게 되어 있다.

소득처분은 소득의 증액('+소득')과 감액('−소득') 두 경우에 모두 하여야 한다. '+소득'으로서 각 사업연도소득금액을 증가시킬 부분이라면 우선 법인세를 부담하고 남는 것이 사내에 남아 있을 수도 있고 누군가가 가져가서 사내에 없을 수도 있다. 법인세법은 익금에 산입하거나 손금에 산입하지 아니한 금액의 처분에 대해서만 규정하고 있다(법인세법 제67조). 이를 이어받은 법인세법시행령도 익금에 대해서만 규정하고 있다. 실무상으로는 손금산입사항도 소득처분의 대상이 되는 것으로 운영되고 있다. '+소득'이든 '−소득'이든 사내에 적립된 이윤으로서 법인세와 배당지급액을 차감한 것을 법인세법상으로는 '자본금과 적립금'이라고 한다. 자본금과 적립금은 다음과 같은 순서로 산정된다.

① 기업회계상 자본금 및 잉여금을 산정한다.
② 세무조정유보소득을 산정하여 ①의 금액에 가산한다.
③ ②의 금액에서 당기 법인세를 차감하여 당기 말 '자본금과 적립금'을 산정한다.

③에서 산정한 자본금과 적립금이 소위 '세무상 자본'에 해당한다. 기업회계상 손익계산서와 대차대조표(재무상태표)가 있고 대차대조표(재무상태표)에 자본의 부가 있다. 세무회계상 손익계산서는 기업회계상 손익계산서에 '소득금액조정합계표'를 반영하여 얻을 수 있을 것이다. 이는 법인세신고서상 '결산서상 당기순이익'에 '소득조정금액'을 가감하여 '차가감소득금액'을 산정하고 그에 따라 각 사업연도소득금액을 산정하는 과정에서도 알 수 있다.

세무회계상 대차대조표(재무상태표)는 상정하기 곤란하다. 기업회계상 대차대조표(재무상태표)의 자본의 부에 대응하는 세무상의 내역은 ①부터 ③까지의 과정을 기록한 '자본금과 적립금조정명세서(갑)'이다. 이는 법인세신고서와 함께 제출되어야 한다. ②의 과정에서 세무조정유보소득이 전기로부터 유보된 것, 당기에 새로이 발생한 것 그리고 차기에 이월될 것이 세무조정항목별로 정리되어 '자본금과 적립금조정명세서(을)'에 기록된다. '소득금액조정합계표'는 '익금산입 및 손금불산입'뿐 아니라 '손금산입 및 익금불산입'에 대해서도 소득처분하도록 구성되어 있다.

개별적 세무조정사항과 세무조정의 결과 어떤 처분을 하여야 하는지에 관한 매우 세부적인 규정이 법인세법 제67조 및 법인세법시행령 제106조에 마련되어 있다. 법인세법상 소득처분 규정은 단순히 기술적으로 실질적인 귀속을 보아 세법상 허점이 없도록 하기 위한 성격에 그치지 않고 세무조사의 과정에서 발견된 위법행위를 규제하기 위한 목적을 동시에 추구하고 있다는 점을 알 필요가 있다.

▶ 법인의 익금 또는 손금과 관련하여 횡령한 경우   세무조사과정에서 법인의 매출누락이 발견되고 사용인이 횡령한 사실이 밝혀질 경우 소득금액변동통지를 통해 지급을 의제하고 상여(근로소득)로서 원천징수할 의무가 부여된다. 법인이 수정신고기한 내에 매출누락, 가공경비 등 부당하게 사외유출된 금액을 회수하고 세무조정으로 익금에 산입하여 신고하는 경우의 소득처분은 사내유보로 한다(법인세법시행령 제106조 제4항 본문). 세무조사의 통지를 받거나 세무조사에 착수된 것을 알게 된 경우 등 경정이 있을 것을 미리 알고 사외유출된 금액을 익금산입하는 경우에는 사내유보로 보지 않는다고 규정하고 있다(법인세법시행령 제106조 제4항 단서). 수정신고기한은 '각 세법의 규정에 의하여 당해 국세의 과세표준과 세액을 결정 또는 경정하여 통지를 하기 전까지'로 되어 있다. 과세관청이 법인세과세표준을 경정하고 이에 따라 상여로 소득처분을 한 경우라면 그 이후에 회수한다 하더라도 당초의 소득처분은 유지된다(대법원 2011. 11. 10. 선고 2009두9307 판결).

[사례] 법인이 매출 1억원을 누락하여 대표이사가 모두 횡령한 것이 세무조사과정에서 발견된 경우를 상정해 보자. 거래의 실질을 보면 대표이사는 1억원을 횡령하였고 법인은 이를 회수하지 못하였다. 내용상 1억원의 익금산입사항과 더불어 1억원의 손금산입사항이 인식되는 것이다. 법인세법은 1억원의 손금산입은 허용하지 않는데 이는 1억원을 회수할 수 있는 대표이사에 대한 채권이 자산으로 남아 있기 때문이다. 대표이사도 경제적으로 보면 채무가 있으므로 순이득이 없다고 볼 수도 있지만 법인세법은 현재 1억원을 횡령한 점을 중시하여 상여로 처분하도록 하고 있다(법인세법시행령 제106조 제1항 제1호 나목). 이후에 회사가 채

권회수를 위해 정당한 노력하였지만 회수하지 못한 경우에는 손금으로 인정받게 된다. 실제 회수한 경우에는 익금가산되지 않으며, 기왕에 대표이사 상여처분된 것은 그대로 유지된다.

▶ 법인의 익금 또는 손금과 무관하게 단순 횡령한 금액   횡령금액의 회수가 능성이 있는 경우에는 가지급금으로 계상하게 되어(법인세법 기본통칙 67－106… 12, 대법원 2008. 11. 13. 선고 2007두23323 판결) 기업회계상 순자산의 감소가 없게 된다면 세무조정과 소득처분이 없게 된다(조심 2017. 5. 24. 2017중0389 결정).

최종적으로 회수가능성이 없어 대손으로 계상한 경우에는 기업회계상 순자산의 감소가 있게 된다. 기업이 채권의 회수를 위해 정당한 노력을 다한 경우에는 손금으로 인정하지만 채권을 포기한 것인 때에는 손금으로 인정하지 않는다(법인세법시행령 제11조 제9호, 사전2015법령해석법인0373, 2015. 12. 14). 이때 사용인에 대해서는 상여로 처분한다.

▶ 회생절차 개시 전 발생한 사유   법인이 「채무자 회생 및 파산에 관한 법률」에 따른 회생절차에 따라 특수관계인이 아닌 다른 법인에 합병되는 등 지배주주가 변경(인수)된 이후 회생절차 개시 전에 발생한 사유로 인수된 법인의 대표자 등에 대하여 법인세법 제67조에 따라 상여로 처분되는 일정 소득에 대해서는 소득세를 원천징수하지 않는다(소득세법 제155조의 4). 임직원 본인이 소득세 납부의무를 부담한다.

제4절 청산소득에 대한 법인세

제1항 과세대상 및 과세표준

내국법인의 해산(합병이나 분할에 의한 해산은 제외)에 의한 청산소득금액은 그 법인의 해산에 의한 잔여재산의 가액에서 해산등기일 현재의 자기자본의 총액을 공제한 금액으로 한다(법인세법 제79조 제1항). 청산소득에 대한 법인세의 과세표준은 청산소득금액으로 한다(법인세법 제77조).

법인세법이 청산소득을 독립된 과세대상으로 구분하는 것은 청산기간 중 조속한 조세채무의 확정 및 확보상의 필요 때문이다. 법인은 해산하면서 해산등기를 하고 이후 청산사무가 종결되면 청산등기를 함으로써 소멸한다. 해산시점의 순자산 가액은 그 시점의 장부가액만 본다면 바로 계산되어 나올 것이지만 실제 그것을 구성하는 자산과 부채를 시장에서 얼마의 가격으로 볼 것인지는 청산사무를 진행하면서 확인되게 된다. 청산소득에 대한 법인세의 과세표준과 세액은 순자산, 즉 잔여재산가액의 확정일이 속하는 달의 말일부터 3월 이내에 신고하도록 하고 있다. 확정된 조세채무의 이행을 확보하는 데에도 별도의 규정이 존재한다.

청산인과 잔여재산의 분배를 받은 자가 각 사업연도소득에 대한 법인세와 청산소득에 대한 법인세의 연대납세의무를 부담하도록 하였던 구 법인세법시행령 제127조의 규정은 2012년 삭제되었다.

법인이 해산하여 청산하는 경우 그 법인에 부과되거나 납부할 법인세액에 대해 청산인과 잔여재산을 분배받은 자는 제2차납세의무를 진다(국세기본법 제38조).

법인이 원천징수하지 않았거나 원천징수한 법인세액을 납부하지 않은 경우 청산인과 잔여재산의 분배를 받은 자는 연대하여 납부할 의무가 있다(법인세법시행령 제116조 제1항).

해산이 아닌 합병이나 분할로 소멸하는 법인의 경우에는 해산등기에서 청산등기로 이어지는 청산기간이 존재하지 않는다. 즉 바로 합병등기 또는 분할등기에 의하여 소멸하게 되며, 잔여재산은 합병이나 분할에 의해 새로 생기는 법인에게 모두 이전하며, 그 재산의 환가는 새로 생기는 법인의 지배세력과의 협상과정에서 일괄로 이루어지게 되어 있다. 그 한 시점에 일괄로 잔여재산이 확정되므로 그것을 통상적인 각 사업연도소득금액 계산상 자본이득과 달리 취급할 이유가 없다. 그리고 합병의 경우 소멸법인의 조세채무를 존속법인이 승계하며, 분할소멸법인의 경우 새로 설립되는 법인 또는/그리고 분할합병의 상대방법인이 연대납세의무를 부담한다(국세기본법 제23조 제3항). 따라서 합병과 분할에 대해서는 청산소득의 개념을 적용할 실질적인 이유가 없다.

1. 해 산

상법상 회사는 총사원 또는 총주주가 해산하기로 동의하거나 다른 법인과 합병하는 등의 이유로 해산하게 된다(상법 제227조). 회사가 해산된 때에는 등기를 하여야 한다(상법 제228조). 회사는 해산된 후에도 청산의 목적 범위 내에서 존속하는 것으로 본다(상법 제245조). 청산이 종결된 때에는 청산인은 청산종결의 등기를 한다(상법 제264조). 청산인은 현존사무의 종결, 채권의 추심과 채무의 변제, 재산의 환가처분 및 잔여재산의 분배임무를 수행한다(상법 제254조). 청산인은 잔여재산가액을 확정하고 그것을 주주에게 분배하는 것을 주 임무로 하는 것이다. 채권의 추심과 채무의 변제 및 재산의 환가처분은 잔여재산가액의 확정작업이 된다. 잔여재산의 분배는 잔여재산가액의 확정 이후에 이루어져야 하지만 그 반대의 경우도 발생한다.

법인세법은 해산에 의한 청산소득금액의 계산에 대해 내국법인이 해산한 경우 그 청산소득의 금액은 그 법인의 '해산에 의한 잔여재산', 즉 '해산등기일 현재의 잔여재산'의 가액에서 '해산등기일 현재의 자기자본'의 총액(자본금 또는 출자금액과 잉여금의 합계액)을 공제한 금액으로 한다고 규정하고 있다(법인세법 제79조 제1항). 청산소득으로 과세되는 부분에는 자산의 가치증분 등이 포함되게 된다(재산법적 계산에 의한 소득계산). 법인이 해산등기를 하고 청산하는 과정에서 발생하는 소득은 청산 중 각 사업연도의 소득으로 법인세가 과세된다. 해산 전의 사업을 계속하여 영위하는 경우 그 사업에 귀속하는 소득에 국한된다.

'해산등기일 현재의 잔여재산'의 가액은 자산총액에서 부채총액을 공제한 금액이다(법인세법시행령 제121조). 자산총액은 해산등기일 현재 자산의 합계액이다. 이 중 추심할 채권은 추심한 날 현재의 금액으로 하되 추심 전 분배한 경우에는 분배한 날 현재의 시가에 의해 평가한 가액으로 한다. 그리고 환가처분할 자산은 환가처분한 날 현재의 금액으로 하되 환가처분 전에 분배한 경우에는 그 분배한 날 현재의 시가에 의한다. 법인이 해산등기일 현재의 자산을 청산기간 중에 처분한 금액은 이를 청산소득에 포함한다. 환가를 위한 재고자산의 처분액도 포함한다. 다만, 청산기간 중에 해산 전의 사업을 계속하여 영위하는 경우에 당해 사업에서 발생한 사업수입이나 임대수입 및 공사채 및 예금의 이자수입 등은 청산소득에 포함시키지 않는다. 이들은 청산기간 중 각 사업연도의 소득금액으로 하여 과세한다. 청산기간 중에 해산 전의 사업을 계속하여 영위하는 경우에는 해산등기일부터 잔여재산가액이 확정될 때까지가 한 개의 각 사업연도가 된다(법인세법 제8조 제1항). 여기서 '해산 전의 사업을 계속하여 영위하는' 것인지에 대한 판단이 애매한 경우가 적지 않을 것이다.

2. 조직변경

상법상 합자회사는 사원 전원의 동의로 그 조직을 합명회사로 변경하여 계속할 수 있다. 이때 합자회사는 해산등기를 하고 합명회사는 설립등기를 하게 된다(상법 제286조 제3항). 법인세법은 상법의 규정에 의해 조직변경하는 경우 등에는 청산소득에 대한 법인세를 과세하지 않는다는 규정을 두고 있다(법인세법 제78조, 법인세법시행령 제120조의 26). 해산에 의한 의제배당소득의 과세대상도 아니다(소득세법 제17조 제2항 제3호 가목).

제 2 항 신 고

　청산소득에 대한 법인세의 신고기한은 잔여재산가액의 확정일이 속하는 달의 말일부터 3월 이내로 하고 있다. 각 사업연도소득금액에 대한 법인세신고는 각 사업연도의 종료일부터 3월 이내에 하도록 되어 있는 것을 감안한다면 청산소득에 대한 법인세신고는 청산종료의 등기일부터 3월 이내에 하도록 하는 것이 논리적으로 합당할 것이지만 청산종료의 등기를 한 후 법인세를 납부할 일이 남게 되면 청산인이 그 임무를 제대로 수행하는 것을 보장할 방법이 마땅치 않게 된다. 이에 따라 청산소득에 대한 법인세의 신고는 잔여재산가액의 확정일이 속하는 달의 말일부터 3월 이내로 하고 있다(법인세법 제84조 제1항). 잔여재산가액확정일은 '해산등기일 현재 잔여재산'의 추심 또는 환가처분을 완료한 날을 말한다. '해산등기일 현재의 잔여재산'을 그대로 분배하는 경우에는 그 분배를 완료한 날을 말한다(법인세법시행령 제124조 제3항).

　잔여재산가액이 확정되어야 분배할 수 있는데 그전에 분배한 법인은 청산소득에 대한 법인세의 중간신고를 하여야 한다(법인세법 제85조 제1항 제1호). 이때 납부할 세액은 그 분배하는 잔여재산이 그 해산등기일 현재의 자기자본의 총액을 초과하는 때에는 그 초과하는 금액에 세율을 곱하여 계산한다(법인세법 제86조 제3항).

　해산등기일부터 1년이 되는 날까지 잔여재산가액이 확정되지 아니한 경우에는 그 1년이 되는 날이 속하는 달의 말일부터 1년 이내에 중간신고를 하여야 한다(법인세법 제85조 제1항 제2호). 이때에는 잔여재산가액예정액이 그 해산등기일 현재의 자기자본총액을 초과하는 금액에 대해 세금을 계산한다(법인세법 제86조 제4항). 예정액은 1년이 되는 날 현재의 자산을 시가에 의해 평가한 가액에서 부채총액을 차감한 액이다(법인세법시행령 제126조 제2항).

제 3 항 부과 및 징수

청산소득에 대한 법인세를 신고하지 않고 법인이 청산종결등기를 하는 등으로 소멸한 경우 과세관청은 청산소득에 대한 법인세를 결정하는 부과처분을 할 수 있다. 이때 그 부과처분의 대상은 소멸한 법인이지만 청산인에게 부과통지를 하게 된다(법인세법 제88조).

우선 해산하는 법인이 청산으로 소멸하기 전에 세금을 체납한 때에는 그 법인에 체납처분절차를 진행하고 부족액이 발생한 경우 청산인 또는 잔여재산의 분배를 받은 자가 제2차 납세의무를 진다(국세기본법 제38조 제1항). 청산인은 분배한 재산의 가액을 한도로 하고 분배받은 자는 분배받은 재산의 가액을 한도로 한다.

합병의 경우 소멸법인의 조세채무를 존속법인이 승계한다(국세기본법 제23조). 분할로 법인이 해산되는 경우에는 새로 설립되는 법인 또는/그리고 분할합병의 상대방법인이 연대납세의무를 부담한다(국세기본법 제25조 제3항).

청산소득에 대한 법인세의 징수상으로는 국세기본법상 납부고지서에 따른 납부기한의 다음 날부터 부과되는 일할 계산의 납부지연가산세와 국세를 납부고지서에 따른 납부기한까지 완납하지 아니한 세액의 3%에 해당하는 납부지연가산세를 징수하지 않는다(법인세법 제90조 제2항).

제5절 납부와 징수

　법인은 해당 사업연도 개시일부터 6월을 중간예납기간으로 하여 중간예납세액을 직접 계산하여 납부한다(법인세법 제63조). 중간예납세액은 직전 사업연도 납부세액의 2분의 1에 해당하는 금액이 된다. 법인은 당해 중간예납기간을 1사업연도로 보아 계산한 과세표준에 세율을 적용하여 계산한 세액을 납부할 수도 있다(법인세법 제63조의 2). 두 경우 모두 중간예납세액은 자동확정방식으로 확정된다(국세기본법 제22조 제4항). 대학 등 고등교육법에 따른 학교를 운영하는 학교법인에 대해서는 중간예납의무가 면제된다(법인세법 제63조 제1항).

　법인세법 제71조는 징수와 환급에 대해 그리고 제72조는 중소기업의 결손금 소급공제에 의한 환급에 대해 규정하고 있다. 법인세법 제72조의 규정에 의한 결손금소급공제에 의한 환급은 납세자의 신청에 대해 관할세무서장이 환급세액을 결정하는 절차를 거치도록 하고 있다. 이 경우 환급세액의 결정은 국세기본법 제51조의 규정에서와는 달리 존재하는 반환채무의 확인이 아닌 새로운 행정처분이다. 그에 대해서는 항고소송이 가능하다.

　한편, 국세기본법 제51조 이하의 국세의 환급에 관한 규정은 국가가 납세의무자에게 지고 있는 현금지급채무의 이행절차에 관한 규정이다. 따라서 국세기본법 제51조의 규정에 의한 국세환급금의 결정은 국가가 납세의무자에게 이미 지고 있는 채무를 이행하기 위한 행정 내부의 절차 중 하나에 불과하므로 행정처분으로 보지 않는다. 국세기본법 제51조는 납세자의 국가에 대한 이행청구 중 착오납부 또는 이중납부에 의한 환급청구에 대해서는 국세기본법시행령으로 규정하도록 하고 있다. 국세징수법은 조세채무 이행의 청구 및 그 집행에 관한 규정이다.

제 9 장

상속세 및 증여세법

상속세는 일제강점기인 1934년에 조선상속세령에 의하여 도입되었다. 1950년 상속세법과 증여세법이 각각 제정되었다. 1952년 상속세와 증여세는 상속세법으로 통합되었다. 1996년 상속세법은 상속세및증여세법으로 명칭이 개정되어 현재 총 7장으로 구성되어 있으며 제2장에서 상속세의 과세표준과 세액의 계산에 관해 규정하고 제3장에서 증여세의 과세표준과 세액에 관해 규정하고 있다.

상속세는 상속을 받는 자가 부담하고 증여세는 수증자가 부담한다. 두 조세는 모두 누진세율 체계를 갖고 있으며, 비기간과세 세목이다. 세금은 상속을 받는 자와 수증자가 부담하지만 세금의 계산은 상속을 하는 자와 증여를 하는 자마다 하게 된다. 따라서 받는 자 입장에서는 동일한 재산을 받는 경우라면 가급적 여러 사람으로부터 여러 번에 걸쳐 나누어 받는 것이 유리하다. 그리고 상속받을 것이라면 미리 증여를 받는 것이 유리하다. 소득세는 누구로부터 이득을 보든 납세자의 연간 경제력의 증가를 과세대상으로 보아 과세하여 직접세의 기본원칙을 충실히 따르고 있지만 상속세와 증여세는 이득을 주는 자별로 더 나아가 이득을 주는 행위별로 과세하여 거래에 대한 간접세적인 요소를 함께 가지고 있다. 각국의 부의 무상이전에 대한 과세제도는 이전받는 자의 경제력의 증가에 초점을 맞춘 취득과세방식을 따르는 제도와 이전하는 자의 이전 재산의 규모에 초점을 맞춘 유산과세방식을 따르는 제도로 구분해 볼 수 있다.

제1절 부의 무상이전과세

　로마의 초대황제 아우구스투스는 소득세를 부담하던 속지인과 달리 세금 부담이 없던 로마인에게 5% 세율의 상속세를 부과하기 시작하였다. 중세봉건국가에서도 상속세가 부과되었다는 기록이 있다. 봉건영주는 아들을 낳지 않고 죽는 농노에게 그 재산의 3분의 1 또는 절반을 상속세로 부과하였다고 한다.

　도덕적 자유시장경제의 주창자인 Adam Smith는 상속세가 원본을 잠식하고 상속의 회수에 따라 세금이 증가하는 점을 인정하고 있다. 초기 공상적 사회주의자인 Henri de Saint-Simon은 상속제도의 폐지를 주장하였다. 공산주의선언(Communist Manifesto)은 Henri de Saint-Simon의 주장을 반영하고 있지만, Karl Marx는 그 주장에 반대하면서 토지와 같은 주요 생산수단을 사회화하면 자연스럽게 상속제도가 사라지게 될 뿐이라고 하였다.

　우리나라는 세계에서 세 번째로 높은 상속세율을 갖고 있다. 프랑스(60%), 일본(55%), 우리나라(50%), 미국·영국(40%), 스페인(34%)의 순이다. 프랑스에서 상속세율은 배우자에 대해서는 0%, 자녀에 대해서는 0~20%, 2촌에 대해서는 35%, 3촌 내지 4촌에 대해서는 55%, 기타의 경우에는 60%이다. 회계법인 PWC가 2023년 조사한 151개 국가들 중 최고세율 10%를 초과하는 상속세제도를 가지고 있는 국가는 15개 국가에 그치고 있다.

　우리나라는 상속세는 유산과세형으로 과세하고, 증여세는 취득과세형으로 과세하는 제도를 두고 있다.

제 1 항 유산과세형 국가

유산과세방식(Objektsteuer, Nachlasssteuer)은 유산 전체를 과세물건으로 하고 주로 유언집행자를 납세의무자로 하여 과세하는 방식이다. 상속세를 유산과세방식으로 과세하는 국가는 대체로 증여세는 증여자에 대해 과세한다. 피상속인의 일생을 통한 세부담을 청산하고 피상속인이 생존 중 축적한 부의 일부를 사망시점에서 사회에 환원하는 것으로 보는 방식이다. 유산분할의 방법에 따라 유산 전체에 대한 세부담에 차이가 생기지는 않는다. 개개의 상속인에 대해 그 취득한 재산의 액에 따라서 누진세율이 적용되지 않으므로 각각의 담세력에 따른 과세를 하여야 한다는 관점에서 보면 한계가 있다. 어느 방식이 더 적합한 것인가 간단하게 얘기할 수 있는 것은 아니다.

유산과세방식에서는 피상속인의 전 세계 소재재산 모두에 대해 과세한다. 미국과 영국에서는 유산과세방식을 채택하고 있다.

1. 영 국

영국에서는 1694년 유언장에 대한 인지세(probate duty)가 부과되었다. 1796년에는 legacy, estate and succession duties라는 이름의 상속세가 도입되었다.

1894년 오늘날과 유사한 형태의 유산세(estate duty)가 도입되었다. 증여는 과세하지 않았지만 상속 7년 이내의 증여는 상속재산의 일부로 보아 상속세를 과세하였다.

1974년에는 자산이전세(capital transfer tax)가 유산세를 대체하였다. 생전 증여도 과세대상이 되었다.

현행 상속세는 Inheritance Tax Act 1984가 규율하고 있다. 동법에 의해 상속세(inheritance tax)가 자산이전세를 대체하게 되었다. 상속세는 상속재산(estate)에 대해 부과되며 망인의 상속재산관리인이 납세의무를 부담한다. 증여는 과세하지 않지만 상속 7년 이내의 증여는 상속재산의 일부로 보아 상속세를 과세한다. 부부간의 자산의 생전 무상이전은 상속세 과세대상에서 제외된다.

상속세는 피상속인의 총 상속재산에 대해 과세하며 시가를 기준으로 한다. 기본공제를 초과하는 가액에 대해 40%의 세율을 적용한다. 2009년부터 2023년까지 상속기본공제액은 32만 5천파운드이다.

자본이득세법(Taxation of Capital Gains Act 1992, TCGA 1992)상 자산의 양도(disposal)는 유상·무상의 모든 소유권의 이전을 포섭한다(TCGA 1992, Section 62(1)(a)). 상속은 자본이득 과세계기로 보지 않는다(TCGA 1992, Section 62(1)(b)). 상속인의 자본이득 계산시 취득가격은 상속시 시가가 된다(장부가격상향조정).

2. 미 국

미국에서 1797년부터 1802년까지 상속재산의 취득에 대한 인지세가 부과되었다. 상속세(inheritance tax)는 남북전쟁 중인 1862년에 부과되다가 1870년 폐지되었다. 1894년에는 소득에 증여와 상속에 의하여 취득한 자산을 포함하는 내용의 소득세법이 제정되었지만 헌법상 직접세 주간할당조항에 위배된다는 이유로 폐지되었다. 1898년 상속세와 유산세의 두 가지 성격이 혼합된 세금을 부과하는 세법이 입법되었는데 1902년 폐지되었다.

1916년에 유산세(estate tax)가 도입되었다. 이는 헌법상 주간할당조항의 적용을 받지 않는 간접세(excise tax)라는 이유로 연방대법원으로부터 합헌결정을 받았다(New York Trust Co. v. Eisner, 256U.S.345(1921)). 유산세의 회피가 증가하자 이에 대응하여 1924년 증여세가 도입되었다.

부부공제제도는 부부재산공유제의 주와 별산제의 주간 과세형평을 위해 도입되었다. 부부간에는 제한 없이 증여세 없이 증여할 수 있다. 증여세와 유산세가 별도의 과표구간과 세율체계로 과세되던 것이 1976년 법에 의해 통합이전세 방식으로 통합되었다. 당시까지 증여세율은 상속세율의 4분의 3 수준이었지만 증여의 경우 장부가액 이전규정이 적용되었다. 1976년 법은 상속재산에 대한 장부가액 이전규정을 도입하였다. 동 규정은 미처 적용되지 못하고 1980년 폐지되었다.

미국에서 무상이전에 대한 조세인 상속세와 증여세는 상속이나 증여라는 사건에 대한 간접세적인 성격이 있다. 그에 따라 상속을 하거나 증여를 하는 주체에 대해 납세의무를 부과한다. 실제 그 부담은 상속인이나 수증자에게 넘어갈 것이기 때문에 부가가치세처럼 간접세라고 볼 수 있는 것이다.

영리법인이 과세대상 증여를 한 경우에는 해당 법인의 주주가 자기 몫의 증여세의 신고납무의무가 있다.

미국은 상속세와 증여세를 통합이전세방식(unified transfer tax system)으로 구성하고 있다. 생전 증여할 때 그때마다 증여자가 세금을 내고 추후 사망할 때 예전 세금 낸 증여재산가액을 사망할 때의 이전재산가액에 가산하여 이전하는 자를 기준으로 하여 전체 이전세과세가액(total taxable life and death transfers)을 계산하고 세율을 적용하여 산출세액을 계산한 다음 예전 납부했던 증여세액을 세액공제해 주는 방식을 채택하고 있는 것이다. 납세의무자는 증여세의 경우 증여자가 되며, 상속세의 경우 상속재단이 된다. 증여세이든 상속세이든 누진세율체계를 채택하고 있다. 상속과 증여에 걸친 재산의 이전행위에 대한 조세라는 동일한 과세논리가 적용된다. 이러한 논리는 이전하는 자에게든 이전받는 자에게든 하나의 경제적 재산에 대해 이중으로 과세한다는 우려를 불식하게 한다.

미국 내국세입법 제2편(Subtitle Ⅱ)에서 Estate Tax와 Gift Tax를 규정하고 있다. 미국에서 증여세와 상속세의 과세는 시가를 기준으로 한다.

증여 또는 상속 등에 의해 무상으로 이전을 받은 개인이 받은 경제적 이익은 과세소득의 범위에서 제외하고 있다(내국세입법 제102조). 이때 과세소득에서 제외되기 위해서는 그 증여 등이 자선 등의 목적에 의한 것("must proceed from a 'detached and disinterested generosity,' … 'out of affection, respect, admiration, charity or like impulses.'")이어야 한다(Commissioner v. Duberstein, 363 U.S. 278, 285 (1960), 1960−2 C.B. 428, 431). 영리법인에 대한 증여는 과세대상이 된다.

자본이득 과세목적상 1921년 이후 증여분에 대해서는 증여에 의하여 취득한 자산의 가액은 증여자의 장부가액(carry−over basis)으로 한다(내국세입법 제1015조). 이후 양도시 자본손실은 증여시 장부가액이 시장가격보다 높았을 때에는 시장가격으로 하여 계산한다. 상속으로 인하여 취득한 자산의 가액은 상속시점의 시가(stepped−up basis, fresh start basis, 장부가격상향조정)로 한다(내국세입법 제1014조(a)).

1976년법 입법 당시 장부가액상향조정규정을 폐지하고 증여에서와 같은 장부가액승계규정을 도입하였다. 이 규정은 과세관청 및 납세의무자 모두에게 행정적

으로 어려움을 초래하였다. 망인의 장부가격을 어떻게 산정할 것인가, 시장가격과
다른 장부가격을 가진 재산들을 상속인들에게 어떻게 분배할 것인가 등의 문제가
있었다. 1976년에 도입된 장부가액승계규정은 의회에서 그 적용시기가 늦추어지
다가 1980년에는 폐지되었다.

2001년법은 상속세(증여세는 제외)를 폐지하고 '수정된 장부가액승계' 규정을
도입하였는데 그 시행시기를 2010년으로 하였다. 상속세를 자본이득과세로 전환
하는 내용이었다. 미국에서는 오랜 세월 동안 장부가액상향조정규정에 대해 수평
적 평등과 수직적 평등원칙에 위배되고 경제적 효율성도 저해한다는 비판이 있어
왔다. 생전에 자산을 처분한 자와의 수평적 평등에 맞지 않고, 자산을 처분하지
않고 오래 보유할 수 있는 부유층에 유리하여 수직적 평등에 부합하지 않는다는
것이었다. 장부가액상향조정규정의 장점은 오래전에 취득한 자산의 가격을 알 수
없어 과세하기 곤란한 상황을 만들지 않는다는 행정적인 것에 불과한 것이었다.
사망시까지 재산을 보유하도록 하는 유인을 주는 것은 봉쇄효과(lock-in effect)를
가져와 투자패턴에 바람직하지 않은 영향을 준다는 것이었다.

2010년 미국의회는 2001년법을 개정하여 장부가액상향조정에 의한 상속세제
도를 소생시켰다. 2010년 개정법은 유일하게 2010년 사망한 자에 대해서는 2001
년법의 적용을 받아 상속세를 부과받지 않는 것을 선택할 수 있도록 하였다.
2001년 개정법에 따라 2011년에는 상속세가 다시 도입되었는데 상속세율(40%)은
낮아지고 공제액은 늘어났다. 2015년 4월 미하원은 상속세 폐지법안을 표결에 붙
였지만 민주당의 반대로 통과시키지 못하였다.

내국세입법상 통합이전세 공제액은 2019년의 11.4백만 USD에서 2022년
12.06백만 USD, 다시 2023년에는 12.92백만 USD로 인상되었다. 연간 증여 공제
액은 수증자당 1.6만 USD이던 것이 2023년에 1.7만 USD로 인상되었다. 부모는 1
자녀당 매년 3.4만 USD를 증여세 없이 증여할 수 있다. 부부간에는 제한 없이 증
여세 없이 증여할 수 있다. 경제적으로 보면 배우자별 통합이전세 공제액 12.92백
만 USD의 두 배 금액인 25.84백만 USD를 초과하는 금액만이 종국적으로 과세될
것이다. 다만, 비미국시민인 배우자에 대한 증여의 경우에는 2023년 연간 한도가
18.5만 USD이다.

제2항 취득과세형 국가

취득과세형방식(Subjektsteuer, Bereicherungssteuer)은 상속 등에 의한 유산을 취득한 자를 납세의무자로 하여 그 자가 취득한 유산을 과세물건으로 해서 과세하는 방식이다. 상속세를 유지하고 있는 대부분의 OECD 국가들이 이 방식을 채택하고 있다. 이는 우연한 기회에 의한 부의 증가에 따라 담세력이 증가하는 것에 대한 과세를 통해 부의 집중을 억제하는 효과가 있다. 개개의 상속인에 대해 그 취득한 재산액에 따라 누진세율을 적용한다. 개별 사안마다 유산분할을 어떻게 하는가에 따라 유산 전체에 대한 세부담이 달라진다. 한편, 이들 나라에서는 최근 상속 및 증여과세를 전반적으로 완화하는 움직임은 보이지 않는다.

취득과세형은 취득자인 상속인이 거주자인 경우에는 피상속인의 전세계보유재산으로부터의 수령분에 대해 과세하지만, 취득자인 상속인이 비거주자인 경우에는 망인의 국내보유재산으로부터의 수령분만 과세한다.

취득과세형은 상속인 개개인이 분배받은 상속재산의 규모에 따라 세액이 달라진다. 따라서 분배하기에 따라서는 전체 상속재산이 동일하더라도 그 재산에 귀속하는 세액이 달라질 수 있다.

독일과 프랑스에서는 상속이나 증여를 소득처럼 재산을 이전받는 자의 입장에서 과세한다. 상속세와 증여세 모두 취득과세형을 취하고 있다.

1. 독 일

프로이센은 1873년 근대적인 상속세법을 제정하였다. 1871년 통일된 독일제국에서 상속세는 1906년에 도입되었다. 배우자와 직계비속에 대한 상속은 과세하지 않는 것이었다. 1919년 조세개혁입법에 의하여 배우자 직계비속 면세규정이 폐지되었다. 1922년에는 배우자가 다시 면세되다가 1925년에는 자녀 있는 배우자만 면세되는 것으로 바뀌었다. 1945년 이래 주세(Landsteuer)로 운영되고 있다. 1955년에는 다시 배우자가 일정 공제하에 과세되기 시작하였다.

상속세 및 증여세법(Erbschaftsteuer - und Schenkungsteuergesetz, ErbStG)이 상

속세와 증여세를 모두 규정하고 있다. 상속세 및 증여세의 과세는 시가를 기준으로 한다. 증여 및 상속을 자본이득 과세계기로 보지는 않는다. 상속 및 증여의 경우 증여자나 피상속인의 장부가액을 승계받는다. 추후 양도할 때에 [(양도소득세)×(증여세(상속세))/(양도가액)]은 양도소득세액에서 세액공제해준다.

독일에서 부동산은 10년 이상 보유시 양도소득세 면세, 동산은 1년 이상 보유시 양도소득세 면세이다. 2009년부터는 1년 이상 보유 주식 양도차익은 과세한다. 이와 같이 자본이득과세가 완화되어 있으므로 장부가액을 승계한다 하더라도 그 실질적 부담이 크지 않다고 볼 수 있다.

2. 일 본

일본에서는 1950년까지는 유산과세방식을 채택하고 있었다. 이후 미군정의 샤우프(Professor Carl S. Shoup)가 취득과세형을 권고함에 따라 1950년부터 1957년까지는(독일 및 프랑스의 예와 같은) 취득과세방식이 채택되었다.

상속세법에서 상속세와 증여세를 모두 규정하고 있다. 현행 상속세법상 상속에 대해서는 취득과세형과 유산과세형의 중간방식인 법정상속분 과세방식이 채택되어 있다. 취득과세를 기본으로 하면서도 상속세의 총액을 법정상속인의 수와 법정상속분에 의하여 산출하고 그것을 각인의 취득재산액에 따라 안분하는 과세방식을 채택하고 있다. 법정분에 의해 인분인승하여 계산하고 그 세액을 각인의 실제 분배비율에 따라 부담하게 하는 방식이다.

상속세 기초공제액은 3,000만엔＋600만엔×(법정상속인수)이다. 피상속인의 배우자에 대해서는 과세가격의 합계액 중 배우자에 관계되는 법정상속분상당액까지로 한다. 1억 6천만엔 이하인 경우에는 세액공제액 후 납부할 상속세액이 없는 것으로 한다('배우자에 대한 상속세액의 경감', 상속세법 제19조의 2 제1항).

증여에 대해서는 취득과세형태로 과세하고 있다. 개인으로부터 받은 증여재산에 대해 증여세가 부과된다. 법인으로부터 받은 증여재산에 대해서는 소득세가 부과된다. 증여세는 역년방식으로 과세된다. 매 역년 증여받은 재산가액을 과세증여재산가액으로 하고 110만 엔을 차감한 금액을 과세표준으로 하여 세율이 적용된다. 배우자공제액은 2천만엔과 증여받은 거주용부동산등의 가액 중 작지 않은 금액이 된다. 배우자공제는 2천만엔이며, 이는 기초공제보다 먼저 공제한다(기초공제액과 합산하여 최고 2,110만엔이 된다). 상속시 정산과세를 선택한 경우에는 수증자 1명당 2,500만 엔의 공제가 허용되며, 남은 공제액은 이월된다.

상속세 및 증여세의 과세는 시가를 기준으로 한다. 상속 또는 증여로 인하여 취득한 자산의 양도시 취득가액은 피상속인 또는 증여자의 장부가액으로 한다. 상속 또는 증여로 취득한 자산의 취득시기는 피상속인 또는 증여자의 취득시기로 한다.

제3항   상속세 폐지 국가 등

캐나다(1972), 호주(1979), 인도(1986), 말레이시아(1991), 뉴질랜드(1992), 스웨덴·포르투갈(2004), 러시아·홍콩(2006), 오스트리아·싱가포르(2008), 노르웨이·체코(2014)는 상속세(증여세)를 폐지하였다.

상속세를 폐지한 국가들은 그 폐지에 각각의 독특한 정치·경제적 배경을 지니고 있지만, 중소사업가의 가업승계를 어렵게 한다는 점, 큰 부자들이 오히려 세금을 적게 낸다는 점, 실제 세수는 얼마 되지 않는다는 점 등 비교적 고르게 분포했던 사정으로 분석된다.

상속세를 폐지한 국가들 중에는 장부가액승계(carry-over basis)제도를 도입하기도 한다. 상속인과 수증자가 피상속인과 증여자의 장부가액을 승계한다. 호주에서는 1979년 상속세가 폐지되고, 1985년 자본이득세가 도입되었다(1985년 이후 상속분부터 장부가액승계제도가 적용되며, 그 이전 상속분은 자본이득세가 면제된다). 많은 조세회피로 불공평한 부담이 되어 있는 데에 대한 불만이 있었다. 다만, 뉴질랜드, 싱가포르, 홍콩에는 자본이득세가 없으므로 장부가액의 승계도 없다.

캐나다는 1972년 상속세를 폐지하면서 자본이득과세로 전환하였다(deemed disposition, constructive realization). 무상이전을 받은 자가 무상이전자의 장부가액을 이전받는 데에서 더 나아가 무상이전 시점에 무상이전을 한 자가 자본이득을 실현하는 것으로 보는 것이다. 상속을 받은 자가 세금을 낼 현금이 부족하여 중소가업을 접거나 거주주택을 파는 부작용을 방지하기 위한 것이었다. 캐나다에서는 무상이전 당시 이전하는 자에게 자본이득이 발생한 것으로 하여 과세하지만, 호주에서는 무상이전을 받은 자가 추후 양도할 때에 무상이전하는 자의 취득가액을 승계하는 방법으로 해당 자본이득을 과세하도록 되어 있다(이월과세방식).

스웨덴은 17세기에 그 초기적 형태가 나타나고 1885년 근대적 형태로 도입된 상속세를 2004년 폐지하고 자본이득과세로 전환하였다. 낮은 상속공제로 비교적 많은 인구가 상속세를 부담하였으며, 발렌베리가가 재단을 이용해 상속세를 회피할 수 있었던 것처럼 많은 사람들이 세부담에 대해 불공평하다는 불만을 갖게 된 것이 상속세 폐지의 큰 이유가 되었다.

인도에서는 2009년부터 가까운 친척 이외의 자로부터의 5만 루피 이상의 증여는 증여소득으로 과세한다.

인도네시아에는 상속세와 증여세가 도입되지 않았다. 다만, 부의 무상이전에 대해 자본이득과세를 한다. 반면, 태국에서는 2015년 상속세가 도입되었다.

중국, 동유럽의 체제전환국가들 또는 구소련연방으로부터 독립한 국가들(우즈베키스탄 등)은 상속세(증여세)를 도입하지 않았다. 러시아에서는 상속세(증여세)가 2006년 폐지되었다. 현행 세법상 부동산, 자동차, 주식의 비가족 간 증여는 13% 또는 15%의 세율에 의한 소득세의 과세대상이다(비거주자에 대해서는 30%의 세율이 적용된다). 특히 사유재산제가 없어서 상속제도조차 필요하지 않았던 국가들에서 체제전환 후 상속세를 두고 있지 않는 것은 주목할 만하다. 체제전환 시점에 상속세를 부과할 사유재산이 존재하지 않았다는 점도 역설적이지만 그 이유 중의 하나라고 볼 수 있다. 이제 어느 정도 사유재산이 축적되고 있는데 만약 상속세를 도입한다면 잠재적으로 상속세를 부과받을 수 있는 계층은 입법을 좌우할 정도로 사회적으로 유력한 집단이고 이들은 상속세의 도입을 반대하고 있는 실정이라고 한다. 사유재산이 충분한 정도로 축적된 이후에 도입될 수도 있을 것이다.

제2절 상속세

제1항 과세체계

1. 상속세의 기본 틀

상속세및증여세법('상증세법')상 부의 무상이전에 대한 과세에 있어서 상속세
는 유산과세형으로, 증여세는 취득과세형으로 과세된다.

상속세는 외형상 지출세로서의 성격을 지니고 있다. 상속세는 피상속인의 입장
에서는 평생 한 번 과세되는 사건이다. 세대를 건너뛴 상속('대습상속'은 제외)에 대
한 할증과세는 통상 두 번의 상속이 있어야 할 것으로 보이는 부의 무상이전인데 한
번만 있게 된 점을 고려한 것이다. 상속세가 상속의 사건을 초점으로 하는 성격을
가지고 있음을 말해주고 있다(상증세법 제27조(세대를 건너뛴 상속에 대한 할증과세)).

상속세는 증여세와 같이 직접세적인 성격도 지니고 있다. 상속인의 경제적 능
력의 증가를 반영하고 있다. 단기재상속에 대해서 세액공제를 해 주는 것(상증세
법 제30조(단기 재상속에 대한 세액공제))과 상속인 간 납세의무의 분배방식이 이를
반영하고 있다. 각 상속인은 상속재산을 기준으로 계산한 상속세액 중 자신의 상
속지분에 상당하는 세액에 대해 납부의무를 부담한다. 다른 상속인의 세액 부분
에 대해서는 자신이 상속한 재산의 범위 안에서 연대납세의무를 부담한다.

2. 상속세와 증여세

상속과 증여는 무상으로 부를 이전받는 자의 입장에서 보면 대가 없이 자신
의 부를 증가시키는 계기라는 점에서 동일하다. 과세상으로도 상속세의 부담을

줄이기 위해 사전 증여하는 경우가 많아 증여이지만 상속세과세가액에 가산하는 제도가 운영되고 있는 점은 실제 경제생활에서도 상속과 증여가 구분하기 곤란하게 이루어지고 있음을 알 수 있다. 사인증여나 유증방식에 의한 부의 이전은 상속세의 과세대상이 된다.

증여는 사람이 살아가면서 여러 번 해 줄 수도 있고 받을 수도 있다. 그러나 상속하는 자에게는 일생에 한 번뿐이고 상속받는 자에게도 드물게 있는 일이다. 소득과세상 종합소득과 퇴직소득을 동일한 방법으로 과세하지 않는 것처럼 이전받는 자의 입장에서만 본다 하더라도 증여와 상속을 같은 방법으로 과세하는 데에는 무리가 있다. 물론 입법론상 상속세를 증여세와 완전히 동일한 방식으로 과세할 수도 있다. 증여를 받는 자의 입장에서 상속이라는 이름의 무상이전이 마치 증여에서처럼 여러 번 있을 수 있기 때문이기도 하다. 정반대로 이전하는 자의 입장에서 본다면 이전하는 자가 예전에 증여하였던 것도 사전상속에 해당한다고 하여 모두 상속재산에 가산할 수도 있겠다.

상증세법상 상속세는 재산의 이전이라는 행위에 대한 과세로서의 성격을 지니고 있는 반면 증여세는 수증자의 순자산 증가에 대한 과세라는 성격을 지니고 있다. 현행 상속세의 과세방식은 유산과세형이지만 증여세의 과세방식은 취득과세형이다. 증여자가 누구인지 모르는 경우에도 증여라고 보아 과세하기도 한다. 두 조세가 본질적으로 다른 성격을 지니고 있는 것이다. 그럼에도 불구하고 상증세법은 상속세 부담의 회피를 막기 위한 목적으로 일정한 생전 증여 재산가액을 상속세과세가액에 가산하고 예전 납부한 증여세액을 공제하여 주도록 하고 있다. 현행 증여세는 상속세 보완세로서의 성격도 있지만 본질적으로는 특별한 소득세라 할 수 있다.

• 증여 후 상속　　상속세과세가액을 계산하기 위해서는 상속재산의 가액에 상속개시일 전 10년 이내에 피상속인이 상속인에게 증여한 재산가액을 가산하여야 한다. 상속개시일 전 5년 이내에 피상속인이 상속인이 아닌 자에게 증여한 재산가액도 가산한다(상증세법 제13조 제1항).

손자가 조부모로부터 세대를 건너뛴 상속 또는 대습상속을 받았는데 그로부터 10년 이내에 증여를 받은 것이 있으면 이는 상속세과세가액에 산입된다. 손자가 조부모로부터 세대를 건너뛴 상속 또는 대습상속은 받지 않았으며 사망시점으로부터 5년 이내에 증여를 받은 재산이 있는 경우 상속세과세가액에 가산한다(상증세법 제13조 제1항 제2호). 후자의 경우 손자는 상속인이 아니기 때문이다.

수증자가 증여자의 자녀가 아닌 직계비속(예, 손자)일 경우('대습증여'는 제외)에는 증여세 산출세액의 30%에 상당하는 금액을 할증하여 과세한다(상증세법 제57조). 상속세과세가액 가산요건을 충족하는지, 즉 사망으로부터 5년 내지 10년 이내의 것인지를 묻지 않는다. 즉 해당 증여가 상속에 근사한 것인지를 고려하지 않는 것이다. 이는 상속세를 회피하기 위한 것인지 분명하지 않은 것에 대해 할증과세를 하는 것이므로 할증과세 본래의 취지에 부합하지 않는다.

• 상속 후 상속   상속개시 후 10년 이내에 상속인 또는 수유자의 사망으로 다시 상속이 개시된 경우 이미 상속세가 부과된 상속재산 중 재상속분에 대해 이미 부담한 상속세상당액을 상속세산출세액에서 공제한다. 이를 '단기재상속에 대한 세액공제'라고 한다(상증세법 제30조).

상속인 또는 수유자가 피상속인의 자녀를 제외한 직계비속(예, 손자)인 경우에는 그 자에 귀속하는 상속재산에 대한 상속세는 통상의 상속세액의 30%를 추가로 부과하는데, 이를 '세대를 건너뛴 상속에 대한 할증과세'라고 한다(상증세법 제27조).

• 상속 후 증여   상속을 받아 바로 증여할 경우 여전히 상속으로 보면서 증여세를 부과하게 된다. 이와 같이 세금이 중첩적으로 부과될 경우라면 통상적 납세자는 처음부터 상속을 받으려 하지 않을 것이다.

상속인의 입장에서는 세법상 상속인의 의사에 따라 무상이전을 곧이어 하게 되는 것으로 인식되는 것을 피하기 위해 아예 상속단계에서 상속지분을 상속인의 의사에 따라 결정하는 것이 바람직할 것이다. 이를 위해 활용되는 방법이 상속재산의 협의분할이다. 상속인들은 언제든지 협의에 의하여 상속재산을 분할할 수 있다(민법 제1013조 제1항). 그리고 상속재산의 분할은 상속개시된 때에 소급하여 그 효력이 있다(민법 제1015조). 상속개시 후 최초로 공동상속인 간에 협의 분할할 때 특정상속인이 법정 상속분을 초과하여 재산을 취득하더라도 증여세가 과세되지 않는다. 상속재산인 부동산을 공동상속인 중 1명만이 상속받는 대가로 나머지 상속인들에게 현금을 지급하기로 협의 분할한 경우에는 그 나머지 상속인들의 지분에 해당하는 재산은 부동산을 상속받은 1명의 상속인에게 유상으로 이전된 것으로 본다(상증, 재산세과 - 37, 2010. 1. 20.).

상속재산에 대하여 각 상속인의 상속지분이 확정되어 등기가 된 후 그 상속재산에 대하여 공동상속인 사이의 협의분할에 의하여 특정상속인이 당초 상속분을 초과하여 취득하는 재산가액은 당해 분할에 의하여 상속분이 감소된 상속인으로부터 증여받은 것으로 보아 증여세가 과세된다(상증세법 제4조 제3항). 신고기한(6개월) 이전에 재분할에 의하여 당초 상속분을 초과하여 취득한 경우에는 증여로 보지 않는다(상증세법 제4조 제3항 단서). 신고기한 이내에 협의분할이 이루어지지 않을 수도 있을 것이지만 상증세법은 협의분할과 그에 따른 등기 등 6개월 이내에 이루어져야 한다고 전제하고 있다.

당초 상속분을 신고하였는데 그 이후 재분할한 경우라도 당초 분할에 무효 또는 취소 등 정당한 사유가 있다면 증여로 보지 않는다. '정당한 사유'는 대통령령에서 제한적으로 열거하고 있다(상증세법시행령 제3조의 2). 당초 상속분에 따라 상속세의 신고를 하고 납부하였는데 정당한 사유로 재분할할 경우 당초 상속분보다 적은 상속재산을 얻게 된 자를 위해 상속세 경정청구에 특례를 두고 있다(상증세법 제79조).

제 2 항 납세의무자

1. 상속인 · 수유자 고유의 납세의무

가. 상속인 · 수유자

상속세의 납세의무자는 상속인과 수유자이다. 상증세법은 '상속인'은 민법에 따른 상속인을 말한다고 규정하고 있으며, 그 외에 민법 제1019조에 따라 상속을 포기한 자와 상속재산을 분여받은 특별연고자를 포함시키고 있다(상증세법 제2조 제4호). 상증세법은 '상속인'과 별도로 '수유자'의 개념을 설정하고 있으며, 이에는 유증을 받은 자, 사인증여에 의하여 재산을 취득한 자 및 유언대용신탁 · 수익자연속신탁에 의하여 신탁의 수익권을 취득한 자가 포함된다.

상속개시일 전 10년 이내에 피상속인이 상속인에게 증여한 재산가액은 상속세과세가액에 가산한다(상증세법 제13조 제1항 제1호). 상증세법은 사전상속을 통해 상속세를 회피하는 것을 방지하기 위함이다. 상속을 포기한 자도 상증세법상 상속인이 되며, 제13조 제1항 제1호의 규정에 의하여 상속세과세가액에 가산한 자기가 증여받은 재산가액의 비율에 상당하는 상속세액은 부담하며 상속세 납세의무자가 된다. 다만, 상속공제는 인정하지 않는다.

상속으로부터 5년 이내 증여를 받아 그 증여재산이 상속세 과세가액은 가산되는 상증세법상 상속인 또는 수유자가 아닌 자는 상속세 납세의무가 없다(상증세법 제13조 제1항 제2호).

한정승인 상속인들이 상속받은 부동산이 임의경매절차에 따라 강제매각 된 후 매각대금이 상속채권자들에게 배당되어 상속인들에게 전혀 배당되지 않았다 하더라도 임의경매에 의한 부동산의 매각에 대하여 상속인들에게 양도소득세를 부과한다(대법원 2012. 9. 13. 선고 2010두13630 판결). 매각된 부동산에 따른 양도소득에 대한 조세채무는 한정승인의 대상이 되지 않는다.

국내에 주소를 두거나 183일 이상 거소를 둔 자를 거주자로 본다(상증세법 제2조 제8호). 피상속인이 거주자인 경우에는 전 세계 소재 상속재산에 상속세가 부과되며, 피상속인이 비거주자인 경우에는 국내 소재 상속재산에 상속세가 부과된다. 상속인이 비거주자인 경우에는 국내에 납세관리인을 지정하여 신고하여야 한다(국세기본법 제82조).

국내거주자가 아닌 피상속인의 상속재산 중 국내에 있는 재산은 국내상속인들이 갖고 국외에 있는 재산은 국외상속인들이 각자 가지기로 협의하였다면, 국내에 있는 상속재산에 대하여서만 상속세를 부과할 수 있으므로 총세액은 국내에 있는 상속재산을 기준으로 산출하여야 하고 이는 국내에 있는 상속재산을 가지기로 한 국내상속인들이 납부하여야 한다.

영리법인이 상증세법상 상속인의 범주에 포함되는 특별연고자이거나 상증세법상 수유자가 된 경우에는 무상으로 이전받은 재산에 대해 법인세를 부과받으며 상속세는 부과되지 않는다. 다만, 2014년부터는 영리법인의 주주 또는 출자자 중 상속인과 그 직계비속이 있는 경우에는 그 지분상당액으로서 대통령령으로 정한 세액상당액의 상속세액을 그 상속인 및 직계비속이 납부할 의무가 있다(상증세법 제3조의 2 제2항). 피상속인의 상속재산에 대한 상속세액이 다소 줄어들 수도 있을 것이다. 당해 영리법인의 다른 상속인의 상속세에 대한 연대납세의무는 없게 된다. 상속세 연대납세의무는 자신의 고유한 납세의무로서 상속세를 부담하는 자 간에 주어지는 것인데 영리법인에게는 상속세가 부과되지 않기 때문이다(상증세법 제3조의 2 제1항). 영리법인이 증여받은 재산 또는 이익에 법인세가 부과되는 경우 일감몰아주기, 일감떼어주기 및 특정법인과의 거래를 통한 이익의 증여의제(상증세법 제45조의3부터 제45조의5까지의 규정)의 경우를 제외하고는 해당 법인의 주주 등에 대해서는 증여세를 부과하지 않는다(상증세법 제4조의 2 제4항).

비영리법인이 상증세법상 수유자로서 상속인이 되는 경우는 어떠한가? 비영리법인은 통상 상증세법상 공익법인이 된다. 피상속인 또는 상속인이 종교·자선·학술 기타 공익을 목적으로 하는 사업을 영위하는 법인, 즉 공익법인에게 출연한 재산의 가액은 상속세신고기한 이내에 출연한 경우에 한하여 상속세과세가액에 산입하지 않는다(상증세법 제16조 제1항). 출연방법에 대해서는 상증세법시행령에 자세한 규정을 두고 있다. 그 요건을 충족하지 못하는 경우 상속세를 부담하게 된다. 법인이지만 법인세를 내지 않고 상속세를 내는 것이다. 법인세법상 비영리법인이 받은 수증재산은 각 사업연도소득을 구성하지 않고 증여세를 부과받는다(법인세법 제4조 제3항). 비영리법인이 상속세의 부담을 하게 될 경우 그것에 대해 다른 상속인들은 연대납세의무를 부담한다.

법인격이 없는 사단·재단 또는 그 밖의 단체는 비영리법인 또는 (비)거주자로 보아 상속세 납세의무를 부과한다(상증세법 제4조의 2 제8항).

나. 공동상속인·수유자의 연대납세의무

상속인들은 상속세를 연대하여 납부할 의무를 진다(상증세법 제3조의 2 제3항). 각 상속인들은 우선 자기 몫의 상속세를 납부하여야 하며, 자기가 받았거나 받을 재산을 한도로(자기가 상속받은 재산에서 자기 몫의 상속세를 내고 남은 범위 안에서) 다른 상속인의 상속세 몫에 대해 연대납세의무를 진다. 연대납세의무의 한도를 계산할 때에 자기가 받은 사전증여재산이 있는 경우에는 사전증여재산에서 그 재산에 대해 납부한 증여세액을 차감한 금액을 자기가 받았거나 받을 재산의 가액에 가산한다(대법원 2018. 11. 29. 선고 2016두1110 판결).

공동상속인의 연대납세의무는 자신의 고유의 납세의무에서와 동일하게 자신에 대한 부과처분통지로서의 (최초의)납부고지에 의하여 구체적으로 확정된다. 이 때 상속세 (최초의)납부고지는 상속인·수유자 또는 수증자에게 하여야 하며, 상속인이나 수유자가 2명 이상이면 그 상속인이나 수유자 모두에게 통지하여야 한다(상증세법 제77조).

공동상속인의 연대납세의무에는 부종성의 원칙이 적용된다. 공동상속인에 대해 연대납세의무에 의해 한 납부고지는 징수처분에 해당한다(대법원 2001. 11. 27. 선고 98두9530 판결). 연대납세의무에 의한 납부고지를 받은 공동상속인은 해당 징수부족액을 일으킨 공동상속인에 대한 부과처분에 대해 직접 다툴 수 있는 원고적격을 인정한다.

공동상속인의 연대납세의무에는 보충성의 원칙이 적용되지 않는다. 실무상 연대납세의무에 의한 납부고지는 보충적으로 한다. 그러나 여전히 보충성의 원칙이 적용되지 않으므로, 공동상속인이 연대납세의무자로서 자기 몫을 초과하여 납부한 것에 대해서는 증여세가 부과되지 않는다(서면인터넷방문상담4팀-1543, 2007. 5. 9.).

공동상속인 간에는 연대납세의무에 의한 이행분에 대해 구상권을 행사할 수 있다(대법원 2010. 5. 27. 선고 2010다5878 판결).

2. 피상속인 납세의무의 승계

거주자가 사망하여도 자신의 행위에 근거한 세금의 납세의무는 남게 된다. 상속인은 피상속인에게 부과되거나 그 피상속인이 납부할 세금을 상속으로 인하여 얻은 재산을 한도로 납부할 의무를 진다(국세기본법 제24조 제1항). 상속세과세가액을 계산할 때 조세채무는 차감하도록 되어 있다. 실제 상속재산에서 세금이 지급될 경우에는 상속인이 납세의무를 승계할 이유도 없겠지만 법상으로는 납세의 이행을 확보하기 위한 목적으로 둔 규정이다.

피상속인의 소득에 대한 상속인의 소득세 납세의무는 피상속인의 사망으로 성립한다(소득세법 제5조 제2항). 상속인은 피상속인의 소득금액을 소득세법 제44조의 규정에 의해 과세하는 경우 그 소득세의 납세의무를 진다(소득세법 제2조의 2 제2항). 피상속인의 소득금액(income in respect of a decedent, IRD, 미국 내국세입법

제691조)에 대한 소득세 중 상속인에게 과세할 것은 이를 상속인의 소득금액에 대한 소득세와 구분하여 계산하여야 한다(소득세법 제44조). 상속인은 그 상속개시일부터 6월이 되는 날까지 사망일이 속하는 과세기간에 대한 당해 거주자의 과세표준을 신고하여야 하며 이로써 상속인의 납세의무는 확정된다(소득세법 제74조 제1항). 상속인이 2인 이상인 때에는 상속지분에 따라 안분한 세액도 신고하여야 한다(소득세법시행규칙 제66조의 2 제3호).

상증세법 제13조의 규정에 의하여 상속세과세가액에 가산하는 증여재산을 상속개시 10년 이내 증여를 받은 상속인으로서 상속을 포기한 자는 피상속인의 납세의무를 승계한다(상증세법 제2조 제4호).

거주자가 사망하여도 자신의 행위에 근거한 세금의 납세의무는 남게 되지만 이에는 다음과 같은 예외가 있다. 소득금액변동통지서를 받기 전에 소득의 귀속자가 사망한 경우에는 이에 대한 소득세를 과세하지 않고 원천징수를 하지 않는다(국세청 법인, 서면인터넷방문상담2팀－1144, 2006. 6. 19).

제 3 항 과세대상

1. 상증세법상 상속의 개념

상증세법은 '상속'이란 민법 제5편에 따른 상속을 말하며, '유증', '사인증여', '특별연고자'에 대한 상속재산의 분여, '유언대용신탁', '수익자연속신탁'을 포함한다고 규정하고 있다(상증세법 제2조 제1호).

민법상 '상속' 개념을 차용하면서도 그 범주를 확대하는 방법으로 세법상 상속의 개념을 만들었다. 민법상의 상속 이외의 외형을 가진 거래를 통해 사실상 민법상의 상속과 같은 경제적 효과를 누리는 방법으로 상속세를 회피하는 현상이 나타날 수 있기 때문이다.

민법상 '상속'은 사망으로 인하여 그의 재산에 관한 권리의무를 다른 사람에게 포괄적으로 이전하는 것을 말한다. 민법상 유언으로 상속인을 지정한 경우에는 유언상속이 우선하며, 유언이 없는 경우에는 민법에서 정한 순위에 따른다(직계비속과 배우자＞직계존속과 배우자＞형제자매＞4촌 이내의 방계혈족). 피상속인은 유언에 의하여 공동상속인의 상속분을 지정할 수 있으며(지정상속), 유언으로 지정하지 아니한 경우에는 민법에 규정된 법정상속분에 따라 상속재산을 분할한다. 유언에 따른 분배가 먼저 이루어지고 그 남은 재산으로 상속인이 상속을 받는다. 유언에 의해 재산을 상속하는 경우 피상속인의 의사가 지나치게 감정에 치우치게 되면 여러 사람의 상속인 중 한 사람에게만 재산을 상속하거나 타인에게 전 재산을 유증함으로써 사회적으로 바람직하지 못한 상황이 발생할 수 있다. 민법은 각 상속인이 최소한 받을 수 있는 상속분을 유류분으로 정하고 있다(배우자 및 직계비속: 법정상속분의 1/2; 직계존속 및 형제자매: 법정상속분의 1/3).

2. 과세대상 상속재산

가. 과세대상

상속세의 과세대상은 상속재산이다. 과세대상 상속재산은 피상속인이 거주자인 경우에는 거주자의 모든 상속재산으로 하고, 피상속인이 비거주자인 경우에는 국내에 있는 거주자의 모든 상속재산으로 한다(상증세법 제3조).

'상속재산'은 상증세법 고유의 개념이다. 상속재산에는 피상속인에게 귀속되는 모든 재산으로서 금전으로 환가할 수 있는 경제적 가치가 있는 모든 물건과 재산적 가치가 있는 법률상 또는 사실상의 모든 권리가 포함된다(상증세법 제2조 제3호).

상증세법은 상속세과세를 위해서는 '상속재산'에는 사실상의 권리까지 포괄하도록 규정하고 있다(상증세법 제2조 제3호, 제6호). 여기서 '사실상의 권리'가 법률적으로 존재하는데 다른 자의 이름으로 존재하는 것만을 포괄할 뿐 아니라 법률적으로 보호받지 못하는 것까지 포괄하는 것으로 보아야 할 것이다. 상증세법 제2조 제3호의 취지가 재산적 가치가 있는 것은 모두 과세하고자 하는 것이라면 그것이 법상 권리로 성숙되기 전이라 하더라도 실질적으로 누군가에게 재산적 이익이 되는 것이라면 포섭하도록 해석하여야 할 것이기 때문이다.

민법상 상속인은 상속개시 시점부터 피상속인의 모든 재산에 관한 포괄적 권리의무를 승계한다. 그러나 피상속인의 일신에 전속한 것은 승계하지 않는다(민법

제1005조). 민법상 상속이 피상속인의 권리의무를 포괄적으로 이전하는 것을 의미하도록 되어 있는데 세법은 민법의 개념을 차용함으로써 바로 그러한 포괄적 이전을 과세하게 되며, 더 나아가 상속재산의 범위를 넓게 잡음으로써 포괄주의를 취하고 있는 것으로 이해된다. 민법상 생명보험금청구권은 상속재산이 아니다. 퇴직금에 대해서는 학설이 대립한다. 일반적인 신탁관계도 승계된다. 상증세법은 이러한 민법의 기본적인 태도를 수용하면서도 고유의 개념을 설정하고 있는데 그것이 민법의 개념을 확장한 것인지 축소한 것인지는 불분명하다. 민법상 상속재산에 포함되지 않는 수익자의 생명보험금청구권에 의한 생명보험금은 상증세법상으로도 상속재산의 개념에는 포섭되지 않지만 그것으로 '간주'하도록 하고 있다. 민법상 상속재산에 포섭되는 신탁재산은 상증세법상 상속재산으로 '간주'하도록 하고 있다. 퇴직금도 '간주'한다.

상증세법은 상속세과세대상으로서 '상속재산'의 범주에 피상속인이 유증한 재산 및 피상속인의 사망으로 인하여 발생하는 증여재산 등을 포함하고 있다.

(1) 경제적 실질귀속재산

과세대상 상속재산에는 재산의 명의에도 불구하고 피상속인이 상속개시 시점에 실질적으로 지배, 관리 및 처분할 수 있는 권한을 가지고 있던 모든 재산이 포함된다.

상속개시 전 타인 명의로 있던 재산이 상속개시 후 제3자의 명의로 이전된 것이라 하더라도 상속개시 시점에 피상속인이 실질적으로 소유하고 있던 경우에는 상속재산이 된다. 피상속인의 명의신탁 재산에 대하여 그 수탁자에게 증여의제 규정이 적용되어 증여세가 부과되는 경우에도 위 재산이 피상속인의 상속재산에 포함된다.

상속재산에 영업권이 포함될 뿐 아니라 '소송 중의 권리'도 포함된다. 상속개시 당시에는 상속재산인 '소송 중의 권리'가 그 권리의 존부나 범위를 둘러싸고 다툼이 있어 분쟁관계에 있었다고 하더라도 그 후 당해 과세처분취소소송의 변론종결 이전에 법원의 판결 등을 통하여 '소송 중의 권리'의 내용과 범위가 구체적으로 확정되었다면, 다른 특별한 사정이 없는 한, 판결에 따라 확정된 권리의 가액을 기초로 상속개시 당시의 현황에 의하여 '소송 중의 권리'의 가액을 평가하여야 한다.

상속개시 시점에 피상속인의 채권적 권리에 따라 상속 후 재산을 지급받게 된 경우 그 재산은 상속재산에 포함된다. 피상속인이 매매계약 당시에 매매의 목적이 된 부동산 중 일부분의 소유권이 매도인에게 속하지 아니함을 알지 못하였다면 피상속인은 선의의 매수인에 해당하고, 따라서 피상속인은 매도인에 대하여 감액대금반환을 청구할 수 있을 뿐만 아니라 이로 인한 손해배상도 청구할 수 있다. 상속개시 당시에 이미 상속대상 부동산 중 일부의 소유권이 타인에게 속함으로 인하여 그 부분을 양도받지 못하게 됨으로써 피상속인이 갖게 되는 대금감액청구권 및 손해배상청구권은 상속재산에 포함된다.

상속개시 전 피상속인이 부동산양도계약을 체결하고 잔금을 수령하기 전에 사망한 경우에는 양도대금 전액(양도대금이 불분명한 경우에는 당해 부동산을 상증세법의 규정에 의하여 평가한 가액)에서 상속개시 전에 수령한 계약금과 중도금을 차감한 잔액을 당해 상속재산의 가액으로 한다. 계약금과 중도금은 상속세과세가액에 산입하지 않는가? 피상속인이 재산을 처분하여 받거나 피상속인의 재산에서 인출한 금액이 상속개시일 전 1년 이내에 재산종류별로 계산하여 2억원 이상인 경우와 상속개시일 전 2년 이내에 재산종류별로 계산하여 5억원 이상인 경우로서 용도가 객관적으로 명백하지 아니한 경우에는 상속받은 것으로 추정하여 상속세과세가액에 산입한다(상증세법 제15조 제1항). 계약금과 중도금은 문구상 '피상속인의 재산에서 인출한 금액'에 해당할 것인데, 상증세법시행령은 그것에 대해 '금전등'의 재산 항목을 설정하고 해당 기간 중 실제 인출한 금액이 위에서 규정한 금액을 초과한 경우에야 상속재산가액에 가산하도록 하고 있다(상증세법시행령 제11조 제1항).

(2) 피상속인에 귀속하는 소득

상속개시 시점에 피상속인이 보유하던 재산으로부터 상속개시 시점까지 발생한 소득이 되는 금원은 상속재산으로 보게 된다. 그 소득에 대해서는 피상속인이 납세의무자가 되지만 상속인이 납세의무를 승계한다. 결과적으로 소득세와 상속세가 모두 부과되는 것이다.

상속개시일 현재 피상속인에게 납부할 의무가 성립된 것으로서 상속인에게 승계된 조세·공과금은 이를 상속재산 가액에서 공제한다. 상속인은 상속으로 인하여 얻은 재산을 한도로 하여 납세의무를 승계하게 되는데 그 재산이라 함은 상속으로 인하여 얻은 자산총액에서 부채총액과 그 상속으로 인하여 부과되거나 납부할 상속세를 공제한 가액을 의미한다(국세기본법시행령 제11조 제1항). 부채총액과 상속세의 합계액이 자산총액보다 클 경우 비록 해당 소득세와 관련된 사업이 승계되었다 하더라도 상속인은 승계할 납세의무가 없는 것이 된다.

상속개시 시점에 피상속인이 보유하던 재산으로부터 상속개시 이후 발생한 소득에 대해서는 상속인이 납세의무를 지게 된다. 배당락 후 배당결의 전 상속인이 사망한 경우 비록 배당결의액에 상당하는 주가가 하락하였겠지만 배당금은 상속재산에 포함되지 않으며 상속인의 소득으로 과세된다. 다만, 배당락 후 주식이 처분되고 상속이 개시된 다음 배당결의가 이루어진 경우에는 당해 배당금은 상속재산에 포함된다.

(3) 간주상속재산

상속이 개시될 때에 피상속인에게 귀속되지 않는 재산이지만 상속재산으로 보는 것을 말한다.

(가) 보험금

사망을 원인으로 지급되는 보험금은 보험금 수령자의 재산이며, 망인의 재산이 될 수 없다. 보험약정상 보험금 수령자가 보험료를 납입하지 않은 경우라면 원칙적으로 해당 보험금에 대해서는 증여세 또는 상속세를 부과한다. 헌법재판소는 생명보험금의 경제적 실질은 민법상의 상속재산과 다를 바 없고, 생명보험금 전부를 상속재산으로 의제하여 상속세를 부과하는 것은 헌법에 부합한다고 판단하였다(헌법재판소 2009. 11. 26. 선고 2007헌바137 결정).

보험료 불입자와 보험금수취인이 다른 경우 지급받은 보험금에 대해서는 증여세가 부과된다(상증세법 제34조 제1항). 그런데 보험료를 납입해온 보험계약자가 피보험자로서 사망한 경우에는 해당 보험금은 상속재산이 된다. 피상속인이 보험계약을 체결하거나 보험료를 납부하였는데 피상속인의 사망을 원인으로 보험금이 지급되는 경우에는 상속세가 과세되는 것이다(상증세법 제8조, 제34조 제2항).

피상속인의 사망을 원인으로 지급받는 보험금으로서 피상속인이 보험계약자가 된 경우라면 당해 보험금은 상속재산으로 간주한다. 피상속인이 보험계약자로 되어 있지 않더라도 실질적으로 보험료를 부담한 경우에는 보험계약자로 보아 상속재산에 포함한다. 상속세회피를 방지하기 위함이다(상증세법 제8조). 피상속인이 보험료를 불입한 보험의 보험금수령자가 상속인이 아닌 경우 그 자는 수유자에 준하는 자로 인정할 수 있으며 그에 따라 상속세를 부담하여야 한다(대법원 2023. 3. 16. 선고 2022두67753 판결).

피상속인의 사망을 원인으로 지급받는 보험금인데 다른 자가 보험계약자가 되고 실질적으로 보험료를 지급한 경우 보험금을 지급받은 자는 증여세를 납부한다. 이때 증여자는 보험료를 실질적으로 불입한 자가 된다. 다른 자의 사망으로 보험금이 지급되도록 되어 있는데 보험료를 납부하여 왔고 보험계약자로 되어 있는 자가 사망한 경우 그 자의 상속재산이 되지는 않는다.

보험금의 상속 또는 증여시 수령한 보험금에 내재하는 보험차익의 부분에 대해 소득세가 과세되지는 않는다.

(나) 신탁재산

피상속인이 신탁한 재산은 상속재산으로 본다. 이미 피상속인이 아닌 수익자의 증여재산가액에 해당하는 신탁의 이익을 받을 권리의 가액은 상속재산으로 보지 않는다(상증세법 제9조 제1항). 한편, 사망한 피상속인이 신탁계약의 당사자이었든 그렇지 않든 신탁의 이익을 받을 권리를 가지고 있었을 경우에는 신탁의 이익에 상당하는 가액은 상속재산이 된다(상증세법 제9조 제2항). 예로서, 피상속인이 제3의 위탁자에 의한 신탁계약에 의해 신탁의 이익을 받을 권리를 가지게 되었는데 사망한 경우에는 상속세가 부과된다. 실제 지급받지는 않았지만 장래 지급받을 권리를 재산으로 평가하여 상속세를 부과하는 것이다. 타인으로부터 받는 신탁이익은 지급받을 때 증여세를 부과받지만 신탁 이익을 받을 권리를 상속을 원인으로 취득할 때에는 그 시점에 상속세를 부과받는다.

타인의 신탁계약에 의해 신탁의 이익을 받을 권리를 가지게 된 경우에는 신탁의 이익을 받는 시점에 증여세를 부담하게 된다(상증세법 제33조). 수익자연속신탁의 수익자가 사망함으로써 타인이 새로 신탁의 수익권을 취득하는 경우 그 타인이 취득한 신탁의 이익을 받을 권리의 가액은 사망한 수익자의 상속재산에 포함한다(상증세법 제9조 제3항). 수익자가 사망한 경우 그 수익자가 가지는 수익권이 소멸하고 타인이 새로 수익권을 취득하게 된다. 수익자의 사망에 의하여 차례로 타인이 수익권을 취득하는 경우를 포함한다. 사망한 수익자에게는 생전 받은 수익에 대해서 증여세가 과세될 수 있었을 것이며, 사망 후 수익권을 취득한 자에게는 자기에게 귀속될 수익권의 가액을 한도로 상속세를 과세한다.

타인의 신탁계약에 의해 신탁의 이익을 받을 권리를 가지게 되었지만 아직 신탁의 이익을 받지 않은 자가 사망한 경우에는 사망한 자가 그 타인으로부터 증여받은 사실은 없었으므로 증여세가 과세되지 않고 사망한 자의 상속인들이 상속세를 부담하게 된다. 증여세가 과세되지 않는 것은 증여세는 지급받는 시점에 과세하도록 하고 있기 때문이다.

상속세 또는 증여세 과세를 위한 신탁의 이익 평가를 위해서는 미래 정기금을 현재가치로 환가하는 과정을 밟게 된다. 이때 미래정기금은 그에 대한 원천징수세액을 차감한 것으로 한다. 상속과세상으로는 미래 납부할 소득세에 해당하는 부분은 비록 자기가 부담하는 경우라 하더라도 차감하여 부를 이전받은 것으로 보게 되어 있는 것이다. 이는 이중과세를 다소 완화하는 효과가 있다(소득세와 증여세 또는 상속세의 부과가 이중과세에 해당하는지에 대해서는 견해가 나뉠 수 있다). 이와 동일한 맥락에서 자본이득이 미래초과수익력을 원천으로 하는 것으로서 장래 소득세를 부담할 것을 미리 과세한다는 성격이 있음을 감안한다면 입법론상 자본이득세율은 이자나 배당에 대한 세율보다 낮은 세율이 되어야 한다는 주장이 가능할 것이다.

(4) 비과세

피상속인에 귀속하는 재산이지만 과세대상 상속재산에서 배제되는 것이 있다. 이는 피상속인에 관련되는 사실(예, 전사)에 의한 경우, 상속재산에 관련되는 사실(예, 문화재)에 의한 경우, 피상속인의 법률행위(예, 피상속인의 국가에 대한 유증)에 의한 경우 및 상속인의 법률행위(예, 상속인의 국가에 대한 증여)에 의한 경우로 구분할 수 있다(상증세법 제11조, 제12조). 앞의 네 번째는 상속인이 상속을 받아 증여한 경우이지만 아예 상속재산에서 배제하는 것이다. 이 경우 국가는 증여세를 부담하지 않는다.

나. 재산의 소재지

상증세법은 재산의 종류별로 소재지를 지정하고 있다(상증세법 제5조 제1항). 거주자의 경우에는 재산의 소재지가 어디인지가 과세상 의미가 없다. 이 규정은 비거주자의 재산이 상속을 계기로 이전할 때 이전되는 재산의 소재지가 국내일 경우 국내에서 과세권을 행사하고자 하는 규정이다. 상속과세상으로는 비거주자가 국내에 소재하는 자산을 상속받을 경우와 국외에 소재하는 자산이지만 거주자로부터 상속받을 경우 국내에서 과세된다.

증여를 계기로 재산이 이전할 때에도 이러한 취지의 규정이 있다. 다만, 증여에서는 증여자가 거주자인지 비거주자인지를 불문하고 수증자가 비거주자인 경우에는 국내에 있는 수증재산에 대해 증여세를 납부할 의무를 부과하고 있다. 증여과세상 비거주자가 국외에서 소재하는 자산이지만 거주자로부터 증여받을 경우에 대해서도 과세된다(국조법 제35조 제2항). 이와 같이 부의 무상이전과세는 이득을 얻는 자가 비거주자라 하더라도 거주자로부터 이전받은 것이라면 국외에 소재하는 자산에 대해서도 과세하게 된다. 결국 부의 무상이전과세상으로는 비거주자가 비거주자로부터 이전받는 국내에 소재하는 자산에 대한 과세목적상 자산의 소재지가 의미를 갖게 된다.

소득과세상으로는 비거주자가 소유하는 국내에 소재하는 자산에 대한 과세목적상 자산의 소재지가 의미를 갖게 된다. 비거주자가 국내에 소재하는 자산을 양도할 경우 국내에서 과세하게 된다. 그리고 국내에 보유하는 자산으로부터 발생하는 소득도 국내에서 과세된다.

소득세법은 자산의 소재지에 대해서 규정하고 있지 않은 반면, 상증세법은 자산의 소재지에 대해 규정하고 있다. 소득세법은 국내원천소득의 범주를 설정하면서 일부 자산의 소재지에 대해 간접적으로 규정하고 있을 뿐이다. 그런데 유가증권의 경우 소득세법상 국내에 상장된 것의 양도차익은 국내원천소득이 되는 반면 무상이전과세상 국내소재자산에서 제외된다. 그리고 법인소득과세상 국내에 실질적 관리장소를 둔 법인은 내국법인으로 보는 반면 무상이전과세상 국내에 실질적인 관리장소만 두고 본점이 외국에 있는 법인의 주식은 국외에 소재하는 것으로 보게 된다.

제 4 항   과세표준 및 세액의 계산

1. 상속세과세가액

상속세과세가액은 상속재산의 가액에서 공과금, 장례비용 및 채무를 차감하고 일정한 증여재산가액을 가산하여 산정한다. 그리고 상속개시일 전 처분재산 등으로서 상속으로 추정되는 것의 가액을 가산한다(상증세법 제13조). 상속세 과세표준을 계산할 때에는 공익법인등 또는 공익목적신탁에 출연한 재산의 가액은 일정한 요건하에 과세가액에 불산입하며 사후관리를 받는다(상증세법 제16조, 제17조).

가. 공과금, 장례비용 및 채무의 차감

상속개시일 현재 피상속인이 납부할 의무가 있는 것으로서 상속인에게 승계된 조세·공공요금 기타 이와 유사한 것으로서 기획재정부령이 정하는 공과금과 피상속인의 사망일부터 장례일까지 장례에 직접 소요된 금액과 봉안시설 또는 자연장지의 사용에 소요된 금액을 합산한 장례비용을 차감한다(상증세법시행령 제9조). 아래에서 설명하는 채무도 차감한다.

(1) 일반적 채무

피상속인이 부담한 채무의 합계액은 상속세 과세가액에서 차감한다. 그런데 상속개시일 전 1년 이내에 2억원 이상인 경우와 상속개시일 전 2년 이내에 5억원 이상인 경우로서 용도가 객관적으로 명백하지 아니한 경우에는 상속재산으로 추정한다. 이 경우에는 채무액을 차감하지 않은 것과 동일한 효과가 발생한다.

(2) 증여채무

상속세과세가액 산정시 상속재산의 가액에서 차감하는 채무에는 증여계약에 의한 이행채무가 포함된다. 그러나 상속개시일 전 10년 이내에 피상속인이 상속인에게 진 증여채무와 상속개시일 전 5년 이내에 피상속인이 상속인이 아닌 자에게 진 이행 중의 증여채무는 차감할 수 없다. 차감할 경우 차감한 만큼은 증여세를 부과하여야 할 것인데 그렇게 하지 않고 사인증여로 보아 해당 증여채무가 이행될 경우 그 부분에 대해서도 상속세를 부과하고자 하는 취지이다.

상속개시일 전 10년 이내에 상속인이 실제 증여받은 것은 상속세과세가액에 산입한다. 상속인이 상속개시 전 증여계약을 체결한 것으로서 상속개시 시점에 아직 증여를 받지 못한 것은 상증세법상 피상속인의 채무로서 인정을 받지 못한다. 증여를 받기로 한 자에 대해 사후 증여가 이루어질 경우 그 부분은 상속세 과세가액에 산입되어야 할 것이다.

(3) 보증채무

상속개시 당시 피상속인이 제3자를 위하여 연대보증채무를 부담하고 있거나 물상보증인으로서의 책임을 지고 있는 경우에 주 채무자가 변제불능의 무자력 상태에 있기 때문에 피상속인이 그 채무를 이행하지 않으면 안 될 뿐만 아니라 주 채무자에게 구상권을 행사하더라도 변제를 받을 가능성이 없다고 인정되는 때에는 그 채무금액을 상속재산 가액에서 공제할 수 있다. 상속개시 당시에 주된 채무자가 변제불능의 상태에 있는가 아닌가의 입증책임은 납세의무자인 상속인에게 있다.

상속세과세가액을 산정할 때에는 당해 상속재산을 목적으로 하는 저당권 등으로 담보된 채무는 차감한다(상증세법 제14조 제2항).

나. 증여재산가액 등의 가산

(1) 상속개시일 전 증여재산가액

상속개시일 전 10년 이내에 피상속인이 상속인에게 증여한 재산가액이 상속세과세가액에 가산된다(상증세법 제13조 제1항). 상속개시일 전 5년 이내에 피상속인이 상속인이 아닌 자에게 증여한 재산가액도 가산한다. 이 경우 증여를 받은 자는 상속세 납세의무를 부담하지 않는다(상증세법 제13조 제1항).

상속개시전 증여로 보기 위해서는 '증여'의 실질이 있어야 할 것이다. 혼인 중 쌍방의 협력으로 이룩한 공동재산을 청산하여 분배한 재산분할에 대해 등기부등본상에 등기원인이 증여로 되어 있다 하더라도 장차 협의상 이혼을 전제로 한 재산분할로서 그 이전 형식을 증여로 한 것으로 인정될 경우에는 해당 재산은 상속세과세가액에 가산하는 상속개시 전 증여재산으로 보지 않는다.

전환사채 주식전환, 상장, 합병 후 상장에 따라 이익을 증여한 경우와 기타 이익의 증여를 한 경우 등(상증세법 제40조 제1항 제2호, 제41조의 3, 제41조의 5 및 제42조 제4항 등)에는 합산을 배제한다('합산배제증여재산', 상증세법 제47조 제1항). '합산배제증여재산'은 동일인 증여자를 특정하기 곤란한 자본이득적인 이익을 증여로 과세하는 것들이다. 현행 증여세과세제도가 증여를 받은 것이라기보다는 재산가액의 증가에 따른 미실현이득을 과세하는 내용을 담고 있음을 암시하는 것이다.

상속세과세가액에 가산하는 증여재산에 대하여 증여세가 부과되지 아니한 경우에는 당해 증여재산에 대하여 증여세를 먼저 과세하고 그 증여재산가액을 상속세과세가액에 가산하여 상속세를 부과한다.

증여자가 증여세를 부담할 경우 그 증여세도 증여재산이 된다. 10년 이내 동일인으로부터의 증여재산은 합산하여 증여세를 계산하며 앞에 낸 세금은 공제해 준다. 노모가 자식에게 재산을 증여하고 증여세를 납부해 주기로 약속했지만 아직 납부하지 않고 있는 사이 사망하여 잔여재산을 자식이 상속받은 경우 상속재산에서 자식을 위해 대신 내주기로 한 증여세부담채무액을 공제할 것인가? 만약 공제를 해 준다면 그 부분은 노모의 상속가액에서 빠지는 대신 자식의 수증재산에 포함될 것이다. 상속세와 증여세의 실효세율이 동일할 경우 세부담은 동일하다. 일본의 경우 공제를 인정한 판결이 있다.

(2) 상속개시일 전 처분재산가액 또는 부담채무가액

상속개시일 전에 피상속인이 처분한 재산 또는 부담한 채무(예, 은행대출)로서 일정금액을 초과하는 경우 그 용도가 객관적으로 명백하지 아니하면 이를 상속인이 상속받은 것으로 추정하여 상속세과세가액에 산입한다. 상속개시일 전 재산을 처분하여 받거나 인출한 재산가액 또는 부담한 채무가 아래에 해당되는 경우로서 용도가 객관적으로 명백하지 아니한 금액은 상속받은 것으로 추정하여 과세가액에 산입한다(상증세법 제15조).

- 1년 이내: 재산종류별로 2억원 이상인 경우
- 2년 이내: 재산종류별로 5억원 이상인 경우

피상속인이 부담한 채무의 합계액이 상속개시일 전 1년 이내에 2억원 이상인 경우와 상속개시일 전 2년 이내에 5억원 이상인 경우로서 용도가 객관적으로 명백하지 아니한 경우에는 상속재산으로 추정한다. '용도가 객관적으로 명백하지 아니한 경우'는 피상속인이 채무를 부담하고 받은 금액을 지출한 거래상대방이 거래증빙의 불비 등으로 확인되지 아니하는 경우 등을 말한다(상증세법시행령 제11조 제2항).

피상속인이 국가·지방자치단체 및 대통령령이 정하는 금융기관이 아닌 자에 대하여 부담한 채무로서 상속인이 변제할 의무가 없는 것으로 추정되는 경우에는 이를 상속세과세가액에 산입한다. '상속인이 변제할 의무가 없는 것으로 추정되는 경우'는 채무부담계약서, 채권자확인서 등의 서류에 의하여 상속인이 실제로 부담하는 사실이 확인되지 아니하는 경우를 말한다(상증세법시행령 제11조 제3항).

다. 공익목적 출연재산의 과세가액 불산입

피상속인이나 상속인이 공익법인에 출연한 상속재산은 상속세과세가액에 산입하지 않는다. 피상속인이 공익법인에 유증한 경우에도 상속세과세가액에서 배제한다. 생전증여의 경우도 동일하다(상증세법 제16조, 제48조). 내국법인의 의결권 있는 주식의 10%(5%, 20%)를 초과 출연하는 경우 그 초과분은 상속세 과세가액에 산입한다. 공익법인에 출연한 상속재산이 상속세과세가액에 산입되지 않기 위해서는 상속세신고기한(상속개시 후 6개월) 이내에 출연이 이행되어야 한다(법인세법 제4조 제3항).

공익법인은 출연재산가액의 1%(주식 10% 초과 보유 공익법인은 3%) 상당액을 매년 공익사업에 사용하여야 한다. 주식 5% 초과 보유 공익법인은 미달지출액의 200%를 가산세로 부과받고, 주식 5% 이하 보유 공익법인은 미달지출액의 10%를 가산세로 부과받는다(상증세법 제48조 및 제78조).

2. 과세표준

상속세과세가액에서 각종 공제액을 차감하여 과세표준을 계산한다(상증세법 제18조~제23조 및 제23조의 2). 상속공제는 개념상 상속세과세가액을 한도로 할 수밖에 없다. 상증세법은 상속공제의 종합한도를 상속세과세가액에서 다음의 가액을 차감한 금액으로 설정하고 있다.

　① 상속인의 상속포기로 그 다음 상속인이 상속받은 재산가액, ② 선순위 상속인이 아닌 자에게 유증·사인증여한 재산가액 및 ③ 상속세 과세가액(사전증여재산으로서 가산한 금액 포함)이 5억원을 초과하는 경우 사전증여재산으로서 가산한 금액을 차감한 금액을 한도(공제한도)로 한다(상증세법 제24조). 상속공제는 통상적인 상속인이 실제 재산을 상속받은 상황을 가정하고 공평한 담세력을 측정하기 위해 규정화한 것이기 때문이다. 법원에 의하면, ①의 금액을 차감하는 것은 합리적 입법재량의 범위 내이므로 조세평등의 원칙을 위반된다거나 후순위 상속인의 재산권을 침해한다고 보기 어려우므로 위헌이라고 할 수 없다고 한다(대법원 2017. 3. 9. 선고 2016두60850 판결). 한편, ③의 경우를 배제하지 않으면 상속인들이 실제 상속받은 재산가액을 초과하여 상속재산에 합산된 사전증여재산가액까지 공제될 수 있게 되어 합산규정의 취지가 상실될 수도 있다.

표 9.1　상속공제

종류	상속공제금액
① 기초공제	2억원(상증세법 제18조 제1항)
② 가업상속공제	상증세법 제18조의 2
③ 영농상속공제	상증세법 제18조의 3
④ 동거주택상속공제	[상속주택가액－해당 자산에 담보된 채무]의 100%를 상속세 과세가액에서 공제(6억원 한도)(상증세법 제23조의 2)
⑤ 배우자상속공제	법정상속지분 내에서 배우자가 실제 상속받은 가액을 공제(최소 5억원, 최대 30억원 한도)(상증세법 제19조)
⑥ 기타 인적 공제 －자녀공제 －미성년자공제 －연로자공제 －장애인공제	 1인당(태아포함) 5,000만원 1인당(태아포함) 1,000만원×19세까지의 잔여 연수 1인당 5,000만원(65세 이상인 자) 1인당 1,000만원×기대여명 연수(상증세법 제20조 제1항)
⑦ 일괄공제	Max[5억원, (기초공제＋기타 인적 공제)]
⑧ 금융재산상속공제	Max[순금융재산가액의 20% 상당액(2억원 한도), 2천만원]
⑨ 재해손실공제	신고기한 내 화재·자연재해 등으로 인하여 손실된 상속재산가액 공제(상증세법 제23조)

가. 공제방식의 선택

납세자는 각종 공제액을 차감하는 데 다음 두 가지 중 하나의 방법을 선택할 수 있다. 먼저 (일괄공제를 제외한) 각종 공제를 다 받는 방법이 있고, 다음 일괄공제 받으면서 (기초공제 및 기타 인적 공제를 제외한) 각종 공제를 받는 방법이 있다.

나. 배우자상속공제

배우자상속공제에서 '배우자'란 법률상의 배우자만을 의미하며, 사실혼 관계에 있는 배우자는 제외한다. 그 결혼연수를 계산함에 있어서도 법률혼이 성립한 기간만을 그 대상으로 한다.

배우자상속공제는 실제 상속가액에 대해서만 인정된다. 실제 상속가액은 배우자 법정순상속금액 범위 내 금액만 인정한다. 그러므로 그 범위 내의 금액이라 하더라도 상속세신고기한까지 실제 배우자 명의로 이전하지 않은 것의 금액은 인정받을 수 없다. 실제상속가액은 상속받은 적극 재산과 소극 재산을 통틀어 배우자가 그 몫으로 분할받은 순재산을 의미하는 것이다. 상속재산에 가산한 증여재산 중 배우자가 사전증여받은 재산은 배우자상속공제의 대상이 되지 않는다(상증세법 제19조, 제24조).

배우자상속공제액은 상속재산가액(조정된 후의 금액)에 배우자의 법정상속분 비율을 곱하여 계산한 금액에서 상속재산에 가산한 증여재산 중 배우자에게 증여한 재산에 대한 과세표준을 뺀 금액을 한도로 한다(상증세법 제19조 제1항). 배우자상속공제액은 5억원 이상 30억원을 한도로 한다.

배우자 상속공제는 상속세과세표준신고기한의 다음날부터 9개월이 되는 날('배우자상속재산분할기한')까지 배우자의 상속재산을 분할한 경우에 적용한다. 이 경우 상속인은 상속재산의 분할사실(세무서 제출용 상속재산분할협의서 작성)을 배우자상속재산분할기한까지 납세지 관할세무서장에게 신고하여야 한다. 여기서 신고 자체는 배우자공제의 필수요건은 아니며 협력의무에 불과하다(대법원 2023. 11. 2. 선고 2023두44061 판결). 부득이한 사유로 배우자상속재산분할기한까지 배우자의 상속재산을 분할할 수 없는 경우로서 배우자상속재산분할기한의 다음날부터 6개월이 되는 날까지 상속재산을 분할하여 신고하는 경우에는 배우자상속재산분할기한까지 분할한 것으로 본다(상증세법 제19조 제2항, 제3항, 헌법재판소 2012. 5. 31.

선고 2009헌바190 전원재판부 결정).

다. 금융재산상속공제

상속재산 중 순금융재산 가액의 20% 금액과 2천만원 중 큰 금액을 공제한다. 금융재산상속공제의 한도는 2억원으로 한다. 금융재산상속공제는 실물재산의 경우 상속인이 상속재산을 추후 처분할 때 양도차익을 산정함에 있어 장부가액의 상향조정을 인정하는 점을 고려하는 것이다. 그러나 금융재산 중 비상장주식과 같이 그 처분에 따른 양도차익을 과세하는 재산도 금융재산으로 보아 공제를 인정하는 점에 비추어 보면 금융재산상속공제는 주로 과세표준이 양성화되는 점을 고려해 주기 위한 목적으로 인정되는 성격이 강하다고 보아야 할 것이다. 다만, 최대주주의 주식에 대해서는 금융재산상속공제가 인정되지 않는 점은 어차피 양도소득과세상 상향조정을 인정하기도 하려니와 달리 과세표준이 노출되지 않는 부분도 아니므로 굳이 공제할 실익이 없다고 하는 데서 그 이유를 찾아야 할 것이다.

라. 가업상속공제

가업상속공제란 중소·중견기업의 장기간 축적된 기술·경영 노하우의 안정적 승계를 지원하기 위하여 10년 이상 가업을 영위한 피상속인이 가업을 상속하는 일정 요건에 해당되는 경우 가업상속재산가액에 상당하는 금액(최대 600억원)을 상속세과세가액에서 공제하는 제도이다. 중견기업에 해당하는 가업에 대해서는 가업상속인의 가업상속재산 외의 상속재산이 해당 가업상속인이 납부하는 상속세액의 일정비율을 초과하는 경우에는 가업상속공제를 적용하지 않는다. 5년간 업종유지등, 고용유지, 자산유지 및 지분유지에 관한 사후관리를 받는다. 상속인이 가업상속공제를 받은 가업상속재산을 추후 양도할 때에는 피상속인의 당초 취득가액을 취득가액으로 하여 양도소득세를 과세받는다(이월과세).

3. 세   액

과세표준에 세율을 적용하여 세액을 계산한다. 상속세의 세율은 10%(과세표준 1억원 이하), 20%(5억원 이하), 30%(10억원 이하), 40%(30억원 이하) 및 50%(30억원 초과)의 초과누진세율체계로 되어 있다(상증세법 제26조).

여기에 전술한 세대를 건너뛴 상속에 대한 할증과세(상증세법 제27조)를 하고 세액공제를 하여 세액을 결정한다. 민법 제1001조의 규정에 의한 대습상속의 경우, 즉 원래의 상속인이 되어야 할 자가 사망하거나 결격사유를 갖게 되어 그 자의 직계비속이 상속을 받게 된 경우에는 할증과세를 하지 않는다.

- 결정세액 = 과세표준 × 세율 + 세대를 건너뛴 할증과세액 − 세액공제
- 세액공제: 증여세액공제, 외국납부세액공제, 단기재상속세액공제
- 단기재상속세액공제: 공제율은 재상속기간이 상속개시 후 1년마다 10%씩 체감하는 구조로 되어 있음

$$\text{단기재상속에 대한 세액공제} = \text{전의 상속세 산출세액} \times \frac{\text{재상속분의 재산가액} \times \dfrac{\text{전의 상속세 과세가액}}{\text{전의 상속재산가액}}}{\text{전의 상속세 과세가액}} \times \text{공제율}$$

상속세과세가액에 가산하는 증여재산가액에 대해 납부한 증여세액은 세액공제한다(상증세법 제28조). 대습상속을 받는 상속인의 사전증여재산이 가산될 때에도 증여세액은 공제한다(대법원 2018. 12. 13. 선고 2016두54275 판결).

가산하는 증여재산가액에는 상속세를 납부할 자가 수증한 것과 상속세를 납부하지 않을 자가 수증한 것이 있다.

상속세를 납부할 자가 수증한 것인 경우에는 (상속인 각자가 납부할 상속세 산출세액)에 (상속인 각자의 증여재산에 대한 증여세과세표준) / (상속인 각자가 받을 상속재산에 대한 상속세과세표준 상당액)의 비율을 곱한 금액을 한도로 한다. 그런데 (상속인 각자가 납부할 상속세 산출세액)은 상속세를 납부하지 않을 자가 증여받은 재산의 가액에 대한 상속세도 포함되는 것이다. 그 결과 증여세액 공제한도는 실제 증여받은 것에 대응하는 비율보다 높은 비율에 상응하는 한도가 설정된다.

상속세를 납부하지 않을 자가 수증한 것인 경우에는 비록 제3자가 수증한 것에 대해 납부한 것이라 하더라도 상속세과세가액에 가산하는 만큼 세액공제를 해주게 된다. 그러나 전체 (상속세산출세액)에 (증여재산에 대한 증여세과세표준) /

(상속세과세표준)을 곱한 금액을 한도로 인정한다. 증여세가 더 많이 나온 경우 다른 상속재산에 대한 세액을 감소시키는 결과가 초래되지 않도록 하기 위함이다.

이와 같이 계산된 상속세결정세액에 대해서 상속인들은 각각의 상속세과세표준 상당액의 비중만큼 세액을 납부할 의무를 지게 된다. 여기서 비중을 계산할 때에는 사전 증여를 받은 자로서 상속세를 납부하지 않을 자, 즉 상속인이나 수유자가 아닌 자가 증여받은 부분에 상응하는 상속세과세표준은 모수에서 배제된다.

이 외에 외국납부세액공제와 단기재상속에 대한 세액공제가 있다. 후자에 대해서는 앞에서 논하였다. 외국납부세액공제는 소득과세와 동일한 논리와 방법이 적용된다.

제 5 항 조세채무의 성립 · 확정 및 이행

상속세는 상속으로 인하여 상속개시일 현재 상속재산이 있는 경우 그 상속재산에 대해 부과한다(상증세법 제3조). 상속세 납세의무는 상속이 개시되는 때 성립한다(국세기본법 제21조 제1항 제2호). 그리고 상속세는 상증세법에 의한 절차에 따라 상속세의 과세표준과 세액을 정부가 결정하는 때 확정된다(국세기본법 제22조 제3항).

1. 신 고

상속세납세의무가 있는 상속인 또는 수유자는 상속개시일이 속하는 달의 말일부터 6월 이내에 납세지관할세무서장에게 상속세의 과세가액 및 과세표준을 신고하여야 한다(상증세법 제67조). 상속세의 신고로 상속세납세의무가 확정되는 것은 아니다. 상속세신고는 상속세납세의무가 있는 상속인 및 수유자 모두의 명의로 할 필요는 없다. 상속인이 확정되지 않더라도 유언집행자가 지정되거나 상속재산관리인이 선임된 경우에는 지정일 또는 선임일부터 6개월 이내에 신고하여야 한다. 상속인이 신고기한 이내에 확정되지 않고 유언집행자나 상속재산관리인도 없는 경우에는 신고를 하지 못하게 될 것이다. 상속인이 확정된 후 30일 이내에 그 사실을 관할세무서장에게 통보하여야 한다. 최종적으로 상속인이나 수유자가 없고 재산을 분여받을 특별연고자도 없는 경우에는 상속재산은 국고에 귀속되며 비과세된다.

2. 부과결정

가. 결정 및 경정

관할세무서장은 상속세과세표준 신고에 의하여 과세표준과 세액을 결정한다 (상증세법 제76조 제1항). 상속세는 부과과세세목이지만 과소신고에 대해 가산세를 부과한다. 상속세나 증여세는 재산의 평가방법의 차이로 과세표준을 과소신고하는 경우에는 가산세를 부과하지 않지만 평가방법에 차이가 있는 경우에도 부정행위로 과세표준을 과소신고한 경우에는 가산세를 부과한다(국세기본법 제47조의 3 제4항 제1호 다목).

상속세 과세표준과 세액을 결정한 관할세무서장은 그 내역을 상속인·수유자 또는 수증자에게 납세고지서에 의하여 통지하여야 한다. 이 경우 상속인이나 수유자가 2명 이상이면 그 상속인이나 수유자 모두에게 통지하여야 한다(상증세법 제77조).

상속세 납세고지는 부과처분적인 성격과 징수처분적인 성격을 모두 가지고 있다. 납세고지서에는 연대납세의무자 전원을 고지서에 기재하여야 한다.

총상속세액에는 변동이 없더라도 각 상속인의 부담세액을 변경하는 경우 경정처분을 하여야 한다. 공동상속인이 있는 경우 상속세경정처분이 증액경정처분인지 감액경정처분인지는 각 공동상속인에 대하여 납부하도록 고지된 개별적인 세액을 기준으로 판단한다.

부과결정세목인 상속세의 경우(납세자의 신고가 있었는지에 불문하고) 세무서장이 과세미달이라고 판단하여 과세표준과 세액을 통지하지 않았으며 세무서장이 그러한 판단을 하는 과정에서 상속재산이나 증여재산을 평가한 가액이 기준시가로서 시가에 미치지 못했으므로 추후 상속인이나 수증자가 해당 재산을 양도할 당시 취득가액을 기준시가로밖에 인정받지 못하게 되는 경우가 있을 수 있다.

상속세는 부과결정세목이므로 관할세무서장은 납세자의 신고내용과 스스로 조사한 바를 토대로 결정하여 납세고지한다. 상증세법은 관할세무서장이 상속세로 결정한 과세표준과 세액에 탈루 또는 오류가 있는 것을 발견한 경우에는 즉시 그 과세표준과 세액을 조사하여 경정할 수 있도록 하고 있다(상증세법 제76조 제4항). 당초 처분시 세무조사를 하였던 경우라면 추후 재조사를 하기 위해서는 국세기본법상 재조사의 요건을 충족하여야 한다. 국세기본법상 조세탈루혐의를 인정할 만한 명백한 자료가 있는 경우에는 재조사를 할 수 있다(국세기본법 제81조의 4 제2항 제1호). 그리고 부과처분을 위한 실지조사에 의하지 아니하고 재경정하는 경우에는 (서면에 의한) 재조사를 할 수 있다(국세기본법시행령 제63조의 2 제2호).

상증세법은 상속개시일부터 5년의 기간 내라면 일정한 요건하에 '탈루'가 있는 것으로 추정하고 조사할 수 있도록 재조사의 요건을 구체화하고 있다(상증세법 제76조 제5항). 납세의무자로서는 '자금출처'의 입증을 통해 이러한 '탈루'의 추정을 뒤집을 수 있다. 자금출처의 소명에는 상증세법 제45조의 규정상 재산취득자금의 증여추정을 뒤집기 위한 입증방법이 인정된다. 추정의 경우 반증하지 못하면 바로 증여받은 재산으로 보도록 하는 효과가 있다. 그런데 상속의 경우에는 재조사의 요건을 충족하는 효과가 있을 뿐이다. 실제 상속재산에 해당하는지는 별도로 조사하여 과세관청이 입증하여야 한다. 증여추정에 관한 규정에 의해 증여세를 부과할 수도 있음은 물론이다.

나. 경정 등의 청구특례

국세기본법상 상속세의 결정을 받은 자가 상속회복청구소송·유류분반환청구소송의 당사자가 되어 확정판결을 받을 경우 후발적 사유가 인정되어 그것이 있음을 안 날부터 3월 이내에 경정을 청구할 수 있을 것이다(국세기본법 제45조의 2 제2항 제1호). 상증세법은 상속회복청구소송의 경우 경정청구기간을 그 사유가 발생한 날부터 6월로 연장하고 있다(상증세법 제79조 제1항 제1호). 아울러 상속개시후 1년 이내 수용, 경매 또는 공매되었는데 그 가액이 상속세과세가액보다 하락한 경우에도 동일하게 경정청구를 인정한다.

상증세법은 상속개시 당시 재산가액을 평가할 때 시가를 원칙으로 하면서 상속개시일 전후 6월 이내의 기간 중 매매·감정·수용·경매 또는 공매가 있는 경우 확인되는 가액을 시가로 인정하고 있다. 그리고 주식가액의 경우에는 상속개시일 전후 6월이 넘는 기간의 매매·감정·수용·경매 또는 공매가 있더라도 그 가액이 경영상태 등의 변화 등 특별한 사정이 없는 상황에서 얻어진 것이라면 평가심의위원회의 자문을 거쳐 인정하여 줌으로써 상속개시일 당시의 가액의 평가상 융통성을 부여하고 있다(상증세법시행령 제49조 제1항 단서).

3. 상속세 납부

상속세는 부과결정세목이지만 신고와 납부의 구체적 의무는 신고납세세목과 다를 바 없다. 신고한 경우에는 신고세액공제(상증세법 제69조)를 해주고 미신고와 미납부에 대해서는 각각 가산세를 부과한다. 미납부에 대해서는 1991년부터 가산세를 부과하기 시작하였다. 소득세는 1995년분부터 신고납세제도가 적용되기 시작하였는데 1980년대에도 미납부가산세를 부과해 오고 있었다.

상속세납부세액 또는 증여세납부세액이 2천만원을 초과하는 경우에는 세무서장은 납세의무자의 신청을 받아 10년의 범위 내에서 연부연납을 허가할 수 있다. 이 경우 납세의무자는 담보를 제공하여야 하는데 요건을 갖춘 납세담보를 제공하여 연부연납 허가를 신청하는 경우에는 그 신청일에 허가받은 것으로 보게 된다(상증세법 제71조). 아울러 가업을 상속하는 경우에는 가업상속재산에 대한 상속세 연부연납이 가능하도록 하고 있다.

세무서장은 상속받은 재산 중 부동산과 유가증권의 가액이 당해 재산가액의 2분의 1을 초과하고 상속세납부세액이 2천만원을 초과하는 경우에는 납세의무자의 신청을 받아 당해 부동산과 유가증권에 한하여 물납을 허가할 수 있다. 다만, 물납신청한 재산의 관리·처분이 부적당하다고 인정되는 경우에는 물납허가를 하지 아니할 수 있다(상증세법 제73조). 2023년부터는 문화재 및 미술품에 대해서도 물납이 허용된다(상증세법 제73조의 2).

제3절 증여세

제1항   과세체계

증여세는 타인의 증여로 인하여 증여일 현재 증여재산을 가지고 있는 수증자가 세금을 내는 직접세이다. 증여자는 원칙적으로 연대납세의무를 부담한다(상증세법 제4조의 2 제5항).

증여세는 증여를 받는 자가 증여를 받을 때마다 세금을 계산하여 납부한다. 증여세는 특정 시점에 재산을 이전받는 자가 얼마나 이전받는가에 따라 취득과세형으로 과세한다. 반면 상속세는 특정 시점에 재산을 이전하는 자가 얼마나 이전하는가에 따라 유산과세형으로 과세한다.

증여세는 소득세와 달리 특정 기간 증여를 받는 자가 받은 총 증여액을 대상으로 과세하지 않고 개별 증여자로부터의 증여마다 별도의 과세대상으로 보아 과세한다. 소득세는 그 원천을 불문하고 일정 기간 소득을 합산하여 과세하게 되는데 증여세는 원천에 따라 분리하여 과세하게 된다. 소득과세에 비교한다면(퇴직소득이나 양도소득처럼) 종합소득과는 구분하여 분류된 증여소득 정도로 이해할 수 있을 것이다. 증여세가 원천에 따라 분리되어 과세된다 하더라도 합산기간(10년) 동안 동일인으로부터 받은 증여재산가액은 합산되어 과세된다. 합산기간 이내의 증여재산이 하나의 과세물건이 되어 과세된다. 10년이 하나의 과세기간인 기간과세세목과 같은 특성을 지니고 있는 것이다. '합산배제증여재산'은 각각의 증여가 별개의 과세물건이 된다.

여러 명의 증여자로부터 증여를 받을 때에는 각각 증여세를 계산하여 납부한다. 누진세율이 적용되므로 동일한 경제적 이익을 동일인으로부터 받는 것보다는 여러 사람으로부터 나누어 받는 것이 유리하다.

동일인으로부터 증여를 수차례에 걸쳐 받은 때에는 지난 10년간 증여받은 것을 합산하여 세금을 계산하되 이미 납부한 세액은 공제하는 방식으로 누진세율을 적용한다. 다만, 전환사채 주식전환, 상장 및 합병 후 상장에 따라 이익을 증여한 경우와 기타 이익의 증여를 한 경우 등(상증세법 제40조 제1항 제2호, 제41조의 3, 제41조의 5 및 제42조 제4항 등)에는 합산을 배제한다(상증세법 제47조 제2항 단서). 증여자 또는 그 원천을 확정하기 어렵기 때문이다.

> [사례] 자녀에게 10억원을 증여하고자 하는데 20%와 30%의 누진세율 적용을 회피하기 위해 중간에 6촌 이내의 혈족(증여재산공제 1천만원) 10명의 사람을 끼워 넣고 그들에게 각 1억원씩 증여하여 9백만원씩의 증여세를 내게 하고(증여세 합계액 9천만원), 남은 9천 1백만원씩을 자녀에게 증여(증여재산공제 1천만원)하게 하면 자녀는 다시 증여세 8천 1백만원을 납부하게 된다. 이 경우 총세액은 1억 7천 1백만원이 된다. 자녀에게 직접 10억원을 증여한다면(증여재산공제 5천만원), 총세액은 2억 4천만원이 된다.

제 2 항   납세의무자

1. 수증자

가. 자연인

자연인인 수증자는 증여세 납세의무를 부담한다. 수증자가 증여일 현재 비거주자인 경우에는 국내에 있는 수증재산에 대해서만 증여세를 납부할 의무를 진다. 증여 시점에 국내에 주소를 두거나 183일 이상 거소를 둔 경우에는 거주자로 본다(상증세법 제4조의 2 제1항).

증여를 받았음에도 세금을 납부할 자력이 없는 경우에는 체납처분과정에서 결손처분을 하게 된다. 증여받은 재산을 결손금을 보전하는 데 사용한 것과 같이 증여로 담세력이 증가하였다고 보기 어려운 경우도 있을 수 있다. 그 경우에는 마치 법인세법상 채무면제이익이 결손금의 보전에 사용되는 것을 허용하는 것과 같이 증여세의 부담을 면제하는 것이 타당할 수도 있겠다. 이에 따라 상증세법은 채권자로부터 채무의 면제를 받거나 제3자로부터 채무의 인수 또는 변제를 받았지만(상증세법 제36조) 수증자가 증여세를 납부할 능력이 없다고 인정되는 경우에는 그에 상당하는 증여세의 전부 또는 일부를 면제한다(상증세법 제4조의 2 제5항). 상증세법은 이 이외에도 타인으로부터 재산을 낮은 가액으로 인수하거나 타인에게 시가보다 높은 가액으로 양도하는 경우(상증세법 제35조 제1항), 특수관계인의 부동산을 무상으로 사용함에 따라 이익을 얻은 경우(상증세법 제37조) 및 특수관계인으로부터 1억원 이상의 금전을 무상 또는 낮은 이자율로 대부받은 경우(상증세법 제41조의 4 제1항)에도 동일한 규정을 적용한다. 이는 1996년 상증세법을 전면개정할 때 폐지했던 것을 2003년에 완전포괄의 증여개념을 도입하면서 복원한 것이다. 2003년 개정 전까지는 이러한 면제를 인정하지 않고 증여자의 연대납세의무만을 면제하였다. 당시에는 수증자가 무자력인 경우 결손처분의 방법으로 조세채무가 소멸되는 것을 기대한 것이다. 그런데 1996년 국세기본법 개정으로 결손처분이 조세채무의 소멸사유에서 배제되게 되면서 결손처분에 의한 조세부담 완화의 효과는 감소하게 되었다. 이러한 점을 감안하여 증여세면제조항을 재도입한 것이다. 이 점을 고려할 때 '증여세를 납부할 능력이 없다고 인정되는 경우'란 무자력이 결손처분의 정도에 이른 경우를 말하는 것으로 이해된다. 제36조는 무자력의 경우 증여세를 면제하면서 증여자에게 연대납세의무를 부과하고 있는 반면, 제35조는 무자력의 경우 증여세를 면제하면서 증여자의 연대납세의무를 면제하고 있다. 규정상 논리 일관성을 발견하기 곤란한 부분이다.

나. 법 인

(1) 영리법인

영리법인은 타인으로부터 무상으로 받은 재산이나 이익에 대해 증여세 납세의무를 지지 않는 대신(상증세법 제4조의 2 제3항), 해당 법인의 순자산을 증가시키는 자산수증이익 또는 채무면제이익으로 보아 법인세 소득금액 계산상 익금으로 보아 법인세를 부담하게 된다. 다만, 이월결손금의 보전시에는 익금에 산입하지 않는다.

상증세법상 증여세 과세항목이 되는 증여재산은 자연인이나 비영리법인이 그 귀속자가 될 수 있듯이 영리법인도 그 귀속자가 될 수 있을 것이다. 자연인이나 비영리법인이 그것에 대해 증여세를 과세받는다면 영리법인은 그것에 대해 법인세를 부과받도록 하여야 형평에 부합할 것이다.

상증세법은 명의신탁 증여의제 규정을 두고 있지만 법인세법에는 명의수탁자인 법인에게 익금으로 과세하는 규정이 없다. 이 경우에는 명의신탁자인 실제 소유자가 증여세를 부담하게 된다.

상증세법은 개인주주에 대해 일감몰아주기 이익을 증여의제로 과세한다. 동일한 경제적 이익이 법인주주에게 귀속할 경우에는 법인세 과세가 되고 있지 않다. 법인은 순자산을 증가시키는 거래가 있을 경우 그것을 익금을 발생시키는 거래로 보아 인식하는 방법으로 과세할 뿐 자신이 영위하는 직접적 거래가 없이 단순하게 보유자산인 주식의 가치가 증가한 것에 불과한 경우에는 과세받지 않는다. 경제적 또는 회계적으로 보면 일감몰아주기 증여의제 이익은 자산의 평가이익으로서 아직 실현되지 않은 것이다. 증여과세는 증여거래가 있을 경우 과세요건이 충족되는 비기간과세체계를 기본으로 한다. 인위적으로 평가시점을 정하여 마치 기간과세세목과 같이 과세하는 데에서 더 나아가 평가이익에 과세하지 않는다는 기간과세세목의 원칙에도 배치되는 과세를 하고 있는 것이다.

(2) 비영리법인

수증자가 비영리법인인 경우에는 증여세납세의무가 있다. 법인세법상 비영리법인이 받은 수증재산은 각 사업연도소득을 구성하지 않는다(법인세법 제4조 제3항).

공익법인이 출연받은 재산의 가액은 증여세과세가액에 산입하지 않는다. 다만, 공익법인이 내국법인의 주식을 출연받았는데 그 주식과 연관된 다른 주식의 합계가 해당 내국법인의 발행주식 총수의 10%(5%, 20%)를 초과하는 경우에는 그 초과한 부분에 상응하는 증여재산가액은 증여세과세가액에 산입한다. 이는 공익법인에 증여할 경우 증여세를 부담하지 않게 되는 점을 이용하여 공익법인에 출연하되 그 공익법인이 출연한 주식을 발행한 법인을 지배하도록 하고 다시 그 공익법인을 당초 출연자의 친족으로 하여금 지배하도록 하는 방법으로 사실상 주식발행법인의 지배권을 친족에게 넘겨주는 편법을 방지하기 위함이다. 조세회피를 방지하기 위한 복잡한 세부규정들이 있다.

법인격이 없는 사단·재단 또는 그 밖의 단체는 비영리법인 또는 (비)거주자로 보아 증여세 납세의무를 부과한다.

다. 특별한 경우

• 명의신탁 증여의제 　　수증자가 증여재산에 대해 증여세 납부의무가 있다는 상증세법 제4조의 2 제1항의 규정에도 불구하고 상증세법 제45조의2에 따라 재산을 증여한 것으로 보는 경우에는 실제소유자가 해당 재산에 대하여 증여세를 납부할 의무가 있다(상증세법 제4조의 2 제2항). 이때에는 명의자가 영리법인인 경우에도 실제 소유자가 그 영리법인에게 명의신탁한 경우에는 실제 소유자가 증여세 납부의무가 있다.

수증자는 증여자의 증여세납부의무에 대해 물적 납세의무를 진다(상증세법 제4조 제9항). 2018년까지는 명의신탁증여의제의 경우 증여자가 수증자와 연대납세의무를 졌다. 구 명의신탁증여의제 규정상으로는 영리법인도 수증자가 되어 납세의무를 지도록 되어 있었다는 점은 명의신탁증여의제의 증여세가 통상의 증여세가 아니라 일종의 제재로서 기능하고 있다는 점을 알 수 있게 한다.

• 국외증여 　　상증세법상 수증자가 증여일 현재 비거주자인 경우에는 국내에 있는 수증재산에 대해서만 증여세 납부의무가 발생한다(상증세법 제4조의 2 제1항).

국조법은 거주자(국내비영리법인을 포함)가 비거주자(국외비영리법인을 포함)에게 국외에 있는 재산을 증여하는 경우에는 증여자는 이 법에 의하여 증여세를 납부할 의무가 있다고 규정하고 있다. 당해 재산에 대하여 외국의 법령에 의하여 증여세가 부과되고 수증자가 증여자의 특수관계인이 아닌 경우에는 증여세를 면제한다(국조법 제35조). 외국에서 증여세가 부과되었지만 수증자가 증여자의 특수관계인이어서 국내에서 과세할 때에는 외국에서 납부한 세액을 공제한다.

위의 국조법상 '증여'는 증여자의 사망으로 인하여 효력이 발생하는 증여, 즉 사인증여를 포함하지 않는다. 사인증여에 의한 것은 상속세 과세대상이어야 하는데 상속세 과세상으로는 이와 같은 국외상속재산에 대해서는 상증세법에 의해 과세된다. 예를 들어, 한국의 증여자가 타방국에 있는 자에게 제3국에 소재하는 재산을 증여할 경우 한국의 상증세법상 타방국에 소재하는 수증자에 대해서는 우리나라에 소재하는 자산의 증여에 대해서만 과세할 수 있도록 되어 있기 때문에 한국에서는 과세할 수 없다. 타방국의 세법상 그 나라 거주자가 증여하는 자산에 대해서만 과세하거나 그 나라에 소재하는 자산에 대해서만 과세할 경우 국제적인 이중비과세가 된다. 상속세의 경우 위와 같은 상황에서 피상속인이 한국 거주자일 경우 비록 자산이 제3국에 소재하더라도 상속세과세대상재산이 되고 그것은 상속인이 타방국의 거주자인 경우에도 동일하다. 국조법은 증여세과세상 이와 같은 이중비과세의 소지를 봉쇄하고자 하는 것이다. 두 경우 모두 타방국에 소재하는 자(증여 또는 상속을 받은 자)는 우리나라에 납세관리인을 지정하여야 한다.

2. 증여자

가. 연대납세의무

증여자는 연대납세의무를 부담한다(상증세법 제4조의 2 제6항). 이때 연대납세의무는 수증자의 주소나 거소가 불분명하거나 수증자가 증여세를 납부할 능력이 없다고 인정되는 경우 또는 수증자가 비거주자인 경우 중 하나에 해당할 때에 성립한다. 증여자의 연대납세의무는 증여자의 고유의 납세의무라고 볼 수 없다.

증여자의 증여세 연대납세의무는 일반의 연대납세의무와 달리 부종성의 원칙이 적용된다. 제2차 납세의무는 아니므로 보충성의 원칙이 엄격히 적용되지는 않는다.

증여자에게 연대납세의무에 의해 증여세를 납부하게 할 경우에는 세무서장은 그 사유를 증여자에게 통지하여야 한다(상증세법 제4조의 2 제7항). 국세징수법 제6조의 규정에 의한 납부고지를 하지 않는 한 연대납세의무가 발생하지 않는다(실무와 판례상 이때의 납부고지는 부과처분으로 간주된다). 다만, 수증자가 비거주자인 경우에는 납세의무 성립과 동시에 증여자에게 연대납세의무가 성립하게 되므로 납부고지를 받지 않은 연대납세의무자가 납부한 증여세가 새로운 증여에 해당되지 않는다(상증세법 제4조의2 제6항 제3호).

증여자가 세법상 증여세의 연대납세의무에 의해 부담하는 증여세는 증여재산으로 보지 않는다. 증여세를 납부한 것이 연대납세의무에 의한 것인가 아예 처음부터 증여를 하고자 했던 것인가 개별적인 사실관계를 잘 살펴보아야 한다.

나. 연대납세의무의 면제

부당행위계산부인규정에 의해 증여자가 소득과세를 받았거나, 법인의 자본거래이기 때문에 법인이 중간에 개입하였거나 증여자를 특정하기 곤란한 사정이 있는 경우에는 증여자의 연대납세의무를 면제한다. 공익법인에 대한 출연의 경우에는 원칙적으로 증여세과세가액에 불산입하여 연대납세의무도 발생할 일이 없을 것이지만 공익법인을 이용해 우회적으로 영리법인을 지배하는 것을 방지하기 위한 목적으로 과세가액불산입규정에 예외를 두어 과세하도록 하고 있다. 그 경우에도 출연자가 당해 공익법인의 운영에 책임이 없는 경우에는 연대납세의무를 배제하고 있다. 유사한 증여자 연대납세의무 면제사유는 상증세법 제4조의 2 제6항 본문 단서의 규정에서 찾아볼 수 있다.

제 3 항   과세대상

1. 과세대상 증여재산

증여세 과세대상은 증여재산이다. 상증세법은 증여재산의 범위를 규정하고 있으며, 증여의제에 따른 재산 또는 이익도 증여세가 과세되는 특칙을 두고 있다(상증세법 제4조). 상증세법 제4조는 법규정 형식상 증여세 과세대상을 열거적으로 규정하고 있다. 다만, 상증세법 제4조 제1항은 과세대상으로서 이전받은 '재산'과 더불어 이전받은 '이익'을 규정하고 있다. 더 나아가 '이전'의 요건 없이 단순히 '가치가 증가한 경우'의 '이익'도 과세대상으로 하고 있다. '완전포괄증여'의 개념이 적용되도록 하기 위함이다.

각 상속인의 상속분이 확정되어 등기 등으로 명의가 이전된 후 그 상속재산에 대하여 공동상속인 사이의 협의에 의한 분할에 의하여 특정상속인이 당초 상속분을 초과하여 취득하는 재산가액은 당해 분할에 의하여 상속분이 감소된 상속인으로부터 증여받은 재산에 포함된다(상증세법 제4조 제3항 본문). 상속세의 신고 기한(상속개시일부터 6개월) 이전에 재분할에 의하여 당초 상속분을 초과하여 취득 한 경우에는 증여로 보지 않는다(상증세법 제4조 제3항 단서). 그리고 당초 상속분 의 재분할에 대하여 무효 또는 취소 등 정당한 사유가 있는 경우에는 증여로 보 지 않는다. 상증세법시행령은 '정당한 사유'를 제한적으로 열거하고 있다(상증세법 시행령 제3조의 2).

2. 세법상 증여의 개념

가. 완전포괄증여

상증세법상 '증여'란 그 행위 또는 거래의 명칭·형식·목적 등과 관계없이 직 접 또는 간접적인 방법으로 타인에게 무상으로 유형·무형의 재산 또는 이익을 이 전(현저히 저렴한 대가를 받고 이전하는 경우를 포함한다)하거나 타인의 재산가치를 증가시키는 것을 말한다. 다만, 유증, 사인증여, 유언대용신탁 및 수익자연속신탁 은 제외한다(상증세법 제2조 제6호). 상증세법상 정의된 증여의 개념을 강학상 '완 전포괄증여'라고도 한다.

'증여'는 그간 상증세법이 민법상 '증여' 개념을 차용해 오던 것을 독자적으로 규정한 고유개념이다. 세법상 특정 거래가 '증여'의 개념에 포섭되는지는 조세의 부당한 감소 여부와는 전혀 다른 것이다. 조세를 부당하게 감소시키는 것으로 인 정될 수 있는 경우이든 그렇지 않든 타인에게 경제적 가치를 이전할 경우에는 증 여로 보게 된다.

독일 상증세법(ErbStG)상으로도 증여의 개념(독일 상증세법 제7조)은 민법상 증 여(독일 민법 제516조)의 개념과 다른 것이다. 독일 상증세법 제7조 제1항은 9개호 에 걸쳐 과세대상 증여를 규정하고 있다. 제1호의 규정은 이전하는 자의 비용으로 이전받는 자의 재산이 증가하는 한 모든 무상의 생전이전은 증여로 본다고 규정 하고 있다. 상증세법상 증여는 증여자 쪽 수증자의 재산을 증가시키고자 하는 의 지와 수증자의 실질적인 재산의 증가를 핵심적인 개념요소로 한다. 제8항은 "물 적회사에 직접 또는 간접적으로 간여하고 있는 자연인 또는 재단(수증자)이 타인 (증여자)의 그 물적회사에 대한 기여에 의하여 받는 그 물적회사 주식의 가치증가도 증여이다. 물적회사 간 증여는 주주의 재산을 늘리고자 하는 의도로 행해지고 이들 물적회사의 주주들의 직간접적 지분비율이 동일하지 않는 한 주주에 대한 증여로 본다. 이 두 문장은 물적회사뿐 아니라 조합에도 적용된다."고 규정하고 있다.

(1) 재산 또는 이익의 직접 또는 간접적 이전

간접적으로 이전된 재산 또는 이익을 증여세 과세대상으로 하여 증여재산가액을 계산하는 것에 관한 상증세법 조항으로는 제38조(합병에 따른 이익의 증여), 제39조(증자에 따른 이익의 증여), 제39조의 2(감자에 따른 이익의 증여), 제39조의 3(현물출자에 따른 이익의 증여), 제40조(전환사채 등의 주식전환 등에 따른 이익의 증여) 및 제45조의 5(특정법인과의 거래를 통한 이익의 증여)가 있다. 제38조, 제39조, 제39조의 2, 제39조의 3 및 제40조의 규정은 법인의 자본거래와 관련하여 주주 간 이전되는 이익을 증여로 과세하는 규정이고, 제45조의 5의 규정은 특정법인의 주주가 법인과 경상거래를 하여 다른 주주에게 이전하는 이익을 증여로 의제하여 과세하는 규정이다. 이 규정들은 주주가 법인을 통해 다른 주주에게 이익을 간접적으로 이전하는 것을 과세하는 것이라는 공통점을 가지고 있다.

주주 간 법인의 자본거래를 통한 재산 또는 이익의 간접적 이전이 반드시 상증세법 제38조, 제39조, 제39조의 2, 제39조의 3 및 제40조의 규정에 의한 방법으로만 있는 것은 아니다. 주주가 자신의 주식우선매수청구권을 포기할 경우 다른 주주가 그 청구권을 대신 행사할 수 있는 구조에서 해당 주식우선매수청구권을 행사할 때 행사가격과 해당 주식의 시가의 차액에 해당하는 부분은 비록 포기하는 주주와 대신 행사하는 주주 간에 직접적인 거래가 없었지만 포기하는 주주가 간접적으로 그 차액에 해당하는 부분을 주식발행법인과의 관계를 통하여 간접적으로 이전한 것으로 볼 수 있을 것이다(국심 2007. 4. 16. 2006서2894 결정).

주주 간 법인과의 경상거래를 통한 재산의 간접적 이전이 반드시 결손법인의 경우에만 가능한 것은 아니다. 흑자법인에게 어떤 주주가 재산을 증여하여 다른 주주에게 그 증여된 재산 가치가 일부 이전하는 경제적 효과가 발생한다면 그것도 포섭할 수 있을 것이다.

(2) 직접 또는 간접적인 방법에 의한 타인의 재산가치의 증가

2015년 말 개정전 구 상증세법 제2조 제3항은 "기여에 의하여 타인의 재산가치를 증가시키는 것"을 '증여'에 포함하고 있었다. 상증세법 제42조의 3이 규정하는 거래에 의해 타인이 보게 되는 경제적 이익을 '증여' 과세의 대상으로 하고자 하는 것이다. 증여는 그것을 어떻게 정의하든 직간접적인 '이전'을 핵심적인 요소로 하는 개념이어서, '타인의 재산가치의 증가'는 본질적으로 증여로 보기 어려운 것이었음에도 '완전포괄증여'라는 개념을 이용하여 포섭하고자 하는 규정이었으며, '타인의 재산가치의 증가'는 '증여세의 부당한 감소'의 요소가 없으므로 국세기본법 제14조 제3항(2003년 완전포괄증여 입법당시에는 상증세법 제2조 제4항)의 규정에 의해서도 증여과세의 대상으로 삼을 수 없는 것이었다.

2015년 개정된 상증세법 제2조 제6호는 단순히 "직접 또는 간접적인 방법으로 … 타인의 재산가치를 증가시키는 것"을 증여에 포함하고 있다. '기여'를 매개 개념으로 규정하지 않고 있다. 상증세법 제42조의 3은 재산취득 후 재산가치 증가에 따른 이익의 증여의 제목하에 자신이 보유한 재산가치의 증가만으로도 증여세를 과세할 수 있는 요건을 설정하고 있다.

나. 단계거래원칙

구 상증세법 제4조의 2 제4항은 "제3자를 통한 간접적인 방법이나 2 이상의 행위 또는 거래를 거치는 방법에 의하여 상속세 또는 증여세를 부당하게 감소시킨 것으로 인정되는 경우에는 그 경제적인 실질에 따라 당사자가 직접 거래한 것으로 보거나 연속된 하나의 행위 또는 거래로 보아 제3항의 규정을 적용한다."고 규정하고 있었다('단계거래원칙'). 제4항은 당시 동조 제3항의 완전포괄증여개념과는 별개의 것이었다. 완전포괄의 개념은 조세를 '부당하게 감소시킨 것'을 요건으로 하지 않는다. 제4항은 2015년 말 상증세법 개정시 상속세와 증여세 과세상으로는 국세기본법 제14조 제3항과 동일한 것이라고 하여 삭제되었다.

다. 반환 또는 재증여의 경우

증여 후 신고기한(3월) 이내 반환 또는 재증여하는 경우에는 모두 과세하지 않는다(상증세법 제4조 제4항). 증여를 받은 후 그 증여받은 재산(금전은 제외한다)

을 당사자 간의 합의에 따라 재반환하는 경우에는 처음부터 증여가 없었던 것으로 본다. 다만, 반환 전에 정부의 세액결정을 받은 경우 및 금전은 과세한다. 신고기한 경과 후 3월 이내에 반환 또는 재증여하는 경우 당초 증여는 과세하고, 반환 또는 재증여는 과세하지 않는다(상증세법 제4조 제4항). 신고기한 경과 후 3월을 경과하여 반환 또는 재증여하는 경우 당초 증여, 반환, 재증여 모두 과세한다.

반환 또는 재증여는 증여의 부존재 또는 무효와는 구별하여야 한다. 증여를 원인으로 한 소유권이전등기가 경료되었더라도 그 등기원인이 된 증여행위가 부존재하거나 무효인 경우라면 그로 인한 소유권이전의 효력이 처음부터 발생하지 아니하므로 소유권이전등기의 말소를 명하는 판결의 유무와 관계없이 증여세의 과세대상이 될 수 없다.

라. 이혼에 의한 재산의 명의이전

(1) 위자료지급

이혼 등에 의하여 정신적 또는 재산상 손해배상의 대가로 받는 위자료는 조세포탈의 목적이 있다고 인정되는 경우를 제외하고는 이를 받는 배우자의 증여로 보지 않으며 소득세로도 과세되지 않는다.

등기원인을 '이혼위자료 지급'으로 하는 경우 당사자 간의 합의에 의하거나 법원의 확정판결에 의하여 일정액의 위자료를 지급하기로 하고 동 위자료지급에 갈음하여 당사자 일방이 소유하고 있던 부동산의 소유권을 이전하여 주는 것은 그 자산을 양도한 것으로 본다. 따라서 이전하여 주는 부동산이 양도소득세과세대상인 경우에는 양도소득세를 내야 한다. 다만, 이전하여 주는 부동산이 1세대 1주택으로서 비과세요건을 갖춘 때에는 등기원인을 위와 같이 하더라도 양도소득세가 과세되지 않는다.

미국 내국세입법상 이혼위자료(alimony) 또는 별거수당(separate maintenance payment)은 수령자의 총소득에 산입되며 지급자는 총소득금액조정항목(above-the-line deduction)으로 공제할 수 있다. 이혼위자료 또는 별거수당을 지급할 때에 이에 자녀양육비를 포함시킬 경우 해당 금액을 명시해야 비과세된다.

(2) 재산분할청구

이혼시 이전하는 재산의 등기원인을 '재산분할청구에 의한 소유권이전'으로 하는 경우를 상정할 수 있다. 우리나라는 부부별산제도를 유지하고 있지만 이혼시 재산분할청구권을 인정하고 있다. 이는 사실혼관계에도 적용된다. 민법 제839조의 2에서 규정하는 재산분할청구로 인하여 부동산의 소유권이 이전되는 경우에는 부부 공동의 노력으로 이룩한 공동재산을 이혼으로 인하여 이혼자 일방이 당초 취득 시부터 자기지분인 재산을 환원받는 것으로 보기 때문에 양도 및 증여로 보지 아니한다. 따라서 등기원인을 위와 같이하면 양도소득세와 증여세를 부담하지 않고 소유권을 이전할 수 있다. 명의를 이전한 배우자에게 양도소득세가 과세되지 않는다. 이전받은 배우자는 이전시점의 시장가격을 장부가액으로 가지지 않고 이전하는 배우자의 장부가액을 넘겨받게 된다.

3. 증여의제와 증여추정

가. 증여의제

(1) 명의신탁재산의 증여의제

상증세법상 증여는 법률적인 외형이나 명의에 불구하고 경제적 실질로 보아 타인에게 재산적 가치가 이전하는 결과가 나타난 것을 지칭한다. 경제적 실질로 보아 증여로 볼 수 없는 것은 증여의 개념에 포섭하지 않는 것이 원칙에 부합한다. 명의신탁재산에 대해서는 그러한 원칙에 예외를 인정하여 명의신탁자가 명의수탁자에게 명의신탁재산을 증여한 것으로 의제한다. 국세기본법상 실질과세원칙에 대한 예외이기도 하다. 이는 증여세의 형식을 빌려 명의신탁에 의한 일반 조세의 회피를 막아 보고자 하는 취지에서 유지되는 조항이다. 여기서 조세는 국세, 지방세 및 관세를 말한다. 증여의제의 요건은 다음과 같다(상증세법 제45조의 2).

첫째, 토지와 건물을 제외한 재산으로서 권리의 이전이나 그 행사에 등기 등을 요하는 것의 실제 소유자와 명의자가 달라야 한다. 실제 소유자와 명의자가 다른 경우를 상증세법상으로는 명의신탁이라고 규정하고 있다. 법문상 명의신탁의 의사를 요하지 않는다. 국세기본법상 실질과세원칙을 적용하여 명의자가 실질적인 소유주가 아님이 과세관청에 의하여 입증된 경우에는 자동적으로 명의신탁 증여의제규정의 적용요건 중 이 부분을 충족하게 되는 것이다.

매매 등으로 주식소유권을 취득한 실제소유자가 명의개서 하지 아니하였지만 종전 소유자인 양도자가 양도소득세 또는 증권거래세 신고를 한 경우에는 예외를 인정한다. 종전소유자를 명의수탁자로 보지 않는 것이다. 그리고 명의신탁 주식을 상속받은 실제소유자(상속인)가 상속에 따른 명의개서를 하지 않았으나, 상속세를 신고하는 경우에도 예외를 인정한다. 다만, 경정 등이 있을 것을 알고 신고하는 경우는 제외된다.

둘째, 조세회피의 목적이 없는 경우가 아니어야 한다. 명의자가 실질소유자가 아닌 것으로 밝혀진 경우라도 실질소유자가 조세회피의 목적이 없었음을 입증한 경우에는 명의신탁증여의제규정이 적용되지 않는다. 이는 타인의 명의로 재산의 등기 등을 한 경우 조세회피의 목적이 있는 것으로 추정한다는 조항에 의해 뒷받침된다(상증세법 제45조의 2 제3항).

많은 경우 조세 이외의 목적(규제회피 또는 재산은폐의 목적)이 주된 동기가 되어 타인의 명의를 빌리게 되는데 그것이 비록 적법한 것은 아니더라도 사업상의 이유로서 인정된다. 과세관청의 실무상으로는 조세절약의 결과가 있으면 조세회피의 목적이 있었던 것으로 인정되고 있으며 법원도 대체로 동의하고 있다. 법원은 명의신탁증여의제규정을 적용할 때 다른 주된 목적과 아울러 조세회피의 의도도 있었다고 인정되면 조세회피목적이 없다고 할 수 없다고 한다. 실무상 조사시점까지 조세절약의 결과가 없었지만 향후 조세절약의 가능성이 있으면 납세자가 조세회피의 목적이 없었음을 입증하는 것이 용이하지 않다. 타인의 명의를 도용한 경우도 적지 않은데 이 경우 법문언상으로만 보면 도용한 자가 조세회피의 목적이 없었음을 입증하지 못하는 때에는 도용당한 자가 증여세를 부담하게 된다.

명의신탁행위는 조세포탈죄를 구성할 수 있다. 명의신탁자의 조세를 회피하는 것 자체에 대해서는 조세회피로 보아 증여의제 과세하는 규제를 하고 있다. 더 나아가 명의신탁자의 재산을 적극적 부정행위로 은닉한 것으로 본다면 해당 재산과 관련된 조세를 포탈한 것으로 볼 수 있다(대법원 2018. 3. 29. 선고 2017두69991 판결). 명의신탁행위로 인한 증여의제과세를 할 때에 부정무신고가산세를 부과할 수는 없다(대법원 2018. 12. 13. 선고 2018두36004 판결). 명의수탁자가 명의

신탁자가 증여하고자 하는 자와 매매계약을 체결하는 방법으로 그에게 명의신탁
된 주식의 명의를 이전하는 것은 증여세의 포탈에 해당할 것이다.

셋째, 그 명의자로 등기 등을 하여야 한다. 이와 관련하여 먼저, 그 명의자로
등기등을 한 날(그 재산이 명의개서를 하여야 하는 재산인 경우에는 소유권취득일이 속
하는 해의 다음 해 말일의 다음 날을 말한다)에 증여의제에 의한 증여재산이 발생한
것으로 본다. 그런데 명의개서 등의 행위는 새로이 있었지만 그 새로이 명의신탁
자의 명의로 개서된 주식이 과거 명의신탁자의 명의로 되어 있던 재산과 경제적
특성상 동일한 재산에 해당할 경우 새로운 명의신탁 증여의제 재산이 발생한 것
으로 볼 것인가? 이는 명의신탁된 주식의 발행법인이 회사법적인 조직변경에 의
해 다른 법인이 되어 있을 때(합병, 포괄적 주식교환 등)와 주식의 자본전입에 의한
무상주 배정의 경우 문제될 수 있다. 법원은 전자의 경우 포괄적 주식교환도 유상
양도에 해당하므로 종전주식의 대체물이나 변형물이라고 할 수 없고 명의수탁자
가 새로이 배정받은 신주에 관하여도 명의신탁관계를 유지하려는 의사를 가졌다
고 봄이 합리적이라 하여 다시 증여세 과세를 하여야 한다고 본 판결은 변경되었
다(변경된 판결 : 포괄적 주식교환의 경우에 대한 대법원 2018. 3. 29. 선고 2012두27787
판결, 흡수합병의 경우에 대한 대법원 2019. 1. 31 선고 2016두30644 판결). 후자에 대
해서는 기존의 명의신탁 주식 외에 이익잉여금의 자본전입에 따라 기존의 명의수
탁자에게 그 보유주식에 비례하여 배정된 무상주는 증여의제 규정의 적용대상이
아니라는 판단을 하고 있다. 그 발행법인의 순자산이나 이익 및 실제주주의 그에
대한 지분비율에는 변화가 없으므로 실제주주가 그 무상주에 대하여 자신의 명의
로 명의개서를 하지 아니하였다고 해서 기존 주식의 명의신탁에 의한 조세회피의
목적 외에 추가적인 조세회피의 목적이 있다고 할 수 없는 점 때문이라고 한다.
2022년 법원은 이에서 한 걸음 더 나아가 최초로 증여의제 대상이 되어 과세되었
거나 과세될 수 있는 명의신탁 주식의 매도대금으로 취득하여 다시 동일인 명의
로 명의개서된 주식에 대하여는 그것이 최초의 명의신탁 주식과 시기상 또는 성
질상 단절되어 별개의 새로운 명의신탁 주식으로 인정되는 등의 특별한 사정이
없는 한 다시 명의신탁재산의 증여의제 규정에 따라 증여세가 과세될 수 없으며,
명의신탁자가 기존 명의신탁 주식을 담보로 받은 대출금으로 새로운 주식을 취득
하여 동일인 명의로 명의개서를 하였으나, 그 명의개서가 이루어지기 전에 기존

명의신탁 주식을 매도하여 그 매도대금으로 해당 대출금을 변제하였다면, 기존 명의신탁 주식의 매도대금으로 새로운 주식을 취득하여 다시 동일인 명의로 명의개서한 경우와 그 실질이 다르지 않으므로 다시 명의신탁재산의 증여의제 규정에 따라 증여세가 과세될 수 없다고 한다(대법원 2020. 6. 25. 선고 2019두36971 판결; 대법원 2022. 9. 15. 선고 2018두37755 판결).

다음, 괄호 안의 "그 재산이 명의개서를 하여야 하는 재산인 경우에는 소유권취득일이 속하는 해의 다음 해 말일의 다음 날을 말한다"의 부분에 대해 법원은 그것이 문언상으로는 증여한 것으로 의제되는 기준 일자를 정한 것처럼 되어 있지만, 실질은 재산취득일의 다음 연도 말일까지 명의개서를 하지 않으면 "명의자로 등기 등을 한 날"과 별도로 그 역시 증여로 의제한다는 취지를 규정한 것이라고 하여 이 부분을 '명의개서해태 증여의제 규정'이라고 하고 "명의자로 등기 등을 한 날"의 행위에 관한 것을 '명의신탁 증여의제규정'이라고 전제하면서, 실제소유자 명의로 "명의개서를 해야 하는 특별한 의무가 부여되었다고 명확하게 인정되는 경우"에는 전자의 규정에 의해 다시 증여의제과세할 수 있다고 하는 점을 참고할 수 있을 것이다(대법원 2023. 9. 21. 선고 2020두53378 판결).

(2) 일감몰아주기와 일감떼어주기로 받은 이익의 증여의제

(가) 일감몰아주기

2012년 개시하는 사업연도 거래분부터 특수관계 법인 간 일감 몰아주기에 따른 이익에 대해 증여로 의제하여 증여세를 과세한다(상증세법 제45조의 3). 여기서 특수관계법인은 일감을 받은 법인의 지배주주와 그 특수관계인이 30% 이상 출자하여 지배하고 있는 법인 등을 말한다.

일감을 받은 법인(수혜법인)의 지배주주와 그 친족으로서 수혜법인의 지분(간접소유지분 포함)을 3% 이상 보유한 대주주(개인)가 과세대상자가 된다. 수혜법인의 사업연도별 매출거래 중 특수관계법인(시혜법인)과의 거래비율이 정상거래비율의 3분의 2(중소기업·중견기업은 3분의 3)를 초과하면 과세한다.

수혜법인의 지배주주 등은 동시에 시혜법인의 주주도 된다. 경제적으로 보면 수혜법인이 보는 이득과 시혜법인이 보는 손실이 상계되는 효과가 있을 수 있다. 법원은 이에 불구하고, 수혜법인의 지배주주 등은 최종적으로 이득이 있다고 본다. 증여자는 특수관계법인으로, 수증자는 수혜법인의 지배주주 등이어서 증여자의 지위와 수증자의 지위가 중첩되는 것은 아니라고 보기 때문이다(대법원 2022. 11. 10. 선고 2020두52214 판결).

증여의제이익은 다음과 같이 계산한다. 대기업은 (세후 영업이익)×(특수관계법인거래비율－5%)×(주식보유비율)로 계산한다[중견기업은 (세후 영업이익)×(특수관계법인거래비율－20%)×(주식보유비율－5%)로 계산한다. 중소기업은 (세후 영업이익)×(특수관계법인거래비율－50%)×(주식보유비율－10%)로 계산한다]. 2022년까지 법인 전체의 세후영업이익으로 산정하던 것을 사업부문별로 산출하여 합산할 수 있도록 개정되었다. 수혜법인의 각 사업연도 말을 증여의 시기로 본다. 증여세 과세 후, 주식 양도 시 증여세로 과세된 부분은 과세에서 제외한다.

(나) 일감떼어주기

2016년부터 지배주주와 특수관계에 있는 법인으로부터 사업기회를 제공받은 경우에 그 제공받은 사업기회로 인하여 발생한 수혜법인의 이익에 지배주주 등의 주식보유비율을 고려하여 계산한 금액 상당액을 지배주주 등이 증여받은 것으로 보아 과세한다. 과세대상 사업기회제공 방법은 대통령령으로 규정한다(상증세법 제45조의 4). 수혜법인의 지배주주와 그 친족에 대해 과세한다. 수혜법인이란 지배주주와 그 친족의 주식보유 비율(간접보유비율 포함)이 30% 이상인 법인을 말한다. 시혜법인이란 수혜법인의 지배주주와 특수관계있는 법인을 말한다. 수혜법인의 주식보유비율이 50% 이상인 특수관계법인은 시혜법인에서 제외된다.

증여의제이익은 수혜법인의 3년간 영업이익에 지배주주 등의 지분율을 곱하여 계산한 금액으로 한다. 증여의제이익을 일시 과세하되, 3년 후 실제 손익을 반영하여 증여세를 재계산한다.

(다) 공통사항

일감몰아주기 또는 일감떼어주기는 문리적으로만 보면, '기여'에 의한 '재산가치증가'에 해당할 수 있다. 문제는 인과관계이다. 이러한 문제를 감안하여 상증세법은 이를 '의제'로 규정하고 있는 것이다. 그렇다면, 일감몰아주기 또는 일감떼어주기에 대한 증여세 과세규정의 시행 전의 동일 사안에 대해서는 기여에 의한 재산가치증가라고 하면서 증여세를 과세하여서는 곤란할 것이다. 이제는 "기여에 의한 증여"라는 말도 사라지고 없다.

(3) 특정법인과의 거래에 의한 이익의 증여의제

지배주주와 그 지배주주의 친족의 주식보유비율이 100분의 30 이상인 법인 ("특정법인")의 주주 등의 특수관계인이 그 특정법인과 다음의 거래를 하는 경우 그 거래일에 그 특정법인의 주주 등이 이익을 각각 증여받은 것으로 본다(상증세 법 제45조의 5). 대법원 2015. 10. 15 선고 2013두14283 판결 및 2013두13266 판결 을 계기로 증여의제규정으로 전환하였다.

1. 재산이나 용역을 무상으로 또는 통상적인 거래 관행에 비추어 볼 때 현저히 낮은 대가로 양도 · 제공하는 것
2. 재산이나 용역을 통상적인 거래 관행에 비추어 볼 때 현저히 높은 대가로 양도 · 제공받는 것
3. 그 밖에 제1호 및 제2호의 거래와 유사한 거래로서 대통령령으로 정하는 거래

2011년 개정된 독일 상증세법은 물적회사(Kapitalgesellschaft)가 중간에 개입된 경우 해당 법인의 주주가 얻는 지분가치의 증가를 증여로 과세할 수 있는 조항을 신설하였다(독일 상증세법 제7조 제8항).

나. 증여추정

(1) 배우자 등에 대한 양도의 증여추정

배우자 또는 직계존비속에게 재산을 양도할 경우 그것을 증여로 추정한다(상증세법 제44조 제1항). 이 추정조항을 우회하기 위해 중간에 특수관계인을 개입시켜 종국적으로 배우자 또는 직계존비속에게 양도한 경우에는 그 우회기간이 3년 이내라면 배우자 또는 직계존비속이 증여받은 것으로 추정한다(상증세법 제44조 제2항). 후자의 경우 두 개의 우회거래에 의한 양도소득세가 추정된 증여로 인한 증여세보다 클 경우에는 당초의 거래구조를 인정한다. 이때 비교대상이 되는 증여세는 양수자가 그 재산을 양도한 당시의 재산가액을 당초 그 배우자 등이 증여한 것으로 보아 계산한다. 두 경우 모두 배우자 등에게 증여세가 부과된 경우에는 소득세를 과세하지 않는다. 이 규정은 전형적인 조세회피방지규정 중의 하나인

국세기본법상 단계거래원칙을 보다 강화한 것이다.

상증세법 제44조 제2항의 요건이 충족되지 않는다면 배우자와 직계존비속에 대한 양도만으로는 바로 증여받은 것으로 추정되지는 않는다. 관할세무서장이 단계거래원칙을 적용하고자 한다면 '증여세를 부당하게 감소시킨 것'임을 입증하여야 한다. 그러한 입증이 이루어지면 직접 거래한 것으로 간주하게 된다.

한편 증여추정의 효력을 주고 있는 상증세법 제44조 및 제1항 및 제2항이 적용될 경우라도 배우자 및 직계존비속이 자신의 자력으로 양수하였음을 입증하면 증여추정을 번복할 수 있다. 상증세법은 이를 위한 입증의 방법을 예시하고 있다 (상증세법 제44조 제3항 제5호). 제5호의 위임을 받아 상증세법시행령이 규정하고 있는 방법 이외의 방법으로도 입증이 가능하다. 예를 들면, 금융기관으로부터의 차입금도 입증의 수단이 될 수 있을 것이다.

상증세법 제44조 제2항의 추정규정은 단계거래원칙 적용상 '부당하게 감소'의 혐의가 있는 특정 유형의 거래에 대해 납세자에게 그것의 반대사실에 대한 입증책임을 부여하는 특칙을 둠으로써 조세회피방지 효과를 제고하는 기능을 수행한다.

소득세법은 특수관계인에 대한 증여를 종국에는 제3자에 대한 양도로 추정하는 규정을 두고 있다(소득세법 제101조 제2항). 개인이 특수관계인에게 자산을 증여한 후 그 자산을 증여받은 자가 그 증여일부터 10년 이내에 다시 이를 타인에게 양도한 경우로서 수증자가 납부한 증여세 및 양도소득세의 합계액이 증여자가 직접 양도한 경우로 보아 계산한 양도소득세보다 적은 경우에는 증여자가 그 자산을 직접 양도한 것으로 본다. 다만, 이 경우에도 양도소득이 해당 수증자에게 실질적으로 귀속된 경우에는 증여자가 직접 양도한 것으로 보지 않는다(소득세법 제101조 제2항). 이 조항도 단계거래원칙을 발전시키고 있는 것이다.

(2) 재산취득자금 등의 증여추정

과세관청에 매우 효과적인 수단이 되는 규정으로서 재산취득자금 등의 증여추정조항이 있다(상증세법 제45조). 일반적으로 증여는 개념상 증여자의 존재를 전제로 한다. 그런데 일반인의 상식으로 그 자금출처를 짐작할 수 없을 만큼 특정인이 고액의 자산을 취득한 사실이 있을 경우 우리 상증세법은 그것을 증여받은 것으로 추정하는 규정을 두고 있는 것이다. 추정의 대상은 취득한 자산의 증여 또는 그 자산 취득자금의 증여이다.

상증세법 제45조의 규정을 구체화하고 있는 국세청장 훈령은 30세 미만의 자의 경우 10년 이내에 당해 재산취득자금 및 상환가액이 각각 5천만원 미만인 경우에는 증여추정 규정을 적용하지 않는다고 규정하고 있다(상속세및증여세사무처리규정 제42조 제1항). 동 규정은 상증세법 및 상증세법시행령의 위임에 따른 것이다(상증세법 제45조 제3항, 상증세법시행령 제34조 제2항). 위 배제기준에도 불구하고 세무서장이 타인으로부터 취득·상환 자금을 증여받은 사실을 객관적으로 입증한 경우에는 증여세를 과세할 수 있다(상속세및증여세사무처리규정 제42조 제2항). 소명하지 못한 금액이 있을 때에는 취득재산 가액 전액의 증여를 추정한다. 증여추정 대상이 재산 취득자금 자체라고 볼 경우에는 위 금액 한도는 의미가 없게 된다. 이 경우 소명한 금액에 대해서는 증여추정을 하지 않게 된다.

상증세법 제45조 제1항은 "… 로서 대통령령으로 정하는 경우에는 그 재산을 취득한 때에 그 재산의 취득자금을 그 재산의 취득자가 증여받은 것으로 추정하여 이를 그 재산취득자의 증여재산가액으로 한다."고 규정하고 있다. 이 문언에 의한다면 국세청장으로부터 재산취득자금에 대해 확인요청을 받은 자는 어느 누구로부터도 증여받지 않았음을 입증하여야 한다. 현실적으로 납세자는 증여 이외의 경로를 통해 조달한 자금으로 취득하였다는 간접적인 방법으로 입증하게 된다. 이에 대해 대법원은 증여의 개념이 본질적으로 증여자의 존재를 전제하고 있다고 하면서 재산취득자의 직계존속이나 배우자 등에게 재산을 증여할 만한 재력이 있다는 점에 관한 과세관청의 입증책임이 있다고 판단하고 있다.

제 4 항   과세표준 및 세액의 계산

증여세의 과세표준은 증여세과세가액에서 증여재산공제, 재해손실공제 및 감정평가수수료를 차감한 금액으로 한다.

1. 증여세과세가액

가. 개 요

증여세 과세가액은 증여일 현재 이 법에 따른 증여재산가액을 합친 금액(합산배제증여재산의 가액은 제외한다)에서 그 증여재산에 담보된 채무로서 수증자가 인수한 금액을 뺀 금액으로 한다. 해당 증여일 전 10년 이내에 동일인(증여자가 직계존속인 경우에는 그 직계존속의 배우자를 포함한다)으로부터 받은 증여재산가액을 합친 금액이 1천만원 이상인 경우에는 그 가액을 증여세 과세가액에 가산한다. 다만, 합산배제증여재산의 경우에는 그러하지 아니하다(상증세법 제47조 제1항 및 제2항). 증여자를 특정하기 어렵기 때문이다.

증여재산가액의 계산은 다음과 같은 일반원칙에 따른다(상증세법 제31조).

1. 재산 또는 이익을 무상으로 이전받은 경우: 증여재산의 시가 상당액
2. 재산 또는 이익을 현저히 낮은 대가를 주고 이전받거나 현저히 높은 대가를 받고 이전한 경우: 시가와 대가의 차액. 다만, 시가와 대가의 차액이 3억원 이상이거나 시가의 100분의 30 이상인 경우로 한정한다.
3. 재산 취득 후 해당 재산의 가치가 증가하는 경우: 증가사유가 발생하기 전과 후의 재산의 시가의 차액으로서 대통령령으로 정하는 방법에 따라 계산한 재산가치상승금액. 다만, 그 재산가치상승금액이 3억원 이상이거나 해당 재산의 취득가액 등을 고려하여 대통령령으로 정하는 금액의 100분의 30 이상인 경우로 한정한다.

상증세법은 각 증여재산항목별로 일정 금액 또는 비율을 넘는 금액만을 증여세 과세가액으로 하는 방식으로 규정하고 있는 경우가 많다. 이때에는 기준금액을 일정 기간을 두고 설정하기도 한다. 소득과세상 부당행위계산부인규정은 일정 금액 또는 비율을 초과할 경우 전체 금액을 소득금액에 가산하는 것과 비교된다.

상증세법 제4조 제1항 제4호부터 제6호에 해당하는 경우와 상증세법 제45조의2부터 제45조의 5에 해당하는 경우에는 해당 규정에 따라 계산한다(상증세법 제31조 제2항). 개별가액 산정규정에서 과세대상을 제한적으로 규정한 경우 완전포괄증여 개념에 부합하는 것이라도 그 제한적 규정에 포섭되지 않을 경우에는 그

것에 대해 증여세를 과세할 수 없다(대법원 2015. 10. 15. 선고 2013두13266 판결).

증여세의 과세표준을 계산할 때에는 공익법인등 또는 공익목적신탁에 출연한 재산의 가액은 일정한 요건하에 과세가액에 불산입하며 사후관리를 받는다(상증세법 제48조부터 제52조). 아울러 장애인이 그 직계존비속과 친족으로부터 신탁(장애인의 사망시까지 신탁)을 통해 신탁재산의 수익자가 되는 경우에는 증여세를 부과하지 않는다(상증세법 제52조의 2). 장애인이 증여받은 신탁재산에서 장애인 본인의 의료비 등 용도로 인출하는 경우에는 신탁재산이 감소하더라도 증여세를 부과하지 않는다.

> [사례] 특정인이 공익재단에 출연한 재산을 3년 내에 공익사업에 사용할 것을 조건으로 그 공익재단에 대한 출연을 과세대상 증여로 보지 않은 특례를 주었다(상증세법 제48조 제2항 참조). 해당 공익재단이 그 조건을 이행하지 않음에 따라 증여세를 부과하게 된다면 이때 3년이 경과하는 날을 증여시기로 하여 평가한 가액으로 과세하며, 가산세는 부과하지 않는다.

나. 비특수관계인으로부터 얻은 이익도 과세가액에 산입하는 규정들

(1) 신탁이익의 증여

신탁의 이익은 원칙적으로 그 이익을 지급받을 때 증여세를 과세한다(상증세법 제33조 제1항). 상속재산의 경우 피상속인이 신탁의 이익을 받을 권리를 소유하고 있는 경우 당해 이익에 상당하는 가액을 상속재산에 포함한다(상증세법 제9조 제2항). 수익을 받을 권리를 수익하는 경우에는 평가기준일 현재 추산한 장래에 받을 각 연도의 수익금에 대하여 수익의 이익에 대한 원천징수세액상당액등을 차감하여 계산한다(상증세법시행령 제61조).

(2) 보험금의 증여

보험계약을 통해 타인에게 경제적 가치를 이전한 것은 증여가 된다. 증여자가 보험료를 불입할 때 증여세를 부과하는 대신 수증자가 보험금을 수령할 때 증여세를 부과하여야 한다(상증세법 제34조).

불입된 보험료가 경과시간만큼의 시간가치와 보험위험의 발생 두 요소가 혼합되어 증식한 결과물인 보험금 전체를 증여재산으로 본다(상증세법 제34조 제1항).

생명보험금에 대해 상속세가 부과될 경우에는 증여세를 부담하지 않는다(상증세법 제34조 제2항).

(3) 저가양수·고가양도

특수관계자 간 거래에서는 시가와 실제거래가격과의 차이가 100분의 30 이상 또는 3억원 이상 나는 경우 저가양수·고가양도에 관한 규정이 적용되며, 증여재산가액은 시가와 실제거래가격과의 차액에서 3억원과 시가의 100분의 30에 상당하는 금액 중 작은 금액을 차감하여 계산하도록 하고 있다(상증세법 제35조).

비특수관계자 간 거래에서는 거래의 관행상 정당한 사유 없이 재산을 시가보다 현저히 낮은 가액으로 양수하거나 시가보다 현저히 높은 가액으로 양도한 경우로서 시가와 실제거래가격과의 차이가 100분의 30 이상 나는 경우 저가양수·고가양도에 관한 규정이 적용되며, 증여재산가액은 시가와 실제거래가격과의 차액에서 3억원을 차감하여 계산하도록 하고 있다.

첫째, 시가보다 현저히 차이가 나는 가격으로 거래가 이루어져야 한다.

둘째, 거래의 관행상 정당한 사유가 없어야 한다. 납세자로서는 '정당한 사유'의 항변이 가능하다. 완전포괄의 증여개념이 '정당한 사유'의 존부와는 무관한 개념이라는 점에서 볼 때에는 '완전포괄 증여' 개념에 부합하지 않는다.

개인과 법인 간에 재산을 양수하거나 양도하는 경우로서 그 대가가 법인세법 제52조상 부당행위계산부인규정 적용을 위한 시가에 해당하여 그 법인의 거래에 대하여 부당행위계산부인규정이 적용되지 아니하는 경우에는 증여과세 규정을 적용하지 아니한다. 다만, 거짓이나 그 밖의 부정한 방법으로 상속세 또는 증여세를 감소시킨 것으로 인정되는 경우에는 그러하지 아니하다.

(4) 채무면제이익

채권자로부터 채무의 면제를 받거나 제3자로부터 채무의 인수 또는 변제를 받은 경우에는 그 면제·인수 또는 변제로 인한 이익에 상당하는 금액을 그 이익을 얻은 자의 증여재산가액으로 한다(상증세법 제36조 제1항). 개인사업자가 사업과 관련된 채무를 면제받은 경우에는 사업소득의 총수익금액에 가산하며 증여세를 과세하지 않는다(소득세법 제26조 제2항).

민사상 연대채무자가 고유채무를 초과하여 지급한 부분에 대해 다른 연대채무자에게 구상권을 행사할 수 있도록 하는 민법 제425조의 규정에도 불구하고 구상권을 포기받은 연대채무자에게는 채무면제이익이 발생하게 된다. 구상권을 포기한 연대채무자(보증채무자의 경우도 해당됨)에게 발생하는 손실에 대해서는 부당행위계산부인을 한다.

채무자가 부동산을 가지고 있는 이외에 다른 자력이 없는데 채권자가 해당 부동산을 고가에 양수하면서 대금지급채무와 채무자의 원래 채무를 상계한 경우 채무자는 고가·저가 양도에 관한 규정의 적용을 받아야 하는가 아니면 채무면제이익에 관한 규정의 적용을 받아야 하는가? 전자의 규정을 적용하면 면제받은 이익의 일부만 증여로 과세된다.

(5) 무상 또는 저율 사용

(가) 부동산 무상사용

타인의 부동산을 무상으로 사용함에 따른 이익을 얻는 경우에는 그 이익을 증여재산가액으로 한다. 타인의 부동산을 무상으로 담보로 이용하여 금전 등을 차입함에 따라 이익을 얻은 경우에는 그 이익에 상당하는 금액을 증여재산가액으로 한다(상증세법 제37조 제1항).

특수관계인이 아닌 자 간의 거래인 경우에는 거래의 관행상 정당한 사유가 없는 경우에 한정한다.

부동산을 무상으로 사용함에 따라 5년간 사용이익이 1억원을 초과하는 경우 그 이익으로 한정하고 있다. 무상사용기간이 5년 미만인 경우에는 5년으로 환산한 가액을 기준으로 1억원 초과 여부를 판단한다.

담보제공은 금전대출에 관한 신용을 무상으로 공여한 것으로서 일종의 용역제공으로 인한 이익의 증여에 해당하므로, 증여재산가액은 원칙적으로 당해 거래와 유사한 상황에서 불특정 다수인 사이에 통상적으로 지급되는 대가인 시가에 의하여 산정하여야 한다.

(나) 금전 무상대부

타인으로부터 금전을 무상 또는 저율로 대부받은 경우에는 금전을 대부받은 날에 그 이득을 증여재산가액으로 하여 증여세를 부과한다(상증세법 제41조의 4).

특수관계인이 아닌 자 간의 거래인 경우에는 거래의 관행상 정당한 사유가 없는 경우에 한정한다.

대출기간이 정해지지 아니한 경우에는 그 대출기간을 1년으로 보고, 대출기간이 1년 이상인 경우에는 1년이 되는 날의 다음 날에 매년 새로 대출받은 것으로 보아 해당 증여재산가액을 계산한다. 이 기간 중 증여로 보는 이자금액이 1천만원 미만인 경우에는 증여재산가액에서 제외한다.

금전무상대부가 중도상환 등으로 종료된 경우 경정청구를 허용한다(상증세법 제79조 제2항).

배우자 간 금전소비대차계약이 있을 경우 제3자와의 관계에서와 다를 바 없는 조건으로 소비대차계약이 체결되고 그대로 집행된 것이 입증된 경우에는 증여세가 과세되지 않는다. 금전의 대차를 증여로 보지 않고 금전대부의 대가를 받지 않았다는 이유로 증여세가 과세되지 않을 수 있는 것이다. 예를 들어, 소비대차계약에 의해 배우자 간에 자금을 일시 차입하여 사용하고 이를 변제하는 경우 그 사실이 채무부담계약서, 이자지급사실, 담보제공 및 금융거래내용 등에 의해 확인되는 경우에는 당해 차입금에 대하여 증여세가 과세되지 않는다.

그런데 부담부 증여에 대한 과세상으로는 배우자 및 직계존비속 간의 채무인수계약이 있다 하더라도 그 채무가 수증자로 이전하지 않은 것으로 추정한다. 그 이전이 객관적으로 인정되는 경우에는 그러한 추정을 뒤집을 수 있다(상증세법 제47조 제3항).

(다) 재산사용 및 용역제공 등에 따른 이익의 증여

타인으로부터 부동산, 금전 이외의 재산을 무상 또는 낮은 대가를 지급하고 사용하는 경우, 타인으로부터 시가보다 높은 대가를 받고 재산을 사용하게 하는 경우, 타인에게 시가보다 낮은 대가를 지급하거나 무상으로 용역을 제공받는 경우 또는 타인으로부터 시가보다 높은 대가를 받고 용역을 제공하는 경우에는 당해 이익을 증여재산가액으로 증여세를 과세하도록 하고 있다(상증세법 제42조 제1항). 1억원을 초과하는 재산의 사용에 의한 것으로 한정되어 과세된다.

특수관계인이 아닌 자 간의 거래인 경우에는 거래의 관행상 정당한 사유가 없는 경우에 한정한다. 사용기간이 1년 이상인 경우에는 1년이 되는 날의 다음 날에 매년 새로이 사용하는 것으로 보아 계산한다(상증세법 제42조 제2항).

　(라) 장기간 사용

　• 사정변경의 경우　　부동산무상사용은 종래의 토지무상사용에 대한 규정을 이어받은 것이다. 1998년 상증세법시행령 개정 전까지는 토지무상사용이익은 [건물이 정착된 토지 및 당해 건물에 부수되는 토지의 가액×1년간 토지사용료를 감안하여 총리령이 정하는 율×지상권의 잔존 연수]로 하였다. 이 당시 규정상으로는 현재가치 계산을 하지 않았다.

　당시 문제는 잔존 연수의 기간 동안 토지의 상속 등 사유로 실제 사용하지 못하게 된 사유가 발생한 경우 위의 산식에 따라 미래의 사용을 예측하여 증여세를 납부한 자가 세금을 돌려받을 수 없다는 데 있었다. 1994년 도입된 경정청구제도상 후발적 사유의 하나로서 이러한 사정을 허용하고 있지 않았다. 환급규정을 두지 않은 채 위와 같이 과세하는 증여세 규정은 무효라는 대법원 판결이 나오게 될 즈음인 2002년 12월 위와 같은 사정변경이 있으면 그 사유발생일부터 3월 이내 경정을 청구할 수 있는 제도가 신설되었다(상증세법 제79조 제2항). 이에 대한 대응책으로서 이미 1998년 12월 상증세법시행령이 개정되어 위의 산식 중 '지상권의 잔존 연수'를 활용하는 계산방식을 대신하여 미래 각 연도의 무상사용이익을 현재가치로 환원하되 향후 5년간 것을 하나의 증여재산가액으로 하여 과세하고 그 기간이 지나도 여전히 무상사용하고 있으면 다시 5년분을 과세하는 방식으로 전환하였다. 2002년 12월 당시 쟁송 중이던 사건들에 대한 소급적용례에 대해서는 종전 규정을 적용하는 내용의 2003년 상증세법시행령 개정안 부칙 제14조 제2문을 참조할 수 있다.

(6) 법인의 조직변경 등에 따른 이익의 증여

　주식의 포괄적 교환 및 이전, 사업의 양수·양도, 사업 교환 및 법인의 조직변경 등에 의하여 소유지분이나 그 가액이 변동됨에 따라 이익을 얻은 경우에는 그 이익에 상당하는 금액(소유지분이나 그 가액의 변동 전·후 재산의 평가차액을 말한다)을 그 이익을 얻은 자의 증여재산가액으로 한다(대법원 2022. 12. 29. 선고 2019두19 판결). 다만, 그 이익에 상당하는 금액이 대통령령으로 정하는 기준금액 미만인 경우는 제외한다. 특수관계인이 아닌 자 간의 거래인 경우에는 거래의 관행상 정당한 사유가 없는 경우에 한정한다(상증세법 제42조의 2 제2항).

상법상 주식의 포괄적 교환에 의하여 완전자회사가 되는 회사의 주주가 얻은 이익에 대하여는 '법인의 자본을 증가시키는 거래에 따른 이익의 증여'에 관한 구 상증세법 제42조 제1항 제3호(현행 상증세법 제39조)를 적용하여 증여세를 과세한 사례가 있다.

다. 특수관계인으로부터의 증여재산을 과세가액에 산입하는 규정들

(1) 법인의 자본거래를 통하는 경우

상증세법은 증여가 발생할 수 있는 여러 자본거래의 경우를 예시하고 있다. 기본적으로 증여는 누군가가 다른 누구에게 대가 없이 이익을 이전하는 행위이다. 상증세법에서 설정하고 있는 예시들은 법인의 자본거래과정에서 주주 간 이익이 이전하는 것을 포착하고 있다.

한편, 소득세법은 법인의 자본거래과정에서 법인의 유보이윤이 실질적으로 분배되면 배당으로 의제하고 있다. 의제배당소득은 주식을 처분하거나 새로운 주식을 받는 경우에 인식한다. 주식의 처분에 의한 경제적 이득은 원래 자본이득의 속성을 지닌 것인데 우리 소득세법은 배당으로 구분한다. 새로이 받는 주식은 기존 주식이 분할한 것에 불과하다는 입론도 가능하지만 새로운 물건을 얻게 되었으므로 소득이 있다고 보는 것이다.

자본거래를 통해 이익을 분여받는 주주는 자본거래의 과정에서 주식을 처분하거나 새로운 주식을 교부받는다. 그 과정에서 법인으로부터 사실상 분배받는 유보이윤 이외에 다른 주주로부터 이익을 분여받는 것은 증여로 보아 과세한다.

(가) 합 병

특수관계에 있는 법인 간 합병으로 인하여 소멸·흡수되는 법인 또는 신설·존속하는 법인의 대주주가 합병으로 인하여 이익을 받은 경우에는 합병일에 당해 이익에 상당하는 금액을 그 이익을 얻은 자의 증여재산가액으로 한다(상증세법 제38조 제1항). 특수관계에 있는 법인 간 합병인 경우이면 충분하며 이익을 주고받는 자 간 반드시 특수관계가 있어야 하는 것은 아니다.

합병으로 인한 이익을 증여한 자가 대주주가 아닌 주주로서 2명 이상인 경우

에는 주주 1명으로부터 이익을 얻은 것으로 본다(상증세법 제38조 제2항). 증여가
액합산을 위한 규정이다.

　　시가와의 차액이 합병 후 존속하는 법인의 주식평가액의 100분의 30을 초과
하거나 3억원을 초과하는 경우에는 그 차액 전부를 증여재산가액으로 한다. 과세
대상가액을 설정함에 있어 고가ㆍ저가 양도에 의한 이익의 증여나 기타 이익의 증
여와는 다른 방식을 채택하고 있다. 존속하는 법인의 주주가 추가적인 주식을 교
부받지 않고 이익을 얻은 경우에 대한 과세는 미실현이득에 대한 과세로서의 성
격을 지니게 된다.

　　의제배당과세와 비교하면 다음과 같다. 피합병법인의 주주가 합병법인으로부
터 그 합병으로 인하여 취득하는 주식의 가액 또는 금전의 합계액이 피합병법인
의 주식을 취득하기 위하여 소요된 금액을 초과하는 금액을 의제배당으로 본다.
만약 당해 피합병법인의 주주가 대주주로서 자신이 보유하던 주식이 과대평가되
어 새로운 주식을 교부받은 경우 증여재산가액은 합병교부금이 없었으며 1:1 합
병임을 전제한다면 [(합병법인 1주당 평가액①) − (주가가 과대평가된 피합병법인
1주당 평가액②)]×(합병으로 교부받은 대주주 주식 수)]이다. 당해 대주주의 의
제배당소득은 [(합병법인 1주당 평가액)×(합병으로 교부받은 대주주의 주식 수)
−(피합병법인 주식을 취득하기 위하여 소요된 금액③)]이다(상증세법시행령 제28
조 제3항 제1호).

　　[사례] ① 100, ② 70, ③ 50으로 전제한다면, 피합병법인의 대주주의 수증가
　　액은 30, 의제배당소득은 50이며, 의제배당소득 중에는 합병법인 주주로부터 증
　　여받은 금액(30)이 포함된다. 이때 합병법인의 주주는 소득과세의 계기가 발생하
　　지 않고 오로지 경제적 이익을 이전한 것에 그친다. 경제적 사실에 부합한 과세를
　　하고자 한다면, 증여가액은 30, 의제배당소득은 20으로 인식하여야 한다. 그런
　　데 현행 세법상 의제배당소득은 합병법인으로부터 교부받은 주식의 시가에 의하여
　　계산하도록 되어 있어서 중첩되는 30의 금액을 특별한 근거 없이 의제배당소득으
　　로 보지 않을 수도 없다. 상증세법 제4조의 2 제3항은 증여재산에 대하여 수증자
　　에게 소득세 또는 법인세가 부과되는 경우에는 증여세를 부과하지 아니한다고 규
　　정하고 있으므로 모두를 의제배당소득으로 과세하는 것이 타당할 것이다.

(나) 증 자

신주를 시가보다 낮은 가액으로 발행하는 때에 신주인수의 포기에 따른 실권주를 배정받는 경우 등이 이에 해당된다(상증세법 제39조). 이에는 특수관계가 없는 자로부터의 증여에 대해서도 과세하는 경우가 있다(저가발행시 재배정 또는 제3자직접배정의 경우).

신주를 시가보다 높은 가액으로 발행하는 때에 신주인수의 포기에 따라 실권주를 배정받은 자가 실권주를 인수함으로써 신주인수자의 특수관계인이 신주인수 포기에 따라 이익을 얻는 경우 등도 이에 해당된다.

법인이 자본금 등을 증가시키기 위하여 전환권 등이 부여된 주식을 발행한 이후 실제 전환권 등 행사 시점에서 전환비율 변경 등에 따라 추가 이익이 발생한 경우 해당 이익도 이에 해당한다.

(다) 감 자

법인이 자본을 감소시키기 위하여 주식 또는 지분을 소각함에 있어서 일부 주주의 주식 또는 지분을 소각함으로 인하여 그와 특수관계에 있는 대주주가 이익을 얻은 경우에 그 이익에 상당하는 금액을 당해 대주주의 증여재산가액으로 한다(상증세법 제39조의 2 제1항 제1호). 주식 등을 시가보다 낮은 대가로 소각한 경우에는 주식 등을 소각한 주주 등의 특수관계인에 해당하는 대주주 등이 얻은 이익으로 하고, 주식 등을 시가보다 높은 대가로 소각한 경우에는 대주주 등의 특수관계인에 해당하는 주식 등을 소각한 주주 등이 얻은 이익으로 한다(상증세법 제39조의 2 제1항 제2호).

차액이 감자 전 주식평가액의 100분의 30을 초과하거나 3억원을 초과하는 경우 그 차액 전부를 증여재산가액으로 한다.

(라) 현물출자

현물출자에 의하여 법인이 발행한 주식 또는 지분을 인수함에 따라 주식 등을 시가보다 낮은 가액으로 인수함에 따라 현물출자자가 얻은 이익 또는 주식 등을 시가보다 높은 가액으로 인수함에 따라 현물출자자와 특수관계에 있는 현물출자자 외의 주주 또는 출자자가 얻은 이익 중 하나에 해당하는 이익을 얻은 경우에는 당해 이익에 상당하는 금액을 그 이익을 얻은 자의 증여재산가액으로 한다(상증세법 제39조의 3). 이에는 특수관계가 없는 자로부터의 증여에 대해서도 과세하는 경우가 있다.

차액이 감자 전 주식평가액의 100분의 30을 초과하거나 3억원을 초과하는 경우 그 차액 전부를 증여재산가액으로 한다.

(마) 전환사채

전환사채, 신주인수권부사채 기타 주식으로 전환·교환하거나 주식을 인수할수 있는 권리가 부여된 사채를 인수·취득·양도하거나 전환사채 등에 의하여 주식으로의 전환·교환 또는 주식의 인수를 함으로써 특수관계인으로부터 이익을얻은 경우에는 당해 이익에 상당하는 금액을 그 이익을 얻은 자의 증여재산가액으로 한다(상증세법 제40조 제1항, 대법원 2024.04.12 선고 2020두53224 판결).

전환사채의 인수·취득에 의한 이득은 그 이득이 전환사채 등의 시가 100분의 30을 초과하거나 1억원을 초과하는 경우 그 이득 전부를 증여재산가액으로 한다. 전환사채 등에 의하여 주식으로의 전환·교환 또는 주식의 인수를 함으로써얻는 이득도 동일한 제한이 적용된다.

(바) 초과배당

법인이 배당하는 경우로서 그 법인의 최대주주 등이 본인이 지급받을 배당등의 금액의 전부 또는 일부를 포기하거나 본인이 보유한 주식 등에 비례하여 균등하지 아니한 조건으로 배당 등을 받음에 따라 그 최대주주 등의 특수관계인이본인이 보유한 주식 등에 비하여 높은 금액의 배당 등을 받은 경우에는 법인이배당 등을 한 날을 증여일로 보아 초과배당금액을 그 최대주주 등의 특수관계인의 증여재산가액으로 한다(상증세법 제41조의 2 제1항). 이 경우 소득세와 증여세를함께 부과하되, 증여이익에서 소득세 상당액을 차감한다.

(2) 상장 및 합병에 따른 상장

(가) 상　장

최대주주 등과 특수관계에 있는 자가 주식을 취득한 날부터 5년 이내에 당해법인의 주식이 상장된 경우 현재의 가액과 당초 취득 시 가액에 상장요인을 배제한 추산가액과의 차액이 3억원 이상이거나 당초 취득 시 가액의 100분의 30 이상인 경우에는 당해 이익에 상당하는 금액을 증여재산가액으로 한다(상증세법 제41조의 3). 당초 주식의 취득은 최대주주 등으로부터 주식을 유상으로 취득하거나

증여받은 경우 또는 최대주주 등으로부터 재산을 증여받은 날부터 3년 이내 최대
주주 등 외의 자로부터 주식을 유상으로 취득하는 경우에 한한다.

위에서 '당초 취득한 주식'이 예전 취득한 전환사채 등이 주식으로 전환된 것
일 경우에는 당해 전환사채의 취득일부터 5년 이내 상장된 경우로 한다. 상장요인
을 배제한 추산가액은 당초 취득 시의 가액에 보유기간 중 기업가치의 실질적인
증가로 인한 이익을 가산하여 산정한다.

(나) 합병에 따른 상장

특수관계인이 주식을 증여받거나 취득한 날부터 5년 이내에 그 주식을 발행
한 법인이 특수관계에 있는 주권상장법인과 합병(우회상장)되어 그 주식 등의 가
액이 증가하는 경우를 말한다(상증세법 제41조의 5). 이익이 기준금액 미만인 경우
에는 과세하지 않는다.

(다) 상장 및 합병에 따른 상장을 통해 비특수관계인으로부터 재산을 직간접적으
로 이전받으면서 부정한 방법으로 상속세나 증여세를 감소시킨 것으로 인정
되는 경우

상증세법 제41조의 3 제9항 및 제41조의 5 제2항에 근거한 것이다. 합병에
따른 상장 등을 예로 들자면, 거짓이나 그 밖의 부정한 방법으로 상속세나 증여세
를 감소시킨 것으로 인정되는 경우에는 특수관계인이 아닌 자 간의 증여에 대하
여도 상증세법 제41조의 5 제1항의 규정에 따라 과세한다(상증세법 제41조의 5 제2
항). 제2항이 적용되기 위해서는 실제 사용된 부정한 방법이 상증세법 제41조의 5
제1항의 과세를 포탈하기 위한 것이 아니라, 증여세를 예로 들자면, 비특수관계자
간이라도 증여세를 과세할 수 있는 경우를 은폐하기 위한 것으로서 해당 합병에
따른 상장 등의 거래과정에 포함되어 있어야 할 것이다.

(3) 재산취득 후 재산가치 증가에 따른 이익의 증여

상증세법 제42조의 3은 권리와 현금을 포함하는 넓은 의미의 재산과 이익의
직간접적인 이전이 개입되지 않은 '재산가치의 증가'에 대해 규율한다.

미성년자 등이 재산을 취득하고 그 재산을 취득한 날부터 5년 이내에 일정한
사유로 인해 얻는 재산가치의 증가로 인한 이익을 증여세과세가액에 산입한다.
증여세는 당해 재산가치 증가사유가 발생한 날에 납세의무가 성립한다. 재산가치

증가액이 3억원을 초과하거나 통상적인 가치상승분을 감안한 재산가치액의 30%를 초과하는 경우에 한해 당해 이익을 과세가액에 산입한다.

'재산의 취득'은 특수관계인으로부터 재산을 증여받은 경우, 특수관계인으로 부터 내부정보를 제공받아 관련된 재산을 유상취득하는 경우 및 특수관계인으로 부터 증여받거나 차입한 자금으로 재산을 취득한 경우를 말한다.

거짓이나 그 밖의 부정한 방법으로 증여세를 감소시킨 것으로 인정되는 경우 에는 특수관계인이 아닌 자 간의 증여에 대해서도 적용한다. 이 경우에는 5년 이 내라는 기간 제한을 두지 않는다고 규정하고 있다.

증여세과세요건이 되는 재산가치증가사유는 개발사업의 시행, 형질변경, 공유 물분할, 사업의 인·허가, 합병, 보험사고의 발생 및 지하수이용·개발의 인·허가 등이다. 예를 들면, 직업·연령·소득·재산상태 등으로 보아 자신의 계산으로 개 발사업의 시행 등의 행위를 할 수 없다고 인정되는 자가 부모의 재산을 담보로 차입한 자금으로 재산을 취득하고 5년 이내 개발사업의 시행 등으로 인한 재산가 치 상승금액이 있을 때 그것이 3억원 이상이거나 30% 이상인 경우에는 증여재산 가액이 된다. 재산가치증가사유 중 주식·출자지분의 상장은 상증세법 제41조의 3 및 제41조의 5에서 규정하게 되어서 2015년 상증세법 개정시 제42조의 3의 규정 에서 삭제되었다. 재산가치증가사유에 관한 상증세법시행령 규정은 예시적인 규 정으로 볼 수 있다(상증세법시행령 제32조의 3 제1항 제3호, 대법원 2023. 6. 1. 선고 2019두31921 판결).

재산가치증가를 증여로 보는 규정은 내용상 단계거래를 하나의 증여행위로 보는 것을 전제로 한다. 타인이 재산을 건네주고 그다음 그 재산의 가치를 증식시 키는 행위를 하는 경우 재산의 이전 후 가치증분 중 그 행위에 의한 부분을 상증 세법상 증여로 보는 것이다. 통상적인 경우 그 가치증분은 미실현이득으로서 실 현될 때에야 과세될 소득의 하나로 보게 될 것이다. 상증세법 제2조 제6호의 규정 에 따르자면 이러한 행위가 증여의 개념에 포섭될 것이지만 상증세법은 이와 별 도로 구체적인 과세가액산입규모를 설정하고 있는 것이다.

이러한 가치증분은 국세기본법 제14조 제3항상 단계거래원칙의 적용대상이 될 수도 있을 것이다. 다만, 가치를 증식시키는 행위는 수증자에 대해 이루어진 것이 아닐 가능성이 있는데 그 경우에는 단계거래원칙을 적용할 수는 없을 것이다. 또한 그 행위가 당초 재산을 건네준 자에 의하여 이루어지거나 최소한 조장된 것이 아닐 수도 있다. 그런 경우 역시 단계거래원칙을 적용할 수는 없을 것이다. 이 경우 증여자가 불분명함에도 불구하고 단계거래원칙 및 제42조의 3의 규정에 의해 증여로 과세하는 것이 된다.

(4) 특정법인을 통한 증여

지배주주등이 직접 또는 간접으로 보유하는 주식보유비율이 100분의 30 이상인 법인, 즉 '특정법인'이 지배주주의 특수관계인과 재산 또는 용역을 무상으로 제공받는 것 등의 거래를 하는 경우에는 거래한 날을 증여일로 하여 그 특정법인의 이익에 특정법인의 지배주주등이 직접 또는 간접으로 보유하는 주식보유비율을 곱하여 계산한 금액을 그 특정법인의 지배주주등이 증여받은 것으로 본다(상증세법 제45조의 5). 이 경우 법인이 받은 이익 중 해당 특수관계가 있는 주주의 지분비율에 해당하는 이익을 증여재산가액으로 보는 것이다. 간접적인 경제적 가치의 이전에 해당하거나 단계거래에 해당할 수 있음에도 불구하고 별도로 규정을 둔 것이다. 증여세과세가액에 산입하기 위해서는 당해 이득이 1억원 이상 되어야 한다.

2009년 구 상증세법시행령 제31조 제6항이 주주가 얻은 이익만을 증여세 과세가액을 계산하도록 하는 구 상증세법 제41조(특정법인과의 거래를 통한 이익의 증여)로부터의 위임 범위를 초월하였다는 대법원의 판단이 있었다(대법원 2009. 3. 19. 선고 2006두19693 판결).

2010년에는 구 상증세법 제41조 제1항이 종전에 특정법인의 주주 등이 '이익을 얻은 경우'라고만 하던 것을 '대통령령으로 정하는 이익을 얻은 경우'로 그 문언이 일부 변경되었다. 2014년 2월 구 상증세법시행령 제31조 제6항은 해당 법인이 납부한 법인세액을 차감하여 증여세를 계산하도록 개정되었다.

2017년 대법원은 2010년 개정된 구 상증세법 제41조 제1항으로 위임의 근거를 얻은 2009년 개정되고 2014년 2월 개정되기 전 상증세법시행령 제31조 제6항이 위임의 범위를 여전히 초월한 것인지에 대해 비록 상위 법률에 위임의 근거를 보완하였다 하더라도 하위 시행령 규정은 여전히 개정 전 법률 조항과 마찬가지로 재산의 무상제공 등 특정법인과의 거래를 통하여 특정법인의 주주 등이 이익을 얻었음을 전제로 하여 그 이익, 즉 '주주 등이 보유한 특정법인 주식 등의 가액

증가분'의 정당한 계산방법에 관한 사항만을 대통령령에 위임한 규정이라고 보아야 한다는 입장을 취하면서 하위 시행령규정이 위임입법의 한계를 넘어선 것으로 판단하였다(대법원 2017. 4. 20. 선고 2015두45700 전원합의체 판결). 2014년 개정된 구 상증세법 제41조 제1항에 비추어 보아도 2009년 개정되고 2014년 2월 개정되기 전 상증세법시행령 제31조 제6항이 위임의 범위를 여전히 초월한 것이라는 판단도 뒤를 이었다. 2014년 개정된 구 상증세법 제41조 제1항이 특정법인의 범위를 확대하였을 뿐 나머지 과세요건에 관하여는 개정 전과 동일하게 규정하고 있었기 때문이다(대법원 2022. 3. 11. 선고 2019두56319 판결).

2021년 대법원은 2014년 2월 개정된 상증세법시행령 제31조 제6항은 2014년 개정된 구 상증세법 제41조 제1항의 취지에 반하고 위임의 범위를 넘어선 것이므로 무효라고 판단하였다(대법원 2021. 9. 9. 선고 2019두35695 전원합의체 판결).

2017년 대법원의 판단이 있기 전인 2014년 말 상증세법 제45조의 5(구 상증세법 제41조)는 결손법인 또는 휴폐업법인 이외에 특정법인의 범위에 지배주주등의 주식보유비율 50% 이상인 법인이 포함되도록 개정되었다. 2019년 개정되면서는 결손법인 또는 휴폐업법인의 부분은 삭제되고 지배주주등의 주식보유비율 30% 이상인 법인으로 변경되었다.

2. 과세표준

증여세는 개별적인 증여를 과세사건으로 하여 과세되는 세목이므로 과세표준도 개별적인 증여가 있을 때마다 계산하게 된다. 증여재산가액에서 증여재산공제액과 재해손실공제액 및 감정평가수수료를 차감하여 과세표준을 계산한다.

배우자 6억원, 직계비속(미성년자) 5천만원(2천만원), 직계존속 5천만원, 기타 혈족 또는 인척 1천만원이다. 혼인일 전후 2년 이내 또는 자녀의 출생일(입양신고일 포함)부터 2년 이내에 직계존속으로부터 증여를 받는 경우 총 1억원을 공제한다(상증세법 제53조의 2). 기본공제 5천만원과 별도로 적용하며, 혼인공제와 출산공제의 통합한도는 1억 원이다.

배우자공제에서 '배우자'란 법률상의 배우자만을 의미하며, 사실혼 관계에 있는 배우자는 제외한다. 직계비속한도는 부모, 조부모 및 외조부모로부터의 증여액을 모두 포함한 금액으로 판단한다. 계부·계모와 자녀 간의 증여에 대해서도 직계존비속의 관계로 보아 증여재산공제를 인정한다(상증세법 제53조 제1항 제2호). 위의 공제한도는 10년 동안의 한도이다(상증세법 제53조 본문 제2문). 증여재산가액에 지난 10년간 증여재산가액을 합산한다. 명의신탁재산에 대해서는 증여재산공제액과 재해손실공제액의 차감이 인정되지 않는다. 합산배제증여재산에 대해서는 증여재산공제액과 재해손실공제액의 차감 대신 일률적으로 3천만원의 공제가 허용된다.

부모(60세 이상)가 자녀(18세 이상)에게 중소기업 창업자금을 증여하는 경우 증여세 과세가액 50억원(10명 이상 신규 고용하는 경우 100억원)을 한도로 5억원 공제 후 10% 저율과세한다. 상속시 상속세 과세가액에 합산하여 정산한다(조특법 제30조의 5).

가업승계에 대해서는 증여세과세가액 중 법정액(예, 부모가 30년 이상 경영한 경우 6백억원)을 한도로 한 금액에서 10억원을 공제한 후 10%의 세율로 과세한다. 다만, 과세표준 120억원 초과분에 대해서는 20%의 세율을 적용한다(조특법 제30조의 6, 조특법시행령 제27조의 6).

합산배제증여재산은 재산 취득 후 해당 재산의 재산가치가 증가한 경우의 재산가치 상승(상증세법 제31조 제1항 제3호), 전환사채 등에 의하여 주식으로의 전환 등을 함에 따른 이익의 증여(상증세법 제40조 제1항 제2호), 주식 또는 출자지분의 상장 등에 따른 이익의 증여(상증세법 제41조의 3), 합병에 따른 상장 등 이익의 증여(상증세법 제41조의 5) 및 기타 재산가치의 증가에 따른 이익의 증여(상증세법 제42조의 3)에 의한 증여재산 등이다(상증세법 제47조 제1항). 이들 증여재산은 상속세과세 시에도 합산되지 않는다. 합병, 증자, 감자 및 현물출자에 따른 증여의 경우 증여재산은 합산된다.

3. 세 액

증여세의 과세표준에 세율을 곱하여 산출세액을 계산한다. 상속세와 증여세의 세율은 동일하다(상증세법 제26조, 제56조).

수증자가 증여자의 자녀가 아닌 직계비속, 즉 손자일 경우에는 증여세 산출세액의 30%(수증자가 증여자의 자녀가 아닌 직계비속이면서 미성년자인 경우로서 증여재산가액이 20억원을 초과하는 경우에는 40%)에 상당하는 금액을 할증하여 과세한다(상증세법 제57조). 다만, 증여자의 최근 친 직계비속이 사망하여 그 사망자의 최근 친인 직계비속에게 증여한 경우에는 할증과세하지 않는다. 증여세가 상속세 보완세로서의 역할을 하는 부분이다.

증여합산기간 내의 증여재산의 가액을 가산한 경우에는 그 증여재산에 대해 납부했던 세액을 공제한다(상증세법 제58조 제1항). 현재 증여일부터 10년 이내에 이루어진 증여는 합산대상이다. 증여세의 부과제척기간은 부과할 수 있는 날로부터 10년간이다(국세기본법 제26조의 2 제4항). 여기서 부과할 수 있는 날은 과세표준 신고기한인데 증여세의 경우 과세표준 신고기한은 증여일로부터 3월이 되는 날이다. 증여일부터 10년 3개월이 되는 시점까지 부과할 수 있는데 합산은 현재의 증여일부터 역으로 10년이다. 통상의 경우 과세관청은 증여세를 부과할 때는 이미 증여일부터 1년 이상 도과한 시점이다. 그 경우 비록 증여일부터 10년 이내의 증여라 하더라도 부과제척기간이 도과한 것이 있을 수 있게 된다. 따라서 상증세법은 증여세과세가액에 가산하는 증여재산에 대하여 부과제척기간이 도과하여 증여세가 부과되지 않은 경우에는 기납부세액공제를 해 주지 않는다고 규정하고 있다(상증세법 제58조 제1항 단서).

제 5 항   조세채무의 성립·확정

증여세의 납세의무는 증여에 의하여 재산을 취득하는 때에 성립한다(국세기본법 제21조 제1항 제3호). 증여세 납세의무는 관할세무서장의 결정의 납부고지에 의하여 확정된다(상증세법 제76조 제1항).

증여세납세의무가 있는 자는 증여일이 속하는 달의 말일부터 3월 이내에 증여세의 과세가액 및 과세표준을 관할세무서장에게 신고하여야 한다. 제때 신고하면 10%의 세액공제가 주어진다.

세무서장은 수증자의 신고를 받아 그것을 검토한 후 과세표준과 세액을 결정한다. 다만, 신고를 하지 않았거나 신고에 탈루 등이 있는 경우에는 조사하여 결정한다. 신고기한부터 3월 이내에 결정하여야 한다. 이 기간 이내에 결정 못 하는 경우에는 별도로 납세자에게 그 이유를 통보하여야 한다. 세무서장은 결정한 과세표준과 세액을 수증자에게 통지하여야 한다.

부동산을 무상으로 사용하거나 무상으로 담보로 이용하여 이익을 얻은 경우에 대하여 그 무상 사용을 개시한 날 또는 담보 이용을 개시한 날을 각각 증여일로 한다(상증세법 제37조 제2항). 부동산 무상사용에 따른 증여과세를 받았는데 그후 사정변경이 있어 사용하지 않게 된 경우 사유발생일부터 3월 이내 경정을 청구할 수 있다(상증세법 제79조 제2항). 경정청구사유로서는 부동산소유자가 토지를 양도한 경우, 부동산소유자가 사망한 경우 및 그와 유사한 사유로서 부동산무상사용자가 당해 부동산을 무상으로 사용하지 아니하게 되는 경우이다(상증세법시행령 제81조 제6항).

증자에 따른 이익의 증여일은 주식대금 납입일 등을 증여일로 하며(상증세법 제39조), 감자에 따른 이익의 증여일은 감자를 위한 주주총회결의일로 한다(상증세법 제39조의 2).

제4절 상속증여재산의 평가

제1항 세법상 재산의 평가

세법상 자산가액을 평가해야 하는 경우를 이전거래가 있는 경우와 이전거래가 없는 경우로 구분할 수 있다. 전자에는 자산의 이전거래가 대가의 수수를 수반하지 않는 무상이전인 경우와 대가의 수수를 수반하였지만 특수관계인 간 거래이기 때문에 실지거래가액을 인정하기 곤란한 경우가 포함된다. 후자는 이전거래가 없었지만 사업연도가 종료하는 시점에서 해당 기업의 순자산가치에 변화를 주는 자산가액의 변동이 있는 때 그것을 평가하는 경우이다.

1. 이전(거래)이 있는 경우

가. 무상이전

무상이전의 경우 자산가액의 평가는 자산을 이전받은 자의 입장에서 하게 된다. 대표적으로 상증세법에서 '시가'로 평가한다고 규정하고 있다. 법인세법에서도 취득 당시의 '시가'로 하도록 하고 있다(법인세법 제41조 제1항 제3호 및 동법시행령 제79조 제1항 제5호). 법인세법상 '시가'는 법인세법 제52조(부당행위계산의 부인)의 규정에 의한 시가('매매사례가액' 우선)를 의미한다(법인세법시행령 제89조).

나. 유상이전거래

(1) 이전가격거래

유상거래의 경우 자산을 이전하는 자 또는 이전받은 자의 입장에서 특수관계

인 간의 거래라면 국내거래의 경우 법인세법 제52조의 부당행위계산부인규정에서
'시가'로 평가하도록 규정하고 있다. 국제거래의 경우 국제조세조정에 관한 법률
('국조법')에서 '정상가격'으로 규정하고 있다. 두 가지 모두 동일한 여건하에서 제3
자 간의 관계에서 자유로이 이루어진 거래라면 통상적으로 형성되었을 가격을 추
산하는 방법을 활용한다.

(2) 교환거래

• 자산의 현물출자   유상거래 중 특수한 것으로서 자산의 현물출자에 의한
주식의 취득이 있다. 현물출자를 하는 자의 입장에서는 자신이 그간 보유하던 자
산을 처분한 결과 자본이득이 발생하게 되는데 그것의 처분가액은 실지거래가액
으로 한다. 여기서 실지거래가액은 다음과 같이 주식의 시가가 될 것이다. 출자를
받는 법인의 입장에서는 출자받는 자산의 가액을 평가하여야 주식발행초과금과
같은 항목의 액을 산정할 수 있을 것이다. 법인세법시행령은 현물출자받은 자산
의 가액은 출자받은 법인이 교부한 주식의 '시가'를 기준으로 하도록 하고 있다.
그러나 현물출자를 받은 법인이 취득한 자산의 시가가 주식의 시가를 하회하는
경우에는 법인이 취득한 자산의 '시가'로 계상한다(법인세법시행령 제72조 제2항 제
3호 및 제4호).

• 채권의 출자전환   채권의 출자전환으로 취득한 주식의 가액을 출자전환
을 한 채권자의 입장에서 얼마로 인식하여야 하는가의 문제가 있다. 일반적인 경
우 취득 당시의 주식의 '시가'에 의한다. 법정관리계획에 따라 출자전환하는 경우
에도 출자전환 당시의 당해 주식 시가로 한다. 채무자회생 및 파산에 관한 법률에
따른 회생계획인가의 결정을 받은 법인, 기업구조조정촉진법에 따른 부실징후기
업 및 채권금융기관과 경영정상화이행협약을 체결한 법인에 대한 채권을 출자전
환한 법인이 취득한 주식의 가액은 출자전환채권의 장부가액으로 한다(법인세법시
행령 제72조 제2항 제4호).

2. 이전(거래)이 없는 경우

세법상 이전거래가 없는 경우에는 기말이라 하여 자산가액을 평가하지는 않

는다. 즉 매기 말 자산의 가액은 원가로 계상하는 것을 원칙으로 한다. 시가법은 예외적으로 적용된다. 시가법이 적용되면 자산은 기말 '시가'에 따라 평가된다(법인세법시행령 제78조 제3항). 고정자산은 보험업법 등 다른 법률에 의해 고정자산을 평가할 때 증액만 허용된다. 고정자산이 천재지변·화재 등으로 파손·멸실된 경우 평가차손이 인정된다. 재고자산 및 주식 등도 특수한 상황에서는 시가로 평가할 수 있다(법인세법 제42조 제3항). 재고자산은 시가가 원가 이하로 떨어진 경우에만 시가로 평가된다. 이는 매출총이익의 인식을 이연시키는 효과만 있는 것이다. 투자회사가 보유하는 유가증권 등은 언제나 시장가격에 의해 평가한다. 외화자산·부채 및 통화선도·통화스왑도 언제나 외환시세에 의해 평가한다.

제 2 항   상증세법상 재산의 평가

1. 평가의 기본원칙

상증세법은 상속세 또는 증여세가 부과되는 재산의 가액은 상속개시일 또는 증여일 현재의 시가에 의한다고 규정하고 있다(상증세법 제60조 제1항). 상증세법 제61조부터 제66조까지의 규정은 재산의 종류별 평가규정을 두고 있다. 제60조 제1항의 규정에 의한 시가를 우선하되 그것을 산정하기 어려운 경우에는 제61조부터 제66조까지의 규정에 의한 방법으로 평가한 가액을 시가로 본다. 재산의 범주에 들지 않는 이익의 경우 상증세법 제35조부터 제42조의 규정에 의하여 평가된다(상증세법 제60조 제3항).

'시가'는 "불특정 다수인 사이에 자유로이 거래가 이루어지는 경우에 통상 성립된다고 인정되는 가액"으로 한다(상증세법 제60조 제2항). 이와 같이 추상적 개념만으로는 시가를 산정하기 어렵다. 이에 따라 평가기준일 전후 6월(증여의 경우 증여 전 6개월 증여 후 3월) 이내의 기간 중 매매·감정·수용·경매 또는 공매가 있는 경우에 그에 의해 확인되는 가액을 시가로 본다(상증세법 제60조 제2항 및 동법시행령 제49조 제1항). 평가대상 재산의 매매사례는 상증세법 제60조 제1항의 규정에 의한 '시가'가 된다. 상증세법 제60조 제1항의 규정에 의한 '시가'를 찾기 어려운 경우에는 당해 재산의 종류·규모·거래상황 등을 감안하여 제61조 내지 제65조의 규정에 의해 평가한 가액을 재산가액으로 산정한다. 이 방법들을 '보충적 평가방법'이라고 한다.

평가대상 재산에 대해 상증세법 제60조 제1항과 제2항의 규정에 의한 가액을 찾기 곤란한 경우에는 평가대상 물건과 근사한 대상 물건의 상증세법 제60조 제1항 및 제2항의 가액을 실무상 '유사매매사례가액'이라고 하며 상증세법시행령은 이를 상증세법 제60조 제2항의 규정에 의한 시가라고 규정하고 있어서 이의 인정 범위를 두고 많은 논의가 있다(상증세법시행령 제49조 제4항).

법원의 판례에 의하면 상증세법 제60조 제3항에 따라 제61조 내지 제65조에 규정된 방법으로 평가한 가액(보충적 평가방법)은 상속세 및 증여세가 부과되는 재산의 가액을 산정하는 기준이 되는 시가에 해당함은 물론이고, 재산의 양수도시의 증여에 관한 상증세법 제35조 제2항 등에 의하여 증여세 부과대상이 되는지를 판단하는 기준이 되는 시가에도 해당한다고 봄이 타당하다고 한다.

2. 시　가

상증세법은 상속개시일 또는 증여일 현재의 '시가'를 과세가액으로 하는 원칙을 설정하고 있다(상증세법 제60조 제1항). '시가'는 '불특정 다수인 사이에 자유롭게 거래가 이루어지는 경우에 통상 성립된다고 인정되는 가액'으로 한다고 규정하고 있다(상증세법 제60조 제2항).

한편 부당행위계산부인규정 중 양도소득에 관한 소득세법상의 규정은 거래일 현재의 '시가'와 비교하여 조세의 부담감소 여부를 판단하도록 하고 있다. '시가'는 대부분 상증세법의 규정을 준용하여 평가한 가액으로 하도록 하고 있다(소득세법 시행령 제167조 제5항). 그러나 소득세법, 법인세법 및 상증세법상 시가 규정 간에는 차이점이 존재한다(대법원 2021. 5. 7. 선고 2016두63439 판결). 이전가격과세에 대해 규정하고 있는 국조법은 '시가'의 개념을 활용하는 대신 국제적으로 인정된 '정상가격' 산정방법을 국내세법에 옮겨 놓고 있다. 이전가격과세제도는 부당행위 계산부인규정에 연원하는 것으로서 근본적인 제도의 취지는 많은 부분 공통점을 지니고 있다. 특히 상증세법상 시가의 산정방법으로서는 비록 법령상 그 우선순위가 명기되어 있지는 않지만 평가대상 물건의 매매실례 또는 유사매매사례가액으로 하고 있는 점은 이전가격과세상 비교가능 제3자가격방법을 사용하고 있는 것과 공통점을 가지고 있다.

가. 상증세법에서 규정한 것

'시가'는 '불특정 다수인 사이에 자유로이 거래가 이루어지는 경우에 통상 성립된다고 인정되는 가액'이다.

상증세법 제60조는 제1항에서 상속 또는 증여재산의 평가에 있어서 시가주의 원칙을 선언하고 있고, 제2항에서 그 시가가 일반적이고 정상적인 거래에 의하여 형성된 것으로서 객관적인 교환가치를 적정하게 반영한 것이어야 함을 전제로 시가로 인정될 수 있는 대략적인 기준을 제시하면서 그 구체적인 범위를 대통령령으로 정하도록 위임하고 있다.

헌법재판소는 제60조 제1항과 제2항이 조세법률주의와 재산권보장의 원칙에 위배되는지에 관해 합헌의 결정을 하였다. 대법원도 관련 시행령 규정이 합헌이라는 판단을 해오고 있다.

상장주식의 경우 어떤 날의 종가가 매일매일 이루어지는 거래 가격 중에서 '통상 성립된다고 인정되는 가액'인지 판정하기 곤란할 수도 있다. 이 경우에는 해당 거래일(평가기준일)을 전후하여 얼마간의 가액을 평균하여 시가로 하는 것이 타당할 것이다. 상증세법은 주식의 평가에 관해 일정 기간 평균가액(제63조 제1항 제1호의 방법)을 본래의 의미의 시가라고 규정하면서도(상증세법 제60조 제1항 후문, 제63조 제1항 제1호), '보충적 평가방법'에 의한 시가로 보고 있다(상증세법 제60조 제2항 및 제3항).

종래 대법원은 상증세법 제60조 제2항에 따라 상장주식의 종가를 시가로 보고, 제60조 제1항 후문에 의한 가액을 시가로 보는 입장을 취하지 않았다. 최근 대법원은 특별한 사정이 없는 한 제60조 제1항 후문에 의한 가액을 시가로 보아야 한다는 판결을 내놓고 있다. 제60조 제1항 후문에 의한 가액을 사용할 경우 명의가 이전되는 주식이 최대주주가 보유하는 것이었다면 할증률이 적용된다(상증세법 제63조 제3항).

한편, 2010년 1월 1일 상증세법 제60조 제3항이 개정되어 동조 제1항을 적용할 때 시가를 산정하기 어려운 경우에는 해당 재산의 종류, 규모, 거래 상황 등을 고려하여 제61조부터 제65조까지에 규정된 방법('보충적 평가방법')으로 평가한 가액을 시가로 보게 되었다. 시장성이 작은 비상장주식의 경우에도 그에 대한 매매 사실이 있는 경우에는 거래가액을 시가로 보아 주식의 가액을 평가하여야 하고 보충적 평가방법에 의하여 평가해서는 아니 된다.

나. 상증세법시행령에서 규정한 것

어떤 재산의 가액을 평가하여야 할 때 상장주식과 같이 거래소가 있는 경우는 예외적인 상황이다. 대개의 경우 시가의 개념을 구체화하는 하위규정이 있어야 실제 평가가 가능할 것이며 이에 따라 상증세법시행령은 시가의 산정방법에 대해 규정하고 있다.

상증세법시행령 제49조는 제1항에서 상증세법 제60조 제2항의 위임규정에 따라 동 항 각 호에서 과세대상인 '해당 재산'에 대한 거래가액 등을 시가로 규정하고 있다. 이는 상속 또는 증여재산의 시가로 볼 수 있는 대표적인 경우를 예시한 것이다. 상증세법시행령 제49조 제4항에서 과세대상인 당해 재산과 동일하거나 유사한 다른 재산에 대한 거래가액 등을 시가로 보도록 규정하고 있다(유사매매사례가액). 이는 상증세법 제60조 제2항이 과세대상인 '해당 재산'에 대한 거래가액 등만을 시가에 포함하도록 한정하고 있지 않은 이상, 모법인 상증세법 제60조 제2항이 예정하고 있는 시가의 범위를 구체화·명확화한 것이라고 보아야 한다. 그 비교대상이 되는 다른 재산의 범위도 면적·위치·용도 등 구체적 기준을 정하여 한정하고 있으므로, 상증세법시행령 제49조 제4항이 헌법상의 재산권보장 원칙 등에 위배되거나 위임입법의 한계를 벗어난 것으로서 무효의 규정이라고 할 수 없다.

시행령에서 규정하지 않은 방법을 사용해서 계산한 것도 법률의 개념에 부합한다면 시가로 인정받을 수 있다. 시가에 관한 시행령상의 규정은 예시적인 것이기 때문이다. 시행령에서 규정한 방법이지만 그것의 세부적인 요건을 벗어난 것도 법률상 '시가'의 개념에 부합한다고 볼 수 있다. 예를 들면, 매매실례가액인데 평가기준일 전후 6개월 이내의 가액(상증세법시행령 제49조 제2항)은 없지만 7개월 이내의 가액이 있는 경우 그것을 시가로 인정될 수도 있다. 상증세법시행령은 이와 같이 기간을 특정하는 것이 갖는 한계를 감안하여 특정한 기간을 벗어난 것이라 하더라도 평가기준일 전 이내의 것이라면 가격에 미치는 특별한 사유가 없는 경우에는 평가심의위원회의 자문을 거쳐 시가로 인정할 수 있도록 규정하고 있다 (상증세법시행령 제49조 제1항 본문 단서).

증여세를 예로 들면 당해 증여일을 전후하여 3월의 기간 내에 매매계약일이 있는 매매실례가액은 시가로 인정받는다. 그것이 없을 경우에는 그 기간 내에 감정평가서작성일 및 가격산정기준일이 있는 감정평가가액은 시가로 보게 된다(상증세법시행령 제49조 제2항). 그 기간 바깥의 감정평가서상 가액은 평가심의위원회의 자문을 거쳐 인정할 수도 있다.

영업권은 사업의 양수도, 법인의 합병·분할의 과정에서 대가를 주고 취득할 수 있다. 양수한 자산과는 별도로 양수사업에 귀속하는 허가·인가 등 법률상의 특권, 사업상 편리한 지리적 여건, 영업상의 비법, 신용·명성·거래선 등 영업상의 이점 등을 감안하여 적절한 평가방법에 따라 유상으로 취득한 가액이 영업권이 되고 이는 감가상각자산으로 한다. 이때에는 세법상 영업권의 가액을 평가할 필요가 없다.

상속세과세를 위해서는 영업권을 평가하여야 한다. 이때에는 최근 3년간의 순손익액의 가중평균액을 토대로 영업권을 평가한다. 영업권 지속연수를 원칙적으로 5년으로 하여 영업권 가액을 산출하게 된다(상증세법시행령 제59조 제2항).

표 9.2　시가산정방법 비교

	상속세 및 증여세 과세	개인양도소득 과세	법인소득과세
평가기준일	상속개시일 또는 증여일(대금청산일)	양도일	매매계약일(법인세법 시행령 제88조 제2항)
시가산정	평가기준일 전후 6월(증여의 경우 증여 전 6개월 증여 후 3월) 내의 해당 재산의 매매·수용·경매·공매가액 등, 평가기준일 전후 6월(증여의 경우 3월) 내의 해당 재산과 유사한 재산의 사례가액(상증세법시행령 제49조), 당해 재산의 공시가격의 순으로 적용. 평가기간 밖의 매매사례가액 등도 평가위원회의 자문을 거치는 경우 시가 인정	상증세법 준용	상증세법준용 (법인세법시행령 제89조 제1항 제2항)

상장주식 등	평가기준일 전후 2월의 종가평균액 (상증세법 제63조 제1항)	상증세법 준용	해당 평가기준일의 종가 (법인세법시행령 제89조 제1항)
최대주주 할증	최대주주(중소기업 및 대통령령으로 정하는 중견기업의 최대주주는 제외)의 주식 할증평가(20%)(상증세법 제63조 제3항)	상증세법 준용	장외거래로서 경영권 변동이 있는 거래는 거래 제반 상황을 감안하여 평가

제10장

부가가치세법

제1절 부가가치세

부가가치세의 부과와 징수에 대해서는 부가가치세법이 규정하고 있다. 1976년 부가가치세법이 제정되었으며, 1977년 7월부터 부가가치세가 과세되기 시작하였다. 부가가치세법의 시행으로 영업세법, 물품세법 등 8개의 소비과세에 관한 법이 폐지되었다. 부가가치세법은 2013년 전부개정되었으며 다른 주요 세법과 동일하게 매년 개정되어 오늘날에 이르고 있다.

제1항 일반소비세

부가가치세(Value Added Tax)는 일반소비세(general consumption tax)이다. 모든 재화와 용역의 공급에 대해 부과되는 것이며, 공급하는 자에게 납세의무를 부과하지만 공급받는 자가 경제적으로 부담하는 간접세이다.

부가가치세는 공급받는 자가 최종 소비자인 경우에만 세금을 부담하도록 되어 있어 소비에 대해 부과한다는 소비세의 개념에 부합하는 것이다. 부가가치세에서와는 달리 공급받는 자가 소비세를 부담하도록 되어 있을 뿐 그가 공급받은 재화 또는 용역을 사업에 활용하는지 소비에 활용하는지를 구분하지 않을 경우에는 공급의 단계마다 소비세가 부과되는 누적 효과가 발생하게 된다.

1. 부가가치세

부가가치세는 국민경제에서 창출된 부가가치에 대해 과세하는 세금이다. 우리나라에서는 1977년 부가가치세 도입 전 일반 소비세는 물품세와 영업세가 주를 이루었다. 물품세는 대물세이며, 부가가치세가 거래에 대해 부과되는 것과 구별된다.

우리나라의 부가가치세는 유럽국가 특히 프랑스의 제도를 본받아 도입되었다. 독일의 기업인 Dr. Wilhelm von Siemens가 1918년 기존 거래세(turnover tax)가 갖는 누적효과(cascading effect)의 단점을 극복하는 방안으로 부가가치세의 개념을 창안하였다고 한다. 2020년 현재 UN 정식 가입국 193개국 중 170개 국가가 부가가치세를 도입하고 있다.

1954년 Maurice Lauré에 의하여 도입된 프랑스의 제도는 EU 각국에 전파(독일 1968년 1월 1일 도입)되었으며, 통일적인 부가가치세의 도입을 권고하는 1967년 EC VAT Directive에 의해 정리되었다. 이후 EC VAT Directive는 1977년 개정되고, 2006년 다시 개정되었다. 2006년 EC VAT Directive는 그간 논의가 집적된 것으로서 부가가치세제도의 성격을 이해하는 데 도움이 된다. EU국가들의 부가가치세는 복수세율제를 특징으로 하며, 우리나라의 단일세율제(10%)와 대조를 이룬다. OECD 및 IMF와 같은 국제기구와 다수의 경제학자들은 단일세율제를 권고하고 있다.

호주, 캐나다, 뉴질랜드, 싱가포르에서는 부가가치세를 Goods and Services Tax라고 부른다. 미국은 OECD 국가 중 유일하게 부가가치세를 도입하지 않은 나라이다. 1921년 경제학자 Thomas Adams가 제도도입에 대해 논하기도 하였지만 주 단위의 소매판매세의 전통이 강하여 연방 단위의 제도로 도입되지 못하고 있다.

OECD 국가들의 전체 세수 중 소비세의 비중(국가 간 단순평균)은 2000년 이후 30~31% 수준을 유지하고 있다. 우리나라에서는 2000년 36.7%에서 2014년 28.1%로 낮아지고 있는 추세이다. 경제규모가 큰 국가일수록 소비세의 비중이 우리보다 낮게 유지되고 있다.

OECD 국가들의 전체 세수 중 부가가치세의 비중(국가 간 단순평균)은 2000년 이후 19~20% 수준을 유지하고 있다. 우리나라에서는 2000년 이래 17%대를 유지하고 있다.

2. 기타의 일반소비세

판매세(sales tax)는 주로 재화의 판매에 대해 부과되며, 용역의 판매에 부과되기도 한다. 일반 판매세는 역사적으로 로마시대로까지 고증되고 있다. 아우구스투스 황제 시절 노예의 거래에는 4% 기타의 거래에는 1%의 판매세가 부과되었다고 한다.

미국의 주세인 판매세는 소매(retail sale) 단계에서의 판매를 대상으로 한다. 재판매(resale)를 위한 구매에 대해서는 면세한다. 1965년경까지만 해도 소매판매세가 OECD 국가들의 주된 간접세이었다. 이후 부가가치세가 유럽국가를 중심으로 빠르게 확산되었다. 그 요인 중 하나로는 부가가치세의 도입이 EU의 가입조건으로 되어 있는 점을 들 수 있다.

지출세(expenditure tax)는 개인 1인의 연간 소비총액에 대해 부과되는 직접세이다. 소득금액에서 저축이나 투자금액을 차감한 것에 대해 부과되므로 소득세적인 성격도 있다고 볼 수 있다. 인도와 스리랑카에서 시행된 사례가 있다.

제 2 항 기본 구조

1. 부가가치

가. 일반적 의미

자본주의 시장경제에서 정부가 설정한 과세대상은 국민소득의 생성과 그 분배에 따라 이해해 볼 수 있다. 단순한 폐쇄경제를 상정하여 설명하자면 각 생산단계에서 부가가치가 창출되며 그것은 시장에서 소비와 투자로 지출되는 것의 합과 동일한 금액이 된다. 소비와 투자는 지출로서 인적 자산 내지 물적 자산의 가치를 유지 또는 발전시킨다는 점에서 동일하다. 지출의 효용이 지속되는 기간에 차이가 있을 뿐이다. 소비는 인적 자산의 능력을 유지 내지 발전시킨다. 투자는 기업의 생산능력을 제고시킨다.

부가가치의 규모는 공급하는 재화 또는 용역의 매출가액에서 그것을 공급하기 위해 공급받는 재화 또는 용역의 가액을 차감하여 산출할 수 있다. 사업자가 공급받은 재화 또는 용역을 공급하는 자가 사업자로서 공급하는 경우에 한정한다.

종속적 인적 용역을 제공하면서 그 대가로 수령하는 급여는 부가가치로 보지 않는다. 채무증서나 지분증서를 취득하면서 자금을 제공한 대가로 수령하는 이자나 배당은 부가가치로 보지 않는다. 채무증서나 지분증서를 보유하다가 매도하여 발생한 차익은 부가가치로 보지 않는다.

각 경제 주체들은 창출한 부가가치를 이자, 배당, 급여 및 이윤 등으로 분배하게 된다. 그것들은 특정인에게 분배된 소득으로서, 즉 귀속된 소득으로서 소득세의 과세대상이 된다. 다시 분배된 국민소득은 소비나 저축으로 처분된다. 경제이론에 의하면 소비와 저축의 합은 소비와 투자의 합과 균형을 이루게 된다. 저축은 자본을 형성하게 된다. 저축된 자본은 화폐의 형태로 있거나 자본가가 인적 자산 또는 물적 자산을 구입하는 데 사용된다. 어떤 자산의 형태로 존재하는가에 따라 국민총생산에서 분배받을 것이 정해진다.

국민생산통계에 포착되지 않는 사인 간의 서화 또는 골동품 거래에 의해서도 부가가치가 발생한다. 서화나 골동품을 보유하다가 매도하여 발생한 차익은 부가가치에 해당한다. 채무증서나 지분증서 자체는 보유자에게 효용을 제공하는 재화로 볼 수 없지만, 서화나 골동품은 보유자에게 직접적으로 효용을 제공하는 재화이기 때문이다. 매수한 자가 기대하는 효용이 매도한 자가 기대하였던 효용이 더 많아지게 될 경우 국민경제 순환구조 내에서 부가가치가 증가한 것이다. 부가가치세법상으로는 사업자를 통해 거래된 것만을 과세대상으로 하게 되므로 사인 간 일시적·우발적 거래의 경우가 과세대상으로 포착되지 않을 뿐이다.

부가가치세는 각 생산단계의 부가가치 합인 생산국민소득에 대해서 부과하게 된다. 우리나라 및 EU 국가들이 도입한 소비형 부가가치세제도하에서는 투자지출에 대해서는 과세하지 않고 소비지출에 대해서만 과세한다.

나. 세법상 의미

부가가치세법이 개별 거래에서의 부가가치를 과세대상으로 규정하고 있지는 않다. 부가가치세법이 '부가가치'의 개념을 정의하고 있는 것도 아니다. 특정한 거래의 대상이 재화 또는 용역으로서 과세대상이 되기 위해서는 그것이 생산활동에 의한 부가가치의 축적물로서 생산재로 사용되거나 소비되는 것이어야 한다. 부가가치세법은 과세대상을 규정하면서 부가가치의 창출에 기여하는 것의 요건을 명시하고 있지는 않지만 부가가치세 본래의 취지에 비추어 볼 때 국민경제 순환구조 내에서 부가가치 창출과 무관한 거래는 과세대상에서 배제하는 것이 타당하다.

1967년 EC VAT Directive도 같은 입장이다. 다만, 다음과 같이 '부가가치세'의 의미를 표현하고 있을 뿐이다(1967년 EC First VAT Directive 제2조).

> 공동부가가치세의 원칙은 재화와 용역에 그것들의 가격에 정확히 비례하는 일반적인 소비세를 부과하고자 하는 것이다. 세금이 매겨지는 단계의 전까지 생산과 분배의 과정에서 일어난 거래의 횟수를 불문하는 것이다. 각 거래단계에서 부가가치세액은 재화나 용역의 가액에 적용할 세율에 따라 계산된다. 조세채무액은 그 부가가치세액에서 납세의무자가 직접 부담한 여러 원가요소에 대한 부가가치세액을 공제한 금액으로 한다. 공동부가가치세는 소매단계까지 적용된다.

EC가 상정한 부가가치세상 '부가가치'라고 하는 것은 국민생산 중 소비만을 고려한 것이다. 조세채무액은 그것에서 납세의무자가 직접 부담한 여러 원가요소에 대한 부가가치세를 공제한 금액으로 한다고 하여 생산설비의 부가가치세는 공제되도록 하고 있기 때문이다. 그리고 세액공제방식을 전제로 하는 것이다.

2. 과세구조

우리나라 부가가치세는 소비형, 전단계세액공제방식, 소비지국과세원칙 및 세금계산서방식에 입각한 부가가치세이다. 부가가치세의 세율은 10%의 단일세율체계이다(부가가치세법 제30조).

부가가치세는 국민경제에서 창출된 부가가치에 대해 과세하는 세금이다. 국민소득계정상 부가가치는 생산국민소득으로 나타난다. 생산국민소득금액은 생산된 것 중 거래를 통해 상대방의 지출을 초래한 것만의 금액이므로 지출국민소득금액과 일치하도록 되어 있다. 지출국민소득은 (소비)+(투자)+(순수출)로 구성된다. 우리나라의 부가가치세제도는 EC VAT Directive가 규정한 것처럼 지출국민소득을 구성하는 3요소 중 (소비)에 대해서만 과세하는 소비형 부가가치세제도이다.

[사례] 콩통조림 한 통을 매입하는 소비자가 부가가치세 포함 공급대가 5천 5백원을 소매상에 지급할 때에 그는 소매상이 수입으로 잡는 공급가액 5천원과 소매상이 국가에 납부할 부가가치세 5백원을 합한 금액을 지급하게 되는 것이다. 소매점이 콩통조림 공장으로부터 한 통당 공급대가 3천 3백원에 매입하였다면 그는 공급가액 3천원과 부가가치세 3백원을 합한 금액을 지급한 것이다. 소매상은 부가가치세를 거래징수당하였지만 그는 소비가 아닌 판매를 목적으로 콩통조림을 매입한 것이므로 부가가치세를 부담하지 않도록 되어 있다. 소매상이 사업자로서 부가가치세 과세표준과 세액을 정기적으로 신고납부하여야 한다. 그는 이때 매출세액 5백원에서 매입세액 3백원을 차감한 세액을 납부세액으로 하여 신고납부하도록 되어 있다. 이를 아래 설명한 것처럼 전단계세액공제방식이라고 한다. 콩통조림공장이 콩을 1천 1백원에 매입하여 이를 콩통조림을 제조하였다면 소매상처럼 부가가치세액을 2백원만 신고납부하게 된다. 콩을 재배하는 농민은 순수하게 자신의 노동만으로 콩을 생산하여 1백원의 부가가치세를 거래징수하였다면 1백원을 부가가치세로 신고납부할 것이다(가공하지 않은 농산물은 면세이므로 콩통조림공장이 콩을 매입할 때 농민으로부터 부가가치세를 거래징수당하지 않았을 것이지만 이 부분은 별도로 설명하기로 한다). 결국 국민경제 전체적으로는 한 통의 콩통조림이 소비되었으며 그 소비액은 5천원이고 그에 따라 국가가 징수한 부가가치세액은 5백원에 그치게 된다.

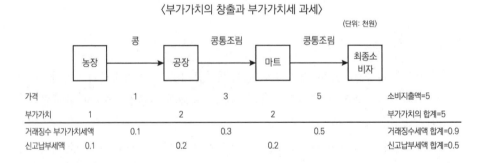

〈부가가치의 창출과 부가가치세 과세〉

(단위: 천원)

	콩	콩통조림	콩통조림	
농장 →	공장 →	마트 →	최종소비자	
가격	1	3	5	소비지출액=5
부가가치	1	2	2	부가가치의 합계=5
거래징수 부가가치세액	0.1	0.3	0.5	거래징수세액 합계=0.9
신고납부세액 0.1	0.2	0.2		신고납부세액 합계=0.5

부가가치세는 각 경제 주체들이 생산활동을 통해 스스로 창출한 부가가치에 대해 과세되는 것이다. 부가가치세의 과세를 위해서는 부가가치를 측정하여야 한다. 부가가치는 산술적으로 생산품가액에서 투입재화나 용역의 가액을 차감한 것이 된다. 부가가치는 최종적인 소비자에게 물어서는 알 수 없고 생산자에게 알아

보아야 한다. 생산자가 부가가치의 창출자이기 때문이다. 생산자는 사업자인데 사업자에게 바로 부가가치가 얼마이었는지를 물어서 그것에 대해 세율을 적용하는 방식을 전단계거래금액공제방식이라고 한다. 이때 사업자는 장부를 비치하고 자신의 거래내역을 전부 기록하여야 한다. 국가는 사업자로부터 세금을 걷는다. 사업자는 소비자로부터 세금을 걷는다. 세금 몫으로 걷어도 좋고 명시적으로 표시하지 않고 가격에 반영하여도 좋다. 어느 경우에나 실질적인 조세의 부담자는 소비자라고 볼 수 있다. 사업자로서는 총이윤세(gross profit tax)이기 때문에 일종의 소득세라고 인식할 수도 있겠다. 강학상 소득세는 직접세이지만 거래상대방에 대한 전가의 정도가 매우 낮은 간접세라고도 볼 수 있다. 부가가치세가 간접세이지만 거래상대방에 대한 전가의 정도가 매우 높은 직접세라고도 볼 수 있을 것이다. 특히 전단계거래금액공제방식의 부가가치세는 더욱 그러하다.

전단계거래세액공제방식은 부가가치세의 간접세적인 성격을 보다 분명히 해 준다. 사업자가 재화나 용역을 공급할 때 공급받는 자로부터 공급가액에 세율을 곱하여 계산한 세액을 거래징수한다. 세금 몫을 징수하도록 함으로써 전가를 분명히 하는 것이다. 세금을 걷기 때문에 위축될 수요를 감안하여 공급하는 자가 원래 상품이나 용역의 가격을 낮추게 된다. 따라서 전가되는 금액은 세액에 미치지 못하게 된다.

1977년 당시 전단계세액공제방식의 소비형 부가가치세로 도입된 우리 부가가치세제의 기본 틀은 지금도 유지되고 있다. 도입 당시 일시적으로 소비자물가가 상승하는 부작용은 있었지만 지금은 잘 정착되어 상호대사(cross check) 기능을 통해 소득과세상으로도 많은 도움이 되고 있다. 다만, 모든 거래에 대해 세금계산서를 교부하도록 하지 않은 점은 거래질서의 확립에 흠이 되는 부분이다. 직전연도 공급대가가 4천 8백만원 미만인 개인사업자에게 적용되는 간이과세제도는 전단계매입금액을 업종별 부가가치율에 의해 추계하고 세액을 계산하는 변형된 전단계매입금액공제방식을 취하고 있다. 영세사업자들의 납세협력비용 절감이라는 법익과의 균형을 고려한 것이다.

우리나라 부가가치세는 소비지국과세원칙(destination principle)에 입각하고 있다. 따라서 외국에 수출하는 재화에 대해서는 수입하는 국가에서 그 재화에 대한 세금을 모두 걷을 수 있도록 재화의 생산단계에서 부과되어 온 세금을 모두 돌려준다. 한편, 수입되어 오는 재화에 대해서는 부가가치세를 과세하되 수출지국에서 부담했던 세금을 공제해 주지는 않는다. 통상 그 나라에서 이미 세금을 돌려받았을 것이기 때문이다. 이러한 방식을 수출재화에 대한 영세율제도라고 한다.

[사례] 위의 사례에서 공장이 콩통조림 한 통을 3천원에 일본에 수출하였다고 한다면, 그는 일본의 수입업자로부터 부가가치세를 거래징수하지 못하게 된다. 재화의 수출로부터는 부가가치세를 징수하지 못하였다고 영세율이라고 한다. 그런데 그는 부가가치세를 신고납부하면서 공제하여야 할 매입세액 1백원은 인정받아 환급을 받게 된다. 우리 경제에서 창출한 부가가치는 총 3천원인데 그에 대해서는 국가가 부가가치세를 전혀 징수하지 못하는 결과가 된다. 해당 콩통조림이 국내에서 소비되지 않았기 때문이다. 한편 일본에서는 수입업자로부터 소비자가 해당 콩통조림을 매입하여 소비하는 과정에서 일본의 부가가치세인 소비세를 부담하게 되며, 이를 일본정부가 세수로 징수하게 된다. 일본 세관은 수입된 콩통조림 한 통 3천원에 관세 8%를 포함한 가격 3,280원에 소비세율 8%(2021년부터는 10%)를 적용한 259원을 수입업자로부터 징수한다. 수입업자가 해당 콩통조림을 소비자에게 5천원에 팔 때에 그는 5,400원을 수령하게 된다. 그중 4백원은 소비세이다. 수입업자는 정기적으로 소비세를 신고납부하는데 판매할 때 징수한 400원에서 수입할 때 세관에 납부한 259원을 차감한 141원을 관할세무서장에게 신고납부하게 된다.

일본에서도 전단계세액공제방식을 취하고 있다. 각 거래단계에서 소비세는 거래징수하도록 하지만 그것에 대한 증빙으로서 법정의 세금계산서를 수수하도록 하는 대신 매출하는 사업자가 비치한 장부에 기장하도록 하고 이를 근거로 세금을 계산하도록 하던 장부방식을 2023년 10월부터는 우리나라처럼 세금계산서(適格請求書) 방식으로 전환하게 되었다. 우리나라는 EC VAT Directive가 규정한 것과 같은 방법대로 세금계산서방식을 채택하고 있다.

〈부가가치의 창출과 부가가치세 과세 – 소비지국과세원칙〉

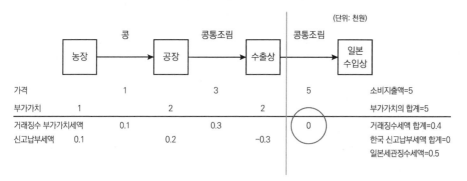

3. 부과주체

우리나라에서는 2010년 1월 부가가치세의 5%를 국세에서 지방소비세로 전환하였다. 이를 위해 부가가치세법에 부가가치세를 그 납부세액에서 감면세액, 공제세액 및 가산세를 차가감한 세액의 95%로 하는 특례조항을 규정하게 되었다(구 부가가치세법 제32조의 6). 현행 법규상으로는 74.7%를 부가가치세로 하고 25.3%를 지방소비세로 한다(부가가치세법 제72조 제1항).

부가가치세와 지방소비세의 신고, 납부, 경정 및 환급은 부가가치세와 지방소비세를 합한 총액으로 한다. 세수 배분 시 지역별로 가중치를 부여함으로써 지방자치단체 간에 재정불균형을 완화하는 보완장치를 마련하였다. 지방소비세를 민간최종소비지출 비중에 따라 배분하되, 지역별로 민간최종소비지출의 반영비율에 차등(권역별 가중치)을 두고 있다.

지방소비세는 지방세법에서도 규율하고 있다(지방세법 제65조부터 제73조). 지방소비세의 과세표준은 부가가치세법에 따른 부가가치세의 납부세액에서 부가가치세법 및 다른 법률에 따라 부가가치세의 감면세액 및 공제세액을 빼고 가산세를 더하여 계산한 세액으로 한다. 지방소비세의 세액은 부가가치세액에 100분의 25.3을 적용하여 계산한 금액으로 하며 이를 세무서장이 관할 지방자치단체에 납입하도록 하고 있다(지방세법 제69조 제2항). 납세의무자로부터 추가적으로 부과징수하는 것이 아니라 각 세무서에서 납세의무자로부터 납입받은 세액을 나누어주는 방식이다(지방세법 제71조).

제 2 절   납세의무자

사업자 또는 재화를 수입하는 자로서 개인, 법인(국가·지방자치단체와 지방자치단체조합), 법인격이 없는 사단·재단 또는 그 밖의 단체는 부가가치세를 납부할 의무가 있다(부가가치세법 제3조).

제 1 항   납세의무자의 종류

• 사업자   사업자는 부가가치세 납세의무를 부담한다. 사업자는 사업 목적이 영리이든 비영리이든 관계없이 사업상 독립적으로 재화 또는 용역을 공급하는 자를 말한다(부가가치세법 제2조 제3호). 사업자인지는 그 자가 영위하는 행위의 실질을 보아 판단한다.

공급은 사업상 하는 것이어야 한다. 이는 부가가치를 창출할 정도의 사업형태를 갖추고 계속적이고 반복적인 의사로 재화 또는 용역을 공급하는 것을 말한다.

사업상 독립적으로 공급하면 되며 영리를 목적으로 하여야 하는 것은 아니기 때문에 비영리법인이 고유목적사업을 위해 공급하는 경우에도 과세대상이 된다. 다만, 종교, 자선, 학술, 구호, 그 밖의 공익을 목적으로 하는 단체 또는 국가, 지방자치단체 또는 지방자치단체조합이 공급하는 재화 또는 용역으로서 대통령령으로 정하는 것은 면세이다(부가가치세법 제26조 제1항 제18호, 제19호).

과세의 대상이 되는 행위 또는 거래의 귀속이 명의일 뿐이고 사실상 귀속되는 자가 따로 있는 경우에는 사실상 귀속되는 자에 대하여 부가가치세법을 적용한다. 사업자등록을 하였는지 또는 실제 거래상대방으로부터 부가가치세를 거래징수하였는지를 불문한다.

부가가치세법상 사업자는 일반과세자와 간이과세자로 구분한다. 간이과세자 이외의 사업자는 일반과세자이다. 간이과세자는 직전 연도의 공급대가의 합계액 이 8천만원에 미달하는 사업자로서, 간편한 절차로 부가가치세를 신고·납부하는 개인사업자이다.

재화 또는 용역의 공급에 따른 납세의무자는, 용역을 예로 들면 계약상 또는 법률상의 모든 원인에 따라 사업상 독립적으로 역무를 제공하는 자 또는 시설물, 권리 등 재화를 사용하게 하는 자이다. 이 요건만 갖추면 납세의무를 부담하게 되고, 실제로 대가를 받는지 등의 사정은 납세의무자의 특정에는 영향을 미치지 않는 것이 원칙이다.

- 재화를 수입하는 자
- 신탁법상 신탁의 경우   수탁자가 위탁자로부터 이전받은 신탁재산을 관리·처분하면서 신탁재산과 관련된 재화 또는 용역을 공급하는 경우 수탁자 자신이 신탁재산에 대한 권리와 의무의 귀속주체로서 계약당사자가 되어 신탁업무를 처리한 것이므로, 이때의 부가가치세 납세의무자는 수탁자로 보아야 한다(부가가치세법 제3조 제2항). 수탁자가 신탁재산별로 각각 별도의 납세의무자가 된다. 수탁자가 둘 이상인 경우 공동수탁자는 연대납세의무를 진다. 수탁자가 납세의무자가 되는 경우에는 위탁자가 제2차납세의무를 진다(부가가치세법 제3조의 2 제1항). 수탁자의 관할세무서장은 제2차 납세의무자인 위탁자로부터 수탁자의 부가가치세 등을 징수하려면 납부고지서를 제2차 납세의무자에게 발급하여야 한다(부가가치세법 제52조의 2).

신탁재산과 관련된 재화 또는 용역을 위탁자 명의로 공급하는 경우, 위탁자가 신탁재산을 실질적으로 지배·통제하는 경우로서 대통령령으로 정하는 경우 또는 그 밖에 신탁의 유형, 신탁설정의 내용, 수탁자의 임무 및 신탁사무 범위 등을 고려하여 대통령령으로 정하는 경우에는 위탁자가 납세의무자가 된다(부가가치세법 제3조 제3항). 위탁자가 납세의무자가 되는 경우 수탁자는 물적 납세의무를 진다 (부가가치세법 제3조의 2 제2항).

제 2 항   사업자등록

사업자등록은 사업장 단위마다 하여야 한다. 부가가치세는 사업장마다 신고
납부하여야 한다. 즉 어떤 부가가치세 납세의무자가 여러 개의 사업장을 가지고
있는 경우에는 자신이 모두 납세의무를 부담하는 것이지만 신고납부는 각 사업장
별로 하여야 한다. 이것은 사업장마다 거래징수하여야 한다는 것을 의미한다. 2개
이상의 사업장을 가지고 있는 사업자가 일정 요건을 충족하여 신청한 경우에는
주된 사업장에서 총괄하여 납부할 수 있다(부가가치세법 제51조). 한편 '사업자단위
과세사업자'인 경우에는 본점 또는 주 사무소에 하나의 사업자등록을 하면 되며,
신고·납부도 일괄로 하면 된다(부가가치세법 제8조 제3항).

사업자등록은 신규로 사업을 개시하는 날부터 20일 이내에 하여야 한다. 사
업자가 휴업 또는 폐업을 하는 경우에는 지체 없이 신고하여야 한다. 폐업을 한
때에는 사업자등록을 말소한다. 사업자등록 여부와 부가가치세납세의무의 성립
여부는 무관하다. 사업자등록은 납세의무를 이행하기 위한 절차에 불과하다. 납세
의무의 확정과 직접적인 관련이 없지만 사업자등록에 관해 세무서장이 행한 처분
에 하자가 있는 경우에는 국세기본법에 의해 불복할 수 있다.

한 사업자가 여러 사업장을 가지고 있는 경우에는 개별 사업장마다 사업자등
록을 하여야 한다(부가가치세법 제8조 제1항). 2008년 12월 26일 부가가치세법 개
정 시 전산시스템 설비를 갖추지 않았거나 본점·주 사무소 관할세무서장의 승인
이 없이도 사업자단위과세사업자제도를 선택할 수 있도록 개정되었다(부가가치세
법 제8조 제3항). 둘 이상의 사업장이 있는 사업자는 사업자단위로 해당 사업자의
본점 또는 주 사무소 관할세무서장에게 사업자등록을 할 수 있게 된 것이다.

수탁자가 납세의무자가 되는 경우 수탁자(공동수탁자가 있는 경우 대표수탁자를
말한다)는 해당 신탁재산을 사업장으로 보아 사업자등록을 신청하여야 한다(부가
가치세법 제8조 제6항).

제 3 절 과세대상

부가가치세는 과세거래에 대하여 부과한다. 부가가치세는 세상의 거래 중 부가가치세법이 과세거래라고 규정한 것에 대해 부과되는 것이다. 부가가치세는 행위에 대해 부과하는 것이기 때문에 대물세(예, 관세)라고 하는 것은 적절하지 않다.

과세거래는 '사업자가 행하는 재화의 공급', '사업자가 행하는 용역의 공급' 및 '재화의 수입'이다(부가가치세법 제4조). '재화'란 재산 가치가 있는 물건 및 권리를 말하며, '용역'이란 재화 외에 재산 가치가 있는 모든 역무(役務)와 그 밖의 행위를 말한다(부가가치세법 제2조 제1호 및 제2호).

부가가치세법은 '재화의 공급' 개념을 정의하고(부가가치세법 제9조 제1항), 그 정의에 부합하지 않는 것이라도 간주하는 의제규정을 두고 있다(부가가치세법 제10조). 그리고 '용역의 공급'에 대해서도 의미를 정의하고(부가가치세법 제11조), 의제조항을 두고 있다(부가가치세법 제12조).

우리나라의 부가가치세제는 소비지과세원칙을 채택하고 있으며 이는 재화의 공급과 용역의 제공거래에 대해 동일하게 유지된다. 위에서 '재화의 공급' 및 '용역의 공급'은 공급자가 국내에 소재하는 경우에 한정된다. 부가가치세는 공급자에게 납세의무를 지우는 것인데 납세의무자가 국내에 있는 경우에만 우리나라의 과세관할권이 미치기 때문이다. 위에서 '재화의 공급'은 '재화의 수출'을 포함한다. 즉 재화의 수출도 과세대상거래이다. 다만, 재화의 수출에 대해서는 영세율이 적용되어 수출자가 수출재화를 공급하기 위해 자재를 매입하면서 부담한 세액을 공제받게 된다. '용역의 공급'은 용역의 국외제공도 포함한다. 즉 용역의 국외제공도 과세대상거래이다. 다만, 용역의 국외제공에 대해서는 영세율이 적용되어 국외제공자가 용역을 국외공급하기 위해 필요로 하는 원자재를 매입하면서 부담한 세액을 공제받게 된다.

우리나라 부가가치세법은 소비지과세원칙을 채택하고 있기 때문에 외국에서 공급하는 재화나 공급받는 용역을 국내에서 소비할 경우 그것에 대해 과세한다. 재화의 수입에 대해서는 국외의 수출자에게 과세관할권이 미치지 않기 때문에 그에게 우리나라 수입자로부터 거래징수하고 신고납부하도록 할 수 없다. 그 의무를 국내의 세관장이 대신 수행한다. 세관장은 수입신고를 받으면서 수입자로부터 세금을 징수하고 이를 관할세무서장에게 납부한다.

용역의 수입에 대해서도 국외에서 용역을 제공하는 자에게 납세의무를 지울 수는 없다. 용역은 국외로부터 제공받으면서 수입신고를 하지 않아 세관장이 개입할 여지가 없다. 따라서 과세대상거래로 규정하고 있지 않다. 그러나 이에 대해서는 용역을 제공받는 자가 자기에게 귀착할 세금을 직접 납부하도록 하는 방법으로 과세한다. 용역을 제공받는 자가 국내의 비사업자일 경우 일일이 그것을 신고납부하도록 하는 방법은 현실성이 떨어지기 때문에 대리납부의 대상에서 배제하고 있다. 과세사업자가 제공받을 경우에는 어차피 추후 그 세액을 공제받을 것이기 때문에 대리납부의 대상에서 배제하고 있다.

제 1 항   과세거래

부가가치세법상 과세대상거래는 사업자가 행하는 재화의 공급, 사업자가 행하는 용역의 공급 및 재화의 수입이다. 재화의 공급 또는 용역의 공급이라고 하더라도 사업자가 국내에서 행하는 것이어야만 과세의 대상이 된다. 국내에서 행하지만 그것이 국외에 반출되거나 국외에서 사용되는 경우도 과세의 대상이 된다. 이는 영세율로 취급될 수 있다.

재화의 수입은 국내에서 사업자가 행하는 공급행위에 의한 것이라는 요건을 필요로 하지 않는다. 실질적으로 과세대상으로 규정된 것으로 이해할 수 있는 용역의 수입의 경우에도 동일하다(대법원 2022. 7. 28. 선고 2019두35282 판결 참조). 재화 또는 용역의 소비지국에서 과세하는 원칙에 따른 것으로 보아야 할 것이다.

일정한 거래는 영세율 또는 면세로 취급된다. 개별 거래가 위 과세대상 중 어디에 속하는가에 따라 부가가치세법상 효과가 달라진다. 어떤 거래들은 내용물이 다른 여러 가지가 하나로 묶여 동시에 이루어지게 되기도 한다. 이때 주된 재화 또는 용역의 공급에 부수되어 공급되는 것으로서 공급시 통상적으로 부수되어 공급되거나 대가를 받을 때 통상적으로 포함되는 것은 주된 재화 또는 용역의 공급에 포함되는 것으로 본다(부가가치세법 제14조 제1항). 여기서 '부수'는 대상 재화나 용역에 부수하는 것이라기보다는 대상 재화의 공급이나 용역의 제공에 부수하는 것을 의미한다(대법원 2022. 4. 14. 선고 2018두62058 판결).

1. 사업자가 행하는 재화의 공급

가. 재 화

부가가치세법상 '재화'는 세법상 고유하게 설정된 포괄적 개념이다. '재화'란 재산 가치가 있는 물건 및 권리를 말한다. 물건과 권리의 범위에 관하여 필요한 사항은 대통령령으로 정한다(부가가치세법 제2조 제1호). '물건'과 '권리'도 고유개념이다.

재산 가치라 함은 시장에서 가치를 인정받을 수 있는 가치로서 사용가치라기보다는 교환가치를 의미하는 것으로 이해하여야 한다. 이는 부가가치세법상 '시가'의 개념이 활용되고 있는 데서도 알 수 있다.

'물건'은 상품, 제품, 원료, 기계, 건물 등 모든 '유체물(有體物)'과 전기, 가스, 열 등 관리할 수 있는 '자연력'을 말한다. '권리'는 광업권, 특허권, 저작권 등 제1항에 따른 물건 외에 재산적 가치가 있는 모든 것을 말한다(부가가치세법시행령 제2조). 결과적으로 모든 물건과 권리의 거래에 대해 부가가치세가 부과된다고 볼 수 있다. '재산가치가 있는'의 수식어는 불필요한 것이다. 시가가 0인 것은 과세대상으로 한다 하여도 과세표준이 0이므로 의미가 없기 때문이다.

이와 같이 부가가치세법이 재화의 범주를 매우 포괄적으로 규정하고 있음에도 불구하고 부가가치세법에서 개별적으로 비과세나 면세라고 열거하지 않은 것을 과세대상에서 배제하는 사례가 있다. 예를 들면, '수표'·'어음'은 유체물이지만 그것의 공급은 과세대상이 아니다. 화폐대용증권이기 때문이다. 재화나 용역의 대가로서 지급하는 것까지 과세한다면 하나의 거래에 대해 두 번 과세하는 격이 된다. 갑이 을에게 재화를 공급하는 대가로 을이 갑에게 용역을 공급하면 어떻게 하여야 하는가? 각각 부가가치세를 거래징수해야 한다. 이는 각각 부가가치를 창출하는 활동을 하였기 때문이다. 유체물의 거래이지만 부가가치세과세대상이 되지 않는 것이 있을까? 원래 부가가치를 창출하는 수단이 아니라 단순히 축적된 자본의 상징물을 거래한다면 부가가치세를 과세할 수 없을 것이다. 예를 들어, '출자지분'의 거래는 과세대상이 아니다. 주권의 양도는 증권거래세의 과세대상이 된다 (증권거래세법 제2조). 그런데 부가가치세법은 재화의 공급을 과세대상으로 규정하면서 부가가치의 창출에 기여하는 것의 요건을 명시하고 있지는 않다. 부가가치세법 도입의 취지에 따라 해석할 수도 있겠지만 입법으로 보완될 사항이다.

'금'이 부가가치를 창출하는 재화인가? 자본은 화폐 등가물의 형태로 있을 수도 있겠다. 예를 들면, 금이 그것이다. 금은 생산된 재화인가? 동전이나 지폐도 생산의 과정을 거치지만 화폐로서 재화나 용역의 거래수단이다. 금은 그와 같은 수단이 될 수도 있지만 그 자체가 거래의 대상이 되기도 한다. 그렇다면 신권 화폐가 교환의 대상이 되는 것과 다를 바 없는 것인가? 그렇다고만 볼 수는 없다. 금은 투자자산의 역할을 하고 있다. 이는 마치 화폐가 투기적 수요에 의해 취득되는 것과 다를 바 없는 것이다. 오늘날 금은 주로 투자자산의 역할을 한다고 보아야 한다. 투자자산의 거래에 대해서는 부가가치세가 부과되지 않는다. 왜냐하면 그 자체가 국민경제체제 내에서 부가가치를 창출하는 것은 아니기 때문이다. 약간의 예외는 있을 수 있다. 금이 가공되는 제품의 원부재료가 될 때 그것은 투자자산으로서의 역할을 하지는 못할 것이다. 부가가치세 세수 목적상으로는 그렇다고 하여 원부재료로 활용될 금에 대해 바로 과세할 필요는 없다. 최종 제품에 대해 부가가치세를 부과하면 될 것이기 때문이다. 중간 단계에서 면세로 유통되더라도 최종 제품단계에 가서 과세된다면 국민경제 전체적으로는 부족한 점이 없을 것이다. 가공되지 않고 금고에 들어갈 용도의 금이었다면 투자자산으로서 부가가치세의 과세대상이 아니라고 보아야 한다. 결론적으로 금 자체에 대해서는 부가가치세를 과세하지 않으면 안 될 당위성은 없다.

'영업권'은 물건인가 권리인가? 대법원 2014. 1. 16. 선고 2013두18827 판결에서 갑 주식회사가 사업에 사용하던 토지와 건물을 제외하고 을 주식회사에 파이프형강 및 철강재 제조사업에 관한 인적·물적 설비와 사업과 직접 관련되는 일체의 권리·의무를 양도하면서 부가가치세 비과세대상인 사업의 포괄적 양도로 보아 부가가치세 신고를 하지 않았다. 사업에 사용하던 토지 및 건물은 임차하여 사용하고 사업의 영업권을 평가하여 사업을 양도·양수한 것이었다. 과세관청이 이를 재화의 공급으로 보아 갑 회사에 부가가치세 부과처분을 한 사안에서, 법원은 갑 회사와 을 회사는 영업권을 양도대상으로 삼아 양도대금을 정하였고 이는 재산적 가치가 있는 무체물에 해당하므로, 위 영업권은 구 부가가치세법에서 정한 '재화'에 해당한다고 보았다. 사업의 포괄적 양도가 아닌 단순한 재화의 공급으로 본 것이다.

나. 재화의 공급

(1) 소유권이전 목적의 재화의 인도 또는 양도

재화와 관련하여 부가가치세가 과세되는 거래는 소유권의 이전을 수반하는 재화의 인도 또는 양도이다.

'재화의 공급'은 계약상 또는 법률상의 모든 원인에 따라 재화를 인도(引渡)하거나 양도(讓渡)하는 것을 말한다(부가가치세법 제9조 제1항). '계약상 또는 법률상의 모든 원인'이라 함은 사적 자치에 의해서건 법적인 강제에 의해서건 재화를 공급하는 이유에 대해서는 묻지 않는다는 의미이다. '양도'는 대가를 받고 소유권을 이전하는 것에 한정하는 반면 '인도'는 그 경위에 불구하고 점유권을 이전하는 것을 의미한다. 그런데 종국적으로 소유권의 이전이 전제되지 않은 단순한 점유권의 이전을 '재화의 공급'으로 볼 수는 없는 일이다. 그 점에서 이 조문은 정확성을 결여한다. 양도를 하기 전이지만 이전한 경우 부가가치세를 과세하도록 하기 위함이었다면 부가가치세의 거래징수시기를 그렇게 규정하면 될 일이었다.

부가가치세법시행령은 '재화의 공급'은 다음의 다섯 가지라고 규정하고 있다(부가가치세법시행령 제18조 제1항). 제4호에서 "…그 밖의 계약상 또는 법률상의 원인에 따라 재화를 인도하거나 양도하는 것"이라고 하여 제1호부터 제4호의 규정이 예시적인 내용을 담고 있음을 나타내고 있다. 부가가치세법시행령은 재화의 공급범위를 예시규정을 통해 범주를 설정하고 있는 반면 용역의 공급범위는 간주규정을 통해 설정하고 있다(부가가치세법시행령 제25조). 그러나 각각의 내용을 살펴보면 예시하는 것과 간주하는 것이 혼재되어 있다.

1. 현금판매, 외상판매, 할부판매, 장기할부판매, 조건부 및 기한부 판매, 위탁
   판매와 그 밖의 매매계약에 따라 재화를 인도하거나 양도하는 것
2. 자기가 주요자재의 전부 또는 일부를 부담하고 상대방으로부터 인도받은 재화
   를 가공하여 새로운 재화를 만드는 가공계약에 따라 재화를 인도하는 것
3. 재화의 인도 대가로서 다른 재화를 인도받거나 용역을 제공받는 교환계약에
   따라 재화를 인도하거나 양도하는 것
4. 경매, 수용, 현물출자와 그 밖의 계약상 또는 법률상의 원인에 따라 재화를 인
   도하거나 양도하는 것
5. 국내로부터 보세구역에 있는 창고에 임치된 임치물을 국내로 다시 반입하
   는 것

(2) 재화의 공급으로 보지 않는 것

(가) 소유권이전 목적 이외의 명의의 변경

담보 목적의 소유권 명의이전은 재화의 공급으로 볼 수 없을 것이다. 질권, 저당권 또는 양도담보의 목적으로 동산, 부동산 및 부동산상의 권리를 제공하는 것은 재화의 공급으로 보지 않는다(부가가치세법 제10조 제9항 제1호 및 부가가치세법시행령 제22조).

(나) 사업양도를 위한 재화의 이전

사업을 포괄적으로 양도하는 방법으로 재화의 소유권을 이전하는 경우에는 재화의 공급으로 보지 않는다. 사업의 동일성을 유지하면서 경영의 주체만 교체되는 경우 그 사업에 귀속하는 재화의 부가가치세법 관련 속성을 그 사업의 인수자가 그대로 인수할 수 있도록 하기 위함이다(부가가치세법 제10조 제9항 제2호, 부가가치세법시행령 제23조). 여기서 사업양도의 개념에는 적격분할, 사업의 포괄적 현물출자가 포함된다.

부가가치세법 제10조 제9항 제2호의 규정은 임의적 조항으로서 사업의 양도자가 부가가치세를 거래징수하고 신고납부한 경우에는 사업의 양수인은 그 세액을 공제받을 수 있다(동호 단서 참조). 포괄양수도를 하면서 양수자가 양도자를 대리하여 신고·납부를 선택한 경우 양수자에게 매입세액 공제를 허용한다(부가가치세법 제38조 제1항 제1호).

이 규정은 시간적으로 보아 명의가 변경되었지만 동일성이 유지되는 경우에는 부가가치세법상 거래로 보지 않는 규정이다. 명의가 변경되었지만 그 명의의 주체가 보다 큰 기업그룹의 구성원이기 때문에 해당 재화가 기업그룹 내에 있다는 점에서 동일하다면 굳이 거래로 인식할 필요가 있는가? 더욱이 양도인이 재화를 보유하고 있던 기간 동안 부가가치를 덧붙이지 않은 경우라면 양도인이 보유하고 있던 부가가치세법상의 특성을 그대로 유지하도록 하는 것이 타당하지 않을까?

(다) 조세를 물납하는 경우

사업용 자산을 상증세법, 지방세법 및 종합부동산세법에 따라 물납할 경우에는 재화의 공급으로 보지 않는다(부가가치세법 제10조 제9항 제3호). 양도소득세도 물납이 가능하지만 공공용지 보상채권으로 납부할 수 있는 것에 불과하므로 재화의 공급으로 볼 대상이 없다. 다른 세목의 조세에 대해서는 물납이 불가능하다.

(라) 신탁재산의 소유권 이전

신탁재산의 소유권 이전으로서 위탁자로부터 수탁자에게 신탁재산을 이전하는 경우, 신탁의 종료로 인하여 수탁자로부터 위탁자에게 신탁재산을 이전하는 경우 또는 수탁자가 변경되어 새로운 수탁자에게 신탁재산을 이전하는 경우에는 재화의 공급으로 보지 않는다(부가가치세법 제10조 제9항 제4호).

(3) 공급 간주

(가) 사업장 간 이동

한 사업자의 2 이상의 사업장 간 재화 이동은 인도로서 재화의 공급으로 본다. 이는 말 그대로 간주하는 규정에 불과하다(부가가치세법 제10조 제3항). 이 경우 세금계산서의 교부의무는 면제된다.

(나) 자기의 사업을 위한 직접적 사용·소비

사업자가 자기 사업과 관련하여 생산하거나 취득한 재화를 자기 사업을 위하여 직접 사용·소비하는 것도 일정한 경우에는 재화의 공급으로 간주한다(부가가치세법 제10조 제1항 및 제2항). 이 경우 세금계산서의 교부의무는 면제된다.

재화의 공급은 양도를 그 요건으로 하는 것이며 양도는 권리 주체 간의 거래를 통해 이루어지는 것이다. 따라서 재화의 공급이 되기 위해서는 서로 다른 권리

주체 간 거래일 것을 필요로 한다. 그런데 자기의 사업을 위하여 직접 사용·소비하는 경우 공급한 것으로 보는 것은 부가가치세가 최종적으로 사용·소비되는 단계에서 과세되는 것인데 타인에게 공급하기 위하여 준비한 상품을 자기가 사용한다면 마치 자기가 타인으로부터 구입한 것과 같이 부가가치세를 부담하도록 하는 것이 부가가치세의 중립성을 지키도록 할 수 있기 때문이다.

자기가 생산하거나 취득한 재화를 다른 과세사업을 위하여 사용한 경우에는 그것을 굳이 공급으로 볼 필요가 있을까? 예를 들면, 중간재(work in product)의 경우 판매할 수도 있고 그것을 재료로 하여 완제품을 생산할 수도 있다. 완제품생산단계로 넘어가는 과정을 재화의 공급으로 볼 필요는 없는 것이다. 중간단계를 생략한다 하더라도 그 사업자가 최종적으로 내야 할 세금에는 영향이 없을 것이기도 하다. 따라서 재화의 공급으로 보지 않는다.

자기의 과세사업에서 생산한 중간재를 다른 생산라인의 면세사업 또는 비과세사업('면세사업등')에 사용하는 경우에는 재화의 공급으로 볼 필요가 있다. 면세사업등을 위해 다른 자로부터 과세재화를 공급받을 때 매입세액공제를 받지 못할 것을 감안한다면 과세의 중립성을 고려할 때 공급하는 것으로 볼 필요가 있다고 할 수 있다. 부가가치세법은 이런 경우에만 과세하는 입장을 취하고 있다(부가가치세법 제10조 제1항). 결과적으로 자기의 면세사업등을 위하여 소비한 경우에만 재화의 공급으로 보는 것이다.

'동업자와의 과세형평' 부분에서 그 동업자는 동일한 재화나 용역을 공급하는 자일 것이다. 그런데 어떤 사업자가 과세사업을 통해 생산한 재화나 용역을 자신의 면세사업을 위해 사용한 경우 해당 과세재화나 용역이 과세할 수 있을 정도로 식별가능한 단계는 언제인가? 면세사업이 과세사업을 포괄하고 있다고 볼 수는 없는가? 굳이 과세사업에서 면세사업으로 '공급'하였다고 간주하는 것의 실익은 과세사업을 위해 취득하거나 생산할 당시 원부재료에 대해 부담한 세액을 과세사업에서의 매입세액으로 공제한 것에 불과하다. 만약 자가공급간주제도가 없다면 면세사업에 사용할 것을 목적으로 하면서도 마치 과세사업에서 사용할 것처럼 하여 매입세액공제를 받고 면세사업으로 전용하는 탈세행위가 나타날 수 있을 것이다. 이는 구분경리를 철저히 감독하는 방법으로 막는 것이 타당할 것이다.

경제적 동일체라고 볼 수 있는 기업그룹 안의 회사에서 과세사업을 하는 사업자가 생산한 재화나 용역을 면세사업을 하는 사업자에게 공급하는 경우 그것은 재화나 용역의 공급이 된다. 그러한 경우에도 상당수의 유럽국가는 그룹 내 공급을 공급범주에서 배제하는 제도를 두고 있는 것이다. 실제 두 개의 사업자가 하나의 사업체 부서로 통합되어 있는 경우라면 부가가치세법상 '공급'으로 인식할 수 있을까?

EC VAT Directive상 자가공급 조항을 비교할 수 있다. 그 제18조와 제27조는 다음과 같이 규정하고 있다.

[제18조] 회원국은 사업자가 자신의 사업과정에서 생산, 건설, 추출, 가공, 구매 또는 수입된 재화를 그 사업을 위하여 활용하고자 하는데 만약 그 재화를 다른 자로부터 취득하였다면 부가가치세를 전부 공제받지는 못하였을 경우라면 재화의 공급으로 취급할 수 있다. 회원국은 사업자가 재화를 취득하거나 활용할 당시에 부가가치세의 전부 혹은 일부를 공제받을 수 있었던 재화를 자기의 면세사업을 위하여 사용하는 경우에는 재화의 공급으로 취급할 수 있다.

[제27조] 회원국은 사업자가 자기 자신의 사업을 위하여 용역을 공급하는데 만약 그 용역을 다른 사업자로부터 공급받고 그 용역에 대한 부가가치세액을 전부는 공제받지 못했을 경우라면 VAT 위원회와의 협의를 거쳐 경쟁의 왜곡을 막기 위한 목적으로 그것을 용역의 공급으로 취급할 수 있다.

이에 따라 부가가치세법시행령은 공급간주하는 자가공급의 범위를 사업자가 자기의 과세사업과 관련하여 생산하거나 취득한 자기생산·취득재화를 자기의 면세사업등을 위하여 직접 사용하거나 소비하는 경우와(부가가치세법 제10조 제1항), 자기생산·취득재화를 매입세액이 공제되지 않는 면세사업등을 위해 사용하는 경우처럼 매입세액이 매출세액에서 공제되지 않는 자동차로 사용 또는 소비하거나 그 자동차의 유지를 위하여 사용 또는 소비하는 경우 등으로 한정하고 있다(부가가치세법 제10조 제2항).

(다) 자기의 사업과 직접 관계없는 사용·소비

• 자기가 실제 사용·소비　　사업자가 자기의 사업과 관련하여 생산하거나 취득한 재화를 사업과 직접 관계없이 자기나 그 사용인의 개인적인 목적 또는 기타의 목적으로 사용·소비하는 경우에는 재화의 공급으로 본다(부가가치세법 제10

조 제4항). 이 경우 세금계산서의 교부의무는 면제된다.

대가를 받지 않거나 시가보다 낮은 대가를 받는 것에 한정한다. 다만, 사업자가 생산하거나 취득할 당시 매입세액이 공제되지 않은 것은 그것을 개인적으로 사용하였다고 하더라도 재화의 공급으로 보지 않는다. 개인적인 사용을 공급으로 보는 규정은 사업에 활용할 것이라고 하여 매입세액공제를 받았지만 실제는 개인적으로 최종적인 소비를 한 경우에 대해 원래의 경제적 실질대로 최종적인 소비를 한 것으로 보아 과세하기 위함이다. 그렇다면 취득할 당시 매입세액을 최종적으로 부담한 것을 내부적으로 다른 용도에 활용하였다고 하여 과세할 일은 아니기 때문이다.

자가공급의 경우와 마찬가지로 개인적 공급의 경우 보유하고 있는 동안 스스로 부가가치를 증가시킨 부분에 대해 부가가치세를 과세하는 것이 타당한지에 대해 의문을 제기해 볼 수 있다. 과세를 배제하는 것이 타당할 것이다. 자기가 스스로 창출한 부가가치를 향유하는 것에 대해서까지 타인으로부터 구입하였다면 부가가치세가 과세되었을 것이라는 이유로 과세한다는 것은 타당하지 않다. 소득과세상으로도 이른바 간주소득(imputed income)의 과세가 논의되고 일부 국가에서 시행되고 있지만 우리나라에서는 시행되지 않고 있는 점을 참고할 필요가 있다. 이런 점에서 자가공급 및 개인적 공급에 대해 공급 당시의 시가로 하도록 한 점은 타당하지 않다(부가가치세법 제29조 제3항 제4호).

• 타인에 대한 사업상 증여   사업자가 사업과 관련하여 생산하거나 취득한 재화를 자기의 고객이나 불특정 다수인에게 증여하는 경우에는 공급으로 간주한다. 이에 따라 증여하는 재화의 가액은 주된 거래의 대상이 되는 재화의 공급가액에 포함된 것이 아니라 별개의 가액으로 존재하는 것으로 보아 과세하게 되는 것이다(부가가치세법 제10조 제5항). 그때 가액은 증여하는 시점의 시가이다(부가가치세법시행령 제50조 제2항). 이 경우 세금계산서의 교부의무는 면제된다.

사업상 증여의 경우도 그 증여하는 재화를 취득할 당시 부담했던 매입세액을 해당 사업자가 공제받지 않은 경우, 즉 그가 소비자인 것처럼 부가가치세를 최종적으로 부담한 경우에는 재화의 공급으로 보지 않는다. 그리고 견본품도 재화의 공급으로 보지 않는다. 이 조문은 부가가치세법상 타인에게 재화를 인도하되 소유권이 이전하는 것은 당연히 과세대상이 됨에도 불구하고 이러한 원칙을 다시

한번 확인시키는 규정이다. 확인하는 규정임에도 불구하고 마치 간주하는 규정처럼 "… 재화의 공급으로 본다."는 표현을 사용하고 있는 것은 적절하지 않다. 대가를 지급받지 않고 공급하는 것이기 때문에 과세표준을 어떻게 설정하여야 하는가가 문제 될 뿐이다. 인도 당시의 시가로 산정하게 되어 있다.

　구 부가가치세법시행령상으로는 사업상 증여를 하는 사업자가 취득할 당시 매입세액을 공제받지 않은 것은 재화의 공급으로 보지 않도록 하는 규정을 두고 있었다(구 부가가치세법시행령 제16조 제2항). 그런데 현행 부가가치세법령은 사업상 증여를 위해 취득한 재화에 대해서는 매입세액공제를 하지 않고, 그것을 증여한 것에 대해서는 매출세액을 거래징수하도록 하고 있다(부가가치세법시행령 제20조, 제77조 및 제79조).

　(라) 폐업할 때의 잔존재화

　사업자가 사업을 폐지하는 때에 잔존하는 재화는 자기에게 공급하는 것으로 간주한다(부가가치세법 제10조 제6항). 이 경우 세금계산서의 교부의무는 면제된다. 이때에도 그 사업자가 취득할 당시 매입세액을 공제하지 않은 것은 자기에게 공급한 것으로 간주하지 않는다. 그 당시 최종 소비한 것으로 보기 때문이다. 이때 매입세액을 공제받도록 하면 될 일이었다.

　(마) 신탁재산의 위탁자의 지위의 이전

　신탁법에 따라 위탁자의 지위가 이전되는 경우에는 기존 위탁자가 새로운 위탁자에게 신탁재산을 공급한 것으로 본다. 다만, 신탁재산에 대한 실질적인 소유권의 변동이 있다고 보기 어려운 경우로서 대통령령으로 정하는 경우에는 신탁재산의 공급으로 보지 아니한다(부가가치세법 제10조 제8항).

　(바) 과세표준의 산정

　사업장간 이동의 경우 부가가치세 과세표준은 해당 재화의 취득가액 등을 기준으로 대통령령으로 정하는 가액으로 한다(부가가치세법시행령 제60조 제1항). 폐업하는 경우에는 폐업 시 남아 있는 재화의 시가로 과세표준을 계산하고, 자기의 사업을 위하여 직접 사용·소비하는 경우와 자기의 사업과 직접 관계 없이 사용·소비하는 경우에는 자기가 공급한 재화 또는 용역의 시가로 과세표준을 계산한다(부가가치세법 제29조 제3항).

다. 재화의 공급시기

부가가치세법은 재화의 공급시기에 대해 재화의 이동이 필요한 경우에는 재화가 인도되는 때를 공급하는 시기로 보고, 이동이 필요하지 않은 경우에는 재화가 이용 가능하게 된 때를 공급하는 시기로 보며, 이 두 경우에 해당하지 않으면 재화의 공급이 확정되는 때로 한다고 규정하고 있다(부가가치세법 제15조 제1항).

(1) 기본원칙

(가) 인 도

부가가치세법이 재화의 공급시기를 규정하는 것은 그때에 공급자가 부가가치세를 거래징수하도록 하고 있기 때문이다(부가가치세법 제31조 및 제32조). 거래는 통상 양방향으로 이루어지는데 하나는 거래의 목적물이고 다른 하나는 그 대가이다. 그것이 동시에 물물교환식으로 주고받게 되는 경우도 있지만 그렇지 않은 경우도 많다. 이는 특히 대가의 지급이 바로 이루어지지 않기 때문이다. 그 경우에는 대가의 지급은 공급시기에 원칙적으로 영향을 주지 않으며 거래 목적물의 인도시기가 기준이 된다. 그런데 목적물의 인도방법에는 여러 가지가 있다. 민법상으로도 간이인도, 점유개정 및 반환청구권의 양도와 같은 현실적으로 인도한 것과 같은 효과가 있는 대체적인 방법들이 존재한다. 이러한 경우에는 물리적으로 인도를 할 필요는 없지만 당사자 간 인도가 있었던 것으로 보자는 합의가 있는 것이다.

부가가치세법은 이와 같은 방식의 인도의 경우 재화 공급시기를 언제로 볼 것인지에 대해 직접적인 규정이 없다. 간이인도의 경우 의사표시만으로 동산양도의 효력이 발생한다(민법 제188조 제2항). 부가가치세법은 재화의 공급시기에 대해 재화의 이동이 필요한 경우에는 재화가 인도되는 때를 공급하는 시기로 보고 필요하지 않은 때에는 재화가 이용 가능하게 된 때를 공급하는 시기로 보며, 이 두 경우에 해당하지 않을 때에는 재화의 공급이 확정되는 때로 한다고 규정하고 있다. 간이인도방식에 의한 동산의 양도라 하더라도 매매계약에 의해 매수자에게 목적물인도청구권이 발생하는 것, 즉 공급이 확정되는 것은 의사의 합치가 이루어진 때이다. 간이인도의 의사표시가 있었던 시점에 공급이 있었던 것으로 보아야 할 것이다.

(나) 이용 가능

부가가치세법시행령은 여러 가능한 상황에 대해 공급시기를 규정하고 있다. 목적물을 인도하거나 인도하지 않았다 하더라도 이용가능하게 된 때의 원칙을 다시 확인하고 있다(부가가치세법시행령 제28조). 그리고 조건이나 기한을 설정한 경우에는 조건이나 기한이 충족되어 공급이 확정된 때로 하여 인도, 이용 가능 이외에 공급확정의 기준을 예시하고 있다. 그런데 장기할부판매의 경우에는 대가의 각 부분을 받기로 한 때로 하여 대가의 지급시기를 활용하는 예외를 규정하고 있다. 이는 부가가치세법에서 사업자가 재화의 공급 이전에 대가의 전부 또는 일부를 지급받고 그 받은 부분에 대하여 세금계산서를 교부한 경우에는 그 교부한 때를 각각 공급한 때로 본다는 의제규정(부가가치세법 제17조 제1항)의 정신을 살린 것이다.

(다) 위탁판매·대리

위탁판매의 경우 위탁자가 공급하는 것으로 부가가치세 납세의무를 가리지만 공급시기는 사실행위인 공급의 성격상 수탁자가 실제 공급하는 시기로 한다. 대리의 경우에도 동일하다(부가가치세법시행령 제28조 제10항).

(2) 공급시기(선발행세금계산서)의 특례

사업자가 위의 기본원칙 공급시기가 되기 전에 재화 또는 용역에 대한 대가의 전부 또는 일부를 받고, 이와 동시에 그 받은 대가에 대하여 세금계산서 또는 영수증을 발급하면 그 세금계산서 등을 발급하는 때를 각각 그 공급시기로 본다.

사업자가 위의 기본원칙 공급시기가 되기 전에 세금계산서를 발급하고 그 세금계산서 발급일부터 7일 이내에 대가를 받으면 해당 세금계산서를 발급한 때를 공급시기로 본다. 다만, 대가를 지급하는 사업자가 아래 요건을 모두 충족하는 경우에는 공급하는 사업자가 그 기본원칙 공급시기가 되기 전에 세금계산서를 발급하고 그 세금계산서 발급일부터 7일이 지난 후 대가를 받더라도 해당 세금계산서를 발급한 때를 재화 또는 용역의 공급시기로 본다.

1. 거래 당사자 간의 계약서·약정서 등에 대금 청구시기와 지급시기를 따로 적을 것

2. 대금 청구시기와 지급시기 사이의 기간이 30일 이내이거나 세금계산서 발급일이 속하는 과세기간에 세금계산서에 적힌 대금을 지급받은 것이 확인되는 경우일 것

사업자가 할부로 공급하는 경우 등으로서 장기할부 등 대통령령으로 정하는 경우의 공급시기가 되기 전에 세금계산서 또는 영수증을 발급하는 경우에는 그 발급한 때를 각각 그 공급시기로 본다.

라. 재화의 공급장소

부가가치세법은 재화의 이동이 시작되는 장소 또는 재화가 공급되는 시기에 재화가 소재하는 장소를 공급장소로 규정하고 있다(부가가치세법 제19조 제1항). 전자는 재화의 이동이 필요한 경우에 해당하며 후자는 그렇지 않은 경우에 해당되는 규정이다.

재화의 공급장소는 과세관할권의 설정상 매우 중요한 개념이다. 그런데 부가가치세법은 어디에서도 우리나라의 과세관할권에 대해 규정하고 있지 않다. 단지 과세대상으로서 재화의 공급, 용역의 공급 및 재화의 수입을 규정하고 있다.

납세의무가 있는 사업자가 재화를 공급하는 것은 모두 과세대상인가? 공급받는 자가 국외에 소재할 때 수출로 보고 영세율을 적용하는 것을 감안한다면 공급받는 자가 어디에 있는가를 과세대상 판정 여부에 고려하지 않고 있다고 볼 수도 있다.

2. 사업자가 행하는 용역의 공급

가. 용 역

'용역'이라 함은 재화 외에 재산 가치가 있는 모든 역무(役務)와 그 밖의 행위를 말한다(부가가치세법 제2조 제2호). '용역의 공급'이라 함은 계약상 또는 법률상의 모든 원인에 따른 것으로서 역무를 제공하는 것이거나 시설물, 권리 등 재화를 사용하게 하는 것을 의미한다.

나. 용역의 공급

(1) 기본개념

(가) 역무의 제공

계약상 또는 법률상의 원인에 의하여 역무를 제공하는 것이라면 모두 용역의 공급에 해당한다. 사적 자치에 의해서건 법적인 강제에 의해서건 역무를 제공하는 이유에 대해서는 묻지 않는다는 의미이다. 사실상 기여하는 것은 역무의 제공으로 볼 수 있는가? 상증세법상 타인이 개발사업의 시행, 형질변경, 공유물분할, 사업의 인허가, 주식·출자지분의 상장 및 합병 등의 방법으로 자신의 재산가치가 증대하는 데 기여한 경우에는 증여로 보게 되어 있다. 부가가치세법상 재화의 사업상 증여는 재화의 공급으로 보는 간주규정이 있다. 그렇다면 사실상 기여의 경우 역무의 제공으로 볼 수 있지 않을까? 역무의 제공범위에 대한 규정을 정비할 필요가 있다.

(나) 시설물, 권리 등 재화를 사용하게 하는 것

자신이 보유하는 물건을 사용하게 하는 것도 용역의 범주에 포함된다(부가가치세법 제11조 제1항). 물건 임대계약의 구체적인 내용에 따라 재화의 공급인지 용역의 공급인지를 구별하여야 할 경우가 있다.

• 리 스   기업회계상 리스를 운용리스와 금융리스로 구분한다. 이러한 구분을 법인세법에서 수용하고 있지만 그 구체적인 구분기준은 상이하다.

외양상 소유권이 여전히 리스제공자에게 있는 것으로 보이지만 금융리스는 운용리스와 달리 실질적으로 리스재산의 소유권에 따르는 이익과 위험이 모두 리스이용자에게 이전되어 있는 점을 감안하여 기업회계상 리스이용자의 소유로 보아 처리하는 것이다.

부가가치세과세상으로는 운용리스를 위해 재화를 인도받은 경우 그것은 재화를 공급받은 것으로 보지 않게 된다. 리스료는 임대료가 되어 납부할 때마다 용역을 공급받는 것으로 보게 된다. 금융리스를 위해 재화를 인도받은 경우에는 재화를 공급받은 것으로 보게 된다. 리스료는 원본과 이자로 구성되므로 리스료의 납입 시에는 용역의 공급을 받은 것으로 보지는 않는다. 이와 같이 중요한 차이가 있는 각 리스의 구분기준으로서 부가가치세법은 아무것도 설정하고 있지 않다.

이에는 다음과 같은 이유가 있다.

부가가치세법시행령은 사업자가 시설대여업자로부터 시설을 임차하고 당해 시설을 공급자 또는 세관장으로부터 직접 인도받은 경우에는 당해 사업자가 공급자로부터 재화를 직접 공급받거나 외국으로부터 재화를 직접 수입한 것으로 간주한다고 규정하고 있다(부가가치세법시행령 제28조 제11항). 이 내용이 재화의 공급시기에 관한 부분에 규정되어 있는 것은 부적절하다. 이에 관한 논의는 차치하고 규정이 도입되게 된 배경을 논한다면 다음과 같다. 이는 시설대여업자, 즉 리스회사는 금융업자로서 그가 제공하는 역무는 면세이다.

따라서 금융리스의 경우 리스회사가 제공하는 시설은 과세이면서 지급받는 리스료는 면세이다. 리스회사가 시설을 구입할 때 납부한 세액은 리스이용자에게 시설을 제공하면서 공제받을 수 있다.

그런데 운용리스의 경우 리스회사가 시설을 인도하는 것은 부가가치세법상 거래로 보지 않는다. 뒤에 받는 리스료는 면세이다. 이 경우 리스회사는 시설을 매입할 때 거래징수당한 부가가치세를 공제받지 못하는 결과가 된다. 리스이용자가 실질적으로 보아 최종적인 사용자로서 세금을 부담하여야 하는 것을 리스회사가 마치 최종적인 소비자가 된 것과 같이 부담하게 된 것이다. 그런데 리스이용자가 사업자인 경우에는 그가 세금을 부담하더라도 결국 매입세액공제를 받을 수 있을 것이다. 만약 운용리스를 금융리스와 같이 본다면 리스회사의 세금부담은 줄어들게 되어 있다. 이러한 경영애로를 해소하여 주기 위해 부가가치세법시행령은 운용리스·금융리스의 구분 없이 리스이용자가 직접 시설을 인도받은 경우에는 그가 거래징수당하고 매입세액공제도 받을 수 있도록 한 것이다. 사실상 부가가치세법상으로는 금융리스와 운용리스의 구분이 없어진 셈이다.

한편, sale and leaseback에 있어서 기계장치 및 설비 등의 매각 부분은 재화의 공급에 해당하며, 기계장치 및 설비 등의 임대 부분은 용역의 공급에 해당하게 된다.

• 권리의 사용　　조광권은 권리로서 무체물에 해당한다. 무체물의 양도는 재화의 공급으로 본다. 그러나 무체물을 사용하게 하는 것은 용역의 공급으로 본다.

사용권을 취득하면 용역을 공급받는 것이 된다. 구 부가가치세법상 사용권을 취득하고 시설물을 기부채납하는 거래에 대한 다수 판례는 기부채납하는 자는 건설용역을 제공하되 그 대가로서 무상임대용역을 제공받은 것으로 보았다. 즉 단일의 거래로서 용역의 제공으로 보았다.

　그러나 현행 부가가치세법상으로는 사용권을 취득하고 시설물을 기부채납하는 것은 재화의 공급으로 본다. 재화무상사용을 조건으로 기부채납하는 경우 경제적으로 보면 이른바 sale and leaseback과 같은 구조가 된다. 이렇게 본다면 기부채납을 하는 자는 재화를 공급한 것이 되고 기부채납을 받는 자는 용역을 공급하는 것이 된다. 재화의 공급은 인도하는 때에 부가가치세가 과세되고 용역의 공급은 역무의 제공이 완료되는 때에 과세된다. 기부채납하는 자는 국가 또는 지방자치단체에 재화를 공급하는 것이 되어 부가가치세를 거래징수하여야 한다. 기부채납하는 자는 또한 제공받는 부동산임대용역에 대해 부가가치세를 거래징수당한다.

(2) 공급간주

(가) 자가공급

　과세용역을 자기의 면세사업에 사용하면 용역의 공급으로 보는가? 부가가치세법은 "사업자가 자신의 용역을 자기의 사업을 위하여 대가를 받지 아니하고 공급함으로써 다른 사업자와의 과세형평이 침해되는 경우에는 자기에게 용역을 공급하는 것으로 본다. 이 경우 그 용역의 범위는 대통령령으로 정한다."고 규정하고(부가가치세법 제12조 제1항), 정작 대통령령은 침묵을 지키고 있다. 부가가치세법은 재화의 자가공급에 대한 과세논리와 달리 '대가를 받지 아니하고' 제공된다는 것을 간접적인 이유로 명기하고 있다.

　사업자가 대가를 받지 아니하고 타인에게 용역을 공급하는 것은 용역의 공급으로 보지 아니한다. 다만, 사업자가 특수관계인에게 사업용 부동산의 임대용역 등을 공급하는 것은 용역의 공급으로 본다(부가가치세법 제12조 제2항).

(나) 개인적 공급

　부가가치세법이 용역의 자가공급을 사실상 용역의 공급으로 보지 않고 있는 것처럼 용역의 개인적 공급도 용역의 공급으로 보지 않고 있다.

(다) 기타 용역의 공급으로 간주하는 것

• 건설업자가 건설자재의 전부 또는 일부를 부담하는 것   건설업자는 건설용역을 제공하기도 하고 건설의 결과물인 건축물을 매도하기도 한다. 건설업자가 건설용역을 제공하는 과정에서 자신이 보유하는 건설자재를 부담하고 그 부담한 자재의 가액을 포함하여 용역의 대가를 포괄적으로 받는 경우에 그 부분을 용역의 제공으로 간주한다(부가가치세법시행령 제25조 제1호).

• 상대방으로부터 인도받은 재화에 주요 자재를 전혀 부담하지 아니하고 단순히 가공만 하여 주는 것   임가공업자는 상대방으로부터 자재를 인도받아 그 자재에 가공을 하여 부가가치를 높인 후 그 상대방에게 자재를 돌려준다. 이 경우 두 번의 인도과정이 포함되는데 그것을 재화의 공급으로 보지 않는다(부가가치세법시행령 제25조 제2호). 부가가치세의 과세대상이 되는 거래는 소유권의 이전이 이루어지는 거래에 한정한다는 기본원칙에 입각하여 보면 법령으로 굳이 재화의 공급이 아닌 점을 확인할 필요는 없는 부분이다.

• 산업상·상업상 또는 과학상의 지식·경험 또는 숙련에 관한 정보를 제공하는 것 노하우의 제공을 용역의 공급으로 보는 규정이다(부가가치세법시행령 제25조 제3호). 노하우의 제공과 인적 용역의 제공은 구분하기 매우 어렵다. 외양은 인적 용역을 제공하는 것처럼 보이지만 제공하는 용역의 내용 중에는 다른 자가 갖지 못한 노하우가 녹아 있는 경우가 많은데 그 부분을 분리하는 것이 용이하지 않기 때문이다. 그렇다고 어느 정도 이상의 가치를 가질 때 전체를 노하우의 제공으로 볼 것이라고 미리 규정하는 것도 어려운 일이다.

소득과세상으로는 노하우의 제공대가는 사용료로 과세되며 인적 용역의 제공대가는 사업소득 또는 근로소득으로 분류되어 각각의 소득의 종류에 따라 과세되는 방식이 달라진다. 부가가치세 과세의 목적으로는 그것이 재화의 공급인지 용역의 공급인지를 구분하면 되는데 노하우 제공의 외양상 지식·경험 또는 숙련에 관한 정보의 전달매체상 물건이 개입한다 하더라도 그것을 재화의 양도로 보지 않는다.

다. 용역의 공급시기

부가가치세법은 용역의 공급시기를 역무의 제공이 완료되는 때 또는 시설물,

권리 등 재화가 사용되는 때로 규정하고 있다(부가가치세법 제16조 제1항). 장기할부의 경우 등에 대해서는 대가의 각 부분을 지급받기로 한 때 공급한 것으로 본다(부가가치세법시행령 제29조 제1항).

라. 용역의 공급장소

부가가치세법은 용역이 공급되는 장소를 '역무가 제공되거나 재화·시설물 또는 권리가 사용되는 장소'라고 규정하고 있다(부가가치세법 제20조 제1항).

용역이 국외에서 제공되는 경우에는 영세율을 적용한다(부가가치세법 제22조). 국외에서 제공된 용역은 과세대상이기는 하지만 영세율을 적용하는 것으로 이해되어야 한다. 한편, 부가가치세법상 용역의 공급장소가 국외에 소재할 경우 부가가치세를 거래징수하지 않는다는 규정은 존재하지 않지만 영세율의 적용대상으로 하고 있으므로 그렇게 해석하는 것이 타당할 것이다. 제공한 용역의 중요하고도 본질적인 부분이 국내에서 이루어졌다면 그 일부가 국외에서 이루어졌더라도 용역이 공급되는 장소는 국내라고 보아야 한다.

국내에 이동통신단말장치 또는 컴퓨터 등을 통하여 구동되는 게임·음성·동영상 파일 또는 소프트웨어 등 전자적 용역을 공급하는 경우에는 국내에서 해당 전자적 용역이 공급되는 것으로 본다.

2014년 개정된 부가가치세법상 제3자를 통하여 국내에 전자적 용역을 공급하는 경우에는 그 제3자가 해당 전자적 용역을 국내에서 공급한 것으로 보게 되었다. 다만, 국내사업자의 사업과 관련하여 공급하는 경우는 제외한다(부가가치세법 제53조의 2 제2항). 2020년 개정된 부가가치세법은 전자적 용역의 공급장소를 용역을 공급받는 자의 사업장 소재지, 주소지 또는 거소지로 단순화하는 규정을 추가하였다(부가가치세법 제20조 제1항 제3호). 국내에서 전자적 용역을 공급하는 자는 간편사업자등록을 하여야 한다(부가가치세법 제53조의 2, 부가가치세법시행령 제96조의 2). 전자적용역을 공급하는 국외사업자가 사업의 개시일부터 20일 이내에 간편사업자등록을 하지 않은 경우 사업 개시일부터 등록한 날의 직전일까지 공급가액 합계액의 1퍼센트를 가산세로 부과한다(부가가치세법 제60조 제1항). 전자적 용역에 대한 거래명세를 그 거래사실이 속하는 과세기간에 대한 확정신고 기한 후 5년간 보관하도록 하고, 국세청장의 제출요구가 있는 경우 60일 이내에 제출하도록 하여야 한다.

'외국항행용역'에 대해서는 영세율이 적용된다. 외국항행용역은 국외에서 국내로, 국내에서 국외로 그리고 국외에서 국외로 여객이나 화물을 수송하는 것을 말한다(부가가치세법 제23조, 부가가치세법시행령 제32조). 부가가치세법은 사업자가 외국항공사인 때에는 여객이 탑승하거나 화물이 적재되는 장소를 공급장소로 하고 있다(부가가치세법 제20조 제1항 제2호). 국내에 사업장이 있는 외국항공사의 경우, 국내에서 여객이 탑승하거나 화물이 적재되는 경우 국내에서 용역이 제공된 것으로 보게 된다. 다만, 이 중에서도 외국항행용역에 해당하는 것에 대해서는 영세율이 적용되어야 할 것이지만, 상호주의의 제한이 따르게 된다(부가가치세법 제25조).

3. 재화의 수입

관세를 신고·납부하는 납세의무자는 세관장에게 부가가치세를 함께 신고·납부하여야 한다(부가가치세법 제50조). 재화의 수입에 따르는 부가가치세를 신고납부할 때 납세의무자인 수입자는 자기의 부담으로 우선 부가가치세를 납부하지만 가격을 통해 거래상대방에게 부가가치세를 전가한다.

재화의 수입은 물품을 국내에 반입하는 것을 의미한다. 관세법상 '수입'은 외국물품을 반입하거나 우리나라에서 소비 또는 사용하게 하는 것을 말한다(관세법 제2조 제1호). 재화의 수입에 대해 부가가치세를 징수하는 기관은 세관장이다(부가가치세법 제58조 제2항).

수입으로 부가가치세가 과세되는 물건에 무체물은 포함되지 않는다. 아울러 재화 중 권리에 대해서는 부가가치세법 제50조에 따른 세관장의 부가가치세 징수가 이루어지지 않는다. 수입부가가치세는 관세법상 관세의 과세대상인 '외국물품'에 대해 붙게 되는데 그것에 무체물은 포함하지 않기 때문이다. 수입물품에 내재된 무체물의 가액을 관세과세가격으로 하는가가 문제 되지만 무체물 자체에 관세가 부과되는 것은 아니다(관세법시행령 제19조). 한편, 대외무역법상 '수입'은 기본적으로 "매매, 교환, 임대차, 사용대차, 증여 등을 원인으로 외국으로부터 국내로 물품이 이동하는 것"을 의미한다(대외무역법시행령 제2조 제4호 가목).

4. 용역 등의 수입

가. 대리납부에 의한 과세

국외사업자로부터 국내에서 용역 또는 권리를 공급받는 자는 그 대가를 지급하는 때에 부가가치세를 징수하여야 한다(부가가치세법 제52조). 재화 중 권리의 수입에 대해서도 대리납부 규정이 적용된다. 재화 중 물건의 수입에 대해서는 세관장이 부가가치세를 징수한다.

우리나라의 부가가치세제는 소비지과세원칙을 채택하고 있으며 이는 용역의 제공거래에 대해서도 동일하게 유지된다. 우리나라의 소비자가 외국의 공급자가 제공하는 용역을 국내에서 소비하는 경우에는 부가가치세를 부담하게 하고 우리나라의 공급자가 국외의 소비자에게 제공하는 용역에 대해서는 그 소비자가 부가가치세를 부담하지 않도록 한다. 부가가치세법상 간접세로서 재화나 용역을 공급하는 자에게 납세의무를 지우도록 되어 있는데 외국의 공급자가 국내의 소비자에게 용역을 제공하는 경우에 우리나라가 그 공급자에게 납세의무를 지울 방법이 없다. 관할권을 벗어나 사업을 하는 자이기 때문이다. 따라서 그 경우에는 소비지과세원칙을 적용할 수 없다. 그런데 수입거래에서 공급을 받는 자, 즉 국내에서 소비를 하는 자는 스스로가 세금의 최종적인 귀착자가 될 것이므로 국외의 공급자와 무관하게 자기가 세금을 직접 납부하도록 할 수 있을 것이다. 납세의무자를 설정함에 있어 직접세와 같은 개념을 적용하는 것이다. 이 점에 있어서 물품의 수입시 수입자가 신고납부의무를 부담하는 것과 공통점을 가지고 있다. 부가가치세는 개별거래에 대해서 일일이 거래징수하는 방식을 전제로 하는 것인데 수많은 소비자로 하여금 스스로 자기가 수입한 용역을 계산하여 납부하도록 하는 것은 매우 번거로운 일이 된다. 부가가치세법은 이러한 점을 감안하여 사업자인 경우에만 위의 개념을 적용하여 대리납부하도록 하고 있다. 그리고 과세사업자가 제공받는 자로 되어 있을 때에는 어차피 매입세액공제를 받아 대리납부하도록 할 실질적인 이유가 없어지게 될 것이기 때문에 면세사업자가 제공받는 경우에만 대리납부하도록 하고 있다.

나. 대리납부의 대상

부가가치세법은 용역의 수입을 과세대상으로 규정하고 있지는 않다. 다만, 대리납부에 관해 규정하면서 사실상 용역의 수입이 부가가치세의 과세대상인 것을 전제로 하고 있다(부가가치세법 제52조). 공급하는 자가 국외에 소재하므로 '수입', 즉 '공급'에 대해서는 납세의무를 지울 수는 없지만 '수입'의 대상인 '용역'은 우리나라에서 소비되고 부가가치세의 실질적인 담세자인 소비자가 국내에 소재하므로 그에게 납세의무를 지우기 위해 대리납부의 방법을 사용하고 있는 것이다. 재화의 수입에 대해 세관장에게 징수 및 납부의 권한을 부여하고 있듯이 용역의 수입에 대해 수입자에게 납부의 의무를 부과하고 있는 것이다.

'용역의 수입'이라 함은 용역의 공급자는 국외에 있고 용역의 소비자는 국내에 있어 용역이 국경을 넘어서 제공되는 것을 의미한다. 용역공급자의 용역제공 방식은 다양하다. 유무선통신, 인터넷, 직접방문·체류, 용역보고서의 전달 등 다양한 방식으로 이루어질 수 있다. 그리고 제공시점에 제공자와 소비자가 동일한 장소에 있지 않을 수 있다. 제공시점과 소비시점이 다를 수도 있다. 용역에 대한 부가가치세의 과세관할권을 어디로 하여야 하는가에 대해 제공지와 소비지 중 어디로 하여야 하는가에 대한 논의가 있다.

이에 관하여 부가가치세법 제52조는 "국내에서 용역을 공급받는" 것, 즉 용역의 공급장소가 국내이어야 할 것을 대리납부의 요건으로 규정하고 있어서, 용역의 공급자는 국외에 있고 소비자는 국내에 있을 경우 용역의 공급장소를 어디로 보아야 할 것인지가 문제된다. 소비지국 과세원칙에 충실하자면, 용역의 공급행위 자체의 소재지는 중요한 요소가 되지 못한다. 어차피 대리납부의 방식으로 징수하도록 되어 있기 때문이기도 하다. 이에 불구하고 용역의 공급장소를 요건 중 한 요소로 하는 문언 때문에 용역의 공급장소에 관한 부가가치세법 규정을 적용하지 않으면 안 된다. 부가가치세법은 이를 "역무가 제공되거나 재화·시설물 또는 권리가 사용되는 장소"로 규정하고 있다(부가가치세법 제20조 제1항). 역무를 제공하는 용역의 경우 과세권이 미치는 거래인지는 국외사업자가 제공한 역무의 중요하고도 본질적인 부분이 국내에서 이루어졌다면 그 일부가 국외에서 이루어졌더라도 역무가 제공되는 장소는 국내라고 보아야 한다(대법원 2006. 6. 16. 선고 2004두 7528, 7535 판결). 한편 역무가 제공되기 위하여 이를 제공받는 자의 협력행위가 필요한 경우에는 역무의 중요하고도 본질적인 부분이 어디에서 이루어졌는지를 판단할 때 그 협력행위가 어디에서 이루어졌는지도 아울러 고려하여야 한다(대법원 2022. 7. 28. 선고 2019두34913 판결).

전자적 용역의 공급장소는 공급받는 자가 소재하는 곳으로 규정하고 있다(부가가치세법 제20조 제1항 제3호).

다. 대리납부의무자

법규상 실제 대리납부의 의무를 부담하는 자는 면세사업자이다. 여기서의 용역도 재화 이외의 재산적 가치가 있는 모든 역무 및 기타 행위를 의미한다.

대리납부는 '용역의 공급을 받는 자'가 국내에 소재하는 경우에 한하여 적용된다. 이는 용역의 제공지가 우리나라라 하더라도 용역의 소비자가 국외에 소재할 경우에는 용역의 수출로 보아 용역을 수출하는 자에게 영세율을 적용하는 점에서도 알 수 있다. 그리고 대리납부의 대상이 되는 용역의 수입은 용역을 공급하는 자가 국내사업장이 없거나 국내사업장이 있더라도 그 사업장과 관련 없이 용역을 제공하는 경우에 한하여 용역의 수입으로 보는 규정에 의해서도 알 수 있다.

대리납부하는 자에게 국외에서 용역을 제공하는 자의 부가가치세납세의무는 용역을 국내에서 제공받은 자, 즉 대리납부하는 자가 대금을 지급하는 때에 자동 확정되는 것과 다를 바 없다. 대리납부신고는 과세표준신고가 아니기 때문에 그것에 오류가 있을 경우 수정신고가 허용되지 않는다. 대리납부에 부족액이 있을 경우 관할세무서장은 징수처분을 하게 된다. 한편 대리납부의 신고는 과세표준의 신고에 해당하는 것인지에 대해서는 논란이 있을 수 있지만 국세심판례에 의하면 그것에 해당하므로 경정청구의 대상이 될 수 있다고 한다.

제 2 항 영세율

부가가치세법은 수출하는 재화, 국외에서 제공하는 용역, 선박·항공기의 외국항행용역 및 기타 외화를 획득하는 재화 또는 용역으로서 대통령령이 정하는 것에 대해 영세율을 적용하도록 하고 있다. 조특법상 영세율을 적용하는 재화나 용역이 있지만 본서의 논의에서는 제외한다.

1. 수출하는 재화

수출하는 재화에 대해서는 영의 세율을 적용한다. 세금계산서를 교부할 상대방이 국내에 없으므로 세금계산서의 교부의무도 없다. 수출은 부가가치세법 고유의 개념으로서 '내국물품이 외국으로 반출되는 것'을 의미하지만 실무상으로는 대외무역법상 수출개념이 적용되고 있다.

수출하는 방식은 여러 가지이고 수출을 위한 국내 거래도 다단계에 걸쳐 이루어질 수 있다. 이에 따라 영세율제도도 다양한 모습을 지니고 있다. 그러나 어떤 경우이든지 최종적으로 국내물품이 국외에 나가 있는 상태에 도달할 때 국내에서 물린 부가가치세가 가격에 반영되지 않도록 한다는 점에서는 다를 바 없다. 수출에 대해 영세율을 적용할 경우 상대방이 되는 수입자는 물품가액의 10%만큼 낮아진 가액을 지급하게 된다. 이는 수출자의 입장에서는 유리한 가격경쟁력을 확보하는 것이 되며 특히 부가가치세제도를 가지고 있지 않은 국가에 수출할 경우 더욱 유리하게 된다. 부가가치세가 있는 나라의 국민이 부가가치세가 없는 나라에 나가 자기 나라의 물건을 쇼핑하여 돌아오는 것도 이러한 이유에서이다. 물론 돌아올 때 부가가치세가 과세되지 않는 범위 안에서의 얘기이다. 그런데 시장의 원리상 영세율이 적용되는 단계에 있는 사업자는 바로 10%의 혜택을 보게 되지만 그전 단계에 있는 사업자는 그것의 일부만을 향유할 수 있으며 그것마저도 보장되는 것이 아니다. 이에 수출품의 재료를 공급하는 사업자가 제 몫대로 영세율의 혜택을 볼 수 있도록 내국신용장과 구매확인서를 통해 장래 수출될 것을 전제로 공급하는 자에 대해서도 영세율을 적용하고 있다. 양자는 기능상 다를 바 없다. 은행이 발급한 한 개의 내국신용장은 여러 단계에 걸쳐 붙어서 이동하다가 최종적으로 수출할 때에 수출신용장으로 대체되는데 그 과정에서 거래되는 재화의 가격은 이미 10%만큼 낮은 가격이 되어 있다. 중간에 내국신용장이 붙은 물건을 양수하는 자는 수출을 하여야 한다(대법원 2011. 5. 26. 선고 2011두2774 판결). 이를 위반한 경우에는 대외무역법상 처벌받는다. 그럼에도 불구하고 이를 이행하지 않든가 아예 처음부터 위조된 증빙으로 내국신용장을 받은 경우 그것에 기초하여 영세율을 적용한 사업자가 과실이나 고의가 없을 때 영세율 적용 여부가 문제 된다. 특히 금지금은 아예 내국신용장이나 구매확인서에 의한 공급을 수출의 범주에서 제외하도록 규정하고 있다.

외국인관광객 등이 국외로 반출하기 위하여 구입하는 재화에 대해서는 부가가치세 영세율을 적용하거나 부가가치세를 환급할 수 있다. 외국인관광객은 외국환거래법에 의한 비거주자로서 법인, 국내에 주재하는 외교관, 국내에 주재하는 국제연합군 및 미국군의 장병 및 군무원을 제외한다. 면세판매자가 외국인관광객에게 면세물품을 판매하는 때에는 물품구입 자의 신분확인을 한 후 물품판매확인서 등을 교부한다. 면세물품의 구입시 부담한 부가가치세 등을 환급받기 위해서는 출국시 관할세관장에게 판매확인서와 함께 구입물품을 제시하고 확인을 받아야 한다. 물품가액에 관계없이 선별된 여행객만 물품확인을 한다. 판매확인서를 교부받은 외국인관광객은 공항내 환급창구운영사업자 또는 시내환급창구를 통하여 세액상당액을 환급받거나 동 확인서를 면세판매자에게 우송하여 송금받을 수 있다(조특법 제107조). 일정금액 이하 물품에 대해 사후환급 대신 면세판매장에서 사전면세를 허용한다.

2. 국외제공용역

부가가치세는 용역의 공급에 대해서도 부과되며 용역의 공급지가 국내이든 국외이든 불문한다. 다만, 국외에서 제공되는 용역에 대해서는 영세율제도가 적용된다. 내국법인 갑이 국내에서 각종 원재료 및 비용을 부담하면서 용역제공의 준비를 마치고 외국의 고객에게 그 결과물을 제공한다면 마치 재화를 제공한 것과 같이 영세율을 적용하지 않을 이유가 없다. 실무상으로는 준비를 위해 지출한 것들에 대한 매입세액과 그 결과물과의 연관성을 따지기는 곤란하다. 다만, 외국의 고객으로부터 받은 대가에 대해 영세율을 적용하는 것으로 하면 될 것이다.

부가가치세법상 사업자가 국외에서 제공하는 용역에 대해서는 영세율을 적용한다. 국외에서 제공하는 용역이라면 그것을 제공받는 자가 거주자이더라도 영세율이 적용된다. 예를 들면, 사업자가 거주자로부터 재도급받아 국외건설공사를 국외에서 건설용역을 제공하는 경우에도 영세율이 적용된다. 대가를 국내에서 지급받는지는 문제 되지 않는다. 외국건설사가 국내에서 제공하는 용역을 재도급받아 국내에서 건설용역을 제공하는 경우에는 영세율이 적용되지 않는다. 대가를 외국 건설사로부터 외화로 수령하더라도 영세율을 적용하지 않는다.

어떤 사업자 갑이 외국에서 각종 원재료 및 비용을 부담하면서 용역제공을 한 경우라면 영세율을 적용하는가? 역시 영세율을 적용하여야 한다. 국내에서 비용을 부담한 경우에는 국내에서 납부한 세액이 있으므로 환급을 받겠지만 외국에서 비용을 부담한 경우에는 국내에서 납부한 세액이 없으므로 환급을 받을 것이 없다.

갑이 외국에서 그 나라의 부가가치세를 거래징수당한 경우에는 어떻게 보아야 할까? 우선 그 외국에서 고정사업장이 있다면 그 고정사업장은 그 나라의 사업자로 보아 과세되므로 논의의 대상이 되지 않는다. 고정사업장이 없는 경우가 문제인데 갑은 그 외국에서 최종적인 소비자가 된 것처럼 과세될 뿐이다. 우리나라에서 갑이 그 나라에 납부한 부가가치세액을 공제하여 줄 이유가 없다. 그 외국은 갑으로부터 세금을 징수한 부분에 대해 갑의 고객으로부터 다시 징수하는 효과를 누릴 것이다. 갑은 부가가치세 절약을 위해서는 국내에서 용역 제공을 준비하는 것이 유익하다.

3. 기타 외화획득 재화 및 용역

부가가치세법상 재화를 수출하거나 국외에서 용역을 제공하지 않더라도 그것과 동일한 경제적 효과를 거두는 것에 대해 영세율을 적용하기 위한 목적으로 '기타 외화를 획득하는 재화 또는 용역'을 영세율 대상으로 하고 있다. 이는 외화를 획득하는 것이므로 재화나 용역의 최종적인 소비자가 외국에 소재하고 있는 점에서는 차이가 있을 수 없겠지만 수출이나 국외용역제공의 형태를 지니지 않은 것을 포섭하기 위한 규정이다.

먼저 외국인관광객등이 국외로 반출하기 위하여 구입하는 재화에 대해서는 부가가치세 영세율을 적용하거나 부가가치세를 환급할 수 있다. 외국인관광객은 외국환거래법에 의한 비거주자로서 법인, 국내에 주재하는 외교관, 국내에 주재하는 국제연합군 및 미국군의 장병 및 군무원을 제외한다. 면세판매자가 외국인관광객에게 면세물품을 판매하는 때에는 물품구입 자의 신분확인을 한 후 물품판매확인서 등을 발급한다. 면세물품(부가가치세 및 개별소비세)의 구입시 부담한 부가가치세등을 환급받기 위해서는 출국시 관할세관장에게 판매확인서와 함께 구입물품을 제시하고 확인을 받아야 한다. 물품가액에 관계없이 선별된 여행객만 물품확인을 한다. 판매확인서를 발급받은 외국인관광객은 공항내 환급창구운영사업자 또는 시내환급창구를 통하여 세액상당액을 환급받거나 동 확인서를 면세판매자에게 우송하여 송금받을 수 있다(조특법 제107조). 일정금액 이하 물품에 대해 사후환급 대신 면세판매장에서 사전면세를 허용한다.

외국인관광객 관광호텔 숙박요금에 대해서는 부가가치세를 환급한다(조특법 제107조의 2). 외국인관광객 미용성형 의료용역에 대해서도 부가가치세를 환급한다(조특법 제107조의 3).

가. 국내 고정사업장이 없는 비거주자에게 일정한 재화 또는 용역을 제공하고 그 대가를 외국환은행을 통해 원화로 받는 경우

국내에서 고정사업장이 없는 비거주자에게 사업서비스업 등의 용역을 제공하고 그 대금을 외국환은행에서 원화로 받는 경우에 대해서는 영세율을 적용한다(부가가치세법시행령 제33조 제2항 제1호). 소비지과세원칙에 충실하기 위한 규정이라기보다는 외화획득이라는 결과를 보고 영세율을 적용하는 것이다. 그렇다면 모든 외화획득용역에 대해 적용하여야 할 것이지만 부가가치세법시행령은 적용대상을 전문과학기술서비스업, 사업지원서비스업, 통신업 등으로 한정하고 있다.

이는 해당 외국에서 비거주자 등에 대한 세제혜택을 우리나라 거주자 등에게 동일하게 부여하는 경우 적용한다(상호주의).

나. 국내 고정사업장 없는 비거주 사업자 또는 외국법인이 국내에서 재화 또는 용역을 구매한 경우

국내에 사업장이 없는 외국법인 또는 비거주자로서 외국에서 사업을 영위하는 자가 국내에서 사업상 다음의 재화 또는 용역을 구입하거나 제공받은 때에는 자신이 부담한 부가가치세를 환급받을 수 있다(조특법 제107조 제6항). 다만, 환급금액이 30만원 이하인 경우는 제외한다. 그 해당 국가에서 대한민국의 거주자 또는 내국법인에 대하여 동일하게 면세하는 경우에만 영세율을 적용한다(부가가치세법 제25조, 상호주의). 이는 해당 외국의 조세로서 우리나라의 부가가치세 또는 이와 유사한 성질의 조세를 면세하는 경우와 그 외국에 우리나라의 부가가치세 또는 이와 유사한 성질의 조세가 없는 경우를 말한다.

- 음식 · 숙박용역, 광고용역
- 전력 · 통신용역, 부동산임대용역
- 국내사무소용 건물 · 구축물 및 당해 건물 등의 수리용역
- 사무용 기구 · 비품 및 당해 기구 · 비품의 임대용역

매년 1월부터 12월까지 공급받은 재화 또는 용역에 대해 다음해 6월 30일까지 사업자증명원, 거래내역서, 세금계산서 원본(신용카드매출전표 포함)을 첨부하여 국세청장이 지정하는 지방국세청장에게 환급을 신청한다. 환급신청을 받은 지방국세청장은 신청일이 속하는 연도의 12월 31일까지 거래내역을 확인 후 부가가치세를 환급한다. 공급하는 자에 대해 영세율을 적용하는 대신 공급받는 자가 매입세액공제를 받는 것과 동일하게 환급받을 수 있도록 한 것이다. 원래 국내사업장이 없으므로 매입세액공제는 불가능하기 때문이다.

4. 외국항행용역

외국항행용역은 국외에서 국내로, 국내에서 국외로 그리고 국외에서 국외로 여객이나 화물을 수송하는 것 등을 말한다(부가가치세법시행령 제32조 제1항). 외국항행용역은 그 용역의 제공지를 구분하기 매우 어렵다. 소득과세상으로도 소득의 원천지를 가리기 어려워서 원천지에 불구하고 실질적인 관리장소에서 과세하도록 하든가 그렇지 않으면 일정한 공식에 의해 원천을 나누는 방식으로 국가 간 합의하게 된다. 그런데 부가가치세법상으로는 모두 영세율로 본다. 따라서 우리나라 국적항공사가 우리 승객을 미국으로 수송하는 것에 대해서는 영세율이 적용된다. 그런데 미국항공사의 국내지점이 우리 승객을 미국으로 수송하는 것에 대해서도 영세율이 적용되는가? 답은 긍정적이지만 어느 외국의 항공사에나 모두 해당되는 것은 아니다.

부가가치세법은 사업자가 비거주자나 외국법인인 경우에는 그 외국에서 대한민국의 거주자 또는 내국법인에게 동일한 면세를 하는 경우에 한하여 영의 세율을 적용한다고 규정하고 있다. 여기서 면세라는 것은 당해 외국의 조세로서 우리나라의 부가가치세 또는 이와 유사한 성질의 조세를 면세하는 때와 그 외국에 우리나라의 부가가치세 또는 이와 유사한 성질의 조세가 없는 때이다. 이 규정의 취지에 따라 국세청이 각국의 조세제도를 연구한 결과가 부가가치세법기본통칙에 예시되어 있는데 미국이 그에 포함되어 있기 때문에 영세율이 적용되고 있다.

그런데 부가가치세법시행령은 상호면세조항의 정신을 제대로 구체화하고 있는 것일까? 상호면세라고 하는 것은 소비지과세원칙에 충실하기 위한 것이다. 우리나라 기업이 해외에 사업장을 개설하여 그곳에서 해외 공급할 때 그 나라에서 부가가치세를 부과하지 않고 영업세와 같은 것을 부과하는데 우리나라에 진출한 그 나라 기업의 사업장에 대해서는 영세율을 적용한다면 우리 기업의 그 나라 진출보다는 그 나라 기업의 우리나라 진출이 늘어나게 될 것이다. 비록 그 나라의 다른 기업에 대한 과세와 차등은 없지만 우리나라가 가지고 있는 고유한 영세율제도를 그 나라 기업이 제3국, 즉 해외공급을 위하여 우리나라를 활용하는 형국이 되지만 우리에게는 정작 재정상 보탬이 되지 않는 결과가 될 수 있는 것이다. 이를 방지하기 위하여 도입된 상호면세규정이라면 상대방 국가의 '면세'에 '그 외국에 우리나라의 부가가치세 또는 이와 유사한 성질의 조세가 없는 때'를 포함하는 것은 타당하지 않다. 미국과 같이 부가가치세제도가 없는 국가는 제외되어야 한다.

제3항 면세거래

1. 재화와 용역의 국내공급

공급하는 재화나 용역의 성격상 소비하는 자에게 세금을 부담시키지 않는 것이 경제정책상 더 바람직한 경우 부여하는 조세특례 방법의 하나로서 면세(Befreiung)제도가 있다. 영세율은 기본적으로 과세관할권의 설정에 관한 사항이지만 면세는 사회적으로 외부경제효과가 있는 재화나 용역에 대해 부가가치세를 물리지 않는 것이다. 면세는 면세재화나 용역의 제공을 위해 소요된 비용에 대해 어떤 부가가치세를 부담하였는지는 고려하지 않고 단순히 그 재화나 용역에 대해 세금을 물리지 않는 것이다. 공급하는 자는 그 공급에 소요된 비용을 지출하면서 부담한 세액을 공제받지 못한다.

일부 개인적 인적용역의 공급에 대하여 부가가치세를 면제하고 있다.

면세와 구별되는 개념으로 비과세가 있다. 부가가치세법상 과세대상 재화의 공급 또는 용역의 공급에 해당하지 않는 것을 말한다. 비과세는 재화, 용역 또는 그것들의 공급의 개념에 부합하지 않는 것이므로 굳이 비과세라는 규정을 둘 필요는 없다. 다만, 법적용의 명확성을 제고하기 위해 '재화의 공급으로 보지 않는다.'는 취지의 문구를 사용하여 규정하는 경우도 있다. 한편, 이론상 과세대상임에도 불구하고, 사업의 포괄적 양도와 같이 행정목적상 비과세로 규정하는 규정도 있다.

면세와 비과세 모두 부가가치세법상 거래징수 및 신고납부의 대상이 아니라는 점에서 공통적이다. 이러한 공통점 때문에 일본 소비세법은 우리 부가가치세법상 면세를 비과세라고 표현하고 있다.

가. 금융보험용역

면세혜택은 주로 외부경제효과가 있는 재화나 용역에 대해 부여된다. 부가가치세면세제도는 재화의 공급이나 용역의 제공 중 특별히 외부경제효과가 있다고 보기 어려운 사안에도 적용되는 경우가 있다.

금융보험용역과 토지가 그것들이다. 이들은 부가가치세법상 재화의 공급이나 용역의 제공의 개념에 포섭되는 것이기는 하지만 과세가 곤란하여 부가가치세과세대상에서 배제하는 것이다. 그중 가장 대표적인 것이 금융·보험용역이다. 거래를 통해 주고받는 대가 중에 금융·보험용역 해당분을 구분해 내는 것이 매우 어렵기 때문이다.

금융거래에서 대여자가 차입자로부터 받은 이자수입금액은 생산요소의 하나인 자본을 사용하게 한 대가로서 부가가치라기보다는 창출된 부가가치를 분배받은 것에 해당한다. 따라서 부가가치세의 과세대상으로 하기에는 적합하지 않다. 그런데 대여자와 차입자 사이에 금융기관이 개입하여 양자 간 금융거래를 원활하

게 하는 용역을 제공(대여자와 차입자 각각에 부분적으로 제공하는 것이 될 것이다)한
다. 이 경우 제공한 용역은 창출된 부가가치로서 과세대상이 되어야 할 것이지만
생산요소의 제공에 대한 대가인 이자와 혼재되어 있기 때문에 그것만 분리하기
어려운 것이다. 이 점을 감안해 EC 국가와 우리나라의 세법은 이자에 섞여 있는
금융·보험용역을 그대로 이자와 함께 면세로 하고 있는 것이다.

이 과정에서 금융기관은 용역의 제공자로서 최종적인 용역의 소비자에게 부
가가치세부담을 전가하여야 하는데 자신이 용역을 제공하기 위하여 매입과정에서
부담한 부가가치세를 전혀(또는 일부를) 전가하지 못하고 떠안게 된다. 부가가치세
과세상 사업자는 납세의무자가 되지만 납부하는 세액의 경제적인 부담은 최종적
인 소비자가 하도록 되어 있다. 따라서 부가가치세는 사업자의 비용으로 계상하
지 않는 것이 원칙이다. 그러나 자신이 판매하기 위하여 구입한 원자재에 부과된
부가가치세를 매입세액공제를 받지 못하는 경우(이를 '숨은 부가가치세(hidden
VAT)'라고 한다) 직접적인 비용(direct cost)이 될 수 있다.

그리고 다른 세금이 부과되기 때문에 과세에서 제외되는 것들이 있다. 금융보
험용역의 경우 교육세가 부과되기 때문에 담배처럼 다른 조세가 부과되기 때문에
면세로 하고 있다는 주장을 할 수도 있겠지만 교육세의 부담이 훨씬 적기 때문에
설득력이 떨어진다. 금융보험용역은 두 가지 특징을 지니고 있다. 우선 금융보험
업자가 소비자에게 제공하는 용역을 특정하기 힘들다. 은행을 예로 들면 갑으로
부터 자금을 예치받아 을에게 대출하는 행위 중 무엇을 부가가치창출행위라고 할
수 있을까? 경제학적으로는 갑과 을이 직접 금전소비대차를 하는 경우에 비해 갑
과 을이 경제적으로 이득을 본 부분일 텐데 그것은 은행의 예대마진이라고 할 수
있을 것이다. 그러나 이 예대마진은 을과 갑 중 어느 한 명에게 제공한 용역에 대
한 대가로 볼 수는 없다. 설사 을에게 제공한 용역의 대가라 하더라도 대출이자로
수령한 금액 중 예대마진에 해당하는 부분에 대해 10%의 세금을 거래징수할 것
인가? 현실적으로 곤란하다. 다른 한편 은행은 갑과 을의 직접금융과 경쟁하고 있
다. 이때 갑은 자금의 대여에 따라 이자를 받게 되는데 그 이자는 국민총생산과는
직접 관계가 없다. 생산하여 번 소득을 분배받는 단계에서 얻게 되는 것이다. 총
생산은 부가가치의 집적치이므로 갑이 번 이자는 부가가치라고 할 수 없으며 부
가가치세가 과세되지 않는다. 은행이 직접금융과 경쟁하면서 거둔 대출이자 중

자기의 부가가치에 해당하는 부분에 대해 부가가치세를 부담하도록 한다면 세제의 중립성을 유지할 수 있을까? 은행의 예대마진에 해당하는 부분은 분명 GDP에 포함되는 것이기는 하지만 부가가치세가 과세되기 어려운 속성을 지니고 있는 것이다.

부가가치세법시행령은 실제 면세대상 금융보험용역으로서 개별 업종을 열거하고 있다(부가가치세법시행령 제40조 제1항). 예를 들면, 환전업의 경우, 은행이 환전하면서 고객으로부터 수수료를 받는 것에 대해 면세를 하고 있다. 그런데 그것은 분명 이자처럼 분배국민소득에 관한 사항도 아니며 명백히 부가가치를 창출한 것으로서 과세대상이 되어야 할 것이다. 그럼에도 불구하고 현행 부가가치세법은 왜 면세로 규정하고 있는가? 이는 다분히 역사적인 산물이다. 금융회사의 기능은 다기화되면서 순수하게 용역을 제공하고 수수료를 받는 분야가 늘게 되었는데 그것이 금융회사의 한 부서에서 담당하다가 별개의 업종으로 분화되면서 독립된 회사가 제공하는 경우에도 여전히 면세의 범주에 포함되어야 한다는 논리가 지배하게 된 것이다.

금융보험용역은 상호 연관성이 깊어 여러 부문의 서비스가 한데 묶여야만 완전한 용역이 제공되는 속성이 있다. 이에 따라 주된 용역에 필수적으로 부수하는 종된 용역을 별개의 용역으로 분리해 내는 것이 불합리할 수도 있겠다. 주된 거래에 통상적으로 부수하는 재화나 용역의 공급은 그 거래에 포함되는 것으로 보게 되는 원리에 따른다면 다기화된 서비스의 분야(통상 back office 기능이라고 하는 것이다)의 용역이 주된 면세용역이 공급될 때 부수하여 공급된다면 면세로 볼 수도 있을 것이다. 그런데 면세 금융보험용역을 제공하는 사업 이외의 사업을 주된 사업으로 하는 자가 주된 사업에 부수하여 금융보험용역 또는 이와 유사한 용역을 제공하는 경우에는 금융보험용역을 제공하는 것으로 본다. 이는 위와는 다른 논리에 입각한 것이다.

[면세사업자의 숨은 부가가치세와 VAT Group]

〈S1.A은행의 전산부서〉

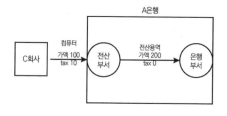

A은행이 전산용역 200을 공급받기 위한 부가가치세 비용은 10

〈S2.A은행의 전산자회사〉

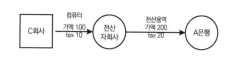

A은행이 전산용역 200을 공급받기 위한 부가가치세 비용은 20
A은행은 전산자회사가 창출하는 부가가치에 대응하는 부가가치세액만큼을
비용으로 더 부담하게 됨
VAT Group 제도는 경제적 동일체인 기업 간의 거래는 부가가치세
과세대상거래로 보지 않는 제도임
S2.의 상황에서 S1.과 동일한 부가가치세비용을 부담하도록
하는 효과가 있음

나. 토지양도, 주택임대

토지는 부가가치를 구성하지 않고 그에 따라 분배 및 소진의 대상이 되는 것
도 아니므로 그 양도에 대해 부가가치세를 부과하지 않는다. 다만, 토지도 토목공
사를 통해 그 재산적 가치가 증가할 수 있다. 이때 토목공사용역은 부가가치세가
과세된다. 토지의 소유주는 이 경우 해당 토목공사용역에 대한 부가가치세의 최
종적인 부담자가 된다. 이후 토지를 양도할 때, 토지의 양도가액을 협상할 때 반
영하려 할 것이다. 토지 양도차익의 계산상 자본적 지출로서 공제된다.

토지의 양도는 부가가치세 과세대상거래가 되지 않지만 토지의 임대용역은
부가가치세 과세대상거래이다.

상시 주거용으로 사용하는 주택과 그에 부수되는 토지의 임대용역은 부가가
치세가 면세된다. 부가가치세 면세대상인 주택의 임대에 해당하는지 여부는 임차
인이 실제로 당해 건물을 사용한 객관적인 용도를 기준으로 하여 상시주거용으로
사용하는 것인지 여부에 따라 판단하여야 하고, 공부상의 용도구분이나 임대차계
약서에 기재된 목적물의 용도와 임차인이 실제로 사용한 용도가 다를 경우에는
후자를 기준으로 하여 그 해당 여부를 가려야 한다.

다. 금관련제품

부가가치세가 과세되는 금관련제품(지금, 금제품 및 스크랩)을 거래하는 금사업자는 금거래계좌를 개설하여 세무서장에게 신고하여야 한다('금거래계좌'). 금사업자가 금관련제품을 매입한 때에는 금거래계좌를 사용하여 거래가액은 매출한 금사업자에게, 부가가치세액은 부가가치세관리기관(신한은행)에 입금한다. 매출자는 매입자로부터 부가가치세를 거래징수하지 않는다('매입자납부특례'). 이 제도는 금관련제품 거래시 매출자가 매입자로부터 거래징수한 부가가치세를 납부하지 않고 도주(매입자는 매입세액을 공제)하는 부가가치세 탈세범(missing trader)을 방지하기 위해 2008. 7. 1부터 시행되고 있다(조특법 제106조의 4).

2014년 1월부터 금현물시장(한국금거래소)에서 거래되는 금지금에 대해서는 부가가치세가 면세된다(조특법 제126조의 7). 한국금거래소의 바깥에서 비사업자에게 금지금을 판매하는 자는 부가가치세를 거래징수하여야 한다. 한국금거래소에서 금지금을 인출할 경우 금지금보관기관이 부가가치세를 거래징수한다.

2. 수입재화

재화를 수입할 때에도 일부 재화는 국내에서 공급되는 재화가 면세되는 경우와 동일한 이유에서 부가가치세가 면세된다. 이외에 관세법상 관세가 면제되는 재화를 중심으로 아래의 경우에 대해서는 부가가치세가 면제된다.

- 거주자가 수취하는 소액물품으로서 관세가 면제되는 재화
- 이사·이민 또는 상속으로 인하여 수입하는 재화로서 관세가 면제되거나 관세법상 간이세율이 적용되는 재화
- 여행자휴대품·별송품과 운송품으로서 관세가 면제되거나 간이세율이 적용되는 재화
- 수입하는 상품견본과 광고용 물품으로서 관세가 면제되는 재화
- 우리나라에서 개최되는 박람회 등에 출품하기 위하여 무상으로 수입하는 물품으로서 과세가 면제되는 재화
- 조약 등에 의해 관세가 면제되는 재화
- 수출된 후 다시 수입하는 재화로서 관세가 감면되는 재화. 수출자와 수입자가

동일하거나 당해 재화의 제조자가 직접 수입하는 것에 한정된다. 이는 관세법 제99조의 규정에 의한 재수입면세의 경우 부가가치세도 면제한다는 규정이다. 수출할 때 영세율을 적용받지만 수입할 때에는 면세되므로 사업자로서는 해외 수출하여 가공한 후 재수입하는 것에 대한 부가가치세의 부담이 줄어드는 효과가 있는 것이다.

- 다시 수출하는 조건으로 일시 수입하는 재화로서 관세가 감면되는 것
- 기타 관세가 무세이거나 감면되는 재화

3. 면세 포기

자기가 공급하는 재화나 용역이 면세대상이 되는 경우에는 자신이 공급을 위하여 지출한 비용에 대해 부담했던 부가가치세액을 공제받지 못하게 된다. 최종적인 소비자의 입장에서는 사업자가 창출한 부가가치에 해당하는 부분에 대한 부가가치세를 절약할 수 있을 것이다. 그런데 면세재화를 외국에 수출하는 사업자의 경우 자기가 부담했던 세금을 환급받지 못하게 됨에 따라 외국에 판매할 때 그만큼 가격을 절감할 수 있는 요인이 사라지게 된다. 이를 고려하여 부가가치세법은 부가가치세가 면세되는 재화를 국외에 수출하는 사업자는 면세를 포기할 수 있도록 배려하고 있다(부가가치세법 제28조 제1항). 이는 면세용역의 국외공급에 대해서도 해당된다. 아울러 부가가치세법은 주택과 이에 부수되는 토지의 임대용역을 제공하는 사업자, 저술가·작곡가 등의 인적 용역을 제공하는 자 및 종교·자선 등 공익단체에 대해서는 면세를 포기할 수 있는 기회를 부여하고 있다. 과세사업자에게 공급할 경우에는 면세포기로 쌍방이 이익을 거둘 수 있게 된다.

제 4 절 거래징수의무

제 1 항 법률관계

1. 공급하는 자

사업자가 재화 또는 용역을 공급하는 때에는 공급시기에 세금계산서를 공급받는 자에게 교부하여야 한다. 그리고 공급하는 때에 재화 또는 용역의 과세표준에 부가가치세율을 곱하여 산정한 부가가치세를 그 공급받는 자로부터 징수하여야 한다(부가가치세법 제31조 및 제32조).

부가가치세법상 재화나 용역을 공급하는 자는 공급받는 자로부터 세금을 징수하면서 세금계산서를 교부하고 징수한 세액을 신고납부할 의무를 부담한다. 소득세법 및 법인세법상 일정 소득을 지급하는 자는 지급받는 자로부터 소득세나 법인세를 원천징수하고 이를 납부할 의무를 부담한다. 부가가치세법상 부가가치세액의 신고납부의무는 공급하는 자에게 있다. 공급하는 자가 거래징수하지 않은 경우 국가는 공급받는 자로부터 세금을 부과징수할 수는 없다. 공급받는 자는 공급하는 자로 하여금 세금계산서를 교부하지 않도록 협박 또는 교사 등을 하지 않은 경우에는 조세범으로 처벌되지도 않는다(조세범처벌법 제10조 제2항). 당사자 간의 약정에 의하여 결정할 민사법적인 사항이다. 다만, 공급받는 자는 거래징수를 수인할 간접적인 의무를 부담한다고 볼 수 있을 뿐이다.

공급하는 자가 착오에 의해 세금을 거래징수하지 않은 거래에 대해 세무서장이 세금을 부과한 경우 공급하는 자는 공급받는 자로부터 구상받을 수 있는가? 공급받는 자가 선량하여 세금에 해당하는 금액을 지급할 경우 세금계산서를 교부받을 것인데 그 세금계산서는 작성일자가 사실과 다른 세금계산서가 될 것이다. 공급받는 자가 사업자일 경우 매입세액공제를 받을 수 없게 된다. 따라서 추후에 그 금액을 지급하기 곤란한 입장에 처해진다. 구상권을 갖는지는 당사자 간 계약에서 정한 바에 따를 일이다. 그렇다면 부가가치세법상 공급받는 자는 공급하는 자가 거래징수하고자 할 때 그에 응해야 할 의무는 없는가? 부가가치세법은 이에 대해 별도의 규정을 두고 있지 않다. 당사자 간의 약정에 의할 일이다. 실제 공급받는 자의 입장에서는 공급하는 자가 별말은 없었지만 전체 대가에 부가가치세를 포함시켜 대금을 청구한 것으로 알고 있을 수도 있는 일이다. 부가가치세를 별도로 구분하여 거래할 것인지는 당사자 간 약정할 사항이다. 재화 또는 용역을 공급하는 자가 부가가치세를 거래징수하는 권리는 사법상의 권리에 불과하다.

표 10.1   부가가치세 거래징수의 법률관계

	공법상 법률관계	사법상 법률관계
· 공급하는 자	· 국가에 대해 거래징수의무를 부담함 · 공급받는 자에 대해 거래징수권리가 없음	· 당사자 간 계약으로 거래징수
· 공급받는 자	· 공법상 조세채무의 부담자가 아님	· 당사자 간 계약으로 거래징수

2. 공급받는 자

공급하는 자는 거래징수한 세금을 납부하여야 할 납세의무를 부담한다. 거래징수는 원론상으로는 자유이다. 거래한 공급가액에 세율을 곱한 금액에 대한 납부의 책임은 공급하는 자에게 있다. 납세의무가 공급자에게 있다는 의미에서 간접세인 것이다. 공급받는 자는 공급하는 자의 거래징수에 협력하게 된다. 세법상 공급받는 자가 협력하여야 한다는 식의 강제규정은 없다. 공급하는 자에게 의무를 부과하고 시장의 원리에 의해 굴러가도록 하고 있는 것이다. 만약 공급받는 자가 거부한다면 공급하는 자는 세법을 어겨 가며 공급할 수 없는 일이고 거래는 이루어지지 않는다. 다른 경쟁자도 세법을 어기지 않는다는 보장이 있다면 공급받고자 하는 자는 공급하는 자의 요구에 응할 수밖에 없다. '다른 경쟁자도 세법을 어기지 않는다는 보장'이 있는가? 즉 거래질서가 문제이다. 부가가치세제도의 성패는 세금계산서 수수질서의 확립에 달려 있다.

공급받는 자는 원천납세의무자와는 달리 세법상 부가가치세를 거래징수당할 명시적인 의무를 부담하지 않는다. 공급하는 자가 현금으로 지급할 경우 100만 내라고 하면서 신용카드로 지급할 경우에는 110을 내라고 하는데 공급받는 자가 지갑에 현금이 100 있다면 현금으로 지급하지 않을 이유가 있을까? 공급받는 자가 최종적인 소비자라면 현금으로 지급하지 않을 이유는 두 가지이다. 첫째는 현금으로 지급할 경우 자기가 국민의 납세의무를 부담하지 않게 되는 것을 참지 못하는 것이며, 둘째는 거래상대방이 소득세나 법인세 부담을 하지 않는 것을 참지 못하는 것이다. 세금에 대한 인식이 없거나 납세정신이 투철하지 않을 경우에는 대개는 현금으로 내게 된다. 정부는 이러한 현상을 제어하기 위해 최종소비자에게 신용카드 소득공제제도 및 현금영수증 소득공제제도를 도입하고 있다. 그리고 최근에는 영수증 고유번호에 로또방식으로 경품을 제공하고 있다. 이와 같은 장려제도의 경제적 지원효과는 각 소비자가 경제적으로 부담하는 10%의 세금에는 전혀 미치지 못하는 것이다. 만약 부가가치세세율을 현행의 10%에서 11%로 인상하고 이와 동시에 세금계산서를 수집하여 제출하는 자에게는 수집한 세금계산서상 공급가액의 1%를 장려금으로 준다면 어떤 현상이 벌어질까?

3. 위탁매매·대리

위탁매매 또는 대리인에 의한 매매에 있어서는 위탁자 또는 본인이 직접 재화를 공급하거나 공급받은 것으로 본다. 다만, 위탁자 또는 본인을 알 수 없는 경우에는 위탁매매인이나 대리인이 공급하거나 공급받은 것으로 본다.

가. 위탁매매

상법상 위탁매매는 위탁매매인(commissionaire)이 자신의 명의로써 위탁자의 계산으로 하게 된다(상법 제101조). 그것의 법률효과는 위탁매매인과 위탁자와의 관계에서는 위탁자에게 귀속하지만 위탁매매인과 거래상대방과의 관계에서는 위탁매매인에 귀속한다. 거래상대방이 위탁매매의 사실을 알고 있었는지와는 무관하다. 위탁매매인이 공급하는 거래상 세금의 거래징수와 납부의 의무는 누가 지도록 할 것인가? 실질적인 세금부담은 거래상대방이 지게 되어 있다. 그러나 국가와의 관계에서 그 세금을 징수하지 못한 책임은 공급하는 자가 부담하도록 되어 있으므로 위탁매매인이나 위탁자 중 그 의무를 부담할 자를 특정하여야 한다. 부가가치세법은 당해 거래의 실질적인 귀속이 위탁자에게 이루어질 것을 고려하여 위탁자를 납세의무자로 규정하고 있는 것이다(부가가치세법 제10조 제7항 본문).

위탁매매인이 공급하는 자인 때 거래상대방은 위탁매매의 사실을 알 수도 있고 모를 수도 있다.

위탁매매의 사실을 알리는 경우 통상적으로 위탁매매인이 공급할 것이지만 위탁자가 직접 공급할 수도 있는 것이다. 두 경우 모두 세금계산서상 공급하는 자는 위탁자로 하고 수탁자의 명의를 부기하여야 한다(부가가치세법시행령 제69조 제1항).

위탁매매인이 공급받는 거래상 세금의 거래징수를 당할 자를 규정함에 있어서도 위탁자를 거래징수의 상대방으로 하고 있다. 실제 거래상대방인 공급하는 자는 위탁매매인으로부터 거래징수할 것이다. 통상의 경우 외부적인 법률행위는 위탁매매인의 명의로 하기 때문이다. 그런데 세금계산서의 교부에 관한 부가가치세법시행령은 단순히 위탁매입의 경우에는 공급자가 위탁자를 공급받는 자로 하여 세금계산서를 발급하며, 수탁자의 등록번호를 덧붙여 적어야 한다(부가가치세법시행령 제69조 제2항).

위탁매매에 의한 매매를 하는 해당 거래 또는 재화의 특성상 또는 보관·관리상 위탁자를 알 수 없는 경우에는 수탁자에게 재화를 공급하거나 수탁자로부터 재화를 공급받은 것으로 본다(부가가치세법 제10조 제7항 단서 및 동법시행령 제21조). 이와 같이 위탁자를 알 수 없는 경우에는 위탁자와 수탁자 사이에도 별개의 공급이 이루어진 것으로 본다(부가가치세법시행령 제28조 제10항 단서). 수탁자는 제3자와의 거래가격대로 위탁자로부터 공급받거나 공급하는 것으로 한다.

나. 대 리

부가가치세법과 동법시행령은 위탁매매에 관한 규율을 본인과 대리인에게도 동일하게 적용하고 있다.

민법상 대리는 대리인이 본인을 위한 법률행위를 하고 그것의 효과를 본인에게 귀속시키는 제도이다. 대리의 대상이 되는 행위를 함에 있어서는 대리인은 '본인을 위한 것임을 표시'하여야 한다. 대리인이 본인을 위한 것임을 표시하지 않은 경우에는 자신이 한 행위는 자기를 위한 것으로 본다(민법 제115조). 따라서 정상적인 대리의 경우 거래상대방은 본인이 누구임을 알 수 있다. 대리를 통한 매수의 경우 매도인은 본인을 거래상대방으로 하여 세금계산서를 수수할 것이다. 대리를 통한 매도의 경우 본인의 거래상대방은 대리의 존재를 알 수 있을 것이며 본인을 납세의무자로 하여 대리인이 거래징수하게 된다. 그런데 부가가치세법이 세금계산서에 굳이 대리인의 등록번호를 부기하도록 하고 있는 것은 대리인의 통상 세금계산서와 구별하기 용이하도록 하기 위함이다.

거래상대방이 대리를 통한 거래임을 알 수 없는 경우가 있는가? 민법은 현명의 원칙을 따르고 있으며 현명하지 않은 대리행위는 대리인에게 그 효과가 귀속된다고 하고 있다. 한편, 상법상으로는 상행위에 관하여 현명의 원칙이 적용되지 않는다. 대리의 사실을 표현하지 않은 경우에도 그 행위는 본인에 대해 효력이 있다. 상대방이 본인을 위한 것임을 알지 못한 경우에는 대리인에 대해서도 이행의 청구를 할 수 있다(상법 제48조). 부가가치세법은 거래상대방이 해당 거래 또는 재화의 특성상 또는 보관·관리상 본인을 알 수 없는 경우에는 대리인이 거래한 것으로 보도록 하고 있다(부가가치세법 제10조 제7항 단서).

제 2 항   거래징수세액

1. 과세표준

가. 개   요

부가가치세법상 '과세표준'이라고 하는 것은 공급한 재화와 용역에 대해 세금을 거래징수할 때와 과세기간이 종료하여 신고납부하기 위해 납부세액을 계산하는 과정에서 매출세액을 산정할 때에 적용되는 개념이다. 소득세나 법인세와 달리 납세의무자가 납부하여야 할 산출세액을 산정하기 위해 세율이 적용되는 대상 금액은 아닌 것이다.

부가가치세의 과세표준을 공급가액이라고 한다. 일반적인 경우 공급가액은 실지거래가액으로 한다. 그런데 대가로 실물을 공급한 경우에는 실지거래가액이 무엇인지 바로 알 수는 없다. 해당 실물의 시가를 산정하여야 한다. 대가를 현금으로 지급하는 경우라 하더라도 그 실제 지급한 금액을 공급가액으로 인정하여야 하는지에 대해 의문이 제기될 수 있는 경우가 있다.

공급자가 공급과 관련하여 재화나 용역을 공급받는 자가 아닌 제3자에게서 금전 또는 금전적 가치가 있는 것을 받는 경우 해당 공급과 대가관계에 있는 금전 등이 부가가치세 과세표준에 포함된다.

특수관계인에게 공급하는 재화 또는 용역에 대한 조세의 부담을 부당하게 감소시킬 것으로 인정되는 경우로서 재화의 공급에 대하여 부당하게 낮은 대가를 받거나 아무런 대가를 받지 아니한 경우 또는 용역의 공급에 대하여 부당하게 낮은 대가를 받는 경우 등에는 공급한 재화 또는 용역의 시가를 공급가액으로 본다 (부가가치세법 제29조 제4항). 시가는 사업자가 특수관계인이 아닌 자와 해당 거래와 유사한 상황에서 계속적으로 거래한 가격 또는 제3자 간에 일반적으로 거래된 가격을 원칙으로 하고 그것이 없거나 불분명한 경우에는 소득세법 및 법인세법상 부당행위계산부인에 관한 규정상 시가에 관한 규정에 따라 산정한다(부가가치세법 시행령 제62조).

부가가치세과세상 특수관계인에게 저가에 공급하는 경우 저가공급으로 특수관계인에게 경제적 이득이 이전됨에 따라 증여세를 부과할 수 있게 되는 것과는 별개로 공급하는 자가 부가가치세를 과소하게 부담하는 문제가 있게 된다. 공급받는 자가 사업자일 경우에는 바로 매입세액공제가 되는 것이므로 국고에 지장이 없겠지만 최종적인 소비자일 경우에는 바로잡을 필요가 있다. 이에 따라 부가가치세법은 재화나 용역의 공급가액을 부당하게 낮춘 경우에 대해서는 시가를 공급가액으로 하도록 하고 있다. 실지거래가액을 부인해야 할 요건으로서 부가가치세법시행령은 특수관계인의 요건을 규정하고 있다.

실제 특수관계인과의 거래가 아니라고 하더라도 공급하는 자는 공급가액을 낮추고자 하는 탈세의 동기를 가질 만하다. 물론 공급받는 자가 이의를 달지 않을 상황이어야 가능할 공급가액을 인위적으로 낮추는 것이 가능할 것이다. 공급받는 자가 재화나 용역의 대가를 우회하여 지급하는 것을 거절할 이유는 없을 것이다. 이는 일종의 조세회피라고 볼 수 있는데, 부가가치세법 적용상 대가의 일부로 받는 운송보험료·산재보험료, 운송비·포장비·하역비 등은 공급가액에 포함하는 것으로 되어 있다. 이에 대한 법령상 명시적 근거는 찾아보기 어렵다. 관세법상으로는 관세과세가격을 산정하는 데에 부수하여 가산하는 요소에 대해 명문의 규정을 두고 있는 것과 대비된다(관세법 제30조 제1항).

공급하는 자가 부당하게 낮은 대가를 받은 것으로 하여 시가를 과세표준으로 하여 신고납부하도록 한 경우 공급받는 자가 세액공제받을 수 있는 세액은 어떻게 되는가? 실제 거래징수한 세액을 세액공제받을 수 있다. 실제 거래징수한 세액이 실지거래가액을 기준으로 한 것이라 하더라도 당시 교부되었던 세금계산서가 사실과 다른 세금계산서가 되지는 않는다. 즉 가산세를 부담하지는 않는다. 실제 거래한 금액보다 높은 가액을 기준으로 세액을 거래징수한 경우에는 그 거래징수한 세액을 공제받을 수 있다.

추후 과세관청의 경정에 의해 추가적인 세액을 납부하게 된 경우에는 그에 따라 공급하는 자가 공급받는 자에게 교부하는 세금계산서가 적법한 것인 때에만 매입세액공제를 받을 수 있을 것이다. 일반적으로 공급하는 자에 대한 세무조사 결과 경정에 따라 추가적으로 납부하게 되는 세액에 대응하는 매입세액은(그것을 공급하는 자가 공급받는 자로부터 회수하는지에 불구하고) 공제할 수 없다. 공급시기 후에 교부받은 세금계산서의 매입세액은 매출세액에서 공제하지 않는다. 다만, 재화 또는 용역의 공급시기가 속하는 과세기간 내에 교부받은 경우에는 공제할 수 있기는 하다. 이것을 이중과세로 보아 위법한 것으로 보지는 않는다. 부가가치세는 유통질서를 중시하는 거래세이기 때문이다.

부가가치세법상 부당행위계산부인은 소득세법이나 법인세법상 부당행위계산부인과 비교하여 공급하는 자가 낮은 가격에 공급하는 경우에 적용된다는 점에서 공통점을 지니고 있다. 그리고 공급받는 자가 저가에 공급받은 만큼 추가적으로 공급하는 자에게 과세하는 경우라 하더라도 그 사실만으로 공급받는 자에게 그에 대응하는 보상을 하지 않는 원칙을 가지고 있는 점에서도 동일하다.

소득세법 및 법인세법상 고가공급의 경우에는 공급하는 자에게 소득세 또는 법인세가 고가에 해당하는 가액에 따라 부과될 것이기 때문에 추가적인 과세문제가 발생하지 않는다. 고가로 공급받은 자에게는 고가에 해당하는 부분에 대해 필요경비 또는 손금산입이 부인된다. 부가가치세법상으로는 고가로 공급하는 자의 부가가치세과세상 별도의 문제가 발생하지 않는다. 공급받는 자의 매입세액공제액이 감소될 것인가? 그렇지 않다. 실제 교부받은 세금계산서상 세액대로 공제받을 수 있다.

　재화 또는 용역을 공급한 후의 그 공급가액에 대한 대손금·장려금 등은 과세표준에서 공제하지 않는다.

　재화의 수입에 대한 부가가치세의 과세표준은 그 재화에 대한 관세의 과세가격과 관세, 개별소비세, 주세, 교육세, 농어촌특별세 및 교통·에너지·환경세를 합한 금액으로 한다(부가가치세법 제29조 제2항). 관세가 감면되는 경우라도 관세과세가격은 존재하므로 반드시 부가가치세가 과세되지 않는 것은 아니다.

[사례] 관세법상 관세가 무세인 경우라 하더라도 관세과세가격은 있는 것이기 때문에 그것으로 바로 부가가치세가 과세되지 않는 것은 아니다. 관세법상 관세과세가격을 산정할 때에 가산요소로 규정되어 있는 권리사용료는 수입물품과 관련성이 있고 권리사용료의 지급이 수입거래의 조건으로 되어 있을 경우 수입물품의 관세과세가격에 가산하도록 되어 있지만(관세법 제30조 제1항 제3호, 동법시행령 제19조), 관세율표 중 세번 8523호에 속하는 물품으로서 마그네틱 테이프, 마그네틱 디스크, 시디롬 및 이와 유사한 물품에 컴퓨터소프트웨어가 수록되어 있을 경우에는 권리사용료는 관세과세가격에 가산하지 않는다. 이는 인터넷 등을 통해 다운로드받는 방식으로 국내에 도입되는 소프트웨어에 대한 과세와의 형평을 위해 정책상 관세과세가격에서 배제하고 있는 것이다. 부가가치세과세표준의 산정은 관세과세가격에 따르도록 하고 있으므로 관세법상의 세번 8523호에 해당하는 물품에 구현된 컴퓨터소프트웨어의 사용료에 대해서는 부가가치세가 과세되지 않는 것이다. 이는 세번 8523호에 포함되지 않는 물품에 구현된 것 또는 소프트웨어이지만 컴퓨터소프트웨어에 해당하지 않은 것에 대한 권리사용료는 관세과세가격에 포함된다. 그 경우에도 관세율표상 무세가 될 수 있다. 무세의 경우 관세는 0이 되지만 관세과세가격은 있다. 부가가치세법상 달리 면세하는 규정이 존재하지 않는 한 관세과세가격이 있으므로 부가가치세는 과세된다. 통상 부가가치세가 과세되는 물품의 가액에 포함되는 요소는 소득과세상 사용료로 보지 않는다. 우리 세법에 의하면 관세가 과세되더라도 사용료에 대해 원천징수가 가능하다. 따라서 권리사용료에 대해 부가가치세가 부과되면서 소득세나 법인세가 원천징수될 수도 있다.

나. 과세표준에 포함하지 않는 부분

거래대상인 재화나 용역의 특성 자체에 기인하는 부분으로서 다음의 것은 과세표준에 포함되지 않는다(부가가치세법 제29조 제6항).

- 환입된 재화의 가액
- 공급받는 자에게 도달하기 전에 파손 · 훼손 또는 멸실된 재화의 가액
- 재화 또는 용역의 공급에 있어서 그 품질 · 수량 및 인도 · 공급대가의 결제 기타 공급조건에 따라 그 재화 또는 용역의 공급 당시의 통상의 공급가액에서 일정을 직접 공제하는 에누리액
- 공급에 대한 대가를 약정기일 전에 받았다는 이유로 사업자가 당초의 공급가액에서 할인해 준 금액 등

재화나 용역의 공급과 관련하여 그 품질이나 수량, 인도조건 또는 공급대가의 결제방법 등의 공급조건이 원인이 되어 통상의 공급가액에서 직접 공제 · 차감되는 에누리액은 그 발생시기가 재화나 용역의 공급시기 전으로 한정되지 아니하고, 그 공제 · 차감의 방법에도 특별한 제한이 없다. 공급자가 재화나 용역의 공급 시 통상의 공급가액에서 일정액을 공제 · 차감한 나머지 가액만을 받는 방법뿐만 아니라, 공급가액을 전부 받은 후 그중 일정액을 반환하거나 또는 이와 유사한 방법에 의하여 발생할 수 있다(대법원 2022. 8. 31. 선고 2017두53170 판결; 대법원 2022. 11. 17. 선고 2022두33149 판결).

공급대가의 지급방식에 관한 것으로서 목적물 자체의 가치와는 직접적인 관련성이 없는 부분은 과세표준에 포함되지 않는다.

- 외상판매에 대한 공급대가의 미수금을 결제하거나 공급대가의 미수금을 그 약정기일 전에 영수하는 경우에 일정을 할인하는 금액
- 공급대가의 지급지연으로 받는 연체이자

2017년 개정된 부가가치세법은 자기적립 마일리지 등 외의 마일리지 등으로 결제하는 경우 해당 금액이 공급가액의 범위에 포함된다는 규정을 두고 있다(부가가치세법 제29조 제3항 제9호). 재화 또는 용역의 공급과 직접 관련되지 않은 국고

보조금 및 공공보조금도 과세표준에 포함되지 않는다. 재화 또는 용역을 공급받는 자에게 지급하는 장려금이나 이와 유사한 금액 및 대손금액은 과세표준에서 공제하지 아니한다(부가가치세법 제29조 제6항).

2. 거래징수세액의 계산

거래징수세액은 과세표준에 세율 10%를 곱한 금액이다(부가가치세법 제30조).

제 3 항 세금계산서의 교부

사업자가 재화 또는 용역을 공급하는 때에는 공급가액과 부가가치세액을 표시한 세금계산서를 거래상대방에게 작성·교부하여야 하며, 매입할 때는 매출자로부터 교부받아야 한다.

재화 또는 용역의 공급시 또는 거래처별로 1역월의 공급가액을 합계하여 당해 월의 말일자로 익월 10일까지 교부하거나, 1역월 이내에서 사업자가 임의로 정한 기간의 공급가액을 합계하여 그 기간의 종료일자로 익월 10일까지 교부할 수 있다.

법인사업자와 직전 연도의 사업장별 재화 및 용역의 공급가액의 합계액이 8천만원 이상인 개인사업자는 세금계산서를 발급하려면 전자세금계산서를 발급하여야 한다(부가가치세법 제32조 제2항).

영세사업자 및 세금계산서를 현실적으로 교부할 수 없는 자에게는 세금계산서 대신 영수증을 교부하도록 허용하고 있다. 공급받는 자와 부가가치세액을 별도로 기재하지 않은 계산서이다. 소매업·음식점업·숙박업·변호사업,·변리사업·세무사업 등 주로 사업자가 아닌 소비자에게 공급하는 사업이나, 목욕·이발·미용업·여객운송업·입장권을 발행하는 사업에게 허용된다.

1. 수수질서 확립

우리나라에서는 수수되는 세금계산서의 양식을 법정하고 그것에 조금이라도 부족한 것이 있으면 사실과 다른 세금계산서라는 이름으로 가산세를 부과함과 동시에, 세금계산서를 제출-이제는 세금계산서합계표의 제출-을 의무화하여 과세당국이 거래당사자 간 거래징수와 신고납부를 상시 감시하는 제체를 구축하였다. 세금계산서의 제출 및 그의 전통을 이어받은 세금계산서합계표의 제출은 부가가치세를 도입한 국가에서는 그 유례를 찾을 수 없는 것이다.

EU 국가에서는 특히 탈세의 소지가 많은 영역에 한정하여 신중한 고려 끝에 해당 분야 거래의 명세를 받고 있다. 프랑스, 독일 및 영국 등 EU 국가에서 최초로 도입된 부가가치세 제도는 우리나라에서 주요 EU 국가들이 채택한 대로 전단계매입세액공제방식으로 운영되고 있다. 거래징수와 신고납부를 기본적 의무로 하는 부가가치세제도를 운영함에 있어 세금계산서의 수수는 그 기본적 의무들을 제대로 준수하게 하는 수단이 되고 있다. 당초 EU 국가들에서는 수수되는 세금계산서는 그 양식은 민간의 자율로 하되 주요 법정항목들이 공급시점에 당사자 간 공유되도록 하고 그것에 따라 납부세액(매출세액-매입세액)을 신고하고 매입세액을 공제받도록 하여 왔다.

대법원 2004. 11. 18. 선고 2002두5771 판결은 과세기간이 경과한 후에 작성한 세금계산서는 작성일자를 공급시기로 소급하여 작성한 경우 부가가치세법 소정의 '필요적 기재사항의 일부가 사실과 다르게 기재된' 세금계산서에 해당하므로 이 경우의 매입세액은 매출세액에서 공제되어서는 아니 된다고 보았다. 이와 같이 세금계산서의 작성일이 사실상의 거래시기와 다르게 기재되어 있는 경우에도 세금계산서의 작성일이 속하는 과세기간과 사실상의 거래시기가 속하는 과세기간이 동일한 이상 그 매입세액은 공제된다(대법원 1997. 3. 14. 선고 96다42550 판결).

2. 공급하는 자

현행 부가가치세법상 납세의무자로 등록한 사업자가 재화 또는 용역을 공급하는 때에는 공급시기에 법정의 세금계산서를 공급받는 자에게 교부하여야 한다.

세금계산서의 교부는 부가가치세법상 규정된 공급시기에 하여야 한다. 다만, 고정거래처와의 관계에서 월 합계 세금계산서를 제출할 수 있도록 하고 있다. 그리고 일반적인 경우에도 당해 공급이 속한 달의 다음 달 10일까지 당해 거래일로 소급하여 세금계산서를 교부할 수 있다. 이때에는 관계증빙서류 등에 의하여 실제거래일을 입증할 수 있어야 한다.

등록하지 않은 사업자가 재화나 용역을 공급하는 경우에도 부가가치세를 거래징수하여야 한다. 그런데 등록하지 않은 사업자는 세금계산서를 교부할 수 없다. 세금을 거래징수당한 납세자가 사업자일 경우 매입세액공제를 받기 위해서는 제때에 교부받은 세금계산서가 있어야 하는데 세금을 거래징수당하고 세액공제를 받지 못하는 상황이 될 수 있다. 대개의 경우 미등록사업자는 거래징수도 하지 않아 공급받는 자에게 이러한 문제가 생기지 않는다. 그러나 실제 세금을 거래징수하였지만 사업자등록 후에야 세금계산서를 교부하게 된 경우에는 그 세금계산서는 공급시기와 작성연월일이 동일하지 않은 이른바 사실과 다른 세금계산서가 된다. 과세기간 경과 후 소급작성된 세금계산서는 효력이 없으며 매입세액공제를 받을 수 없다. 그러나 공급시기 이후에 교부받았지만 당해 공급시기가 속한 과세기간 내에 교부받은 세금계산서는 효력이 있다. 이에 대해서는 공급자 및 공급받는 자 모두에 대해 가산세가 부과된다. 한편, 공급받는 자가 미등록사업자일 경우에는 사업자등록신청일부터 역산하여 20일 이내의 것은 매입세액공제를 받을 수 있다.

수입하는 재화의 경우 세관장이 세금을 징수하고 계산서를 교부한다. 세관장이 교부하는 세금계산서를 수입세금계산서라고 한다.

위탁판매의 경우 수탁자인 위탁매도인이 세금계산서를 교부한다. 위탁매매의 사실을 알리는 경우 세금계산서상 공급하는 자는 위탁자로 하고 수탁자의 명의를 부기하여야 한다. 위탁매매의 사실을 알리지 않는 경우에는 세금계산서상 공급하는 자를 위탁매도인으로 할 수 있다.

- 선발행세금계산서
  '선발행세금계산서'라는 것은 공급시기보다 앞서 발행된 세금계산서를 말한다.
  ① 대가를 받고 세금계산서를 발급하는 경우, ② 세금계산서 발급 후 7일 이

내에 대가를 받은 경우, ③ 세금계산서 발급 후 7일 경과 후에 대가를 받은 경우로서 계약서 등에 대금청구시기와 지급시기를 따로 적은 경우 또는 ④ 세금계산서 발급 후 7일 경과 후에 대가를 받은 경우로서 대금 청구시기와 지급시기 사이의 기간이 30일 이내이거나 세금계산서 발급 후 동일 과세기간 이내에 대가를 받는 경우에는 재화 또는 용역의 공급시기가 되기 전 세금계산서를 발급할 수 있다(부가가치세법 제34조 제2항).

• 사업의 포괄적 양도의 매입자납부특례의 선택허용

'사업의 포괄적 양도'에 대해서는 매입자납부특례가 선택적으로 허용되고 있다. '사업의 포괄적 양도'는 부가가치세 비과세로 규정되어 있는데 실제 사안이 그 비과세요건에 해당하는지를 판단하기 어려운 경우가 발생하기 쉽다. 이처럼 매출자가 부가가치세를 납부하지 않을 가능성이 높거나 매출자와 매입자가 견해가 갈릴 수 있는 영역에는 그 대가를 받은 공급하는 자로부터 부가가치세를 징수하여 매입자의 '대리납부(reverse charge)' 제도를 도입하는 것이 바람직하다. 사업의 포괄적 양도에 대해서 부가가치세법은 매입자가 부가가치세를 대리납부하는 것을 선택할 수 있게 하고 있다. 사업의 포괄적 양도에 해당하는지 여부가 분명하지 아니한 경우에도 매입자납부를 선택할 수 있다(부가가치세법 제38조 제1항 제1호, 제52조 제4항). 매입자납부를 할 경우에도 공급하는 사업의 양도자는 세금계산서 발행하게 되지만, 부가가치세의 거래징수는 양수자가 그 대가를 지급하는 때에 그 대가를 받은 양도자로부터 하여 다음달 25일까지 부가가치세를 대리납부하여야 한다. 수입한 용역에 대한 대리납부의 경우 세금계산서를 발급하지 않는 것과 비교된다.

• 금 관련 제품 등의 매입자납부특례

금사업자가 금 관련 제품을 다른 금사업자에게 공급한 때에는 부가가치세를 거래징수하지 않는다. 사업자 간 금을 거래할 때 매출자 대신 매입자가 국고에 납부하는 매입자 납부(reverse charge) 특례제도가 적용되기 때문이다. 대상 물품은 금 관련 제품, 구리·구리합금 및 비철금속류, 철의 웨이스트 및 스크랩이다(조특법 제106조의 4, 제106조의 9). 참고로 2006년 EC VAT Directive상 회원국이 투자금(investment gold)의 소비자를 부가가치세의 납세의무자로 지정할 수 있다고 한다(제198조 및 제254조).

3. 공급받는 자

세금계산서 교부의무가 있는 사업자(일반과세자)가 재화 또는 용역을 공급하고 그에 대한 세금계산서를 발행하지 않는 경우, 재화 또는 용역을 공급받은 사업자(매입자)가 관할세무서장의 확인을 받아 세금계산서를 발행할 수 있는 제도로서, 2007년 7월 1일 이후 공급하는 분부터 적용되고 있다. 신청인이 '매입자발행세금계산서'를 발행하고 부가가치세 신고 또는 경정청구 시 매입자발행세금계산서합계표를 제출한 경우, 매입세액으로 공제받을 수 있다(부가가치세법 제34조의 2). 공급자의 부도·폐업 등으로 공급받은 자에게 수정세금계산서 등을 발급할 수 없는 경우에도 공급받은 자가 직접 매입자발행세금계산서를 발행할 수 있도록 되어 있다.

매입자발행세금계산서의 발행을 위한 매입자 관할세무서장의 확인은 매출자가 부가가치세를 거래징수한 사실을 전제로 하여야 한다. 실제 매출자가 거래징수하였는지에 대한 판단상 자주 문제되는 것은 '사업의 포괄적 양도'이다. 사업을 포괄적으로 양도한 매출자는 자신 명의의 사업은 폐업하게 된다. 이때 부가가치세를 납부하지 않을 수 있다. 매입자와 매출자가 상호 부가가치세를 거래징수하였는지에 대해 다른 주장을 할 수도 있다. 매출자가 부가가치세를 납부하지 않을 가능성이 높거나 매출자와 매입자가 견해가 갈릴 수 있는 영역에는 '매입자납부(reverse charge)' 제도를 도입하는 것이 바람직하다.

4. 영수증발급 및 현금주의 과세

간이과세자와 일반과세자 중 주로 사업자가 아닌 자에게 재화 또는 용역을 공급하는 사업자는 세금계산서를 발급하는 대신 영수증을 발급하여야 한다(부가가치세법 제36조 제1항). 영수증을 발급하는 사업자는 금전등록기를 설치하여 영수증을 대신하여 공급대가를 적은 계산서를 발급할 수 있다(부가가치세법 제36조 제4항). 일반과세사업자로서 주로 사업자가 아닌 소비자에게 재화 또는 용역을 공급하는 사업을 영위하는 자가 신용카드기 또는 직불카드기 등 기계적 장치(금전등록기는 제외한다)를 사용하여 영수증을 발급할 때에는 영수증에 공급가액과 세액을 별도로 구분하여 적어야 한다(부가가치세법시행령 제73조 제8항). 재화 또는 용역을 공급받는 자가 사업자등록증을 제시하고 세금계산서의 발급을 요구하는 경우로서 세금계산서를 발급하여야 한다(부가가치세법 제36조 제3항).

영수증을 발급하는 사업자가 금전등록기를 설치하여 영수증을 대신하여 공급대가를 적은 계산서를 발급하고 사업자가 계산서를 발급하고 해당 감사테이프를 보관한 경우에는 영수증을 발급하고 장부의 작성을 이행한 것으로 보며, 현금수입을 기준으로 부가가치세를 부과할 수 있다(부가가치세법 제36조 제4항).

제5절   신고납부의무

제 1 항   납세의무의 성립·확정

1. 성   립

부가가치세는 기간과세세목이다. 법으로 규정한 과세기간이 종료하면 사업자가 그 기간 중 공급한 재화와 용역에 대한 부가가치세 납세의무가 성립한다(국세기본법 제21조 제2항 제4호). 과세기간은 역년상 상반기와 하반기 각각이다(부가가치세법 제5조). 예납신고하는 부가가치세는 예정신고기간(1.1~3.31; 7.1~9.30)이 종료하는 때에 납세의무가 성립한다(국세기본법 제21조 제3항 제3호). 주사업장 총괄납부 사업자와 사업자단위 과세사업자는 예정고지가 예정신고를 대체한다.

수입재화의 경우에는 세관장에게 수입신고를 하는 때에 납세의무가 성립한다. 용역을 수입하는 면세사업자의 경우 그 대가를 지급하는 때에 대리납부의무가 성립한다.

간이과세자의 과세기간은 1 역년이다. 간이과세자에 대해서는 직전 과세기간에 대한 차감 납부세액 1/2을 7월 25일까지 납부하도록 하는 예정고지가 이루어진다.

2. 확   정

부가가치세는 신고납세세목이다. 예정신고와 확정신고로 납세의무가 확정된다. 예정신고하지 않았다 하더라도 확정신고를 할 경우 당해 과세기간에 대한 납세의무가 확정된다.

신고에 의해 확정되는 납세의무는 해당 과세기간 중 공급한 재화 및 용역에 대한 부가가치세액에서 공급받은 재화와 용역에 대한 부가가치세액을 차감한 세액에 대한 것이다.

신고로 확정되는 납세의무의 범위는 매우 중요한 사항인데 부가가치세법상 그것의 시간적 범위를 명시적으로 규정하는 조항을 발견할 수는 없다. 재화나 용역의 공급시기에 관한 조항은 거래징수의 시기를 규정하고 있는 것이지 납부세액을 계산할 때 고려하여야 할 '공급'의 범위를 규정하고 있는 것은 아니다. 해석론상 특정 과세기간 중 공급한 것과 공급받은 것에 대한 세액으로 납부세액을 계산한다.

[사례] 착오로 공급시기를 잘못 신고하였는데 신고기한 경과 후 착오를 인지한 경우에는 해당 거래를 이미 신고한 기간분에 대해서는 경정청구(음의 세금계산서를 발급하여)하고 신고했어야 할 기간분에 대해서는 수정신고(정확한 세금계산서를 발급하여)하여야 한다. 이 경우 두 수정세금계산서는 착오를 인지한 날 작성하되, 세금계산서상 작성일자는 당초 세금계산서 작성일자로 표기한다(국세청 수정세금계산서 발급방법).

제 2 항   납부세액의 계산

특정 과세기간에 대한 부가가치세 납세의무의 액을 '납부세액'이라고 한다. 납부세액은 사업자가 공급한 재화 또는 용역에 대한 매출세액에서 자기가 공급받은 매입세액을 공제한 금액으로 한다. 매입세액은 자기의 사업을 위하여 사용되었거나 사용될 재화를 공급받거나 수입하면서 부담한 세액 또는 용역을 공급받으면서 부담한 세액의 합계액이다.

간이과세자와 소매, 음식, 숙박, 미용·욕탕, 여객운송업, 입장권발행업 등을 영위하는 개인사업자에게는 신용카드매출세액공제가 인정된다(부가가치세법 제46조). 개인사업자가 전자세금계산서를 발급하는 경우에는 일정 요건하에 2024년까지 연간 1백만원 한도의 세액공제가 허용된다(부가가치세법 제47조).

부동산임대시 간주임대료는 부가가치세가 과세된다. 임대보증금을 받은 상가 소유주는 간주임대료의 10%에 해당하는 만큼 부가가치세를 과세관청에 납부한다. 실제 부동산의 임대라는 용역을 제공하였기 때문이다. 임차인에게는 세금계산서를 교부하지 않는다. 임대인은 세금계산서의 교부 없이 매출세액을 납부하지만 임차인은 교부받은 세금계산서가 없어 매입세액공제를 받지 못한다.

현금영수증사업자에게는 일정한 세액공제가 허용된다(조특법 제173조).

1. 의제매입세액공제

가. 면세재화·용역

면세재화나 용역을 공급받은 자는 자기의 명의로 거래징수당한 부가가치세가 없기 때문에 공제받을 매입세액이 없다. 면세재화나 용역의 공급하는 자는 과세재화나 용역을 공급받는 것이 필요할 수 있다.

최종적인 재화나 용역의 창출단계까지 ① 과세(가액 50) → ② 면세(가액 102) → ③ 과세(가액 200)의 과정을 거치게 될 경우를 상정해 보자. ③단계에서 최종적인 소비자는 200에 대한 세금 20을 부담하게 된다. 각 단계에서 국가의 수입을 보면 ①단계에서 5, ②단계에서 0 그리고 ③단계에서 20이 된다. 국가는 국민경제 전체에서 창출된 부가가치가 200에 불과함에도 세금을 25만큼 거두는 효과를 얻게 된다. ②단계의 사업자는 자신이 부담한 5의 부가가치세를 비용으로 인식하게 된다. 소득세율 30%를 가정한다면, 국가는 ②단계의 사업자에게서 1.5만큼의 소득세를 감액해주는 결과가 된다. 두 측면을 모두 고려할 때 중간에 면세거래가 개입한 경우 국가는 23.5의 세금을 거두게 되는 것이다.

부가가치세법은 ③단계에 있는 자가 사업자라면 그 사업자가 구입한 면세재화에 함유되어 있는 ①단계의 세액을 추려 내어 ③단계의 납부세액을 계산할 때 공제할 수 있는 예외를 일부 농산물, 축산물, 수산물 또는 임산물의 면세재화에 대해 허용하고 있다. 이를 '의제매입세액공제'라고 한다. 해당 재화나 용역의 공급자가 사업자가 아닌 일반 개인인 경우에는 의제매입세액공제를 허용하지 않는 것을 원칙으로 하고 있다(부가가치세법 제42조). 공제율은 ③단계에서 사업자가 구입한 면세재화의 공급가액의 102분의 2(중소제조업 4/104)로 한다. 위의 예에서 ③단계의 사업자는 18(=20-2)만큼만 납부세액으로 신고납부하도록 하는 것이다. 이에 따라 국가는 23의 세금만 부가가치세로 거두게 된다. 소득세를 함께 고려한다면 국가는 21.5만큼의 세금을 거두게 되어 ②단계의 거래가 과세거래인 경우 거두는 세금 20에 조금 더 근사한 결과가 된다.

③단계의 사업자가 음식점업을 하는 경우는 달리 설정되어 있다. ③단계의 음식점업자가 109분의 9의 비율을 적용받는다면, 그는 약 8.4를 매입세액공제를 받는다. 이에 따라 11.6원을 납부하게 된다. 국가는 ①단계에서 5, ③단계 11.6의 세금을 납부하므로 국가는 16.6의 부가가치세를 거두게 되며, 소득세감소액을 고려한다면 15.1만큼의 세금을 거두게 된다.

과도한 의제매입세액공제를 방지하기 위해 해당 과세기간에 해당 사업자가 면세농산물등과 관련하여 공급한 과세표준에 100분의 30(개인사업자에 대해서는 과세표준이 2억원 이하인 경우에는 100분의 50, 과세표준이 2억원 초과인 경우에는 100분의 40)을 곱하여 계산한 금액으로 의제매입세액공제대상 면세농산물금액한도를 설정하고 있다. 음식용역을 2023. 12. 31.까지 공급하는 경우 법인사업자는 과세표준에 100분의 50을 곱하여 계산한 금액으로 하고, 개인사업자는 좀더 많은 금액으로 설정되어 있다(부가가치세법시행령 제84조 제2항).

의제매입세액공제는 종래 간이과세자에게도 적용되어 왔지만 2021년 7월부터는 그 적용이 배제된다(부가가치세법 제65조 삭제). 공급대가 4,800백만원 미만의 간이과세자는 부가가치세 납부가 면제되어 굳이 매입세액공제 여부를 따질 필요가 없게 되었다. 4,800백만원 이상 8,000만원 미만의 간이과세자는 여전히 의제매입세액공제의 허용은 혜택이 될 것이다. 그간 간이과세자에 대해서는 부가가치율을 통해 실질적으로 매입세액공제를 해주는 것과 동일한 효과를 부여해오고 있었던 점을 기억할 필요가 있다. 내용상 중복적인 혜택이 되어 온 점이 있었는데 간이과세자의 범위를 확대하면서 비교적 큰 규모의 간이과세자에 대해서는 차제에 이러한 혜택의 부여를 배제하게 되었다.

[의제매입세액공제 - 면세농산물]

			합계
국고효과	5	0	20	5
숨은 VAT		5		
의제매입세액공제			-8.4(=102*9/109)	-8.4

나. 중고재화

현행 부가가치세제는 사업자가 재화나 용역을 공급받으면서 상대방으로부터 징수당한 세액을 공제하여 세무서에 납부하는 방식으로 되어 있으며, 그 징수당한 세액은 세금계산서로 금액이 입증되어야만 하도록 하고 있다(전단계매입세액공제방식). 따라서 사업자가 중고재화를 사업자가 아닌 일반 개인으로부터 매입하여 다시 매출하는 경우에는 동일한 대상에 대해 부가가치세가 두 번 과세되는 결과가 될 수 있다.

금은방 등이 비사업자인 개인 등으로부터 고금을 취득한 경우에는 취득가액의 3/103의 의제매입세액공제를 허용하던 제도는 한시적으로 도입되어 2013년 폐지되었다(구 조특법 제106조의 5). 현재는 스크랩등 사업자의 부가가치세 매입세액공제 특례 규정으로 남아 있다(조특법 제108조의 2).

현행 조특법상 사업자가 세금계산서를 발급할 수 없는 자, 즉 일반 개인으로부터 매입한 재활용 폐자원 및 중고 자동차에 대해 그것을 가공하여 새로운 물품을 공급하는 때에, 바로 그 구입 폐자원이나 중고 자동차의 매입가액의 일정 부분을 매입세액에서 공제해주는 한시적인 제도가 운영되고 있다(조특법 제108조). 특정한 산업의 형편을 고려하여 정책적으로 지원하는 의미를 갖고 있는 것으로 볼 수 있다.

일본에서는 중고재화를 매입하여 다시 매도하는 사업자에게 '의제매입세액공제'를 허용하고 있다(일본 소비세법 제2조 제1항 제12호). 동일한 대상에 대해 부가가치세가 두 번 과세되는 현상은 과세사업자가 부가가치세 면세 재화나 용역을 매입하여 매출하는 경우에도 발생하게 되어 있다. 과세사업자는 부가가치세과세대상 재화나 용역을 공급하는 사업자이다.

이중공제의 가능성을 완전히 배제하기는 어려우므로 중고재화에 대해 일반적으로 확대하는 데에는 신중하여야 한다.

현행 부가가치세법은 면세농산물을 원재료로 하여 과세되는 재화나 용역을 공급하는 과세사업자에 대해 면세농산물을 공급받을 때에, 2018년 말까지 부분적인 의제매입세액공제를 해주고 있다. 이때 해당 재화나 용역의 공급자가 사업자가 아닌 일반 개인인 경우에는 의제매입세액공제를 해주지 않는 것을 원칙으로 하고 있다(부가가치세법 제42조). 공제율은 부가가치세율 10%의 일부에 그친다. 면세재화를 공급하는 면세사업자가 창출한 부가가치에 해당하는 부분에 대해서는 부가가치세가 과세되지 않을 것이라는 점을 전제로 면세사업자의 공급가액 중 과세매입가액의 비중을 고려한 것이다. 이 공제율은 해당 면세사업자의 특성을 고려하여 설정하지 않고 있다. 동일한 면세사업자가 공급한 동일한 면세재화라 하더라도 그것을 공급받은 자의 특성에 따라 공제율을 달리하고 있다(부가가치세법 시행령 제84조). 한국 부가가치세법상 의제매입세액공제제도는 중립적인 과세를 도모하는 것과는 거리가 있다.

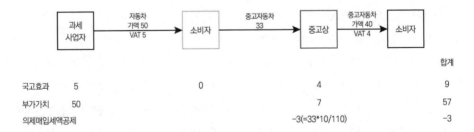

[의제매입세액공제 – 중고재화]

	과세사업자	자동차 가액 50 VAT 5 →	소비자	중고자동차 33 →	중고상	중고자동차 가액 40 VAT 4 →	소비자	합계
국고효과	5		0		4			9
부가가치	50				7			57
의제매입세액공제					-3(=33*10/110)			-3

2. 매입세액불공제

가. 부가가치세 이론상 매입세액불공제

(1) 사업과 직접 관련이 없는 지출에 대한 매입세액

사업자가 지출한 것이라 하더라도 자기의 사업과 직접 관련 없이 지출한 것은 개인적인 사용을 위한 것으로서 부가가치의 창출에 기여하는 것으로 볼 수 없다. 그가 최종적인 소비자로서 부가가치세를 부담하여야 할 것이므로 공제를 배제하는 것은 당연하다. '사업과 직접 관련'의 의미를 어떻게 볼 것인가는 해석론에 맡겨진다. 부가가치세법시행령은, 사업과 직접 관련이 없는 지출의 범위는 소득세법시행령 제78조 및 법인세법시행령 제48조가 규정하는 바에 의한다고 규정하고 있다.

사업과 직접 관련 없는 자산의 취득시의 매입세액도 공제되지 않는다. 기업업무추진비 및 이와 유사한 비용의 지출을 위하여 부담한 세액도 공제되지 않는다.

사업자가 자기의 사업과 관련하여 비영업용 소형승용차나 그 유지를 위한 재화를 생산·취득한 경우에는 그에 대한 매입세액이 공제되지 않는다.

(2) 부가가치세가 면제되는 재화·용역의 공급에 관련되는 사업에 사용된 것에 대한 매입세액

(가) 매입세액공제의 배제

면세사업 또는 비과세사업에 사용한 재화나 용역에 대한 매입세액은 공제하지 않는다.

부가가치세법시행령상 토지관련 매입세액은 공제하지 않는다(부가가치세법시행령 제80조). 그러나 토지의 임대는 과세하고 있으므로 임대하는 토지 관련 매입세액이 발생하였다면 공제하여 주어야 할 것이다. 해당 사업자가 거래상대방으로부터 별도로 공급대가를 받는 것은 아니지만 국가나 지방자치단체로부터 국고보조금 등을 받는 경우 비과세사업에 해당하지 않는다.

사업자가 부가가치세 과세사업과 면세사업을 겸영하는 경우 면세사업에 관련되어 소요된 재화나 용역은 그 사업에 귀속하는 것으로 구분경리하여야 한다. 사업자가 과세사업과 비과세사업을 겸영하는 경우에 과세사업과 비과세사업에 관련된 매입세액은 원칙적으로 실지귀속에 따라 계산하여야 한다(대법원 2023. 8. 31. 선고 2020두56384 판결). 실지귀속을 구분할 수 없는 매입세액은 총공급가액에 대한 면세공급가액의 비율 등의 기준을 적용하여 안분하여 계산한다.

2013. 2. 15. 대통령령 제24259호로 개정된 구 부가가치세법시행령 제61조 제1항은 "면세공급가액(비과세공급가액을 포함한다. …)"이라고 괄호 안의 규정을 추가하여 공통매입세액 안분계산시 비과세사업의 공급가액도 면세공급가액에 포함되는 것으로 개정하였다.

현재는 부가가치세법이 면세사업과 비과세사업을 묶어 '면세사업등'이라고 하면서 그에 대해 매입세액공제를 허용하지 않는 규정을 두고 있다(부가가치세법 제39조 제1항 제5호).

(나) 토지에 대한 자본적 지출

부가가치세법에서 토지 관련 매입세액을 불공제하도록 규정한 것은 1993년 12월 31일 법률 4663호로 부가가치세법이 개정되면서 동법 제17조 제2항 제4호부터이다. 1991년 12월 31일에 개정된 구 부가가치세법시행령 제60조 제6항에서는 공제되지 아니하는 매입세액의 범위에 토지의 조성 등을 위한 자본적 지출에 관련된 매입세액을 포함하도록 규정하고 있었다.

구 부가가치세법시행령 제60조 제6항은 2001년 12월 31일에 대통령령 제17460호로 일부 개정되고 2002년 12월 30일에 다시 대통령령 제17827호로 개정되었다. 2001년 12월 31일에 개정된 구 부가가치세법시행령 제60조 제6항의 개정취지는 자본적 지출의 범위를 구체적으로 규정하여 과세 관청과 납세자 사이의 마찰 소지를 제거하려는 것으로, 토지와 관련된 매입세액이라 할지라도 그 지출에 의하여 조성된 것이 감가상각의 대상이 되는 건물이나 구축물 등일 경우 매입세액공제대상으로 보는 것을 명확히 한 것이다.

구 부가가치세법시행령 제60조 제6항 제3호가 소유를 전제로 한 개념인지는 궁극적으로는 세법해석의 문제로 귀결된다. 조세나 부담금에 관해서는 그 부과요건이거나 감면요건을 막론하고 특별한 사정이 없는 한 법문대로 해석할 것이고, 합리적 이유 없이 확장해석하거나 유추해석하는 것은 허용되지 아니한다. 특히, 감면요건 가운데 명백히 특혜규정이라고 볼 수 있는 것은 엄격하게 해석하는 것이 공평원칙에도 부합한다.

[사례] 골프장 조성공사에 지출된 비용이 구 부가가치세법시행령 제60조 제6항 제3호에 해당하는지는 그 부과요건 또는 감면요건과 관련되므로 합리적 이유가 없는 한 엄격히 해석해야 할 것이다. 1993. 12. 31. 개정전 구 부가가치세법 제17조 제2항 제4호의 적용에 관한 대법원 1995. 12. 21. 선고 94누1449 전원합의체 판결은 원고가 이 사건 골프장에 조성한 그린·티·벙커(이하 '이 사건 자산'이라 한다)는 토지와 물리적 구조와 형태가 명확히 분리된다고 할 수 없을 뿐 아니라 골프장 부지의 이용편의를 위한 필수적인 시설로서 경제적으로도 독립적인 가치를 가진다고 할 수 없는 점, 또한 이 사건 자산의 조성은 이 사건 골프장 부지의 가치를 현실적으로 증가시키는 것으로서 그 조성비용은 골프장의 가치에 흡수될 것으로 보이는 점 등을 종합하면, 이 사건 자산의 조성비용은 골프장 부지에 대한 자본적 지출에 해당한다고 판단하였다.

토지에 대한 '자본적 지출'의 범주에 대해서는 대법원 1995. 12. 21. 선고 94누 1449 전원합의체 판결 이후의 대법원 판단이기는 하지만 대법원 2008. 4. 11. 선고 2006두5502 판결, 대법원 2009. 5. 14. 선고 2006두11224 판결과 대법원 2006. 7. 28. 선고 2004두13844 판결을 참조할 수 있다. 그에 의하면, 법인세법시행령 제 24조 제1항 제1호 (가)목 및 (바)목이 정한 '구축물' 또는 '이와 유사한 유형자산' 에 해당하기 위해서는 토지에 정착한 건물 이외의 공작물로서 그 구조와 형태가 물리적으로 토지와 구분되어 독립적인 경제적 가치를 가진 것이어야 할 것이고, 그렇지 않은 경우에는 시간의 경과에 따라 가치가 감소하지 아니하는 자산(법인세 법 제23조 제2항)인 토지와 일체로서 평가되므로 감가상각의 대상이 될 수 없으며, 토지에 대한 자본적 지출이라 함은 토지의 가치를 현실적으로 증가시키는 데에 소요된 비용을 말한다고 하였다.

나. 세금계산서 수수질서 유지를 위한 매입세액불공제

다음의 경우에는 매입세액을 공제하지 않는다.

- 매입처별세금계산서합계표를 제출하지 않은 경우의 매입세액 또는 매입처별세 금계산서합계표상 사실과 달리 기재된 부분에 대한 매입세액
- 세금계산서를 교부받지 않은 경우 또는 사실과 다른 세금계산서를 교부받은 경 우의 매입세액

- 자신이 사업자등록을 하기 전에 공급받은 재화나 용역에 대한 매입세액. 다만, 공급시기가 속하는 과세기간이 끝난 후 20일 이내에 등록 신청한 경우 그 공급시기 내 매입세액은 공제받을 수 있다.

● 사실과 다른 세금계산서

부가가치세법상 발급하도록 되어 있는 세금계산서를 법상 발급시기가 지난 후 공급시기가 속하는 과세기간 내에 발급하는 경우에는 공급가액의 1%, 해당 과세기간 내에 발급하지 않은 경우에는 2%의 가산세를 부과한다(부가가치세법 제60조 제2항). 후자의 경우에는 매입세액공제가 허용되지 않는다.

실제 공급일에 발급받지 않은 세금계산서는 실제 작성일이 실제 공급일과 다르기 때문에 '사실과 다른 세금계산서'가 된다. 작성일자가 사실과 다른 세금계산서의 매입세액공제 여부는 다음과 같다.

- 공급시기에 작성하지 않았지만 공급시기가 속하는 과세기간 내에 발급한 경우에는 매입세액공제를 허용한다.
- 공급시기에 작성하지 않았으며 공급시기가 속하는 과세기간 내에 발급하지 않은 경우에는 매입세액공제를 허용하지 않는다. 공급가액의 0.5%의 지연수취 가산세를 부과받는다. 다만, 아래의 지연수취계산서의 경우에는 매입세액의 공제를 허용한다.
  1) 다음 과세기간 신고기한까지 당초 실제공급일을 작성일로 하여 지연발급받은 경우에는 사업자가 스스로 경정청구나 수정신고를 통해 공제받을 수 있다.
  2) 다음 과세기간 신고기한까지 다음 과세기간을 작성일로 하여 지연발급받은 경우에는 과세당국이 다음 과세기간의 매입세액은 감액하고, 해당되는 전 과세기간의 납부세액을 감액경정한다.

해당 과세기간의 확정신고기한 전에 수취한 세금계산서상 매입세액(가산세 부과)은 공제한다.

[사례] 대법원 2013. 7. 25. 선고 2013두6527 판결에서는, 문제된 세금계산서는 실제 공급자와 세금계산서상의 공급자가 다른 세금계산서에 해당하지만, 폐동 거래의 경위와 세금계산서의 기재내용, 폐동 대금의 지급방법, 거래처 사업

자등록과 대표자의 일치 여부 확인, 폐동이 공급된 구체적인 경로와 과정 등 그 판시와 같은 사정에 비추어 볼 때, 원고가 폐동의 실제 공급자가 사업자 명의를 위장하였다는 사실을 알지 못하였을 뿐만 아니라 이를 알지 못한 데에 과실이 있다고 보기도 어려워 이 사건 세금계산서의 매입세액은 매출세액에서 공제 내지 환급되어야 한다는 이유로, 이와 달리 본 이 사건 처분은 위법하다고 판단하였다. 사실과 다른 세금계산서라고 하더라도 그 사실을 알지 못하였으며 그에 과실이 없었음을 입증한 경우에는 매입세액공제를 허용한다(선의·무과실). 알지 못하는데 과실이 없었음을 입증하기 위해서는 세금계산서를 교부하는 자가 실제 공급하는 자인지 확인하는 주의의무를 성실하게 기울였음을 객관적인 증거로써 설명할 수 있어야 한다. 과세실무상 경과실도 허용하지 않고 있다.

세금계산서의 필요적 기재사항의 전부 또는 일부가 착오 또는 과실로 적혀 있지 아니하거나 그것이 사실과 다른 경우에는 1%의 가산세를 부과한다(부가가치세법 제60조 제2항 제5호).

- 가공매출세금계산서

사업자가 아닌 자가 재화 또는 용역을 공급하지 아니하거나 공급받지 아니하고 세금계산서를 사고파는 경우에는 사업자가 아니라는 이유로 가산세 부과대상에서 제외되고 있었는데 2010년 부가가치세법 개정을 통해 가공의 세금계산서를 사고파는 사업자가 아닌 자료상에 대하여 그 세금계산서에 적힌 금액의 3%에 해당하는 금액을 가산세로 부과하게 되었다(부가가치세법 제60조 제3항).

[사례] 자료상 존재하지 않는 거래를 근거로 가공세금계산서를 발급한 소위 '자료상 (bogus trader)'에 대해서는 매출세액에 대한 납부의무를 부과하지 않는다. 세금계산서를 발급한 자(A)가 실제 공급한 자가 아니며 실제 공급하는 자(B)가 따로 있는 경우 B로부터 실제 공급을 받은 자(C)가 A로부터 받은 세금계산서는 필요적 기재사항 중 하나인 공급하는 자 항목이 사실과 다른 사실과 다르게 기재된 사실과 다른 세금계산서이다. 그 세금계산서를 발급받은 자(C)는 종래 실무상 위장세금계산서를 발급받은 것으로 보았지만 이제는 가공세금계산서를 받은 것으로 본다. C는 A로부터는 가공세금계산서를 받은 것이고, B로부터는 받아야 할 세금계산서를 발급받지 못한 것이다. 이 경우 A는 소위 '자료상'이라고 불린다. A는 통상 자기가 허위로 발급한

세금계산서상 매출세액을 신고납부하지 않는다.

부가가치세법상 A에 대해서는 그 세금계산서등에 적힌 공급가액의 3%의 가산세를 부과한다(부가가치세법 제60조 제3항). B에 대해서는 누락된 매출액에 대해 부가가치세가 부과되며, 발급하지 않은 세금계산서에 대해 공급가액의 2%의 가산세가 부과된다(부가가치세법 제60조 제2항). C는 그 세금계산서를 근거로 매입세액공제를 받을 수 없다. 다만, 이와 같이 사실과 다른 세금계산서라고 하더라도 C가 그 사실을 알지 못하였으며 그에 과실이 없었음을 입증한 경우에는 매입세액공제를 허용한다(선의·무과실). 드물겠지만 공급시기 이후 B로부터 세금계산서를 받은 경우라면 일정한 요건하에 매입세액공제를 받을 수 있다. 가산세는 원칙적으로 고의·과실에 대한 고려 없이 부과한다.

조세범처벌법상 이 거래에 연관된 A, B 및 C는 모두 세금계산서 발급의무 위반범으로 처벌될 수 있다. A는 재화 또는 용역을 공급하지 않고 세금계산서를 발급한 자료상으로서 3년 이하의 징역 또는 공급가액에 부가가치세의 세율을 적용하여 계산한 세액의 3배 이하에 상당하는 벌금에 처한다(조세범처벌법 제10조 제3항 제1호). B에 대해서는 1년 이하의 징역 또는 공급가액에 부가가치세의 세율을 적용하여 계산한 세액의 2배 이하에 상당하는 벌금에 처한다(조세범처벌법 제10조 제1항 제1호). C에 대해서는 1년 이하의 징역 또는 공급가액에 부가가치세의 세율을 적용하여 계산한 세액의 2배 이하에 상당하는 벌금에 처한다(조세범처벌법 제10조 제2항 제1호). C가 조세범처벌법 제10조 제2항 제1호에 따라 처벌되기 위해서는 '통정하여'의 요건이 충족되어야 한다. C는 경우에 따라서는 A와 동일하게 조세범처벌법 제10조 제3항 제1호의 규정에 따라 처벌될 수도 있다. A, B 및 C의 범죄는 모두 고의범이다.

B는 단순한 매출누락에 해당할 경우 조세포탈범에 이르지 않는다. 그러나 장기간 매출액의 상당한 부분을 누락한 채 매출처별세금계산서합계표를 사실과 다르게 기재하여 부가가치세를 신고납부한 경우에는 적극적인 은닉의도가 있다고 하여 조세포탈범으로 처벌한다.

C가 A로부터 받은 세금계산서를 이용하여 매입세액공제를 한 경우 아래의 고의가 있으면 조세포탈범의 행위를 한 것이 될 수도 있다. 사실과 다른 세금계산서에 의하여 매입세액의 공제 또는 환급을 받는다는 인식 외에 사실과 다른 세금계산서를 발급한 자가 그 세금계산서상의 매출세액을 제외하고 부가가치세의 과세표준 및 납부세액을 신고·납부하거나 그 세금계산서상의 매출세액 전부를 신고·납부한 후 경정청구를 하여 이를 환급받는 등의 방법으로 그 세금계산서상의 부가가치세

납부의무를 면탈함으로써 납세자가 그 매입세액의 공제를 받는 것이 결과적으로 국가의 조세수입 감소를 가져오게 될 것이라는 점에 대한 인식이 있어야 한다. C의 부가가치세 신고에 의한 세액을 경정하는 데 대해 장기부과제척기간이 적용되기 위해서는 국세기본법 제26조의 2 제2항 제2호의 규정상 사기나 그 밖의 부정한 행위로 국세를 포탈(逋脫)하거나 환급·공제를 받은 경우에 해당하여야 한다. 즉 조세포탈범의 행위를 하였어야 하는데 위의 사안은 이에 해당한다. C가 A로부터 가공세금계산서를 받아 부가가치세 신고하면서 조세포탈범에 이른 후에는 가공세금계산서를 취소하는 내용의 음의 수정세금계산서를 발급받는다 하더라도 이미 완성된 범죄의 성립에 영향을 미칠 수 없다.

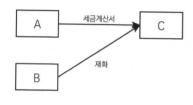

A: 실물거래 없이 허위세금계산서(가공세금계산서)를 발급하고 세금계산서
   값을 받은 자료상
B: 실물을 거래하고 세금계산서를 발급하지 않아 매출액을 누락함
C: 발급받은 세금계산서는 사실과 다른 가공세금계산서로서 매입세액공제를 받음

부가가치세법상 효과
A: 공급가액의 3%의 가산세 부과
B: 누락된 매출액에 대해 부가가치세 부과; 발급하지 않은 세금계산서상
   공급가액의 2%의 가산세 부과
C: 사실과 다른 세금계산서를 발급받았으므로 매입세액공제 불허

조서범처벌법상 효과
A: 3년 이하의 징역 또는 세액의 3배 이하의 벌금
B: 세금계산서 관련 1년 이하의 징역 또는 세액의 2배 이하의 벌금;
   포탈세액 관련 조세포탈범이 될 수 있음
C: 세금계산서 관련, B와 관련하여, 통정한 경우, 1년 이하의 징역 또는
   세액의 2배 이하의 벌금(1); 포탈세액 관련 조세포탈범이 될 수 있음.
   A와 관련하여 3년 이하의 징역 또는 세액의 3배 이하의 벌금(2).

- 미등록사업자의 경우

등록하지 않은 사업자가 재화나 용역을 공급하는 경우에도 부가가치세를 거래징수하여야 하지만 세금계산서를 발급할 수 없다. 실제 세금을 거래징수하였지만 사업자등록 후에야 세금계산서를 발급하게 된 경우에는 그 세금계산서는 공급시기와 작성연월일이 동일하지 않은 사실과 다른 세금계산서가 된다. 그러나 동일 과세기간 이내 발행한 것이면 매입세액공제가 가능하다.

공급받는 자가 미등록사업자일 경우에는 사업자등록신청일부터 역산하여 20일 이내의 것(대표자의 주민등록번호를 기입한 것)은 매입세액공제를 받을 수 있다 (부가가치세법 제39조 제1항 제8호 단서, 부가가치세법시행령 제75조 제1호).

다. 정책적 목적을 위한 공제 배제

기업업무추진비 및 이와 유사한 비용의 지출에 관련된 매입세액은 공제되지 않는다. 소득과세상 '기업업무추진비 및 이와 유사한 비용'의 개념을 원용한다. 이론적으로 보면 이 경우 매입세액공제 배제는 사업과 직접 관련이 없고 자기가 직접 사용한 것으로 본다는 논리를 세워야 할 것이다. 소득과세상으로는 자기가 번 것에 대해 세금을 내고 사용하는 것으로 본다는 논리가 설득력을 가질 수 있다. 부가가치에 대해 세금을 내도록 해야 하는 부가가치세 논리상 이와 같은 정책적 고려가 타당한 것인지에 대해 의문을 제기해 볼 수 있다.

3. 대손세액공제

사업자가 공급한 재화 또는 용역의 공급에 대한 외상매출금 기타 매출채권의 전부 또는 일부를 대손으로 회수할 수 없는 때에는 대손금액의 110분의 10에 해당하는 금액을 대손이 확정된 날이 속하는 과세기간의 매출세액에서 차감할 수 있다(부가가치세법 제45조 제1항). 대손의 사유는 받을 채권이 공급받은 자의 파산·강제집행 등 소득과세상 회수할 수 없다고 인정된 경우이다. 일부 대손의 경우에도 위 산식에 의하여 계산한다. 국가가 가지는 국세채권은 일반 민사채권에 대해 우선하는 지위를 가진다. 공급하는 자가 공급받은 자로부터 받을 채권가액, 즉 공급대가에는 자기가 공급한 재화나 용역에 대한 가액과 국가에 납부하여야 할 부가가치세액으로 구성된다. 공급받은 자가 자력이 부족하여 그 대가 중 일부만을 변제할 경우 위의 국세우선 원칙에 의하면 국세에 우선 충당하는 것으로 하여야 하지 않을까? 국가는 공급받은 자에 대해 직접적인 조세채권을 가지지 않는다. 국가는 공급하는 자에 대해 부가가치세를 과세하며 공급받는 자가 경제적으로 부담하는 부가가치세에 해당하는 금액은 공급하는 자에 대한 채무이다. 따라서 국가가 공급한 자가 지급받은 부분 중 국세채권이 우선한다는 주장을 할 수 없는 것이다. 이와 별개로 국가가 공급한 사실은 확정되어 있기 때문에 세액 전체에 대해 공급한 자가 세금을 납부하도록 할 수 있을 것이지만 공급한 자의 사정을 감안하여 대손세액공제에 관한 규정을 둠으로써 정책적인 배려를 하고 있는 것이다.

대손의 확정은 공급 이후 상당 시간이 지난 시점에야 될 가능성이 높다. 그 이전에 공급받은 자는 자신의 부가가치세 납부세액을 계산할 때 공급받은 재화나 용역에 대한 매입세액으로 이제 대손이 된 세액을 이미 공제받았을 수 있다. 공급한 자에게 대손세액공제를 인정한 반면, 공급받은 자에게는 이미 매입세액공제를 인정한 것이라면 국가가 손실을 보게 된다. 대손이 될 정도라면 공급받은 자는 이미 도산한 경우가 많을 것이다. 국가가 다시 그 자로 하여금 공제세액을 반환하라고 명한다 하더라도 회수하기 곤란할 것이다. 부가가치세법은 공급받은 자의 폐업 전에 대손이 확정된 경우에는 대손이 확정된 과세기간에 공급받은 자의 매입세액에서 차감하도록 하고 있지만, 그것만으로 국가가 손실을 면하기는 어려울 것이다.

4. 가산세

신고불성실가산세는 일반무신고의 경우 납부세액의 20%, 일반과소신고의 경우 납부세액의 10%를 부과한다. 부정한 무신고 및 과소신고에 대해서는 납부세액의 40%를 부과한다.

납세자가 사실과 다른 세금계산서를 교부받아 매입세액의 공제 또는 환급을 받은 경우, 부정과소신고가 되기 위해서는 납세자에게 사실과 다른 세금계산서에 의하여 매입세액의 공제 또는 환급을 받는다는 인식 외에 사실과 다른 세금계산서를 발급한 자가 그 세금계산서상의 부가가치세 납부의무를 면탈함으로써 납세자가 그 매입세액의 공제를 받는 것이 결과적으로 국가의 조세수입 감소를 가져오게 될 것이라는 점에 대한 인식이 있어야 한다(대법원 2014. 2. 27. 선고 2013두19516 판결; 대법원 2021. 12. 30. 선고 2021두33371 판결; 대법원 2022. 5. 26. 선고 2022두32825 판결).

세금계산서 미교부, 타인명의세금계산서 발행 및 수취에 대해서는 공급가액의 2%를 가산세로 부과한다. 가공세금계산서 발행 및 수취에 대해서는 세금계산서에 적힌 금액의 3%를 가산세로 부과한다. 재화 또는 용역을 공급하고 세금계산서 등의 공급가액을 과다하게 기재한 경우에는 실제보다 과다하게 기재한 부분에 대한 공급가액의 2%를 부과한다. 그런 세금계산서를 공급받은 자는 별도로 2%의 가산세를 부과받는다(부가가치세법 제60조 제3항).

사업자가 아닌 자가 재화 또는 용역을 공급하지 아니하거나 공급받지 아니하고 세금계산서를 사고파는 경우에는 사업자가 아니라는 이유로 가산세 부과대상에서 제외되고 있었는데 2010년 부가가치세법 개정을 통해 가공의 세금계산서를 사고파는 사업자가 아닌 자료상에 대하여 그 세금계산서에 적힌 금액의 100분의 3에 해당하는 금액을 가산세로 부과하게 되었다(부가가치세법 제60조 제4항).

대리납부를 이행하지 않은 데에 대해서는 그 납부하지 않은 세액의 10%를 한도로 하여 미납세액의 3%를 기본으로 하고 납부일까지의 기간을 일할 0.03%의 비율로 가산세를 부과한다.

제6절 간이과세

제1항 간이과세의 개념·범위

부가가치세법상 사업자는 재화나 용역을 공급하면서 부가가치세를 징수하고 세금계산서를 교부하여야 한다. 면세재화나 용역을 공급할 때에는 계산서를 교부하여야 한다. 소득세법은 부가가치세과세사업자와 면세사업자에 두루 적용되는 조항으로서 계산서의 교부에 대해 규정하고 있다(소득세법 제163조). 실무적으로 부가가치세법상 세금계산서의 교부의무를 이행하면 소득세법상 계산서의 교부의무를 이행한 것으로 보지만 그에 관한 명시적인 법규정은 없다.

부가가치세과세사업자 및 면세사업자 모두에 적용되는 조항으로서 일정 규모 이하의 영세사업자나 사업의 성격상 소액 다수의 거래를 하여야 하는 사업자에 대해서는 세금계산서 내지 계산서 대신 영수증을 발급할 수 있도록 허용하고 있다(소득세법시행령 제211조 제2항 및 소득세법시행규칙 제96조의 2). 백화점 등 일정한 사업자의 경우에는 부가가치세액을 별도로 기입한 영수증을 발급하여야 한다. 노점상인 등은 아예 계산서나 영수증의 교부를 하지 않아도 된다(소득세법시행령 제211조 제4항). 용역을 공급받는 자, 즉 대가를 지급하는 자로부터 원천징수영수증을 교부받은 경우에는 계산서를 교부한 것으로 본다(소득세법시행령 제211조 제5항).

영수증을 교부하는 사업자 중에는 부가가치세법상 간이과세자가 있다(소득세법시행령 제211조 제3항). 직전 1역년의 재화와 용역의 공급대가가 8천만원에 미달하는 개인사업자에 대해서는 거래징수와 신고납부상 일반적인 사업자와 다른 특례가 인정된다(부가가치세법 제61조부터 제70조). 이 특례제도는 위 요건에 해당하는 사업자가 적용받기를 포기할 수도 있다.

간이과세자의 과세기간은 1역년인데 그 과세기간 중 공급대가가 4,800만원 미만인 경우에는 부가가치세 납부의무를 면제한다(부가가치세법 제69조). 공급대가가 4,800만원 이상인 경우에는 세금계산서 발급의무가 있다(부가가치세법 제36조의 2 제1항). 아울러 예정부과기간(1.1~6.30)에 대한 신고의 의무(7.25.까지)도 있다(부가가치세법 제66조).

표 10.2   일반과세자와 간이과세자의 비교

구분	일반과세자	간이과세자
1. 대상사업자	간이과세자가 아닌 모든 사업자	직전연도 1역년 공급대가가 8,000만원 미만인 개인사업자
2. 과세표준	공급가액	공급대가
3. 세율	10%, 0%	업종별 부가가치율×10%, 0%
4. 거래징수	의무 있음	−
5. 세금계산서	세금계산서 또는 영수증 교부	세금계산서 또는 영수증 교부
6. 납부세액	매출세액 − 매입세액	과세표준(공급대가)×당해 업종별 부가가치율×10%
7. 예정신고납부	당해 예정신고기간의 과세표준과 세액 자진 신고·납부. 단, 개인사업자 예정고지	직전과세기간의 납부세액 50% 예정고지. 단, 납부의무 면제자 예정고지 생략
8. 매입세액공제	매입세액으로 공제	매입금액(공급대가)×0.5%

부가가치세법은 간이과세가 적용되지 아니하는 다른 사업장을 보유하고 있는 사업자, 업종, 규모, 지역 등을 고려하여 대통령령으로 정하는 사업자 및 부동산임대업 또는 과세유흥장소를 경영하는 사업자로서 해당 업종의 직전 연도의 공급대가의 합계액이 4,800만원 이상인 사업자에 대해서는 간이과세제도를 적용하지 않는다(부가가치세법 제61조 제1항). 간이과세 배제사업은 광업, 제조업 등으로 부가가치세법시행령 제109조 제2항에서 규정하고 있다.

제 2 항 거래징수 · 신고납부

1. 거래징수 여부

우선 간이과세자의 거래징수에 관해 일반사업자에 대한 특례규정을 명시적으로 두고 있지는 않다. 다만, 간이과세자는 세금계산서 대신에 영수증을 교부하도록 하고 있는데 동 영수증에는 세액은 기재하지 않고 공급대가만 기재하도록 하고 있어서 공급대가 중에 얼마인지는 특정할 수 없지만 세금을 징수하라는 것으로 이해될 뿐이다. 만약 간이과세자가 스스로 납부의무를 지는 납부세액의 계산상 인정되는 과세표준의 산식에 따른 매출세액을 그대로 징수한다면 공급가액의 11분의 1(9.1% 해당)을 세금으로 징수하여야 한다는 것이 된다. 그러나 실제 공급가액의 9.1%의 세율로 거래징수하라는 규정은 어디에도 없다. 당사자들 간의 협상에 의해 공급대가가 결정되며 그 안에는 세금이 있었던 것으로 용인하는 것에 불과하다. 따라서 공급받는 자는 경제적으로 공급하는 자로부터 전가된 세액을 부담하면서도 세액이 특정되지 않아 자기가 매입세액으로 공제받고자 하여도 공제받을 수 없는 입장에 처하게 된다. 이에 따라 공급받는 자가 세금계산서의 교부를 요청할 경우에는 그것을 수용하여야 하도록 할 필요가 있지만 부가가치세법상 그러한 제도는 없다. 다만, 소득세법상으로는 면세재화나 용역을 공급하는 자에 대해서는 사업자가 자신의 사업자등록증을 제시하면서 계산서의 교부를 요청할 수 있도록 되어 있다(소득세법시행령 제211조 제2항 본문 단서 및 동 조 제3항). 부가가치세 매입세액공제에는 도움이 되지 않는 규정이다. 간이과세자로부터 세금계산서를 받지 못하고 재화 또는 용역을 공급받은 사업자의 경우 자신이 경제적으로 부담한 부가가치세액 해당분이 특정되지 않으므로 소득금액 계산상 지급한 대가 전액을 비용으로 공제받을 수 있을 것이다. 그에 대한 세액을 약 20% 정도로 본다면 9.1%의 20% 수준, 즉 약 1.8%의 공제를 받는 격이 된다.

2. 신고납부

간이과세자 최종납부세액의 계산은 다음과 같이 한다.

최종납부세액 = 납부세액 - 세액공제 + 재고납부세액 + 가산세

간이과세자의 신고납부상 납부세액은 [(공급대가)×(부가가치율)×10%]로 한다. 간이과세자가 다른 사업자로부터 교부받은 세금계산서를 세무서장에게 제출하는 때에는 매입금액(공급대가)×0.5%의 금액을 납부세액에서 공제한다. 아울러 간이과세자에게도 전자세금계산서발급세액공제가 허용된다.

간이과세자로부터 공급받는 사업자는 매입세액공제를 받을 수 없다. 다만, 공급대가가 4,800만원 이상이어서 세금계산서를 발급하여야 하는 간이과세자로부터 세금계산서를 교부받은 일반과세사업자는 세금계산서상 부가가치세액을 공제할 수 있다.

간이과세자가 금전등록기를 설치하고 그에 의하여 계산서를 교부하고 감사테이프를 보관한 때에는 현금수입을 기준으로 부가가치세를 부과할 수 있다.

간이과세자가 일반과세자로 전환할 때에는 변경 당시의 재고품 및 감가상각자산과 관련된 매입세액을 계산하여 공제할 수 있다. 간이과세를 포기한 경우에도 동일하다. 일반과세자가 간이과세자로 전환할 경우에는 당해 변경 당시의 재고품 및 감가상각자산에 대하여 일정한 계산방법에 따라 계산한 금액을 납부세액에 가산하여야 한다.

찾아보기

공저자 약력

오윤

서울대학교 법학사·행정학 석사, 미국 미시간주립대학교 MBA, 미국 코넬대학교 LLM, 미국 뉴욕대학교 Tax LLM과정 수학, 국민대학교 법학박사, 제29회 행정고등고시(재경직), 국세청·재정경제부 근무, 법무법인 율촌(미국변호사·미국회계사), 서울시립대학교 세무학과 교수, 한국세법학회 회장, 한국국제조세협회 이사장, 조세심판원 비상임심판관, 국세청 국세심사위원, 한양대학교 법학연구소장

현) 기획재정부 세제발전심의위원회 위원
　　한양대학교 법학전문대학원 교수

정지선

서울시립대학교 세무학과·대학원 세무학과, 서울시립대학교 세무전문대학원 세무학 박사, 제36회 세무사시험 합격, 건양대학교 세무학과 교수, 한국세법학회 부회장, 한국지방세학회 부회장, 한국세무학회 부회장, 한국조세연구포럼 차기회장, 조세심판원 비상임심판관, 국세청 납세자보호위원, 기획재정부 세제발전심의위원회 위원 역임

현) 서울시립대학교 세무학과·세무전문대학원 교수

제 5 판
세법의 이해

초판발행   2018년 6월 10일
제5판발행   2025년 3월 20일

지은이   오윤 · 정지선
펴낸이   안종만 · 안상준

편 집   우석진
기획/마케팅   최동인
표지디자인   이수빈
제 작   고철민 · 김원표

펴낸곳   (주) **박영사**
              서울특별시 금천구 가산디지털2로 53, 210호(가산동, 한라시그마밸리)
              등록 1959. 3. 11. 제300-1959-1호(倫)
전 화   02)733-6771
f a x   02)736-4818
e-mail   pys@pybook.co.kr
homepage   www.pybook.co.kr
ISBN   979-11-303-4960-2   93360

정 가   36,000원